Aus dem Programm
Huber: Psychologie Lehrbuch

Meinrad Perrez
und Urs Baumann
(Herausgeber)

Lehrbuch Klinische Psychologie

Band 2: Intervention

Verlag Hans Huber
Bern Stuttgart Toronto

Das Umschlagbild und die farbigen Bilder im Text stammen von Jean-Pierre Corpaato, dem Freiburger «peintre-boucher». (Fotos © P. Köhli, Bolligen)
Die Schwarzweißfotos stammen aus verschiedenen anderen Quellen (siehe Hinweise bei den einzelnen Bildern).

CIP-Titelaufnahme der Deutschen Bibliothek

Lehrbuch klinische Psychologie / Urs Baumann und Meinrad Perrez (Hrsg.). - Bern; Stuttgart; Toronto: Huber.
(Huber-Psychologie-Lehrbuch)
Bd. 2 hrsg. von Meinrad Perrez u. Urs Baumann
NE: Baumann, Urs [Hrsg.]; Perrez, Meinrad [Hrsg.]

Bd. 2. Intervention. - 1. Aufl. - 1991
ISBN 3-456-81930-7
ISBN der geb. Ausgabe: 3-456-81981-1

1. Auflage 1991

Gesamtherstellung: Lang Druck AG, Bern-Liebefeld
Printed in Switzerland

Vorwort

Mit diesem Text liegt der 2. Band des Lehrbuches zur Klinischen Psychologie vor, der die klinisch-psychologische Intervention zum Inhalt hat, während in Band 1 Grundlagen, Klassifikation/Diagnostik und Ätiologie/Bedingungsanalyse behandelt werden. In beiden Bänden wird die Klinische Psychologie störungsübergreifend und störungsbezogen dargestellt. Darüber hinaus werden unterschiedliche Auflösungsgrade der psychischen Organisation berücksichtigt. Im Grundlagenteil dieses Bandes sind die klinisch-psychologischen Interventionsmethoden unter methodenübergreifenden Gesichtspunkten und nach wichtigen theoretischen Ansätzen methodenorientiert dargestellt. Wie in Band 1 werden im störungsbezogenen Teil als Auflösungsgrade Funktionen, Funktionsmuster und interpersonelle Systeme zugrunde gelegt. In allen Teilen wurde auf eine möglichst große Vernetzung mit anderen Teilgebieten der Psychologie wertgelegt.

Diese neuartige Strukturierung der Klinischen Psychologie hatte für die Verfasser der Beiträge zur Folge, daß sie über weite Teile nicht auf Vorbilder rekurrieren konnten. Die damit möglicherweise verbundenen Unzulänglichkeiten möchten wir mit der Bemerkung der anonymen Autoren der Logique de Port-Royal abschwächen, die 1668 ihrem ehrwürdigen Werk ins Vorwort schrieben: «Es wäre wünschenswert, die ersten Auflagen von Büchern lediglich als vage Versuche zu verstehen, die die Autoren ihren Lesern vorlegen, um deren Meinung zu erfahren. Im Besitze der verschiedenen Urteile könnten die Autoren dann die neuen Auflagen auf ein verbessertes Niveau bringen..» Mit diesem verwegenen Gedanken, dessen Vater der Urwunsch jeden Autors ist, schicken wir das Buch auf die Reise – in hoffentlich möglichst viele Studierstuben von Studierenden und Kollegen in Praxis und Forschung.

Der erste Dank gilt den Autoren für ihre wertvolle Mitarbeit. Besonders danken wir ihnen für ihre Bereitschaft, schon für die erste Auflage mehrere Überarbeitungen zur Verbesserung der inneren Koordination des Lehrbuches auf sich genommen zu haben. Dem Hans Huber Verlag danken wir in den Personen von Herrn Dr. Jürgen Hogrefe und Herrn Dr. Peter Stehlin für die unterstützende Zusammenarbeit auf dem ganzen Weg der Entwicklung dieses Lehrbuches sowie Herrn Peter Köhli für seine kreative und kompetente Hilfe bei der Bebilderung der Bände. Vielen Freunden und Kollegen haben wir für konstruktive Kritik und wertvollen Rat zu danken. Besonderer Dank gebührt Frau Dorly Aebischer, die den Entstehungsweg dieses Bandes mit allen Hochs und Tiefs mitverfolgt hat. Sie hat das ganze Manuskript neu getippt und mit Legionen von Sonderzeichen versehen, damit es auch für den Computer des Druckers lesbar wurde. Mit unermüdlichem Engagement, liebenswürdiger Geduld und Aufmerksamkeit hat sie die Logistik des ganzen Unterfangens wesentlich mitgetragen.

Einen speziellen Beitrag zu diesem Buch verdanken wir dem peintre-boucher Jean-Pierre Corpaato. Er hat die Herausgeber nicht nur durch seine künstlerischen Leistungen, sondern auch oftmals kulinarisch erquickt. Dem ermüdeten Leser empfehlen wir das Verweilen bei den Imaginationen des Malers, dem wir für seine spontane Bereitschaft danken, an unserem Lehrbuch mitzuwirken.

Nachdem mit dem zweiten Band das vollständige Lehrbuch vorliegt, freuen wir uns, unseren Ehefrauen Annette und Ulrike und unseren Kindern Anna-Carolina, Esther, Florian und Lukas melden zu können, daß die Arbeit an diesem Buch (vorläufig) beendet ist. Für ihr Verständnis und ihre emotionale Unterstützung bei der Entwicklung dieses Lehrbuches danken wir ihnen herzlichst.

Meinrad Perrez und Urs Baumann

Fribourg und Salzburg, August 1990

Inhaltsverzeichnis

Autorenverzeichnis

Baumann, Urs, O. Prof. Dr. phil., Dipl.-Psych. Institut für Psychologie der Universität Salzburg, Hellbrunnerstraße 34, A-5020 Salzburg

Blöschl, Lilian, O. Prof. Dr. phil. Abteilung für Pädagogische Psychologie der Universität Graz, Hans-Sachs-Gasse 3/2, A-8010 Graz

Brunner, Ewald Johannes, Prof. Dr. soz. wiss., Dipl.-Psych. Institut für Erziehungswissenschaft I, Arbeitsbereich Pädagogische Psychologie der Universität Tübingen, Münzgasse 22–30, D-7400 Tübingen

Bühringer, Gerhard, Dr. rer. soc., Dipl.-Psych. Institut für Therapieforschung der Universität München, Parzivalstraße 25, D-8000 München

Cohen, Rudolf, Prof. Dr. phil., Dipl.-Psych. Sozialwissenschaftliche Fakultät, Fachgruppe Psychologie der Universität Konstanz, Postfach 5560, D-7750 Konstanz 1

Corpaato, Jean-Pierre, Le peintre-boucher, Grand-Rue 6, CH-1700 Fribourg

Ferstl, Roman, Prof. Dr. phil. Institut für Psychologie der Universität Kiel, Olshausenstraße 40–60, D-2300 Kiel

Greif, Siegfried, Prof. Dr. phil., Dipl.-Psych. Fachbereich Psychologie der Universität Osnabrück, Knollstraße 15, D-4500 Osnabrück

Hand, Iver, Prof. Dr. med. Verhaltenstherapie-Ambulanz der Psychiatrischen Universitätsklinik, Martinistraße 52, D-2000 Hamburg

Heuer, Herbert, Prof. Dr. rer. nat., Dipl.-Psych. Fachbereich Psychologie der Universität Marburg, Gutenbergstraße 18, D-3550 Marburg/Lahn

Huber, Günther L., Prof. Dr. phil., Dipl.-Psych. Institut für Erziehungswissenschaft I der Universität Tübingen, Münzgasse 22–30, D-7400 Tübingen

Koch, Uwe, Prof. Dr. phil. Dr. med. Psychologisches Institut, Abteilung für Rehabilitationspsychologie der Universität Freiburg, Belfortstraße 16, D-7800 Freiburg

Köhler, Thomas, Dr. med. Dr. phil., Dipl.-Psych. Dipl. Math. Psychologisches Institut III der Universität Hamburg, Von-Melle-Park 5, D-2000 Hamburg 13

Kraiker, Christoph, Dr. phil., Dipl.-Psych. Institut für Psychologie der Universität München, Leopoldstraße 13, D-8000 München 40

Kruse, Andreas, Dr. phil., Dipl.-Psych. Institut für Gerontologie der Universität Heidelberg, Akademiestraße 3, D-6900 Heidelberg

Lauth, Gerhard W., Priv. Doz. Dr. phil. Arbeitseinheit Psychologie im Gesundheitswesen der Universität Oldenburg, Ammerländer Heerstraße 60–65, D-2900 Oldenburg

Lehr, Ursula, Prof. Dr. phil. Dr. h.c. Institut für Gerontologie der Universität Heidelberg, Akademiestraße 3, D-6900 Heidelberg 1

Miller, Rudolf, Dr. phil. Arbeitsbereich Psychologie der FernUniversität Hagen, Postfach 940, Fleyer Straße 204, D-5800 Hagen 1

Niepoth, Lothar Rüdiger, Dipl.-Psych. Klinik für Dermatologie und Allergie, Tobelmühlestraße 2, CH-7270 Davos-Platz

Pekrun, Reinhard, Priv. Doz. Dr. phil., Dipl.-Psych. Institut für Psychologie der Universität München, Leopoldstraße 13, D-8000 München 40

Perrez, Meinrad, Prof. Dr. phil. Psychologisches Institut der Universität Fribourg, Route des Fougères, CH-1700 Fribourg

Petermann, Franz, Prof. Dr. phil. Psychologisches Institut der Universität Bonn, Römerstraße 164, D-5300 Bonn

Reicherts, Michael, Dr. phil., Dipl.-Psych., Dipl. Kfm. Psychologisches Institut der Universität Fribourg, Route des Fougères, CH-1700 Fribourg

Reinecker-Hecht, Christa, Dr. phil. Franz-Reiter-Weg 26, A-5061 Elsbethen

Reinecker, Hans, Prof. Dr. phil. Lehrstuhl Klinische Psychologie der Universität Bamberg, Markusplatz 3, D-8600 Bamberg

Revenstorf, Dirk, Prof. Dr. rer. soc., Dipl. Psych. Psychologisches Institut der Universität Tübingen, Gartenstraße 29, D-7400 Tübingen

Richter, Rainer, Priv. Doz. Dr. phil. Abteilung für Psychosomatik und Psychotherapie des Universitäts-Krankenhauses Eppendorf, Martinistraße 52, D-2000 Hamburg 20

Schuri, Uwe, Dr. rer. nat., Dipl.-Psych. Neuropsychologische Abteilung des Krankenhauses München-Bogenhausen, Englschalkinger Straße 77, D-8000 München 81

Spiegel, René, Prof. Dr. phil. Klinische Forschung, ZNS-Abteilung, Sandoz Pharma AG, CH-4002 Basel

Strauch, Inge, Prof. Dr. phil., Dipl.-Psych. Psychologisches Institut der Universität Zürich, Schmelzbergstraße 40, CH-8044 Zürich

Watzl, Hans, Dr. rer. soc., Dipl.-Psych. Sozialwissenschaftliche Fakultät, Fachgruppe Psychologie der Universität Konstanz, Postfach 5560, D-7750 Konstanz

Weis, Joachim, Dr. phil., Dipl.-Psych. Psychologisches Institut, Abteilung für Rehabilitationspsychologie der Universität Freiburg, Belfortstraße 16, D-7800 Freiburg

Wiedl, Karl Heinz, Prof. Dr. phil., Dipl.-Psych. Fachbereich Psychologie der Universität Osnabrück, Knollstraße 15, D-4500 Osnabrück

Zuber, Johannes A., Dr. phil., Dipl.-Psych. Psychologisches Institut, Abteilung für Rehabilitationspsychologie der Universität Freiburg, Belfortstraße 16, D-7800 Freiburg

1. Systematik der klinisch-psychologischen Intervention: Einleitung

Meinrad Perrez und Urs Baumann

1. Psychologische Interventionsmethoden

Psychologie und Medizin lassen sich in ihren hauptsächlichen Anwendungen nach verschiedenen Interventionsbereichen gliedern; dabei ist die Abgrenzung primär durch die Art der verwendeten Mittel bedingt. Während in der Medizin das Wohlbefinden des Menschen vor allem durch medikamentöse, chirurgische, physikalische usw. Interventionsmethoden beeinflußt wird, charakterisiert sich die psychologische Intervention durch den Einsatz *psychologischer Mittel.* Innerhalb der Psychologie unterscheiden wir heute vor allem die arbeits- und organisationspsychologischen, die pädagogisch-psychologischen und die klinisch-psychologischen Interventionsmethoden (vgl. Abbildung 1), die sich teilweise überlappen.

Im Rahmen der *Arbeits- und Organisationspsychologie* sind in den letzten Jahrzehnten zahlreiche Interventionsmethoden entwickelt worden, die heute zum Repertoire praktisch tätiger Psychologen gehören, wie etwa die Methode des «Diskussionstrainings» (Greif, 1986), die im arbeits- und organisationspsychologischen Kontext entwickelt und evaluiert worden ist, oder die sogenannten «T-Gruppen», die eine gruppendynamische Methode zur sozialen Sensibilisierung und Veränderung sozialer Einstellungen darstellen. Viele andere Methoden sind zum Zwecke der Verbesserung sozialer und kommunikativer Fähigkeiten oder zur Kreativitätsförderung entstanden. Im *pädagogisch-psychologischen Kontext* wurden u.a. Lehr-Lern-Methoden erprobt, z.B. das Zielerreichende Lernen («mastery-learning»), das Handlungsprinzipien zur Organisation optimaler individueller

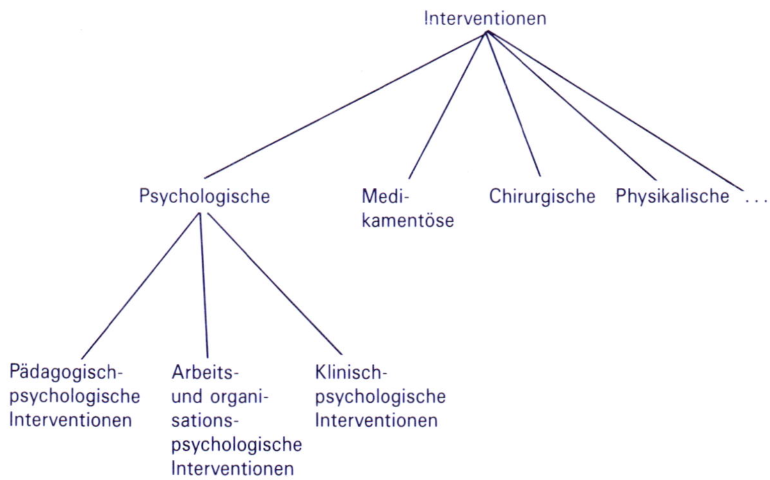

Abbildung 1: Systematik der Interventionsmethoden

Lernbedingungen bereitstellt (Ingenkamp, 1979); oder das «Micro-teaching», das zum Erlernen von speziellen Unterrichtsfertigkeiten durch Video-Rückmeldung entwickelt worden ist (Olivero & Brunner, 1973). Das breiteste und heute schwer überschaubare Spektrum von Interventionsmethoden stellt der Bereich der *klinisch-psychologischen Interventionsmethoden* dar.

2. Klinisch-psychologische Interventionsmethoden

Klinisch-psychologische Interventionsmethoden stellen eine Teilmenge der psychologischen Interventionsmethoden dar. Sie charakterisieren sich – wie alle psychologischen Interventionsmethoden – zunächst vor allem
(1) durch die *Wahl der Mittel* bzw. der Methoden (vgl. Kasten 1). Typische psychologische Mittel sind z.B. das Gespräch, die Übung oder die zwischenmenschliche Beziehung als Beeinflussungsfaktor. Sie haben ihren Ansatzpunkt stets im Erleben und Verhalten und vollziehen sich in der sozialen Interaktion zwischen Helfenden und Hilfesuchenden. Das wesentliche Charakteristikum ist also nicht, wie man vielleicht zunächst annehmen möchte, die Veränderung *psychischer* Merkmale und Prozesse, sondern die Einflußnahme mit psychologischen *Mitteln*. Diese kann auch auf die Veränderung somatischer Zustände ausgerichtet sein. Ein Magenulkus oder Bluthochdruck z.B. stellen zunächst somatische Erscheinungen dar; wenn diese psychisch bedingt oder mitbedingt sind, können sie u.U. erfolgreich mittels klinisch-psychologischer Intervention behandelt werden. Daraus kann aber nicht gefolgert werden, psychologische Interventionen seien im Grenzbereiche somatischer Probleme nur dann indiziert, wenn diese psychische Ursachen haben. Selbst genetisch oder durch zerebrale Faktoren zu erklärende Verhaltensphänomene sind mitunter psychologischer Beeinflussung zugänglich, wie es Beispiele psychologischer Trainings mit geistig Behinderten oder mit überaktiven Kindern zeigen.

Mit psychologischen Mitteln hat man nachweislich schon im Altertum versucht, auf Menschen vorbeugend oder helfend einzuwirken. So sind bereits in der Antike u.a. musik- und tanztherapeutische Verfahren zur Behandlung von melancholischen Zuständen eingesetzt worden. Auch der Exorzismus kann als vorwissenschaftliches Ritual zur Behebung von psychischen Problemen verstanden werden (vgl. Ernst, 1989). Im 18. Jahrhundert gab es eine breite Welle der Psychoprophylaxe oder «Seelendiätetik» (vgl. Moritz, 1783). Die wissenschaftliche Psychotherapieentwicklung im Sinne der modernen Psychologie setzt im letzten Jahrhundert mit Sigmund Freud (1856–1939) und den Wundt-Schülern Lightner Witmer (1867–1956) und Emil Kraepelin (1856–1926) ein. Witmer und Kraepelin haben als erste in den USA und in Deutschland versucht, Ergebnisse und Methoden der experimentellen Psychologie auf die Behandlung psychischer Störungen anzuwenden. Freud machte – gewissermaßen im fachlichen Gegenwind der psychiatrischen Schulmeinungen seiner Zeit – den konsequenten Versuch, psychische Störungen in ihrer Ätiologie und Behandlung wesentlich auf psychologischer Grundlage zu thematisieren.

Kasten 1
Klinisch-psychologische Intervention

Intervention mit folgenden Charakteristika:

(1) *Methode:* Psychologische Mittel, die im Erleben und Verhalten ihren Ansatzpunkt haben und sich in der sozialen Interaktion zwischen Helfern und Hilfesuchenden vollziehen.

(2) *Funktionen:* Entfaltung, Prävention, Behandlung, Rehabilitation. Die Funktionen stehen im Zusammenhang mit Gesundheit und Störungsbegriffen (psychische, somatische).

Zusätzliche Charakteristika:

(3) *Zielorientierte Prozesse* zur Erreichung von Veränderungen.

(4) *Theoretische Fundierung* mittels Theorien der Psychologie.

(5) *Empirische Überprüfung*, insbesondere der Wirksamkeit.

(6) *Professionelles Handeln.*

(2) Klinisch-psychologische Interventionsmethoden grenzen sich von jenen der Pädagogischen Psychologie und der Arbeits- und Organisationspsychologie durch ihre speziellen *Funktionen* ab. Als wichtigste Funktionen gelten heute die Entfaltungs- und Gesundheitsförderungsfunktion, die Präventions-, die Behandlungs-/Therapie- und die Rehabilitationsfunktion (siehe Abschnitt 3). Im weiteren sind unterschiedliche Interventionsebenen (Funktionen, Funktionsmuster, interpersonelle Systeme) zu unterscheiden (siehe Abschnitt 4).

Klinisch-psychologische Interventionsmethoden charakterisieren sich neben den Funktionen und der Art der Mittel durch weitere Bestimmungsstücke (vgl. Kasten 1), die sie teilweise von anderen Methoden und Angeboten im psychosozialen Versorgungssektor unterscheiden:

(3) In den Methoden sind die *Ziele* umschrieben, für die sie anzuwenden sind. Damit bilden sie die Grundlage für strukturierbare und zielorientierte Interventionsprozesse. Dabei können Methoden eine Menge oder ein System von Regeln und Heuristiken betreffen, die als Paket zur Erreichung von *Fernzielen*, von Makroergebnissen (vgl. Kapitel 6.1 «Behandlung und Therapie...» in diesem Band) eingesetzt werden, oder auch einzelne therapeutische Techniken, wie «Empathie zeigen», «Fokussieren» oder eine Entspannungsübung, mit denen konkrete *Nahziele* oder Mikroergebnisse angestrebt werden. Vor allem die globalen Fernziele erfahren in verschiedenen therapeutischen Ansätzen Formulierungen auf sehr unterschiedlichen Abstraktionsebenen, von (quasi)theoretischen Begriffen, deren Bedeutung sich wesentlich durch eine Theorie definiert, über Dispositionsbegriffe bis zu Formulierungen in der Beobachtungssprache, die Zielbestimmungen in Begriffen meßbaren Verhaltens umschreiben (vgl. Perrez, 1976). Die Übergänge zwischen den verschiedenen Begriffstypen sind eher fließend als exakt abgrenzbar. Für die konkrete therapeutische Handlungsregulation sind konkrete Zielformulierungen in Beobachtungsbegriffen Voraussetzung (vgl. Abbildung 2). Die psychologischen Mittel - das erste Bestimmungsstück klinisch-psychologischer Interventionsmethoden - müssen in ihrer Beziehung zu den Zielen klar umschrieben sein. Huber (1991) spricht in diesem Zusammenhang von der «Manualisierung» von Methoden, um wissenschaftlich akzeptabel zu sein, d.h. neben der Angabe der Ziele müssen auch die Mittel zu ihrer Erreichung ausreichend präzise beschrieben sein.

(4) und (5) Die Methode ist *theoretisch und empirisch fundiert* (vgl. Kapitel 4 «Methodik der klinisch-psychologischen Interventions-

Änderungsrichtung / Sachgehalt beschrieben in	theoretischen bzw. quasitheoretischen Begriffen	Dispositionsbegriffen	Beobachtungsbegriffen
Aufbau	Ichstärke, Integration von Es, Ich und Über-Ich, Individuation, gut funktionierende Persönlichkeit, Selbstkontrolle usw.	Fähigkeit zur positiven Selbstkommunikation, Empathiekompetenz in Partnerschaft, Kompetenz zur Ärgerkontrolle	Vorgesetzten gegenüber im Rollenspiel Bedürfnisse äußern, selbstexplorieren in der Therapiesituation, angemessen reattribuieren, entspannen, usw.
Abbau	Diskrepanz von Selbstkonzept und Idealkonzept, Widerstand, Fehler der Informationsverarbeitung usw.	Sucht, Angst, Neigung zu einem bestimmten Meideverhalten	ängstliches Sprechen in der Therapiesituation, Sprechen über Externales in der Therapiesitzung, Anzahl Zigaretten pro Tag

Abbildung 2: Klassifikation von Therapiezielen mit Beispielen (Perrez, 1982, S. 461)

forschung» in diesem Band), und zwar auf dem Boden des rationalen Korpus der Psychologie. Unter dem rationalen Korpus einer wissenschaftlichen Disziplin verstehen wir jene Theorien, Hypothesen, empirischen Forschungsmethoden und empirischen Befunde, die zu einer gegebenen Zeit von der einschlägigen «Scientific community» akzeptiert resp. diskutiert werden. Dieses Kriterium unterscheidet klinisch-psychologische Interventionsmethoden von zahlreichen anderen Methoden, die ebenfalls für die gleichen Funktionen eingesetzt werden, deren Fundierung indes auf alltagspsychologischen bzw. unwissenschaftlichen Konzepten und auf privater Erfahrung beruhen. Von besonderer Bedeutung erscheint uns die empirische Überprüfung der Wirksamkeit einer Methode (vgl. Kapitel 3 «Wissenschaftstheoretische Grundbegriffe...» und Kapitel 4 «Methodik...» in diesem Band).

(6) Die durch solche Methoden initiierten, begleiteten und evaluierten Veränderungsprozesse werden durch psychologische *Experten* in einem professionellen Rahmen realisiert (vgl. dazu Strotzka, 1975).

3. Funktionen der klinisch-psychologischen Intervention

Die klinisch-psychologischen Interventionsfunktionen lassen sich ungeachtet der Interventionsebenen (Funktionen, Funktionsmuster, interpersonale Systeme) in vier große Gruppen einteilen: 1. in die Entfaltungsfunktion, 2. die Präventionsfunktion, 3. die Behandlungs- und Therapiefunktion (darin eingeschlossen die psychotherapeutische Funktion) und 4. die Rehabilitationsfunktion.

Entfaltungs- und gesundheitsfördernde Funktion: Sie dient der Steigerung und persönlichen Entfaltung («enrichment») und der *Förderung* der seelischen und körperlichen *Gesundheit*; sie ist nicht exakt von der präventiven Funktion abzugrenzen und wird heute z.T. auch unter dem Stichwort «Gesundheitspsychologie» diskutiert (vgl. Kapitel «Gesundheitsversorgung» in diesem Band).

Präventionsfunktion: Sie umfaßt jene Interventionsmethoden und -strategien, die der Verhinderung von Störungen dienen. Sie orientiert sich stärker an der Störungsverhinderung, während die Gesundheitsförderung auf die Erhaltung und Förderung der Gesundheit ausgerichtet ist, was im positiven Fall zu identischen Ergebnissen führen mag. Präventive Maßnahmen sollen die Inzidenzrate, d.h. das Neuauftreten von Störungen, senken. Die vorbeugenden Maßnahmen können auf die Prävention spezieller Störungen, wie z.B. die Drogenabhängigkeit, oder unspezifisch auf die Förderung der seelischen Gesundheit allgemein ausgerichtet sein. Auch die *Krisenintervention* zählen wir zur Präventionsfunktion, da sie in schwierigen, kritischen Lebenssituationen eine Adaptationshilfe leistet, die die Entstehung dauerhafterer Störungen zu verhindern hilft (vgl. Kapitel 5 «Prävention» in diesem Band).

Behandlungs- und Therapiefunktion: Sie zielt auf die Behandlung von Störungen ab und soll damit die Prävalenzrate vermindern. Versorgungsadministrativ wird hier von Störungen mit Krankheitswert gesprochen, die den Anlaß zur Intervention geben. Der Begriff «Psychotherapie» wird z.T. für diese Funktion verwendet; er deckt aber nur einen Teil dieser Funktion ab (siehe Abbildung 4), da auch die Behandlung gestörter Funktionen – wie z.B. ein Gedächtnistraining nach einem neurochirurgischen Eingriff – zu dieser Funktion zählt. Der Begriff der *Psychotherapie* bezieht sich auf die Teilmenge dieses Funktionstyps, die die Behandlung gestörter Funktionsmuster und gestörter interpersoneller Systeme betrifft. Wir betrachten indes alle Interventionen, die dieser Funktion zu subsumieren sind, als *therapeutisch.*

Rehabilitationsfunktion: Als Ziel der Rehabilitation wird heute in einem umfassenden Sinn die dauerhafte Wiedereingliederung in die Arbeit, in das engere Sozialfeld und in die Gesellschaft von Personen nach einer Behandlung verstanden, die eine psychische, somatische oder psychosomatische Störung hatten, oder die körperlich oder geistig behindert sind (Badura & Lehmann, 1988). Dadurch sollen entweder die Langzeitfolgen (1) einer Erkrankung verhindert oder (2) vermindert bzw. minimiert werden bei chronischen, unheilbaren Störungen. Rehabilitative Maßnahmen vermögen ebenfalls die Prävalenzrate zu senken

(vgl. Kapitel 7 «Rehabilitation» in diesem Band). Prävention, Behandlung/Therapie und Rehabilitation entsprechen der Zeitachse der Störungsverhinderung, -entwicklung und -behandlung, einschließlich der Wiedereingliederungsmaßnahmen. Caplan (1964) nannte diese Funktionen primäre, sekundäre und tertiäre Prävention. Wir ziehen es vor, den Präventionsbegriff ausschließlich auf die primäre Prävention zu beziehen und für die anderen beiden den Behandlungs- und Rehabilitationsbegriff zu verwenden. Die *Beratungsfunktion* unterscheidet sich in einigen Aspekten - wenn auch nicht exakt - als besondere Form der Hilfestellung vom Training, der Behandlung bzw. der Therapie (vgl. Heil & Scheller, 1981). Die *psychologische Beratung* läßt sich theoretisch dadurch charakterisieren, daß durch die Beratung den Ratsuchenden Informationen zur Verfügung gestellt werden, die die Entscheidungs- oder allgemein die Handlungsgrundlage verbessern. Die Entscheidung bzw. die Veränderung selbst ist durch den Beratenen zu vollziehen. Beim Training, der Behandlung und Therapie hilft der Experte nicht nur die Handlungs- respektive Entscheidungsgrundlage zu verbessern, er hilft auch aktiv mit, bei der Veränderung von Verhaltensdispositionen, bei der Umsetzung von Zielen. Psychologische Beratungen sind zeitlich und inhaltlich begrenzter als Psychotherapien. In der Praxis sind die Übergänge von beratender und intervenierender Tätigkeit im oben umschriebenen Sinne indes fließend.
Bei allen Funktionen (Entfaltungs-, Prävention, Behandlungs-/Therapie und Rehabilitationsfunktion) kann *unmittelbar* eher die psychische, oder *mittelbar* die somatische/organische Zieldimension im Vordergrund stehen (siehe Abschnitt 4). Letzteres wäre z.B. gegeben, wenn durch eine präventive Intervention das Gesundheitsverhalten verbessert werden soll zur Verminderung des Risikos für koronare Erkrankungen. Dabei können unmittelbar Erlebens- und Verhaltenstendenzen beeinflußt werden mit dem mittelbaren Ziel der Verminderung des organischen Erkrankungsrisikos.

4. Ebenen der klinisch-psychologischen Intervention und ihre Verbindung zu den Funktionen

Klinisch-psychologische Interventionen können sich - wie bereits erwähnt - auf verschiedene Komplexitätsebenen beziehen. Wir unterscheiden in unserem Lehrbuch (siehe auch Band 1) drei verschiedene Komplexitätsebenen: 1. die Ebene der psychischen Funktionen, wie Wahrnehmung, Gedächtnis, Lernen usw.; 2. die Ebene von Funktionsmustern, die die klassischen Syndrome und die Persönlichkeit als System von Funktionsmerkmalen repräsentiert, und 3. die Ebene interpersoneller Systeme, angefangen von der Dyade bis zur Gemeinde. Es wird also die intrapersonelle von der interpersonellen Ebene in unterschiedlichen Komplexitätsgraden unterschieden (siehe Abbildung 3).

Diese Komplexitätsgrade können mit den in Abschnitt 3 angesprochenen Funktionen

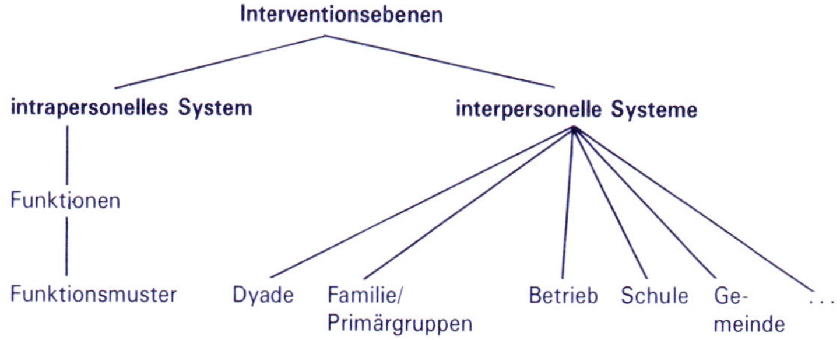

Abbildung 3: Intra- und interpersonelle Interventionsebenen

kombiniert werden, woraus sich eine Funktions-/Interventionsebenen-Matrix ergibt (vgl. Abbildung 4).

Auf der Ebene der *psychischen Funktionen* sind z.B. präventive Gedächtnistrainings für betagte Personen, oder psychologische Interventionsprogramme zur Behebung von Lese-Rechtschreibstörungen einzuordnen. Durch derartige Interventionen wird nicht unbedingt eine umfassende Reorganisation der Persönlichkeit angestrebt. Auf der *Ebene von Funktionsmustern* soll dagegen ein Syndrom von Funktionen koordiniert beeinflußt werden. Ein depressiver Patient soll z.B. auf kognitiver Ebene lernen, Fehler der Informationsverarbeitung zu korrigieren; gleichzeitig soll er lernen, bestimmte Aktivitäten wieder zu praktizieren usw.. Interventionen auf der *interpersonellen Systemebene* sollen Merkmale von Dyaden oder größeren Gruppen verändern.

Die *Funktions-Interventionsebenen-Matrix* (Abbildung 4) faßt beide Aspekte klinisch-psychologischer Interventionen mit Beispielen zusammen.

Wenn bei der dargestellten Systematik noch die *Dimension «psychischer vs. organisch/somatischer Kontext»* einbezogen wird, so ergibt sich eine dreidimensionale Matrix (siehe Abbildung 5), d.h. es wird unterschieden, ob die psychologischen Maßnahmen eher zur Erhaltung oder Wiederherstellung des psychischen Wohlbefindens (A), oder zur Erhaltung oder Wiederherstellung des körperlichen Wohlbefindens (B) veranlaßt werden. Die auf unterschiedlichen Datenebenen fokussierten Störungs- resp. Krankheitstypen implizieren keine dualistische Interpretation der psychoorganischen Einheit, sondern sind mit einem biopsychosozialen Modell kompatibel, das bei organischen wie psychischen Störungen stets ein Zusammenspiel organischer, psychischer wie sozialer Faktoren postuliert. Die klinisch-psychologischen Interventionen optimieren die Möglichkeiten der Beeinflussung des Organismus über den Zugang des Erlebens und Verhaltens.

Wir halten es für sinnvoll, den Begriff der *Gesundheitspsychologie* («health psychology») in einem umfassenden Sinn - wie Gesundheit auch von der WHO definiert wird - für jenen Teilbereich der Klinisch Psychologie zu reservieren, der sich mit der Erhaltung und Förderung der Gesundheit befaßt. Förderung und Erhaltung der seelischen (vgl. Becker & Minsel, 1984) und körperlichen Gesundheit sowie die Prävention von psychischen Störungen und organischen/somatischen Krankheiten sind die genuinen Interventionsbereiche der Gesundheitspsychologie (vgl. Schmidt, Schwenkmezger & Dlugosch, 1990. Damit deckt sie in unserem Quader (Abbildung 5) die Räume A1, A2 und B1, B2 ab. Nach unserer Systematik (Abbildung 5) sind z.B. Interventionen zur Veränderung des Lebensstils (Streßverarbeitung usw.) zum Zwecke der Vorbeugung von koronaren Erkrankungen in

Funktionen / Interv. ebene	Psychische Funktionen	Funktionsmuster	Interpersonelle Systeme
Entfaltungsfunktion Gesundheitsförderung	Problemlösetraining	Selbsterfahrung	Kommunikationstraining im Betrieb
Prävention	Gedächtnistraining für gesunde ältere Personen	Training zur Streßverarbeitung	Elterntraining für junge Paare
Behandlung/Therapie	Behandlung von Schlafstörungen	Kognitive Verhaltenstherapie bei Depressionen	Familientherapie bei Tochter mit Anorexie
Rehabilitation	Gedächtnistraining nach Hirnverletzung	Behandlungsprogramm bei chronischem Alkoholismus	Familientherapie zur Rückfallprophylaxe schizophrener Patienten

Abbildung 4: Funktions-Interventionsebenen-Matrix mit Beispielen

B1a/B2a resp. B1b/B2b oder präventive Interventionen auf der Ebene gesundheitlichen Versorgungssystems in B1c/B2c lokalisiert. «Gesundheitspsychologie» wird anderweitig mit einer einerseits viel breiteren und andererseits engeren Bedeutung versehen, indem sie dort alle Funktionen, von der Prävention bis zur Rehabilitation, abdeckt, aber nur auf die organische/somatische Gesundheit resp. Krankheit bezogen wird (z.B. Matarazzo, 1980 oder Taylor, 1986). Die Bereiche B1 bis B4 sind dem Aufgabenbereiche der *Verhaltensmedizin* zuzuordnen (vgl. Miltner, Birbaumer & Gerber, 1986 und Reinecker, 1988), die von vielen als das interdisziplinäre Feld verstanden wird, das sich unter biopsychosozialer Perspektive mit der Ätiologie, Epidemiologie, Diagnostik, Prävention, Therapie und Rehabilitation von somatischen/organischen Gesundheit und Krankheit beschäftigt (vgl. Miltner, 1986). Gesundheitspsychologie hat nach dieser Systematik eine gemeinsame Schnittmenge mit der Verhaltensmedizin. Teilweise wird der Begriff «Medizinische Psychologie» ähnlich wie jener der Gesundheitspsychologie bzw. der Verhaltensmedizin verwendet (vgl. Schmidt, 1987 und Schröder, Regel & Röster, 1989). Gesundheitspsychologie und Verhaltensmedizin schließen die Ätiologie und Diagnostik (vgl. Band 1) ein, die hier in der Systematik der klinisch-psychologischen Interventionsmethoden nicht repräsentiert werden. Gleichgültig, ob die Intervention eine organische Erkrankung oder eine psychische Störung bzw. deren Verhinderung zum Anlaß habe, in jedem Fall liegt der Ansatzpunkt der klinisch-psychologischen Intervention im Verhalten und Erleben.

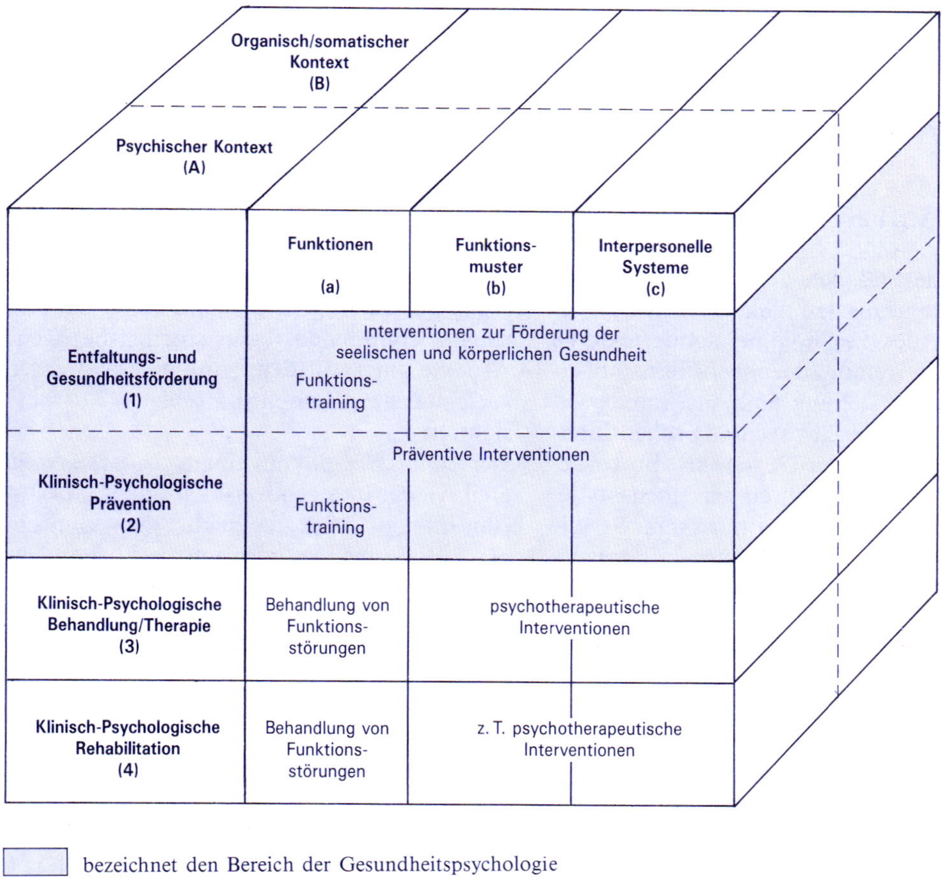

Abbildung 5: Systematik der klinisch-psychologischen Interventionsmethoden

Der Begriff «Psychotherapie» bzw. «psychotherapeutische Intervention» umfaßt in der Regel die klinisch-psychologische Behandlung/Therapie von gestörten Funktionsmustern bzw. interpersonellen Systemen bei psychischen Störungen; z.T. bezieht er sich auch auf die Behandlung/Therapie im Hinblick auf organische Störungen. Mitunter wird der Begriff «Psychotherapie» auch für Interventionen im Zusammenhang der klinisch-psychologischen Rehabilitation verwendet.

Eine definitive und exakte Abgrenzung der verschiedenen, sich neu entwickelnden Schwerpunkte ist nicht möglich, da sich die fachlichen Entwicklungen in einem dynamischen Prozeß der Differenzierung befinden. Wir verstehen die Klinische Psychologie als die Disziplin, aus der diese Spezialisierungen hervorgehen und die den größeren Rahmen für die fachliche Differenzierung bildet (vgl. dazu auch Basler & Florin, 1985). Ansätze dazu gibt es bereits seit den sechziger Jahren, enthielt doch bereits Wolmans «Handbook of clinical psychology» (1965) ein Kapitel über psychologische Aspekte von physischen Erkrankungen und der Spitalpflege.

5. Zum Aufbau des Lehrbuches

Die Tatsache, daß viele der heute verbreiteten Psychotherapieansätze nicht durch den Wissenskorpus der Psychologie, sondern durch wissenschaftsfremde Ideen inspiriert sind, erschwert die Darstellung und Auseinandersetzung mit den klinisch-psychologischen Interventionsmethoden der Gegenwart. Im vorliegenden Lehrbuch gewähren wir einerseits jenen Ansätzen größere Aufmerksamkeit, die aus psychologischen Forschungszusammenhängen hervorgegangen sind.

Bei jenen psychotherapeutischen Methoden, deren Vertreter einen theoretischen Hintergrund favorisieren, der in der Psychologie weniger verankert ist, wird - soweit sie hier zur Sprache kommen - der Versuch gemacht, die Bezüge zur Psychologie herzustellen. Das betrifft vorallem die psychoanalytisch orientierten Interventionen. Denn auch ihre Wirkungsweise beruht auf psychologischen Gesetzmäßigkeiten, die zu erforschen sich die Psychologie vorgenommen hat, auch wenn deren Repräsentanten ganz andere Kausalattributionen für ihre Wirkungen bemühen mögen. Bei der Darstellung der klinisch-psychologischen Interventionsmethoden stehen in diesem Lehrbuch die klinisch-psychologische Behandlung/Therapie, d.h. die Behandlung gestörter Funktionen und die Psychotherapie (= Behandlung gestörter Funktionsmuster und interpersoneller Störungen) im Vordergrund; die Entfaltungsfunktion und Prävention einerseits und Rehabilitation andererseits werden nur überblicksartig dargestellt. Die beiden letztgenannten Bereiche (Prävention und Rehabilitation) haben sich so ausdifferenziert, daß sie nicht mehr im gleichen Auflösungsgrad wie die Behandlung/Therapie in einem Band abgehandelt werden können. Grundkonzepte der Behandlung/Therapie sind aber auch für die Prävention und Rehabilitation von Bedeutung. Eine weitere Eingrenzung erfolgt im Hinblick auf psychische Störungen. Die Prävention, die Behandlung/Therapie und Rehabilitation von somatischen Störungen mittels psychologischer Methoden (Gesundheitspsychologie und Verhaltensmedizin) kann - wie bereits in Band 1 betont wurde - nicht abgehandelt werden (vgl. dazu Miltner, Birbaumer & Gerber 1986).

Der vorliegende Band ist in der Struktur vergleichbar zu Band 1 (Baumann & Perrez, 1990) gegliedert. Es werden zum einen störungsübergreifende versus störungsbezogene Aspekte unterschieden; zum anderen werden verschiedene Komplexitätsebenen berücksichtigt.

Der Band 2 beginnt mit einem *Grundlagenteil* (Teil A), der interventionsmethoden- und störungsübergreifende Aspekte der klinisch-psychologischen Intervention behandelt. Dazu gehört die Thematisierung der Gesundheitsversorgung unter der Makroperspektive (Kapitel 2). Sie umschreibt die historische, soziologische und institutionelle Einbettung des präventiven, therapeutischen und rehabilitativen Handelns. Anschließend werden wissenschaftstheoretische Grundbegriffe der Intervention (Kapitel 3) und die Methodik der klinisch-psychologischen Interventionsforschung (Kapitel 4) erörtert. Die Kapitel 5, 6 und 7 sind der Prävention, der Behandlung/Therapie und der Rehabilitation gewidmet.

Die klinisch-psychologische Behandlung/Therapie wird nach den drei großen theoretischen Ansätzen (psychoanalytisch, verhaltenstherapeutisch und gesprächspsychotherapeutisch orientierte Intervention) *methodenorientiert* nach einer einheitlichen Systematik dargestellt:

- Gesundheits- und Krankheitskonzept,
- Therapieziele,
- Interventionstechniken,
- Interventionsebenen,
- Wirksamkeit und Erklärung der Wirksamkeit werden für jede Psychotherapiegruppe diskutiert.

Es schien uns aus fachhistorischen und -politischen Gründen unumgänglich, die theoretischen Ansätze einzeln zu beschreiben, wenngleich wir die Zukunft der psychologischen Interventionsmethoden nicht in schulischen Ansätzen, sondern in Konzepten sehen, die - unabhängig von ihrer Herkunft - voll in der Psychologie verwurzelt sind. Studierende der Klinischen Psychologie müssen sich indes mit diesen heute praktizierten Verfahrensgruppen und den damit verbundenen Ideen auseinandersetzen. Ein eigenes Kapitel ist für die Psychopharmakologie vorgesehen, da Klinische Psychologien über Grundkenntnisse in diesem Gebiet verfügen müssen, auch wenn sie selber Psychopharmaka nicht verschreiben dürfen.

Im Teil B werden klinisch-psychologische Interventionsmethoden *störungsbezogen* und zwar auf verschiedenen Interventionsebenen vermittelt:

- *Ebene der gestörten Funktionen* (Teil I): Psychomotorik, Gedächtnis, Lernen, problemlösen, Emotion, Motivation und Schlaf,
- *Ebene der gestörten Funktionsmuster* (Teil II): Neurosen, Depressive Störungen, Psychosomatische Störungen, Schizophrene Störungen, Störungen durch psychotrope Substanzen und spezielle Kapitel über Intervention bei Verhaltens- und Entwicklungsstörungen von Kindern und Jugendlichen sowie Altersstörungen, und
- *Ebene der gestörten interpersonellen Systeme* (Teil III): Sexual- und Beziehungsstörungen, Störungen der Schulklasse als soziales System, Störungen betrieblicher Organisationen und Störungen im System Gemeinde. Alle drei Ebenen sind an der Einteilung von Band 1 orientiert.

Der *Anhang* enthält Materialien zur Ausbildung und zum Arbeitsfeld der Klinischen Psychologie: Die *Weiterbildungsrichtlinien* der Föderation Deutscher Psychologenvereinigungen, die *Musterverordnung* für Psychotherapie durch Nichtmediziner der Schweizerischen Sanitätsdirektorenkonferenz, die für die kantonalen Gesetzgebungen der Schweiz maßgebend sind, und die *berufsethischen Standards* des Berufsverbandes Deutscher Psychologen. Den Abschluß bildet ein Verzeichnis wichtiger *klinisch-psychologischer Zeitschriften.*

6. Literatur

Badura, B. & Lehmann, H. (1988). Sozialpolitische Rahmenbedingungen, Ziele und Wirkungen von Rehabilitation. In U. Koch, G. Lucius-Hoene & R. Stegie (Hrsg.), *Handbuch der Rehabilitationspsychologie* (S. 58–73). Hamburg: Springer.

Becker, P. & Minsel, B. (1986). *Psychologie der seelischen Gesundheit* (Bd. 2). Göttingen: Hogrefe.

Brownell, K.D. (1982). Behavioral Medicine. *Annual Review of Behavior Therapy: Theory and practice*, 156–207.

Caplan, G. (1964). *Principles of preventive psychiatry.* New York: Basic Books.

Ernst, C. (1989). Der Exorzismus. In G. Condrau (Hrsg.), *Psychologie des 20. Jahrhunderts, Bd. XV, Transzendenz, Imagination und Kreativität* (S. 717–725). Zürich: Kindler.

Greif, S. (1976). *Diskussionstraining.* Salzburg: Otto Müller.

Heil, F.E. & Scheller, R. (1981). Entwicklungsmöglichkeiten der gegenwärtigen Beratungspraxis. In U. Baumann, H. Berbalk & G. Seidenstücker (Hrsg.), *Klinische Psychologie. Trends in Forschung und Praxis (Bd. 4)* (S. 180–208). Bern: Hans Huber.

Huber, W. (1991). *Psychologische Hilfe und Therapie. Was man wissen sollte, wenn man Hilfe braucht.* Bern: Hans Huber.

Ingenkamp, F.D. (1979). *Zielerreichendes Lernen, mastery learning: Grundlagen, Forschungsbericht, Praxis.* Ravensburg: Ravensburger Buchverlag Otto Maier.

Matarazzo, J.D. (1980). Behavioral Health and Behavioral Medicine: Frontiers for a New Health Psychology. *American Psychologist, 35,* 807–817.

Miltner, W. (1986). Verhaltensmedizin: Definition und Abgrenzung. In W. Miltner, N. Birbaumer & W.D. Gerber (Hrsg.) *Verhaltensmedizin* (S. 1–4). Berlin: Springer.

Miltner, W., Birbaumer, N. & Gerber, W.D. (Hrsg.). (1986). *Verhaltensmedizin.* Berlin: Springer.

Moritz, C.P. (Hrsg.). (1783). *Gnothi sauton oder Magazin zur Erfahrungsseelenkunde.* Berlin: August Mylius.

Olivero, J.L. & Brunner, R. (1973). *Micro-Teaching, ein neues Verfahren zum Training des Lehrerverhaltens.* Beiheft zu Psychologie in Erziehung und Unterricht, 65. München: Reinhardt.

Perrez, M. (1976). Zum Problem der Relevanzforderungen in der Klinischen Psychologie am Beispiel der Therapieziele. In A. Iseler & M. Perrez (Hrsg.), *Relevanz der Psychologie* (S. 139–154). München: Reinhardt Verlag.

Perrez, M. (1982). Ziele der Psychotherapie. In R. Bastine, P.A. Fiedler, K. Grawe, S. Schmidtchen & G. Sommer (Hrsg.), *Grundbegriffe der Psychotherapie* (S. 459–463). Weinheim: Edition Psychologie.

Pomerlean, O.F. & Rodin, J. (1986[3]). Behavioral medicine and health psychology. In S.L. Garfield & A. Bergin (Eds.), *Handbook of Psychotherapy and Behavior Change* (pp. 483–522). New York: John Wiley & Sons.

Reinecker, H. (1988). Verhaltensmedizin. In G.G. Davison & J.M. Neale, *Klinische Psychologie. Ein Lehrbuch* (S. 677–688). München: Psychologische Verlags Union.

Schmidt, L.R. (1987). Klinische Psychologie und medizinische Psychologie-Feindliche Brüder oder siamesische Zwillinge? *Psychotherapie, Psychosomatik, Medizinische Psychologie, 37*, 272–278.

Schmidt, L.R., Schwenkmezger, P. & Dlugosch, G.E. (1990). The scope of health psychology. In L.R. Schmidt, P. Schwenkmezger, J. Weinman & S. Maes (Eds.), *Theoretical and applied aspects of health psychology.* London: Harwood Academic Press.

Schröder, H., Regel, H. & Rösler, H.-D. (1989). Medizinische Psychologie – von einer «Psychologie der Krankheit» zu einer «Psychologie der Gesundheit». *Psychologische Praxis, 7,* 47–65.

Schwartz, G.E. (1982). Testing the biopsychosocial model: The ultimate challenge facing behavioral medicine? *Journal of Consulting and Clinical Psychology, 50,* 1040–1052.

Strotzka, H. (Hrsg.). (1975). *Psychologie: Grundlagen, Verfahren, Indikationen.* München: Urban & Schwarzenberg.

Taylor, S.E. (1986). *Health Psychology.* New York: Random House.

Wolman, B.B. (Hrsg.). (1965). *Handbook of clinical psychology.* New York: McGraw-Hill.

A. Grundlagen

Methodenübergreifende und störungsübergreifende Aspekte

2. Gesundheitsversorgung

Urs Baumann

1. Einleitung

1.1 Makro-, Mikroperspektive

Interventionen im Gesundheitsversorgungssystem können in unterschiedlichem Auflösungsgrad betrachtet werden. Nach Baumann (1984) sind folgende Perspektiven wichtig:

- *Makroperspektive:* Interventionen werden als Versorgungsangebot betrachtet, das für definierte Populationen durch Institutionen (mit einer oder mehreren Personen) im Hinblick auf definierte Ziele angeboten und durchgeführt wird. Im Vordergrund des Interesses stehen Beschreibung, Bewertung und theoretische Fundierung von Institutionen, Berufsgruppen und deren Verknüpfungen. Zur Makroperspektive gehört aber auch die Beschreibung und Bewertung normativer Randbedingungen wie Leitbilder der Versorgung und die die Gesundheitsversorgung regelnden Gesetze und Vorschriften (Berufszulassung, Krankenkassen, etc.).
- *Mikroperspektive:* Wird Intervention nicht mehr als Versorgungsangebot für ein Bevölkerungsystem betrachtet, sondern als Methode und Tätigkeit bei Einzelpersonen, Paaren, Familien, Gruppen, so rückt das konkrete Interventionsgeschehen in den Mittelpunkt des Interesses. Indikation, Prozeßanalysen, kombinierte Prozeß-Erfolgsforschung sind Beispiele für Forschungsfragen der Mikroperspektive; für die Makroperspektive sind diese Aspekte weniger wichtig.
- *Schnittstelle Makro-Mikroperspektive:* In der Makroperspektive stehen Versorgungsangebote, in der Mikroperspektive einzelne Methoden und Interventionen im Vordergrund. Es bleibt ein von beiden Perspektiven nicht berücksichtigter Aspekt, nämlich das *Handlungsfeld* des potentiellen Klienten/Patienten und der Intervention anbietenden Person. Im Vorfeld und begleitend zur Intervention spielen Gesundheits- und Krankheitsverhalten des Klienten/Patienten eine wichtige Rolle. Dieses Verhalten bewirkt u.a., ob eine Intervention gesucht und angenommen wird. Daneben sind aber auch die die Intervention anbietenden Personen bezüglich ihres Handelns zu analysieren. Erfahrungsbildung, klinische Urteilsbildung, Überweisungsverhalten etc. sind dazugehörige Fragestellungen (vgl. Kaminiski, 1970; Kanfer & Scheftt, 1988).

Die mit Gesundheit und Krankheit zusammenhängenden übergeordneten Aspekte, d.h. die Makroperspektive werden vielfach mit dem Begriff der *Gesundheitsversorgung* umschrieben. In der Regel wird die Gesundheitsversorgung national konzipiert, durch die Weltgesundheitsorganisation WHO werden aber auch internationale Konzepte realisiert (Freeman, Fyers & Henderson, 1986; Sartorius, 1988, 1989). Mit dem Begriff Gesundheitsversorgung (nicht Krankenversorgung) werden folgende Zielvorstellungen intendiert:

- Ziel aller Maßnahmen ist die Verbesserung der Gesundheit der Betroffenen.
- Behandlung und Therapie sind nicht isoliert zu sehen, sondern in ein Gesamtkonzept der Intervention einzuordnen, das auch Prävention und Rehabilitation umschließt.
- Prävention, Behandlung/Therapie und Rehabilitation beziehen sich auf Störungen/Krankheiten. Der Gesundheitsbegriff ist aber nicht nur durch Abwesenheit von Krankheit zu definieren, sondern als positive Zielvorstellung und erfordert daher spezielle Maßnahmen.

Das vorliegende Lehrbuch ist auf die Mikroperspektive ausgerichtet. Für diese Perspektive ist aber als Hintergrundwissen die Makroperspektive wichtig; diese wird im vorliegenden Kapitel abgehandelt. Am Rande wird auch auf das Handlungsfeld eingegangen.

2. Geschichte der Gesundheitsversorgung

Die institutionalisierten Formen der Versorgung psychischer Störungen haben sich im Vergleich zur Versorgung somatischer Störungen relativ spät entwickelt (die folgenden Ausführungen basieren auf Deutscher Bundestag, 1975; Häfner & an der Heiden, 1984; zur Geschichte der Klinischen Psychologie s. Band 1). Im Laufe des 17. Jahrhunderts wurden psychisch Kranke (Geisteskranke) zusammen mit Bettlern, Landstreichern, Dirnen etc. in Anstalten abgesondert. In der Epoche der Aufklärung (18. Jahrhundert) hob man die Vermischung zwischen sozialer Devianz und psychischer Störung auf und brachte psychisch Kranke in Bürgerspitälern, zusammen mit somatischen Patienten, oder in eigenen Anstalten unter. Im 19. Jahrhundert wurde die Versorgung psychischer Störungen als wichtiges Anliegen gesehen, was den Bedarf an Behandlungsmöglichkeiten massiv steigerte. Dieser Bedarf konnte nicht durch die Bürgerspitäler (Allgemeine Krankenhäuser) gedeckt werden, weshalb es vermehrt zur Gründung eigener Anstalten für psychisch Kranke kam. Vielfach wurden diese Anstalten fern von Städten und getrennt von anderen medizinischen Diensten realisiert. Gründe dafür waren: pädagogische – (psychisch Kranke sollten vom störenden Milieu getrennt werden), praktische – (Vorhandensein von säkularisierten Klöstern, die zu Anstalten umfunktioniert wurden) und rehabilitative Gesichtspunkte (Landwirtschaft als Beschäftigungsmöglichkeit für Langzeitpatienten). Das durch die Anstalten realisierte Versorgungskonzept, das den psychisch Kranken einen Sonderstatus einräumte, kritisierte Griesinger (1867; siehe Rössler, Häfner, Martini, an der Heiden, Jung & Löffler, 1987). Mit seinem Satz, daß Geisteskrankheiten Krankheiten des Gehirns seien, forderte er implizit die Gleichstellung somatisch und psychisch Kranker und eine integrierte Versorgung. Dieses Konzept erfuhr aber aus verschiedenen Gründen keine Realisierung. Vielmehr fand in der Bundesrepublik Deutschland die Trennung zwischen Universitätskliniken und Anstaltspsychiatrie statt, die für beide Versorgungsformen verschiedenste Nachteile mit sich brachte. Anfangs dieses Jahrhunderts kam es durch Arbeits- und Beschäftigungstherapie, durch Außenfürsorge und die Gründung von Hilfsvereinen (vgl. Mental-Health-Bewegung in USA) zu einer Verbesserung der Versorgung, die problematische Anstalts-Versorgung erfuhr dadurch aber keine grundsätzliche Änderung. In der Zeit des Nationalsozialismus kam es dann zu den Verbrechen der Zwangssterilisation und Tötung von psychisch Kranken; diese Verbrechen haben lange über die Zeit des Nationalsozialismus hinweg die Gesundheitsversorgung beeinträchtigt.

Die Entwicklung der Gesundheitsversorgung nach dem zweiten Weltkrieg war vor allem geprägt durch eine zunehmende Vielfalt an therapeutischen Möglichkeiten: Sozialtherapie (seit Ende der 40er Jahre), Psychopharmakatherapie (seit den 50er Jahren) und Psychotherapie. Letztere hatte zwar bereits zu Beginn dieses Jahrhunderts durch die Psychoanalyse punktuell Eingang in die Gesundheitsversorgung gefunden; in der Bundesrepublik Deutschland und Österreich führte aber der Nationalsozialismus zur Emigration fast aller Psychoanalytiker, die dann in USA einen starken Einfluß auf die Psychiatrie ausübten. Seit den 50er Jahren hat die Psychotherapie zunehmend in der gesamten Gesundheitsversorgung an Bedeutung gewonnen, da nicht nur tiefenpsychologische Verfahren, sondern auch Verfahren wie Gesprächspsychotherapie und Verhaltenstherapie, die in der Psychologie ihre Begründung nahmen, entwickelt wurden.

Eine grundsätzlich neue Perspektive für die Gesundheitsversorgung, nämlich die *Integration* psychisch Kranker, zeichnete sich in der Breite (Vorläufer jeweils früher) in England seit den 50er, in USA seit den 60er (Mental health centers act von Kennedy 1963) und in den deutschsprachigen Ländern seit den 70er Jahren (mit Vorläufern in den 60er Jahren) ab. Der Schlußbericht der Sachverständigenkommission des Deutschen Bundestages vom 25.11.1975 stellt das offizielle Datum für die Änderug der Gesundheitsversorgung psychischer Störungen der Bundrepublik Deutschland dar (Deutscher Bundestag, 1975), in Österreich und der Schweiz verlief die Entwicklung ähnlich (Österreich: vgl. Baumann, Gastager, Mackinger & Nagl-Pickerle, 1987; Schweiz: vgl. Pöldinger, 1982; Ruckstuhl, Greusing, Langhans & Wyss, 1984).

Die Ergebisse dieser Reformbemühungen haben sich in Zielvorstellungen und Strukturänderungen niedergeschlagen (zur internationalen Entwicklung der letzten 10 Jahre s. Freeman et al., 1986; Kulenkampf & Picard, 1989); diese werden im nächsten Kapitel behandelt.

3. Leitbilder der Gesundheitsversorgung

Als Zielpunkt für Veränderungen, aber auch zur Bewertung bestehender Systeme werden für die Gesundheitsversorgung Leitbilder benötigt. Diese finden sich meistens in Expertenberichten, die in der Regel auch Bestandesaufnahmen beinhalten. Vielfach sind diese Expertenberichte von Medizinern maßgebend gestaltet worden, was sich in berufspolitischen Aussagen auswirkt. Die Rolle des Psychologen in der Gesundheitsversorgung erfährt dadurch nicht immer die aus psychologischer Sicht adäquate Funktionszuweisung. Andererseits fehlen alternative Expertenaussagen aus psychologischer Sicht, die die gesamte Breite der Gesundheitsversorgung abzudecken erlauben (vgl. aber für Bundesland Salzburg in Österreich: Baumann et al., 1987; für Kanton Freiburg in der Schweiz: Kupper, 1986; siehe auch Einleitungskapitel in diesem Lehrbuch). Alternative Konzepte (z.B. Gemeindepsychologie anstatt Gemeindepsychiatrie, vgl. Sommer & Ernst, 1977) haben nicht die notwendige nationale oder internationale Resonanz gefunden. Insbesondere das nächste Kapitel ist daher eher an der medizini-

Kasten 1
Grundsätze einer Neuordnung der Versorgung psychisch Kranker und Behinderter (Deutscher Bundestag, 1975, S. 189), 190; Kürzungen sind mit (. . .) symbolisiert)

1. Die *Entstehungsbedingungen* psychischer Krankheiten und die Umstände, welche zu ihrer *Chronifizierung* beitragen können, machen es (. . .) notwendig, solchen Zusammenhängen und den Fragen und Möglichkeiten der *Prävention* fortschreitend nachzugehen und *Erkenntnisse darüber an die Betroffenen, an Institutionen und Entscheidungsinstanzen zu vermitteln.*
2. Erforderlich ist eine intensivierte allgemeine Aufklärung der Bevölkerung auf dem Gebiet der psychischen Gesundheit und eine gründlichere spezielle *Schulung* solcher Berufsgruppen, die (. . .) mit Auffälligkeiten und Beeinträchtigungen konfrontiert werden.
3. Durch volle Ausschöpfung präventiver Hilfen (. . .), sowie durch sinnvolle Förderung von Selbsthilfeinitiativen der Betroffenen (Selbsthilfegruppen) ist die *Vorsorge* auf dem Sektor der psychischen Gesundheit bereits im *Vorfeld der fachtherapeutischen Dienste* wesentlich zu verbessern. (. . .).
4. Die Versorgung (. . .) muß als ein *umfassendes Angebot allen* von psychischer Krankheit oder Behinderung Betroffenen und Bedrohten zur Verfügung stehen. Dies bedeutet, daß eine *Vielzahl von* (miteinander koordinierten) *Diensten* vorhanden sein muß. (. . .).
5. Alle Dienste, bei denen dies nur möglich ist, sollen *gemeindenah* eingereicht werden. (. . .).
6. Alle noch bestehenden *Unterschiede* hinsichtlich rechtlicher, kostenmäßiger und sozialer Regelungen *zwischen psychisch Kranken* und *körperlich Kranken* müssen *beseitigt* werden.
7. Die psychiatrischen und psychotherapeutisch/psychosomatischen Dienste können ihren Aufgaben nur durch eine *multidisziplinäre Zusammenarbeit zahlreicher Berufsgruppen* gerecht werden. (. . .) Sie macht (. . .) eine enge und verbindliche Zusammenarbeit mit sozialen, psychologischen und sonderpädagogischen Diensten erforderlich.
8. *Fachkrankenhäuser* (. . .) sollen nur diejenigen psychisch Kranken aufnehmen, deren Zustand diesen diagnostischen und therapeutischen Einsatz erforderlich macht. Für *geistig* und *seelisch Behinderte,* die einer ständigen Betreuung bedürfen, ist die Unterbringung in einem Fachkrankenhaus in der Regel nicht erforderlich. Sie bedürfen überwiegend solcher Einrichtungen, in denen rehabilitative und pädagogische Angebote und eine normale Wohn- und Lebensraumgestaltung ausschlaggebend sind.
9. Die vielfältig erforderlichen Angebote und Dienste sollen so *miteinander verbunden* sein, daß psychisch Kranke und Behinderte soweit und solange nur möglich die Beziehung zu derjenigen Einrichtung oder Fachgruppe, die sich ihrer Versorgung angenommen hat, aufrechterhalten können.

schen Versorgung mit ihren Rahmenbedingungen (Krankenkassen etc.) orientiert.

3.1 Leitbilder zur psychiatrischen und psychotherapeutisch-psychosomatischen Versorgung

International wurden zu verschiedenen Zeitpunkten Expertenberichte mit Leitbildern zu gesamten Bereichen oder Teilsektoren der Gesundheitsversorgung entworfen, die dann vielfach auch gesetzgeberische Konsequenzen hatten (z.B. Großbritannien: Royal Commission, 1957; Departement of health and social security, 1975; USA: Action for mental health, 1961; vgl. für kurzgefaßten Überblick: Kulenkampf & Piccard, 1989). Besondere Beachtung erfuhren die auf Basaglia zurückzuführenden gesetzlichen Bemühungen Italiens um Minimierung der stationären Versorgung zugunsten der ambulanten Versorgung; dadurch wurden die stationären Aufnahmen in staatlichen psychiatrischen Kliniken verboten (mittelfristige Aufhebung dieser Kliniken; Ausnahmen: geringe Bettenzahlen an Allgemeinmedizinischen Kliniken). Im deutschsprachigen Raum sind die 1975 vorgestellten Leitbilder der Bundesrepublik Deutschland (Deutscher Bundestag, 1975) besonders wichtig geworden. Sie sind unter dem Titel «Bericht über die Lage der Psychiatrie in der Bundesrepublik Deutschland – Zur psychiatrischen und psychotherapeutisch/psychosomatischen Versorgung der Bevölkerung» erschienen. Bei diesem Bericht werden die psychischen Störungen durch die Versorgungsbegriffe Psychiatrie, Psychotherapie und Psychosomatik umschrieben. Diese Umschreibung ist insofern problematisch, als damit medizinische Diszipline gemeint sind, die durch ärztliche Rahmenbedingungen strukturiert werden. Beiträge der Klinischen Psychologie sind dadurch Zusätze zur medizinischen Versorgung, nicht aber integrale Bestandteile. In Kasten 1 sind die Leitsätze des Expertenberichtes 1975 angeführt. Durch einen erneuten Expertenbericht (1988) wurden diese Leitsätze überprüft und erweitert. Es wird festgehalten, daß vor allem folgende vier Aspekte weiterhin besonders wichtig sind:

- Gemeindenahe Versorgung, d.h. die Versorgungsangebote müssen so konzipiert werden, daß sie räumlich (Distanz und Fahrzeit) und psychologisch (Hemmschwellen) vergleichbar anderer Dienstleistungsbetriebe, d.h. ohne spezifischen Aufwand, erreichbar sind.
- Bedarfsgerechte und umfassende Versorgung aller psychisch Kranken und Behinderten, d.h. es ist eine Vielfalt an Diensten mit unterschiedlichen Berufsgruppen für alle Zielpersonen anzubieten.
- Koordination aller Versorgungsdienste, um Doppelspurigkeiten, aber auch Versorgungslücken zu vermeiden.
- Gleichstellung von psychisch und somatisch Kranken. Diese Gleichstellung ist insbesondere bei Gesetzen, Leistungen von Krankenkassen und Versicherungen, aber auch bezüglich Versorgungsleistungen (Ausstattung von Krankenhäusern, adäquate somatisch-medizinische Betreuung von psychisch Kranken und umgekehrt etc.) zu gewährleisten.

Ergänzend werden weitere Zielvorstellungen angeführt:

- Die kommunalen Gebietskörperschaften (Landkreise, Bezirke, Gemeinden etc.) sollen stärker als bisher die politische (nicht die finanzielle) Verantwortung für die außerstationäre Gesundheitsversorgung übernehmen.
- Von besonderer Wichtigkeit sind nichtprofessionelle Kräfte und das Selbsthilfepotential.
- Versorgungseinheiten (Standardversorgungsgebiete, s. unten) für die allgemeine psychiatrische Versorgung der Erwachsenen sollten in der Regel 100000 bis 150000 Einwohner nicht überschreiten und mit den politischen Einheiten übereinstimmen. Bei speziellen Gruppen (Kinder, Jugendliche etc.) sind auch andere Größen sinnvoll.
- Den chronisch psychisch Kranken und den Behinderten ist besondere Beachtung zu schenken.
- Maßnahmen und Leistungen sollten in den jeweiligen Regionen primär funktionsbezogen und institutionsübergreifend diskutiert werden, um Leistungsadditionen zu verhindern. Folgende Funktionsbereiche sind

wichtig: Behandlung/Pflege/Rehabilitation, Wohnen, Arbeit, soziale Teilhabe und Verwirklichung materieller Rechte.

Meistens sind die Zielvorstellungen so allgemein gehalten, daß sich daraus unterschiedliche konkrete Realisierungen ableiten lassen. Dies gilt nicht zuletzt auch für die Funktion des Klinischen Psychologen in der Gesundheitsversorgung. In den Detailausführungen der Expertenberichte werden meistens die spezifischen Funktionszuweisungen für einzelne Berufsgruppen deutlich. So werden z.B. im Expertenbericht (1988) für die Bundesrepublik Deutschland die niedergelassenen Nervenärzte als wesentliche Bausteine der allgemeinpsychiatrischen Versorgung angesehen; den Klinischen Psychologen in den freien Praxen wird aber keine funktional vergleichbare Position zugeschrieben. Dies, obwohl z.B. den knapp 3000 niedergelassenen Nervenärzten ca. 3500 Klinische Psychologen (im Voll- oder Nebenerwerbsverhältnis) in freien Praxen gegenüberstehen (Wasilewski, 1989).
Für die Klinische Psychologie und die Klinischen Psychologen ergibt sich stärker als bisher die Notwendigkeit, sich mit eigenen Konzepten zur Gesundheitsversorgung zu artikulieren und auch auf Gesetzgebung und Verwaltungsmodalitäten Einfluß zu nehmen. So wurde z.B. in dem Positionspapier der Föderation Deutscher Psychologenvereinigungen (1987a) dargelegt, daß auch Psychologen einen eigenständigen Beitrag zur Gesundheitsversorgung leisten und die klinisch-psychologische Tätigkeit als legitime Ausübung von Heilkunde einzustufen sei, die der ärztlichen Tätigkeit nicht nachgeordnet ist (vgl. Problem des Delegationsprinzips in der BRD).

3.2 Leitbilder für die Gesundheitsförderung

Wie bereits oben betont, befaßt sich Gesundheitsversorgung nicht nur mit Krankheiten oder Störungen. Vielmehr gehört auch die Gesundheit zu ihren wesentlichen Aufgaben. Seit einigen Jahren tritt daher ein eigener Zweig, nämlich die Gesundheitspsychologie (health psychology; Stone et al., 1987) in Erscheinung. Teilweise ist die Definition von Gesundheitspsychologie (siehe Einleitungskapitel in diesem Band) überlappend mit Definitionen zur Verhaltensmedizin (Miltner, Birbaumer & Gerber, 1986), teilweise wird aber auch verstärkt Gesundheit als eigenes Anliegen gesehen. In der WHO wird seit 1977 ein internationales Programm zur Gesundheitsförderung betrieben, das interdisziplinär orientiert ist und sich nicht nur an Wissenschafter, sondern auch an Politiker richtet (WHO, 1987; Mahler, 1988). Maßstab für die Gesundheit sind die Möglichkeiten des einzelnen und von Gruppen, einerseits Wünsche und Bedürfnisse befriedigen zu können und andererseits mit ihrer Umwelt übereinzustimmen oder sie bewußt zu verändern (Diskussionspapier WHO, Kopenhagen 1984; s. WHO 1987). In Kasten 2 sind Beispiele für Leitsätze zur Gesundheitsförderung abgedruckt, die für die europäische Region 1984 in Kopenhagen als verbindlich verabschiedet wurden (WHO, 1987).
Bisher ist die Gesundheitsversorgung stärker aus der Krankheits-, als aus der Gesundheitsperspektive konzipiert und erforscht worden. Es ist anzustreben, daß beide Bereiche gleichen Auflösungsgrad haben und auch integriert werden. Gesundheit ist zwar nicht nur durch die Abwesenheit von Krankheit definiert; dennoch gehört eine Reduktion von Krankheiten als notwendige Bedingung zur Gesundheitsförderung. Im Einleitungskapitel wird gezeigt, daß der Beitrag der Psychologie zur Gesundheitsversorgung die psychische Entfaltung, die klinisch-psychologische Prävention (s. Gesundheitspsychologie), die klinisch-psychologische Behandlung (inkl. Psychotherapie) und die klinisch-psychologische Rehabilitation umfaßt. Nur in einem Gesamtrahmen können alle Zielvorstellungen optimal und integriert angegangen werden.

4. Institutionen der Gesundheitsversorgung

In den Konzepten der Gesundheitsversorgung werden unterschiedliche Bereiche und Institutionen postuliert. Von Interesse ist zum einen die Art der Institutionen, zum andern die Hierarchie der Inanspruchnahme durch Patienten. Letzteres wird mit dem Stichwort

Kasten 2
Regionalziele (für 1995 und 2000) der Strategie «Gesundheit für alle» (GFA) (WHO, 1987, S. 90–93; 20 Ziele für 1990 sind weggelassen)

1. Bis zum Jahr 2000 sollten die derzeit bestehenden Unterschiede im Gesundheitszustand zwischen den Ländern sowie zwischen verschiedenen Gruppen innerhalb der Länder um mindestens 25 Prozent verringert werden, und zwar durch Verbesserung des Gesundheitsniveaus der benachteiligten Völker und Gruppen.
2. Bis zum Jahr 2000 sollten die Menschen die grundlegende Gelegenheit erhalten, ihr Gesundheitspotential zu entwickeln und auszunutzen, um ein gesellschaftlich und wirtschaftlich erfülltes Leben zu führen.
3. Bis zum Jahr 2000 sollten Behinderte die physischen, sozialen und wirtschaftlichen Möglichkeiten erhalten, die ihnen zumindest erlauben, ein sozial und wirtschaftlich erfülltes sowie geistig kreatives Leben zu führen.
4. Bis zum Jahr 2000 sollte die durchschnittliche Zahl der Lebensjahre, die frei von schweren Krankheiten oder größeren Funktionsbehinderungen verbracht werden, um mindestens 10 Prozent erhöht werden.
5. Bis zum Jahr 2000 sollten folgende Krankheiten in der Europäischen Region nicht mehr vorkommen: einheimische Form der Masern, Poliomyelitis, Tetanus bei Neugeborenen, angeborene Röteln, Diphterie, angeborene Syphilis und einheimische Form der Malaria.
6. Bis zum Jahr 2000 sollte die mittlere Lebenserwartung bei der Geburt in der Region mindestens 75 Jahre betragen.
7. Bis zum Jahr 2000 sollte die Säuglingssterblichkeit in der Region weniger als 20 pro 1000 Lebendgeburten betragen.
8. Bis zum Jahr 2000 sollte die Müttersterblichkeit in der Region weniger als 15 pro 10000 Lebendgeburten betragen.
9. Bis zum Jahr 2000 sollte die Sterblichkeit infolge von Kreislaufkrankheiten bei Personen unter 65 Jahren in der gesamten Region um mindestens 15 Prozent verringert werden.
10. Bis zum Jahr 2000 sollte die Sterblichkeit infolge von Krebskrankheiten in der Region bei Personen unter 65 Jahren mindestens um 15 Prozent verringert werden.
11. Bis zum Jahr 2000 sollte die Zahl der Todesfälle infolge von Unfällen in der Region durch verstärkte Bemühungen zur Verringerung der UNfallhäufigkeit im Straßenverkehr, zu Hause und am Arbeitsplatz um mindestens 25 Prozent vermindert werden.
12. Bis zum Jahr 2000 sollte eine Umkehr des gegenwärtig steigenden Trends zum Suizid und zu Suizidversuchen in der Region herbeigeführt werden.
13. Bis zum Jahr 1995 sollte in allen Mitgliedstaaten das positive Gesundheitsverhalten wesentlich gestärkt werden, wie ausgewogene Eßgewohnheiten, Nichtrauchen, geeignete körperliche Betätigung und positive Streßbewältigung.
14. Bis zum Jahr 1995 sollte in allen Mitgliedstaaten das gesundsschädigende Verhalten drastisch verringert werden, darunter der übermäßige Genuß von Alkohol und pharmazeutischen Produkten, die Verwendung verbotener Drogen und gefährlicher chemischer Substanzen, das gefährliche Fahrverhalten und das gewalttätige Sozialverhalten.

21. Bis 1995 sollten alle Menschen in der Region nachhaltig gegen Belastungen durch erkannte gesundheitsgefährdende Luftschadstoffe geschützt werden.
23. Bis zum Jahr 1995 sollten in allen Mitgliedstaaten die größten, im Zusammenhang mit der Beseitigung gefährlicher Abfälle bekannten Gesundheitsgefahren gebannt worden sein.
24. Bis zum Jahr 2000 sollten alle Menschen in der Region eine größere Chance habenm in Häusern und Siedlungen zu leben, die ein gesundes und sicheres Umfeld bieten.
25. Bis zum Jahr 1995 sollte die Bevölkerung in der Region nachhaltig gegen berufsbedingte Gesundheitsgefahren geschützt sein.

Krankheitsverhalten umschrieben und bezieht sich auf den Bereich vor dem Eintritt der Betroffenen im Gesundheitssystem.

4.1 Krankheitsverhalten

Unter Krankheitsverhalten sind die im Zusammenhang mit wahrgenommenen Symptomen (durch die betroffene Person und/oder durch andere) sich ergebende Handlungen bzw. Verhaltensweisen der betroffenen Person zu verstehen. Teilweise wird auch anstelle von Krankheitsverhalten der Begriff Hilfesuchen verwendet (vgl. Siegrist, 1984). Es lassen sich beim Krankheitsverhalten unterschiedliche Stufen unterscheiden (Siegrist, 1984):

- Symptomwahrnehmung (Interpretation von beobachteten Phänomenen als problematisch: Leidensdruck).
- Intrapsychische, expressive und aktionale Bewältigungsversuche aufgrund der Belastung (Abwehrformen wie Verleugnung, Bagatellisierung, etc.; Selbstmedikation mittels Medikamente, Alkohol etc.; bedingungsverändernde Bewältigungsformen wie z.B. Änderung des Arbeitsverhaltens etc.; Steffens & Kächele, 1988; Laux & Weber, im Druck). Eine spezielle Form der aktionalen Bewältigung stellt das Hilfesuchen bei anderen Personen dar (Mitteilung der wahrgenommenen Symptome an andere).

Für das Hilfesuchen kommen unterschiedliche Systeme in Frage: Laiensystem, halbprofessionelles und professionelles System. Das *Laiensystem* besteht aus für den zur Diskussion stehenden Bereich nicht oder nicht nach offiziellen Richtlinien ausgebildeten Helfern, die diese Tätigkeit informell oder als Beruf (haupt- oder nebenamtlich) ausüben. Zum Laiensystem im weiteren Sinne gehören alle Personen, die - in der Regel punktuell - für den betroffenen Menschen eine helfende Funktion übernehmen (Partner, Nachbar etc.); dieses System ist weitgehend identisch mit dem Sozialen Netzwerk der betroffenen Person (Baumann, 1987; Cohen & Wills, 1985). Im engeren Sinn wird das Laiensystem als Versorgungssystem durch im Gesundheitswesen tätige Personen repräsentiert, die diese Tätigkeit haupt- oder nebenamtlich ohne entsprechende Ausbildung ausüben (z.B. Heiler, Rutengänger, etc.). Im - bezüglich psychischen Störungen - *halbprofessionellen* Bereich finden wir den Personenkreis, der hauptoder nebenamtlich im Gesundheitswesen oder an seinem Rande mit unterschiedlichen Menschen befaßt ist, aber nur wenig für den Umgang mit psychischen Störungen ausgebildet worden ist (Vorfeld fachspezifischer Dienste: Apotheker, Gemeindeschwestern; aber auch Personen in den Bereichen Seelsorge, Erziehung, Arbeitsverwaltung etc.). Auch in diesem System werden bei psychischen Störungen eine Vielzahl an Hilfe angeboten und Interventionen durchgeführt (vgl.beratende Gespräche durch Seelsorger; Baumann, 1986). Das *professionelle* System wird durch Helfer repräsentiert, die aufgrund ihrer Ausbildung für psychische Störungen als allgemein (Vorfeld fachspezifischer Dienste: Allgemeinärzte, Psychologen ohne klinisch-psychologische Spezialisierung) oder spezifisch kompetent zu bezeichnen sind (Fachspezifische Dienste: Klinische Psychologen, Psychiater etc.).
Das Krankheitsverhalten ist abhängig von institutionellen Rahmenbedingungen (z.B. Bezahlung der Leistungen durch Kassen; Erreichbarkeit der Institutionen), aber auch von sozialen Merkmalen (z.B. Schicht) und Persönlichkeitsmerkmalen (vgl. Siegrist, 1975). Aufgabe der Gesundheitsversorgung ist es, das Krankheitsverhalten zu optimieren, um verspätete Behandlungen und Chronifizierungen zu vermeiden. Vielfach führt das Krankheitsverhalten über folgende Stationen: Eigen-Bewältigung, Bewältigung mittels Sozialem Netzwerk (Laiensystem) und/oder halbprofessionellem System, Hilfesuchen im professionellen System. Innerhalb des offiziellen Gesundheitssystems (halb- und professionelles System) findet sich häufig ein Stufenmodell (Goldberg & Huxley, 1980), das im folgenden Abschnitt behandelt wird.

4.2 Institutionen

In den Expertenberichten zur Gesundheitsversorgung wird meist von einem Standardversorgungsgebiet ausgegangen, d.h. einem Gebiet, das in der Regel für die Versorgung so ausgestattet sein sollte, daß nur Spezialfälle außerhalb des Gebietes versorgt werden müssen. Ein Standardversorgungsgebiet - gemäß den obigen Ausführungen für den Bereich der Erwachsenen in der Größenordnung zwischen 100000 und 150000 Einwohnern - umfaßt in der Regel unterschiedliche Institutionen (Expertenbericht, 1988; Müller, 1981). Der Begriff Institution impliziert keine spezifische Rechtsform; es können darunter Einzel- oder Gruppenpraxen, Institutionen von privaten oder staatlichen Trägern, die für sich allein oder mit einem Krankenhaus verbunden sind, verstanden werden. Ebenso können unterschiedliche Finanzierungsmodalitäten (s. unten) vorkommen. Die im folgenden genannten Versorgungsbereiche unterscheiden sich in ihrer Auswirkung auf das Alltagsleben. Wing (1989; s. auch Häfner et al., 1986) postuliert, daß sich die Gesundheitsversorgung vor allem auf folgende Alltagsfunktionen auswirkt: Arbeit, Freizeit (inkl. soziale Aktivitäten) und Wohnen (Tag/Nacht). In Tabelle 1 findet sich ein Überblick mit Beispielen über die für den Erwachsenenbereich notwendigen Dienste innerhalb eines Standardversorgungsgebietes. Zu unterscheiden ist zwischen dem Vorfeld und dem eigentlichen Feld der fachspezifischen Dienste. Unter das Vorfeld fachspezifischer Dienste werden halbprofessionelle (Bereiche Seelsorge, Erziehung etc.) und professionelle Dienste (Allgemeinärzte, nichtklinische Psychologen etc.) subsumiert. Die Alltagsfunktionen werden durch das Versorgungsangebot nicht beeinträchtigt, d.h. das gewohnte Leben kann trotz Inanspruchnahme des Versorgungsangebotes weitergeführt werden. Evtl. vorhandene Beeinträchtigungen in den Alltagsfunktionen Arbeit (Krankheitsbedingter Unterbruch) oder Freizeit sind nicht auf das Versorgungsangebot, sondern auf den eigenen Zustand zurückzuführen.

Die fachspezifischen Dienste können im Hinblick auf die beeinträchtigten Alltagsfunktionen unterschieden werden. Vielfach werden folgende Institutionstypen unterschieden:

- *ambulante Dienste:* darunter werden fachspezifische Dienste subsumiert, bei denen die Alltagsfunktionen durch das Versorgungsangebot nicht beeinträchtigt werden. In den meisten Versorgungseinrichtungen beschränkt sich die Hilfe auf medizinische und/oder psychologische Leistungen. In

Tabelle 1: Überblick über Dienste für Standardversorgungsgebiet bei Erwachsenen

Bereich	Beispiele für Berufsgruppen/Institutionen/Gebiete	Alltagsfunktionen A	F	W
1) *Vorfeld fachspezifischer Dienste*				
Halbprofessioneller Bereich	Seelsorge, Erziehung, Sozialarbeit, Arbeitsverwaltung etc.	+	+	+
Professioneller Bereich	Allgemeinärzte, Psychologen (nicht Klinische Psychologen), Fachärzte (nicht Psychiatrie) etc.	+	+	+
2) *Fachspezifische Dienste*				
Ambulante Dienste	Klinische Psychologen, Fachärzte für Psychiatrie, Psychagogen; Beratungsstellen, Krisen- und Notfalldienste, Ambulanzen an Fachkliniken, Sozialpsychiatrische Dienste etc.	+	+	+
Halbstationäre Dienste	Tageskliniken	–	+	+
	Nachtkliniken	+	–	–
Stationäre Dienste	Fachkliniken (Psychiatrie, Psychosomatik, Psychotherapie) und entsprechende Abteilungen an Allgemeinkrankenhäusern etc.	–	–	–
Komplementäre Dienste	Wohnbereich	+	(+)	(+)
	Arbeitsbereich	(+)	+	+
	Clubs, Tagesstätten, Kontaktstellen etc.	+	+	+

Anmerkungen: Alltagsfunktionen A: Arbeit, F: Freizeit (inkl. Sozialbereich), W: Wohnen. Auswirkungen des Versorgungsangebotes auf Alltagsfunktionen: + keine Beeinträchtigung, (+) begrenzte Beeinträchtigung, – massive Beeinträchtigung den Sozialpsychiatrischen Diensten werden zusätzliche soziale Leistungen (z.B. Hilfe bei Wohnungs- oder Arbeitssuche, bei Inanspruchnahme von Behörden) angeboten.

- *halbstationäre Dienste:* bei den halbstationären Diensten wird ein Teil der Alltagsfunktionen beeinträchtigt, d.h. die Patienten geben aufgrund der Institution zeitlich begrenzt gewohnte Funktionen auf. Halbstationäre Dienste dienen der Vermeidung oder Abkürzung von stationären Versorgungen. Zu nennen sind vor allem die Tageskliniken (Bosch & Veltin, 1983). In diesen Institutionen leben akut oder subakut erkrankte Patienten am Tag (Alltagsfunktion Arbeit ist aufgehoben); den Abend und die Nacht verbringen sie im gewohnten häuslichen Milieu. Die zum halbstationären Bereich zählenden Nachtkliniken, von denen aus für eine begrenzte Zeit die Patienten zur gewohnten Arbeit gehen (Alltagsfunktion Arbeit ist intakt), haben teilweise aufgrund der Arbeitsmarktlage ihre Funktion verloren; diese wird heute eher von komplementären Diensten (siehe Wohnbereich) wahrgenommen.
- *stationäre Dienste:* in den stationären Diensten werden alle Alltagsfunktionen beeinträchtigt; der Patient erhält einen neuen 24-Stundenablauf. Zu nennen sind hier die Fachkrankenhäuser, aber auch die entsprechenden Fachabteilungen an Allgemeinkrankenhäusern. Letztere Variante ist vielfach zu wenig realisiert worden, obwohl sie von Experten sehr stark favorisiert wurde (Bauer & Rave-Schwank, 1984).
- *komplementäre Dienste:* darunter werden Angebote für Personen subsumiert, die ohne besondere Hilfe nicht oder noch nicht im Wohn- oder Arbeitsbereich leben können (vgl. Bosch & Kulenkampf, 1985); die Alltagsfunktionen werden durch spezifische Rahmenbedingungen unterstützt. Es handelt sich um Institutionen für die Rehabilitation (zeitlich begrenzte Funktion) oder für Dauerunterbringung. Zu nennen sind:
  - im Wohnbereich: Wohnheime, betreute Wohngruppen, betreute Wohngemeinschaften, betreutes Einzelwohnen. Dabei sind kleinere dezentralisierte Angebote größeren Heimen vorzuziehen.
  - im Arbeitsbereich: berufliche Trainingszentren, Werkstätten für Behinderte, geschützte Arbeitsplätze, Selbthilfefirmen, nachgehende Betreuung am Arbeitsplatz etc.

  Häufig sind für Patienten Angebote für beide Bereiche zu machen. Je ungünstiger die Arbeitsmarktsituation insgesamt ist, umso mehr müssen komplementäre Dienste konzipiert werden, da gerade bei chronisch psychischen Kranken die Langzeitarbeitslosigkeit besonders häufig ist. Zu den angeführten komplementären Diensten kommen meistens Clubs, Tagesstätten, Kontaktstellen etc. dazu, die vor allem für den sozialen Lebensbereich Möglichkeiten schaffen sollen.

Vielfach wird zwischen intramuraler (stationärer) und extramuraler (nicht stationäre, nicht im Krankenhaus angebotene) Versorgung unterschieden. Innerhalb eines Standardversorgungsgebietes ist eine breite Palette an Versorgungseinrichtungen zu konzipieren, die - zur Vermeidung von Doppelspurigkeiten und Lücken - einer Koordination bedürfen. Wenn auch in den Städten den Reform-Forderungen in verschiedensten Bereichen Rechnung getragen wurde, gilt dies für die Landregionen nur sehr begrenzt (vgl. Baumann et al., 1987; Kupper, 1986). Hier liegt meist ein unzureichendes Angebot an Versorgungseinrichtungen (inkl. Einzelpraxen) vor, bzw. die Landbewohner sind gezwungen, die Dienste in den Städten in Anspruch zu nehmen; dadurch ist das Prinzip der Gemeindenähe nicht mehr gewährleistet, was zu Versorgungsnachteilen führt.
Neben Einrichtungen für Standardversorgungsgebiete sind auch Einrichtungen (Spezialkliniken etc.) für größere Einheiten (über 150000 Einwohner) notwendig. Vergleichbare Konzepte finden sich für spezielle Gruppen (Kinder/Jugendliche, Altenbereich). Insbesondere der Bereich Kinder/Jugendliche macht eine stärkere ambulante Versorgung unter Miteinbezug von Familie und Schule notwendig. Teilstationäre, stationäre und komplementäre Einrichtungen sind in geringerem Umfange erforderlich.
Wie oben angeführt, folgt das Krankheitsverhalten bestimmten Abläufen. Dies gilt nicht

nur außerhalb, sondern auch innerhalb des offiziellen Versorgungssystems (Goldberg & Huxley, 1980). Meist wird zuerst ein Dienst im Vorfeld der fachspezifischen Dienste oder ein ambulanter Dienst in Anspruch genommen. Im ärztlichen System kommt dem Allgemeinarzt eine Schlüsselfunktion zu, da die meisten psychischen Störungen dort in Erscheinung treten; in der Regel wird aber nur ein Teil davon als psychische Störung erkannt (vgl. Kapitel Epidemiologie in Band 1). Von dem Allgemeinarzt erfolgt im kleineren Teil der Fälle eine Überweisung zum Facharzt für Psychiatrie; von diesem wiederum wird ein kleinerer Teil in den stationären Bereich überwiesen. Die teilstationären und komplementären Bereiche schließen sich meist dem stationären Bereich an; anzustreben ist, daß die teilstationäre Versorgung auch anstelle der stationären erfolgt.

Die Abläufe im medizinischen Gesundheitssystem sind vielfach erforscht und auch die Problemfelder bekannt. Entsprechend elaborierte Studien zu anderen Versorgungsgruppen, insbesondere über Psychologen bzw. psychologische Beratungsstellen fehlen weitgehend (vgl. Wittchen & Fichter, 1980; Wasilewski, 1989). Besonders wichtig wären Studien zur Vernetzung der medizinischen und nicht-medizinischen Versorgungsteilsysteme (Bsp. für Vergleich Psychiater und Psychologen: Knespers, Belcher & Gross, 1989). Es wäre dringend erforderlich, insbesondere die Leistungen der Klinischen Psychologen stärker ins Gesundheitssystem zu integrieren, damit dieses Versorgungsangebot optimal genutzt werden kann.

5. Evaluation der Gesundheitsversorgung

Im Rahmen der Psychotherapieforschung ist die Evaluation seit langem ein anerkanntes Anliegen der Forschung (s. Kapitel Methodik klinisch-psychologischer – Interventionsforschung). Auch für die Gesundheitsversorgung wird heute die Evaluation gefordert (Biefang, 1980; Wittmann, 1985), da die Kosten immer mehr steigen, so daß kostengünstige Versorgungsangebote angestrebt werden. Für die Erforschung der Gesundheitsversorgung gelten die im Kapitel Methodik klinisch-psychologischer Interventionsforschung angeführten Evaluationskriterien (Baumann & Reinecker-Hecht, 1986): Effektivität, Effizienz (Kosten/Nutzen, Kosten/Wirkung), Patienten – Zufriedenheit und ethische Angemessenheit. Evaluationsforschung ist zum einen auf bestehende Versorgungssysteme ausgerichtet, zum anderen finden wir sie als Programmevaluation (Wittmann, 1985) im Zusammenhang mit Strukturänderungen in der Gesundheitsversorgung. Es ist notwendig, bei Strukturänderungen – häufig in Form von Modellversuchen – gleichzeitig eine Evaluation durchzuführen.

Im Rahmen der Evaluation von Gesundheitssystemen stellt die Bedarfsklärung ein zentrales Anliegen dar. Wing (1973) weist darauf hin, daß zum einen Inanspruchnahmedaten benötigt werden, d.h. Zahlenangaben über die Nutzung einzelner Institutionen; zum andern sind aber auch diejenigen Personen zu erfassen, die trotz Behandlungsbedürfnis keine Behandlung erhalten. Bei Untersuchungen zur Inanspruchnahme ist zu prüfen, ob die Institutionen die Bedürfnisse der Betroffenen erfüllen. Nach Stöcklin und Lucius-Hoene (1988) und Klug, an der Heiden und Scheel (1980) werden folgende Daten häufig zur Analyse der Inanspruchnahme herangezogen:

- Statistiken aus Versorgungseinrichtungen,
- Prävalenzstudien,
- Analyse von Fallregistern (Dokumentation aller in einer Region anfallenden Behandlungsdaten in einem Datenverbund; heute bedauerlicherweise aufgrund von Datenschutzgesetzen sehr erschwert),
- Längsschnittstudien (Vergleich der Versorgungsleistungen zu unterschiedlichen Zeitpunkten),
- Vergleichsstudien (Vergleich zweier Regionen bezüglich Versorgungsleistung; z.B. Stadt/Land),
- Analyse von Wartelisten, Überbelegungen. Abweisungen, Fehlplazierungen.

Neben den Inanspruchnahmedaten sind – wie oben angeführt – aber auch die Daten zur Nicht-Inanspruchnahme für die Evaluation heranzuziehen; d.h. es sind diejenigen Personen zu erfassen, die Bedürfnis nach Intervention haben, aber nicht an die Institutionen gelangen (unbehandelter Behandlungsbedarf).

Von besonderem Interesse ist für die Evaluation die Differenz der beiden Gruppen; je größer sie ist, umso weniger ist das Gesundheitssystem an den aktuellen Bedürfnissen orientiert. Die Bedarfsklärung ist eng mit der evaluativen Epidemiologie verknüpft (s. Kap. Epidemiologie in Band 1).

Die Medizinsoziologie hat darauf hingewiesen, daß der Behandlungsbedarf eine Selbst- und eine Fremddefinition beinhaltet; bei der letzteren ist wiederum die Einschätzung durch Angehörige etc. und Experten zu unterscheiden. In vielen Fällen stimmen die Einschätzungen grundsätzlich, aber nicht immer im Schweregrad überein; gerade im Bereich psychischer Störungen gibt es aber auch Diskrepanzen zwischen selbstdefiniertem und fremddefiniertem Behandlungsbedarf (vgl. Problem der Zwangsbehandlung).

Inanspruchnahmedaten stellen den Istzustand dar, durch komplexere Designs lassen sich dennoch Bedarfsaussagen ableiten. Ergänzend sind Daten zur Häufigkeit psychischer Störungen in der Bevölkerung (Daten zur wahren Inzidenz und/oder wahren Prävalenz) heranzuziehen (vgl. Kapitel Epidemiologie in Band 1). Auch hier geben die Zahlen keine exakte Bedarfsschätzung. Zum einen haben wir das Problem der Fallidentifikation, zum anderen ist der Bedarf nicht identisch mit der Falldefinition (s. oben).

Zur Beurteilung der Effektivität werden unterschiedlichste Parameter herangezogen. Vielfach werden die bereits oben angesprochenen Bereiche Arbeit und Wohnen, teilweise auch der Freizeitbereich (Sozialbereich) getrennt evaluiert (vgl. z.B. Hess, Ciompi & Dauwalder, 1986). Die Effizienz im Gesundheitssystem - obwohl häufig gefordert - ist nur schwierig zu bewerten (vgl. Buchholz & Eichhorn, 1987; Bühringer & Halhweg, 1986). Selten in Frage kommen Kosten/Nutzen-Analysen im engeren Sinne, da vielfach die Kosten nur partiell, der Nutzen kaum monetär berechenbar sind. Die Arbeitsfähigkeit stellt zwar einen berechenbaren Nutzen dar, darüber hinaus sind aber auch andere Werte bei Interventionen von Bedeutung. Häufiger werden daher Kosten-Effektivitäts-Analysen durchgeführt, d.h. die Kosten werden bezüglich bestimmter Zielkriterien analysiert (z.B. Kosten für stationäre versus ambulante Versorgung; vgl. Hess et al., 1986; zur Frage der Kosten der Psychotherapie durch Klinische Psychologen s. Wasilewski, 1989). Sog. Nutzwertanalysen berücksichtigen, daß weder Kosten, noch Nutzen ausschließlich monetär berechenbar sind.

Evaluation der Gesundheitsversorgung bedeutet zwar vor allem Bewertung von Institutionen und deren Verknüpfungen. Evaluation muß aber auch Berufsgruppen mit ihren Aus-, Fort- und Weiterbildungsgängen umfassen. Im nächsten Kapitel soll insbesondere auf die Gruppe der Klinischen Psychologen eingegangen werden.

6. Berufssituation der Klinischen Psychologen

Die Berufssituation des Psychologen und im speziellen des Klinischen Psychologen stellt sich in den einzelnen Ländern unterschiedlich dar (für USA s. die verschiedensten Beiträge im American Psychologist; vgl. insbesondere American Psychologist, 1981). Für den deutschsprachigen Raum liegen Studien vor, die sich vor allem auf den Psychotherapiesektor beziehen und damit auch die Klinischen Psychologen miteinschließen:

- Bundesrepublik Deutschland: Studie von Wittchen und Fichter (1980) und von Wasilewski (1989).
- Österreich: Studie von Jandl-Jager et al. (1987)
- Schweiz: Studie von Thüring und Graf (1988) und Hobi (1990).

Im folgenden soll auf die deutschsprachige Situation eingegangen werden. Wenn von Berufstätigkeit gesprochen wird, so kann dies unter drei verschiedenen Aspekten geschehen:

- Kompetenz: welche Fertigkeiten und Fähigkeiten werden für bestimmte Tätigkeiten benötigt und wie werden sie vermittelt? Es handelt sich um eine wissenschaftliche und ethische Legitimation des Handelns.
- Berufszulassung: welche Personen bzw. Berufsgruppen mit welchen Kompetenzen sind berechtigt, bestimmte Tätigkeiten auszuüben? Hier geht es um institutionelle Legitimationen (Verbände, Gesetzgeber usw.).

- Finanzierung: welche Tätigkeiten welcher Berufsgruppen sollen von der Sozietät übernommen werden? Hier geht es um versicherungsrechtliche Fragen (Krankenkassen, staatlich unterstützte Ambulatorien etc.).

Zu den drei Punkten liegen verschiedenste Lösungsvorschläge vor. Da von verschiedensten Seiten definitive Lösungen angestrebt werden, verändert sich die Situation laufend, so daß die folgenden Ausführungen den aktuellen Stand repräsentieren, der sich aber punktuell ändern kann.

6.1 Kompetenzerwerb

Bezüglich der Vermittlung der Kompetenz zur eigenverantwortlichen und selbständigen Tätigkeit Klinischer Psychologen liegen unterschiedliche Modelle vor (s. Beutler, 1988). In den USA wird diese Kompetenz mit dem durch eine Promotion abgeschlossenem Graduierten-Studium erreicht. Das übliche Modell folgt der in der Boulder-Konferenz von 1949 festgelegten Zielvorstellung einer Kombination von Wissenschafter und Praktiker. Nach dem Master-Abschluß ist in der Regel eine mindestens vierjährige Graduiertenausbildung (3 Jahre Studium und Dissertation; 1 Jahr Internship (praktische Tätigkeit unter Supervision)) zu absolvieren, um den Titel eines Ph.D. zu erreichen. Eine stärker praktisch orientierte Ausbildung wird in Programmen angeboten, die zum Psy.D. führen (vgl. dazu Jones, 1987; Fox & Barclay, 1989). Daneben werden auch verschiedene Postdoktorats-Programme angeboten, die zu einer vertieften Spezialsierung führen.
In den deutschsprachigen Ländern besteht weitgehend Konsens darüber, daß das mit dem Diplom/Lizenziat abgeschlossene Studium der Psychologie an der Universität für eine eigenverantwortliche Tätigkeit im Klinischen Sektor nicht ausreicht. Es muß daher eine zusätzliche Qualifikation in Form einer Weiterbildung erworben werden. Weiterbildung beinhaltet eine berufliche Spezialisierung und schließt vielfach mit der Anerkennung durch Berufsorganisationen, staatliche Stellen etc. ab (Weiterbildung zum Klinischen Psychologen, zum Facharzt etc.). Abzugrenzen ist die Fortbildung, die der Aktualisierung der beruflichen Fähigkeiten und Kenntnissen dient. Die Unterscheidung zwischen Weiter- und Fortbildung ist gerade im Psychotherapiesektor oft schwierig; teilweise werden die beiden Begriffe in umgekehrter Bedeutung verwendet.
Für die Weiterbildung werden z.Zt. drei unterschiedliche Modelle propagiert und realisiert:
- *Methodenspezifische Weiterbildung:* es werden spezifische Therapiekenntnisse in einer Therapiemethode erworben (z.B. Psychoanalyse, Verhaltenstherapie etc.). Diese Variante ist – ausschließlich verwendet – insofern problematisch, als eine wissenschaftlich nicht vertretbare Einengung auf einzelne Perspektiven des Handelns erfolgt.
- *Tätigkeitsspezifische Weiterbildung:* es werden für bestimmte Tätigkeitsbereiche Qualifikationen vermittelt (z.B. Suchtbereich, Erziehungsberatung). Für eine Weiterbildung stellt dieses Modell meist eine zu früh erfolgte Spezialisierung innerhalb des Klinischen Sektors dar.
- *Fachspezifische Weiterbildung:* es werden die für einen Berufssektor notwendigen Kompetenzen vermittelt (z.B. Weiterbildung zum Klinischen Psychologen/Psychotherapeuten, zum Facharzt für Psychiatrie etc.).

Von den drei Varianten ist die fachspezifische Weiterbildung vorzuziehen, die in der Medizin bereits seit langem realisiert ist, in der deutschsprachigen Klinischen Psychologie aber noch in den Anfängen steckt. Diese Form gewährleistet am ehesten die notwendige Breite der Kompetenz und die Verbindung zur Psychologie als Wissenschaft. Mit den Richtlinien zur «Weiterbildung in Klinischer Psychologie. Bildungsgang zum Klinischen Psychologen/Psychotherapeuten» (Föderation Deutscher Psychologenvereinigungen, 1987b, 1989) liegt ein Konzept vor, das bereits an einzelnen Orten der BRD realisiert wird. Wesentlich ist bei diesem Modell, daß die Weiterbildung im Verbund zwischen Universität und Praxiseinrichtungen, in Zusammenarbeit mit den Psychologenakademien des Berufsverbandes Deutscher Psychologen, erfolgt. Die Weiterbildung ist nicht schulenbezogen, sie erfolgt praxisbegleitend (3 Jahre) (siehe Anhang in diesem Band).

Unabhängig vom gewählten Weiterbildungsmodell ist eine kontinuierliche Fortbildung unerläßlich.

6.2 Regelungen zur Berufszulassung

Bezüglich der Berufszulassung sind wiederum verschiedene Varianten denkbar:

- *keine Regelung:* der freie Markt mit Angebot und Nachfrage soll den Sektor regeln. Dem steht gegenüber, daß für verschiedene Berufe und Tätigkeiten der Gesundheitsversorgung Regelungen vorliegen. Zum einen schützen diese Regelungen bestimmte Berufstitel, zum anderen reservieren sie auch Tätigkeitsbereiche für einzelne Berufe. In den verschiedenen Ländern genießen Ärzte durch den Gesetzgeber einen besonderen Schutz für ihre Tätigkeit. Dies führt vielfach für den gesetzlich nicht geschützten Psychologen zu Nachteilen, da im Falle von Überschneidungsgebieten (z.B. Psychotherapie) eher Zuschreibungen zu Gunsten der Ärzte vorgenommen werden. Ein Kuriosum stellt das Heilpraktikergesetz der Bundesrepublik Deutschland dar, mit dem eine Möglichkeit geschaffen wurde, nichtärztliche und nicht dem medizinischen Versorgungssystem zugeordnete Berufsgruppen zur Gesundheitsversorgung zuzulassen (Heilpraktiker; s. unten). Bei der Variante «keine Regelung» ist im weiteren zu bedenken, daß gerade psychisch beeinträchtigte Menschen nicht immer in der Lage sind, den freien Mark adäquat zu bewerten und daher auf formalisierte Legitimationen angewiesen sind.
- *Regelung für die gesamte Psychologie (inkl. Klinischer Psychologie):* teilweise werden Lösungen diskutiert, bei denen der gesamte Beruf und das gesamte psychologische Handlungsfeld des Psychologen mittels Gesetz geregelt werden sollen (vergleichbar der ärztlichen Tätigkeit), womit auch der Klinische Sektor eine Regelung erfährt. Wenn auch verschiedene berufspolitische Argumente für eine Regelung der gesamten Psychologie sprechen, so müssen auch die damit verbundenen Probleme gesehen werden. Jede Form von Reglementierung bringt Nachteile für das Berufsfeld und die Konsumenten mit sich, da oft durch Kammern etc. bestehende Strukturen fortgeschrieben werden und Veränderungen schwierig sind. Ein Gesetz für die gesamte Psychologie würde auch Bereiche zu regeln suchen, die zur Zeit keiner formalisierten Regelung bedürfen.
- *Regelung für die Klinische Psychologie (inkl. Psychotherapie):* diese Regelung könnte mittels Gesetz oder Vorschriften (z.B. Erlässe von Behörden) erfolgen. In der Bundesrepublik Deutschland trifft diese Variante für weite Teile der Klinischen Psychologie zu, indem heilkundlich eigenverantwortlich und selbständig tätige Psychologen (Psychotherapie, Diagnostik bei Patienten) für ihre Tätigkeit der Erlaubnis nach dem Heilpraktikergesetz bedürfen. Insbesondere Psychotherapie, aber auch Diagnostik im klinischen Sektor wird aufgrund verschiedener Gerichtsbeschlüsse (Bundesverwaltungsgericht 1983, bestätigt durch das Bundesverfassungsgericht) als Heilkunde betrachtet und bedarf daher für dafür nicht vorgesehene Personen einer Regelung; davon unberührt sind die «nichtheilkundlichen Tätigkeiten» im Rahmen von Erziehungsberatungen, Ehe- und Lebensberatungen. Das oben erwähnte Heilpraktikergesetz wurde zur Regelung der heilkundlichen Tätigkeit der Psychologen herangezogen. Psychologie-Verbände unterschiedlichster Richtungen sind sich darüber einig, daß für die Psychologen eine Regelung im Rahmen des Heilpraktikergesetzes inadäquat ist, da damit die Psychologen mit den Heilpraktikern auf die gleiche Stufe gestellt werden und die spezifische Kompetenz unberücksichtigt bleibt. Es wird daher in der Bundesrepublik Deutschland ein Psychotherapiegesetz für Psychologen angestrebt, womit letztlich auch der Sektor der Klinischen Psychologie weitgehend geregelt würde.
- *Regelung für Psychotherapeuten:* Bei dieser Variante wird ein Tätigkeitsfeld geregelt, wobei neben Psychologen auch andere Berufsgruppen unter diese Regelung fallen können. Wenn auch Psychotherapie mei-

stens als Weiterbildung zu bestehenden Berufen (Psychologie, aber auch Erziehungswissenschaften etc.) konzipiert wird, so werden auch Regelungen diskutiert, die Psychotherapie als eigenen Beruf verstehen (eigenes Studium an der Universität oder an spezifischen Ausbildungsstätten; vgl. Psychotherapiegesetz in Österreich). Regelungen für Psychotherapeuten haben wir in der Schweiz. Nach einem Urteil des Schweizerischen Bundesgerichtes (1986) müssen die kantonalen Gesetzgebungen so geartet sein, daß sie akademischen Psychologen oder Personen mit vergleichbarem akademischem Abschluß mit anerkannter psychotherapeutischer Zusatzausbildung (vgl. «Musterverordnung» im Anhang) sowohl die Indikationsabklärung als auch die selbständige psychotherapeutische Berufsausübung ermöglichen. In mehreren Kantonen sind solche Gesetze bereits in Kraft (z.B. St. Gallen, Aargau, Luzern).

Bei einer Regelung für Psychotherapeuten, die verschiedene Berufsgruppen miteinschließt und bei einem eigenen Psychotherapieberuf wird die Koppelung zwischen Psychologie, insbesondere Klinischer Psychologie und Psychotherapie gelockert bzw. gelöst. Implizit wird postuliert, daß es für Psychotherapie unterschiedliche Zugänge gäbe, von denen die Psychologie nur *einen* darstellt. Wissenschaftlich und gesundheitspolitisch ist diese Position abzulehnen, da damit die wissenschaftliche Fundierung von Psychotherapie, die ja primär durch die Psychologie erfolgt, nicht mehr gewährleistet ist. Diese Einwände sind dann nicht mehr von Bedeutung, wenn – wie in der Bundesrepublik Deutschland geplant – ein Psychotherapiegesetz für Psychologen allein konzipiert wird. Unabhängig von den angeführten Bedenken birgt eine Psychotherapieregelung die Gefahr in sich, daß das Tätigkeitsfeld auf einen engen Psychotherapiebegriff eingegrenzt wird und damit Prävention und Rehabilitation psychischer Störungen und Interventionen bei somatischen Störungen nicht abgedeckt werden (s. Konzept im Einleitungskapitel). Damit hätte man zwar für einen Teilbereich eine Regelung erreicht, die aber erkauft wird mit dem Verzicht auf andere Gebiete.

Zusammenfassend ist zu sagen, daß aufgrund der berufsrechtlichen Konflikte mit den Ärzten eine berufsrechtliche Regelung zumindest für den Klinischen Sektor der Psychologie unumgänglich erscheint. Am sinnvollsten erscheint eine Regelung für die Klinische Psychologie, was die Psychotherapie, aber auch andere Bereiche miteinschließt.

6.3 Finanzielle Regelungen

Relativ unabhängig von der Frage der Berufszulassung ist die Frage der finanziellen Regelung. Vielfach stellt die Berufszulassungsregelung die notwendige, aber nicht hinreichende Bedingung für die Übernahme finanzieller Leistungen durch die Sozietät im Krankheitsfall dar. Die von Klinischen Psychologen angebotene Leistung könnte finanziell unterschiedlich geregelt werden (auf die Regelungen für das medizinische Versorgungssystem kann hier nicht eingegangen werden):

- *Patient bezahlt selbst* die Leistung. Dies ist bei mittleren bis längeren Interventionen nur für einen ganz kleinen Teil der Bevölkerung möglich. Es käme also zu massiven Versorgungslücken.
- *Krankenkassen bzw. Versicherungen* (private, staatliche) bezahlen einen Teil oder die gesamte Leistung. Eine Lösung vergleichbar der Bezahlung ärztlicher Leistungen durch die Krankenkassen liegt bisher für eigenverantwortlich und selbständig tätige Klinische Psychologen nicht vor. In der Bundesrepublik Deutschland wurde mit dem sog. Delegationsverfahren ein begrenzter Lösungsweg zur Bezahlung von Psychotherapie durch Krankenkassen geschaffen. Diese Variante läßt aber keine selbständige und eigenverantwortliche Tätigkeit des Klinischen Psychologen zu, da der Psychologe in seiner Tätigkeit vom Arzt abhängig ist. Diese Verfahrensform ist daher bei den Psychologen umstritten, auch wenn verschiedenste Psychologen aus Existenzgründen unter diesen Rahmenbedingungen arbeiten. Vereinzelt liegen auch Abrechungsmöglichkeiten außerhalb des Delegationsprinzips für Psychologen in der Bundesrepublik Deutschland vor. In Österreich besteht ebenso keine Möglichkeit über Kran-

kenkassen abzurechnen; teilweise werden für Psychotherapie Zuschüsse von staatlichen Fonds bezahlt. In der Schweiz erbringen mehrere wichtige Krankenkassen aufgrund eines Vertrages mit dem Schweizerischen Psychotherapeuten-Verband freiwillige Leistungen für die Psychotherapie durch psychologische Psychotherapeuten; bei Invalidität haben in der Schweiz die zuständigen Instanzen (Bundesamt für Sozialversicherung) die Finanzierung von psychotherapeutischen Maßnahmen durch psychotherapeutisch qualifizierte Psychologen durch Verträge mit der Föderation der Schweizer Psychologen (FSP) und dem Schweizerischen Psychotherapeuten-Verband (SPV) zugesichert.

Die Bezahlung von Psychotherapie durch Krankenkassen deckt zwar einen Teil des Interventionsbedarfes ab (vor allem im Bereich der neurotischen Störungen); bei komplexeren Störungen mit der Notwendigkeit zur Langzeitbetreuung durch unterschiedliche Therapeuten ist die bisherige Kassenregelung nicht adäquat (dies gilt auch für die Tätigkeit niedergelassener Ärzte).

- Leistungen werden ohne Kosten für den Patienten von Diensten der Gesundheitsversorgung angeboten, wobei die *Kosten vom Träger* (Vereine, Kirche, Gewerkschaft, Staat) *übernommen* werden. Diese Variante ist z.T.in begrenztem Umfange in der Bundesrepublik Deutschland und in Österreich realisiert.

Eine umfassende Regelung sollte unterschiedliche Varianten beinhalten: zum einen sollten eigenverantwortliche und selbständige Tätigkeiten des Klinischen Psychologen über Krankenkassen abgerechnet werden können. Zum andern müßten auch die Leistungen von Diensten der Gesundheitsversorgung, die von Trägern ausgehen, ausgebaut werden. Die Kosten könnten teilweise von den Krankenkassen, Versicherungen etc. erstattet werden, teilweise würden sie vom Träger übernommen. Damit würden Leistungen ermöglicht, die die meist restriktiven Kassen- und Versicherungsregelungen nicht zulassen.

Abschließend sei darauf hingewiesen, daß Gesundheitsversorgung nicht nur durch bessere Interventionsmethoden verbessert wird. Die Gesundheitsversorgung ist vom Angebot der Dienste, von der Qualität der beteiligten Berufsgruppen, den finanziellen Regelungen und den gesetzlichen Rahmenbedingungen abhängig. Für den Bereich der psychischen Störungen und für die Klinischen Psychologen sind noch viele Änderungen zu schaffen, damit von einer befriedigenden Situation gesprochen werden kann.

7. Literatur

Action for mental health (1961). *Final report of the joint commission on mental illness and health.* New York: Basic Book.

American Psychologist (1981). Human resources in psychology (special issue). *American Psychologist, 36* (11).

Bauer, M. & Rave-Schwank, M. (Hrsg.). (1984). *Psychiatrische Abteilungen an Allgemeinkrankenhäusern* (Tagungsberichte Band 10). Köln: Rheinland.

Baumann, U. (Hrsg.). (1984). *Psychotherapie: Makro-Mikroperspektive.* Göttingen: Hogrefe.

Baumann, U. (1986). Evaluation von Psychotherapie – zugrundeliegende Forschungsleitbilder. *Zeitschrift für Klinische Psychologie, Psychopathologie und Psychotherapie, 34,* 169–176.

Baumann, U. (Hrsg.). (1987). Soziales Netzwerk, Soziale Unterstützung (Themenheft). *Zeitschrift für Klinische Psychologie, 16* (Heft 4).

Baumann, U., Gastager, H., Mackinger, H. & Nagl-Pickerle, B. (1987). *Psychiatrische und psychosoziale Versorgung im Bundesland Salzburg:* Salzburg: Otto Müller.

Baumann, U. & Reinecker-Hecht, Ch. (1986). Psychotherapie-Evaluation. In K.P. Kisker, H. Lauter, J.E. Müller, C.M. Müller & E. Strömgren (Hrsg.), *Psychiatrie der Gegenwart, Band 1: Neurosen, Psychosomatische Erkrankungen, Psychotherapie* (3. Aufl.). Berlin: Springer.

Beutler, L.E. (Ed.). (1988). Training to competency in psychotherapy (Social series). *Journal of Consulting and Clinical Psychology, 56* (5).

Biefang, S. (Hrsg.). (1980). *Evaluationsforschung in der Psychiatrie: Fragestellungen und Methoden.* Stuttgart: Enke.

Bosch, G. & Kulenkampff (Hrsg.).(1985). *Komplementäre Dienste – Wohnen und Arbeiten (Tagungsberichte Band 11).* Köln: Rheinland.

Bosch, G. & Veltin, A. (Hrsg.).(1983). *Die Tagesklinik als Teil der psychiatrischen Versorgung (Tagungsberichte Band 9).* Köln: Rheinland.

Buchholz, W. & Eichhorn, P. (1987). Nutzen-Kosten-Analyse für geförderte Modelleinrichtungen. In Rössler et al. (Hrsg.), *Landesprogramm zur Weiterentwicklung der ausserstationären psychiatrischen Versorgung Baden-Württemberg-Analysen, Konzepte, Erfahrungen* (S. 483–530). Weinheim: Deutscher Studien Verlag.

Bühringer, G. & Hahlweg, K. (1986). Kosten-Nutzen Aspekte psychologischer Behandlung. *Psychologische Rundschau, 37,* 1-19.

Cohen, S. & Wills, T.A. (1985). Stress, social support, and the buffering hypothesis. *Psychological Bulletin, 98,* 310-357.

Departement of health and social security (1975). *Better services for the mentally ill. Command 6233.* London: HMSO.

Deutscher Bundestag (1975). *Bericht über die Lage der Psychiatrie in der Bundesrepublik Deutschland - Zur psychiatrischen und psychotherapeutisch/psychosomatischen Versorgung der Bevölkerung* (Drucksache 7/4200). Bonn: Verlag Hans Heger.

Expertenkommission der Bundesregierung (1988). *Empfehlungen zur Reform der Versorgung im psychiatrischen und psychotherapeutisch/psychosomatischen Bereich. Bundesministerium für Jugend, Familie, Frauen und Gesundheit.* Bonn: Aktion Psychisch Kranke.

Föderation Deutscher Psychologenvereinigungen (1987a). *Grundlagen der heilkundlichen Tätigkeit von Psychologen.* Bonn: Deutscher Psychologenverlag.

Föderation Deutscher Psychologenvereinigungen (1987b). Weiterbildung Klinische Psychologie. *Psychologische Rundschau, 38,* 42-45.

Föderation Deutscher Psychologenvereinigungen (1989). Beschlüsse über die künftige Organisation der Weiterbildung von Diplom-Psychologen. *Psychologische Rundschau, 40,* 169-171.

Fox, R.E. & Barclay, A. (1989). Let a thousand flowers bloom. *American Psychologist, 44,* 55-59.

Freeman, H.L., Fryers, T. & Henderson, J.H. (1986). *Die psychiatrische Versorgung in Europa: 10 Jahre im Rückblick.* Weltgesundheitsorganisation Regionalbüro für Europa, Kopenhagen.

Goldberg, D. & Huxley, P. (1980). *Mental illness in the community. The pathway to psychiatric care.* London: Tavistock.

Häfner, H., an der Heiden, W. (1984). Evaluation und Veränderungen in einem psychiatrischen Versorgungssystem. In U. Baumann (Hrsg.), *Psychotherapie: Makro-Mikroperspektive* (S. 52-72). Göttingen: Hogrefe.

Häfner, H. & an der Heiden, W. (1989). Evaluation of care for the disabled mentally iII: Theoretical issues. *Psychiatry and Neurological Sciences, 238,* 179-184.

Häfner, H., an der Heiden, W., Buchholz, W., Bardens, R., Klug, J. & Krumm, B. (1986). Organisation, Wirksamkeit und Wirtschaftlichkeit komplementärer Versorgung Schizophrener. *Der Nervenarzt, 57,* 214-226.

Hess, D., Ciompi, L. & Dauwalder, H.P. (1986). Nutzen- und Kosten-Evaluation eines sozialpsychiatrischen Dienstes. *Der Nervenarzt, 57,* 204-213.

Hobi, V. (1990). Zur ambulanten, psychotherapeutischen Versorgung (am Beispiel der Kantone Basel-Stadt und Baselland). *Zeitschrift für Klinische Psychologie, Psychopathologie und Psychotherapie, 38,* 4.

Jandl-Jager, E., Stumm, G., Wirth, B., Stocker, K., Weber, G. & Ahlers, C. (1987). *Psychotherapeutische Versorgung in Österreich. Projektbericht.* Schriftenreihe des Instituts für Tiefenpsychologie und Psychotherapie der Universität Wien, Wien.

Jones, N.F. (1987). Credentials for health psychologists. In G.C. Stone, S.M. Weiss, J.D. Matarazzo, N.E. Miller, J. Rodin, C.D. Belar, M.J. Follick & J.E. Singer (Eds.), *Health psychology.* Chicago: University of Chicago Press.

Kaminski, G. (1970). *Verhaltenstheorie und Verhaltensmodifikation.* Stuttgart: Klett.

Kanfer, F.H. & Schefft, B.K. (1988). *Guiding the process of psychotherapeutic change.* Champaign: Research Press.

Klug, J., an der Heiden, W. & Scheel, R. (1980). Psychiatrische Versorgung im Wandel - Determinanten der Bedarfsplanung. In S. Biefang (Hrsg.), *Evaluationsforschung in der Psychiatrie: Fragestellungen und Methoden* (S. 250-285). Stuttgart: Enke.

Knespers, D., Belcher, B.E. & Gross, J.G. (1989). A market analysis comparing the practices of psychiatrists and psychologists. *Archives of General Psychiatry, 46,* 305-314.

Kulenkampff, C. & Picard, W. (Hrsg.). (1989). *Fortschritte und Veränderungen in der Versorgung psychisch Kranker - ein internationaler Vergleich* (Tagungsberichte Band 15). Köln: Rheinland-Verlag.

Kupper, Z. (1986). *Psychosoziale Versorgung* (Kanton Freiburg/Schweiz). Unveröff. Lizentiatsarbeit Universität, Freiburg (Schweiz).

Laux, L. & Weber, H. (Im Druck). Bewältigung von Emotionen. In K.R. Scherer (Hrsg.), *Psychologie der Emotion.* Enzyklopädie der Psychologie. Göttingen: Hogrefe.

Mahler, H. (1988). Present status of WHO's initiative, «health for all by the year 2000». *Annual Review of Public Health, 9,* 71-97.

Miltner, W., Birbaumer, N. & Gerber, W.D. (1986). *Verhaltensmedizin.* Berlin: Springer.

Müller, C. (1981). *Psychiatrische Institutionen.* Berlin: Springer.

Pöldinger, W. (1982). Die psychiatrische Klinik im Wandel. *Schweizerische Ärztezeitung, 63,* 285-288.

Rössler, W., Häfner, H., Martini, H., an der Heiden, W., Jung, E. & Löffler, W. (1987). *Landesprogramm zur Weiterentwicklung der außerstationären psychiatrischen Versorgung Baden-Württemberg-Analysen, Konzepte, Erfahrungen.* Weinheim: Deutscher Studien Verlag.

Royal Commission on the law relating to mental illness and mental deficiency (1957). *Command 169.* London: HMSO.

Ruckstuhl, U., Greusing, Th., Langhans, P. & Wyss, E. (1984). *Die psychotherapeutische und psychiatrische Versorgung im Kanton Zürich.* Zürich: Limmat.

Sartorius, N. (1988). Experience from the mental health programme of the World Health Organization. *Acta Psychiatrica Scandinavica (Suppl. Nr. 344), 78,* 71-74.

Sartorius, N. (1989). Recent research activities in WHO's mental health programme. *Psychological Medicine, 19,* 233-244.

Siegrist, J. (1975). *Lehrbuch der Medizinischen Soziologie* (2. Aufl.). München: Urban & Schwarzenberg.

Siegrist, J. (1984). Krankheitsverhalten. In U. Baumann (Hrsg.), Psychotherapie: *Makro-/Mirkoperspektive* (S. 109-124). Göttingen: Hogrefe.

Sommer, G. & Ernst, H. (Hrsg.). (1977). *Gemeindepsychologie.* München: Urban & Schwarzenberg.

Steffens, W. & Kächele, H. (1988). Abwehr und Bewältigung - Mechanismen und Strategien. Wie ist eine Integration möglich? In H. Kächele & W. Steffens

(Hrsg.), *Bewältigung und Abwehr* (S. 1-68). Berlin: Springer.

Stöcklin, S. & Lucius-Hoene, G. (1988). Die Frage des Bedarfs an psychiatrischen Einrichtungen: Problemstellung und Modelle. Fortschritte der Neurologie, *Psychiatrie, 56,* 139-153.

Stone, G.C., Weiss, S.M., Matarazzo, J.D., Miller, M.E., Rodin, J., Belar, C.D., Follick, M.J. & Singer, J.E. (Eds.). (1987), *Health psychology.* Chicago: University of Chicago Press.

Thüring, S. & Graf, P. (1988). Arbeitsmarktentwicklungen in der Psychologie. *Bulletin der Schweizer Psychologen, 9,* 1-14.

Wasilewski, R. (1989). *Kosten der Psychotherapie bei Klinischen Psychologen.* Institut für Freie Berufe an der Universität Erlangen-Nürnberg. Bonn: Deutscher Psychologen-Verlag.

Wing, J.K. (1973). Principles of evaluation. In J.K. Wing & H. Häfner (Eds.), *Roots of evaluation. The epidemiological basis for planning psychiatric services.* London: Oxford Press.

Wing, J.K. (1989). Versorgungskonzepte und Versorgungsstrategien für psychisch Kranke und Behinderte in den letzten zehn Jahren in Grossbritannien. In C. Kulenkampff & W. Picard (Hrsg.), *Fortschritte und Veränderungen in der Versorgung psychisch Kranker - ein internationaler Vergleich* (Tagungsberichte Band 15). Köln: Rheinland-Verlag.

Wittchen, H.U. & Fichter, M. M. (1980). *Psychotherapie in der Bundesrepublik.* Weinheim: Beltz.

Wittmann, W.W. (1985). *Evaluationsforschung.* Berlin: Springer.

WHO (1987). *Evaluierung der Strategie «Gesundheit für Alle bis zum Jahr 2000».* Weltgesundheitsorganisation Regionalbüro für Europa, Kopenhagen.

Für ergänzende Anmerkungen danke ich den Kollegen Siegfried Höfling, Meinrad Perrez und Dietmar Schulte.

3. Wissenschaftstheoretische Grundbegriffe der klinisch-psychologischen Interventionsforschung

Meinrad Perrez

1. Einleitung

Es gibt mittlerweile mehrere Hundert klinisch-psychologische Behandlungs- und Therapiemethoden, die durch Psychologen, Psychotherapeuten, Psychiater und andere Personenkreise praktiziert und propagiert werden. Texte wie in Kasten 1 finden sich in psychotherapeutischen Büchern. Die wissenschaftliche Diskussion solcher Beschreibungen kann sich zunächst auf einer *objekttheoretischen* Ebene bewegen. Es kann gefragt werden, mit welchen Methoden diese Behandlungs- und Therapiemethoden bisher untersucht worden sind. Gibt es Gruppenstudien über ihre Wirksamkeit? Existieren kontrollierte Einzelfallstudien oder Prozeßstudien, in denen Hypothesen über Wirkfaktoren untersucht worden sind? Man mag sich fragen, von welchen psychologischen Grundlagentheorien sie hergeleitet sind, oder man kann darüber spekulieren, warum sie wirksam sind, wenn man an ihre Wirksamkeit glaubt... Die Diskussion kann sich aber auch auf eine andere Ebene be-

Kasten 1
Beispiele für klinisch-psychologische Interventionsmethoden

Psychotherapie durch Modelldarbietung

«Das therapeutische Verfahren des Modelldarbietens wird auch als Imitationslernen oder Beobachtungslernen bezeichnet. In seiner einfachsten Form besteht es darin, daß eine Person oder ein Symbol, das sogenannte Modell, irgend ein Verhalten zeigt, das wiederum von einer anderen Person beobachtet wird. Der Beobachter muß das Modellverhalten sehr genau beobachten und es lernen, im Sinne von Behalten. Dieser erste Schritt wird als Aneignungsphase bezeichnet. Unter günstigen Bedingungen wird Verhalten in dieser Aneignungsphase gelernt. Der Beobachter muß seine Beobachtungen dann selbst in eigenes Verhalten umsetzen, soweit er dazu fähig ist, die Voraussetzungen dafür hat, sich in der entsprechenden Umgebung befindet und dazu motiviert ist. Diese Durchführungsphase ist die zweite Phase des Modell-Lernens. Modelldarbietung wird therapeutisch unter verschiedenen Zielrichtungen eingesetzt. Am häufigsten sollen durch Modell-Lernen neue Fertigkeiten erworben werden. Ein typisches Beispiel hierfür ist die Demonstration von neuen akademischen und sozialen Fertigkeiten durch Lehrer von Studenten. Modell-Lernen wird auch bei Patienten eingesetzt, die einen Mangel an sozialen Fertigkeiten haben und die neues Sozialverhalten lernen sollen. Auch geistig retardierte Personen können sich durch Modell-Lernen neues Verhalten aneignen.» (Aus «Psychotherapie-Manual», Perry, 1981, S. 139)

Die Intuitionstherapie

«Auf die Intuitionstherapie bin ich durch ein persönliches Erlebnis in der Abgeschiedenheit einer kalifornischen Wüste gestoßen. Ich habe erfahren, den bisherigen Weg als Irrweg zu begreifen und mich nicht mehr anderen, sondern meiner eigenen Intuition anzuvertrauen. Die Ursache vielen psychischen Leidens ist die falsche Weltverpflichtung. Die Therapie ist im Grunde einfach: Der Intuitionstherapeut, der diese Erfahrung selbst gemacht hat, hilft dem Patienten unter Nutzung verschiedener Mittel auf seine innere Stimme zu hören; er hilft ihm, die unterdrückten Minderheiten des Psychischen zu Wort kommen zu lassen, die Botschaft seines Tiefenselbst wahr- und ernstzunehmen. Als wichtigste Mittel empfehle ich die «geführte Innenschau», den «Weg zur Weltabsage» und den «Weg zum Ego-Geheimnis». Diese drei Wege sind Stufen. Man muß sie durchlebt haben, um ihr Wesen erahnen zu können. Das Ziel der Intuitionstherapie ist der Aufbruch zu sich. Kein Therapeut kann vorhersagen, wohin der Weg im Einzelfall führt.» (Aus «Neue Wege zur Psychotherapie», Limani, 1984, S. 39f.)

geben: Ist der Nachweis der Wirksamkeit überhaupt von klinisch-psychologischen Interventionsmethoden zu fordern? Ist klinisch-psychologische Intervention und speziell Psychotherapie nicht ein viel zu komplexes Geschehen, als daß es wissenschaftlicher Analyse zugänglich wäre? Besteht denn ein Ableitungszusammenhang zwischen psychologischen Grundlagentheorien und klinisch-psychologischen Interventionsmethoden? Was sollen die Kriterien für die wissenschaftliche Fundierung von klinisch-psychologischer Intervention sein? *Das sind wissenschaftstheoretische Fragen.*

Die Wissenschaftstheorie kann im allgemeinsten Sinne als eine Reflexion über die Grundlagen einer wissenschaftlichen Disziplin verstanden werden (siehe Kasten 2). Diese betreffen u.a. die Ziele wissenschaftlicher Forschung, Kriterien der Forschung, die rationale Rekonstruktion des Forschungsprozesses, die Begründungsstrukturen von Behauptungen über die untersuchte Realität, und die Rekonstruktion der Beziehung von Theorien und Technologien und ähnliches. Solche metatheoretischen Reflexionen begründen ein Stück weit das Selbstverständnis einer Disziplin. Sie machen die logische Struktur von sprachlich formulierten Ergebnissen der Forschung transparent. Sie thematisieren neben dieser deskriptiven Zielsetzung auch wissenschaftliche, methodologische Normen sub specie der Forschungsziele, die die Einzelwissenschaften implizite oder explizite leiten, wie z.B. die Kriterien der Intersubjektivität oder der logischen Konsistenz von Aussagensystemen. Von solchen Fragen sind Fragestellungen der Wissenschaftspsychologie, -soziologie und -geschichte zu unterscheiden, die sich unter psychologischen, soziologischen oder geschichtlichen Aspekten mit dem faktischen Forschungsprozeß beschäftigen.

Im folgenden wird in einige wissenschaftstheoretische Grundbegriffe auf dem Hintergrund der Analytischen Wissenschaftstheorie eingeführt, die für die klinisch-psychologische Interventionsforschung auf der Grundlage einer nomothetischen Psychologie relevant sind (Bickhard, 1989; Kanfer, 1989; Fischer, 1989; Perrez, 1989). Die Ausführungen sind teilweise exemplarisch auf die Psychotherapie als zentrales Beispiel der klinisch-psychologischen Intervention bezogen und sind auf die präventive und rehabilitative Intervention übertragbar.

Kasten 2
Was ist Wissenschaftstheorie?

«Die Wissenschaftstheorie ist eine metatheoretische Disziplin, die sich vorzugsweise mit den (logischen und methodischen) Grundlagen von wissenschaftlichen Theorien und Vorgehensweisen beschäftigt. Gegenstand der Wissenschaftstheorie sind sowohl empirische als auch Formalwissenschaften. Über Aufgaben und Ziele der Wissenschaftstheorie bestehen unterschiedliche Auffassungen. Die sogenannte *Analytische Wissenschaftstheorie* sieht die Aufgabe der Wissenschaftstheorie in der logischen Rekonstruktion bzw. in der logischen Analyse von wissenschaftlichen Begriffen, Theorien sowie Forschungs- und Prüfmethoden. (...) Die Analytische Wissenschaftstheorie versteht sich als nichtempirische Disziplin und grenzt sich damit von Disziplinen ab, die den Wissenschaftsbetrieb empirisch erforschen. Hier sind etwa die Historiographie der Wissenschaften (Wissenschaftsgeschichte), die Wissenschaftspsychologie und die Wissenschaftssoziologie zu nennen, die sich mit psychologischen, sozialen und gesellschaftlichen Voraussetzungen und Bedingungen des Wissenschaftsprozesses befassen.» (Aus Krapp, Hofer & Prell, 1982, S. 175f.)

2. Nomologisches, nomopragmatisches und Tatsachenwissen

«Wenn ein Lehrer bei einem Schüler die Methode der differentiellen Beachtung für aufmerksame Unterrichtsteilnahme praktiziert, so erzielt er damit die Stärkung des erwünschten Verhaltens.» Worin besteht die Ähnlichkeit bzw. Unähnlichkeit einer solchen Aussage mit der folgenden? «Wenn ein unkonditionierter Stimulus (UCS) häufig mit einem neutralen (NS) gepaart wird, bildet sich in Abhängigkeit von der Art und Stärke des UCS und der Latenzzeit zwischen NS und UCS (sowie weiteren Bedingungen) aus dem NS ein bedingter Reiz.»

In beiden Fällen handelt es sich um Zusammenhangsbehauptungen. Im ersten Fall geht es um einen *praktischen* Handlungszusammenhang, im zweiten um einen *theoretischen*, der nicht notwendig an Handlungen gebunden ist. Die Paarung von neutralen mit unkonditionierten Reizen kann auch durch zufällige Begegnungen mit der physikalischen Welt zustandekommen. Die erste Aussage hat *nomopragmatischen*, die zweite *nomologischen* Charakter. Diese beiden Aussagetypen entstammen verschiedenen Forschungsprogrammen, die verschiedene Arten des Wissens ansteuern, nämlich im einen Fall handlungs-, interventionsbezogenes praktisches (technologisches) Wissen und im anderen Fall theoretisches (nomologisches) Wissen über Zusammenhänge dieser Welt. Diese Unterscheidung ist auch auf Alltagswissen übertragbar. Diese beiden Wissensarten sind zu ergänzen durch Wissen, das nicht praktische oder theoretische Zusammenhänge, sondern einzelne Tatbestände, Sachverhalte, individuelle Ereignisse betrifft, das wir Tatsachen- oder Faktenwissen nennen (vgl. Westmeyer, 1976).

Man kann noch andere Wissenstypen unterscheiden, wie z.B. das definitorische oder das Begriffswissen, das im Kennen der Bedeutung von Begriffen besteht. Im folgenden beschränken wir uns auf die ersten drei Arten.

Diese Unterscheidungen sind dienlich bei der Klärung der Beziehungen von Grundlagenwissen zu anwendungsorientiertem Wissen. Dieses Wissen kann mehr oder weniger naiv bzw. wissenschaftlich geartet sein. Als wissenschaftlich fundiertes Wissen qualifizieren wir es solange, wie es der methodisierten Überprüfung standhält. Als Alltags- oder naives Wissen betrachten wir es dann, wenn seine Entstehung subjektiver, zufälliger und unkotrollierter Erfahrung entstammt. Was versteht man unter diesen drei Wissensarten?

2.1 Nomologisches Wissen respektive Hypothesen

Unter *nomologischem Wissen* versteht man Erkenntnisse über Zusammenhänge zwischen Variablen. Diese Erkenntnisse werden als Gesetzesaussagen formuliert, wobei deterministische und probabilistische unterschieden werden können. Deterministische Gesetze weisen grundsätzlich die folgende Form auf: «Für alle x : wenn x ist A, dann x ist B». Anders formuliert: «In allen Fällen, wo Bedingungen der Art F realisiert sind, sind auch Bedingungen der Art G realisiert» (Hempel, 1977, S. 79). Probabilistische Gesetze enthalten an einer Stelle eine Wahrscheinlichkeit, also z.B. «Für alle x : wenn x ist A, dann gilt mit der Wahrscheinlichkeit p dass x B ist». Für die Unterscheidung weiterer Generalisierungstypen (z.B. beschränkte universelle Hypothesen) sei auf Groeben und Westmeyer (1975) verwiesen. Hypothesen über das Modellernen betreffen z.B. nomologische Zusammenhänge, z.B. die Annahmen, daß die Wirkung der Modelldarbietung stärker sei, wenn das Modellverhalten eine positive Verstärkung erfahre; oder die Annahme, daß Kinder von ängstlichen Eltern über das ängstliche Modellverhalten ängstliches Verhalten lernen. Einen nomologischen Anstrich hat auch Limanis oben zitierte Aussage zur Intuitionstherapie, daß die Ursachen psychischen Leidens in der falschen Weltverpflichtung bestehen. Als Hypothesen wollen wir sie nicht bezeichnen, da sie in dieser Vagheit keiner Überprüfung zugänglich sind.

2.2 Nomopragmatisches (technologisches) Wissen respektive Hypothesen

Neben dem theoretischen Ziel, gesetzesartiges Wissen zu gewinnen, wird durch die meisten Wissenschaften auch Wissen zur praktischen Verwertbarkeit angestrebt: das nomopragmatische (technologische) Wissen. In der Psychologie gehört die Entwicklung von Interventionsmethoden zu diesem Forschungsziel. Erlaubt nomologisches Wissen die Erklärung von Ereignissen, so sucht die technologische Forschung Wissen über die Herstellbarkeit und Beeinflußbarkeit von Phänomenen. Es definiert sich durch seinen Handlungsbezug. Aussagen dieser Art haben zunächst eine nomopragmatische Form, d.h. sie beschreiben Handlungen (T) und ihre Handlungsfolgen (F) unter bestimmten Ausgangsbedingungen (A). Sie bilden die Grundlage für die Formulierung technologischer Regeln, die bestimmte Handlungen *empfehlen*, wenn unter gewissen Ausgangsbedingungen definierte Ziele erreicht werden sollen: «Um F zu erreichen, empfiehlt es sich unter der Voraussetzung der Ausgangsbedingungen A T zu tun.» Innerhalb der Psychotherapie entsprechen technologische Regeln der Struktur von Indikationsaussagen (vgl. Baumann & von Wedel, 1981). Im Unterschied zu nomologischen Aussagen kennzeichnet die technologischen Regeln als Empfehlungen (und nicht als Aussagen) nicht das Wahrheitskriterium, sondern das *Effektivitätskriterium*. Eine technologische Regel wird dann als effektiv anerkannt, wenn das Ziel F unter der Voraussetzung von A tatsächlich mit einer hinreichenden Wahrscheinlichkeit mittels T erreicht werden kann. Für die nomopragmatische Aussage und für die Erklärung des Zusammenhanges der Handlung mit ihren Folgen ist allerdings wiederum das Wahrheitskriterium von Interesse. Ebenso ist für die Wirksamkeitsbehauptung als Aussage das Wahrheitskriterium relevant.

2.3 Tatsachenwissen respektive singuläre Hypothesen

Tatsachenwissen bildet eine dritte Art von Wissen, die wir hier unterscheiden. Nomologisches wie technologisches Wissen ist mehr oder weniger universell und ist im ersten Fall theoretischer, im zweiten Fall praktischer Art. Tatsachenwissen hat demgegenüber singulären Charakter und wird durch singuläre Aussagen beschrieben; z.B. «Der Patient X hat zum Zeitpunkt T ein psychisches Trauma erlebt.» Es bezieht sich auf den Ist-Zustand bestimmter Merkmale in einer bestimmten Population oder bei bestimmten Individuen zu einem gegebenen Zeitpunkt / ohne Wenn-dann- oder Je-desto-Verknüpfungen verschiedener Merkmale untereinander und ohne Generalisierung über Situationen, Orte oder Zeit; allenfalls wird ein Merkmal aufgrund einer repräsentativen Stichprobe einer entsprechenden Grundgesamtheit zugeschrieben. Es hat also einen erheblich geringeren Informationswert als nomologisches oder technologisches Wissen (vgl. Perrez & Patry, 1982).

2.4 Nomopragmatische (technologische) und nomologische Hypothesen vs. Meinungen (Alltagswissen)

Von nomopragmatischen (technologischen) oder nomologischen *wissenschaftlichen Hypothesen* wollen wir dann sprechen, wenn es sich um theoretische oder praktische universelle Zusammenhangsannahmen handelt, die überprüfbaren Charakter haben, die mit vorhandener Erkenntnis verträglich sind und nicht semantisch leer sind (vgl. Bunge, 1967 a). Die Annahme, daß die systematische Desensibilisierung geeignet sei, Angst zu reduzieren, ist zunächst eine nomopragmatische (technologische) Hypothese. In dem Ausmaß, wie diese Annahme empirisch bestätigt worden ist, kann sie als nomopragmatisches (technologisches) Wissen betrachtet werden, das als prinzipiell revidierbar verstanden wird.
Von nomopragmatischen (technologischen) oder nomologischen *Meinungen* resp. Alltagswissen wollen wir dann sprechen, wenn es sich um Zusammenhangsannahmen gewissermaßen «privater Natur» handelt, also um subjektive Überzeugungen, die nicht in ein wissenschaftliches theoretisches Netzwerk, sondern in das der Alltagstheorien und -erfahrung eingebettet sind. Sie sind oft nicht überprüfbar, und die Personen, die sie haben, haben sie mit subjektiver Gewißheit, obwohl sie wissenschaftlich nicht abgesichert sind.
Unter *Lehrmeinungen* wollen wir schließlich technologische oder nomologische Meinungen verstehen, die von Autoritäten als allgemeine Erkenntnisse gelehrt, propagiert werden, obwohl sie lediglich auf privater Erfahrung oder unkontrollierten kollektiven Erlebnissen beruhen (vgl. Westmeyer, 1976). Wissenschaftlich fundiertes nomopragmatisches Wissen kann indes nur handlungswirksam werden, wenn es in die epistemische Struktur des Handelnden integriert und zur subjektiven Überzeugung geworden ist.

3. Psychotherapeutische Methoden als technologische Regeln

3.1 Regelstruktur

Wir erörtern im folgenden die Regelstruktur klinisch-psychologischer Interventionsmethoden am Beispiel der *Psychotherapie*. Für Methoden der Gesundheitsförderung, der Prävention und Rehabilitation stellen sich die Fragen in analoger Weise.

Unter «Psychotherapie» verstehen wir in der Alltagssprache normalerweise entweder eine *Menge von Methoden*, die psychologische Mittel zur Behebung von psychischen Problemen beschreiben bzw. empfehlen, oder die *praktische Tätigkeit* von Menschen, bei der solche Methoden angewendet werden. Diese Unterscheidung entspricht dem Unterschied von technologischen Regeln und der psychologischen Praxis. Psychotherapeutische Methoden lassen sich dann als technologische Regeln interpretieren, wenn die Beschreibung der Methode Informationen darüber enthält, (1) für welche Problemausgangslage und Diagnose und (2) für welche Therapieziele (3) welche psychotherapeutischen Handlungen empfohlen werden. Zur Problemausgangslage und Diagnose mögen auch differentielle Persönlichkeitsmerkmale, Umweltbedingungen usw. gehören, die für die Interventionsauswahl bedeutungsvoll sind. Die therapeutischen Handlungsempfehlungen können von einfachen bis zu hochkomplexen Interventionen variieren. Auch Anwendungsempfehlungen von elementaren therapeutischen Substrategien wie Fokussieren, Deuten, Konfrontieren usw. weisen die gleiche Struktur auf. Auch hier erwarten wir Informationen darüber, unter welchen Ausgangsbedingungen innerhalb des therapeutischen Prozesses mit welcher Zielsetzung welche Handlungen zu realisieren sind. Der technologischen Regelstruktur entspricht – wie oben erwähnt – die Definition von Indikationsaussagen: «Indikationsaussagen sind allgemeine Handlungsregeln, die angeben, welche Maßnahmen unter vorgegebenen Randbedingungen (u.a. auch Ziele) optimal sind. Dazu gehören Prädiktoren, die im Einzelfall die Erfolgswahrscheinlichkeit (Prognose) abzuschätzen erlauben.» (Baumann & von Wedel, 1981, S. 13.) Im Kasten 3 werden Psychotherapie durch Modelllernen und die Intuitionstherapie auf ihre Regelstruktur hin befragt.

Kasten 3
Regelstruktur der Modellerntherapie und der Intuitionstherapie

Die kurze obige Beschreibung der *Modellerntherapie* enthält Informationen über Ausgangsbedingungen, unter denen sich diese Therapieart u.a. empfiehlt (Mangel an sozialen Fertigkeiten), über Ziele (Aufbau von Sozialverhalten) und über die zu realisierenden therapeutischen Handlungen (Aneignungsphase: Modelldarbietung, Durchführungsphase: Beobachtetes Verhalten umsetzen). Der weitere Text enthält auch Angaben über die Wirksamkeit und über Studien, in denen diese untersucht worden ist.
Bei der *Intuitionstherapie* von Limani (1984) fehlen präzisere Indikationsangaben. Gemeint ist wohl, daß diese Therapie im Sinne der Enrichment-Funktion nicht nur bei Störungen, sondern auch zur psychischen Bereicherung zu empfehlen sei. Die Zielangaben sind so vage (Lernen, sich der eigenen Intuition anzuvertrauen, Botschaften des Tiefenselbst wahrnehmen lernen, Aufbruch zu sich), daß eine Klärung der Wirksamkeit dieser Methode schon aus diesem Grunde kaum möglich erscheint. Noch schwieriger ist es um die Beschreibung der therapeutischen Handlungsstrategien bestellt. Diese werden wohl kurz umschrieben, aber es wird betont, daß sie eigentlich nicht zu beschreiben, sondern nur zu erfahren sind. Die Frage nach der Wirksamkeit erübrigt sich wohl schon deshalb, weil davon ausgegangen wird, daß es zum Wesen dieser Therapie gehört, das Ergebnis nicht vorhersagen zu können. Das bedeutet, daß sich die Intuitionstherapie nicht als technologische Regel rekonstruieren lässt, da die Beschreibung ihres Begründers weder Informationen über relevante Problembereiche noch Zielangaben oder ausreichende Präzisierungen über die therapeutischen Maßnahmen enthält.

3.2 Regeln, Heuristiken, Regelsysteme

Grawe (1982) hat darauf hingewiesen, daß wir es bei der Behandlung von psychopathologischen Phänomenen oft nicht mit wohldefinierten Problemen zu tun haben und die Interventionsmethoden, die praktisches therapeutisches Handeln leiten, oft mehr der Natur von *Heuristiken* als einfachen technologischen Regeln entsprechen. Heuristiken sind Suchverfahren zur Findung von Lösungen. Sie bestehen in der Abfolge bestimmter geistiger Operationen (Dörner, 1979, S. 43). Heuristiken lassen sich als komplexe technologische Regelsysteme rekonstruieren. Auch sie gelangen unter der Voraussetzung bestimmter Ausgangsbedingungen sub specie gewisser Ziele zur Anwendung. Ein Merkmal von Ausgangsbedingungen kann z.B. darin bestehen, daß die Problemlage zunächst unklar ist. Die dann gewählte Operation kann sich dann zunächst darauf beziehen, statt direkt mit einer therapeutischen Handlung, zunächst mit der Problemeingrenzung zu beginnen; dafür besteht dann eine eigene Regel. Die Handlungslogik der Verhaltensmodifikation, wie sie Kaminski (1970) oder die Prinzipien der Verhaltensdiagnostik und Interventionsplanung, wie sie Schulte (1986) beschrieben haben, sind Beispiele komplexer Heuristiken und prozeduraler Handlungsempfehlungen, die sich nicht nur auf wohldefinierte Probleme beziehen und jeweils auf einfache Regeln, die unter bestimmten Umständen einzusetzen sind, verweisen. Diese Problemlösestrategien bestehen u.a. darin, eine geeignete Methode zur Lösung eines gegebenen Problems in einer ersten Handlungssequenz zu suchen bzw. zu konzipieren. Teil eines solchen Regelsystems können Prozeßregeln sein, wie ein diffuses oder komplexes Problem eingegrenzt werden kann. Das Konzept der einfachen technologischen Regel ist also zu erweitern durch technologische Regeln vom heuristischen Typ, ferner durch Regelsequenzen und -systeme bzw. -hierarchien. Auch sie weisen im Prinzip die Struktur technologischer Regeln auf; auch für sie stellt sich die Frage nach Kennwerten ihrer Wirksamkeit.

4. Psychotherapie als Anwendung von Theorien der wissenschaftlichen Psychologie?

Es ist kein Geheimnis, daß viele der derzeit verbreiteten Behandlungs- und Psychotherapiemethoden nicht unter dem Einfluß psychologischer Theorien der Allgemeinen Psychologie entstanden sind, sondern auf privater Erfahrung und wirkungsvoll kommunizierter Intuition beruhen. Von einer wissenschaftlichen Fundierung kann in vielen Fällen keine Rede sein. Was heißt «wissenschaftlich fundiert»? Ist eine Methode dann wissenschaftlich begründet, wenn es sich um aus einer Grundlagendisziplin abgeleitete Verfahrensprinzipien handelt? In dieser Weise haben L. Witmer und E. Kraepelin die Klinische Psychologie als Anwendung der Allgemeinen Psychologie verstanden. Bunge (1983) hat indes gezeigt, daß praktische Verfahrensprinzipien nie im stringenten Sinne aus Grundlagentheorien ableitbar sind, weil sich Grundlagentheorien immer auf idealisierte Bedingungen beziehen und die Variablen, deren Verknüpfung theoretisch beschrieben wird, normalerweise nicht Handlungen, sondern abstraktere, theoretische Konstrukte sind. Selbst Begriffe wie «autoritärer Führungsstil» sind zunächst theoretische Konstrukte (vgl. Lukesch, 1979) und beschreiben nicht direkt konkrete Handlungen, weshalb aus einer Theorie des autoritären Führungsstils nicht ohne weiteres konkrete Handlungsempfehlungen stringent abzuleiten sind. Dennoch können therapeutische und andere klinisch-psychologische Interventionsmethoden mehr oder weniger stark auf Erkenntnissen der Allgemeinen Psychologie beruhen.

4.1 Von nomologischen Gesetzesaussagen zu nomopragmatischen (technologischen) Hypothesen

Bunge (1967 b) sieht zwischen Gesetzesaussagen und technologischen Regeln lediglich eine pragmatische Beziehung. Die Überleitung des Gesetzes «Wenn A, dann B» (z.B. Wenn Reaktionsklasse R verstärkt wird, dann Erhöhung ihrer Auftretenswahrscheinlichkeit) in die Regel «Tue A*, um B* zu erhalten!» erfordert nach Bunge den Zwischenschritt der *nomopragmatischen Aussage*, die in einer Übersetzung der theoretischen Begriffe in Handlungsbegriffe («pragmatische Begriffe») besteht und eine neue Hypothese über einen pragmatischen Zusammenhang darstellt: «Wenn A* getan wird, kann man B* feststellen.» (Z.B. «Wenn ein Lehrer die Methode der differentiellen Beachtung praktiziert, so wird das systematisch beachtete Schülerverhalten gestärkt».) Hat sich diese nomopragmatische Zusammenhangsannahme in empirischen Studien bewährt, so kann die begründete Regel formuliert werden: «Um B* zu erhalten, tue A*!» Bunge (1967 b) nennt eine so gewonnene Regel wissenschaftlich fundiert.

Der Zusammenhang von Grundlagenwissen und technologischem Wissen wurde u.a. von Brocke (1978), Patry und Perrez (1982) und für die Klinische Psychologie von Westmeyer (1977) eingehender diskutiert.

Daß die Grundlagentheorien nicht ohne weiteres angemessene Erklärungen therapeutischer Effekte zu leisten vermögen, haben für den Bereich gewisser verhaltenstherapeutischer Methoden bereits Breger und McGaugh (1965) und Westmeyer (1977) gezeigt; sie haben nachgewiesen, daß der hierfür erforderliche stringente logische Ableitungszusammenhang von verhaltenstherapeutischen Methoden aus den Lerntheorien nicht gegeben ist. Dennoch sind viele verhaltenstherapeutische Methoden durch Grundlagentheorien inspiriert und dann auf ihre Wirksamkeit hin untersucht worden. Wolpe (1958) hat die *systematische Desensibilisierung* in enger Anlehnung an die Konditionierungstheorien entwickelt und entsprechende Tierversuche durchgeführt. Die Übertragung dieser Methode zur Angstreduktion auf Phobien bei Menschen hat befriedigende Effektivitätswerte ergeben. Prozeßuntersuchungen und theoretische Erwägungen ließen jedoch die ursprüngliche Theorie der reziproken Hemmung für die Erklärung der Treatmenteffekte als immer unbefriedigender erscheinen. So folgten auf die Erklärung durch die reziproke Hemmung extinktionstheoretische Erklärungen und die Theorie der maximalen Habituation von Lader und Mathews (1968) und dann verschiedene kognitive theoretische Erklärungsversuche (z.B. Birbaumer, 1973). Es kann prinzipiell auch eine falsche Grundlagentheorie eine wirksame Methode inspirieren.

Auch die *Modelldarbietungstherapie*, wie sie oben kurz beschrieben wurde, stellt keine logisch stringente Ableitung aus der sozialkognitiven Lerntheorie von Bandura (1979) dar, wenngleich sie sich deutlich an dieser Theorie orientiert. Die soziale Lerntheorie differenziert die Voraussetzungen beim Modell und die in Wechselwirkung stehenden Subprozesse der Aufmerksamkeit, des Gedächtnisses, der motorischen Reproduktion, der Verstärkung und der Motivation. Auch hier gilt analog zum Beispiel der systematischen Desensibilisierung, daß für die Wirkungen, die durch die Modelldarbietung ausgelöst werden, unterschiedliche Theorien zu ihrer Erklärung entwickelt wurden.

Der Zusammenhang zwischen den Theorien der wissenschaftlichen Psychologie zu psychotherapeutischen Interventionskonzepten hängt also davon ab, in welchem Ausmaß die in der therapeutischen Methode vorgesehenen therapeutischen Handlungen als Realisierungen der theoretischen Konzepte der Grundlagentheorie gelten können. Je nach dem besteht ein größerer oder kleinerer Zusammenhang.

4.2 Unter welchen Voraussetzungen soll eine psychotherapeutische Methode als wissenschaftlich fundiert betrachtet werden?

Diese Frage ist nicht kategorialer, sondern komparativer Natur. Methoden können mehr oder weniger gut fundiert sein. Zu den wesentlichen Kriterien gehört 1. der *Nachweis ihrer erwünschten Wirksamkeit*. Als weiteres Kriterium schlagen wir vor, daß sie 2. *auf Voraussetzungen beruhen, die mit wissenschaftlichen Erkenntnissen vereinbar* sind. Diesen Kriterien genügt beispielsweise die Intuitionstherapie von Limani (1984), die die Charakterisitika einer technologischen Meinung bzw. Lehrmeinung hat, nicht. Das letzte Kriterium schließt aber auch etwa den Exorzismus aus dem Kanon psychologisch fundierter Methoden aus, selbst wenn er für die Behandlung von Hysterien wirksam wäre, da seine Proponenten seine Wirkung Kräften zuschreiben, die mit dem rationalen Korpus der Psychologie unvereinbar sind. Auch solche «therapeutische» Rituale, deren Vertreter psychologiefremde Kausalattributionen favorisieren, sind natürlich stets einer psychologischen Reinterpretation und der empirischen Erforschung zugänglich. Insofern solche Methoden wirksam sind, ist unter Umständen mit dem paradoxen Umstand zu rechnen, daß sie ihrer Wirksamkeit verlustig gehen, wenn Behandler und Behandelte die abergläubischen Ursachenzuschreibungen zugunsten wissenschaftlicher Erklärungen aufgeben würden, dann nämlich, wenn die naive Kausalattribution einen erwartungsinduzierenden Bedingungsfaktor für die Wirksamkeit darstellt. Neben dem Nachweis der Wirksamkeit und der Feststellung, daß eine gegebene Methode auf Voraussetzungen beruht, die mit dem rationalen Korpus der Psychologie vereinbar sind, verfügen wir 3. im Idealfall zusätzlich über Regeln, deren *nomopragmatische Grundlage* von bewährten *psychologischen Gesetzen hergeleitet ist.* Für die Bewertung psychotherapeutischer Interventionsmethoden schlagen wir neben den drei bereits genannten Kriterien in Übereinstimmung mit anderen zusätzlich die folgenden *allgemeine Gütekriterien* vor: 4. Die ethische Legitimierbarkeit der Therapieziele, für die eine Methode Erfolg verspricht, 5. die ethische Vertretbarkeit der Methode selber, 6. die Art und Wahrscheinlichkeit der zu erwartenden unerwünschten Wirkungen und 7. das Ausmaß der Kosten, bzw. die Kosten-Nutzen-Relation, die bei der Anwendung einer Methode gegeben ist (vgl. Patry & Perrez, 1982). Die Kriterien 1, 6 und 7 sind am *technologischen* Aspekt der Wirksamkeit, dem Kosten-Nutzen-Verhältnis orientiert; die Kriterien 2 und 3 am *epistemologischen* Aspekt der Wahrheit, während die Kriterien 4 und 5 die *ethische* Dimension der Fundierung von technologischen Regeln betreffen (vgl. Bunge, 1983, S. 142).

5. Nomologisches und technologisches Wissen als Grundlage des praktischen Handelns

Die oben ausgeführte Interpretation der Beziehung von nomologischem zu technologischem Wissen sagt noch wenig aus über die Bedeutung nomologischen und technologischen Wissens für das *praktische* Handeln. Die wirksame Lösung von Verhaltens- und Erlebensproblemen wird nicht nur durch Veränderungswissen erleichtert, sondern natürlich auch durch *Erkenntisse über Bedingungen und Dynamik der Probleme.* Diese sind als sogenanntes Bedingungswissen Bestandteil des nomologischen Grundlagenwissens. Damit sind die Forschritte der klinisch-psychologischen Intervention mitabhängig von den Fortschritten der Gesundheitspsychologie, der Pathopsychologie und der Verhaltensmedizin, die die Prozesse der Entstehung und Aufrechterhaltung von Gesundheit, von psychischen Problemen und von somatischen/organischen Krankheiten erforschen. Auf der Grundlage der oben umschriebenen Kriterien lassen sich praktische Handlungsmaximen formulieren, deren Struktur abhängig ist vom Typ der zu lösenden Probleme (vgl. Kasten 4). Sie sollen am Beispiel des psychotherapeutischen Prozeßes exemplifiziert werden, der indes nicht nur in der Anwendung solcher Maximen besteht. Er strukturiert sich in seinem Ablauf in einem übergeordneten Geschehensrahmen, der eine zeitliche und inhaltliche Struktur besitzt: Am Anfang steht der Aufbau der Therapeut–Patient-Beziehung als Grundlage für die therapeutische Arbeit im Vordergrund. Später können bei der Anwendung technologischer Regelsysteme (z.B. der Expositionstherapie) Subprobleme oder neue Probleme auftreten, die die Anwendung entsprechender anderer Regeln erfordern. Psychotherapie sollte sowohl auf der übergeordneten Geschehensebene als auch in der Anwendung von therapeutischen Taktiken, wie Fokussieren oder Konfrontieren (Cooke & Kipnis, 1986) im Prinzip technologisch rekonstruierbar sein. In dem Maße, wie sie es nicht ist, ist sie rational nicht fundierbar, da dann entweder die Probleme, die Ziele oder der Mitteleinsatz oder mehrere dieser für rationales Handeln erforderlichen Komponenten unklar sind. Die Problematik stellt sich für alle klinisch-psychologischen Interventionsmethoden in ähnlicher Weise dar, wobei bei den präventiven Interventionen die nomologische Grundlage durch Prognosen und bei Behandlungen und Therapie durch Erklärungen gebildet wird (vgl. Brandtstädter, 1982).

6. Wie beeinflußt wissenschaftliches Wissen das praktische Handeln?

Diese Frage ist – an der Nahtstelle von Theorie und Praxis – nicht mehr wissenschaftstheoretischer, sondern *handlungspsychologischer* Natur. Der um wissenschaftliche Fundierung bemühte praktische Psychologe versucht nomologisches und technologisches Wissen, das sich aus wissenschaftlichen und naiven Anteilen zusammensetzt, bei der Lösung konkreter Probleme anzuwenden. Dieses Wissen ist in der epistemischen und heuristischen kognitiven Struktur des praktisch Handelnden repräsentiert und kann dadurch eine handlungsleitende Funktion ausüben (vgl. Patry, 1987). Unter der *epistemischen Struktur* versteht man das organisierte Fakten- und Zusammenhangswissen (nomologischer oder nomopragmatischer Art) im Langzeitgedächtnis, und unter der *heuristischen Struktur* das operative Wissen, das wir oben unter den Begriffen von Heuristiken angesprochen haben (vgl. Dörner, 1976). Das epistemische Wissen reicht dann aus zur Lösung von Aufgaben, wenn beim Problemlösen Ausgangslage, Ziel *und* die für die Zielerreichung erforderlichen technologischen Regeln bekannt sind. Ist dies nur mit Einschränkung der Fall, benötigen wir für die Problemlösung zusätzlich zum vorhandenen Regelwissen Heuristiken, prozedurale Ideen eventuell zur Zielerklärung oder zur Entwicklung von Mittelideen usw., so wie es oben als dritte Problemvariante beschrieben worden ist.

Kasten 4
Therapeutische Handlungsmaximen

Als *erste Maxime* für die Lösung eines psychischen Problems B kann gelten: 1. Untersuche die Ursachen von B. Wenn B als Folge von A diagnostiziert werden kann (A→B), so versuche 2. «non-B per non-A» zu erreichen. Dann stellt sich die Frage, wie non-A zu realisieren sei. Im Idealfall verfügen wir über eine nomopragmatische Aussage von der Struktur «Wenn T dann A zu non-A». Dann versuche 3. die Regel «non-A per T» unter Berücksichtigung der Gütekriterien für technologische Regeln anzuwenden (vgl. Bunge, 1983, S. 142). Eine spezielle Ausgangslage liegt vor, wenn zunächst die relevanten *Charakteristika des Problems*, also des Explanandum oder die Ziele *unklar* sind. Dann empfiehlt sich zunächst die Anwendung von technologischen Regeln des heuristischen Typs, um die Voraussetzungen dafür zu schaffen, die erste Maxime anwenden zu können. Diese Handlungsstrategie ist im Rahmen der Verhaltensdiagnostik eingehend diskutiert worden (vgl. Kaminski, 1970; Schulte, 1974).

Der *zweite Problemtyp* kennzeichnet sich dadurch, daß die *Problemdeterminanten nicht identifiziert* werden können. Dieser Fall hängt einerseits mit dem begrenzten pathopsychologischen, ätiologischen Wissensstand, d.h. mit dem begrenzten nomologischen Grundlagenwissen zusammen (vgl. Fisher, 1989) und andererseits mit den Grenzen der diagnostischen Möglichkeiten, ursächliche Faktoren im Einzelfall erkennen zu können. Ätiologisches Wissen über das Zustandekommen der Störung ist indes keine conditio sine qua non für fundiertes Änderungswissen, wenngleich es im Normalfall hilfreich ist (vgl. die erste Maximenvariante). Wenn der unerwünschte Zustand B verändert werden soll, in einen Zustand C überführt werden soll, so ist es ausreichend – wenngleich kognitiv unbefriedigend –, wenn Wissen darüber vorliegt, wie B in C überführt werden kann, auch wenn unbekannt bleicht, wie B entstanden ist. Z.B. kennen wir die Determinanten der Dyslexie nur unzureichend; wenn aber Interventionsmethoden bekannt sind, die dieser Störung wirksam Abhilfe leisten und diese Methoden nicht auf theoretischen Voraussetzungen beruhen, die mit vorhandenem psychologischem und neurologischem Wissen unvereinbar sind, so schlagen wir vor, auf dieser Grundlage durchgeführte Interventionen als rational fundiert zu betrachten. Die *zweite Maxime* empfiehlt: Wenn die Determinanten eines Problems B nicht identifiziert werden können, als Therapieziel die Veränderung von B in C gilt und eine fundierte Regel bekannt ist von der Struktur «Von B in C per T», so versuche in Anwendung dieser Regel das Therapieziel C durch die Methode T zu erreichen.

Ein *dritter Problemtyp* liegt vor, wenn für die Erreichung eines Therapieziels C, bzw. für die Veränderung von B in C kein technologisches Wissen, keine einschlägige Regel vorliegt. Dieser für die Psychotherapie nicht seltene Fall, mitunter verbunden mit der zweiten Problemvariante, erfordert die Anwendung heuristischer Regeln zur Generierung von Mittelideen. Im Rahmen der Allgemeinen Psychologie hat u.a. Dörner (1976) hierfür Strategien beschrieben. Nach seiner Terminologie handelt es sich beim dritten Problemtyp um Probleme im engeren Sinn. Unseren ersten und zweiten Problemtyp bezeichnet Dörner als Aufgaben, da Ziele und Mittel bekannt sind. Die Entwicklung von Maximen für den dritten Problemtyp steht in der Klinischen Psychologie an. Die systematische Handlungsevaluation im Sinne der kontrollierten Praxis (Petermann, 1982) erlangt in diesem Zusammenhang eine besondere Bedeutung, damit unwirksame oder schädigende Interventionsentwicklungen rechtzeitig erkannt und korrigiert werden können.

Indem wir die Ebene des nomologischen und technologischen Wissenskorpus als Bestandteil einer Wissenschaftskultur vom persönlichen Wissenskorpus eines konkreten Psychologen unterscheiden, der in kleinerem oder grösserem Ausmass wissenschaftliches Wissen in seinen subjektiven Wissenskorpus integriert hat, können wir sagen, daß die *Kunst* der fundierten klinisch-psychologischen Intervention in der Fähigkeit des Handelnden besteht, bewährtes Gesetzeswissen, evaluierte Regeln und Heuristiken bewußt oder routinisiert anzuwenden, d.h. die durch die Regel empfohlenen Handlungen in konkretes Tun umzusetzen. Die Kunstmetapher verweist hier die Psychotherapie und andere Formen der klinisch-psychologischen Intervention nicht in die Sphäre des Undurchschaubaren. Die Fähigkeit, Regeln anzuwenden, ist vielmehr das prinzipiell untersuchbare Resultat eines Lehr-Lernprozesses, bei dem Unterrichtsmerkmale, Lernermerkmale und Merkmale des zu lernenden nomologischen Wissens und der zu lernenden Regeln selbst Einfluß auf das Lernresultat haben.

Wissenschaftlich fundierte klinisch-psychologische Intervention ist demnach in dem Ausmaß möglich, wie bewährtes nomologisches und technologisches Wissen zur Verfügung stehen und eine Repräsentation in der subjektiven epistemischen und heuristischen Struktur von Handelnden gefunden hat. Die Diskrepanz zwischen den verfügbaren wissenschaftlich evaluierten Wissensbeständen und den tatsächlich erforderlichen überbrückt der praktisch Handelnde durch das auf Grund seiner privaten Erfahrung angesammelte idiosynkratische Wissen. Seine privat erworbenen Regeln, Heuristiken und Kausalattributionen, die er dabei für die Erklärung seiner Handlungseffekte herbeizieht, können vollkommen falsch sein, woraus nicht der Schluß zu ziehen ist, er könne auf dieser Grundlage nicht therapeutisch erfolgreich sein. Die epistemische und heuristische Grundlage des praktisch Handelnden wird also im Idealfall eine Mischung von psychologisch fundiertem, sozusagen «öffentlich» evaluiertem und von privat evaluiertem Wissen sein, wie es Kaminski (1970) oder Herrmann (1979) beschrieben haben. Diese verschiedenen Wissensbestandteile integriert er in idiosynkratische Weise. In dem Ausmaß, wie die epistemische und heuristische Struktur des praktisch Handelnden durch wissenschaftlich bewährtes Wissen angereichert wird, wird seine Problemlösefähigkeit wissenschaftlich fundiert und normalerweise auch erhöht. Dies ist aber nicht zwingend der Fall. Auch das Umgekehrte muß nicht unbedingt gelten: Ein durch private Erfahrung geformter Therapeut mit irrigen Kausalattributionen kann im Einzelfall auch Erfolge erzielen. Mit solchen, durch private Erfahrung ausgeformten, «Spezialtalenten» verbindet sich die Gefahr, daß sie – wenn sie auch noch über eine charismatische Begabung verfügen und ihr spezielles «Angebot» auch noch einer entsprechenden gerade aktuellen Nachfrage entspricht – aus ihren privaten Kausalattributionen eine therapeutische Schule machen. Die künftige Verbreitung der Intuitionstherapie *des von mir erfundenen Limani (1984)* wird von solchen Faktoren abhängig sein. Durch ihre Propagierung avanciert sie von einer privaten technologischen Meinung zu einer öffentlichen Lehrmeinung. Die Attraktivität solcher Einmann-Konzeptionen ergibt sich u.a. aus ihrer theoretischen Schlichtheit, unmittelbaren Plausibilität und ihrem umfassenden Geltungsanspruch – Eigenschaften, die dem menschlichen Bedürfnis nach Transparenz und sparsamen Handlungsmaximen entgegenkommen. Die wissenschaftlichen Grundlagen des psychologischen Handelns sind dagegen – wie die beiden Bände dieses Lehrbuches zeigen – komplex, uneinheitlich, weiteren Entwicklungen prinzipiell offen und revisionsbedürftig.

7. Normative Aspekte des therapeutischen Handelns

Die Konditionalnorm «Wenn Du einem Patienten helfen willst, sich über seine Beziehung zu seinem Partner klarer zu werden, so wende die Gesprächspsychotherapie an» hat ihre Begründung im Nachweis, daß sich diese Therapieart für Beziehungsklärungen als hilfreich erwiesen hat. Daß man aber jemandem helfen soll, seine Beziehung zum Partner zu klären, ist damit nicht begründet. In vielen Fällen der therapeutischen Praxis ist die Frage nach dieser Begründung gegenstandslos, weil der «Druck der Probleme» für den Therapeuten ausreichend ist, um in eine bestimmte Richtung aktiv zu werden; in anderen Fällen ist diese Frage durchaus nicht trivial.

Wenn sich ein Psychologe für die Erreichung gewisser Therapie-, Präventions- oder Rehabilitationsziele einsetzt, trifft er implizit oder explizit eine Wertentscheidung, die er nicht mit dem rationalen Korpus der Psychologie begründen kann. Es sei festgehalten, daß «ein Ziel begründen» nicht bedeutungsgleich ist mit «die Zielfindung erklären». *Warum* Therapeuten und/oder Klienten dieses oder jenes Ziel festlegen, kann prinzipiell psychologisch *erklärt* werden durch die Ableitung dieses Explanandums aus den dafür relevanten psychologischen Gesetzesaussagen und historischen Randbedingungen. Damit kann die Frage beantwortet werden: «Warum wurde dieses Ziel ausgewählt?» Dadurch wird jedoch nicht die Frage beantwortet, durch welche allgemeinen oder speziellen Normen diese Ziele begründet sind. Das ist ein Begründungs- und kein Erklärungsproblem. Das erste erklärt, warum der Psychologe so handelt, und das zweite begründet, warum er so handeln *soll*. Die Kennzeichnung eines Verhaltens als gestörtes und das an dieser Einschätzung orientierte Therapieziel stellen Werturteile dar. Die Bedingungsanalyse vermag als solche keine Aussagen darüber zu machen, welche Gegebenheiten als gestört oder als erstrebenswert zu etikettieren sind, da zwischen deskriptiven und normativen Sätzen zu unterscheiden ist und ein nichttrivialer normativer Satz niemals aus einer konsistenten Menge von deskriptiven Sätzen ableitbar ist. Normative Sätze sind nicht wahr oder falsch, sondern gültig oder ungültig (Morscher, 1981 und 1982). Damit ist auch gesagt, daß in den Prämissen wiederum Normen enthalten sein müssen, mit denen sich das Begründungsproblem von neuem verbindet (vgl. Kasten 5 und Perrez, 1976).

Dieses Begründungsprinzip führt zum unendlichen Regreß. Für die Überwindung des Regreßproblems werden unter anderen die folgenden Lösungsversuche gewählt, die alle über den Rahmen der Wissenschaft hinausführen: *Die Berufung auf oberste Normen:* Diese obersten Normen können universelle Normen wie Menschenrechte, das Gerechtigkeitsprinzip, staatliche Gesetze oder Normen der Offenbarung einer religiösen Gemeinschaft sein, bei der ein gewisser faktischer Konsens über die Gültigkeit gewisser allgemeiner Normen exisistiert. Dieser Konsens kann auf Autoritätsgläubigkeit oder auf allgemein akzeptierten *Verfahrensprinzipien* beruhen, durch die die Norm herbeigeführt wurde. Andere Begründungskonzeptionen vertreten u.a. der ethische Naturalismus, der normative Sätze auf deskriptive zurückführen zu können glaubt, oder der ethische Intuitionismus, der für die Erkennung ethischer Prinzipien ein eigenes Erkenntnisorgan postuliert (vgl. Morscher, 1981). Die gleiche Problemstruktur wie bei der Therapiezielbegründung liegt der Bewertung von therapeutischen *Methoden* hinsichtlich ihrer ethischen Legitimation zu-

Kasten 5
Beispiel für die Begründungsstruktur

Ein Beispiel für die Begründungsstruktur eines Therapiezieles via deontische Argumentation, wäre: «Warum soll bei Patient P eine störende konditionierte Angst durch eine Konfrontationsmethode geheilt werden?»

Das Argument macht die Voraussetzung, dass Menschen von störenden konditionierten Ängsten nur durch die Konfrontation mit der angstauslösenden Situation geheilt werden können. Dafür wurden in der Verhaltenstherapie mehrere Methoden (Konfrontationsverfahren) entwickelt (vgl. Kapitel 6.3):

1. Es gilt notwendigerweise für alle Menschen x: Wenn x von einer störenden konditionierten Angst geheilt wird, dann wurde auf x ein Konfrontationsverfahren angewendet. (Empirische Hypothese)
2. Für alle Menschen x gilt: Wenn x eine störende konditionierte Angst hat, dann ist geboten, dass x von einer störenden konditionierten Angst geheilt wird! (Allgemeine Norm)
3. Patient P hat eine störende konditionierte Angst. (Randbedingung)

---

4. Es ist geboten, daß auf Patient P ein Konfrontationsverfahren angewendet wird! (Singuläre Norm)

Nun kann man weiter fragen, wie die zweite Prämisse begründet werde. Das Problem ist vorerst lösbar, wenn diese wiederum aus anderen derartigen Prämissen ableitbar ist.

grunde. Analog zur Wissensstruktur kann man die im Langzeitgedächtnis gespeicherten und organisierten Normen als die *Gewissensstruktur* bezeichnen.

8. Gibt es *die* wissenschaftliche Fundierung?

Aus einer sozio-historischen Perspektive kann man geneigt sein, das was jeweils als wissenschaftlich begründete *Psychotherapie* – am Beispiel dieses klinisch-psychologischen Interventionsbereiches soll die Frage erörtert werden – bezeichnet wird, als Ausdruck des Zeitgeistes zu verstehen. Mit den kollektiven Mentalitäten variierte in der Geschichte auch das Verständnis darüber, was psychische Störungen seien und wie ihnen therapeutisch zu begegnen sei. Auch in gegenwärtigen Kulturen können wir charakteristische kultur- und subkulturgebundene Vorstellungen über Entstehung und Therapie psychischer Störungen beobachten, wie etwa die Beispiele der Intuitions- und der Modelldarbietungstherapie zeigen. Sind nicht auch die sogenannten «wissenschaftlichen» Psychotherapien Ausdruck des Zeitgeistes? Die Psychoanalyse ein Interpretationssystem, in dem sich wichtige Ideenströmungen des 19. Jahrhunderts verdichten? Der Behaviorismus ein später Ableger des englischen Sensualismus? Die «kognitive Wende» eine Erscheinung der im Schatten der Computer-Entwicklung sprießenden «Cognitive sciences»? Sollte sich eine Wissenschaft der Psychotherapie nicht besser auf das Studium der kollektiven Mentalitäten konzentrieren? Die obigen Ausführungen implizieren eine klare Antwort auf diese Frage. Wissenschaftliches Wissen unterscheidet sich in wichtigen Kriterien vom Alltags-, vom privaten Wissen und Meinungen. Seine rationale Begründung transzendiert die private Erfahrung. Seine Aufnahme in den rationalen Korpus einer Disziplin hängt u.a. von seiner Validierung durch intersubjektive, nach den Spielregeln wissenschaftlicher Methodologie gewonnener Erfahrung ab. Was von einer «scientific community» in einem gegebenen Zeitabschnitt als Bestandteil des rationalen Korpus anerkannt wird, hängt nicht nur von soziologischen Phänomenen, sondern auch von den tatsächlich erzielten, allerdings stets revidierbaren Erkenntnisfortschritten ab. Nach der Entdeckung des bedingten Reflexes denkt man über gewisse psychologische Fragen anders als vorher. Die wissenschaftliche Fundierung von Technologien ist also der Dynamik des Erkenntnisfortschrittes unterworfen. In diesem weiten Sinne ist natürlich auch eine wissenschaftlich fundierte Psychotherapie eine Spiegelung des Zeitgeistes, in dem Sinne, als der gegebene Zeitgeist auch die Dynamik der Erkenntnisfortschrittes mit zeitlicher Verzögerung integriert. Der Umgang einer Gesellschaft oder gesellschaftlicher Untergruppen mit psychischen Problemen spiegelt das Alltags- und das wissenschaftliche Wissen von Menschen über die Welt. Im Mittelalter war dies anders geartet als in der Renaissance. In gleichen Kulturen und kulturellen Epochen haben verschiedene «Wissenskulturen» nebeneinander koexistiert. Im 16. oder 17. Jahrhundert hat man sowohl den Exorzimsus betrieben als auch chirurgische Operationen vorgenommen. So koexistieren auch im Zeitalter wissenschaftlicher Psychologie verschiedene Wissenskulturen. Jene der akademischen Wissenschaft stellt eine Teilmenge des heutigen Wissens über die Welt dar. Die akademische Wissenskultur hat sich strenge Regeln auferlegt, und die Aufgabe der Universität besteht darin, diesen Typ des Wissens zu mehren und auf dieser Grundlage zur Lösung praktischer Probleme beizutragen. Die wissenschaftliche Argumentationskultur hat die Funktion, uns und die Gesellschaft vor Scharlatanen zu schützen und hat damit letztlich eine gesellschaftliche Begründung.

9. Literatur

Albert, H. & Keuth, H. (Hrsg.). (1973). *Kritik der kritischen Psychologie.* Hamburg: Hoffmann und Campe.

Bandura, A. (1979). *Sozial-kognitive Lerntheorie.* Stuttgart: Klett-Cotta.

Baumann, U. & von Wedel, B. (1981). Stellenwert der Indikationsfrage im Psychotherapiebereich. In U. Baumann (Hrsg.), *Indikation zur Psychotherapie* (S. 1-36). München: Urban & Schwarzenberg.

Bickhard, M.H. (1989). Ethical psychotherapy and psychotherapy as ethics: A response to Perrez. *New Ideas in Psychology, 7,* 159-164.

Birbaumer, N. (1973). Überlegungen zu einer psychologischen Theorie der Desensibilisierung. In N. Birbaumer (Hrsg.), *Neuropsychologie der Angst*. München: Urban & Schwarzenberg.

Brandtstädter, J. (1982). Methodologische Grundfragen psychologischer Prävention. In J. Brandstädter & A. von Eye (Hrsg.), *Psychologische Prävention* (S. 37–79). Bern: Hans Huber.

Breger, L. & McGaugh, J.L. (1965). A critique and reformulation of «learning theory» approaches to psychotherapy and neurosis. *Psychological Bulletin, 63*, 335–358.

Brocke, B. (1978). *Technologische Prognosen. Elemente einer Methodologie der angewandten Sozialwissenschaften*. Freiburg: Alber.

Bunge, M. (1967 a). *Scientific Research I. The Search for System*. Berlin: Springer.

Bunge, M. (1967 b). *Scientific Research II. The Search for Truth*. Berlin: Springer.

Bunge, M. (1983). *Treatise on Basic Philosophy. Vol. 6. Epistemology and Methodolgy II: Understanding the world*. Dodrecht: D. Reidel Publishing Compagny.

Dörner, D. (1976). *Problemlösen als Informationsverarbeitung*. Stuttgart: Kohlhammer.

Fischer, H.J. (1989). On the rejection of unscientific proposals: A response to Perrez. *New Ideas in Psychology, 7*, 155–157.

Grawe. K. (1982). Soll psychotherapeutische Praxis für die Wissenschaft tabu bleiben? Eine kritische Auseinandersetzung mit Perrez' Artikel «Was nützt Psychotherapie?». *Psychologische Rundschau, 33*, 127–135.

Groeben, N. & Westmeyer, H. (1975). *Kriterien psychologischer Forschung*. München: Juventa.

Grünbaum, A. (1984). *The Foundations of Psychoanalysis*. Berkeley: University of California Press.

Hempel, C.G. (1977). *Philosophie der Naturwissenschaften*. München: Deutscher Taschenbuch-Verlag.

Herrmann, Th. (1979). *Psychologie als Problem*. Stuttgart: Klett.

Kaminski, G. (1970). *Verhaltenstheorie und Verhaltensmodifikation*. Stuttgart: Klett-Cotta.

Kanfer, F.K. (1989). The scientist-practitioner connection: Myth or reality? A response to Perrez. *New Ideas in Psychology, 7*, 147–154.

Krapp, A., Hofer, M. & Prell, (1982). *Forschungswörterbuch. Grundbegriffe zur Lektüre wissenschaftlicher Texte*. München: Urban & Schwarzenberg.

Lader, M.H. & Mathews, A.M. (1968). A physiological model of phobic anxiety and desensitization. *Behavior Research and Therapy, 6*, 411–421.

Limani, J.Q. (1984). *Neue Wege zur Psychotherapie*. Freudenstadt: Horizonte-Verlag. (Siehe Seite 23 in diesem Band!)

Lukesch, H. (1979). Forschungsstrategien zur Begründung einer Technologie erzieherischen Handelns. In J. Brandstädter, G. Reinert & K.A. Schneewind (Hrsg.), *Pädagogische Psychologie: Probleme und Perspektiven* (S. 329–352). Stuttgart: Klett-Cotta.

Morscher, E. (1981). Zur «Verankerung» der Ethik. In E. Morscher, O. Neumaier & G. Zecha (Hrsg.), *Philosophie als Wissenschaft – Essays in Scientific Philosophy* (S. 429–446). Bad Reichenhall: Comes Verlag.

Morscher, E. (1982). Sind Moralnormen wissenschaftlich überprüfbar und begründbar? In J. Seifert, F. Wenisch & E. Morscher (Hrsg), *Vom Wahren und Guten* (S. 102–116). Salzburg: St. Peter.

Patry, J.L. (1987). Aussagen haben grössere Anwendungschancen, wenn sie in den Anwendungssituationen gültig sind. In G.A. Eckerle & J.L. Patry (Hrsg.), *Theorie und Praxis des Theorie-Praxis-Bezugs in der empirischen Pädagogik* (S. 83–102). Baden-Baden: Nomos Verlagsgesellschaft.

Patry, J.-L. & Perrez, M. (1982). Entstehungs-, Erklärungs- und Anwendungszusammenhang technologischer Regeln. In J.-L. Patry (Hrsg.), *Feldforschung* (S. 389–412). Bern: Hans Huber.

Perrez. M. (1976). Zum Problem der Relevanzforderungen in der Klinischen Psychologie am Beispiel der Therapieziele. In A. Iseler & M. Perrez (Hrsg.), *Relevanz in der Psychologie* (S. 139–154). München: Reinhard.

Perrez, M. (1989). Psychotherapeutic knowledge in a prescientific state or founded on an ethico-ontological discourse on human relationship. A reply to Kanfer, Fischer and Bickhard. *New Ideas in Psychology, 7*, 165–171.

Perrez, M. & Patry, J.-L. (1982). Nomologisches Wissen, technologisches Wissen, Tatsachenwissen – drei Ziele sozialwissenschaftlicher Forschung. In J.-L. Patry (Hrsg.), *Feldforschung* (S. 45–66). Bern: Hans Huber.

Perry, M.A. (1981). Modelldarbietung. In M. Linden & M. Hautzinger (Hrsg.), *Psychotherapiemanual* (S. 139–144). Berlin: Springer.

Petermann, F. (1982). Einzelfalldiagnose und Klinische Praxis. Stuttgart: Kohlhammer.

Schulte, D. (1976). *Diagnostik in der Verhaltenstherapie*. München: Urban & Schwarzenberg.

Stegmüller, W. (1969). *Probleme und Resultate der Wissenschaftstheorie und Analytischen Philosophie. Bd. I. Wissenschaftliche Erklärung und Begründung*. Berlin: Springer.

Westmeyer, H. (1976). Zum Problem der Prüfung von Relevanzbehauptungen. In A. Iseler & M. Perrez (Hrsg.), *Relevanz in der Psychologie* (S. 157–188). München: Reinhard.

Westmeyer, H. (1977). Verhaltenstherapie: Anwendung von Verhaltenstheorien oder kontrollierte Praxis? Möglichkeiten und Probleme einer theoretischen Fundierung der Verhaltenstherapie. In H. Westmeyer & N. Hoffmann (Hrsg.), *Verhaltenstherapie. Grundlegende Texte* (S. 187–203). Hamburg: Hoffmann und Campe.

Westmeyer, H. (1978). Wissenschaftstheoretische Grundlagen Klinischer Psychologie. In U. Baumann, H. Berbalk & G. Seidenstücker (Hrsg.), *Klinische Psychologie. 1. Trends in Forschung und Praxis* (S. 108–132). Bern: Hans Huber.

Wolpe, J. (1958). *Psychotherapy by reciprocal inhibition*. Stanford: Stanford University Press.

Für Anregungen und kritische Anmerkungen beim Erstellen des Manuskriptes danke ich herzlich Urs Baumann, Salzburg, Mario Bunge, Montreal, Edgar Morscher, Salzburg und Jean-Luc Patry, Fribourg

4. Methodik der klinisch-psychologischen Interventionsforschung

Urs Baumann und Christa Reinecker-Hecht

1. Einleitung

Klinisch-psychologische Interventionen erfordern aus folgenden Gründen eine wissenschaftliche und methodologische Reflexion (Baumann & Reinecker-Hecht, 1986):

- Wissenschaftliche Begründung: Werden Interventionen nicht nur als Handwerk verstanden, sondern als begründetes Handeln (vgl. Beitrag Perrez zur Wissenschafstheorie in diesem Band), so ist dieses Handeln zum Forschungsgegenstand zu machen, was entsprechende wissenschaftliche Theorien und empirische Untersuchungen erfordert.
- Gesundheitspolitische Begründung: Klinisch-psychologische Interventionen stellen eine Form von Maßnahmen im Rahmen der Gesundheitsversorgung (siehe Kapitel Gesundheitsversorgung in diesem Band) dar. Daher bedürfen sie gegenüber der Öffentlichkeit, die für die Kosten dieser Maßnahme aufkommt, einer Legitimation, die nur durch Interventionsforschung zu erreichen ist.
- Ethische Begründung: Klinisch-psychologische Interventionen sind auf in ihren Möglichkeiten eingeschränkte Menschen ausgerichtet. Ein Angebot auf Hilfe muß daher besonders sorgfältig begründet sein, was wiederum nur durch Interventionsforschung möglich ist.

Klinisch-psychologische Interventionsforschung kann technologisch oder grundlagenorientiert sein (vgl. Kapitel Perrez zur Wissenschaftstheorie in diesem Band). Bei der technologischen Forschung stehen Beschreibung, Bewertung und theoretische Begründung von Interventionen (Makroebene: Gesundheitsversorgungssysteme, Mikroebene: einzelne Methoden) im Vordergrund. Bei der Grundlagenforschung geht es um die Erklärung von Veränderungsprozessen im allgemeinen oder von Einzelaspekten der klinisch-psychologischen Intervention wie z.B. der Interaktion Therapeut/Patient.

Die Methodik der klinisch-psychologischen Interventionsforschung basiert zum einen auf der allgemeinen Methodologie der Psychologie; diese wird hier nicht behandelt. Zum andern aber hat sich im Laufe der Zeit auch eine spezifische Methodologie der klinisch-psychologischen Interventionsforschung herausgebildet, die im folgenden in Ausschnitten behandelt werden soll (vgl. Kazdin, 1980; Bellack & Hersen, 1984; Kazdin, 1986; Bastine, Fiedler & Kommer, 1989; American Psychologist, 1986; Journal of Consulting and Clinical Psychology, 1986; Journal of Counseling Psychology, 1987).

Wie im Einleitungskapitel dargelegt, bezieht sich klinisch-psychologische Intervention einerseits auf psychische und somatische Störungen; andererseits ist zwischen den Interventionsfeldern der Gesundheitsförderung, Prävention, Behandlung/Therapie (Psychotherapie) und Rehabilitation zu unterscheiden. Klinisch-psychologische Intervention kann dabei unter der Makro- und der Mikroperspektive betrachtet werden (siehe Kapitel Gesundsheitsversorgung in diesem Band). Die Methodik der klinisch-psychologischen Interventionsforschung hat sich vor allem auf folgende Bereiche konzentriert: Mikroperspektive, psychische Störungen, klinisch-psychologische Behandlung/Therapie von Funktionsmustern, Behandlung von Erwachsenen. Vielfach wird diese Methodik unter dem Stichwort «Methodik der Psychotherapieforschung» abgehandelt.

Im vorliegenden Kapitel steht die Methodik klinisch-psychologischer Forschung im Bereich Behandlung/Therapie (Psychotherapie) im Vordergrund. Die spezielle Methodik der Interventionsforschung in den Bereichen Gesundheitsförderung, Prävention und Rehabilitation kann hier nicht abgehandelt werden, da dies den Rahmen sprengen würde. Ebenso können die spezifischen methodischen Probleme der Intervention bei interpersonellen Systemen nicht berücksichtigt werden. Wie in der Einleitung betont, bezieht sich das Lehrbuch auf psychische Störungen; spezifisch methodische Probleme der Interventionsforschung in der Verhaltensmedizin müssen daher ausgeklammert werden. Dennoch sind viele der hier angesprochenen Gesichtspunkte auch für diejenigen Gebiete von Bedeutung, die hier nicht im speziellen angesprochen werden.

Die Methodik der klinisch-psychologischen Interventionsforschung ist immer sehr stark durch die Effektivitätsfrage geprägt worden. Bereits 1930 wurde vom Berliner Psychoanalytischen Institut eine Studie zur Effektivität durchgeführt (Fenichel nach Bergin & Lambert, 1978). In den 50er Jahren dominierte die von Eysenck 1952 initiierte Diskussion um die Wirksamkeit von Psychotherapie in Relation zur Spontanremission die Forschung (Rachman & Wilson, 1980) und führte zu einer Vielzahl an methodischen Überlegungen zur Interventionsforschung (unbehandelte Kontrollgruppen, Therapieerfolg). In den 60er Jahren kam durch die Beiträge Kieslers (1969) die Frage nach den differentiellen Effekten hinzu, die methodische Konsequenzen für Kontrollgruppenpläne, Prozeßanalysen und Variablenauswahl hatte. Obwohl bereits Kiesler die kombinierte Prozeß-Erfolgsforschung forderte, wird diese erst seit den 80er Jahren (Bastine et al., 1989) ernsthaft realisiert; auch dieser Forschungszweig brachte neue methodische Impulse.

Wenn auch in der Interventionsforschung die Wirksamkeitsfrage (wie wirkt eine Intervention) im Vordergrund stand, so wurden immer wieder Beiträge zur Erklärung der Wirkung (warum wirkt eine Intervention; Bastine, 1988) vorgelegt. Als Beispiel seien die in der Gesprächspsychotherapie seit den 50er Jahren durchgeführten Prozeßanalysen und die Vielzahl an grundlagenorientierten Studien zur Verhaltenstherapie angeführt. Diese Forschungsfragen haben aber wenig zu einer spezifischen Methodologie der Interventionsforschung beigetragen.

2. Leitbilder der Interventionsforschung

Interventionsforschung kann – was häufig zu beobachten ist – unsystematisch und punktuell betrieben werden. Es bieten sich aber auch Leitbilder von Forschungsprogrammen an, um die Forschung systematisch zu betreiben (Baumann, 1986). Folgende Leitbilder waren und sind für die Interventionsforschung von Bedeutung:

- Eysencks Leitbild der experimentellen Psychologie, das für die Interventionsforschung das Kontrollgruppendesign forderte (Eysenck, 1952).
- Kieslers Gittermodell mit der Forderung, differentielle Aspekte bei Patienten, Therapeuten, Techniken zu berücksichtigen, Therapie als zeitliches Geschehen zu konzipieren (Prozeß-Erfolgsforschung) und den Therapieerfolg multimodal zu formulieren (Kiesler, 1969).
- Perspektiven-Modell, das Intervention unter Makro- und Mikroperspektive konzipiert (Howard & Orlinsky, 1972; Baumann, 1984; vgl. Kapitel Gesundheitsversorgung). In dem Modell von Orlinsky und Howard (1986) sind die relevanten Größen aus beiden Perspektiven in einem allgemeinen Psychotherapiemodell verknüpft worden.
- Phasenmodell, das von der medikamentösen Forschung auf den Interventionssektor übertragen wurde (Müller-Oerlinghausen & Linden, 1981; vgl. auch Agras & Berkowitz, 1980). Für die Darstellung der methodischen Probleme orientieren wir uns am Phasenmodell, das in Tabelle 1 dargestellt ist.

Das Phasenmodell impliziert definierbare Interventionstechniken, vergleichbar mit einzelnen Medikamenten. Dieses Konzept wird teilweise kritisch gesehen, da Intervention nicht als Applikation von Techniken, sondern als individuelles Zusammenfügen von Einzelelementen gesehen wird. Dazu ist zu sagen, daß einerseits Interventionen – verstanden als Handlungsrahmen – durchaus in Form von Techniken konzipierbar sind (vgl. kognitive Verhaltenstherapie der Depression); andererseits sind auch Einzelelemente systematisch zu erforschen, wozu das Phasenmodell ebenso

Tabelle 1: Phasenmodell der Interventionsforschung (nach Müller-Oerlinghausen & Linden, 1981)

Phase 0: Aufgrund von klinischen Beobachtungen, theoretischen Überlegungen und unsystematischen Einzelversuchen werden neue Interventionsmethoden geschaffen.

Phase 1: Erkundungsphase. Diese dient der systematischen Beobachtung und Überprüfung einer neuen Interventionsmethode, wobei wenige, inhaltlich nur global formulierte Hypothesen vorliegen. Dazu können Einzelfallstudien, Analogstudien und in begrenztem Umfang auch Gruppenstudien (z.T. ohne Kontrollgruppen) durchgeführt werden.

Phase 2: Pilot-Phase. Aufbauend auf den in Phase 1 gewonnenen Erkenntnissen wird die therapeutische Wirkung mittels gezielter Hypothesen erforscht. Dazu sind kombinierte Prozeß-/Erfolgsstudien mit Kontrollgruppen notwendig.

Phase 3: Testphase. Es geht um die Überprüfung einer Interventionsmethode im Großversuch; vielfach werden Verbundstudien (gleiches Design in mehreren Institutionen) durchgeführt.

Phase 4: Praxiskontrolle (bei Medikamenten: Drug-Monitoring). Nachdem sich eine neue Interventionsmethode unter Forschungsbedingungen bewährt hat, steht die Implementierung dieser neuen Methode im Praxisbereich zur Diskussion; auch die Bewährung in der Routine muß überprüft werden.

von Bedeutung ist. Im Phasenmodell ist die Erforschung der Makroperspektive nicht angesprochen; als Rahmenkonzept muß aber diese Perspektive auch in das Phasenmodell einfließen. Ebenso nicht angesprochen ist die Frage nach der Erklärung der Wirksamkeit und den in der Intervention ablaufenden Prozessen. Diese Frage begleitet die Forschung in allen angesprochenen Phasen; im Sinne einer technologischen Forschung sind diese Fragen aber der systematischen Wirksamkeitsüberprüfung nachgeordnet (Expositionstherapie ist trotz unterschiedlicher Erklärungsansätze wirksam).

Das Phasenmodell ist am Forschungsablauf der Neuentwicklung einer Interventionstechnik orientiert. Dieses Modell stellt aber auch für bestehende Interventionsformen einen Beurteilungsrahmen dar, der den Elaboriertheitsgrad einer Methode zu bewerten erlaubt. Verschiedenste praktizierte Methoden (z.B. Bioenergetik, Transaktionsanalyse) haben nicht zu allen angesprochenen Phasen ausreichend empirische Daten vorgelegt, so daß diesbezüglich ein Nachholbedarf an Evaluationsbelegen besteht. Während die Phasen 0 bis 3 bei genügender Zahl an Studien einen Stand erreichen lassen, bei dem die Evaluation einen vorläufigen Abschluß erreicht, gilt dies für die Phase der Praxiskontrolle (Phase 4) nicht. Diese Phase stellt eine Daueraufgabe dar.

In den folgenden Abschnitten werden einzelne methodische Probleme den einzelnen Phasen zugeordnet; dies darf nicht als ausschließliche Zuordnung verstanden werden. Vielmehr handelt es sich um eine Fokussierung der Problemfelder auf diejenigen Phasen, in denen die Probleme besonders relevant sind. Ebenso darf die Dominanz der Effektivitätsforschung in diesem Methodenkapitel nicht zum Fehlschluß führen, daß die Erklärung der Interventionswirkungen von geringerer wissenschaftlicher Bedeutung sei. Die spezifische Methodologie der Interventionsforschung ist aber an der Effektivitätsforschung ausgerichtet.

3. Evaluationskriterien

In der Interventionsforschung werden verschiedene Evaluationskriterien diskutiert. Hier soll auf folgende Kriterien eingegangen werden: Effektivität/Wirksamkeit (inkl. unerwünschte Effekte, Risiko), Effizienz (Kosten/Nutzen, Kosten/Wirkung), Patienten-Zufriedenheit, ethische Angemessenheit (inkl. Risiko) (für Details siehe Baumann & Reinecker-Hecht, 1986).

Effektivität/Wirksamkeit: Die Wirksamkeit einer Interventionsmethode kann nur bezüglich definierter Ziele und im Vergleich zu einem Normmaßstab beurteilt werden (zur Zielproblematik s. Kapitel Perrez zur Wissenschaftstheorie in diesem Band); die Wirksamkeit stellt daher das Ausmaß an Veränderung im Hinblick auf einen Zielzustand dar, die auf die Intervention zurückgeführt wird. Unter der Wirkung wird vielfach die Veränderung zwischen Ausgangs- und Endpunkt verstanden, ohne daß ein Normmaßstab herangezogen wird. Es besteht heute Einigkeit darüber, daß die Effektivität multimodal, d.h. im Hinblick auf unterschiedliche Datenebenen, Datenquellen und Konstrukte erfaßt werden muß (vgl. Kapitel Diagnostik in Band 1; dort auch Beispiel aus einer Depressionsstudie). Es steht

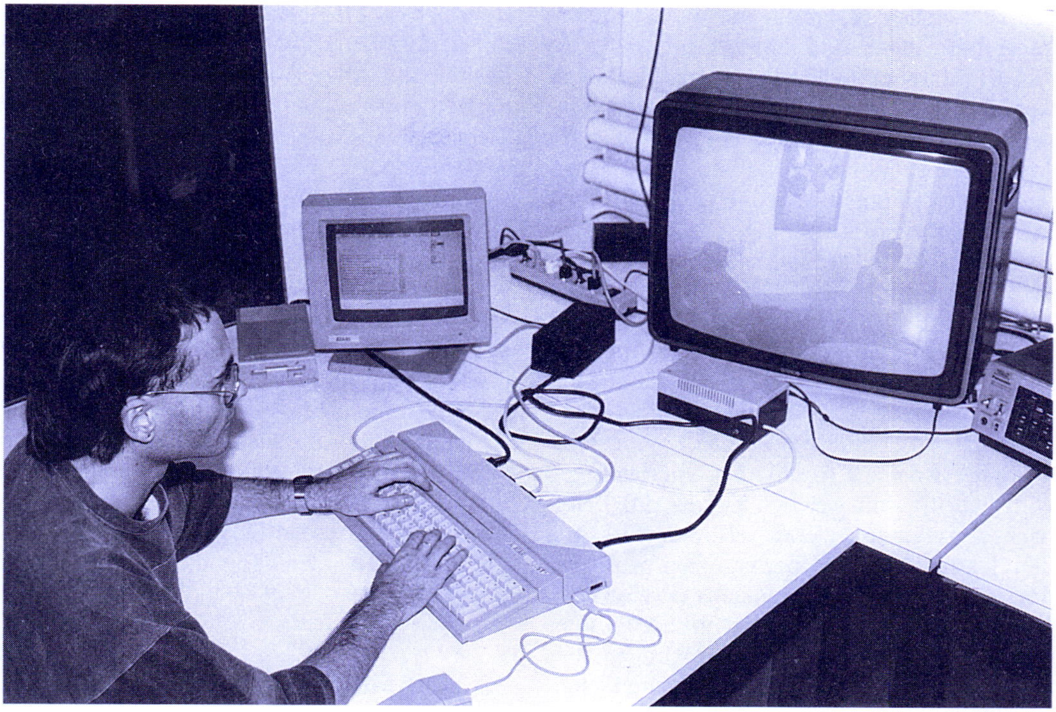

Psychotherapieforschung: Computerunterstützte systematische Beobachtung der Therapeut-Patient-Interaktion (siehe Bild Seite 112)

dafür eine große Zahl an Verfahren zur Verfügung (Lambert, Christensen & DeJulio, 1983), die teilweise störungsunabhängig, teilweise störungsspezifisch sind. Zu berücksichtigen sind auch die unterschiedlichen Auflösungsgrade (Funktionen, Funktionsmuster; interindividuelle Systeme). Nach Kazdin und Wilson (1978) impliziert die Wirksamkeitsbeurteilung eine Beurteilung von Veränderungen. Dabei sind folgende Aspekte wichtig:

- *Bedeutsamkeit der Veränderung:* Neben der statistischen Signifikanz ist die klinische Bedeutung der Veränderung zu beurteilen.
- *Prozentsatz an gebesserten Patienten:* Dieses Maß erfordert ein Besserungskriterium, das die multimodale Erfolgsmessung zusammenfaßt (vgl. Problem der Responder versus Nonresponder in der medikamentösen Forschung, d.h. Patienten, die auf Maßnahme erfolgreich bzw. nicht erfolgreich reagieren).
- *Breite der Veränderung:* Die Erfassung unerwünschter Wirkungen (z.T. Nebenwirkungen genannt) erfordert eine Breite Erfassung der Wirkung (zur Thematik der negativen Effekte: s. Mays & Franks, 1985).
- *Veränderungsmuster:* Die Veränderungserfassung erfordert eine komplexe Analyse der Merkmale, die über die univariate Auswertung hinausgeht. Therapieeffekte können durch spezifische Veränderungsmuster, d.h. Merkmalskonfigurationen (Patterns of Change; Greenberg, 1986) charakterisiert sein.
- *Dauerhaftigkeit der Veränderung:* Interventionen müssen nicht nur am Ende der Intervention ihre Wirksamkeit beweisen, sondern darüber hinaus, was zur heute akzeptierten Forderung nach Katamnesen, d.h. Nachuntersuchungen führt. Die Katamnesendauer ist dabei von den Störungstheorien abhängig.

Als Vergleichsmaßstab für die Wirksamkeitsbeurteilung einer Maßnahme kann der Spontanverlauf (Nichtbehandlung) herangezogen werden; es sind aber auch Wirksamkeitsaussagen im Rahmen differentieller Fragen wichtig (welche Methode ist wirksamer?). Für derartige Fragestellungen ist jedoch ein gemeinsamer Zielrahmen notwendig.

Effizienz: Heute ist nicht nur die Frage nach der Wirksamkeit von Bedeutung, sondern auch nach der Effizienz; es wird daher nicht nur beurteilt, wie gut ein Ziel erreicht wird, sondern auch mit welchem Aufwand. Die Effizienzfrage führt zu Nutzenüberlegungen (Bühringer & Hahlweg, 1986; Wittmann, 1985). Bei Kosten-Effektivitäts-Überlegungen wird geprüft, mit welchen Kosten das Erreichen von Therapiezielen verbunden ist. Bei den Kosten-Nutzen-Überlegungen wird der durch eine Intervention erreichte Gewinn (z.B. Herstellung der Arbeitsfähigkeit) berücksichtigt. Grundlage derartiger Bewertungen sind monetäre Einheiten, die z.T. einfach (Kosten für Therapeuten, Raumkosten für Interventionen; Arbeitsausfall bei Patienten, Einsparung von Medikamenten), z.T. schwierig (z.B. Patientenzufriedenheit, konfliktfreiere Interaktionen zwischen Ehepaar) zu gewinnen sind. Kosten-Effektivitäts-Analysen sind daher weniger problematisch als Kosten-Nutzen-Analysen.

Patienten-Zufriedenheit: Klinisch-psychologische Interventionen können nur dann erfolgreich sein, wenn sich der Patient dem therapeutischen Setting unterzieht und an die vereinbarten Regeln hält (in und außerhalb der Therapie). Letzteres wird mit *Compliance* umschrieben, als Grad, in dem das Verhalten des Patienten in bezug auf eine Intervention mit der vom Therapeuten intendierten Intervention übereinstimmt. Wesentlich für diese Zusammenarbeit ist die Bewertung der Therapie durch den Patienten, so daß die Patienten-Zufriedenheit (Consumer-Satisfaction; Berger, 1983) als weiteres Kriterium zur Interventions-Bewertung hinzugenommen werden muß.

Ethische Angemessenheit: Interventionen haben nicht nur effektiv und effizient zu sein, sondern sie müssen auch unter ethischscher Perspektive bewertet werden (Helmchen & Müller-Oerlinghausen, 1978). Insbesondere stellt sich die Frage, ob die angewandten Mittel mit den Zielen kompatibel sind (Ziel-Mittel-Diskrepanz; «Der Zweck heiligt nicht immer die Mittel»); besonders stellt sich dieses Problem bei Zwangsbehandlungen oder Aversionsmethoden. Ethische Probleme ergeben sich auch dann, wenn Therapieverfahren nicht nur auf den Patienten, sondern auch auf die Umgebung Auswirkungen haben (evtl. unerwünschte Wirkungen aus der Sicht der Umgebung). Klinisch-psychologische Interventionen müssen daher jeweils auch unter ethischen Gesichtspunkten bewertet werden.

In den folgenden Abschnitten werden verschiedene methodische Probleme der Interventionsforschung anhand des Phasenmodells diskutiert. Die hier angesprochenen Bewertungskriterien sind für alle Phasen von Bedeutung und werden daher nicht mehr speziell berücksichtigt.

4. Methodik der Erkundungsphase

Für die Erkundungsphase, z.T. aber auch für die Pilotphase sind u.a. Analogstudien und Einzelfallstudien von Bedeutung, da eine neue Methode vielfach ohne genaue Hypothesen in der Empirie erforscht werden soll.

4.1 Analogstudien

Der Begriff der Analogstudien weist auf Studien hin, die die zu untersuchende Realität nur partiell oder vergleichsweise abbilden (Kazdin, 1980; siehe auch Band 1: Artikel Ätiologieforschung/Bedingungsanalyse: allgemeine Gesichtspunkte). Analogstudien werden zur Ätiologie-, aber auch zur Interventionsforschung verwendet. Prototyp der Analogstudien sind Tieruntersuchungen; aber auch Interventionen bei unauffälligen Personen («gesunden», meist freiwilligen Studenten) gelten als Analogstudien. Nach Kazdin (1980) weichen Analogstudien besonders stark von der klinischen Realität in folgenden Dimensionen ab:

- Störung: quantitative und/oder qualitative Abweichung von klinischen Störungen (Bsp. leichte Stimmungsbeeinträchtigung als Analogie für klinische Depressionen).

- Behandelte Personen: freiwillige Versuchspersonen (z.T. Studenten) mit geringer Therapiemotivation im Gegensatz zu behandlungssuchenden Patienten mit hoher Therapiemotivation.
- Therapeuten: Einsatz von für die Intervention geschulten Studenten anstelle von erfahrenen professionellen Therapeuten.
- Setting: Intervention im Labor, als Experiment mit Personen, die zufällig standardisierten Verfahren zugeordnet werden anstelle von Interventionen im klinischen Setting, die optimal für den einzelnen Patienten zugeschnitten werden.
- Diagnostik: umfangreiche Datenerfassung mittels Testbatterien vor, während und nach der Intervention im Gegensatz zur klinischen Datenerfassung mittels Interview und Exploration.

Analogstudien sind kein Gegenpol zur klinischen Realität. Vielmehr bildet jede Forschung in einer Untersuchung die Realität in verschiedenen Dimensionen ab, wobei je nach Dimension die Abweichungen unterschiedlich stark sein können. Je nach Fragestellung sind auch Interventionsstudien mit starken Abweichungen von Interesse, dies gilt nicht zuletzt für Tierstudien (z.B. Mineka, 1985; Suomi, 1982). Aufgabe der Forscher ist es, die Abweichungen in ihren Konsequenzen zu diskutieren.

4.2 Einzelfallstudien

Einzelfallstudien machen ein einzelnes Element (z.B. Person, Gruppe, Gemeinde) zum Gegenstand der Analyse. Das Element wird exakt beobachtet, beschrieben und systematischen Bedingungsvariationen unterzogen (Reinecker, 1987). Einzelfallstudien sind besonders geeignet zur Untersuchung seltener Phänomene, aber auch zur umfassenden Erforschung komplexer Phänomene in der Phase der Hypothesengenerierung. Daher sind für neue Interventionsansätze Einzelfallstudien von besonderer Wichtigkeit.
Für die Einzelfallforschung wurde eine Vielzahl an methodischen Vorschlägen vorgelegt, insbesondere gilt dies für das Problem der Kontrollbedingungen (Petermann, 1989). Während in Gruppenstudien die Kontrollbedingung durch zusätzliche Gruppen realisiert wird, muß dies bei Einzelfallstudien durch entsprechende Bedingungsvariation innerhalb desselben Individuums erfolgen. Die einfachste Form liegt im A-B-A-Design vor (A: Kontrollbedingung; B: Interventionsbedingung); kritisch ist bei diesem Plan anzumerken, daß das Ausblenden der Intervention B in der Regel nicht mehr den Ausgangszustand A herstellt. Es wurden daher komplexere Designs entwickelt, um den Forderungen nach interner und externer Validität Rechung zu tragen (z.B. simultaneous-treatment-design; alternating-criterion-design; vgl. Petermann, 1989). Zur Auswertung von Einzelfallstudien wurden verschiedenste Verfahren vorgeschlagen; zu nennen sind graphische Verfahren, Varianzanalysen, Faktorenanalysen, Zeitreihenanalysen nach dem ARIMA-Modell, nonparametrische Verfahren, Trendanalysen etc. (Literatur: Petermann, 1989; Reinecker, 1987). In neuerer Zeit wurde vermehrt für eine Kombination von Einzelfall- und Gruppenstudie plädiert. Die Vielzahl an – im Rahmen von Prozeßanalysen gewonnenen – komplexen Datenmustern ist auf der Ebene der Untersuchungseinheit (Person, Gruppe, Paar etc.) statistisch beschreibend und beurteilend aufzuarbeiten; die derart gewonnenen Parameter sind dann auf der Gruppenebene zusammenzufassen (Agglutination).

5. Methodik der Pilot-Phase

Während in der Erkundungsphase eine neue Therapiemethode – vielfach ohne exakte Hypothesen – systematisch beobachtet und überprüft wird, wird in der Pilot-Phase eine neue Methode unter kontrollierten Bedingungen überprüft, was Kontrollgruppenpläne, differentielle Aspekte und kombinierte Prozeß-Erfolgsstudien miteinschließt. Im folgenden sollen diese drei Aspekte genauer behandelt werden.

5.1 Kontrollgruppen

5.1.1 Formen von Kontrollgruppen

In der Methodendiskussion zur Psychotherapieforschung hat Eysenck (vgl. dazu Rachman & Wilson, 1980) in den 50er Jahren die provokative These aufgestellt, daß sich die meisten tiefenpsychologischen Verfahren in ihrer Erfolgsquote nicht von der Besserungsquote bei unbehandelten Personen unterscheiden. Damit wurde auf die Notwendigkeit hingewiesen, die Wirkung einer Intervention anhand eines Vergleichsmaßstabes zu beurteilen; als Vergleichsmaßstab hat Eysenck die Besserungsquote bei unbehandelten Personen, d.h. die Spontanremission, vorgeschlagen. Nach Eysenck verschwinden ca. zwei Drittel der psychischen Störungen (des Neurosenbereiches) innerhalb von 1–2 Jahren, obwohl sie nicht behandelt worden sind. Spontanremission kann verschieden definiert werden: im engeren Sinne handelt es sich um die Besserungsquote, die ohne Intervention zustande kommt; im weniger strengen Sinn versteht man darunter die Besserungsquote, die ohne klinisch-psychologische Intervention erreicht wird, wobei aber ärztliche Hilfe, Beratung, halbprofessionelle Hilfe etc. zulässig sind. Letztere Quote ist höher als die Spontanremissionsquote im strengeren Sinne. Auf die dadurch ausgelöste Kontroverse kann hier nicht eingegangen werden; verschiedene Argumente Eysencks waren nicht haltbar (zur Spontanremission siehe Subotnik, 1972; Rachman & Wilson, 1980; Erwin, 1980). Dennoch hat sich diese Kontroverse befruchtend auf die Interventionsforschung ausgewirkt, da dadurch die Forderung eines Vergleichsmaßstabes (Kontrollgruppe) akzeptiert wurde.

Gemäß dem Expertenbericht der American Psychiatric Association (APA, 1982, S. 21ff.) kann die Wirksamkeit einer Intervention mit verschiedenen Versuchsplantypen überprüft werden (vgl. auch Baumann, 1986; Kazdin, 1980; siehe Tabelle 2), wobei diese von unterschiedlicher methodischer Güte sind.

Obwohl die Varianten 1–3 in Tabelle 2 keine methodisch befriedigenden expliziten Kontrollbedingungen beinhalten, können sie für die Erkundungsphase (siehe Abschnitt 4) sinnvoll sein. Bei den Varianten 2 und 3 kann die Binnenvarianz analysiert werden (z.B. Korrelationsanalysen), um zu Aussagen zu gelangen. Für die Pilot-Phase sind dagegen explizite Kontrollbedingungen anzustreben; dazu bieten sich unbehandelte Gruppen (Tabelle 2: 4.1., 4.2.), Gruppen mit geringem Behandlungsaufwand (4.3.,4.4.) und behandelte Gruppen (4.5.) an.

Das Konzept der unbehandelten Gruppe (vgl. Tabelle 2: keine Behandlung während Monaten bis Jahren in Variante 4.1.; während Monaten bei Variante 4.2.) ist ethisch und klinisch problematisch. Auf längere Zeit darf eine Intervention nicht vorenthalten werden; im ambulanten Bereich ist diese Variante klinisch kaum realisierbar, da anderweitige Hilfe nicht verhindert werden kann. Dies gilt besonders für den Plan der unbehandelten Kontrollgruppe (4.1.), vielfach aber auch für den Wartelisten-Kontrollgruppenplan (4.2). Bei diesem Vorgehen wird ein Teil der Patienten nicht behandelt, während ein anderer Teil eine Behandlung erfährt. Nach Abschluß der Intervention in der Therapiegruppe wird die Wartezeit der Kontrollgruppe abgebrochen und eine Intervention mit der Kontrollgruppe durchgeführt.

Tabelle 2 Versuchsplantypen für klinisch-psychologische Interventionsforschung (Gruppen-Design) (APA, 1982, S. 21ff; Baumann, 1986; Kazdin, 1980)

A. Keine expliziten Kontrollbedingungen

(1) Retrospektive Einpunkt-Erhebung (Befragung der Patienten nach Abschluß der Intervention).
(2) Eingruppenplan mit Prä- (vor) und Postmessung (nach der Intervention).
(3) Eigenkontrollgruppen-Plan: Patienten bleiben einige Zeit unbehandelt (Baseline), so daß eine Kontroll- und Interventionsphase vorliegt.

B. Explizite Kontrollbedingungen

(4) Kontrollgruppen-Plan (Interventions- versus Kontrollgruppe) mit folgenden Kontrollgruppen:
(4.1.) Unbehandelte Kontrollgruppe
(4.2.) Wartelisten-Kontrollgruppe
(4.3.) Routine-Behandlung
(4.4.) Placebo-Behandlung
(4.5.) Alternative Intervention (echte Alternative; Parametervariation, -addition, -subtraktion).
(5) Multifaktorieller/multivariater Plan unter Einschluß von Kontrollgruppe

Da unbehandelte Kontrollgruppen kaum realisiert werden können, bieten sich als Kontrollgruppen Interventionen mit geringem Behandlungsaufwand an. Dazu gehören Routinebehandlungen (Tabelle 2: 4.3.; vielfach keine längeren Therapiesitzungen, sondern nur Kurzkontakte mit Arzt oder Psychologen), aber auch die Placebo-Behandlung (Tabelle 2: 4.4; siehe nächster Abschnitt).

Als Kontrollgruppe sind nicht nur unbehandelte Gruppen oder Gruppen mit geringer Behandlung von Interesse. Für differentielle Fragen (siehe Abschnitt 5.2.) sind auch Vergleiche mit alternativen Interventionen wichtig (Tabelle 2: 4.5). Alternative Interventionen können nach Kazdin (1980) echte Alternativen beinhalten (Gesprächspsychotherapie versus Verhaltenstherapie). Es sind aber auch Parametervariationen (Bsp.: gleiche Intervention, aber unterschiedliche Sitzungsdauer, z.B. 45 versus 90 Minuten) und Parametersubtraktionen und -additionen möglich (Bsp. für Subtraktion: Systematische Desensibilisierung mit Angsthierarchie unter Entspannung versus ohne Entspannung). Durch Hinzunahme verschiedener Vergleichsgruppen kommt man zum multifaktoriellen/multivariaten Versuchsplan (Tabelle 2: 5).

5.1.2 Placebo-Intervention

In der medikamentösen Forschung hat der Placebo-Begriff eine große Bedeutung erlangt (Hippius, Überla, Laakmann & Hassford, 1986; Baumann, 1989; Shepherd & Sartorius, 1989). Unter Placebo wird ein Scheinmedikament, eine unwirksame, indifferente Substanz verstanden. Für die klinisch-psychologische Interventionsforschung wurde – wie für die medikamentöse Prüfung – der Vergleich mit einer klinisch-psychologischen Placebo-Intervention (Placebo-Psychotherapie) gefordert. In der Psychotherapieforschung finden sich daher verschiedenste Studien mit einer sog. Placebo-Kontrollgruppe. Prioleau, Murdock und Brody (1983) haben 32 dieser Studien einer Metanalyse (siehe Abschnitt 6) unterzogen und bilanziert, daß Psychotherapie gegenüber Placebo-Psychotherapie nicht erfolgreicher sei; dies wurde wiederum von Bowers und Clum (1988) anhand exakter Daten bestritten. Kritisch ist anzumerken, daß Psychotherapie-Placebos vielfach nicht die Placebo-Struktur, vergleichbar dem Medikamenten-Placebo, haben. Vielmehr werden unter Psychotherapie-Placebo Behandlungsformen subsumiert, die durchaus psychotherapeutische Elemente haben (z.B. allgemeine Gruppenaktivitäten; Durcharbeiten von Büchern, die für die Störung relevant sind). Aus folgenden Gründen ist eine Übertragung des medikamentösen Placebo-Begriffs auf die klinisch-psychologische Intervention nicht übertragbar:

- Während in der medikamentösen Placebo-Forschung die Substanz (Verum) und das Placebo äußerlich identisch sind und sich auch nicht in der Applikation unterscheiden (daher kein Unterschied in der Glaubwürdigkeit), sind diese Randbedingungen für die klinisch-psychologische Intervention kaum realisierbar. Daher ergeben sich bereits zu Beginn einer Maßnahme Unterschiede zwischen Intervention und Placebo-Intervention bezüglich der Glaubwürdigkeit der Prozedur, was einen methodisch adäquaten Vergleich nicht mehr zuläßt.
- Während medikamentöse Placebos herstellbar sind, die keine Wirkung bezüglich einer Zielsymptomatik haben, trifft dies für Interventions-Placebos nicht zu. Jede der meistens benutzten Placebo-Prozeduren beinhaltet Elemente, für die es Anhaltspunkte bezüglich Wirksamkeit gibt.
- In der medikamentösen Therapie ist die Substanz («Technik») und die damit verbundene psychologische Prozedur (repräsentiert durch den Arzt) trennbar. In der klinisch-psychologischen Intervention trifft dies nicht zu, da die Technik durch das Therapeutenverhalten realisiert wird. Eine unwirksame Technik mit einer wirksamen Therapeutenhaltung zu koppeln, ist unmöglich.
- Unter medikamentösen Placebos versteht man bezüglich des Zielbereiches pharmakologisch unwirksame Substanzen (echte Placebos), aber auch Substanzen, die zwar eine allgemeine Wirkung haben, nicht aber spezifische Aktivitäten bezüglich der Zielsymptomatik entfalten (Pseudo-Placebo). Bei klinisch-psychologischen Interventionen wären sog. Pseudo-Placebos allge-

meine, aber nicht spezifisch wirksame Prozeduren. In der klinisch-psychologischen Interventionsforschung wurden für die nicht vorhandenen differentiellen Effekte zwischen unterschiedlichen Interventionsformen immer wieder unspezifische, allgemeine, gemeinsame Faktoren verantwortlich gemacht, d.h. Elemente, die in allen Interventionen vorkommen (vgl. Strupp & Hadley, 1979). Zum Teil wird das Konzept der unspezifischen Faktoren mit dem Placebo-Konzept in Verbindung gebracht. Auch dieser Placebo-Begriff erscheint aber problematisch. Beim jetzigen Forschungsstand, der komplexe Handlungsabläufe nicht exakt empirisch abbilden kann, ist eine Unterscheidung in spezifische und unspezifische Faktoren nicht durchführbar. Damit liegen keine exakten Operationalisierungsvorschriften für ein Interventions-Placebo vor. Unabhängig davon ist die Gleichsetzung des bezüglich der Zielsymptomatik unwirksamen Placebos mit bezüglich der Zielsymptomatik allgemein wirksamen Prozeduren (unspezifische Faktoren) falsch.

Es verwundert daher nicht, daß immer mehr der medikamentöse Placebo-Begriff für die klinisch-psychologische Interventionsforschung als wenig fruchtbar abgelehnt wird (Parloff, 1986). Vielmehr wird - auch in der Medizin (Langer, 1987) - gefordert, die mit Placebo umschriebenen Effekte selbst zum Forschungsgegenstand zu machen und sie für die Therapie zu optimieren. Vom Placebo-Postulat bleibt daher nur die Forderung übrig, eine Intervention jeweils auch mit Interventionen zu vergleichen, die einen geringeren Aufwand als das untersuchte Verfahren benötigen.

5.2 Differentielle Interventionsstudien

Im Abschnitt 5.1.1 wurden als Vergleichsgruppe auch alternative Interventionen angesprochen. Dieser Vergleich ist insbesondere für die Indikationsfrage (welche Maßnahme ist unter welchen Randbedingungen im Hinblick auf welche Ziele angebracht; Baumann, 1981) von Bedeutung. Differentielles Vorgehen bedeutet nach Kiesler (1969), daß bezüglich der Merkmale Technik, Therapeut und Patient differentielle Gesichtspunkte zu berücksichtigen seien. Zu überprüfen ist nicht Psychotherapie als globales Handlungskonzept, sondern es sind die unterschiedlichen Wirkungen spezifischer Interventionsverfahren (z.B. Gesprächspsychotherapie versus Verhaltenstherapie) zu evaluieren. Verschiedene Interventions-Kürzel (z.B. Verhaltenstherapie) werden häufig als zu global angesehen, so daß Techniken mit größerer Spezifikation (z.B. Desensibilisierung, Flooding) als differentielle Größen zu überprüfen sind. Differentielle Gesichtspunkte gelten auch für Therapeuten (z.B. erfahrene versus unerfahrene Therapeuten) und Patienten (z.B. Unterteilung aufgrund von ICD-9- oder DSM-III-R-Diagnosen; vgl. Kapitel Klassifikation in Band 1). Die Frage, welcher Auflösungsgrad bei den einzelnen Bereichen zu berücksichtigen ist, kann nicht absolut beantwortet werden.

Differentielle Aspekte werden nicht nur bei den unabhängigen Variablen (Therapeut, Technik, Patient) gefordert, sondern auch bei der abhängigen Variablen Therapieerfolg. Anstelle der globalen Beurteilung des Therapieerfolges muß eine multimodale Erfassung erfolgen, bei der Datenebenen, Datenquellen und Funktionsbereiche variiert werden (vgl. Kapitel Klinische Diagnostik in Band 1).

Kombiniert man das Postulat nach experimentell orientiertem Vorgehen in der Interventionsforschung mit der Forderung nach Berücksichtigung differentieller Effekte, so gelangt man zu einem komplexen Anforderungskatalog für Interventionsstudien. Köhnken, Seidenstücker und Baumann (1979) haben für den ambulanten Sektor der Intervention bei Erwachsenen ein Beurteilungsraster zusammengestellt, das die wichtigsten der zu berücksichtigenden Parameter einer Interventionsstudie enthält (siehe Tabelle 3); auf die spezifischen Probleme der Prozeßforschung wird dabei nicht eingegangen. Die Tabelle zeigt, daß eine Vielzahl an Einzelaspekten zu berücksichtigen ist, wenn ein methodisch befriedigender Versuchsplan realisiert werden soll. Besonders wichtig ist der Punkt der Treatment-Validität, d.h. der adäquaten Realisierung der intendierten Interventionstechnik.

Therapiemanuale, Therapeutenschulung, Überprüfung des realisierten Verhaltens mittels Video stellen Methoden dar, die die Treatment-Validität zu verbessern und kontrollieren erlauben.

5.3 Prozeßforschung, Prozeß-Erfolgsforschung

Kiesler hat nicht nur die Forderung nach differentiellen Therapiestudien und multimodaler Erfassung der Wirkung aufgestellt, sondern auch eine kombinierte Prozeß-Erfolgsforschung gefordert. Die herkömmliche Interventionsforschung hat meist den Zustand vor und nach der Intervention (prä/post) zu ihrer Bewertung herangezogen. Zusätzlich kam dann die Forderung, über das Ende der Intervention hinweg den Interventionserfolg zu untersuchen, d.h. eine katamnestische Untersuchung durchzuführen (3. Meßpunkt). Kiesler hat aber auch darauf hingewiesen, daß der Therapieverlauf selbst eine wichtige Größe darstellt, die es explizit zu analysieren gilt. Der Interventionserfolg ist im Zusammenhang mit dem Interventionsprozeß zu sehen, so daß dadurch eine kombinierte Prozeß-Erfolgsforschung resultiert. Die Prozeßforschung ist aber nicht nur im Hinblick auf den Therapieerfolg von Interesse, sondern auch zur Beantwortung der Frage, was in einer Intervention geschieht und wie Effekte zustande kommen (Bastine, 1988).
Wenn bei Interventionen von Prozeßanalyse gesprochen wird, so kann diese mit unterschiedlichem Auflösungsgrad betrieben werden:

- (1) Einheit: Elemente in 1 Sitzung. Die Prozeßanalyse verknüpft verschiedene Elemente innerhalb einer Sitzung miteinander.
- (2) Einheit: 1 Sitzung. Die einzelnen Sitzungen werden durch Parameter charakterisiert (z.B. Zufriedenheit mit Stunde; Verhältnis von Redezeit zu Schweigen; Bedeutsamkeit im Hinblick auf Veränderung oder veränderungsrelevante Episoden; siehe Bastine et al. 1989), wobei diese Parameter auch Kennwerte der Prozeßanalysen innerhalb der jeweiligen Sitzung darstellen können. In der Prozeßanalyse werden die einzelnen Sitzungen miteinander verknüpft.
- (3) Einheit: Zeitraum zwischen jeweils 2 Sitzungen. Das Erleben und Verhalten des Patienten zwischen den Sitzungen wird analysiert; die Prozeßanalyse verknüpft die einzelnen Zeiträume miteinander.

Die drei Varianten ergänzen sich und stellen nur als Gesamtes eine umfassende Prozeßanalyse dar. Bei der kombinierten Prozeß-Erfolgsforschung ist der Prozeß über die gesamte Interventionsdauer zu konzipieren; bei Prozeßanalysen können kürzere Zeiträume bis hin zu einzelnen Sentenzen innerhalb einer Sitzung von Interesse sein. Bastine et al. (1989) schlagen vor, bei der Prozeßanalyse nicht nur einzelne Sitzungen, sondern auch andere Einheiten (z.B. Phasen, d.h. mehrere Sitzungen) zu wählen.
In der Prozeßforschung der Variante (1) sind zur genauen Erforschung von Interaktionen auch experimentelle Vorgehensweisen möglich, d.h. es können vom Therapeuten bestimmte Handlungsaspekte systematisch variiert werden, um deren Effekte zu beobachten. Prozeßforschung, insbesondere der Variante (1), setzt Untersuchungsverfahren und Registrierungstechniken (Video, Audio) voraus, die eine Feinanalyse erlauben. In neuerer Zeit sind dazu verschiedene Verfahren vorgelegt worden (Bastine et al., 1989):

- Analyse nonverbalen Verhaltens (z.B. Scherer & Ekman, 1982).
- Analyse verbalen Verhaltens (z.B. Mergenthaler, 1986; Kächele, Novak & Traue, 1989; Koch & Schöfer, 1986).

Prozeßanalysen erfordern für die Datenfülle elektronische Datenaufbereitungen und adäquate statistische Verfahren. Beide Forderungen werden heute vielfältig realisiert; für die Auswertung von Prozeßdaten werden vielfach Methoden der Einzelfallstatistik herangezogen (siehe Abschnitt 4.2). Prozeßdaten können aber auch gruppenstatistisch ausgewertet werden, indem jeweils die Charakteristika der Einzelprozesse als multivariater Datensektor für eine Gruppenauswertung benutzt werden.

Tabelle 3: Kriterienkatalog für klinisch-psychologische Interventionsstudien (Erwachsene, ambulanter Sektor; Köhnken, Seidenstücker & Baumann, 1979, S. 113, 114)

Interventionsvariablen	Fragestellungen
Beschreibung der Intervention	Zureichende Beschreibung d. Intervention
Kontrollstrategie	Art der verwendeten Kontrollgruppe(n)
Instruktion	Vergleichbarkeit der Instruktion
Setting	Vergleichbarkeit der Settings
Interventionsdauer	Vergleichbarkeit der Interventionsdauer
Häufigkeit und Dauer der Kontakte	Vergleichbarkeit von Häufigkeit und Dauer der Kontakte
Zeitraum der Untersuchung	Zeitliche Parallelität der Interventionen
Interferierende Interventionen	Anzahl und Verteilung der Vpn/Ptn mit interferierenden Interventionen

Klassifikation (Gruppenbildung bei Patienten, Therapeuten	Fragestellungen
Klassifikationsinstrumente	Klassifikation der Meßmethoden/Kriterien
Inhalt der Instrumente	Zureichende Beschreibung der Klassifikationsinstrumente und -kriterien
Güte der Instrumente	Angaben zu den Gütedaten der Klassifikationsinstrumente und -kriterien

Abhängige Variablen	Fragestellungen
Breite der abhängigen Variablen	Variablenrepräsentativität für gestörte bzw. ungestörte Verhaltensbereiche
Meßinstrumente	Klassifikation der Meßmethoden
Inhalt der Instrumente	Zureichende inhaltliche Beschreibung der Instrumente
Güte der Instrumente	Angaben zu den Gütedaten der Instrumente
Datenerheber	Kennzeichnung der Datenerheber
Datenauswerter	Kennzeichnung der Datenauswerter
Informiertheit der Datenerheber	Kenntnisse über Meßzeitpunkte bzw. erwartete Effekte
Situationsbezug der Daten	Intra- und/oder extratherapeutische Daten
Katamnesedauer	Zeitraum zwischen Therapieende und Nachuntersuchung
Katamneseinstrumente	Vergleichbarkeit der Instrumente aus vorausgehenden Messungen und Katamnese

Versuchsleiter/Therapeuten	Fragestellungen
Funktionseinteilung	Identität von VI und Th
Zuordnung von Th zu Ptn/Intervention	Art/Verfahren der Zuordnung von Th zu Ptn/Intervention
Kontrolle der Realisierung der Behandlung	Übereinstimmung zwischen Therapeutenverhalten und Therapiemanual
Personenmerkmale	Vergleichbarkeit der Personenmerkmale
Persönlichkeitsmerkmale	Vergleichbarkeit der Persönlichkeitsmerkmale
Erfahrung	Vergleichbarkeit der Therapeutenerfahrung
Vortraining	Training/Erfahrung in den speziellen Interventionen
Hypothesenkenntnis	Kenntnis der vermuteten Ergebnisse bei den Therapeuten
Prognostische Erwartungen	Erhebung prognostischer Erwartungen bei den Therapeuten

Versuchspersonen/Patienten	Fragestellungen
Rekrutierungsprozedur	Zureichende Beschreibung der Rekrutierungsprozedur
Selektion	Zureichende Beschreibung der Selektionsprozedur
Selektionsinstrumente	Klassifikation der Meßmethoden
Information	Information der Vpn/Ptn über Selektionsfunktion der Meßinstrumente
Kognition	Vermutungen der Vpn/Ptn über Hypothesen. Qualität der Behandlung
Klinischer Status der Vpn/Ptn	Analogklienten, Patienten
Freiwilligkeit	Generalisierbarkeit bei Selbstselektion
Beschreibung der Vpn/Ptn	Symptomatik
Gruppenzuweisung der Vpn/Ptn	Art der Gruppenzuweisung der Vpn/Ptn

Verlauf der Untersuchung	Fragestellungen
Vpn/Ptn Ausfälle	Anzahl Spezifikation des Ausfallzeitpunktes
Selektivität der Ausfälle	Grobprüfung der Selektivität
Berücksichtigung der Ausfälle	Art der Verrechnung von Ausfällen
Vpn/Ptn Ausschluß	Anzahl Ausschlußgründe Angemessenheit der Ausschlußgründe

Datenanalyse	Fragestellungen
Prüfverfahren	Bezeichnung der statistischen Prüfverfahren
Signifikanztests	Prüfung der Voraussetzungen
Signifikanzniveau	Angabe der maximalen oder exakten Irrtumswahrscheinlichkeit
Bedeutsamkeit	Maße für praktische Bedeutsamkeit der Effekte
Komplexität der Analysetechnik	Univariat - multivariat
Auswertungsmethode	Einzelgruppen und/oder Untersuchungstage

6. Methodik der Testphase

Die genaue Überprüfung von neuen Interventionstechniken macht es erforderlich, diese nicht nur in einer, sondern in mehreren Institutionen zu erproben. Dazu können sog. Multicenter-Studien durchgeführt werden, bei denen ein gemeinsamer Versuchsplan für verschiedene Institutionen erstellt wird. Dieses Vorgehen bringt spezielle methodische Probleme (z.B. Koordination, Standardisierung des Vorgehens) mit sich, auf die hier nicht eingegangen werden kann (vgl. z.B. Elkin et al., 1989). Eine andere Variante stellen Kreuzvalidierungen dar, d.h. die Durchführung vergleichbarer Interventionen in verschiedenen voneinander unabhängigen Studien. Dies führt zur Frage, wie die einzelnen Studienbefunde zusammengefaßt (agglutiniert) werden können. In neuerer Zeit hat man zur Literatur-Synopsis formalisierte Methoden entwickelt, die Meta-Analysen genannt werden (siehe Smith, Glass & Miller, 1980; Bengel & Wittmann, 1982; Lösel, 1987). Meta-Analysen umfassen folgende Schritte:

- 1) Festlegung der zu untersuchenden Population (z.B. Psychotherapiebegriff, Kriterium für Akzeptanz von Studien (meist Kontrollgruppenpläne)).
- 2) Strategie der Identifikation der zu untersuchenden Elemente (welche Publikationsorgane werden berücksichtigt).
- 3) Festlegung des Merkmalskataloges, wo-

nach die einzelnen Studien beschrieben und bewertet werden sollen (z.B. Diagnosen, methodische Gütekriterien). Von besonderer Bedeutung ist die normierte Erfassung des Therapieerfolges; dazu wird meist die sogenannte Effektstärke benutzt (ES: effect size): $ES=(M_T-M_K)/S_K$; (M_T, M_K: Mittelwert nach Therapieende von Therapie-, bzw. Kontrollgruppe; S_K: Standardabweichung der Kontrollgruppe am Therapieende).

- 4) Nach erfolgter Einstufung der einzelnen Studien werden die einzelnen Merkmale mit den Effektstärken in Verbindung gebracht (Datenanalyse).

Im Unterschied zu den klassischen Sammelreferaten sind die Schritte 3. und 4. formalisiert. Die Methode der sogenannten Meta-Analyse hat vor allem im englischsprachigen Raum zu einer heftigen Kontroverse zwischen Befürwortern und Kritikern der Meta-Analyse geführt. Im Journal of Consulting and Clinical Psychology (1983) sind die verschiedenen Positionen dargestellt, wobei die Kritik an Meta-Analysen einerseits grundsätzlich, andererseits punktuell vorgetragen wird. Grundsätzlich ist zu bemerken, daß sich aus der Mitteilung vieler Einzelstudien nicht zwingend ein Erkenntnisfortschritt ergibt, insbesondere nicht, wenn die Fehlervarianz nicht zufällig von Studie zu Studie variiert, wie die Autoren annehmen. Meta-Analysen gründen auf Mittelwertanalysen, sie berücksichtigen keine Prozeßdaten, was einem Informationsverlust gleichkommt. Wichtige klinische Informationen sind oft zwischen den Zeilen angesprochen, was den Meta-Analysen, nicht aber der klassischen Literaturanalyse entgeht. Ein weiteres Problem ergibt sicht aus der methodisch unterschiedlichen Dignität von Studien. Auch Einzelfallstudien können in Meta-Analysen keine Berücksichtigung finden.
Zusammenfassend ist zu sagen, daß Meta-Analysen einen Beitrag zur Evaluation klinisch-psychologischer Interventionen leisten können. Da die bisherige Interventionsforschung meist methodisch und inhaltlich heterogen ist, können durch die zusammenfassenden Meta-Analysen meist nur grobe Trends festgestellt werden; differenziertere Aussagen entziehen sich diesem Verfahren.

7. Methodik der Praxiskontrolle

Die Evaluierung neuer Interventionstechniken ist mit der Testphase soweit abgeschlossen, daß eine größere Verbreitung im Praxisfeld möglich ist. Trotz Abschluß der Evaluation im engeren Sinn ergeben sich aber weitere Evaluationsfragen. Zum einen sind Wege der Implementierung im Praxisfeld zu suchen und zu bewerten. Zum anderen bedürfen – wie die medikamentöse Forschung zeigt – Interventionen auch nach ihrer Praxisimplementierung einer Evaluierung. Dadurch können die sich mit einer Intervention ergebenden Probleme identifiziert werden, die sich erst im Langzeitverlauf zeigen; zusätzlich resultieren aus dem Praxisfeld große und heterogene Stichproben, die eine umfassendere Evaluation als in den vorherigen Phasen ermöglichen. Während in der medikamentösen Forschung mit dem sog. Drug-monitoring inhaltliche und methodische Beiträge zur Praxiskontrolle geliefert werden, ist diese Thematik für den klinisch-psychologischen Interventionssektor weitgehend unbekannt. Hier bedarf es besonderer methodischer Bemühungen, um dieses wichtige Anliegen in die Forschung und Praxis umzusetzen.
Praxiskontrolle betrifft zum einen die Bewertung eines Praxisfeldes, d.h. sie bezieht sich auf mehrere Therapeuten bzw. Institutionen. Praxiskontrolle ist aber auch ein Postulat an den einzelnen Therapeuten, da die Forschung allein noch kein optimales Handeln in der Praxis gewährleistet. Dies ist auf verschiedene Gründe zurückzuführen: zum einen liegt es an der Tatsache, daß die Interventionsforschung nur partiell den Handlungsrahmen einer konkreten Therapie abdecken kann (Kaminski, 1970). Dazu kommt die Schwierigkeit für den Praktiker, den Forschungsprozeß kontinuierlich zu verfolgen, da sein Zugang zur Literatur oft begrenzt ist. Ein Transfer der Forschung in die Praxis wird auch durch die z.T. vorhandene Praxisferne der Forschung erschwert. Es ist nicht erstaunlich, daß die Forschung nur wenig Einfluß auf die Praxis hat. Erfahrungen mit eigenen Klienten, Diskussionen mit Berufskollegen stellen für den Praktiker oft die wichtigsten Handlungsregulative dar (Cohen, Sargent & Sechrest, 1986).
Wenn die Forschung noch kein Garant für ein

optimales Handeln darstellt, müssen zusätzliche Bedingungen eingeführt werden, die das Handeln optimieren. Verschiedene Vorgehensweisen bieten sich an. Zum einen sind stärker als bisher praxisorientierte Therapiemanuals zu erstellen, die genügend Freiraum für individuelles Vorgehen zulassen; zum anderen ist die Supervision als Möglichkeit der systematischen Überprüfung des eigenen Vorgehens zu nutzen (Beutler, 1988). Mit dem Konzept der kontrollierten Praxis (Petermann, 1982) wird die am Einzelfall orientierte Evaluation des klinischen Handelns durch den Praktiker als weiteres Hilfsmittel zur Praxisoptimierung eingeführt. Durch eine zielorientierte Evaluation des therapeutischen Vorgehens sollen die Interventionsschritte und Veränderungen beim jeweiligen Patienten möglichst präzise erfaßt und in der Folge beurteilt werden. Als Kontrollelemente dienen nach Petermann (1982) standardisierte Untersuchungsverfahren, Bezugnahme auf dokumentierte Fakten sowie der systematische Vergleich dokumentierter Therapieverläufe bei mehreren Patienten. Die Daten der kontrollierten Praxis sollen folgende Gütekriterien aufweisen:

- Komplexität: Die Einzeldaten sollen in ein theoretisches Bezugssystem eingebunden und damit miteinander vernetzt werden.
- Objektivierbarkeit/Dokumentierbarkeit: Die Daten sollen für Außenstehende kommunizierbar und nachvollziehbar sein.
- Subjektive Bedeutsamkeit: Die erfaßten Verhaltens- und Erlebensausschnitte müssen patientenspezifische Repräsentativität gewährleisten.

Das Postulat der kontrollierten Praxis impliziert auch die Dokumentation der einzelnen Interventionen. In der Psychiatrie liegen verschiedene überregionale Dokumentationssysteme vor, die vor allem in universitären Einrichtungen benutzt werden (z.B. AMDP-System: Baumann & Stieglitz, 1983). Meist wird besonders großen Wert auf die Erfassung des Eingangsbefundes gelegt, während die Interventionen, sofern es sich nicht um medikamentöse Therapien handelt, kursorisch abgehandelt werden (Baumann, 1982). Für den Sektor der klinisch-psychologischen Interventionen sind bisher nur wenige Systeme erarbeitet worden, die aber nicht den Status überregional verbreiteter Systeme erreicht haben (Baumann, 1982; Baumann & Krüger, 1982). Erschwerend kommt hinzu, daß z.T. die einzelnen Therapierichtungen keine gemeinsame Basis anerkennen, so daß höchstens «schulenspezifische» Dokumentationen aufgebaut werden können.

Insgesamt gesehen ist die Phase der Praxiskontrolle bisher noch am wenigsten methodisch elaboriert und bedürfte daher besonderer Anstrengungen, um zu befriedigenden Lösungen zu gelangen.

8. Schlußbemerkungen

Klinisch-psychologische Interventionsforschung ist – im Gegensatz zur medikamentösen Forschung – häufig punktuell (eine Studie an einer Forschungsinstitution) betrieben worden; Forschungsprogramme sind in diesem Sektor selten. Ein Forschungsprogramm beinhaltet einen zeitlichen Rahmen, in dem verschiedene Teilschritte in eine Abfolge gebracht werden, damit ein Erkenntnisfortschritt resultiert. Neben der zeitlichen Dimension beinhaltet ein Programm aber auch eine überregionale Vernetzung, indem mehrere Institutionen gleichzeitig an gleichen oder ähnlichen Fragestellungen arbeiten. Nur auf diesem Weg sind im Interventionssektor Fortschritte zu erwarten, die zu einer verbesserten Versorgung führen. Derartige Forschungsprogramme müssen die Makro- und die Mikroebene der Interventionen beinhalten. Voraussetzung für derartige Programme ist eine gemeinsame Methodologie. Im vorliegenden Kapitel wurden einige Problembereiche der Methodik klinisch-psychologischer Interventionsforschung angesprochen. Diese Methodik ist vor allem an der Wirküberprüfung orientiert; für die Erklärung der Wirkungen sind Inhalte und Methoden der verschiedensten Teilgebiete der Psychologie (Allgemeinen Psychologie, Persönlichkeits-, Entwicklungs-, Sozialpsychologie, Biologische Psychologie etc.) von Bedeutung.

9. Literatur

Agras, W.S. & Berkowitz, R. (1980). Clinical research in behavior therapy: halfway there? *Behavior Therapy, 11,* 472–487.

American Psychologist (Eds.). (1986). Psychotherapy research (Special issue). *American Psychologist, 41* (2).

APA Commission on Psychotherapies (1982). *Psychotherapy research.* American Psychiatric Association.

Bastine, R. (1988). Psychotherapeutische Prozesse - von der Verlegenheit, psychotherapeutische Veränderungen zu erklären. *Zeitschrift für Klinische Psychologie, Psychopathologie und Psychotherapie, 36,* 296–307.

Bastine, R., Fiedler, P. & Kommer, D. (Hrsg.). (1989). Psychotherapeutische Prozeßforschung (Themenheft). *Zeitschrift für Klinische Psychologie, 18* (1).

Baumann, U. (Hrsg.). (1981). *Indikation zur Psychotherapie.* München: Urban & Schwarzenberg.

Baumann, U. (1982). Dokumentation in der Psychotherapie. In U.Baumann, H. Berbalk & G. Seidenstücker (Hrsg.), *Klinische Psychologie - Trends in Forschung und Praxis:* Band 5 (S. 149–176). Bern: Huber.

Baumann, U. (Hrsg.). (1984). *Psychotherapie: Makro-Mikroperspektive.* Göttingen: Hogrefe.

Baumann, U. (1986). Evaluation von Psychotherapie - Zugrundeliegende Forschungsbilder. *Zeitschrift für Klinische Psychologie, Psychopathologie und Psychotherapie, 34,* 169–178.

Baumann, U. (1986). Zum Placebo-Konzept in der Psychotherapie. In H. Hippius, K. Überla, G. Laakmann & J. Hasford (Hrsg.), *Das Placebo-Problem* (S. 97–105). Stuttgart: Fischer.

Baumann, U. (1989). Wie sinnvoll ist der Placebo-Begriff in der Psychotherapieforschung? *Verhaltensmodifikation und Verhaltensmedizin, 10,* 273–290.

Baumann, U. & Reinecker-Hecht, Ch. (1986). Psychotherapie-Evaluation. In K.P. Kisker, H. Lauter, J.E. Meyer, C. Müller & E. Strömgren (Hrsg.), *Psychiatrie der Gegenwart (Band 1): Neurosen, Psychosomatische Erkrankungen, Psychotherapie* (3. Aufl., S. 353–372). Berlin: Springer.

Baumann, U. & Krüger, G. (1982). Merkmalszusammenstellung für Psychotherapiedokumentation. In U. Baumann, H. Berbalk & G. Seidenstücker (Hrsg.), *Klinische Psychologie-Trends in Forschung und Praxis:* Band 5 (S. 177–187). Bern: Huber.

Baumann, U. & Stieglitz, R.D. (1983). *Testmanual zum AMDP-System.* Berlin: Springer.

Barlow, D.HH. (1981). On the relation of clinical research to clinical practice: current issues, new directions. *Journal of Consulting and Clinical Psychology, 49,* 147–155.

Bellack, A.S. & Hersen, M. (Eds.). (1984). *Research methods in clinical psychology.* New York: Pergamon.

Bengel, J. & Wittmann, W.W. (1982). Bedeutung und Möglichkeiten von Sekundäranalysen in der psychologischen Forschung. *Psychologische Rundschau, 33,* 19–36.

Berger, M. (1983). Toward maximizing the utility of consumer satisfaction as an outcome. In M. Lambert, E. Christensen & St. De Julio (Eds.), *The assessment of psychotherapy outcome* (pp. 56–80). Wiley: New York.

Bergin, A.E. & Lambert, M.J. (1978). The evaluation of therapeutic outcomes. In S.L. Garfield & A.E. Bergin (Eds.), *Handbook of psychotherapy and behavior change: an empirical analysis* (2nd edition, pp. 139–189). New York: Wiley.

Beutler, L.E. (Ed.). (1988). Training to competency in psychotherapy (Special Series). *Journal of Consulting and Clinical Psychology,* 56(5).

Bowers, T.G. & Clum, C.A. (1988). Relative Contribution of Specific and Nonspecific Treatment Effects: Meta-Analysis of Placebo-Controlled Behavior Therapy Research. *Psychological Bulletin, 103,* 315–324.

Bühringer, G. & Hahlweg, K. (1986). Kosten-Nutzen Aspekte psychologischer Behandlung. *Psychologische Rundschau, 37,* 1–19.

Cohen, L.H., Sargent, M.M. & Sechrest, L.B. (1986). Use of Psychotherapy Research by Professional Psychologists. *American Psychologist, 41,* 198–206.

Elkin, I., Shea, M.I., Watkins, J.T., Imber, S.D., Sotsky, S.M., Collins, J.F., Glass, D.R., Pilkonis, P.A., Leber, W.R., Docherty, J.P., Fiester, S.J. & Parloff, M.B. (1989). National Institute of Mental Health. Treatment of Depression Collaborative Research Programm. General Effectiveness of Treatments. *Archives of General Psychiatry, 46,* 971–982.

Erwin, E. (1980). Psychoanalytic Therapy. The Eysenck Argument. *American Psychologist, 35,* 435–443.

Eysenck, H.J. (1952). The effects of psychotherapy: an evaluation. *Journal of Consulting Psychology, 16,* 319–324.

Greenberg, L.S. (1986). Change Process Research. *Journal of Consulting and Clinical Psychology, 54,* 4–9.

Helmchen, H. & Müller-Oerlinghausen, B. (Hrsg.). (1978). *Psychiatrische Therapie-Forschung. Ethische und juristische Probleme.* Springer: Berlin.

Hippius, H., Überla, K., Laakmann, G. & Hasford, J. (1986). *Das Placebo-Problem.* Stuttgart: Fischer.

Howard, K.I. & Orlinsky, D.E. (1972). Psychotherapeutic Processes. *Annual Review of Psychology, 23,* 615–668.

Journal of Consulting and Clinical Psychology (Eds.). (1983). Meta-Analysis (Special section). *Journal of Consulting and Clinical Psychology, 51* (1).

Journal of Consulting and Clinical Psychology (Eds.). (1986). Psychotherapy reserach (Special issue). *Journal of Consulting and Clinical Psychology, 54* (1).

Journal of Counseling Psychology (Eds.). (1987). Quantitative foundations of counsling psychology research (Special issue). *Journal of Counseling Psychology, 34* (4).

Kächele, H., Novak, P. & Traue, H.C. (1989). Psychotherapeutische Prozesse. *Zeitschrift für psychosomatische Medizin und Psychoanalyse, 35,* 364–382.

Kaminski, G. (1970). *Verhaltenstheorie und Verhaltensmodifikation.* Stuttgart: Klett.

Kazdin, A.E. (1980). *Research Design in Clinical Psychology.* New York: Harper & Row.

Kazdin, A.E. (1986). Research designs and methodology. In S.L. Garfield & A.E. Bergin (1986), *Handbook of psychotherapy and behavior change* (3rd ed., pp. 23–68). New York: Wiley.

Kazdin, A.E. (1986). The evaluation of psychotherapy: Research, design and methodology. In S.L. Garfield & A.E. Bergin (Eds.), *Handbook of psychotherapy and behavior change* (3rd ed., pp. 23–68). New York: Wiley.

Kazdin, A.E. & Wilson, G.T. (1978). *Evaluation of Behavior Therapy.* Cambridge: Ballinger Publishing.

Kiesler, D.J. (1969). A Grid Model for Theory and Research in Psychotherapies. In L.D. Eron & R. Callahan (Eds.), *The Relation of Theory to Practice in Psychotherapy.* Chicago: Aldine Publ. Comp.

Koch, U. & Schöfer, G. (Hrsg.). (1986). *Sprachinhaltsanalyse in der psychiatrischen und psychosomatischen Forschung.* München: Psychologie Verlags Union.

Köhnken, G., Seidenstücker, G. & Baumann, U. (1979). Zur Systematisierung von Methodenkriterien für Psychotherapiestudien. In U. Baumann, H. Berbalk & G. Seidenstücker (Hrsg.), *Klinische Psychologie. Trends in Forschung und Praxis:* Band 2. (S. 72–128). Bern: Huber.

Langer, G. (1987). Placebo: Jenseits von «Schein» und «Störgröße». Argumente für die Aufwertung eines bedeutenden protherapeutischen Begriffes («Aura curae»). *Wiener klinische Wochenschrift, 99,* 5–20.

Lambert, M.J., Christensen, E.R. & DeJulio, S.S. (Eds.). (1983). *The assessment of psychotherapy outcome.* New York: Wiley.

Lösel, F. (Hrsg.). (1987). Meta-Analysen zur Integration von Forschungsergebnissen (Themenschwerpunkt). *Zeitschrift für angewandte Sozialpsychologie, 18* (4).

Mays, D.T. & Franks, C.M. (Eds.). (1985). *Negative outcome in psychotherapy and what to do about it.* New York: Springer.

Mergenthaler, E. (1986). *Die Ulmer Textbank.* Berlin: Springer.

Mineka, S. (1985). Animal Models of Anxiety-Based Disorders: Their Usefulness and Limitations. In A.H. Tuma & J.D. Maser (Eds.), *Anxiety and the Anxiety Disorders* (pp. 199–244). Hillsdale, New Jersey: Erlbaum.

Müller-Oerlinghausen, B. & Linden, M. (1981). Rationalität der Indikation zur psychopharmakologischen Behandlung. In U. Baumann (Hrsg.), *Indikation zur Psychotherapie* (S. 210–220). München: Urban & Schwarzenberg.

Orlinsky, D.E. & Howard, K.I. (1986). Process and outcome in psychotherapy. In S.L. Garfield & A.E. Bergin (Eds.), *Handbook of psychotherapy and behavior change* (3rd ed., pp. 311–381). New York: Wiley.

Parloff, M.B. (1986). Placebo Controls in Psychotherapy Research: A Sine Qua Non or a Placebo for Research Problems? *Journal of Consulting and Clinical Psychology, 54,* 79–87.

Petermann, F, (1982). *Einzelfalldiagnose und klinische Praxis.* Stuttgart: Kohlhammer.

Petermann, F. (Hrsg.). (1989). *Einzelfallanalyse* (2. Aufl.). München: Oldenbourg.

Prioleau, L., Murdock, M. & Brody, N. (1983). An analysis of psychotherapy versus placebo studies. *The Behavioral and Brain Sciences, 6,* 275–310.

Rachman, S.J. & Wilson, G.T. (1980). *The effects of psychological therapy* (2nd edition). New York: Pergamon.

Reinecker, H. (1987). *Grundlagen der Verhaltenstherapie.* München: Urban & Schwarzenberg.

Scherer, K.R. & Ekman, P. (Eds.). (1982). *Handbook of methods in nonverbal behavior research.* London: University Press.

Shepherd, M. & Sartorius, N. (Eds.). (1989). *Non-specific aspects of treatment.* Bern: Huber.

Smith, M.L., Glass, G.V. & Miller, T.I. (1980). *The benefits of psychotherapy.* Baltimore: John Hopkins University Press.

Strupp, H.H. & Hadley, S.W. (1979). Specific vs. nonspecific factors in psychotherapy. *Archiv of General Psychiatry, 36,* 1125–1136.

Subotnik, L. (1972). Spontaneous Remission: Fact or Artifact? *Psychological Bulletin, 77,* 32–48.

Suomi, St.J. (1982). Relevance of Animal Models for Clinical Psychology. In P.C. Kendall & J.N. Butcher (Eds.), *Handbook of Research Methods in Clinical Psychology* (pp. 249–271). Minnesota: J. Wiley.

Wittmann, W.W. (1985). *Evaluationsforschung.* Berlin: Springer.

5. Prävention, Gesundheits- und Entfaltungsförderung: Systematik und allgemeine Aspekte

Meinrad Perrez

1. Verhinderung von Störungen versus Förderung von Gesundheit

Unter Prävention versteht man Maßnahmen zur Vorbeugung und Verhinderung von unerwünschten psychischen oder physischen Zuständen. Sie setzen per definitionem ein, *bevor* eine Störung auftreten konnte und zielen auf die Verminderung der *Inzidenz* psychischer Störungen ab, während Behandlung/Therapie die Prävalenz verkleinert. Die allgemeinen Ziele der psychologischen Prävention kann man zusammenfassen mit (1) Verminderung von Streß: Die äußeren Belastungsfaktoren stellen eine erste Zielgröße dar. (2) Streßimmunisierung: Der Streßreduktion sind oft Grenzen gesetzt; dann stellt sich die Frage, wie weit Kompetenzen zur Streßbewältigung im weitesten Sinne vermittelt und gefördert werden können. (3) Krisenintervention: Wenn die vorhandenen persönlichen und sozialen Ressourcen zur Bewältigung von Belastungen nicht ausreichen, ist die Krisenintervention indiziert, bevor sich Störungen verfestigt haben. Caplan (1964) - einer der Begründer der modernen Prävention - hat primäre, sekundäre und tertiäre Prävention unterschieden. Er unterscheidet damit, der Zeitachse der Interventionen folgend, ob eine Maßnahme *vor* (primäre), *während* (sekundäre) oder *nach* (tertiäre) dem Auftreten der Störung erfolgt. Wir ziehen für diese Unterscheidungen die in unserem Sprachgebrauch üblichen Begriffe Prävention, Behandlung/Therapie und Rehabilitation vor, da sie zu weniger Mißverständnissen Anlaß geben. In den letzten Jahren hat die präventive Idee, die sich an der *Störungsverhinderung* orientiert, eine neue Akzentuierung durch die Gesundheitspsychologie erhalten, die die *Förderung* der seelischen und organischen *Gesundheit* durch psychologische Mittel thematisiert (vgl. Einleitungskapitel in diesem Band). Im Unterschied zur Prävention steht hier nicht die Verringerung des Erkrankungsrisikos, sondern die positive Förderung der Gesundheit im Mittelpunkt. *Entfaltungsorientierte Interventionen* («enrichment») dienen der Förderung der Persönlichkeitsentwicklung von gesunden Personen und haben damit auch eine gesundheitsfördernde bzw. -erhaltende Funktion. Sie werden im folgenden nicht spezieller behandelt, und wir subsumieren sie der Prävention, da die Abgrenzung zur Gesundheitsförderung und zur Prävention nicht exakt bestimmbar ist, wenngleich die Akzente unterschiedlich gelagert sind.

Weder die Idee der Vorbeugung noch der Gesundheitsorientierung sind neu. Es finden sich in Schriften des klassischen Altertums wie auch in Publikationen unseres engeren und jüngeren Kulturkreises immer wieder Anleitungen und Plädoyers für die Psychohygiene, die im 18. Jahrhundert gerne unter dem Begriff der «Seelendiätätik» propagiert wurde, die lehrt, «wie der gesunde Zustand der Seele erhalten» (Moritz, 1783, S. 111) werden kann (siehe Kasten 1).

2. Spezifische versus unspezifische Prävention und Gesundheitsförderung

Die *Ziele* der Prävention und Gesundheitsförderung können die Verhinderung spezieller Störungen oder die Verminderung des allgemeinen Erkrankungsrisikos sein. Mit dem ersten verbindet sich der Begriff der *spezifischen* und mit dem zweiten jener der *unspezifischen* Prävention (und Gesundheitsförderung). Die spezifische Prävention zielt auf die Verminderung spezieller psychischer Störungen und organischer Krankheiten, wie z.B. Streßprogramme zur Verminderung des Risikos für Herz-Kreislauf-Störungen. Unspezifi-

ΓΝΩΘΙ ΣΑΥΤΟΝ

oder

Magazin

zur

Erfahrungsseelenkunde

als ein

Lesebuch

für

Gelehrte und Ungelehrte.

Mit

Unterstützung mehrerer Wahrheitsfreunde

herausgegeben

von

Carl Philipp Moritz.

Ersten Bandes zweites Stück.

Berlin,

bei August Mylius 1783.

Titelblatt der von C.P. Moritz herausgegebenen Zeitschrift Gnothi sauton oder Magazin zur Erfahrungsseelenkunde. Carl-Philipp Moritz (17–18) war ein bedeutender Ästhetiker und Mythologe. Seine «Götterlehre» diente den deutschen Klassikern und Romantikern als Nachschlagewerk. Im Entwicklungsroman «Anton Reiser» erprobte er, sozusagen im Selbstversuch, seine neue Methode der Analyse seelischer Zustände. Dem Ziel der Verbreitung dieser Methode diente auch das von ihm begründete Magazin.

Kasten 1
Aus «Zur Seelendiätätik» von Carl Philipp Moritz (1783)

«Weil jeder Mensch seinen eigenen individuellen Seelengesundheitszustand hat, so setzt die Seelendiätätik eine genaue Kenntnis desselben voraus. Wer also fortdauernd glücklich zu seyn wünscht, muß sich aus sorgfältigen Beobachtungen über sich selber, nach und nach seine *eigene* Seelendiätätik abstrahieren, und in dieser heilsamen Wissenschaft immer vollkommener zu werden suchen. Was die Nahrung für den Körper ist, das sind die täglich zuströmenden Ideen für die Seele, und so wie der erstre mit dieser oder jener Art von Nahrungsmitteln überfüllt werden kann, so kann es auch die letztre mit dieser oder jener Art von Ideen. Da nun diese aber großentheils, nach dem Standorte in der Welt, welchen sich unsere Vorstellungskraft aussucht, von unsrer eignen Wahl abhängen, so ist es nicht unwichtig für einen jeden, durch wiederhohlte Erfahrungen zu lernen, welcher Zufluß von Ideen für ihn vorzüglich heilsam oder schädlich sey. Da ohngeachtet aller Verschiedenheit die Naturen mehrerer Menschen sehr viele Ähnlichkeit miteinander haben können, so ist es vielleicht nicht unmöglich, durch *wechselseitige Mittheilung unserer Erfahrungen*, einige allgemeinere diätätische Regeln für die Seele zu erfinden, welche bei jedem einzelnen Subjekt ihre gewisse Wirkung thäten.»

sche Programme dienen dagegen in einem allgemeinen Sinn der Verbesserung der biopsychosozialen Lebensbedingungen, z.B. durch Schaffung von mehr Kontrollmöglichkeiten zur Verbesserung des Wohlbefindens von betagten Heiminsassen (Langer & Rodin, 1976) oder durch Veränderung der Bewegungs- und Eßgewohnheiten zur Senkung des Erkrankungsrisikos.

2.1 Unspezifische Prävention und Gesundheitsförderung

Ein in der Geschichte der neueren Präventionsbewegung wichtiges unspezifisches Konzept stellt der Ansatz von Caplan (1964) dar. Nach Caplan erfordert die Entwicklung und Erhaltung der Gesundheit die Versorgung des Individuums mit lebens- und entfaltungswichtigen *Grundgütern* («basic supplies»). Zu diesen Grundgütern zählt er wesentlich

- *materielle* wie Nahrung, Wohnung, Qualitäten des Lebensraumes (Quartiergestaltung, Spielplätze usw.),
- *psychosoziale* wie Zuwendung, Akzeptierung, soziale Unterstützung usw. sowie
- *soziokulturelle* wie Werte, Rollen oder Grundrechte einer Gesellschaft.

Störungen entstehen nach Caplan, wenn ein Individuum an einzelnen oder mehreren lebenswichtigen Grundgütern über längere Zeit mangelhaft partizipiert. Die Störungswahrscheinlichkeit ist aber nicht nur von der Umwelt abhängig, sondern auch von Bedingungen, die im *Individuum* selbst liegen. Von speziellen individuellen Merkmalen hängt es ab, wie schnell Belastungen oder potentiell noxische Faktoren schädigend wirken, z.B. vom Ausmaß seiner Vulnerabilität oder seinen Kompetenzen, Belastungen zu bewältigen und sich gegebenenfalls lebenswichtige Grundgüter zu organisieren. Zu den individuumbezogenen Ursprungsorten zählt Caplan auch passagere *Krisen*, d.h. Labilisierungen des psychischen Gleichgewichts durch im Leben mehr oder weniger vorprogrammierte Lebensereignisse oder durch nichtvorhersehbare starke Belastungen wie Scheidungen, Todesfälle und ähnliches. Die Risikogruppen- und die Life-event-Forschung befassen sich u.a. mit krisenbezogenen Präventionsmöglichkeiten. *Umwelt* und *Individuum* sind demnach die beiden potentiellen *Ursprungsorte* für die Entstehung psychischer Störungen, die in Wechselwirkung gesunde oder gestörte Entwicklungen bedingen. Sie bilden auch die beiden potentiellen Zielbereiche für präventive Maßnahmen. Dies sei an folgendem Schema (Tabelle 1) am Beispiel der unspezifischen Prävention bei Kindern veranschaulicht.

Diese inneren und äußeren Bedingungen werden auch in den modernen Theorien der psychischen Gesundheit als wesentliche, miteinander interagierende Einflußgrößen verstanden. Becker (1984) hat in Anlehnung an Albee (1982) unter Berücksichtigung noxischer und protektiver Faktoren ein Gesundheits- bzw. Präventionskonzept entwickelt, das schädigende und schützende personinterne und -externe Faktoren zueinander in Beziehung setzt (vgl. Abbildung 1).

Tabelle 1: Beispiele für unspezifische Präventionsziele in der Erziehung

Störungsquellen	**mögliche Präventionsziele**	
	beim Kind	in seiner Umwelt
Individuelle Ursprungsorte		
allgemein: - Kompetenzmangel - Vulnerabilität	allgemein: - Aufbau von Kompetenzen - Förderung der Persönlichkeitsentwicklung	
speziell: - Dysfunktionales Coping - Mangel an metakognitiven Kompetenzen - Organische Behinderung	speziell: - Förderung von Copingstrategien - Förderung metakognitiver Kompetenzen - bei Defiziten gegebenenfalls Aufbau kompensatorischer Kompetenzen	
Umweltbezogene Ursprungsorte *Materielle Grundgüter*		
allgemein: - Armut		allgemein: - Verbesserung der materiellen Bedingungen
speziell: - Schlechte Wohnbedingungen		speziell: - Bereitstellen von Nahrung und Wohnung/Lebensraum
Psychosoziale Grundgüter		
allgemein: - Mangel an Interaktion oder gestörte Interaktion		allgemein: - Verbesserung der Qualität der sozialen Ressourcen von Kindern
speziell: - Schädigender Erziehungsstil - Intolerante Einstellungen der Eltern - Eltern als aggressive Verhaltensmodelle		speziell: - Förderung der Akzeptierung. Wertschätzung und Unterstützung bei Eltern/Lehrern/Erziehern - Förderung der Toleranz gegenüber der Benützung von Frei- und Handlungsspielräumen - Förderung der Fähigkeit zur aggressionsfreien Konfliktlösung im Umgang mit Kindern und erwachsenen Personen
Soziokulturelle Grundgüter		
allgemein: - Humanitätswidrige kulturelle Tendenzen		allgemein: - Förderung humaner kultureller Grundwerte
speziell: - Diskriminierende Gesetze - Kinderfeindliche Ortsplanung - Rigide Geschlechtsstereotypen		speziell: - Veränderung entwicklungshemmender oder -schädigender gesetzlicher Bestimmungen - Förderung von kommunikationsförderlichen Siedlungsstrukturen - Problematisierung rigider Rollenstereotypien

$$\text{Inzidenz psychische Störungen} = (f) \; \frac{\text{Angeborene Vulnerabilität} \times \text{Äußere Stressoren}}{\text{Psychische Kompetenz (innere Ressouren)} \times \text{Förderliche Umweltbedingungen (äußere Ressourcen)}}$$

Abbildung 1: Inzidenzformel (vergl. Becker 1984)

Wenn diese Inzidenz-Formel auch derzeit kaum befriedigend präzisierbar ist, so kann sie dennoch als Heuristik für die Grundlegung und Entwicklung von konkreten, auch spezifischen Präventionsprogrammen dienen.

Unspezifische Interventionsprogramme sind z.B. *Elternverhaltenstrainings*, die Eltern in ihrer erzieherischen Kompetenz fördern und damit die Entwicklungsbedingungen ihrer Kinder verbessern (vgl. Kasten 2). Auch die Programme zur «kompensatorischen Erziehung» (vgl. Iben, 1981) haben unspezifische Präventionsfunktion.

Gesundheitstrainings, die das allgemeine Erkrankungsrisiko durch die Vermittlung spezieller Kompetenzen senken sollen, gehören ebenfalls zur unspezifischen Prävention bzw. Gesundheitsförderung. Matarazzo (1984) nennt vier «Verhaltenspathogene», über die relativ viel Forschung betrieben worden ist und deren Relevanz für die Erhöhung des allgemeinen Krankheitsrisikos nicht mehr anzuzweifeln ist: Typ-A-Verhalten, ungesundes Essen, zu viel Rauchen und Alkohol. Ihre schädigende Wirkung wird durch Synergieeffekte noch erhöht. Aus ihnen leitet er entsprechende «Verhaltensimmunogene» («behavio-

Kasten 2

Unspezifisches Präventionsprogramm: Elternverhaltenstraining (Perrez, Minsel & Wimmer, 1985)

Adressatenkreis:

Dieses erziehungspsychologische Präventionsprogramm ist unspezifisch. Es soll die erzieherischen Kompetenzen von Eltern und Erziehern verbessern, damit psychische Störungen von Kindern verhindert und Kinder in ihrer Entwicklung besser gefördert werden können. Es richtet sich nicht speziell an Risikogruppen, sondern an alle erreichbaren Väter, Mütter und Erzieher.

Kursstruktur:

Der Standardkurs, der auch in Selbstlektüre durchgeführt werden kann, erstreckt sich über 9 bis 10 Wochen. Wöchentlich findet ein Kursabend mit Plenarteilen und Gruppenarbeit statt. Während der Woche sind Übungen durchzuführen.

Kursinhalte:

Der *erste Kursabend* ist der Entdeckung der eigenen *alltagspsycholgischen Theorien* der Erziehung gewidmet. Die Kursteilnehmer werden durch Übungen angeregt, ihre eigene bisherige Theorie zu erkennen und in ihrer Bedeutung für das eigene Handeln zu hinterfragen. Der *zweite und dritte Abend* sensibilisiert die Teilnehmer für die psychologische *Beobachtung* des erzieherischen Geschehens und setzt sich mit der Rolle der *positiven Verstärkung* in der Erziehung auseinander. Die Eltern üben während einer Woche, Verstärkungsprozesse in ihrer Interaktion mit ihren Kindern oder ihrem Kind zu beobachten und dem erwünschten Kindverhalten größere Aufmerksamkeit zu schenken. Ein eigener Kursabend ist der *Bestrafung* gewidmet. Die Funktionsweise von Bestrafungsmechanismen werden erörtert und ihre negativen Folgen für die Entwicklung und die Beziehung, wenn sie als erzieherisches Prinzip dominierend sind. Alternative Möglichkeiten werden erarbeitet und geübt. Der *fünfte Abend* gilt dem *Beobachtungslernen*. Am *sechsten Abend* werden *kognitive Aspekte*, nämlich Attributionsprozesse und die Bedeutung der Erwartung (Rosenthaleffekt) besprochen. In drei weiteren Kursabenden werden globalere erziehungsrelevante *Merkmale wie Wertschätzung und Lenkung/Direktivität* diskutiert, und durch Übungen wird die Sensibilität in der Wahrnehmung dieser Merkmale im eigenen Verhalten vertieft. Das Kurselement «Partnerschaftliche Konfliktlösung» schließt den Kurs ab.

Für alle Kurselemente existieren im Buch einfache Texte und Übungsvorschläge, die individuell angepaßt werden können. Der Text enthält ferner ein Kapitel über *«Entwicklungsspezifische Erziehungsaspekte»*, in dem über erziehungsrelevante Fragen des Säuglingsalters, Trotzalters, Schuleintritts, des Schulalters und der Pubertät informiert wird.

Einzelne Kurselemente sind in verschiedenen Kontexten auf ihre *Wirksamkeit* hin überprüft worden (vgl. Minsel & Biehl, 1980 oder Büchel & Perrez, 1980).

ral immunogens») ab, die durch Präventionsprogramme zu fördern sind. Einzelne dieser Bereiche grenzen an spezifische Präventionsprogramme, wenn z.B. durch die Abgewöhnung des Rauchens das Risko für die Erkrankung der Atemwege gesenkt werden soll.

2.2 Spezifische Präventionsprogramme

Spezifische Präventionsprogramme sollen umschriebene Störungen in ihrer Inzidenz vermindern. Es gibt mittlerweile für verschiedene psychische Störungen und organische Krankheiten einschlägige, z.T. großangelegte spezifische Präventionsprogramme und -projekte, die entweder risikogruppen- oder populationsbezogen sind (vgl. nächster Abschnitt). Spezifische Programme setzen ausreichende Kenntnisse über die Antezedentien der Störung voraus, die verhindert werden soll. Z.B. können dank der Kenntnis der Übertragungswege des AIDS-Virus entsprechende Programme konzipiert werden. Im Bereich der *Depressionsprävention* haben die Bindungstheoretiker um Bowlby (1968) jahrzehntelang präventive Aufklärung betrieben, um unnötige Trennungsereignisse von Säuglingen und Kleinkindern von ihren Bezugspersonen verhindern zu helfen, von der Annahme ausgehend, daß Trennungserlebnisse unter gewissen Bedingungen das Risiko für depressive Störungen erhöhe (vgl. Kapitel 35, «Störungen als Folge der Sozialisation», Bd. 1). Im Rahmen der *Herz-Kreislauf-Prophylaxe* wurden zahlreiche Präventionsprojekte mit unterschiedlichen Ergebnissen durchgeführt. Es bleibt bis heute umstritten, ob *Typ-A-Personen* mit der Neigung, sich unter Zeitdruck zu setzen, mit hohen Anforderungen an sich selbst und an die Umwelt, starker Leistungs- und Wettbewerbsorientierung einschließlich feindseliger Komponenten usw. und besonderen Merkmalen der physiologischen Reagibilität, durch spezifische Präventionsprogramme im Sinne der Risikoverminderung beeinflußt werden können. Das Typ-A-Pattern gilt als Risikofaktor für koronare Erkrankungen (vgl. Kasten 3).

Umfassendere Programme zur Herzinfarktprophylaxe, die verschiedene Risikofaktoren und teilweise auch Umweltelemente einbezie-

Kasten 3
Präventionsprogramm zur Veränderung der psychophysiologischen Reagibilität von Typ-A-Männern (Seraganian, Roskies, Hanley, Oseasohn & Collu, 1987)

Fragestellung: Können verschiedene Typ-A-relevante psychophysiologische Reaktionstendenzen bei Männern durch ein Präventionsprogramm erfolgreich verändert werden. Drei verschiedene Methoden sollten verglichen werden.

Methode: Stichprobe: 107 männliche Manager, die bisher keine Herzbeschwerden hatten, die aber das Typ-A-Verhaltenspattern aufweisen und die auf mentalen Streß mit starken psychophysiologischen Reaktionen reagieren. Es wurden drei in Alter und physischer Fitness vergleichbare Subgruppen gebildet.

Meßmethoden: Erfassung von Herzrate, Blutdruck unter Streßbedingungen vor und nach dem Training.
Interventionsmethoden: Drei verschiedene, je 10 Wochen dauernde Trainingsprogramme: 1. Aerobictraining, 2. Gewichthebetraining und 3. ein Verhaltens- und kognitionstherapeutisches Training zum Streßmanagement. Alle drei Programme beruhten auf individuell adaptierten Standardübungen.

Ergebnisse: Keines der drei Interventionsprogramme hat die psychophysiologische Reagibilität statistisch signifikant verändert. 74% der Stichprobe können als hyperreaktiv klassifiziert werden, und dieses Merkmal hat sich in den erhobenen Indikatoren als beeinflussungsresistent erwiesen. Die ersten beiden Gruppen mit den physischen Ertüchtigungsübungen zeigten eine gewisse physische Adaptation an die körperliche Beanspruchung in der Vergrößerung des maximalen Luftaufnahmevolumens und in einer Abnahme der basalen Herzrate. Die Autoren sind unschlüssig, wie weit die negativen Ergebnisse auf die gewählten Interventionsmethoden oder auf die Beeinflussungsresistenz der psychophysiologischen Reagibilität oder auf die gewählte Meßmethodik zurückzuführen sind. Die Fragestellung ist auf Grund der Befunde nicht schlüssig beantwortbar.

hen, werden in Myrtek (1981) dargestellt und diskutiert.

3. Populations- versus risikogruppenorientierte Prävention

Seit den Anfängen der Präventionsbewegung im 19. Jahrhundert im Zusammenhang mit der Entdeckung der Ansteckungswege von Infektionen durch Semmelweis wurden Informationskampagnen organisiert, die sich an breite Bevölkerungskreise richteten, um u.a. das Kindbettfieber zu bekämpfen. *Populationsbezogene* Prävention richtet sich auf die Gesamtbevölkerung oder an Teile der Gesamtbevölkerung, die nicht durch Risikokriterien definiert sind, z.B. an alle Schüler oder an alle Eltern. Dazu gehört z.B. die an vielen Orten obligatorisch eingeführte AIDS-Aufklärung an Schulen, um alle Schüler auf die Gefahren der Ansteckung mit dem AIDS-Virus aufmerksam zu machen und irrige Vorstellungen über die Ansteckungswege abzubauen. Als Beispiel einer differenzierten Evaluation eines solchen Programms kann die Studie von Hornung, Wydler, Vontobel, Tschopp und Gutzwiller (1989) gelten, die die obligatorische AIDS-Aufklärung in Zürcher Schulen auf ihre Wirkung hin anhand verschiedener Wirkungskriterien untersucht haben.
Risikogruppenorientierte Programme werden dagegen für spezielle Gruppen konzipiert, die für eine bestimmte Störung als besonders gefährdet erscheinen. Z.B. sind Risikokriterien für Kindesmißhandlung bekannt, und es sind Präventionsprogramme entwickelt worden, die sich speziell an solche Eltern richten, die diese Kriterien erfüllen. Oder Drogenabhängige sind besonders gefährdet für die Übertragung des AIDS-Virus, was entsprechende Präventionsprogramme angeregt hat. Ein Beispiel für ein risikogruppenbezogenes (spezifisches) Interventionsprojekt ist in Kasten 3 dargestellt, das sich an Männer mit dem Typ-A-Pattern richtet. Im Kasten 4 wird ein populationsbezogenes (spezifisches) Präventionsprogramm beschrieben, das der Verhütung von AIDS gewidmet ist.
Die beispielhafte Präventionskampagne des Schweizerischen Bundesamtes für Gesundheit und der AIDS-Hilfe Schweiz wurde durch mehrere risikogruppenbezogene Programme ergänzt (vgl. Somaini, 1989).
Die Merkmale «spezifisch-unspezifisch» und «populationsbezogen-risikogruppenbezogen» können unabhängig voneinander variieren (vgl. Abbildung 2).

	spezifisch	unspezifisch
risikogruppenbezogen	Training für Typ-A-Personen (Kasten 3)	Gesundheitstraining für HIV-Positive
populationsbezogen	Stop-AIDS-Kampagne Schweiz (Kasten 4)	Elterntraining (Kasten 2)

Abbildung 2: Matrix von Präventionsprogramm-Merkmalen

Die Matrix der Präventionsprogramm-Merkmale zeigt, daß Interventionsangebote in allen Kombinationen denkbar und je nach Zielsetzung und Voraussetzungen sinnvoll sind.

4. Personenorientierte versus systemorientierte (umweltorientierte) Prävention: Interventionsorte bzw. -ebenen

Die Matrix in Abbildung 2 ist durch eine dritte Dimension, die Dimension des Interventionsortes zu ergänzen: Sie unterscheidet, ob die Intervention personen- oder systemorientiert (umweltorientiert) lokalisiert ist (Legewie, 1982). Unter systemorientiert verstehen wir Maßnahmen, die auf die Veränderung der räumlichen, sozialen, ökologischen, gesetzlichen oder kulturellen Umwelt von Personen oder Personengruppen abzielen, um das Störungsrisiko zu verhindern. Wenn z.B. dem Trinkwasser einer Gemeinde zur Senkung der Kariesinzidenz Fluor beigemischt wird, so ist dies eine populationsbezogene, spezifische und systemorientierte präventive Maßnahme. Oder wenn sich das schweizerische Parlament entschließen würde, die Gesetzgebung für die sogenannten «Saisonniers» (=Kurzaufenthalter: bis zu neun Monaten) dahingehend zu ändern, daß sie künftig auch ihre unmündigen Kinder für ihren Arbeitsaufenthalt in die Schweiz mitnehmen dürfen, um unnötige

Kasten 4
STOP AIDS-Kampagne Schweiz – ein populationsbezogenes spezifisches Präventionsprogramm (Somaini, 1989)

Fragestellung/Zielsetzung: Eine an die ganze Bevölkerung gerichtete Informationskampagne sollte auf die Veränderung von riskanten Einstellungen AIDS-präventiv hinwirken. Eine systematische Evaluation sollte überprüfen, ob die gewählten Mittel eine Änderung bewirkten.

Methode: Über die Medien Fernsehen, Kino, Plakate, Zeitungen, Jugend- und Sexpresse wurde unter dem einheitlichen Signet «STOP AIDS» mit unterschiedlichen Schlagzeilen, die zu vermittelnde Botschaft in immer neuer Formulierung und hoher Frequenz präsentiert (vgl. Tab. 2). Außerdem wurde ein STOP-AIDS-Song produziert, der während mehreren Wochen Eingang in die Schweizer Hitparade fand.

Tabelle 2: Phasenweises, mehrstufiges Vorgehen in der STOP AIDS-Kampagne

Phase	1. Febr. 87	2. Juni 87	3. Dez. 87	4. H. 88
Grundbotschaften	Präservative schützen	Präservative schützen	Präservative schützen	Präservative schützen
		Treue schützt	Treue schützt	Treue schützt
		Kein Spritzentausch	Kein Spritzentausch	Kein Spritzentausch
			Was nicht ansteckt	Was nicht ansteckt
			Klare Stellungnahme zu medizinischen und gesellschaftlichen Aspekten	Klare Stellungnahme zu medizinischen und gesellschaftlichen Aspekten
				Solidarität mit - AIDS-Kranken - HIV-Infizierten - Kindern infizierter Mütter

Ergebnisse: Die Informationskampagne wurde von Anfang an durch verschiedene Evaluationsverfahren begleitet. Aus den zahlreichen Ergebnissen, die insgesamt die positive Wirkung unter Beweis gestellt haben, sei die Befragung der 17- bis 30jährigen bezüglich flüchtige Sexualkontakte und Präservativgebrauch wiedergegeben (vgl. Tab. 3).

Tabelle 3: Befragung der 17–30jährigen: flüchtige Sexualkontakte und Präservativgebrauch

	Jan. 87 (n=1182)	Okt. 87 (n=1211)	Okt. 88 (n=1213)
Flüchtige Sexualkontakte während der letzten 6 Monate	18%	14%	15%
Von den Personen mit flüchtigen Sexualkontakten während der letzten 6 Monate	(n=210)	(n=160)	(n=186)
Präservativgebrauch			
• nie	67%	38%	13%
• von Zeit zu Zeit	25%	45%	58%
• immer	8%	17%	29%

Trennungserlebnisse - insbesondere bei Säuglingen und Kleinkindern - zu verhindern, so wäre dies eine systemorientierte Verbesserung der Lebensbedingungen eines Populationssegmentes, die nach Bowlby die Depressionsrate senken könnte. Eine solche Maßnahme wäre natürlich auch aus humanitären Gründen wünschenswert, selbst wenn Bowlbys Annahmen durch die empirische Forschung nur eine eingeschränkte Bestätigung erfahren haben (vgl. Kapitel 35 «Störungen als Folge der Sozialisation», Bd. 1). Die in den Kästen 2, 3 und 4 dargestellten Programme sind personenorientiert.

Neben dem Interventionsort «Person vs. System» können die *Interventionsebenen* unterschieden werden, auf die die Prävention ausgerichtet ist. Alle Ebenen - ausgehend von Personen, über interindividuelle Systeme bis zur Gemeinde und kulturellen Einheiten - sind mögliche Adressaten der Prävention (vgl. Kapitel 25 «Störungen im System Gemeinde» in diesem Band).

5. Ausgewählte Methoden der Prävention und Gesundheitsförderung

5.1 Für welche Zielgruppen welche Methoden?

Welche präventiven bzw. gesundheitsfördernden Methoden indiziert sind, hängt von den Zielen und von Ausgangsmerkmalen der Adressaten ab. Maccoby und Solomon (1981) haben ein Modell einer «Verhaltensänderungshierarchie» beschrieben. Dieses unterscheidet sechs verschiedene Ebenen, die Voraussetzung sind für die Veränderung des Gesundheitsverhaltens: Problembewußtsein, Wissen, Motivation, Fähigkeiten, Ausführung und Aufrechterhaltung. Für die Wahl einer präventiven Interventionsstrategie muß vorerst geklärt werden, auf welcher Stufe sich der Adressatenkreis befindet.

Somaini (1989) diskutiert dieses Modell am Beispiel des Rauchens, des Drogenkonsums und der HIV-Prävention. Für viele Raucher gilt, daß sie auf den Ebenen des Problembewußtseins, des Wissens und der Motivation keinen Interventionsbedarf haben, aber es fehlen ihnen die Kompetenzen, das neue Verhalten dauerhaft auszuführen. Viele Drogenabhängige sind in bezug auf die HIV-Prävention in einer ähnlichen Lage wie die abhängigen Streßraucher (vgl. Abbildung 3). Wenn bei Zielgruppen Problembewußtsein, Wissen und Motivation vorausgesetzt werden können, sind nicht so sehr Informationskampagnen als vielmehr Verhaltenstrainings und umgebungsbezogene Interventionen angezeigt. Die zu wählende Interventionsmethode hängt auch von der Veränderungsresistenz der etablierten Gewohnheiten ab (vgl. Kasten 5). Schwarzer (1989) hat ein komplexes Regulationsmodell entworfen, das einzelne Determinanten, die die Änderung beeinflussen oder behindern, in ihrem Zusammenspiel modelliert. Dazu gehört u.a. das Ausmaß der erwarteten Belohnung, das mit dem Fortsetzen des bisherigen (Risiko)verhaltens verbunden ist.

	Risikopersonen resp. -gruppen		
Verhaltensstufen	Abhängige Streßraucher	Drogenabhängige	leichte Genußraucher
Problembewußtsein	X	X	X
Wissen	X	X	X
Motivation	X	X	X
Skills			X
Ausführung			
Aufrechterhaltung			

Abbildung 3: Matrix von Veränderungszielen adaptiert nach Maccoly & Solomon (1981). X bezeichnet die Verhaltensstufen, auf denen die entsprechenden Risikogruppen oft keinen Interventionsbedarf haben.

Kasten 5
Präventionsmethoden in Funktion von Merkmalen der Zielpersonen resp. Gruppen (Somaini, 1989)

«Bezüglich der HIV-Prävention genügt bei vielen Personen, die ihr Verhalten kaum zu ändern haben oder denen solche Verhaltensänderungen leicht fallen, schon das Vermitteln von Informationen. Dies kann über Zeitungsmeldungen, über ein Gespräch beim Arzt oder mittels Informationsbroschüren geschehen. Ein größerer Teil der Bevölkerung benötigt zur Verhaltensänderung, insbesondere im Sexualbereich, eine entsprechende Motivation. Hier gilt es, die Einstellung dieser Personen zu beeinflussen, was mit Hilfe von Massenmedien und überzeugenden Kommunikationen, z.B. Unterrichtsmaterialien oder Vorträgen, erreicht wird. Über Gruppendiskussion oder sogar Verhaltenstrainings sind dann die Personen anzugehen, die nur schwer ihr Verhalten anpassen können oder ein potentiell hohes Risikoverhalten zeigen. Hier kommen insbesondere auch die individuelle Beratung und eine optimale Integration in bestehende soziale Netze zum Zuge (siehe Tab. 4). Wenn das Verhalten nicht oder kaum beeinflußbar ist, sind letztendlich «Umgebungsänderungen», etwa durch technische Maßnahmen, in Betracht zu ziehen. Als Beispiel sei an dieser Stelle das obligatorische Blutscreening im Blutspendewesen genannt. Erst sofern sich alle Schritte als erfolglos erweisen, sind mögliche gesetzliche Vorschriften zu erwägen. In der Schweiz wie auch in anderen Ländern bestehen bereits Gesetzesregelungen, die bei AIDS angewendet werden können. Eine seriöse Analyse zeigt aber, daß viele dieser Vorschriften zur Zeit der Verhältnismäßigkeit entbehren oder aber nur in gezielten Einzelfällen in Betracht gezogen werden können. Die staatlichen Stellen, die solche gesetzlichen Interventionen erwägen, sind dann allerdings auch dazu verpflichtet, jeder Person die nötige Unterstützung (gemäß Tabelle 4) zu gewähren und die Chance zu einer Verhaltensanpassung auf freiwilliger Basis zu geben.»

Tabelle 4: Strategien zur Verhaltensänderung

Zielgruppe	Ziel	Strategie
«leicht zu ändern»	Problembewußtsein	Fakten/Information, Aufklären
↓	Motivation	überzeugende Kommunikation, Beratung
	Soziale Verstärkung	Gruppendiskussion
	Vermehrte Verhaltensförderung	Verhaltenstraining
«schwer zu ändern»	Umgebungskontrolle	Technik, Umgebungsveränderung, Gesetze u.a.

Bei der Gliederung der ausgewählten präventiven Interventionsmethoden halten wir uns weitgehend an Becker (1984): Aufklärung, Beratung, Training, umgebungsbezogene Interventionen, Krisenintervention und systemorientierte Maßnahmen.

5.2 Aufklärung als Methode der Gesundheitsförderung und Prävention

Die Funktion der gesundheitsfördernden und präventiven Aufklärung besteht in der Verminderung von gesundheitsrelevanten Wissensdefiziten, im Schaffen von Problembewußtsein und im Motivieren zu neuen Verhaltensweisen durch Information. Als *psychologische Mittel* wendet die Aufklärung primär symbolisch kodierte Information an; sie ist als *repräsentationsorientierte Methode* direkt auf die Veränderung der kognitiven Repräsentation ausgerichtet (vgl. Kapitel 6.1 «Behandlung und Therapie...» in diesem Band). Auf diesem Wege sind besonders dann gute Resultate zu erzielen, wenn das mit dem Risikoverhalten verbundene Bedrohungspotential groß ist (z.B. HIV-Infektion) und das Risikoverhalten unter leicht beeinflußbaren psychischen oder sozialen Bedingungen steht. Automatisiertes, abhängiges Streßrauchen ist z.B. kaum durch Aufklärung allein zu verändern, während «genießendes Leichtrauchen» (vgl. Nöldner, 1989) bei vielen Menschen bereits durch Aufklärung reduziert werden kann. Die groß angelegten HIV-Aufklärungskampagnen (vgl. Kasten 4) zeigen, daß durch diese präventiven Interventionen bei beachtlichen Bevölkerungsanteilen eine Veränderung des

Risikoverhaltens bewirkt werden konnte. Dennoch sind dem Versuch, Risikoverhalten allein durch Aufklärung zu verändern, in Funktion der oben genannten Merkmale Grenzen gesetzt. Spezielle, veränderungsresistentere Risikogruppen müssen deshalb identifiziert und mit anderen präventiven Maßnahmen angesprochen werden, wozu vor allem Beratung, Training und Umweltveränderung gehören.

5.3 Beratung als Methode der Gesundheitsförderung und Prävention

Beratung haben wir im Einleitungskapitel als jene Form der Hilfestellung charakterisiert, die durch Informationsvermittlung die Handlungsgrundlage des Beratenen verbessert. Im Unterschied zu Aufklärungskampagnen richtet sie sich nicht an anonyme Populationen, sondern an Ratsuchende und erfolgt normalerweise im persönlichen Gespräch. Im Unterschied zur Methode der Aufklärung wird hier von den eingesetzten *psychologischen Mitteln* her neben der Information auch die *Person des Beraters* eingesetzt, die durch *Merkmale der Gesprächsgestaltung* die Akzeptanz der Information erleichtern kann. In den letzten Jahrzehnten sind zahlreiche *Beratungsinstitutionen* mit präventiven Zielen geschaffen worden, die der Bevölkerung frei zugänglich sind. Dazu gehören u.a. *Schulpsychologische Beratungsstellen*, die - ohne daß ihre Funktion auf die Beratung eingeschränkt wäre - den Schülern, Eltern, Lehrern und Schulbehörden individuelle und Systemberatung anbieten (vgl. Aurin, Stark & Stobberg, 1977).

Präventive Einrichtungen zur *Schwangerschaftsberatung* verfolgen u.a. die Zielsetzung, Risikofamilien für Kindesmißhandlung zu entdecken und die Mütter und Väter mit hohem Risiko gezielt zu beraten. Kempe und Kempe (1980) haben im Rahmen der Schwangerschaftsberatung, der Geburtsvorbereitung und des Spitalaufenthaltes anläßlich der Geburt über verschiedene prädiktive Indikatoren eine Gruppe von Müttern mit hohem Risiko (N=100) ausgewählt und anschließend die Hälfte über mehrere Monate nach einem standardisierten Programm intensiv beraten. Bei der Gruppe der beratenen Eltern konnte im Vergleich zur nicht beratenen Gruppe die Mißhandlungsrate massiv gesenkt werden. Mit den Risikoindikatoren von Kempe und Kempe (1980) wurden Ende der 80er Jahre in der «Maternié» des «Centre Hospitalier Universitaire» von Lausanne jährlich unter rund 900 schwangeren Frauen 20 bis 30 Familien mit mittlerem bis hohem Mißhandlungsrisiko entdeckt (Vuataz, 1990).

Ähnliche Beratungsstellen mit teilweise präventiver Funktion existieren heute für die *AIDS-Beratung* und andere psychosoziale Bereiche, deren Aufgaben teilweise auf der Krisenintervention beruhen (siehe später).

5.4 Training als Methode zur Gesundheitsförderung und Prävention

Wenn das Risikoverhalten bereits stark Gewohnheitscharakter hat, so sind Trainingsmethoden als Ergänzung zur Beratung für die präventive Verhaltensänderung angezeigt. Trainingskonzepte tragen dem Umstand Rechnung, daß Problembewußtsein, Wissen und Motivation bei gewissen Personen und Personengruppen für die Veränderung bestimmter Risikoverhaltensweisen nicht ausreichend sind, daß es vielmehr der Einübung, des Lernens und Stabilisierens neuer Verhaltensweisen bedarf, u.U. unter Einbezug von Umweltveränderungen. So sind z.B. sogenannte *Streßimmunisierungsstrategien* entwickelt worden (Meichenbaum, 1986), die das Einüben angemessener Verhaltensstrategien in Versuchungssituationen oder besonderen Belastungssituationen vorsehen. Mit Jugendlichen kann beispielsweise trainiert werden, wie sie sich verhalten können, wenn sie von Peers zum Drogenkonsum angehalten werden. Evaluierte Trainingsprogramme liegen u.a. für die Veränderung des *Rauchverhaltens* (vgl. Neuser, 1985) und des *Eßverhaltens* (Laessle, 1990) vor. Im Zusammenhang der *Entfaltungsfunktion* wurde bereits auf *Elterntrainings* hingewiesen (vgl. Kasten 2), die für die Optimierung des Erziehungsverhaltens ebenfalls das systematische Einüben neuer Verhaltensweisen zur Grundlage haben.

Wesentliche *psychologische Mittel*, die in Trainings eingesetzt werden, sind die Wiederholung/Übung, das Rollenspiel und das mentale Training. Durch mentales Training werden die angemessenen Verhaltensweisen für kritische Situationen gedanklich, imaginativ im Sinne des geistigen Probehandelns vorgestellt und durchgespielt. Als allgemeines Trainingsprinzip gilt es, die Gestaltung der Aufgaben in *kleinen Schritten* vorzunehmen. Übungserfolg und extrinsische Belohnung werden gezielt als Verstärker eingesetzt.

5.5 Umgebungsbezogene (systembezogene) Interventionen

Die umgebungsbezogenen präventiven und gesundheitsfördernden Interventionen definieren sich - anders als die oben genannten - durch den *Ort* des Interventionsbezuges. Nicht die Risikopersonen oder -gruppen selbst sind die Adressaten der Maßnahme, sondern ihre soziale, ökologische, gesetzliche oder kulturelle Umwelt, resp. die Verantwortlichen dieser Umweltaspekte. Für die Umschreibung der in Frage kommenden Beeinflussungsdimensionen eignet sich Caplans (1964) - allerdings nicht trennscharfe - Einteilung der *Grundgüter* (siehe Abschnitt 2.1), die für die Entwicklung und Erhaltung der Gesundheit Voraussetzung sind: die (1) sozialen, (2) materiellen und (3) soziokulturellen Grundgüter.

(1) Maßnahmen, die sich auf *soziale Grundgüter* beziehen, beabsichtigen die Qualität der sozialen Ressourcen von Personen oder Personengruppen zu verbessern. Dazu kann beispielsweise die Einrichtung von Beratungsstellen in Gemeinden oder die bessere erzieherische Qualifikation von Lehrern (Perrez et al., 1985) oder die Führungsqualifikation von Betriebsleitern (Frieling, 1990) im Sinne des Mediatorenkonzeptes gehören, wodurch für Schüler ein Teil ihrer sozialen Schulumwelt oder für Arbeiter die soziale Qualität ihres Arbeitsplatzes verbessert werden kann. Die Veränderung des oben genannten «Saisonnier-Statutes» in der Schweiz würde ebenfalls eine Maßnahme darstellen, die die soziale Umwelt der Betroffenen zu ihren Gunsten verändern würde.

(2) An der Deprivation von *materiellen Grundgütern* leiden weltweit jene Personengruppen, die unter der *Armutsschwelle* zu leben haben. Die Entwicklung von wirtschaftlichen und sozialen Strukturen, die die befriedigende Selbstversorgung resp. gerechte Verteilung der vorhandenen materiellen Ressourcen gewährleisten, wäre für diese Bevölkerungen und Bevölkerungsgruppen Voraussetzung für die Förderung von Gesundheit und menschenwürdigen Lebensbedingungen. Ein zweites weltweit bedrohtes Grundgut stellt die Qualität der *physikalischen und organischen Umwelt* dar. Die Verfügbarkeit einer intakten Umwelt beeinflußt in direkter Weise das physische und psychische Wohlergehen. Zu den umweltbezogenen Maßnahmen gehört z.B. die Geschwindigkeitsbegrenzung auf den Straßen zur Lärmbekämpfung, Emissionsherabsetzung und Verminderung der Unfallquoten. Neben den bisherigen - in ihrer Qualität umstrittenen - Bemühungen um Entwicklungshilfe und Umweltschutz gehören zu den präventiven Interventionen im Bereich der materiellen Grundgüter u.a. auch die *materielle Sicherung von Arbeitslosen*, oder die Realisierung *architektonisch* kommunikationsfördernder Lebens- und Siedlungsräume.

(3) Interventionen, die *soziokulturelle Grundgüter* betreffen, sollen die Lebensqualität durch die Beeinflussung von Normen, Werten, Rollenverhältnissen usw. verbessern. Kampagnen zur Veränderung feindseliger Einstellungen Ausländern, Asylbewerbern oder anderen Minoritäten gegenüber haben diese Funktion; z.B. der Autoaufkleber «Wir alle sind Ausländer - jedenfalls an fast allen Orten dieser Welt». Die Bewegung um die Gleichberechtigung der Frauen bemüht sich um die Verbesserung der soziokulturellen Bedingungen der Hälfte unserer Bevölkerung.
Die umgebungsbezogenen präventiven und gesundheitsfördernden Interventionen können auch unter Berücksichtigung des *Adressatenkreises* bzw. des sozial-ökologischen Umwelttyps, der beeinflußt werden soll, gegliedert werden:

- Personen aus der Primärgruppe von Risikopersonen oder -gruppen (Mediatorenkonzept),
- betriebliche Umwelt (Führungsverhalten, Arbeitsbedingungen, vgl. dazu Kap. «Stö-

rungen betrieblicher Organisationen» in diesem Band),
- Schulumwelt (Lehrerverhalten, Architektur, Schulordnung usw., vgl. dazu «Störungen der Schulklasse als soziales System» in diesem Band),
- Gemeinde (Psychosoziales Versorgungssystem, Umweltbedingungen usw., vgl. dazu «Störungen im System Gemeinde» in diesem Band),
- größere, kulturelle Einheiten (kulturelle Normen und Werte).

Als *Mittel zur umgebungsbezogenen Intervention* werden vor allem Aufklärung, Beratung, Training und gesetzliche Maßnahmen zur Veränderung der sozialen, ökologischen und kulturellen Bedingungen eingesetzt.

5.6 Krisenintervention

Unter Krisenintervention werden die professionellen psychosozialen Hilfestellungen verstanden, die Personen zuteil werden, die durch ein kritisches Lebensereignis in ihrem psychischen und sozialen Gleichgewicht nachhaltig gestört worden sind, ohne daß man deshalb von einer psychischen Störung sprechen könnte. Das kritische Lebensereignis (vgl. Kapitel 35 «Störungen als Folge der Sozialisation», Bd. 1) führt zu einer mangelnden Entsprechung von psychischer Beanspruchung und den vorhandenen psychischen und natürlichen sozialen Ressourcen. Der Interventionsbedarf hängt somit von äußeren und inneren Bedingungen ab. Als Ereignisse kommen vorhersehbare, kulturell oder biologisch normierte Auslöser - wie z.B. die Pensionierung oder der Eintritt in das Klimakterium - oder unvorhersehbare - wie z.B. der plötzliche Tod eines Partners oder eine schwere Ehekrise - in Frage. Filipp und Gräser (1982, S. 159) weisen darauf hin, daß kritische Lebensereignisse in vielen Fällen die «punktuelle Verdichtung eines vorauslaufenden Geschehens» darstellen, das im speziellen kritischen Ereignis seine Kulmination findet und dadurch sichtbar psychische Realität erhält. Die Krisenintervention soll den Betroffenen helfen, das seelische und soziale Gleichgewicht wiederzuerlangen, *bevor* das Problem sich zu einer *Störung* verhärtet hat. In dieser Eigenschaft ist ihre Funktion präventiv und oft auch entfaltungsfördernd, dann nämlich, wenn die Krise durch die Betroffenen als eine Entwicklungsaufgabe und -chance interpretiert werden kann, die der Person den Anlaß gibt, sich auf einer neuen persönlichen und sozialen Ebene zu organisieren (vgl. Danish & D'Angelli, 1981). Bei vorhersehbaren kritischen Lebensereignissen können betroffene Personenkreise (z.B. Personen vor der Pensionierung) durch gezielte Maßnahmen bereits *vor* dem Eintreten der antizipierbaren Belastung auf einen kompetenten Umgang mit dem Ereignis vorbereitet werden.

5.6.1 Kriseninterventionsziele und -mittel

Als wichtigste Interventionsziele versucht die Krisenintervention mit verschiedenen Mitteln und Methoden (1) die Person psychisch zu stabilisieren, (2) spezifische Kompetenzen zu fördern und (3) die verfügbaren sozialen Ressourcen zu mobilisieren bzw. die soziale Integration zu festigen.

(1) Stabilisierung der Person: Personen, denen kritische Lebensereignisse widerfahren, befinden sich in einem vorübergehenden starken psychischen Ungleichgewicht. Die emotionale Betroffenheit behindert (vorübergehend) die realitätsgerechte Auseinandersetzung mit den Anforderungen der Lebenssituation.
Um den Betroffenen die Voraussetzungen für die Bewältigung des destabilisierenden Ereignisses zu schaffen und vielleicht dieses als Entwicklungsaufgabe interpretieren zu können, stellen gezeigte Empathie, palliative und sicherheitsstiftende Maßnahmen sowie die Vermittlung neuer Sichtweisen wesentliche Elemente der Krisenintervention dar. Das bedeutet nicht, daß etwa beim Verlust einer geliebten Person die Trauerarbeit unterdrückt werden sollte, sondern daß durch Einfühlung die Betroffenen zur Annahme der Trauer als einer notwendigen Antwort auf das Widerfahrene ermutigt werden.

(2) Kompetenzförderung: Die Kompetenzförderung umfaßt je nach Voraussetzungen des Patienten und je nach Ereignistyp spezielle

Lernziele. Im Verlustfall kann es die Fähigkeit zu trauern sein, die gefördert wird; bei Scheidungen ist es oft die Fähigkeit, die Perspektive des anderen einnehmen zu können, oder nach der Pensionierung die Fähigkeit, neue befriedigende soziale Beziehungen und Tätigkeiten aufzubauen, was zu fördern ist. Diese Ziele sind personorientiert; sie zielen auf die Verbesserung der personinternen Ressourcen ab. Als *Mittel* werden Rollenspiel, gezielte Übungen, Gesprächspsychotherapie usw. eingesetzt.

(3) Erschließung von sozialen Ressourcen und soziale Eingliederung: Die Krisenintervention bezieht oft die soziale Umwelt des Patienten in die Hilfestellung ein. Im Sinne des Mediatorenkonzeptes können nahe Vertraute, Arbeitskolleginnen oder -kollegen oder Personen aus der unmittelbaren Nachbarschaft die Adressaten der Intervention sein, um deren Hilfspotential unterstützend ins Spiel zu bringen. Dies ist immer angezeigt, wenn die soziale Eingliederung der hilfesuchenden Person fragil ist (z.B. bei Suizidgefährdeten) und ungenutzte soziale Ressourcen verfügbar sind.

5.6.2 Ereignisbezogene Kriseninterventionskonzepte

Kritische Lebensereignisse, die in unserer Gesellschaft eine hohe Häufigkeit aufweisen, haben die Schaffung spezieller Interventionskonzepte veranlaßt. 1984 sind in der BRD etwa 130000 *Ehen geschieden* worden. Davon waren über 100000 minderjährige Kinder betroffen. In den letzten Jahren wurden für dieses in unserer Kultur geradezu «normativ» gewordene kritische Lebensereignis (Fthenakis, Niesel & Oberndorfer, 1988) eigene Interventionskonzepte entwickelt, die den Betroffenen eine *Vermittlung* («divorce mediation») anbieten, um die Krise vor, während und nach der Scheidung zu mildern bzw. aufzufangen und um den in Mitleidenschaft gezogenen Kindern das nötige Wohl zu sichern (vgl. Folberg & Milne, 1988).
Andere ereignisbezogene Interventionskonzepte haben sich im Rahmen der Bewältigung schwerer *chronischer Krankheiten* entwickelt (vgl. Koch & Heim, 1988). Die Erkrankung an Krebs stellt ein kritisches Lebensereignis mit oft chronifiziertem Charakter dar, das eine hohe Häufigkeit besitzt. In der BRD sind es derzeit jährlich rund 250000 Personen, davon etwa 1000–1200 Kinder (Petermann et al., 1988), die davon betroffen sind. In fortgeschrittenen Krankenhäusern und Kliniken sind eigene psychologische Beratungsstellen für die Unterstützung der betroffenen Patienten zur besseren Bewältigung dieses bedrohlichen Ereignisses eingerichtet worden (vgl. Aebischer, 1987). In einem an der Universitätskinderklinik Bonn durchgeführten Projekt konnten Petermann et al. (1988) zeigen, daß Familien von krebskranken Kindern durch eine gezielte psychologische Unterstützung nachhaltig geholfen werden kann bei der Auseinandersetzung mit dem drohenden Verlust und, daß sich diese Hilfestellung u.a. auch auf die medizinische Behandlung positiv auswirkt.
Andere ereignisbezogene Interventionskonzepte sind u.a. für Personen resp. Personengruppen, die an den Folgen der *Arbeitslosigkeit* leiden (vgl. Becker, 1984, S. 373f.), für junge Eltern zur *Bewältigung der Elternschaft* oder für Personen, deren *Partner oder Partnerin gestorben* ist, entwickelt worden (vgl. Filipp & Gräser, 1982, S. 193f.).

6. Wissenschaftliche Fundierung und Evaluation von präventiven und gesundheitsfördernden Interventionsprogrammen

Für die wissenschaftliche Fundierung von präventiven und gesundheitsfördernden Programmen ist ätiologisches und Interventionswissen, d.h. sowohl nomologisches als auch technologisches Wissen erforderlich (vgl. Kapitel 3 «Wissenschaftstheoretische Grundbegriffe»). Für die Planung wissenschaftlich fundierter Präventionsprogramme muß bekannt sein, durch welche Bedingungen der zu verhindernde Zustand begünstigt bzw. herbeigeführt wird (Ätiologie) und ferner, durch welche Handlungen (Intervention) diese Bedingungen praktisch unterbunden werden können. Das eine folgt nicht aus dem anderen. Die zu verhindernden Störungen seien beispielsweise koronare Erkrankungen. Von der ätiologischen Forschung ist bekannt, daß Übergewicht, Rauchen, Typ-A-Verhalten, Bewegungsarmut etc. das Risiko für koronare Erkrankungen erhöhen. Dieser statistische Zusammenhang kann physiologisch und biochemisch erklärt werden (nomologisches Wissen). Derartiges Grundlagenwissen ist die Voraussetzung für die Planung spezifischer Interventionsprogramme. Es beinhaltet indes noch keine Informationen darüber, wie das Eßverhalten, das Rauchen, Typ-A-Verhalten usw. erfolgreich beeinflußt werden kann. Dieses technologische Wissen ist durch die systematische Evaluation von Interventionsprogrammen (vgl. Kasten 3) zu gewinnen. Spezifische Prävention ist wissenschaftlich fundiert nur in dem Umfang möglich, wie wir über ätiologisches und technologisches Wissen im oben beschriebenen Sinn verfügen. Die Kapitel 6 in Band 1 und Kapitel 4 «Methodik» in diesem Band befassen sich mit der Frage, wie solches Wissen zu gewinnen und zu evaluieren ist. Ätiologisches Wissen und einschlägige Hypothesen sind im Band 1 in den Kapiteln 26–37 dargestellt.

Für die *unspezifische* Prävention müssen Erkenntnisse darüber vorliegen, welche Bedingungen *generell* psychonoxische Wirkungen haben, seien es dauerhafte Mikrostressoren oder kurzfristige, stark belastende Lebensereignisse, ohne daß die spezielle Störung und Krankheit vorhersagbar sein muß.

Für die präventiven Interventionsmethoden gelten die gleichen Gütekriterien wie für die Behandlungs-, Therapie- und Rehabilitationsmethoden (vgl. Kapitel 1.3 und 6.1); insbesondere Zielorientierung, theoretische Fundierung und empirische Evaluation charakterisieren wissenschaftlich fundierte Prävention. Eingehendere Analysen des Zusammenhanges von Grundlagenwissen und Prävention finden sich in Brandtstädter und von Eye (1982).

Die Fragestellung bekommt eine etwas andere Akzentuierung, wenn nicht gefragt wird, wie Störungen verhindert, sondern wie psychische *Gesundheit* erhalten und gefördert werden könne. Hier wird vorausgesetzt, daß man Vorstellungen darüber hat, was psychische Gesundheit sei und welche Bedingungen sie erhalten und fördern. Von dieser Sichtweise waren die Ideen der Diätetik geleitet. Auch das Präventionskonzept von Caplan (1964) beruht darauf, besonders aber neuere Entwicklungen, die sich auf jene *Kompetenzen* konzentrieren, die für die Erhaltung der Gesundheit förderlich sind (Sommer & Ernst 1977). Für die Prävention stellt sich im Sinne der oben zitierten Überlegungen von Moritz (1783) die Frage, ob es verallgemeinerbare, psychologisch begründbare Regeln des angemessenen Umganges mit Problemen gebe. Am Beispiel der psychologischen Belastungsbewältigung (Coping) soll die Problematik exemplarisch erörtert werden.

Wie können Regeln für angemessene Belastungsverarbeitung wissenschaftlich fundiert werden? Mit dieser teilweise normativen Frage hat sich die Psychologie bis heute sehr wenig beschäftigt (vgl. Kasten 6).

Handlungen betrachten wir als angemessen, wenn sie legitime Ziele verfolgen und wenn dabei zielführende, d.h. im Sinne der Ziele wirksame Mittel eingesetzt werden. Die Mittel sollen mit geltenden ethischen Standards vereinbar sein. Die Begründung der Legitimität der Ziele und Methoden ist eine Problemstellung der Ethik. Die Wirksamkeit von Mitteln kann sinnvoll nur unter Berücksichtigung von *personinternen* und *-externen* situationalen Bedingungen untersucht werden. Orthopsychologische Sätze haben deshalb die Form von Regeln mit konditional-normativer Struktur: Wenn eine Person unter definierten personinternen (P) und situationalen Bedingungen (S) das Ziel Z erreichen will, dann realisiert sie mit Vorteil die Handlung H. Die Regel beinhaltet die Behauptung, daß H für Z unter der Voraussetzung von P und S ein wirksames Mittel sei.

Diese Behauptung ist untersuchbar. Die empirischen Kennwerte für den Zusammenhang von H und Z unter der Voraussetzung von P und S stellen die Indizien für die relative Wirksamkeit bzw. die Erfolgswahrscheinlichkeit der durch die Regel empfohlenen Mittel dar. Wir haben versucht, Bausteine zu einer Orthopsychologie in diesem Sinne für einen begrenzten Aufgabenbereich zu entwickeln (Reicherts & Perrez, in press). Die formulierten Verhaltensregeln beziehen sich auf die Bewältigung von beispielsweise regulierbaren, nichtregulierbaren und intransparenten Situa-

Kasten 6

Probleme und Versuche der Begründung «orthopsychologischer» Regeln

Unter «Orthopsychologie» wollen wir jenen Teil der Psychologie verstehen, der sich um die wissenschaftliche Fundierung von Verhaltensregeln bemüht. Dem Bedeutungsgehalt empirischer Wissenschaften gemäß hat sich die Psychologie und auch die Streßforschung bisher primär mit der Beschreibung und Erklärung des Verhaltens, und die Streßforschung speziell mit der physiologischen und psychologischen Belastungsverarbeitung befaßt. Dieser Typ von Fragestellung konzentriert sich auf die Untersuchung der biologischen und psychologischen Gesetzmäßigkeiten, die die Wahrnehmung von Stressoren und die Belastungsverarbeitung regulieren. Mit diesem deskriptiven Forschungsprogramm steht das praktische professionelle Handeln des Psychologen im Konflikt, das gewöhnlich im Bemühen besteht, Personen zu «besserem», wirkungsvollerem Verhalten zu verhelfen. Implizit richtet sich dieses Handeln stets an Vorstellungen über angemessenes Verhalten aus. Solche Verhaltensnormen verraten sich in Namen von Methoden wie z.B. «Selbstsicherheitstraining», «Kommunikationstraining» und ähnlichem, die von der Voraussetzung eines Wissens über angemessene Selbstsicherheit oder angemessene Kommunikation ausgehen. Sich nicht mit der Begründung solcher Angemessenheitsvorstellungen zu befassen, dafür hat die Psychologie gute Gründe gehabt.

Ein erstes Argument richtet sich gegen den normativen Status, der mit dem Ansinnen verbunden ist, die Angemessenheit des Verhaltens zu beurteilen. Die Unmöglichkeit, von deskriptiven Sätzen auf normative zu schliessen, verbietet einer empirisch orientierten Psychologie, «orthopsychologische» Aussagen zu machen. Diesem Verdikt ist auch der Versuch, angemessenes Verhalten statistisch zu definieren, unterstellt. Ein zweites Argument bezieht sich auf kulturelle Unterschiede in den Verhaltensregeln. Solche Bewertungsmaßstäbe variieren nicht nur interkulturell, sondern auch intrakulturell. Deshalb sei eine übergreifende Festlegung von Angemessenheitskriterien psychologisch nicht möglich. Ein drittes Argument macht geltend, daß die individuellen Differenzen es nicht zulassen, allgemeine Verhaltensnormen festzulegen. Was für eine Person als angemessene Reaktion auf eine gegebene Situation erscheinen mag, kann für eine andere gänzlich unangemessen sein. Es spricht vieles dafür, daß die Frage, welche Reaktionen als Antwort auf definierte externe Situationsbedingungen als angemessen zu qualifizieren seien, keiner verbindlichen Antwort fähig ist ohne die Berücksichtigung zusätzlicher Personbedingungen. Solche und ähnliche Argumente mögen mit ein Grund dafür sein, daß sich die Psychologie so lange nicht mit der Erforschung der psychischen Gesundheit beschäftigt hat.

Trotz dieser Argumente gibt es innerhalb der Streßforschung einige Versuche, das Belastungsbewältigungsverhalten unter Bewertungsaspekten zu untersuchen. Ein Forschungskonzept besteht darin, das Coping-Verhalten nach seiner «Reife» zu bewerten. Vaillant (1976) und andere meinen Coping-Stile nach ihrer Reife unterscheiden zu können. Sie glauben, zeigen zu können, daß es Coping-Stile gäbe, die besser, «reifer» seien als andere, selbst wenn sie im Einzelfall nicht erfolgreicher seien. Nach Vaillant (1976) wären z.B. «unreife» Stile das «Acting out», oder die phantasiemäßige Verleugnung, die in einer normalen Entwicklung allmählich seltener würden zu Gunsten von «reiferen» Stilen der Belastungsbewältigung wie Sublimation, Altruismus, Verstärkeraufschub und ähnliches.

Freud hatte unter dem Aspekt unserer Fragestellung die Prinzipien der Verhaltensregulation im Sinne des Lustprinzipes in Abhebung vom Primat des Realitätsprinzipes unterschieden. Zum Realitätsprinzip gehört der Verzicht auf den Einsatz allzu wirklichkeitsentstellender Abwehrmechanismen. Antonovsky (1979) hat drei Reifekriterien unterschieden: Die Rationalität, die Flexibilität und die Weitsichtigkeit des Handelns. Andrews et al. (1978) und Vaillant (1976) haben ihre Thesen zu stützen versucht, indem sie Reifescores mit Scores des psychischen Wohlbefindens korreliert haben. Daran ist zu kritisieren, daß solche Korrelationen nichts darüber aussagen, wie Personen in Streßsituationen tatsächlich handeln. Diese Studien zeigen nicht, daß die «reiferen» Personen in definierten Streßsituationen ein anderes Bewältigungsverhalten praktizieren als die weniger «reifen». Darüber hinaus werden derartig allgemein formulierte Kriterien, wie z.B. «Verleugnung» als Negativkriterium, der Vielfalt denkbarer Stressoren nicht gerecht. Es gibt Stressoren, bei deren Bewältigung gerade die Verleugnung eine konstruktive Rolle spielt (vgl. dazu Lazarus, 1983; Perrez, 1988).

tionen unter verschiedenen personinternen Bedingungen. Ein Regelbeispiel lautet «Wenn sich die beeinträchtigende Situation durch direkte Regulierbarkeit charakterisiert, dann sollen entsprechende Handlungen zur direkten Situationsbeeinflussung ausgewählt werden, wenn die Beseitigung der Beeinträchtigung ein Ziel ist.» Depressive neigen z.B. dazu, solche Regeln zu verletzen. Wir haben versucht, die den Regeln inhärenten Zusammenhangsannahmen an verschiedenen Gruppen zu überprüfen (vgl. Perrez & Reicherts, 1986). Reicherts (1988) hat eine Methodologie entwickelt, die die relative Regelkonformität von Individuen festzustellen erlaubt. Der Konformitätsindex zeigt sich mit der Bewältigungswirksamkeit und mit verschiedenen Kriterien der seelischen Gesundheit korreliert. D.h. wer eher im Sinne der Regeln Belastungen im Alltag bewältigt, ist dabei erfolgreicher und hat höhere Werte in den Gesundheitsindikatoren. Sollten solche Regeln befriedigend empirisch fundiert werden können, so wären sie eine geeignete Grundlage für die präventive Vermittlung von Streßverarbeitungs-Kompetenzen, die für die psychische und teilweise auch physische Gesundheit von Bedeutung sind. Konsequent gesundheitspsychologisch orientierte Forschungsparadigmen müssen in Zukunft stärker akzentuiert und entwickelt werden, nachdem der Fokus der wissenschaftlichen Aufmerksamkeit in der Klinischen Psychologie über Jahrzehnte auf Störung und Krankheit ausgerichtet war.

7. Schlußbetrachtungen

Die Analyse der Grundlagen präventiven und gesundheitsfördernden Handelns zeigt, daß die wissenschaftliche Fundierung präventiver Maßnahmen heute nur sehr begrenzt möglich ist. Wir verfügen nur in geringem Umfang über gesichertes ätiologisches Wissen. Auch ist lediglich in Grenzen klar, was die lebens- und entfaltungswichtigen physikalischen, sozialen und kulturellen Grundgüter seien und wie sie mit individuellen Voraussetzungen von Personen zusammenspielen, deren psychische Gesundheit erhalten bzw. gefördert werden soll. Diese Bilanz darf nicht übersehen lassen, daß es in einzelnen Präventionsbereichen dennoch wissenschaftliche Erkenntnisse bzw. Anhaltspunkte für vorbeugende, insbesondere unspezifische, Maßnahmen gibt. Ein Sonderheft über Prävention der «Task Force on Promotion, Prevention and Intervention Alternatives in Psychology» der American Psychological Association (Price, Cowen, Lorion & Ramis-McKay, 1988) gibt einen ausgezeichneten Einblick in wissenschaftlich evaluierte Modellprogramme, die in den USA für verschiedene Zielgruppen mit verschiedenen Präventionszielen entwickelt worden sind.

Die wissenschaftliche Fundierung von Präventionsprogrammen ist eine notwendige Voraussetzung für eine erfolgreiche Vorbeugung. Für die stärkere Verbreitung der Prävention ist sie indes leider nicht ausreichend. Auf der *individuellen Ebene* stellt der handfest erlebte Leidensdruck den wirkungsvolleren Motivator für die Inanspruchnahme therapeutischer Maßnahmen dar als die vorausschauende Einsicht in die Dringlichkeit vorbeugender Veränderungen des Lebens- und Verhaltensstils. Auf *gesellschaftlicher und wirtschaftlicher Ebene* hat die Prävention bisher vergleichsweise wenige Strukturveränderungen ausgelöst. Die Struktur des derzeitigen Versorgungssystems favorisiert die systematische Verstärkung der an der Therapie Beteiligten ungleich stärker als jene, die sich um die Prävention bemühen; das gilt sowohl für die Personen, die sich individuell um eine Verbesserung ihres eigenen Gesundheitsverhaltens einsetzen als auch für jene, die sich professionell in den Dienst der Prävention stellen. Ohne nachhaltige strukturelle Akzentverschiebungen in unserem Versorgungssystem zugunsten der Präventionsförderung ist eine Veränderung unseres krankheitsorientierten «Gesundheitsverhaltens» nicht zu erwarten.

8. Literatur

Aebischer, K. (1987). *Brustkrebs. Psychische Belastung und deren Bewältigung.* Fribourg/Schweiz: Universitätsverlag. Bern: Hans Huber.

Albee, U.W. (1980). A competency model must replace the defect model. In L.A. Bond & J.C. Rosen (Eds.), *Competences and Coping during adulthood* (pp. 75-104). Hanover, N.M.: University Press of New England.

Andrews, G., Tennat, C., Hewson, D. & Schonell, M. (1978). The relation of social factors to physical and psychiatric illness. *American Journal of Epidemiology, 108,* 27-35.

Antonovsky, A. (1979). *Health, stress and coping.* San Francisco: Jossey-Bass.

Aurin, K., Stark, G. & Stobberg, E. (1977). *Beratung im Schulbereich, Aufgabenfelder, Strukturprobleme, Entwicklungstendenzen und Empfehlungen.* Weinheim: Beltz.

Basler, H.D. & Florin, I. (Hrsg.). (1985). Klinische Psychologie und körperliche Krankheit. Stuttgart: Kohlhammer.

Becker, P. (1984 2). Primäre Prävention. In L.R. Schmidt (Hrsg.), *Lehrbuch der Klinischen Psychologie* (S. 355-389). Stuttgart: Enke.

Bowlby, J. (1968). *Child Care and the Growth of Love.* Harmondsworth/Middlesex: Penguin Books.

Brandstädter, J. & von Eye, A. (Hrsg.). (1982). *Psychologische Prävention.* Bern: Hans Huber.

Büchel, F. & Perrez, M. (1980). Implementierung eines verhaltenstheoretisch orientierten Mediatorensystems auf der Primarschulstufe unter Einbezug der Eltern. In H. Lukesch, M. Perrez & K.A. Schneewind (Hrsg.), *Familiäre Sozialisation und Intervention* (S. 461-480). Bern: Hans Huber.

Caplan, G. (1964). *Principles of preventive psychiatry.* New York: Basic Books.

Danish, S.J. & D'Angelli, A.R. (1981). Kompetenzerhöhung als Ziel der Intervention in Entwicklungsverläufen über die Lebensspanne. In S.H. Filipp (Hrsg.), *Kritische Lebensereignisse* (S. 156-183). München: Urban & Schwarzenberg.

Eye, von, A. (1982). Statistische und methdodologische Problemstellungen psychologischer Präventionsforschung. In J. Brandstädter & A. von Eye (Hrsg.), *Psychologische Prävention* (S. 305-439). Bern: Hans Huber.

Filipp, S.H. & Gräser, H. (1982). Psychologische Prävention im Umfeld kritischer Lebensereignisse. In J. Brandtstädter & A. von Eye (Hrsg.), *Psychologische Prävention* (S. 155-195). Bern: Hans Huber.

Folberg, J. & Milne, A. (Eds.). (1988). *Divorce Mediation: Theory and Practice.* New York: Guilford Press.

Frieling, E. (1990). Ausspruch und Wirklichkeit von Humanisierungsprojekten. In F. Frei & I. Udris (Hrsg.), *Das Bild der Arbeit* (S. 227-243). Bern: Hans Huber.

Fthenakis, W.E., Niesel, R. & Oberndorfer, R. (1988). Die Bedeutung des Vaters in geschiedenen und wiederverheirateten Familien. *Heilpädagogische Forschung, XIV,,* 180-190.

Hornung, R., Wydler, H., Vontobel, J., Tschopp, A. & Gutzwiller, F. (1989). *Evaluation der Aidspräventionskampagne in Züricher Schulen* (Forschung und Dokumentation Nr. 1). Zürich: Universität, Institut für Sozial- und Präventivmedizin.

Iben, G. (1981). Kompensatorische Erziehung als Prävention. In W.R. Minsel & R. Scheller (Hrsg.), *Prävention. Brennpunkte der Klinischen Psychologie* (S. 176-193). München: Kösel.

Kempe, R.S. & Kempe, H. (1980). *Kindsmisshandlung.* Stuttgart: Klett/Cotta.

Koch, U. & Heim, E. (1988). Bewältigungsprozesse bei chronischen Erkrankungen (Themenheft). *Psychotherapie. Psychosomatik. Medizinische Psychologie, 38*(1).

Laessle, R.G. (1989). Eßstörungen. In H. Reinecker (Hrsg.), *Lehrbuch der Klinischen Psychologie. Modelle psychischer Störungen* (S. 222-250). Göttingen: Hogrefe.

Langer, E.J. & Rodin, J. (1976). The effects of choice and enhanced personal responsibility for the aged: A field experiment in an institutional setting. *Journal of Personality and Social Psychology, 34,* 191-198.

Lazarus, R.S. (1983). The costs and benefits of denial. In S. Breznitz (Ed.), *The denial of Stress* (pp. 1-30). New York: International Universities Press.

Legewie (1982). Prävention. In R. Bastine, P.A. Fiedler, K. Grawe, S. Schmidtchen & G. Sommer (Hrsg.). *Grundbegriffe der Psychotherapie* (S. 269-272). Weinheim: Edition Psychologie.

Maccoby, N. & Solomon, D.S. (1981). Heart disease prevention. Community studies. In R.E. Rice & W.J. Paisley (Eds.), *Public Communications Campaigns* (pp. 105-125). Beverly Hills: Sage.

Matarazzo, J.D. (1984). Behavioral immunogenes and pathogens in health and illness. In B.L. Hammonds & C.J. Scheirer (Eds.), *Psychology and health* (pp. 5-43). Washington: American Psychological Association.

Meichenbaum, D. (1986). *Streß inoculation training.* New York: Pergamon Press.

Minsel, B. & Biehl, E. (1980). Überprüfung der Effekte eines Elterntrainings am realen Gesprächsverhalten. In H. Lukesch, M. Perrez & K.A. Schneewind (Hrsg.), *Familiäre Sozialisation und Intervention* (S. 441-460). Bern: Hans Huber.

Moritz, C.P. (Hrsg.). (1783). *Gnothi sauton oder Magazin zur Erfahrungs-Seelenkunde.* Berlin: August Mylius.

Myrtek, M. (1981). Herzinfarktprophylaxe. In W.R. Minsel & R. Scheller (Hrsg.), *Prävention. Brennpunkte der Klinischen Psychologie* (S. 152-175). München: Kösel.

Neuser, J. (1985). Rauchen-Verhalten und Prävention. In H.D. Basler & I. Florin (Hrsg.), *Klinische Psychologie und körperliche Krankheit* (S. 18-62). Stuttgart: Kohlhammer.

Nöldner, W. (1989). Gesundheitspsychologie - Grundlagen und Forschungskonzepte. In D. Rüdiger, W. Nöldner, D. Haug & E. Kopp (Hrsg.), *Gesundheitspsychologie - Konzepte und empirische Beiträge* (S. 11-20). Regensburg: Roderer Verlag.

Perrez, M. (1988). Bewältigung von Alltagsbelastungen und seelische Gesundheit - Zusammenhänge auf der Grundlage computerunterstützter Selbstbeobachtungs- und Fragebogendaten. *Zeitschrift für Klinische Psychologie, 17,* 292-306.

Perrez, M., Büchel, F., Ischi, N., Patry, J.L., Thommen, B. & Kormann, A. (1985). *Erziehungspsychologische*

Beratung und Intervention als Hilfe zur Selbsthilfe in Familie und Schule. Bern: Hans Huber.

Perrez, M., Minsel, B. & Wimmer, H. (1985). *Was Eltern wissen sollten. Eine psychologische Schule für Eltern, Lehrer und Erzieher.* Salzburg: Otto Müller.

Perrez, M. & Reicherts, M. (1986). Appraisal, coping, and attribution processes by depressed persons: An S-R-S-R Approach. *The German Journal of Psychology, 10,* 315–326.

Perrez, M. & Reicherts, M. (1987). Behavior and cognition analysis of coping with stress by depressed persons. A criterion- and process-oriented measurement approach. In W. Huber (Ed.), *Progress in Psychotherapy Research* (pp. 115–133). Louvain-la-Neuve: Presses Universitaires de Louvain.

Petermann, F., Noeker, M., Bochmann, F., Bode, U., Grabisch, B. & Herlan-Criado, H. (1988). *Beratung von Familien mit krebskranken Kindern: Konzeption und empirische Ergebnisse.* Bern: Peter Lang.

Price, R.H., Cowen, E.L., Lorion, R.P. & RamosMcKay, J. (1988). *14 ounces of prevention. A casebook for practitioners.* Washington: American Psychological Association.

Reicherts, M. (1988). *Diagnostik der Belastungsverarbeitung. Neue Zugänge zu Streß-Bewältigungs-Prozessen.* Freiburg/Schweiz: Universitätsverlag und Bern: Hans Huber.

Reicherts, M., Käslin, S. & Perrez, M. (1984). *Streßbewältigung. Erster Arbeitsbericht der Entwicklung eines kriteriumorientierten psychodiagnostischen Verfahrens zur theoriegeleiteten Analyse sozialängstlichen und depressiven Verhaltens* (Forschungsbericht Nr. 45). Fribourg: Universität, Psychologisches Institut.

Reicherts, M. & Perrez, M. (in press). The foundation of behavior rules and the assessment of rule-oriented behavior: A new methodology. In M. Perrez & M. Reicherts (Eds.), *Stress, Appraisal, and Coping. A Situation-Behaviour Approach. Theory, Methods, Results.* (in press)

Schwarzer, R. (1989). Überlegungen zu einer sozialkognitiven Theorie des Gesundheitsverhaltens. In D. Rüdiger, W. Nöldner, D. Haug & E. Kopp (Hrsg.), *Gesundheitspsychologie - Konzepte und empirische Beiträge* (S. 21–30). Regensburg: Roderer Verlag.

Seraganian, Roskies, Hanley, Oseasohn & Collu (1987). Failure to alter psychophysiological reactivity in type - A men with physical exercise or Stress management programs. *Psychology and Health,* Vol. 1, 3, 195–213.

Somaini, B. (1989). Prävention. In H. Jäger (Hrsg.), *AIDS und HIV-Infektion. Diagnostik, Klinik, Behandlung. Handbuch und Atlas für Klinik und Praxis* (S. 1–17). Landsberg a.L.: ecomed.

Sommer, G. & Ernst, H. (Hrsg.). (1977). *Gemeindepsychologie.* München: Urban & Schwarzenberg.

Vaillant, G.E. (1976). Natural history of male psychological health. The relation of choice of ego mechanisms of defense to adult adjustment. *Archives of General Psychiatry, 33,* 535–545.

Vuataz, M. (1990). *Arbeitspapier des «Centre Hospitalier Universitaire Vaudois. Département de gynécologie-obstétrique.»* Lausanne. 20.2.1990.

Für unterstützende Anregungen und Kritik danke ich herzlich Urs Baumann, Salzburg, Winfrid Huber, Louvain-la-Neuve und Michael Reicherts, Fribourg.

6. Behandlung und Therapie (Psychotherapie)

6.1 Behandlung und Therapie (Psychotherapie): Systematik und allgemeine Aspekte

Meinrad Perrez

1. Was charakterisiert klinisch-psychologische Behandlungs- und Therapiemethoden?

Unter klinisch-psychologischen Behandlungs- und Therapiemethoden verstehen wir jene Teilmenge der klinisch-psychologischen Interventionsmethoden, die zur therapeutischen Beeinflussung von *Störungen*, eingesetzt werden. Die Störungen können sich auf der intrapersonellen Ebene von Funktionen, Funktionsmustern oder der Ebene von interpersonellen Systemen lokalisieren. Durch ihre Anwendung soll die Prävalenz von Störungen vermindert werden. Im übrigen teilen sie die Merkmale von anderen klinisch-psychologischen Interventionsmethoden, die zur Prävention/Gesundheitsförderung und Rehabilitation angewendet werden (vgl. Huber, 1987, S. 141f.): Verwendung *psychologischer Mittel*, *zielorientierter Prozeß*, durch den rationalen Korpus der Psychologie *theoretisch und empirisch fundiert*, durch psychologische *Experten* in einem professionellen *Setting* durchgeführt (vgl. Einleitungskapitel in diesem Band). Die durch psychologische Experten mit Hilfe von psychologischen Mitteln initiierten, psychodiagnostisch begleiteten und evaluierten psychischen Veränderungsprozesse zielen auf die Veränderung von psychischen Funktionen, die Reorganisation komplexer Funktionsmuster bzw. von gestörten interpersonellen Systemen ab. Der *Psychotherapiebegriff* hat sich stärker für den Interventionszusammenhang auf der Ebene der *Funktionsmuster* und der *interpersonellen Systeme* eingebürgert und weniger auf der Ebene der gestörten Funktionen (vgl. Einleitungskapitel in diesem Band). Für die Behandlung gestörter Funktionen wird eher der Behandlungsbegriff (z.B. Behandlung einer Lernstörung) und der Begriff «Funktionstraining» (z.B. Gedächtnistraining) verwendet; beiden ist indes der (psycho-) therapeutische Aspekt gemeinsam. Funktionstrainings und Psychotherapien können auch mit dem Ziel durchgeführt werden, körperliche Beschwerden oder Störungen zu beheben, wenn z.B. durch eine Behandlung des Eßverhaltens (event. Funktionstraining) eine Verbesserung des somatischen Befindens erwartet werden darf, oder wenn ein begründeter Verdacht auf einen Zusammenhang von psychischen Problemen mit dem physischen Befinden besteht: Erlebens- und Verhaltensmerkmale als Kodeterminanten organischer Störungen. Umgekehrt gelangen klinisch-psychologische Behandlungs- und Therapiemethoden auch bei psychischen Störungen zur Anwendung, die aus organischen Erkrankungen resultieren, z.B. bei der Schmerzbehandlung oder bei der Diabetesbehandlung: Psychische Probleme als Folge von organischen Störungen. Derartige Interventionen werden heute vielfach im Gebiet der *Verhaltensmedizin* (vgl. Miltner, Birbaumer & Gerber, 1986) diskutiert. Auch im Rehabilitationskontext sind mitunter Behandlungen von Funktionen und Psychotherapien angezeigt, wenn beispielsweise durch die Belastung einer chronischen Krankheit eine psychische Störung ausgelöst wird, die einer Psychotherapie bedarf.

Zur Charakterisierung klinisch-psychologischer Behandlungs- und Therapiemethoden sei schließlich ihr Status als *Regelsysteme* zur therapeutischen Beeinflussung psychischer und sozialer Störungen von deren *praktischen Anwendung* unterschieden. Unter *Methoden* verstehen wir zunächst Handlungsregeln und Regelsysteme, wie sie in Lehrbüchern beschrieben werden (vgl. Kapitel 3 «Wissenschaftstheoretische Grundbegriffe» in diesem Band). In der Praxis werden solche Regeln angewendet. Damit unterscheiden wir die Handlungsebene von der Methoden- bzw. Regelebene.

2. Allgemeine Merkmale der klinisch-psychologischen Behandlung und Therapie

2.1 Gemeinsamkeiten in der Prozeßstruktur

Die verschiedenen psychotherapeutischen Methoden teilen weitgehend eine elementare Strukturähnlichkeit in ihrer *zeitlichen Organisation*. In allen Psychotherapien besteht nach der Indikationsabklärung die erste therapeutische Aufgabe in der Herstellung der therapeutischen Beziehung zwischen Therapeut und Patient. Auf dieser erreichten Grundlage werden dann therapeutische Lernprozesse angeregt. Die Veränderungsprozesse selber werden mehr oder weniger systematisch und kontinuierlich evaluiert, und je nach Ergebnis wird das therapeutische Handeln in Funktion dieser Evaluation korrigiert bzw. die Therapie zum Abschluß gebracht (siehe Tabelle 1). Diese therapeutischen Funktionseinheiten resultieren aus der Aufgabenstruktur, die der Psychotherapie innewohnt. Sie sind nicht nur für die Psychotherapie, sondern - teilweise mit etwas unterschiedlichem Gewicht - auch für die Behandlung gestörter Funktionen relevant. Eine Darstellung der verschiedenen Phasen aus der Perspektive des Patienten findet sich bei Huber (1991).

(1) Phase der Indikation

Klinisch-psychologische Behandlung respektive Therapie wird durch die Feststellung ihrer Indikation eingeleitet. Unter Indikationsaussagen werden Handlungsregeln verstanden, «die angeben, welche Maßnahmen unter vorgegebenen Randbedingungen (u.a. auch Ziele) optimal sind» (Baumann & von Wedel, 1981, S. 13). Damit entsprechen sie der Struktur von technologischen Regeln (vgl. Perrez, 1983). Baumann und von Wedel (1981) haben gezeigt, daß verschiedene Entscheidungsebenen zu unterscheiden sind, vom «Laiensystem» (Selbstindikation) bis zum System der psychotherapeutischen Spezialisten.

Auf der Grundlage diagnostischer Prozesse (vgl. Kapitel 5, Band 1) werden *Klassifikationsentscheidungen* bezüglich der psychopathologischen Diagnose und *Selektionsentscheidungen* für das therapeutische Verfahren getroffen (vgl. Zielke, 1982). Theoretisch könnte durch die sogenannte prognostische oder selektive Indikation für eine gegebene Störung - im Sinne einer optimalen Passung - die jeweils beste Methode ausgewählt werden. Die Eingangsindikation legt den groben Handlungsrahmen fest. Der Einfluß dieses diagnostischen Prozesses auf die Wahl des therapeutischen Verfahrens darf indes nicht überschätzt werden (vgl. Blaser, 1985), da Therapeuten auf Grund ihrer Ausbildung nur ein beschränktes Repertoire an therapeutischen Techniken beherrschen, fundierte Indikationsaussagen nur beschränkt vorliegen und der therapeutische Prozeß als dynamisches Geschehen die Problemlage über die Zeit verändert (vgl. Grawe, 1981). Dies macht eine kontinuierliche Adaptation der therapeutischen Einflußnahme erforderlich, weshalb in diesem Zusammenhang von einer *adaptiven Indikation* gesprochen wird. Die adaptive Indikation definiert den exakteren Handlungsablauf. In diesem Sinne spielt die Diagnostik in allen Phasen der Therapie eine Rolle.

(2) Aufbau der therapeutischen Beziehung

Kanfer und Grimm (1980) sprechen für die Anfangsphase von der *Rollenstrukturierung* und vom Aufbau der therapeutischen Allianz oder Strupp (1986) von der Herstellung der zwischenmenschlichen Beziehung zwischen Therapeut und Patient, die Voraussetzung ist für das therapeutische Lernen. Der Patient hat sich einerseits mit der besonderen Rolle als Patient, wie sie je nach therapeutischem Ansatz

Tabelle 1: Therapeutische Prozeßphasen (vgl. auch Kanfer & Grimm, 1980)

PHASE	ZIELE	MITTEL
1. INDIKATION	- Diagnostische Abklärung - Klärung der geeigneten Therapiemethode Medizinische Intervention? Psychologische Intervention? Welche klinisch-psychologische Behandlungs- bzw. Therapiemethoden?	- Interview/Anamnese - Persönlichkeitstest und klinische tests - u.U. neben psychologischer auch medizinische Untersuchung
2. AUFBAU DER THERAPEUTISCHEN BEZIEHUNG	- Rollenstrukturierung (Dem Patienten die Rolle als Patient erleichtern und erklären) - Bildung von positiven Veränderungserwartungen - Aufbau der therapeutischen Beziehung - Event. Vermittlung eines globalen Ätiologiekonzeptes	- Verwirklichung von Wertschätzung und Empathie - Klärung der therapeutischen Spielregeln - Therapeutischer Kontrakt
3. INSZENIERUNG DES THERAPEUTISCHEN LERNENS	- Systematischer Kompetenzaufbau (Verhaltenstherapie) - Analyse und Erfahrung von Verhaltens- und Erlebensmotiven (Psychoanalyse) - Restrukturierung des Selbstbildes (Gesprächspsychotherapie)	- Einsatz spezieller psychotherapeutischer Techniken - Kontinuierliche Beobachtung und Evaluation des therapeutischen Verlaufs
4. EVALUATION VOR/ NACH ABSCHLUSS	- Psychodiagnostische Klärung der Therapiezielerreichung - Sicherung der Generalisierung der Therapieergebnisse - Formelle Beendigung des therapeutischen Verhältnisses	- Gespräch - Diagnostische Verfahren - u.U. Reduzierung der therapeutischen Kontakte - Einvernehmliche Abschlußvereinbarung

definiert ist, vertraut zu machen. Er erfährt dabei, welche Leistungen der Therapeut von ihm erwartet, welche Spielregeln für die Therapie Geltung haben. Andererseits muß in dieser Phase eine vertrauensvolle Beziehung zwischen Patient und Therapeut aufgebaut werden. Die von Rogers thematisierten Therapeutenvariablen der Echtheit, der Wärme und Wertschätzung und der Empathie erleichtern die Entwicklung einer vertrauensvollen Beziehung (vgl. Kapitel 6.4 «Gesprächspsychotherapeutisch orientierte Intervention» in diesem Band). Diese Beziehung schafft die Voraussetzungen für ein angstfreies therapeutisches Lernen in den folgenden Phasen und unterstützt die Motivation und die Compliance. In der Psychoanalyse ist die Herstellung einer «Übetragungsbeziehung» wesentliche Voraussetzung fur die therapeutische Arbeit. Der Aufbau der therapeutischen Beziehung und die Rollenstrukturierung, die Voraussetzung für die koorientierte therapeutische Arbeit («co-oriented activity» (Orlinsky & Howard, 1987)) ist, wird durch das therapeutische Setting unterstützt. Dazu gehören oberflächliche Aspekte wie die professionellen *räumlichen* Bedingungen, unter denen die Behandlung bzw. Therapie stattfindet, aber auch die therapeutischen Regeln gehören dazu. Der therapeutische Kontrakt zwischen Patient und Therapeut regelt u.a. die Häufigkeit und Dauer der Sitzungen pro Woche, die Aufgaben des Patienten und des Therapeuten, wie z.B. die Schweigepflicht. In dieser Phase wird dem Patienten oft auch schon ein erstes globales Konzept zum Verständnis seiner Störung (Ätiologiekonzept) vermittelt.

(3) Die Inszenierung therapeutischen Lernens

Eine vertrauensvolle Patient–Therapeut-Beziehung stellt eine der grundlegenden therapeutischen Bedingungen dar, die neues Lernen erleichtern. Strupp (1986) spricht in diesem Zusammenhang vom «*therapeutischen Lernen*». In Übereinstimmung mit allgemeinen Lerndefinitionen (vgl. Bower & Hilgard, 1981) verstehen wir unter therapeutischem Lernen den Aufbau (bzw. Abbau) von relativ stabilen Verhaltensdispositionen und die Neuorganisation von kognitiven Strukturen aufgrund *therapeutischer Erfahrung*, also die Veränderung von Dispositionen zu offenem (direkt beobachtbarem) und/oder verdecktem Verhalten, zu psychomotorischem, affektivem, kognitivem und vegetativem Verhalten, und damit einhergehend die Neustrukturierung der störungsrelevanten Kognitionen. Die *Lernziele* können variieren von elementaren Zielen, wie das Abgewöhnen eines Sprachfehlers bis zu hochkomplexen Aufgaben, wie die Veränderung der Einstellungen zu sich selbst und zu wichtigen Bezugspersonen; die *Zeit* kann wenige Stunden bis mehrere Jahre umfassen. Das therapeutische *Lernarrangement* kann hochstrukturiert sein, wie in der Verhaltenstherapie oder mehr auf selbstentdeckender Grundlage beruhen, wie in der Gesprächspsychotherapie (vgl. Strupp, 1986). Die strukturellen Bedingungen des Lernarrangements werden durch den speziellen therapeutischen Ansatz, bzw. die Methode innerhalb eines Ansatzes definiert. In der Verhaltenstherapie besteht die erste Phase der therapeutischen Arbeit in der verhaltensanalytischen Abklärung des Problems, der Zielbestimmung, der Methodenauswahl; später steht das eigentliche therapeutische Lernen im Vordergrund. In der Psychoanalyse sind es auf längere therapeutische Zeiträume ausgelegte Beziehungserfahrungen, die in der Übertragungsanalyse das Zentrum des therapeutischen Lernens darstellen.

Alle psychotherapeutischen Ansätze verschaffen dem Patienten in mehr oder weniger großem Ausmaß die Möglichkeit, unter besonderen Bedingungen neue Beziehungserfahrungen machen zu können, Rückmeldung für das eigene Verhalten zu bekommen, zu irgendwelchen Formen der Realitätstestung angeregt zu werden und neue Kompetenzen einüben zu können (vgl. Goldfried, 1987). Auf der kognitiven Ebene bieten sie dem Patienten eine plausible – im Idealfall eine auf den Erkenntnissen der Wissenschaft beruhende – Erklärung an, die dem Patienten die Symptome verständlich werden lassen und aus denen die therapeutischen Handlungsprozeduren resultieren (vgl. Frank, 1989). Bei der Behandlung von gestörten Funktionen erfahren die erwähnten Erfahrungselemente eine unterschiedliche Akzentuierung im Vergleich zur Psychotherapie.

Das durch klinisch-psychologische Behandlungen und Therapien bereitgestellte Lernarrangement steht normalerweise unter einer gewissen *Zielorientierung*, die kurzfristige (Zwischen- oder phasentypische Ziele) oder längerfristige Therapieziele betreffen kann, und deren Sachgehalte verschieden konkret sein können (vgl. Einleitungskapitel in diesem Band). Die den meisten Behandlungen oder Psychotherapien zugrundeliegende Zielstruktur (siehe Tabelle 2) läßt sich in (1) therapieprozeßbezogene (2) mikroergebnisbezogene und (3) makroergebnisbezogene Ziele gliedern (vgl. Orlinsky & Howard, 1986). Die *therapieprozeßbezogenen* Ziele sind stets kurzfristig und konkret. Sie regulieren die Handlungssteuerung des Therapeuten in der Therapiesitzung, wenn er beim Patienten die Selbstexploration fördern will, einen Zusammenhang klar machen, eine Einsicht wecken will,

Tabelle 2: Den Psychotherapien zugrundeliegende Zielstruktur (vgl. Orlinsky & Howard, 1986)

Zieltyp	Beispiele
Ziele für die Therapiesitzung (therapieprozeßbezogen): Konkret und kurzfristig	– Erhöhung der Selbstexploration – Verminderung der Angst beim Sprechen über tabuisierte Inhalte – Beim Rollenspiel angemessen mitspielen – Instruktionen einer Übung befolgen
Mikroergebnisse (micro-outcome/post-session): Konkret und kurzfristig	– Konkrete Alltagssituation, die bisher gemieden wurde, nicht mehr meiden (z.B. mit Vorgesetztem sprechen) – Den Zusammenhang einer konkreten sozialen Konfliktsituation besser verstehen können
Makroergebnisse (macro-outcome/post-session): Globaler und langfristig	– Positives Selbstbild – Angemessene Ichstärke – Angemessene Selbstwirksamkeitserwartung – Verbesserte Kommunikationsfähigkeit – Stabile und situationsgeneralisierte Kompetenzen

wenn er im Rollenspiel dem Patienten ein neues Verhalten entlocken und einüben oder eine Übung durchführen will.

(4) Evaluation und Abschluß des therapeutischen Lernens
In allen klinisch-psychologischen therapeutischen Interventionen wird das therapeutische Geschehen durch psychodiagnostische Prozesse begleitet. Diese können mehr oder weniger organisierten und methodisierten Charakter haben. Die Funktion der *Prozeßdiagnostik* besteht in der Kontrolle des therapeutischen Verlaufs (vgl. Kanfer & Grimm, 1980). Sie überprüft, wie weit therapieprozeßorientierte Ziele jeweils schon approximiert werden. Die *Statusdiagnostik* klärt, wie weit die angestrebten Makroergebnisse erreicht sind. Für beide diagnostischen Funktionen variieren die eingesetzten Methoden von der wenig reglementierten klinischen Urteilsbildung bis zu standardisierten und empirisch normierten Testverfahren. Auf dem Wege der *klinischen Urteilbildung* gelangt beispielsweise der Psychoanalytiker zu Hypothesen über die aktuelle Psychodynamik des Patienten, die dann sein therapeutisches Handeln leiten. Bei der klinischen Urteilsbildung sind weder die Gewinnung der psychologischen Daten noch ihre Verarbeitung expliziten und standardisierten Regeln unterworfen, während bei der *methodisierten Urteilsbildung* der diagnostische Prozeß auf standardisierten Diagnoseverfahren bzw. einer expliziten Handlungslogik, wie in der Verhaltensdiagnostik, beruht (vgl. Bd. 1, Kapitel «Diagnostik»). Die kontinuierliche, prozeßorientierte Evaluation schafft die Voraussetzungen, das therapeutische Handeln an die Gegebenheiten des Patienten zu adaptieren (adaptive Indiaktion), während die Abschlußevaluation ergebnisorientiert ist. Sie liefert die Grundlage für die Entscheidung, eine Therapie zum Abschluß zu bringen.

2.2 Methodenübergreifende Therapie-Variablen

2.2.1 Methodenübergreifende Therapiewirkungen

Die folgenden Abschnitte orientieren sich vor allem an der bisherigen Psychotherapieforschung; sie sind indes weitgehend auch für die Therapeut–Patient-Interaktion bei der Behandlung von gestörten Funktionen relevant. Erfolgreiche Behandlung und Therapie ist in jedem Fall dadurch charakterisierbar, daß beim Patienten irgendeine Form des Lernens stattgefunden hat. Die erfolgten Lernprozesse können in Veränderungen psychischer Grundfunktionen, komplexer Funktionsmuster oder von «Pattern» (Greenberg, 1986), oder in Veränderungen von interpersonalen Beziehungsmustern bestehen. Als relativ *methodenübergreifende Wirkungen* der psychotherapeutischen Interaktion darf

- auf der *Prozeßebene* angenommen werden, daß die therapeutische Beziehung gestärkt, die Hoffnung auf konstruktive Veränderungen bei den Patienten intensiviert, die Sensibilisierung fur emotionale und selbstwertbedrohende Probleme erhöht, die Auseinandersetzung mit sich selbst (Selbstexploration) gefördert und neue Lernerfahrungen ermöglicht werden.
- Auf der *Ergebnisebene* unterscheiden Orlinsky und Howard (1986), wie oben bereits beschrieben, Mikroergebnisse («micro-outcome») und Makroergebnisse («macro-outcome»). Die *Mikroergebnisse* betreffen die kleinen Fortschritte, die durch einzelne Therapiesitzungen erreicht werden und die beim Patienten das konkrete Leben und Erleben des Alltages zwischen den Therapiesitzungen beeinflussen («postsession outcome»): Eine konkrete Belastungsepisode wird nun anders erlebt, ein Zusammenhang in der Beziehung zu einer Person besser verstanden usw. Diese kurzfristigen kleinen Effekte der Therapie bauen die *Makroergebnisse* auf, die von einer längerfristigen Bedeutung sind und die zentralere Strukturen der Person betreffen. Dazu können neue Einstellungen, Kompetenzen usw. gehören. Bei erfolgreichen Therapien darf in diesem Sinne eine Stärkung der Selbstwirksamkeitserwartung (self-efficacy) und damit zusammenhängend eine Hebung des Selbstwertgefühls angenommen werden (Bandura, 1987). Zur neuen Selbstsicht gehören auch ein kohärenteres, plausibles Verständnis der eigenen bisherigen Probleme und der eigenen Lerngeschichte. Über die neue Selbstinterpretation hinaus lernen Patien-

ten normalerweise auch, ihre Umwelt neu zu interpretieren (vgl. Stiles, Shapiro & Elliott, 1986). Frank (1989) spricht den therapeutischen Ritualen, Prozeduren und Mythen insgesamt eine «moral-raising function» zu. Neben diesen eher kognitiven Aspekten werden neue Kompetenzen (z.B. soziale) vermittelt.

Daß über so allgemeine und übergreifende Wirkungen hinaus methodenabhängig spezielle Effekte erzielt werden, hat Grawe (1981) deutlich gemacht durch seine neue Zugangsweise der differentiellen Psychotherapieforschung. Die verschiedenen Therapieformen stellen spezielle Bedingungen des Lernarrangements und der Lernorganisation zur Verfügung. Wie weit diese Lernbedingungen innerhalb einer Methode in der Praxis tatsächlich homogen seien, ist umstritten (Kiesler, 1966). Das Lernergebnis wird in allen Fällen durch das Zusammenwirken verschiedener Faktorengruppen beeinflußt. Diese werden in der Psychotherapieforschung als Therapeutenvariablen, Patientenvariablen, als Merkmale der Dyade und als sozio-kulturelle Kontextvariablen thematisiert. Unter diesen Variablen wollen wir Merkmale verstehen, die in mehr oder weniger starker Ausprägung bei den *meisten* Therapieformen festzustellen sind. Ihr spezieller Ausprägungsgrad trägt zur binnenmethodischen Varianz und zur Individualisierung konkreter Therapien bei. *Spezifische Techniken* stellen dagegen die speziellen therapeutischen Handlungsschemata dar, die zur Erreichung umschriebener Ziele eingesetzt werden. Sie werden im Methodenteil (Kapitel 6.2 bis 6.4) und in den störungsorientierten Kapiteln (Kapitel 8 bis 25) dargestellt.
Das Handlungsschema der Expositionstherapie (vgl. Kapitel 6.3 «Verhaltenstherapeutisch orientierte Intervention» in diesem Band) ist z.B. in der Psychoanalyse oder Gesprächspsychotherapie nicht zu finden. In allen drei Therapiearten zeigen indes Therapeuten ein bestimmtes Ausmaß an Wertschätzung oder lassen sich bestimmte Patientenerwartungen identifizieren. Ob und welche Wirkungen von den methodenübergreifenden Komponenten und den spezifischen Techniken ausgehen und wie sie untereinander interagieren, ist Gegenstand der psychotherapeutischen Prozeß- und Wirkungsforschung. Im folgenden werden wichtige Variablengruppen erörtert.

2.2.2 Methodenübergreifende Therapeutenvariablen

Unter Therapeutenvariablen werden Merkmale des Therapeuten verstanden, deren Ausprägungsgrad vermutlich in einem funktionalen Zusammenhang mit Prozeß- und Ergebnisvariablen auf Seiten des Patienten steht. Dazu gehören allgemeine Faktoren wie Alter, Geschlecht, äußeres Erscheinungsbild usw. Ihre Wirkung ist nicht unabhängig von Patientenmerkmalen. Einen informativen Überblick über die einschlägige Forschung geben Beutler, Crago und Arizmendi (1986).

- Am intensivsten ist in den letzten Jahren jene Faktorengruppe untersucht worden, die man mit der Fähigkeit umschreiben kann, zum Patienten eine *warme, wertschätzende und angstfreie Beziehung* aufzubauen. Die drei Rogers-Variablen «Wärme, Empathie und Echtheit» (vgl. Kap. 6.4 «Gesprächspsychotherapeutisch orientierte Intervention» in diesem Band) bezeichnen diesen Variablenkomplex, der für alle Psychotherapien und auch für die Behandlung gestörter Funktionen bedeutungsvoll ist. In der Sozialpsychologie des helfenden Verhaltens (Wills, 1982) und in der Psychotherapieforschung (Stiles, Shapiro & Elliott, 1986) konnte u.a. ein Zusammenhang dieser Therapeutenvariablen mit der Förderung des Selbstwertgefühls bei Patienten nachgewiesen werden, was ein übergreifender Effekt hilfreicher Beziehungen zu sein scheint.
- Eine zweite Gruppe von Therapeutenvariablen kann mit *Persönlichkeitsmerkmalen* umschrieben werden, die für die Patienten eine Modellfunktion haben können. Relativ patientenunabhängig dürften Therapeutenmerkmale wie persönliche Sicherheit, Selbstakzeptierung, Angstfreiheit oder Frustrationstoleranz, aber auch Werthaltungen und allgemeine Einstellungen Modellwirkung haben (vgl. Wills, 1982).
- Als drittes Beispiel sei die *Erwartungsvariable* genannt. Die Erwartungen und Einstellungen des Therapeuten zum Patienten (Fietkau, 1977) beeinflussen vermutlich im

Sinne des Rosenthaleffektes sowohl das Therapeutenverhalten als auch den Patienten. Wenn die einschlägigen Untersuchungen bisher keine einheitlichen Wirkungen erkennen lassen (vgl. Beutler, Crago & Arizmendi, 1986), so ist die Bedeutung der Erwartung auf der Patientenseite deutlicher nachgewiesen (vgl. unten). Die Rolle der Therapeuten- und Patientenerwartung wurde u.a. im Zusammenhang der Placebo-Effekte eingehend diskutiert (vgl. Baumann, 1986).

- Über die *Erfahrungsvariable*, die man vielleicht spontan als besonders wichtig vermuten möchte, liegen bisher keine einheitlichen Befunde vor. Während ihr Therapeuten große Bedeutung für ihre eigene therapeutische Entwicklung zuschreiben (Margraf & Baumann, 1986), ist ihr Einfluß auf den Patienten bis heute nicht klar nachgewiesen (vgl. Parloff, Waskow & Wolfe, 1978). Daß sogar *Laientherapeuten* ohne Psychologie- oder Medizinstudium, nach einem intensiven therapeutischen Training Patienten mit komplexen psychischen Beeinträchtigungen erfolgreich helfen können, hat Zielke (1980) für die Gesprächspsychotherapie nachgewiesen. Für die Einschätzung der Wirksamkeit von Laientherapeuten ist indes zu bedenken, daß die vorliegenden Studien nicht darüber informieren, wieweit Laien über längere Zeit hinweg imstande sind, ihre helfende Aktivität aufrechtzuerhalten. Therapeuten verfügen vermutlich über eine größere Frustrationstoleranz und sind durch ihre Professionalisierung besser imstande, die mitunter irritierenden Prozesse bei Patienten einordnen und verarbeiten zu können. Nietzel und Fisher (1981) setzen sich kritisch mit den vorhandenen Studien zum Effektivitätsvergleich von professionellen mit nichtprofessionellen Therapeuten auseinander. Eine differenzierte Beurteilung, wieviel der Erfolgsvarianz von Psychotherapien auf die Ausbildung zurückführbar sei, kann nach den beiden Autoren beim gegenwärtigen Forschungsstand nicht geleistet werden.

2.2.3 Methodenübergreifende Patientenvariablen

Analog zu den Therapeutenvariablen können Patientenmerkmale auf ihre Bedeutung für den Therapieprozeß hin untersucht werden.

- Bereits in den 60er Jahren hat Schofield (1964) die *Attraktivität des Patienten* als sozialpsychologischen Therapiefaktor thematisiert. Er nahm an, daß Therapeuten zu sogenannten *YAVIS-Patienten* (jung, attraktiv, verbal begabt, intelligent, erfolgreich) leichter eine positive Beziehung aufbauen würden. In dieser Allgemeinheit läßt sich diese Annahme nicht halten, da die Sympathie als dynamisches Phänomen durch die Interaktion verändert werden kann und nicht nur durch die Ähnlichkeit der Interaktionsparter bestimmt wird (vgl. Herschbach, Kliner & Odefey, 1980, S. 133–150).
- Als methodenübergreifende Patientenvariable hat das Konstrukt der *Therapieerwartung* in der bisherigen Forschung die größte Aufmerksamkeit erfahren. Die Erwartungseffekte wurden unter verschiedenen Gesichtspunkten untersucht (vgl. Halder, 1977). Die Frage, wie weit das konkrete therapeutische Angebot des Therapeuten den Therapieerwartungen des Patienten entspricht, kann den Therapieverlauf wesentlich beeinflussen. Einen anderen Erwartungsaspekt stellt die *Erfolgserwartung* des Patienten dar. Diese wurde vor allem im Rahmen der Placebo-Studien systematisch untersucht. Wills (1982) sieht in der positiven Erwartung einen Beeinflussungsfaktor, der bei allen helfenden Beziehungen bedeutungsvoll ist. Als Erwartungsaspekt kann auch die durch den Patienten dem Therapeuten *zugeschriebene Glaubwürdigkeit und Kompetenz* interpretiert werden (Sue & Zane, 1987).
- Das *Ausmaß der Defensivität* konnte in mehreren Studien als methodenübergreifende Patientenvariable, die mit dem Commitment des Patienten korreliert ist, nachgewiesen werden (Gaston, Marmar, Thompson & Gallagher, 1988). Die Variable «Aufnahmebereitschaft des Patienten» kann als eine Operationalisierung des Defensivitätskonstruktes interpretiert werden.

Ihr Einfluß und ihre Interaktion mit der therapeutischen Technik haben Ambühl und Grawe (1988) untersucht. «Selbstexploration» oder «self-relatedness» des Patienten stellen andere Operationalisierungen des selben Konstruktes dar (vgl. Abbildung 1). Die Reaktanz, in der Psychoanalyse als Widerstand beschrieben, kann als dynamische Konzeptualisierung der Abwehr verstanden werden (vgl. Kapitel 13, «Motivation: Intervention» in diesem Band).

- Andere *Persönlichkeitsmerkmale*, deren Einfluß auf den Therapieerfolg untersucht worden ist, sind u.a. Alter, Geschlecht, Ichstärke und Intelligenz. In der Psychoanalyse sind vor allem «Übertragung» und «Widerstand» als bedeutungsvolle dynamische Patientenprozeßvariablen thematisiert worden. Garfield (1986) macht in seinem Überblicksreferat darauf aufmerksam, daß die Ergebnisse stark von den verwendeten Untersuchungsmethoden und den Datenquellen abhängig sind (vgl. Kasten 1), was auch für die Befunde der anderen Therapievariablen gilt.
- Als letzte Patientenvariable, die den Therapieerfolg beeinflußt, sei die *Intensität und Form der Störung* genannt.

Weder die Therapeuten- noch die Patientenvariablen sind *intraindividuell* voneinander unabhängig. Darüber hinaus stehen sie in *interindividueller* Wechselwirkung, was ihre empirische Untersuchung erschwert.

2.2.4 Methodenübergreifende Merkmale der Therapeut–Patient-Dyade

Merkmale der Therapeut–Patient-Dyade charakterisieren Aspekte der Beziehungsstruktur zwischen Helfendem und Hilfesuchendem. Sie lassen sich nicht auf Merkmale des einen oder anderen Interaktionspartners reduzieren. Für die Psychotherapie sind u.a. die folgenden Dyadenmerkmale hinsichtlich ihrer Bedeutung für den Therapieprozeß diskutiert worden.

- Die *wechselseitige interpersonelle Attraktivität* oder Sympathie bezeichnet das Ausmaß, in dem zwei Personen zu einander positiv eingestellt sind, wie weit beide füreinander Belohnungswert besitzen (vgl. Mikula, 1977).
  Austauschpsychologische Hypothesen ermöglichen Vorhersagen über die Aufrechterhaltung einer therapeutischen Beziehung. In der Psychotherapieforschung ist diese Frage u.a. unter dem Aspekt der wechselseitigen Wertschätzung von Therapeut und Patient untersucht worden. Der positive Einfluß dieses Dyadenmerkmals («reciprocal affirmation») auf den Behandlungserfolg ist in verschiedenen Studien übereinstimmend nachgewiesen worden (Orlinsky & Howard, 1986).
- Ein anderer Aspekt der Dyade ist die Entsprechung, die Passung, von Therapeuten- und Patientenmerkmalen im Sinne der

> Kasten 1
> *Garfield (1986, S. 246) zum Forschungsstand der Patientenvariablen (übersetzt durch M.P.)*
>
> «Die Frage, welche Patientenvariablen in welcher Weise mit den Ergebnisvariablen der Psychotherapie verbunden sind, ist ohne Zweifel komplexer Natur und scheint durch die derzeit vorliegenden Forschungsbefunde nicht leicht zu beantworten sein. Die großen Unterschiede der verwendeten Variablen und Untersuchungsmethoden begrenzen die Generalisierungsmöglichkeiten der Ergebnisse. Dies gilt besonders für die Persönlichkeitsmerkmale und die Intensität der Störungen. Zu den Problemen gehören die verwendeten Konstrukte, Meßmethoden, Therapiearten, die Arten der Stichprobengewinnung und die Ergebniskriterien. Jedes dieser Probleme ist die mögliche Quelle von Schwierigkeiten für die Forschung und setzt eine minimale – nicht immer gegebene – Elaboriertheit in den durchgeführten Untersuchungen voraus. Dennoch kann festgehalten werden, daß Persönlichkeitsmerkmale und Erwartungen des Patienten den meisten Therapeuten als wichtig erscheinen. Die präzisere Beschreibung dieser Merkmale und ihre Beziehung zu den Ergebnisvariablen ist indes der weiteren Untersuchung bedürftig. Mit einiger Sicherheit können wir aber festhalten, daß Variablen wie «soziale Schichtzugehörigkeit», «Alter» und «Geschlecht» des Patienten keinen prädiktiven Wert für Psychotherapieergebnisse haben. Für andere Merkmale sind summarische Aussagen derzeit schwieriger zu formulieren.»

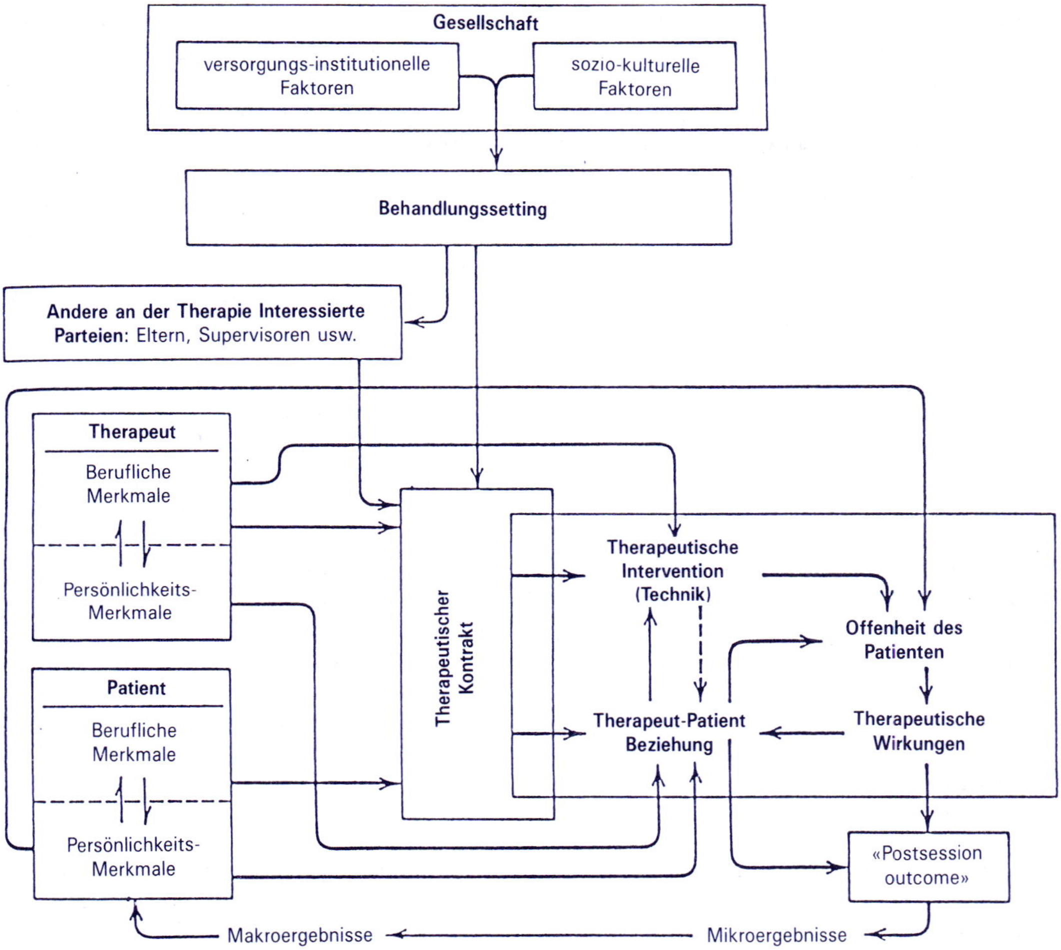

Abbildung 1: Ein allgemeines Modell der psychotherapeutischen Prozeßstruktur (Orlinsky & Howard, S. 367)

Ähnlichkeit oder der Komplementarität von Persönlichkeitsmerkmalen. Die empirischen Befunde dazu sind uneinheitlich (Zimmer, 1983).

- Zu den Merkmalen der Dyade gehören auch formale Merkmale der *Therapeut-Patient-Interaktion*, wie Rhythmus des Wortwechsels, Reziprozität der sozialen Verstärkung oder Bestrafung usw. Zur Erfassung einschlägiger Interaktionsmerkmale sind entsprechende Forschungsinstrumente entwickelt und erprobt worden (Benjamin, 1987), ohne daß bisher Zusammenhänge mit Ergebnisvariablen gesichert worden wären.

2.2.5 Methodenübergreifende institutionelle, soziale und sozio-kulturelle Kontextvariablen

(1) Der Behandlungs- resp. Psychotherapieprozeß findet jeweils in einem *institutionellen und organisatorischen Kontext* statt, der – wie Bastine (1988) beschrieben hat – die therapeutischen Rahmenbedingungen beeinflußt. Die ökologische und ökonomische Zugänglichkeit einer Institution hat einen Einfluß auf die *Selektion* der Patienten, die sie benützen. Räumlich entlegene Dorfbewohner, deren nächste psychologische Beratungsstelle in einer mit öffentlichen Verkehrsmitteln schwer erreichbaren Bezirkshauptstadt liegt, werden diese

Institution mit geringerer Wahrscheinlichkeit in Anspruch nehmen als die Stadtbewohner (vgl. Kupper, 1986). Eine andere Schwelle stellt das Tarifniveau der Einrichtung dar, wenn die Bezahlung durch die Patienten zu entrichten ist. Luxuskliniken ziehen ein anderes Publikum an als öffentliche psychosoziale Zentren (vgl. Kapitel 2 «Gesundheitsversorgung»). Das *Sozialprestige* der Institution, das u.a. durch das Behandlungskonzept, durch beliebte und erfolgreiche Fachkapazitäten usw. mitbedingt sein kann, übt einen direkten Einfluß auf die *Erfolgserwartung* des Patienten aus.

(2) Der Therapieprozeß ist auch vom sozialen Umfeld, in dem der Patient lebt, abhängig. Patienten, die ihre *Umwelt als unterstützend* erleben, haben unabhängig von der Therapiemethode bessere Prognosen (Gaston, Marmar, Thompson & Gallagher, 1988). Soziale Unterstützung ist - entsprechend der Pufferhypothese - bei Belastungen wirksam. Personen mit stärkerer sozialer Unterstützung erleben zur Therapie eine zusätzliche belastungsreduzierende Einflußgröße (vgl. Baumann, 1987).

(3) Über den engeren Rahmen des unmittelbaren institutionellen und sozialen Umfeldes hinaus beeinflussen *sozio-kulturelle Faktoren* in verschiedener Hinsicht methodenübergreifend den Therapieprozeß. Die Krankheitsresp. Störungsvorstellungen bezüglich Ätiologie und Therapie, die ein Patient durch seine Sozialisation in seiner Subkultur erworben hat, beeinflussen u.U. die Wahl des Therapeuten. Dort wo keine Wahlmöglichkeit vorliegt, erleichtern oder erschweren sie - je nach Passung mit dem Konzept des Therapeuten - die Behandlung, die ko-orientierte therapeutische Arbeit, wie sie Orlinsky und Howard (1986) als Voraussetzung für die Psychotherapie beschrieben haben (vgl. auch Brehm & Smith, 1986). Die Erwartungen des Patienten und die dem Therapeuten zugeschriebene Kompetenz und Glaubwürdigkeit werden durch kulturelle und subkulturelle Vorgaben strukturiert. Ob von der Handauflegung des Geistheilers, vom psychoanalytischen Rituale oder von jenem des Biofeedback Hilfe erwartet wird, hängt von den Gesundheitsvorstellungen («health-beliefs») der Kultur oder Subkultur ab, mit der sich der Patient identifiziert. In dem Ausmaß, in dem das therapeutische Angebot inkongruent ist zu den kulturell oder subkulturell akzeptierten Formen der Hilfestellung, wird dies den Therapieprozeß belasten. Dieser Einfluß ist nicht nur bei ethnischen Minderheiten in den USA beobachtbar (vgl. Sue & Zane, 1987), sondern auch in der bäuerlichen Subkultur der Alpenländer, wo Magnetisten und Handaufleger sich guter Nachfrage erfreuen.
Orlinsky & Howard (1986) haben das dynamische Zusammenwirken wichtiger verschiedener Faktoren, die die Wirkungen psychotherapeutischer Prozesse beeinflussen, in einem Modell schematisch zusammengefaßt (siehe Abb. 1).
Das Schema modelliert die Beeinflussungsstruktur und verdeutlicht die Komplexität der Wirkfaktoren. Es illustriert auch den Schwierigkeitsgrad, dem sich die Psychotherapieforschung ausgesetzt sieht wenn sie das Gewicht einzelner Faktoren empirisch zu schätzen und ihr Zusammenspiel zu analysieren versucht.

2.3 Psychologische Mittel und implizierte Lernprozesse in klinisch-psychologischen Behandlungen und Therapien

Die therapeutischen Veränderungsprozesse betreffen entweder stärker einzelne psychische Funktionen (beim Funktionstraining) oder das ganze psychobiologische System der Persönlichkeit, also motivationale, emotionale, kognitive, psychomotorische, psychophysiologische, biochemische und neurologische Funktionen (bei Psychotherapien). Bestimmte Psychotherapien sprechen gewisse Funktionen stärker an als andere. So stehen bei Biofeedback-Methoden psychophysiologische und kognitive Funktionen im Vordergrund, während in der rational-emotiven Therapie mehr motivationale, kognitive und emotionale Funktionen angesprochen werden, was nicht bedeutet, daß durch die methodentypische Fokussierung gewisser Funktionen oder durch Funktionstrainings sekundär nicht auch alle anderen mitbeeinflußt wurden. In den Kapiteln zu den Funktionen in Band 1 und in diesem Band werden diese Prozesse thematisiert. Ungeachtet des therapeutischen Ansatzpunktes finden im positiven Fall – wie oben bereits angesprochen – Lernprozesse statt, wenn die stabile Veränderung nicht lediglich auf biochemische oder Reifungsprozesse, sondern auf die therapeutische Lernerfahrung zurückzuführen ist.

Psychotherapeutische Methoden wie auch die Methoden zur Behandlung von Funktionsstörungen lassen sich methodenübergreifend nach den *Lernmechanismen und -mittel* beschreiben und untersuchen, die je nach Methode einzeln oder kombiniert Anwendung finden – ungeachtet der von den Schulen selbst vorgebrachten Kausalattributionen. Diese stellen psychologische *Erklärungselemente* für die Änderungsprozesse dar. Diese Erklärungselemente werden in Funktion der künftigen Forschung, insbesondere der Lernforschung weitere Differenzierungen und Korrekturen erhalten. Auf Probleme der strikten Erklärung psychotherapeutischer Effekte haben u.a. Bastine (1988) oder Westmeyer und Hoffmann (1977) aufmerksam gemacht (vgl. auch Kapitel 3 «Wissenschaftstheoretische Grundbegriffe» in diesem Band).

Eine psychologisch stringente *Taxonomie* der psychologischen Mittel und Lernprinzipien, die in den Psychotherapien und Behandlungen von Funktionsstörungen Anwendung finden, liegt bisher nicht vor und wird hier auch nicht zu leisten sein. Komplexere Therapieansätze bringen stets mehrere Mittel zur Anwendung, und meistens sind an einem Mitteltyp wiederum mehrere Mittelsubtypen zu unterscheiden, was ihre Untersuchung in der therapeutischen Praxis sehr erschwert. Dennoch liegen zu einzelnen Mitteln und damit implizierten Lernmechanismen kontrollierte Studien vor, z.B. zur Methode der differentiellen Beachtung (vgl. Ischi, 1985) oder des Biofeedback (vgl. Birbaumer, 1977). Die Lernprozesse sind prinzipiell verschiedenen theoretischen Rekonstruktionen zugänglich. Statt an den «klassischen» Lernprinzipien könnte die Systematik z.B. auch an Konzepten der Informationsverarbeitung orientiert sein. Der folgende Systematisierungsversuch orientiert sich primär – ohne Anspruch auf Vollständigkeit – an «klassischen» lernpsychologischen Gesichtspunkten.

(1) Einen ersten Mitteltyp stellt die Gewohnheitsbildung durch *Übung* dar. Darunter seien jene Mittel verstanden, bei denen affektive, kognitive, motorische usw. Verhaltensdispositionen durch *Verhaltenswiederholung* gestärkt werden sollen. Das *mentale Training* stellt eine besondere Variante des Übens dar, bei der die Verhaltenswiederholung vorstellungsmäßig durchgeführt wird (vgl. dazu unten «kognitive Mittel»). Die Übung wird durch den Therapeuten *instruiert* und u.U. auch *modelliert*. Instruktion und Modelldarbietung stehen dann als Elemente anderer Mittelgruppen im Dienste der Übung. Übung ist ein wesentlicher Aspekt bei den Entspannungstechniken, auch beim Biofeedback. Gleichermaßen spielt bei Konditionierungs- oder Dekonditionierungsprozessen die Übung, bzw. die Wiederholung eine wichtige Rolle, so z.B. bei der Desensibilisierung oder der Expositionstherapie. Kognitive Gewohnheiten werden u.a. bei der kognitiven Umstrukturierung durch Üben verändert.

(2) Verschiedene Methoden verwenden die *Konfrontation mit der angstauslösenden Situation* als Mittel zum Abbau bzw. zur Schwächung von affektiven Reaktionen. Dadurch werden psychologische Prozesse der Löschung, der Gegenkonditionierung bzw. der Habituation angeregt an denen auch kognitive Veränderungen beteiligt sind. Merkmale des Therapeuten können ebenfalls als soziales angsthemmendes Agens wirken (vgl. Martin, 1975).

(3) In jeder Psychotherapie spielt die positive bzw. negative *verbale und nonverbale Rückmeldung* durch den Psychotherapeuten eine Rolle. Diese Form der Rückmeldung wird auch motivationale Rückmeldung genannt. Dadurch werden auf motivationaler Ebene *soziale Verstärkungsprozesse* in Gang gesetzt (Rückmeldung unter informationalen Aspekten vgl. unten «kognitive Mittel»). Krasner (1962) hat den Versuch gemacht, den therapeutischen Interaktionsprozeß konsequent als sozialen Verstärkungsprozeß zu interpretieren und nannte den Therapeuten in diesem Zusammenhang eine «social reinforcement machine». Die Verstärkung ist an der verbalen Interaktion durch die selektive Aufmerksam-

keit, durch Rückmeldung usw., aber auch beim Verfolgen konkreter Lernziele mitunter explizit - wie beim Aufbau von Verhaltensweisen bei Depressiven - oder implizit beteiligt. Durch soziale Verstärkung wird u.a. ein Teil der Wirkung der Therapeutenvariablen von Rogers erklärt. Zu diesem Mitteltyp gehört auch die gezielte Unterlassung von bestrafenden Reaktionen in der verbalen Interaktion, wenn tabuisierte Inhalte aufgearbeitet werden, was den therapeutischen Dialog u.a. vom Alltagsdialog unterscheidet.

(4) Der Therapeut bringt sich als *Modell* angemessener menschlicher Beziehungen und angemessener Auseinandersetzung mit sich selbst ins Spiel. Auf diese Weise können neue Verhaltensweisen durch den Patienten imitiert oder unerwünschte geschwächt werden z.B. durch den Abbau von angstbesetzten Meidetendenzen (vgl. Helm 1980). Soweit wurde das Modelllernen bereits unter den methodenübergreifenden Therapeutenvariablen besprochen. Vor allem in der Verhaltenstherapie werden darüber hinaus Modelle explizit als therapeutische Mittel eingesetzt (vgl. Bandura, 1987).

(5) Als fünfter Mitteltyp seien *kognitive Mittel* unterschieden. Zu ihnen gehören das Deuten, Überzeugen, informationales Rückmelden und ähnliches. Psychologisch zielen sie darauf ab, die *kognitive Repräsentation* und das *Erwartungssystem* zu beeinflussen. *Repräsentationsorientierte* Verfahren bzw. Interventionen lassen sich in diesem Sinne von den *reaktionsorientierten* Verfahren und Interventionen abheben. In der Psychotherapie wird auf weite Strecken im Gespräch mit kognitiven Repräsentationen von Situationen und Reaktionen des Patienten gearbeitet, und ein Teil der Ziele besteht in der Veränderung dieser Repräsentationen durch Information, Überzeugen usw. Die kognitive Psychologie hat in den letzten Jahren Modelle zur kognitiven Organisation von Repräsentationen entwickelt. Auf die Psychotherapie bezogen wurden insbesondere die Veränderung von Aspekten der Informationsverarbeitung, von Erwartungen und Attributionstendenzen (vgl. Brewin, 1988) und die Veränderung von kognitiven Schemata (Beck, 1983; Grawe, 1987) diskutiert, und neuerdings wird auch der Versuch gemacht, durch Psychotherapie initiierte kognitive Prozesse auf dem Hintergrund von «Cognitive Science» Ansätzen zu diskutieren (vgl. Leuzinger-Bohleber & Pfeifer, 1989).

(6) Einen weiteren Mitteltyp stellen *psychophysiologisch orientierte Methoden* dar, die das Körpererleben auf molarer Ebene (wie in den körperbezogenen Therapieformen) oder auf der Ebene präzise umschriebener physiologischer Rückmeldungen in den therapeutischen Prozeß explizit einbeziehen, wie z.B. beim Biofeedback. Auch bei psychophysiologischen Methoden spielen kognitive Prozesse - wie beispielsweise das Wahrnehmen der Rückmeldung, das Reattribuieren von Empfindungen usw. - und die Übung eine Rolle.

Die *therapeutische Beziehung* fungiert in verschiedenen Psychotherapien systematisch als Medium der Therapie. Am differenziertesten nutzt die Psychoanalyse durch die Übertragungsanalyse die Therapeut–Patient-Beziehung als mikro-soziales Erfahrungsmodell für das therapeutische Lernen. Bei diesem Prozeß gelangen *verschiedene Submittel*, wie z.B. die soziale Verstärkung oder kognitive Mittel zur Anwendung. Die therapeutische Beziehungs als psychologisches Mittel für therapeutische Lernerfahrungen einzusetzen, bedeutet u.a., dem Patienten an Hand der mikrosozialen (künstlichen) Modellsituation die Gelegenheit zu verschaffen, sich mit angstbesetzten Inhalten ohne Bestrafungsrisiko auseinandersetzen zu können, ein angstfreies Partnermodell erleben zu können, soziale Verstärkung zu erfahren usw. In diesen Erfahrungsmöglichkeiten sind Elemente der oben beschriebenen psychologischen Mittel enthalten.

Die differentiellen Effekte verschiedener psychotherapeutischer Methoden und die idiosynkratischen Wirkungen einzelner konkreter Therapien lassen sich als das Ergebnis interpretieren, das durch das besondere Akzentuieren einzelner oder die Mischung von verschiedenen der oben genannten Mittel und Prozesse zustande kommt. Die Akzentuierung auf einzelne Mitteltypen bedeutet nicht, daß deswegen nicht auch andere Prozesse aktiviert würden. Auch beim Üben als einer reaktionsorientierten Methode werden z.B. kognitive Prozesse angeregt.

3. Systematik der klinisch-psychologischen Behandlungs- und Therapieformen

Die verschiedenen klinisch-psychologischen Behandlungs- und Therapieformen sind nicht das Ergebnis einer systematischen und kohärenten wissenschaftlichen Entwicklung, sondern das Resultat einer vielschichtigen fachlichen und berufspolitischen Geschichte. Viele Therapieansätze haben sich außerhalb der akademischen Psychologie und Psychiatrie entwickelt. Aber selbst innerhalb der Psychologie existieren bisher eher erste Ansätze als ein umfassendes Konzept eines systematischen theoretischen Grundlagen- und Interventionswissens, das den Hintergrund einer einheitlichen Interventionssystematik bilden könnte. Trotz dieser Umstände, die eine Systematisierung der Therapieformen erschweren, sollen einige Ordnungsgesichtspunkte beschrieben werden, die unter jeweils besonderer Perspektive die klinisch-psychologischen Behandlungs- und Therapiemethoden zu gliedern erlauben. Die verschiedenen Ordnungsgesichtspunkte sind weitgehend auch auf die rehabilitativen und teilweise auf die präventiven Maßnahmen anwendbar.

3.1 Einteilung nach formalen Merkmalen

Behandlungs- und Therapieverfahren können über verschiedene Ansätze hinweg nach formalen Merkmalen charakterisiert werden:

- Nach der **Anzahl der therapeutischen Interaktionspartner: Einzel- vs. mehrere Personen.** Zum einen stellt diese Einteilung die Therapie mit einem Individuum vs. die Therapie mit einer Gruppe von Individuen gegenüber, die außerhalb der Therapie nicht miteinander vernetzt sind: *Gruppentherapie*. Die Zahl der Patienten variiert in der Gruppentherapie normalerweise zwischen 5 bis 8 Patienten. Je nach therapeutischem Ansatz kann die Zahl indes auch höher liegen.
  Dem ist die *Einzeltherapie vs. die Therapie mit vernetzten Personen* gegenüberzustellen: *Partner- und Familientherapie*.
- Nach dem **Zeitfaktor: Langzeittherapie versus Kurztherapie.** Die Therapiedauer ist zwischen den Therapieansätzen auch für die normale Therapie sehr unterschiedlich. Eine gewöhnliche Gesprächspsychotherapie kann 20 bis 40 Sitzungen dauern, während sich eine klassische Psychoanalyse über 2 bis 4 Jahre - 2 bis 4 Sitzungen pro Woche - erstrecken kann. *Kurztherapien* dauern normalerweise zwischen 20 und 40 Stunden, wobei die Stundenzahl nicht das einzige Kriterium darstellt. Auch ihre Ziele sind weniger weitreichend als bei Langzeittherapien (vgl. Garfield, 1989). Die Dauer der Behandlung von gestörten Funktionen variiert in großen Breiten, je nach Art der Störung. Sprachstörungen als Folge zerebraler Defekte werden z.B. mitunter über Jahre hinweg behandelt.
- Nach dem *Ort der* **therapeutischen Macht** (vgl. Kessler & Roth, 1980).
  Direkte Methoden («power to the therapist»). Darunter fallen die traditionellen therapeutischen Settings, in denen der Therapeut mit einzelnen Patienten, Paaren, Gruppen usw. direkt zusammenarbeitet.

  Intermediäre Methoden («power to the mediator»). Das Mediatorenkonzept richtet die Hilfestellung nicht direkt an den Patienten, sondern an relevante Bezugspersonen. Psychotherapie durch Mediatoren versucht, durch Delegation der Expertenmacht das unmittelbare Umfeld des Patienten therapeutisch oder hilfstherapeutisch zu qualifizieren (Perrez, 1988).

  Selbsthilfemethoden («power to the person»). Sie charakterisieren sich durch die Selbstorganisation der Hilfesuchenden und durch die Abwesenheit von Experten. Experten sind gegebenenfalls bei der Initiierung behilflich.

Die therapeutischen Ressourcen werden in der Gruppe gesehen (Moeller, 1981).

- **Nach der Beeinflussungsebene**: Intrapersonelle Funktionen, Funktionsmuster, interpersonelle Systeme (vgl. Einleitungskapitel in diesem Band).

Einzeltherapie (siehe auch Seite 67)

Gruppentherapie

3.2 Einteilung nach Therapiezielen

Die inzwischen veraltete, aber dennoch gelegentlich diskutierte Unterscheidung «Einsichtstherapien» versus «Verhaltenstherapien» (London, 1964) geht davon aus, daß verschiedene Therapierichtungen primär *einsichtsorientiert* sind - so die Psychoanalyse oder die Gesprächspsychotherapie - und andere eher *verhaltensorientiert*. Danach würden gewissen Therapiearten die Veränderung von Einsichten und andere die Veränderung von (offenen) Verhaltenstendenzen anstreben. Diese Dichotomisierung nach (zentralen) kognitiven versus (peripheren) Verhaltenszielen ist indes zu relativieren. In der Verhaltenstherapie spielen Einsicht, Motivation usw. ebenfalls eine zentrale Rolle. Selbst bei Methoden wie der Expositionstherapie wird davon ausgegangen, daß der Patient Einsicht in die Zusammenhänge seiner Störung und der Therapie erhalten solle. Dennoch kann man Therapiemethoden grob danach ordnen, ob sie den Zugang zur Veränderung im psychologischen Regulationssystem eher auf einer höheren (intellektuellen) oder einer niederen (sensumotorischen) Regulationsebenen favorisieren (vgl. Semmer & Frese, 1979).

3.3 Einteilung der Therapieformen nach theoretischen Ansätzen

Dieses häufig verwendete Kriterium hat den Vorteil, die verschiedenen Methoden nach ihrem theoretischen Hintergrund zusammenzufassen, so wie er von den Proponenten des Ansatzes selbst beschrieben wird. Damit bildet nicht eine wissenschaftliche psychologische Systematik (z.B. nach formalen Aspekten, Indikationskriterien, verwendeten Mitteln usw.) das Einteilungskriterium, sondern die theoretischen Ideen und Kausalattributionen, die von den Vertretern des Ansatzes selbst vorgebracht werden, die u.U. der Alltagspsychologie näher stehen als der wissenschaftlichen Psychologie, wie z.B. bei den bioenergetischen Methoden oder der «Intuitionstherapie». Die Einteilung nach Schulen verzichtet auf ein einheitliches theoretisches wissenschaftliches Referenzsystem. Nachteilig ist die mangelnde Ökonomie einer solchen Systematik, da die therapeutischen Schulen unterdessen Legion geworden sind. Deshalb werden sie mitunter in schulischen Familien zusammengefaßt, z.B. Tiefenpsychologische Ansätze, Verhaltens- und kognitionstherapeutische Ansätze und Existentiell-Humanistische An-

Tabelle 3: Vier Psychotherapie-Ansätze aus der Sicht ihrer Proponenten (vgl. Karasu, 1977)

Ansatz	Tiefenpsychologischer A. (z.B. Freud, Winnicott)	Verhaltenstherapeutischer A. (z.B. Beck, Meichenbaum)	Existenziell-Humanistischer A. (z.B. Rogers, Gendlin)	Kommunikationsorientierter A. (z.B. Watzlawik, Minuchin)
Ätiologiekonzept	Frühkindliche Triebkonflikte Verdrängungsprozesse	Dysfunktionale Lerngeschichte Person-Umwelt-Interaktion	Inkongruenz von Erfahrung und Selbstkonzept	Störungen als Ausdruck/Folge dysfunktionaler Kommunikationsstrukturen
Gesundheitskonzept/Therapieziele	Aufarbeitung von intrapsychischen Konflikten «Wo Es war, soll Ich werden», dem Patienten helfen, unbewußte Motive zu erkennen	Wiederherstellung der Verhaltens- und Erlebenskompetenzen, Veränderung der Selbstsicht, Selbstkontrolle	Förderung der Selbstaktualisierung «Fully functioning person»	Herstellen konstruktiver Kommunikationsstrukturen, entdecken dysfunktionaler Kommunikationsstrukturen und Kommunikationsstrukturen reorganisieren helfen
Therapeutische Zeitperspektive	Gegenwart aus Vergangenheit verstehen	Gegenwartsorientiert	Gegenwartsorientiert	Gegenwartsorientiert
Psychologische Mittel	Deuten von freien Assoziationen, von Übertragungsphänomenen, Fehlleistungen, Träumen usw.	Übung, Verstärkungslernen, Habituation, Modellernen, Kognitive Umstrukturierung, psychophysiologische Methoden	Zeigen von Empathie und Akzeptierung, Dialog, Encounter (teilweise Körpererfahrung)	Instruktion/Deuten

sätze (Korchin, 1976). Tabelle 3 stellt vier verschiedene theoretische Therapieansätze frei nach einem Schema von Karasu (1977) in verschiedenen Kriterien vergleichend gegenübergestellt (siehe Tabelle 3). Diese Gegenüberstellung gibt die stark vereinfachte Charakterisierung der Ansätze aus der Sicht ihrer Proponenten wieder.

Die Tabelle läßt in der schematisierten Gegenüberstellung einige Aspekte und Akzente erkennen, in denen sich diese vier Therapiegruppen *in ihrem Selbstverständnis* theoretisch unterscheiden. Die verschiedenen - auch wissenschaftlich unterschiedlich elaborierten und fundierten - Selbstdarstellungen suggerieren über Gebühr Unterschiede in den Zielsetzungen, Wirkungen und Methoden. Daß sich die *Unterschiede zwischen* den Ansätzen und die *Homogenität innerhalb* einzelner theoretischer Konzepte in der Praxis weniger deutlich akzentuieren, ist verschiedentlich belegt worden (vgl. Kiesler, 1966).

In den folgenden Teilen dieses Lehrbuches werden zunächst drei wichtige theoretische Psychotherapieansätze - psychoanalytisch, verhaltenstherpeutisch und gesprächspsychotherapeutisch orientierte Interventionen - nach einer einheitlichen Systematik dargestellt. Alle drei Ansätze waren in den letzten Jahrzehnten - wenn auch in unterschiedlichem Ausmaß - Gegenstand der empirischen Prozeß- und Wirkungsforschung. Wir gehen davon aus, daß sich die wissenschaftliche Entwicklung der klinisch-psychologischen Behandlungsmethoden künftig stärker an der Entwicklung der verschiedenen Teilgebiete der Psychologie als an einzelnen historischen Autoritäten orientieren wird. Ebenso zeichnet sich ein deutlicherer Störungsbezug ab, dem Umstand Rechnung tragend, daß die für bestimmte *Störungen auf der Funktions-, der Funktionsmuster- oder der interpersonellen Systemebene* typischen psychosozialen und biologischen Mechanismen einer expliziteren Berücksichtigung bedürfen, um Fortschritte in der Therapie zu erzielen. Dieser Betrachtungsweise sind die Kapitel 8 bis 25 gewidmet.

4. Literatur

Ambühl, H. & Grawe, K. (1988). Die Wirkungen von Psychotherapie als Ergebnisse der Wechselwirkung zwischen therapeutischem Angebot und Aufnahmebereitschaft der Klient/inn/en. *Zeitschrift für Klinische Psychologie, Psychopathologie und Psychotherapie, 36,* 308-327.

Bandura, A. (1987). Perceived self-efficacy: exercise of control through self-belief. In J.P. Dauwalder, M. Perrez & V. Hobi (Eds.), *Controversial issues in Behavior Modification* (pp. 27-59). Amsterdam: Swets & Zeitlinger.

Bastine, R. (1988). Psychotherapeutische Prozesse - von der Verlegenheit, psychotherapeutische Veränderungen zu erklären. *Zeitschrift für Klinische Psychologie, Psychopathologie und Psychotherapie, 36,* 296-307.

Baumann, U. (1986). Zum Placebo-Konzept in der Psychotherapie. In H. Hippius, K. Überla, G. Laakmann & J. Hasford (Hrsg.), *Das Placebo-Problem* (S. 97-105). Stuttgart: Gustav Fischer.

Baumann, U. (Hrsg.). (1987). Soziales Netzwerk - Soziale Unterstützung (Themenheft). *Zeitschrift für Klinische Psychologie, 16,* 4.

Baumann, U. & von Wedd, B. (1981). Stellenwert der Indikationsfrage im Psychotherapiebereich. In U. Baumann (Hrsg.), *Indikation zur Psychotherapie* (S. 1-36). München: Urban & Schwarzenberg.

Benjamin, L.S. (1987). Use of structural analysis of social behavior (SASB) to define and measure confrontation in psychotherapy. In W. Huber (Ed.), *Progress in psychotherapy research* (pp. 469-495). Louvain-la-Neuve: Presses Universitaires de Louvain.

Birbaumer, N. (1977). Biofeedback und operantes Konditionieren physiologischer Prozesse - ein Beispiel für die Gültigkeit der Lerngesetze. In N. Birbaumer (Hrsg.), *Psychophysiologie der Angst* (S. 267-270). München: Urban & Schwarzenberg.

Blaser, A. (1985). Diagnose und Indikation in der Psychotherapie. *Zeitschrift für Klinische Psychologie, Psychopathologie und Psychotherapie, 4,* 294-304.

Bower, G.H. & Hilgard, E.R. (1983). *Theorien des Lernens I.* Stuttgart: Klett-Cotta.

Brehm, S.S. & Smith, T.W. (1986 3). Social psychological approaches to psychotherapy and behavior change. In S.L. Garfield & A. Bergin (Eds.), *Handbook of Psychotherapy and Behavior Change* (pp. 69-116). New York: John Wiley & Sons.

Brewin, C.R. (1988). *Cognitive Foundations of Clinical Psychology.* Hove/London: Lawrence Erlbaum.

Fietkau, H.-J. (1977). *Die Einstellung in der Psychotherapie.* Salzburg: Otto Miller.

Frank, J.D. (1989). Non-Specific Aspects of Treatment: The view of a Psychotherapist. In M. Shepherd & N. Sartorins (Eds.), *Non-Specific Aspects of Treatment* (pp. 95-114). Toronto: Hans Huber Publishers.

Garfield, S.L. (1986 3). Research on client variables in psychotherapy. In S.L. Garfield & A.E. Bergin (Eds.), *Handbook of Psychotherapy and Behavior Change* (pp. 213-256). New York: John Wiley & Sons.

Garfield, S.L. (1989). *The practice of brief psychotherapy* New York: Pergamon Press.

Garfield S.L. & Bergin A.E. (Eds.). (1986 3). *Handbook of Psychotherapy and Behavior Change* New York: John Wiley & Sons.

Gaston, L. Marmar. C.R., Thompson L.W. & Gallagher, D. (1988). Relation of patient pretreatment characteristics to the therapeutic alliance in diverse psychotherapies. *Journal of Consulting and Clinical Psychology, 56,* 483–489.

Goldfried, M.R. (1987). The Challenge of Psychotherapy Integration. In W. Huber (Ed.), *Progress in Psychotherapy Research* (pp. 801–823). Louvain-La-Neuve: Presses Universitaires de Louvain.

Grawe, K. (1981). Überlegungen zu möglichen Strategien der Indikationsforschung. In U. Baumann (Hrsg.), *Indikation zur Psychotherapie* (S. 221–236). München: Urban & Schwarzenberg.

Grawe, K. (1981). Vergleichende Psychotherapieforschung. In W.-R. Minsel & R. Scheller (Hrsg.), *Psychotherapie* (S. 149–183). München: Kösel.

Grawe, K. (1987). Psychotherapie als Entwicklungsstimulation von Schemata - ein Prozeß mit nicht voraussehbarem Ausgang. In F. Caspar (Hrsg.), *Problemanalyse in der Psychotherapie.* Tübingen: DGVT.

Greenberg, L.S. (1986). Change Process Research. *Journal of Consulting and Clinical Psychology, 54,* 4–9.

Halder, P. (1977). *Verhaltenstherapie und Patientenerwartung.* Bern: Hans Huber.

Helm, J. (1980). *Gesprächspsychotherapie.* Darmstadt.. Dr. Dietrich Steinkopff Verlag.

Herschbach, P., Klinger, A. & Odefey, S. (1980). *Die Therapeut-Klient-Beziehung.* Salzburg: Otto Müller.

Huber, W. (1987). *La Psychologie clinique aujourd'hui.* Bruxelles: Pierre Mardaga.

Huber, W. (1991). *Psychologische Hilfe und Therapie. Was man wissen sollte, wenn man Hilfe braucht.* Bern: Hans Huber.

Ischi, N. (1985). *Zur Erklärung der Wirksamkeit der differentiellen Beachtung.* Unveröff. Diss., Universität, Bern.

Kanfer, F.H. & Grimm, L.G. (1980). Managing Clinical Change. A Process Model of Therapy. *Behavior Modification, 4,* 419–444.

Karasu, T.B. (1977). Psychotherapies: An overview. *American Journal of Psychiatry, 124,* 833–874.

Kessler, B.H. & Roth, W.L. (1980). Verhaltenstherapie: Strategien, Wirkfaktoren und Ergebnisse. In W. Wittling (Hrsg.) *Handbuch der Klinischen Psychologie* (Bd. 2) (S. 246–287). Hamburg: Hoffmann und Campe.

Kiesler, D.J. (1966). Some myths of psychotherapy research and the search for a paradigm. *Psychological Bulletin, 65,* 110–136.

Korchin, S. (1976). *Modern clinical psychology.* New York: Basic Books.

Krasner, L. (1962). The therapist as a social reinforcement machine. In H.H. Strupp & L. Luborsky (Eds), *Research in Psychotherapy* (Vol. II) (pp. 61–94). Washington: American Psychological Association.

Kupper, Z. (1986). *Psychosoziale Versorgung (Kanton Freiburg/Schweiz).* Unveröff. Liz. Arbeit, Universität, Freiburg (Schweiz).

Lambert, M.J., Shapiro, D.A. & Bergin, A.E. (1986 3). The effectiveness of psychotherapy. In S.L. Garfield & A.E. Bergin (Eds.), *Handbook of Psychotherapy and Behavior Change* (pp. 157–212). New York: John Wiley & Sons.

Leuzinger-Bohleber, M. & Pfeifer, R. (1989). Motivations- und Emotionsstörungen. Ein Cognitive Science Ansatz. Teil II: Interventionsstrategien. *Zeitschrift für Klinische Psychologie, Psychopathologie und Psychotherapie, 37,* 195–217.

London, P. (1964). *The modes and morals of psychotherapy.* New York: Holt, Rinehart & Winston.

Margraf, J. & Baumann, U. (1986). Welche Bedeutung schreiben Psychotherapeuten der Erfahrung zu? *Zeitschrift für Klinische Psychologie, 15,* 248–253.

Martin, D.G. (1975). *Gesprächspsychotherapie als Lernprozeß.* Salzburg: Otto Müller.

Mikula, G. (1977). Interpersonale Attraktion: Ein Überblick über den Forschungsgegenstand. In G. Mikula & W. Stroebe (Hrsg.), *Sympathie, Freundschaft und Ehe* (S. 13–40). Bern: Hans Huber.

Miltner, W., Birbaumer, N. & Gerber, W.D. (Hrsg.) (1986). *Verhaltensmedizin.* Berlin: Springer.

Moeller, M.L. (1978). *Selbsthilfegruppen.* Hamburg: Rowohlt.

Nietzel, M.T. & Fisher, S.G. (1981). Effectiveness of professional and paraprofessional helpers: A comment on Durlak. *Psychological Bulletin, 89,* 555–565.

Orlinsky, D.E. & Howard, K.I. (1986 3). Process and outcome in Psychotherapy. In S.L. Garfield & A.E. Bergin (Eds.), *Handbook of Psychotherapy and Behavior Change* (pp. 311–384). New York: John Wiley & Sons.

Orlinsky, D.E. & Howard, K.I. (1987). A generic model of process in psychotherapy. In W. Huber (Ed.), *Progress in Psychotherapy Research* (pp. 445–458). Louvain-La-Neuve: Presses Universitaires de Louvain.

Parlof, M.Z., Waskow, I.E. & Wolfe, B.E. (1978 2). Research on therapist variables in relation to process and outcome. In S.L. Garfield & A.E. Bergin (Eds.), *Handbook of psychotherapy and behavior change* (pp. 233–282). New York: Wiley.

Perrez, M. (1982). Ziele der Psychotherapie. In R. Bastine, P.A. Fiedler, K. Grawe, S. Schmidtchen & G. Sommer (Hrsg.), *Grundbegriffe der Psychotherapie* (S. 459–463). Weinheim: Edition Psychologie.

Perrez, M. (1983). Wissenschaftstheoretische Probleme der Klinischen Psychologie: Psychotherapeutische Methoden - zum Stand ihrer metatheoretischen Diskussion. In W.-R. Minsel & R. Scheller (Hrsg.), *Forschungskonzepte der Klinischen Psychologie* (S. 148–163). München: Kösel.

Perrez, M. (1988). Psychologische Intervention über Mediatoren (Themenheft). *Heilpädagogische Forschung, 14* (3).

Revenstorf, D. (1985). *Psychotherapeutische Verfahren. Gruppen-, Paar- und Familientherapie* (Bd. IV). Stuttgart: Kohlhammer.

Schofield, P.T. (1964). *Psychotherapy: The purchase of friendship.* New York: Englewood Cliffs, Prentice-Hall.

Semmer, N. & Frese, M. (1979). Handlungstheoretische Implikationen für kognitive Therapie. In N. Hoffmann (Hrsg.), *Grundlagen kognitiver Therapie* (S. 115–153). Bern: Hans Huber.

Stiles, W.B., Shapiro, D.A. & Elliott, R. (1986). Are all psychotherapies equivalent? *American Psychologist, 41,* 165–180.

Strupp, H.H. (1986). Psychotherapy. Research, Practice, and Public Policy. *American Psychologist, 2,* 120–130.

Sue, S. & Zane, N. (1987). The role of culture and cultural techniques in psychotherapy: A critique and reformulation. *American Psychologist, 42,* 37–45.

Westmeyer, H. & Hoffmann, N. (1977). *Verhaltenstherapie.* Grundlegende Texte. Hamburg: Hoffmann und Campe.

Wills, T.A. (1982). Non-specific factors in helping relationships. In T.A. Wills (Ed.), *Basic processes in helping relationships* (pp. 381–404). New York: Academic Press.

Zielke, M. (1979). *Laienpsychotherapeuten in der klientenzentrierten Psychotherapie.* Salzburg: Otto Müller.

Zielke, M. (Hrsg.). (1982). *Diagnostik in der Psychotherapie.* Stuttgart: Kohlhammer.

Zimmer, D. (1983). Empirische Ergebnisse der Therapieforschung zur Therapeut-Kient-Beziehung. In D. Zimmer (Hrsg.), *Die therapeutische Beziehung* (S. 12–28). Weinheim: Edition Psychologie.

Für freundschaftliche Anregungen und Kritik beim Erstellen des Manuskriptes danke ich Urs Baumann, Salzburg, Winfrid Huber, Louvain-la-Neuve, und Michael Reicherts, Fribourg

6.2 Psychoanalytisch orientierte Intervention

Rainer Richter

1. Einleitung

Die Entstehung psychischer oder somatischer Symptome wird in der klassischen psychoanalytischen Theorie als Ergebnis eines Kompromisses zwischen verdrängten, unbewußten Triebimpulsen und diesen entgegenwirkenden Abwehrmechanismen verstanden. Entsprechend dieser Theorie wird die therapeutische Veränderung durch psychoanalytische Psychotherapie dadurch erklärt, daß diese unbewußten Konflikte zwischen Triebregungen und Abwehr mit Hilfe von Deutungen bewußtgemacht und gelöst werden, wobei sich diese Abwehrformen in der therapeutischen Beziehung als Widerstände darstellen. Hauptwiderstand in der Behandlung ist die Übertragung, wie die unbewußte Wiederholung früherer Konflikte mit elterlichen Bezugspersonen in der therapeutischen Beziehung genannt wird.

Psychoanalytisch begründete Psychotherapieverfahren sind durch die folgenden 3 technischen Merkmale gekennzeichnet (vgl. Kernberg, 1981):

- durch die Neutralität des analytischen Psychotherapeuten,
- durch die vorrangige Verwendung der Deutung,
- durch die systematische Analyse der Übertragung.

Als psychoanalytisch begründete Verfahren wird das ganze Spektrum von der hochfrequenten, sich über mehrere Jahre erstreckenden klassischen Liegungspsychoanalyse, bis hin zu den oft niederfrequenten stützenden Psychotherapien und den sich nur über wenige Stunden erstreckenden analytischen Kurztherapien, verstanden.

Unter all diesen psychoanalytisch begründeten Verfahren kommen der tiefenpsychologisch fundierten Psychotherapie und der analytischen Psychotherapie deswegen eine besondere Bedeutung zu, weil sie in der psychotherapeutischen Versorgung der Bevölkerung sehr verbreitet sind. Dieses wird sicherlich dadurch gefördert, daß sie zu denjenigen psychotherapeutischen Verfahren gehören, bei denen der Patient (in der Bundesrepublik Deutschland) Anspruch auf die Kostenübernahme durch seine Krankenkasse hat (vgl. Psychotherapie-Richtlinien, 1987, und Vereinbarung über die Anwendung von Psychotherapie, 1988).

Beiden ätiologisch orientierten Verfahren ist gemeinsam, daß sie die unbewußte Psychodynamik neurotischer Störungen mit psychischer und/oder somatischer Symptomatik zum Gegenstand der Behandlung machen.

Die *tiefenpsychologisch fundierte Psychotherapie* umfaßt dabei solche Therapie-Formen, mit welchen die unbewußte Psychodynamik vor allem aktuell wirksamer neurotischer Konflikte behandelt werden.

Eine Konzentration des therapeutischen Prozesses wird dabei durch die Begrenzung des Behandlungszieles, durch ein vorwiegend konfliktzentriertes Vorgehen und durch Einschränkung regressiver Prozesse angestrebt.

Zur tiefenpsychologisch fundierten Psychotherapie gehören auch die analytische Kurz- bzw. Fokaltherapie, die dynamische Psychotherapie, und auch niederfrequente Therapien in einer längerfristigen, haltgewährenden therapeutischen Beziehung (stützende Psychotherapie).

In der *analytischen Psychotherapie* werden zusammen mit der neurotischen Symptomatik der neurotische Konfliktstoff und die zugrundeliegende neurotische Struktur des Patienten behandelt. Im Zentrum des therapeutischen Geschehens steht dabei die Übertragungs-, und Widerstandsanalyse unter Nutzung regressiver Prozesse.

Zur quantitativen Bedeutung der verschiedenen psychoanalytisch begründeten Verfahren liegen neueste Daten aus einer repräsentativen Erhebung bei Mitgliedern der DGPPT, der Dachorganisation der psychoanalytischen Fachgesellschaften vor (Schmid, 1988). Danach behandelt ein Psychoanalytiker in freier Praxis durchschnittlich 11,4 Patienten in Einzeltherapie, von diesen aber nur 25% in einer hochfrequenten analytischen Psychotherapie mit 3 und mehr Sitzungen pro Woche. Nur 28,5% der befragten Analytiker geben an, mindestens eine Einzeltherapie mit 4 und mehr Stunden pro Woche durchzuführen. Daraus wird ersichtlich, daß die hochfrequente analytische Einzeltherapie mit 4 Stunden pro Woche, also die klassische Liegungs-Analyse, insgesamt eine nur geringe Rolle im Rahmen der psychotherapeutischen Versorung der Bevölkerung spielt, soweit deren Kosten von den Krankenkassen übernommen werden. Mit der ein- und zweistündigen Therapie werden insgesamt fast 70% aller Patienten behandelt. Der Vergleich der beteiligten Berufsgruppen, insbesondere der Ärzte und der Psychologen zeigt, daß alle Berufsgruppen in gleicher Weise zur Einzeltherapie beitragen.

Von allen 12000 Patienten, die zur Zeit der Untersuchung bei den befragten Analytikern in Therapie waren, befinden sich 23,4% in Gruppentherapie und 76,6% in Einzeltherapie. Gruppentherapie bestimmt also – gemessen an den Patientenzahlen – ¼ des Leistungsgeschehens in freier Praxis.

Zur Dauer der Therapien läßt sich sagen, daß die analytischen Psychotherapien mit Stundenzahlen über 300 Stunden keine Seltenheit sind und ihr Anteil zwischen 10 und maximal 20% der Einzeltherapien zu veranschlagen ist.

2. Gesundheitskonzept – Krankheitskonzept

Der Gesundheitsbegriff der Psychoanalyse kann nicht unabhängig von ihrem Behandlungsziel definiert werden. Gesundheit kann deshalb, wie im nächsten Abschnitt ausgeführt, nicht die vollständige Lösung von Konflikten der Vergangenheit bedeuten. Neben «einem genügenden Maß von Genuß und Leistungsfähigkeit» (Freud, 1916/17, S. 476) bedeutet Gesundheit vor allem auch die Fähigkeit, neu entstehende Konflikte nach den Bedingungen und Möglichkeiten der Gegenwart zu lösen und sich auf die Zukunft hin offen zu halten (Nedelmann, 1980).

Seelische Krankheit wird in seelischen und körperlichen Symptomen und krankhaften Verhaltensweisen erkennbar, denen aktuelle Krisen seelischen Geschehens, aber auch pathologische Veränderungen seelischer Strukturen zugrunde liegen können. Seelische Strukturen werden dabei verstanden als die anlagemäßig disponierenden und lebensgeschichtlich erworbenen Grundlagen seelischen Geschehens, das direkt beobachtbar oder indirekt erschließbar ist. Auch Beziehungsstörungen können Ausdruck von Krankheit sein, wenn ihre ursächliche Verknüpfung mit einer krankhaften Veränderung des seelischen oder körperlichen Zustandes eines Menschen nachweisbar ist.

Seelische Krankheit entsteht dann, wenn unbewußte Faktoren ein Minimum an emotionalem Wohlbefinden, an Selbstverwirklichung in sozialen Beziehungen und an materieller Sicherheit verhindern und sich direkt oder in Gestalt von psychophysischen Symptomen Ausdruck verschaffen (vgl. Loch, 1986, S. 73ff).

3. Therapieziele und Indikation

Die berühmte Formel Freuds «wo Es war, soll Ich werden» (1933, S. 86) ist wohl für die psychoanalytische Therapie als Heilmethode zu allgemein, da sie darüberhinaus das Ziel der Psychoanalyse als Wissenschaft vom Unbewußten formuliert. Eine andere Formulierung des Behandlungsziels lautet: «Die Analyse soll die für die Ich-Funktion günstigsten psychologischen Bedingungen herstellen» (Freud, 1937, S. 96), womit insbesondere gemeint ist, daß die Neigung zu Konflikten als solche nicht zu beseitigen sei, sondern allenfalls der (Wiederholungs-)Zwang aufzuheben ist, immer wieder in einer bestimmten neurotischen Weise reagieren zu müssen.

Das allgemeine Ziel der psychoanalytisch begründeten Psychotherapieverfahren ist die systematische Lösung der unbewußten Konflikte und damit auch der Widerstände und Übertragungen. Während die tiefenpsychologisch fundierte Psychotherapie nur eine partielle Lösung von Widerständen und Übertragungen und die Abschwächung bzw. Beseitigung der Symptome zum Ziel hat, soll der Patient am Ende einer sich über mehrere Jahre erstreckenden psychoanalytischen Behandlung die Fähigkeit zur Selbstanalyse erworben haben. Dies bedeutet, daß beim Auftreten neuer Lebensprobleme der, auch nach einer Analyse noch bestehenden Verdrängungsneigung, entgegengewirkt werden kann und somit erneute Symptombildungen erschwert werden (Thomä & Kächele, 1985, S. 330).

Nedelmann (1980) betont, das solchermaßen definierte Behandlungsziel liege darin, «Bedingungen von Möglichkeiten zu schaffen, aber nicht: auf bestimmte inhaltlich definierte Ziele festzulegen. Der Therapeut fungiert als Bedingung der Möglichkeit für den Patienten, sich selbst zu verwirklichen, aber er legt ihn nicht fest. ... wir können geradezu von einem essential der Psychoanalyse sprechen, denn an diesem Punkt unterscheidet sie sich von allen anderen Heilmethoden, die ein bestimmtes Behandlungsziel für den Patienten festlegen» (1980), S. 56).

Diese pointierte Formulierung gilt wohlgemerkt für die analytische Psychotherapie, die sich in der Regel bei einer Frequenz von 4–5 Sitzungen/Woche über mehrere Jahre erstreckt.

Für kürzere und niederfrequente Behandlungen, insbesondere für die Fokal- oder die tiefenpsychologisch fundierte Psychotherapie lassen sich hingegen sehr wohl Therapieziele definieren. Darüberhinaus wird etwa in der analytischen Psychotherapieforschung ein «zentraler Beziehungskonflikt» (Luborsky & Kächele, 1988) diagnostiziert, dessen Bearbeitung und Modifikation angestrebt und im Sinne des Therapieerfolgs beurteilt wird.

Dabei gelten die folgenden allgemeinen Kriterien (vgl. auch die «Psychotherapie-Richtlinien», 1987), in denen sich die psychoanalytisch begründeten Verfahren von anderen psychotherapeutischen Techniken durchaus auch unterscheiden:

- Psychotherapie setzt voraus, daß das Krankheitsgeschehen als ein ursächlich bestimmter Prozeß verstanden wird, der in einem Theoriesystem mit einer Krankheitslehre systematisch beschrieben wird. Dieser muß den gegenwärtigen, lebensgeschichtlichen und gesellschaftlichen Faktoren in ihrer Bedeutung für das Krankheitsgeschehen gerecht werden und empirische Befunde auf der physiologischen, sozialen und psychischen Beobachtungsebene berücksichtigen.
- Bei der psychotherapeutischen Intervention kommt der systematischen Berücksichtigung und der kontinuierlichen Gestaltung der Therapeut-Patient-Beziehung eine zentrale Bedeutung zu.
- Psychotherapie setzt eine ätiologisch orientierte Diagnostik voraus, welche die jeweiligen Krankheitserscheinungen erklärt und zuordnet. Die angewandte Therapiemethode muß in einer angemessenen Relation zu Art und Umfang der diagnostizierten Erkrankung stehen.

Psychoanalytisch begründete Verfahren sind gemäß den Psychotherapie-Richtlinien (1987) bei folgenden Störungen indiziert:

a) Psychoneurotische Störungen (z.B. Angstneurosen, Phobien, neurotische Depressionen),
b) vegetativfunktionelle und psychosomatische Störungen,
c) im Rahmen der Rehabilitation bei Süchten (Alkohol, Drogen, Medikamente) und seelischen Behinderungen aufgrund frühkindlicher emotionaler Mangelzustände, als Folge schwerer chronischer Krankheitsverläufe und als Folge psychotischer Erkrankungen, die einen Ansatz für spezifische psychotherapeutische Interventionen erkennen lassen.

Bei all diesen Indikationen ist zu betonen, daß sie nicht nur für den erwachsenen Patienten, sondern unter Einschränkungen ebenso für Kinder und Jugendliche gelten. Dabei kann die Behandlung sowohl als Einzel- als auch als Gruppentherapie durchgeführt werden, wobei bei Kindern und Jugendlichen auch Bezugspersonen aus dem engeren Umfeld einbezogen werden können (Familientherapie).

4. Interventionstechniken und Behandlungsregeln

4.1 Methode der freien Assoziation – die psychoanalytische Grundregel

Die Spezifität der psychoanalytisch begründeten Verfahren zeigt sich bereits beim «freien Assoziieren» und bei der Grundregel, wonach der Patient seinem Therapeuten alle Gedanken und Gefühle mitteilen kann (und soll), die ihm in der Behandlung bewußt werden. «Versuchen Sie alles zu sagen, was Sie bewegt, was Sie fühlen und denken, das erleichtert die Therapie.» (Thomä & Kächele, 1988, S. 39). Der Grund, dieses dem Patienten zu empfehlen, ist die Erfahrung, daß derartige Assoziationen auf Vorstellungen und Phantasien, Einstellungen und Erwartungen des Patienten hinweisen, die er ohne die interpretative Hilfe des Therapeuten nicht bewußt erleben könnte, und die in engem, oft ursächlichem Zusammenhang mit seinen aktuellen Konflikten und Störungen stehen.

Die Methode der freien Assoziation ist keineswegs eine Entdeckung der Psychoanalyse, sondern wurde bereits unsystematisch in der Antike beschrieben. Eine der ersten wissenschaftlichen Untersuchungen dürfte diejenige von Sir Francis Galton aus dem Jahre 1879 sein, die er als «psychometric experiments» in der berühmten Zeitschrift BRAIN veröffentlichte. Galton berichtete darüber, welche «assoziierten Gedanken» ihm wann durch den Kopf gingen, wenn er bestimmte Gegenstände betrachtete oder an bestimmte Worte dachte.

Freud gebührte dann die Entdeckung, daß dieser Prozeß nicht nur produktiver ist, wenn ein Zuhörer anwesend ist, sondern daß in einer Zwei-Personen-Beziehung diese «freien Assoziationen» häufig auf den anwesenden Therapeuten gerichtet sind. Dieses ist insbesondere dann der Fall, wenn der Therapeut schweigt, dem Patienten jedoch zugewandt zuhört, sich in dieser Phase des therapeutischen Prozesses aller Wertungen, Meinungen, Fragen, Deutungen enthält und selbst auf Fragen des Patienten allenfalls mit einer Gegenfrage oder der Aufforderung, diese selber zu beantworten, reagiert.

Diese Haltung des Therapeuten wird auch als *«gleichschwebende Aufmerksamkeit»* bezeichnet, bei der der Therapeut versucht, sich in gleicher Weise von den eigenen Gedanken, Phantasien und den Äußerungen des Patienten beeindrucken zu lassen, nichts auszuwählen. Da nicht alles gleichermaßen in der Schwebe bleiben kann, wird die Aufmerksamkeit des Therapeuten unwillkürlich in bestimmte Richtungen gelenkt, womit eine Auswahl unter verschiedensten Gedanken, Gefühlen, Phantasien getroffen worden ist. Die Technik der gleichschwebenden Aufmerksamkeit führt dazu, daß der Therapeut den Gefühlen, Bewertungen des Patienten folgt, sich ganz auf dessen Welt einläßt und einfühlt, ohne durch eigene Wertungen eine Auswahl zu treffen.

4.2 Deuten – analytische Psychotherapie als Einsichtstherapie

Die Wiederherstellung «zerrissener Zusammenhänge» (Anna Freud, 1936), d.h. die Möglichkeit, das aktuelle Erleben und Verhalten aus der individuellen Lebensgeschichte heraus zu verstehen, sinnvoll zu verknüpfen, ist ein wesentliches Behandlungselement der psychoanalytisch begründeten Psychotherapie, welches durch Deutungen des Therapeuten charakterisiert ist. Der Therapeut verweist auf das Vorhandensein von Verbindungen, Zusammenhängen und Bedeutungen, erinnert den Patienten an vergessene Aussagen oder konfrontiert ihn mit einer Diskrepanz, einem Widerspruch in sich selbst, einer falschen Darstellung und einer offensichtlichen, wenn auch unerkannten Unterlassung. Auf diese Weise gelingt es dem Patienten zuweilen, die Bedeutung der Zugehörigkeit verschiedener Fragmente seines Verhaltens, seiner Gefühle, Phantasien und Erfahrungen zu verstehen. Dies alles – Einsicht, Klarifikation, Konfrontation – wird unter dem Begriff *Deutung* zusammengefaßt. Dabei muß hervorgehoben werden, daß Deutungen keine Orakel sind, auch nichts mit linguistischen Techniken zu tun haben, sondern im Sinne einer therapeutischen Intervention die gelegentliche aktive Teilnahme des Therapeuten bedeuten, mit denen er dem Patient hilft, den psychotherapeutischen Prozeß zu beschleunigen.

4.3 Übertragungsanalyse und Widerstandsanalyse – analytische Psychotherapie als emotionale Erfahrung

Im Unterschied zu dieser Auffassung von psychoanalytischer Therapie als mit Einsicht arbeitender Technik, wie Freud sie ursprünglich formuliert hatte, ist allen neuen Entwicklungen der psychoanalytischen Technik die mehr oder weniger deutliche, partielle oder totale Verwendung der emotionalen Erfahrung gemeinsam. Wie Cremerius (1979) ausführt, entwickelt sich aus diesen Ansätzen, die auf Ferenczi zurückgehen, eine grundsätzlich veränderte Haltung des psychoanalytischen Psychotherapeuten dem Patienten gegenüber. War bei Freud noch die *Übertragung* ein gewissermaßen automatisch in Gang kommender Prozeß, eine Wiederholung alter Verhaltensmuster, in Beziehung zu anderen Menschen und damit auch zum Therapeuten, wird in diesen neueren Konzepten die Bedeutung des Beziehungsangebotes durch den Therapeuten betont. Z.B. weist Winnicott (1974) darauf hin, daß ein analytischer Prozeß durchaus als Äquivalent des Reifungsvorganges beim Säugling und beim Kleinkind zu verstehen ist, wonach der Psychotherapeut die Übertragung so gestalten muß, daß er zum Gelingen dieser Reifung beitragen kann. Konsequent weiter gedacht bedeutet diese psychotherapeutische Position, daß der Therapeut in dem Bemühen, seinen Patienten zu verstehen, bereit sein muß, sich verwirren zu lassen, das entstehende Chaos zu ertragen. Die moderne Psychoanalyse hat immer besser begriffen, daß der Analytiker für das Unbewußte des Patienten im Brennpunkt von Liebe und Haß, Angst und Abwehr steht. Damit bildet die Übertragung die Grundlage für alle Schwierigkeiten des Patienten, all seine Leiden und Ängste während der Behandlung (vgl. Racker, 1982), ihre Analyse den letztlich das Erleben und Verhalten verändernden Prozeß.

Das unbewußte Wiederholen alter Beziehungsmuster und das rigide Festhalten an ihnen dient oft der Abwehr schmerzlicher, peinlicher oder bedrohlicher Affekte, die ihrerseits in der Regel mit frühen lebensgeschichtlichen Konflikten verbunden sind. Somit kann auch die Übertragung ein Widerstand sein, sich an traumatische Erlebnisse, d.h. in erster Linie an die damit verknüpften Emotionen und Phantasien (vs. Kognitionen oder «Gedächtnisinhalte») zu erinnern. Übertragungsanalyse geht also in der analytischen Therapie Hand in Hand mit der Analyse der Widerstände gegen das emotionale Erinnern an früheres Leiden, Angst und Haß.

In dieser neueren technischen Konzeption wird auch die Deutung anders verstanden. Sie solle nicht wie in der ursprünglichen Freudschen Konzeption den Patienten befähigen, neue emotionale Erfahrungen nach der durch Deutung gewonnenen Einsicht in der Beziehung zum Analytiker und auch außerhalb der Analyse zu erleben, sondern diese Reihenfolge dreht sich gewissermaßen um: Am Anfang steht die neue emotionale Erfahrung am Analytiker, die erst Deutung und Einsicht ermöglicht.

Bei dieser Technik-Konzeption der «neuen emotionalen Erfahrung» am Analytiker bestimmt die unterschiedliche Tiefe der *Regression* die Technik. Darunter wird verstanden, daß man dem Patienten das emotionale Wiedererleben früher oft infantilabhängiger Verhaltensweisen, Wünsche und Beziehungsformen und der damit verknüpften Gefühle ermöglicht. Beides entfaltet sich in der therapeutischen Beziehung am und zum Analytiker, wobei in dieser therapeutischen Regression versucht wird, das frühere Scheitern in der (in der Regel) Mutter-Kind-Beziehung zu reparieren. Kernberg (1978) weist in diesem Zusammenhang z.B. darauf hin, daß er ausschließlich «hier und jetzt» arbeite, daß eine Rekonstruktion kindlicher Erfahrungen und Gefühle durch Deutung unmöglich seien und daß er durch seine Technik, der Interpretation der emotionalen therapeutischen Situation eine neue Wirklichkeit schaffe. Die Regression wird durch die für die analytische Psychotherapie typische Versagung – z.B. Nicht-Erfüllen von Wünschen, Schweigen, Nicht-Beantworten von Fragen des Analytikers – begünstigt.

«Das zentrale Merkmal dieser Techniken ist somit die Ermöglichung, zum anderen die manipulative Herbeiführung einer korrigierenden emotionalen Erfahrung» in der therapeutischen Zweier-Beziehung (Cremerius, 1979, S. 588).

5. Interventionsvarianten

5.1 Mediatorenansatz

Als die klassische Mediatorenbehandlung, bei der eine relevante Bezugsperson des Patienten als Vermittler zwischen Therapeut und Patient auftritt, kann wohl der Fall des «kleinen Hans» gelten, den Freud 1909 publizierte. Der kleine Hans weigerte sich, auf die Straße zu gehen, aus Angst ein Pferd könne ihn beißen. Im Laufe der Analyse, die Rolle des Analytikers wurde dem Vater anvertraut, zeigte sich dann, daß die Pferdephobie im Sinne des Ödipuskomplexes verstanden werden konnte: der kleine Hans verschob seine Angst vor dem Vater auf das Pferd. Freud dirigierte gewissermaßen die Behandlung, indem er selbst ganz im Hintergrund blieb, den Vater aber über die jeweiligen Interventionen berichten ließ.

Die indirekte Behandlung von Kindern, bei der die elterlichen Bezugspersonen die therapeutischen Partner oder Co-Therapeuten waren, wurde in der Folgezeit weiterentwickelt (vgl. Burlingham & Freud, 1953) und auch von anderen Therapierichtungen beschrieben (Innerhofer & Warnke, 1978). In der psychoanalytischen Familientherapie (vgl. Richter et al., 1976) schließlich haben Interventionen in bezug auf ein bestimmtes Familienmitglied das Ziel, bei einem anderen Familienmitglied Einsichten zu fördern und das affektive Erleben zu verändern. Allerdings spricht man bei der Familientherapie angesichts der Dynamik in den intrafamiliären Beziehungen nicht mehr von Mediatorenbehandlung.

Als eine andere Form des Mediatorenansatzes können die Balintgruppen betrachtet werden, in denen der gruppendynamische Prozeß genutzt wird, um einem Mitglied der Gruppe ein besseres Verständnis für die von ihm berichtete konflikthafte Interaktion mit einem «schwierigen» Patienten zu vermitteln. Das, was sich zwischen Therapeut und Patient abspielt und was als Resultat der Wechselwirkung von Übertragung und Gegenübertragung verstanden wird, stellt sich szenisch in dem gruppendynamischen Prozeß dar und kann – falls es erkannt und zutreffend gedeutet wird – zu einer Lösung des dyadischen Konfliktes beitragen.

5.2 Gruppentherapie

Wie in der analytischen Einzelpsychotherapie ist auch in der analytischen Gruppenbehandlung die Übertragung der entscheidende dynamische Wirkfaktor. Im Gegensatz zur analytischen Einzeltherapie, in der sich die Übertragung ausschließlich auf den Therapeuten richtet, betrifft sie in der Gruppensituation nicht nur diesen, sondern auch die anderen Gruppenmitglieder bzw. die Gruppe als ganze. Entsprechend gestaltet sich auch die Gegenübertragung in der Gruppe nicht innerhalb einer Zwei-Personen-Beziehung, sondern bezieht sich auf Gefühle und Einstellungen, die der Therapeut an sich selbst oder an anderen Patienten beobachtet, die als Reaktion auf das Übertragungsangebot zu verstehen sind. Ziel der analytischen Gruppenbehandlung ist es dabei auch, unbewußte Wünsche, Vorstellungen, Phantasien bewußt zu machen, Einsicht in die unbewußten Motive zu ermöglichen und dem Patienten damit zu einer der Realität angemesseneren Funktionsweise zu verhelfen. Die Interventionen Deutung, Widerstandsanalyse, Durcharbeiten usw. entsprechen dabei denen der Einzelbehandlung.

Wie schon in der analytischen Einzeltherapie soll die Gruppensituation es dabei dem einzelnen Patienten ermöglichen, neue emotionale Erfahrungen dadurch zu erleben, daß er durch die Deutung des Analytikers Einsicht in bisher unbewußte Motive und Phantasien erlangt. Steht in der Einzeltherapie die emotionale Erfahrung am Analytiker im Vordergrund, so ist es in der Gruppe die neue emotionale Erfahrung als Gruppenmitglied, als Mitglied einer Untergruppe oder als Einzelperson der Gruppe gegenüber.

Deneke (1982) untersuchte an der selben Stichprobe von Patienten sowohl Aspekte des Therapieprozesses wie des späteren Therapieerfolges einer analytischen Gruppenpsychotherapie mit empirisch-psychologischen Methoden (vgl. Kasten 1).

Kasten 1
Analytische Gruppenpsychotherapiestudie (Deneke, 1982)

Fragestellung: Es sollen ausgewählte Aspekte des Verhaltens und Erlebens der Patienten und des Therapeuten während der Gruppenpsychotherapie, also Komponeten des psychotherapeutischen Prozesses untersucht werden: Selbst- und Fremdwahrnehmung der Gruppenteilnehmer, Interaktionsanalyse, emotionales Erleben der jeweiligen Gruppensitzungen.
Mehrere Jahre nach der Gruppenpsychotherapie wurde untersucht, welche Veränderungen seit Beginn der Gruppenpsychotherapie festzustellen sind, wobei diese vom Patienten als auch vom Therapeuten eingeschätzt werden.
Die dritte Fragestellung ergibt sich aus der Verknüpfung der beiden ersten: aus welchen Merkmalen oder Merkmalskomplexen des Therapieprozesses kann der spätere Therapieerfolg vorhergesagt werden?
Patientenbeschreibung: N = 39 psychosomatische Patienten (Kontakt- und Beziehungsstörungen, Arbeits- und Lernstörungen, Angstsymptomatik, funktionelle körperliche Symptome, insbesondere Herzbeschwerden). 19 Frauen, Durchschnittsalter 32,5 Jahre. Die Patienten wurden in 4 etwa gleichgroßen Gruppen behandelt.

Behandlungsform: Ambulante analytische Gruppenpsychotherapie, bei der die psychoanalytische Behandlung *in* der Gruppe mit der psychoanalytischen Behandlung *der* Gruppe kombiniert wird (Pohlen, 1972). Das Interaktionsgeschehen in der Gruppe wird insbesondere unter zwei Aspekten – Übertragung und korrigierende emotionale Erfahrungen – für relevant erachtet. Die Gesamtdauer der Therapie wird nicht festgelegt, eine durchschnittlich zwei- bis dreijährige Behandlungszeit wird erwartet. Die untersuchten Gruppen wurden ambulant von demselben Therapeuten (Gruppenanalytiker) behandelt, pro Woche eine Sitzung von 90 Minuten Dauer.
Versuchsplan: Während der Gruppenpsychotherapie wurden 4 Wiederholungsmessungen durchgeführt, 4,5 Jahre nach der Prozeßbeobachtungsphase wurde eine Nachbefragung der Patienten, 6 Jahre nach der Prozeßbeobachtung eine Nachbefragung des Therapeuten durchgeführt.

Abhängige Variablen: Gießen-Test (Selbst- und Fremdbild), soziometrische Position, Interaktionsverhalten während einer Gruppensitzung (Kategoriensystem nach Bales), emotionales Erleben der Gruppensitzung. Nachbefragung: Gießen-Test, subjektive Veränderungen, retrospektive Einschätzung der Therapieerfahrungen.
Ergebnis/Bilanz: Aufgrund ihrer Interaktionen konnten zwei «typische» Patienten beschrieben werden, der «hilflos-ängstliche Patient», der viele Spannungszeichen signalisiert, von den Gruppenmitgliedern aber dominiert und unfreundlich behandelt wird, und der «Co-Therapeut» der sich freundlich und interessiert am Gruppengespräch beteiligt, für Ängste und Spannungen der anderen Gruppenmitglieder empfänglich ist, ohne dabei aber seine eigene Hilfsbedürftigkeit zu vermitteln. Dabei wähnt sich der Co-Therapeut zu Unrecht in der Position des sozial Geschätzten. Die katamnestische Nachbefragung der behandelten Patienten ergab ein aus der Psychotherapieforschung vertrautes Ergebnis: $^1/_3$ der Patienten erzielte gute Therapie-Ergebnisse, ¼ der Patienten blieb unverändert, der überwiegende Anteil der Patienten (45%) veränderte sich nur schwach in positiver Richtung. Die Korrelation von Therapieprozeßmerkmalen und Therapie-Erfolg ergab, daß vor allem jene Therapie-Erfahrungen, die den Erfahrungsbereichen Katharsis, Einsicht und Gruppenkohäsion zugeordnet werden können, soweit sie als nützlich und positiv erlebt wurden, mit positiven Veränderungen kovariieren. «Erfolgsbegünstigt sind vor allem solche Patienten, die während der laufenden Behandlung von ihrer Gruppe sehr geschätzt werden, im Expertenurteil selbstreflektierend und leidensfähig erscheinen, die sich in der Gruppe nicht hilflos-ängstlich verhalten und fähig sind, ihre Eindruckswirkung auf andere genau wahrzunehmen. Der Gegentypus des Ich-Schwachen, ausgestossenen Patienten hat eine ungünstige Prognose. Der gute, freundliche, aber eigene Hilfsbedürftigkeit verdeckende «Co-Therapeut» läßt in keiner Hinsicht ein günstiges Therapie-Ergebnis erwarten. Alter und sozioökonomischer Status haben entgegen der Erwartungen keinen substantiellen Einfluß auf das Therapie-Ergebnis.» (Deneke, 1982, S. 190f).

6. Wirksamkeit

In der Psychotherapieforschung unterscheidet man Prozeß und Erfolgsforschung (Kiesler, 1977). Während bei der Prozeßforschung der psychotherapeutische Prozeß, insbesondere die sich verändernde Beziehung zwischen Patient und Therapeut untersucht werden, sind bei der Erfolgsforschung vor allem jene Veränderungen von Interesse, die *nach* der eigentlichen Therapiephase beobachtbar sind, mithin in erster Linie Erfolg bzw. Mißerfolg der Intervention.
Umfangreiche Katamnesen von 1004 Patienten, die am Berliner Zentralinstitut für psychogene Erkrankungen der späteren AOK behandelt worden waren (Dührssen, 1962), zeigten die Effektivität und Effizienz der analytischen Psychotherapie auf. Infolge dieser wichtigen Untersuchung wurden die Neurosen als Krankheit im Sinne der Reichsversicherungsordnung anerkannt und die Psychotherapie 1967 bzw. 1971 in den Leistungskatalog der gesetzlichen Krankenkassen aufgenommen. In zahlreichen anderen Outcome-Studien konnte wiederholt gezeigt werden, daß analytische Psychotherapie zu gewünschten und objektivierbaren Veränderungen führt (vgl. Luborsky & Singer, 1975; Luborsky & Spence, 1978). Da die Therapie-Effekte bei Outcome-Studien jedoch nicht im Vergleich zu einer anders oder unbehandelten Kontrollgruppe erhoben wurden, kann aus diesen Studien nicht ohne weiteres auf die spezifische Wirksamkeit geschlossen werden, ein oft erhobener methodischer Einwand, der allerdings auch für zahlreiche andere Psychotherapie-Untersuchungen gilt (vgl. Meyer, 1987).
Nach dem derzeitigen Stand der Forschung gilt als gesichert, daß die psychoanalytisch begründeten Psychotherapieverfahren im Vergleich zu einer unbehandelten Gruppe zu zufallskritisch abgesicherten Effekten im Sinne des Therapieziels führen. Vergleicht man hingegen analytische Psychotherapie mit anderen anerkannten Verfahren wie Verhaltenstherapie (Sloane et al., 1975) oder Gesprächspsychotherapie (Meyer, 1981; Meyer et al., 1988), so hat nach wie vor das Ergebnis der Übersichtsarbeit von Luborsky und Singer (1975) Gültigkeit, daß keine dieser Therapieformen der jeweils anderen überlegen ist: «Everyone has won and all must have prices»; eine Beurteilung, die trotz wiederholter Kritik von Grawe (1987) aufgrund seiner Übersicht von 897 bis dahin publizierten Psychotherapiestudien bestätigt wurde.

7. Erklärung der Wirksamkeit und Prozeßmodelle

Bei den Wirkfaktoren einer Psychotherapie werden für gewöhnlich – wie in Kapitel 6.1 dargestellt – spezifische von unspezifischen d.h. methodenübergreifenden unterschieden. Dabei wird die Ähnlichkeit der therapeutischen Effekte unterschiedlicher psychotherapeutischer Verfahren (s.O.) häufig als Hinweis auf die große Bedeutung der methodenübergreifenden Faktoren interpretiert. Als wichtige methodenübergreifende Faktoren werden emotionale Stabilisierung in einer therapeutischen Beziehung, das Gefühl des Akzeptiertwerdens durch den Therapeuten, dessen emotionale Zuwendung u.a. betrachtet.
Morgan, Luborsky et al. (1982) werteten die Verbatim-Protokolle von psychoanalytischen Behandlungen des bedeutenden Penn-Psychotherapie-Projektes danach aus, ob eine «hilfreiche Beziehung» in der Therapeut-Patient-Interaktion etabliert war. Als solche bezeichneten sie eine therapeutische Allianz, in der der Patient den Therapeuten als unterstützend und hilfreich erlebt. Die Autoren konnten zeigen, daß in der Gruppe der erfolgreich behandelten Patienten diese Form der «hilfreichen Beziehung» signifikant häufiger ausgebildet war als bei der erfolglos behandelten Patientengruppe.
Als spezifische Wirkfaktoren der analytischen Therapie beschreiben Thomä und Kächele (1985) u.a.: Erinnern und Rekonstruktion, Deutungen, Einsicht und Durcharbeiten und Umstrukturieren.
Die psychoanalytische Theorie geht davon aus, «daß im Seelenleben nichts, was einmal gebildet wurde, untergehen kann, daß alles irgendwie erhalten bleibt und unter geeigneten Umständen, z.B. durch eine so weitreichende Regression wieder zum Vorschein gebracht werden kann» (Freud, 1930, S. 426). Vor diesem Verständnis wurde der Psychoanalytiker

mit einem Archäologen verglichen, der zusammen mit dem Patienten Erinnerungen freilege und damit vergangene Realität rekonstruiere. In der Folgezeit der psychoanalytischen Theorie wurden diese Rekonstruktionen in einem weiteren Sinn auch als das Wiedererinnern von affektiven Zuständen verstanden, ohne daß situative Details erinnert werden müßten. Wichtig dabei ist, daß Erinnern und Rekonstruktion nur dann als Wirkfaktor für Veränderungen bedeutsam werden, wenn sie sich in der aktuellen therapeutischen Übertragungs-Beziehung ereignen. Erinnern und Rekonstruktion meint nicht die ausschließlich kognitive Bewußtwerdung von vergangenen Ereignissen, Situationen, Verhalten oder das Ausfüllen von Gedächtnislücken, sondern bedeutet das Wiederbe- und Erleben vergangener affektiver Erfahrungen und Konflikte in einer akutellen Beziehung.

«Das entscheidende Stück der Arbeit wird geleistet, indem man im Verhältnis zum Arzt, in der «Übertragung», Neuauflagen jener alten Konflikte schafft, in denen sich der Kranke benehmen möchte, wie er sich seinerzeit benommen hat, während man ihn durch das Angebot aller verfügbaren seelischen Kräfte zu einer anderen Entscheidung nötigt. Die Übertragung wird also das Schlachtfeld, auf welchem sich alle miteinander ringenden Kräfte treffen sollen.» (Freud, 1916, S. 472).

Der wohl wichtigste Wirkfaktor der psychoanalytischen Therapie ist es, «das Unbewußte bewußt zu machen», «die Widerstände zu überwinden». Wichtigstes technisches Mittel hierzu ist die Deutung, die zum Ziel hat, latente Bedeutungen von Verhaltensweisen, Affekten, Phantasien, Einstellungen dem Patienten bewußt werden zu lassen, zerrissene Sinnzusammenhänge wieder herzustellen. Insofern kann die Deutung verstanden werden als Sinnstiftung, durch die der Analytiker versucht, dem Patienten die Einsicht in ihm verborgene, unbewußte und vor allem abgewehrte Sinnzusammenhänge von Handlungen, Phantasien, Affekten etc. zu ermöglichen.

Vor diesem Hintergrund werden Widerstandsdeutungen von Übertragungsdeutungen unterschieden. Psychoanalyse bedeutet Widerstandsanalyse, d.h. die Analyse der Kraft, die sich dem Erinnern widersetzt und bestrebt ist, die Verdrängung aufrechtzuerhalten. Speisman (1959) zeigte in einer quantitativen Studie, daß Deutungen einen systematischen Effekt auf die Antworten des Patienten haben und daß Deutungen von mittlerer Tiefe (in bezug auf die abgewehrten Affekte und Impulse) die günstigsten therapeutischen Effekte nach sich ziehen. In einer neueren Untersuchung konnten Crits-Christoph et al. (1988) den in der modernen Psychotherapieforschung wiederholt berichteten Zusammenhang zwischen der *Präzision* und *Qualität der Deutung* einerseits und dem Behandlungserfolg andererseits untermauern. Je präziser sich die Deutung an dem zentralen Beziehungskonflikt einem vor Beginn der Therapie definierten zentralen Problem des Patienten (daher auch Focus genannt) thematisch orientierte, desto höher wurde der Erfolg einer zeitbegrenzten dynamischen Psychotherapie von unabhängigen Beurteilern eingestuft. Bei der dynamischen Psychotherapie handelt es sich um ein von Luborsky und Mitarbeitern entwickeltes zeitbegrenztes analytisches Psychotherapieverfahren, das wohl am ehesten der o.e. tiefenpsychologisch fundierten Psychotherapie entspricht. Die Autoren konnten außerdem den bereits beschriebenen Zusammenhang zwischen der Qualität der therapeutischen Beziehung und dem Therapieerfolg nachweisen, wobei der Einfluß der Qualität der Deutung offensichtlich nicht mit der Qualität der therapeutischen Beziehung in einer Wechselwirkung steht, es sich nach Meinung der Autoren somit um einen spezifischen Faktor des psychotherapeutischen Prozesses handelt, aus dem der Therapieerfolg vorhergesagt werden kann.

Bechmann und Meyer (1989, S. 150) verglichen den therapeutischen Prozeß in einer psychoanalytischen Kurztherapie (PT) mit demjenigen einer klientenzentrierten Psychotherapie (CC), indem sie die vom Tondband transkribierten Therapeut–Patient-Dialoge mit inhaltsanalytischen Methoden auswerteten: «Die therapeutische Beziehung wird in CC seltener und weniger vielfältig verbalisiert als in PT. Dies gilt nicht nur für die Verbalisierung von Übertragungen und Widerstand, sondern auch für die übrigen Aspekte der Therapie und ihrer Teilnehmer.»

Malan (1976) berichtet, daß Übertragungsdeutungen in erfolgreichen Behandlungen zu einem frühen Zeitpunkt der analytischen Kurztherapie erfolgten, und daß Deutungen in der Therapie dazu führten, dem Patienten neue emotionale Erfahrungen zu ermöglichen. Schon in den Anfängen der Psychoanalyse erkannte Freud, daß es nicht ausreichte, Verdrängtes dem Patienten einfach mitzuteilen, sondern daß Widerstände dagegen standen, das Verdrängte bewußt werden zu lassen, insbesondere es wieder zu erleben. Aus diesem Grunde steht bei den psychoanalytischen Techniken die Analyse und damit die Deutung von Widerständen im Vordergrund, derer sich der Patient unbewußt bedient, um schmerzliche, beschämende oder bedrohliche Erfahrungen und Erlebnisse im Unbewußten zu belassen.

Bei diesem Bewußtwerden von vorher Unbewußtem bekommen psychische Inhalte häufig eine andere *Bedeutung:* der Patient erhält so Einsicht in ihm bis dahin unbewußte Bedeutungen von früheren Konflikten, Erlebnissen, Gefühlen. Während in den Anfängen der Psychoanalyse das «Aha-Erlebnis» noch als typische Einsicht betrachtet wurde, versteht man heute darunter einen eher mühevollen Erkenntnisprozeß, bei dem erlebnishafte und intellektuelle Phänomene integriert, ohne ihrer Gegensätzlichkeit und Konflikthaftigkeit entledigt zu werden. Insofern meint Einsicht im psychoanalytischen Prozeß etwas anderes als die kognitive Einsicht in neue funktionale Zusammenhänge.

Einsicht führt jedoch keineswegs regelmäßig zu Veränderungen im Erleben und Verhalten. Diese erfordern vielmehr das wiederholte, mühsame und oft langwierige Durcharbeiten, dessen Ziel es ist, Einsicht wirksam werden zu lassen. Damit läßt sich das Durcharbeiten als Lernprozeß auffassen, bei dem Veränderungen der *Verstärker (-pläne)* erst nach einiger Zeit zur Verhaltensmodifikation führen. Dementsprechend findet das analytische Durcharbeiten nicht nur innerhalb, sondern auch außerhalb der therapeutischen Situation statt. Im Kontext einer *kognitiven Lerntheorie* läßt sich das Durcharbeiten mit Einschränkungen als kognitives Umstrukturieren verstehen, wobei der Akzent beim Durcharbeiten allerdings auf der Veränderung der Affekte und Interaktionen liegt. Auch beim Durcharbeiten (bzw. schon bei der Einsicht) werden kognitive Inkongruenzen aufgelöst und kognitive Innovationen angeregt und gefördert.

Nicht nur für die Veränderung von Verhalten sondern auch für die Aufrechterhaltung von Symptomen, Beschwerden etc. lassen sich Verbindungen von psychoanalytischen zu lerntheoretischen Konstrukten aufzeigen, wie dies Thomä und Kächele (1985) vorgeschlagen und diskutiert haben. Wenn etwa das *«Lernen am Modell»* in einem weiteren Sinne verstanden wird als das einfache Imitieren von Verhaltensweisen des Modells, und auch verinnerlichte affektive und kognitive Funktionsweisen mit einschließt, dann kommt diese Form des sozialen Lernens in die Nähe des psychoanalytischen Identifikationsprozesses, bei dem eine Person Teilfunktionen (z.B. Werthaltungen, Denkstile, Affekte) einer anderen, oft Elternperson identifikatorisch übernimmt. Überschneidungen zwischen beiden Theoriesystemen lassen sich auch für die «Übertragung» und insbesondere die Übertragungsanalyse aufzeigen, die nach Thomä und Kächele (1985, S. 329) Ähnlichkeiten mit einem *Generalisationsprozeß* aufweist: «In den verschiedenen Übertragungskonstellationen kann der Patient vergleichsweise risikoarm unterschiedliche Beziehungsmuster ausprobieren; die vom Analytiker unterstützten, verstärkten Beziehungsaktivitäten wird der Patient auf Beziehungen außerhalb der Therapie übertragen (Generalisation) und dabei natürlich die Unterschiedlichkeiten zwischen der therapeutischen Übertragungs- und Arbeitsbeziehung und den viel stärker variierenden außertherapeutischen Beziehungen feststellen (Diskrimination). Es können hierbei positive Erfahrungen gemacht werden, die verstärkend und damit stabilisierend für das veränderte kognitive Schema und für das neue Verhaltensmuster wirken.»

Empirische Untersuchungen darüber, ob psychoanalytisch und lerntheoretisch fundierte Interventionen kombinierbar und effizient sind, sind selten. Hinweise ergeben sich aus der Untersuchung von Heigl und Triebel (1977), die eine Modifikation der psychoanalytischen Technik untersuchten, in der «kleinste Lernfortschritte des Patienten» bestätigt werden. «Korrektive emotionale Erfahrungen» traten, so die Autoren, bei dieser technischen Modifikation eher ein und ließen sich auch 2 Jahre nach Ende der Therapie noch feststellen.

Es besteht ein deutliches Defizit an empirischen Untersuchungen zu den Wirkfaktoren und zu den verschiedenen Interventionsformen der analytischen Psychotherapie (vgl. Luborsky & Spence, 1978; Orlinsky & Howard, 1986). Die wenigen empirischen Untersuchungen des psychoanalytischen Prozesses stehen jedoch in der Regel nicht im Widerspruch zu den theoretischen Annahmen und klinischen Erfahrungen. So wirken etwa nach psychoanalytischer Auffassung Deutungen nicht schon allein dadurch, daß sie gegeben werden. Es reicht also nicht, daß der Therapeut den Patienten richtig versteht und das Verstandene auch in eine prägnante Formulierung umsetzen kann, sondern seine Deutung muß sich vielmehr organisch in den aktuellen Behandlungsprozess einfügen und einen für den Patienten nachvollziehbaren Sinnzusammenhang aufweisen.

Entsprechend konnten Deneke et al. (1988) zeigen, daß nur diejenigen Interventionen einen Fortschritt für den Patienten bedeuten, die dadurch gekennzeichnet sind, daß sich Therapeut und Patient «in ihrem verbalen Diskurs - bezogen z.B. auf Thema und wesentliche Erlebnisinhalte des Patienten - am «gleichen Strang» ziehen. Die Qualität («Güte») der Intervention ist demgegenüber nicht systematisch mit einem therapeutischen Gewinn für den Patienten verknüpft (S. 205).

Luborsky und Spence (1978) kommen in ihrer Übersicht zu der Schlußfolgerung, daß Empathie und richtige Deutung gute Prädiktoren für den Erfolg analytischer Psychotherapie seien. Dieses Ergebnis steht in Übereinstimmung mit der abschließenden Beurteilung von Orlinsky und Howard (1986), die in ihrer Übersicht über empirische Untersuchungen zur Effektivität unterschiedlichster psychotherapeutischer Verfahren ebenfalls die Bedeutung der Therapeut-Patient-Beziehung (empathische Resonanz, gegenseitige Bestätigung) und die Wirksamkeit spezifischer Interventionen, wie Deutungen und Konfrontationen betonen.

8. Literatur

Bechmann, R. & Meyer, A.E. (1990). Die Verbalisierung der therapeutischen Beziehung in der fokalpsychoanalytischen und klientenzentrierten Psychotherapie. *Psychother. med. Psychol., 39,* 143-150.

Burlingham, D. & Freud, A. (1953). Simultaneous analysis of mother and child. *The psychoanalytic study of the Child, 10,* 165.

Cremerius, J. (1979). Gibt es zwei psychoanalytische Techniken? *Psyche, 33,* 577-599.

Crits-Christoph, P., Cooper, A. & Luborsky, L. (1988). The accuracy of therapist's interpretations and the outcome of dynamic psychotherapy. *J. consult. clin. Psychol., 56,* 490-495.

Deneke, F.-W. (1982). *Analytische Gruppentherapie. Eine Prozeß- und Erfolgsstudie.* Göttingen: Vandenhoeck & Ruprecht.

Deneke, F.-W., Hilgenstock, B. Meyer, A.-E. & Franz, A. (1988). Analytiker-Interventionen im Kontext von Interaktion und Gesamtstunde. *Psychother. med. Psychol., 38,* 205-210.

Dührssen, A. (1962). Katamnestische Ergebnisse bei 1004 Patienten nach analytischer Psychotherapie. *Z. Psychosom. Med., 8,* 94-113.

Freud, A. (1936). *Das Ich und die Abwehrmechanismen.* Wien: Int. Psychoanalyt. Verlag.

Freud, S. (1909). *Analyse der Phobie eines fünfjährigen Knaben* (GW, VII).

Freud, S. (1916/17). *Vorlesungen zur Einführung in die Psychoanalyse* (GW, Bd. XI).

Freud, S. (1930). *Das Unbehagen in der Kultur* (GW, Bd. 14, S. 419-506).

Freud, S. (1933). *Neue Folgen der Vorlesungen zur Einführung in die Psychoanalyse* (GW, 15, XV).

Freud, S. (1937). *Die endliche und die unendliche Analyse* (GW, XVI).

Grawe, K. (1987). Die Effekte der Psychotherapie. In M. Amelang (Hrsg.), *Bericht über den 35. Kongreß der DGfPs in Heidelberg 1986.* Göttingen: Hogrefe.

Heigl, F.-S. & Triebel, A. (1977). *Lernvorgänge in psychoanalytischer Therapie.* Bern/Stuttgart: Hans Huber.

Innerhofer, P. & Warnke, A. (1978). *Eltern als Co-Therapeuten.* Berlin/Heidelberg: Springer Verlag.

Kernberg, O. (1978). *Borderline Störungen und pathologischer Narzißmus.* Frankfurt a.M.: Suhrkamp.

Kernberg, O. (1981). Zur Theorie der psychoanalytischen Psychotherapie. *Psyche, 8,* 673-704.

Kiesler, D.J. (1977). Die Mythen der Psychotherapieforschung und ein Ansatz für ein neues Forschungsparadigma. In F. Petermann (Hrsg.), *Psychotherapieforschung.* Weinheim: Beltz.

Loch, W. (1986). *Perspektiven der Psychoanalyse.* Stuttgart: S. Hirzel.

Luborsky, L. & Kächele, H. (1988). *Der zentrale Beziehungskonflikt - ein Arbeitsbuch.* Ulm: PSZ-Verlag.

Luborsky, L. & Spence, D.-P. (1978). Quantitative Research on Psychoanalytic Therapy. In S.-L. Garfield & A.-E. Bergin (Eds.), *Handbook of Psychotherapy and Behavior Change.* New York: Wiley.

Luborsky, L. & Singer, B. (1975). Comparative Studies of Psychotherapies. *Arch. Gen. Psychiatry, 32,* 995-1008.

Malan, D.-H. (1976). *Toward the validation of a dynamic psychotherapy.* New York: Plenum.

Meyer, A.-E. (Ed.) (1981). *The Hamburg short psychotherapy comparison experiment.* Basel: Karger.

Meyer, A.-E. (1987). Some methodological recommendations from the Hamburg Short Psychotherapy Comparison Experiment. In R.J. Daly & A. Sand (Eds.), *Psychological treatment of mental illness.* Berlin/Heidelberg: Springer Verlag.

Meyer, A.-E., Stuhr, U., Wirth, U. & Rüster, P. (1988). 12-year followup study of the Hamburg Short Psychotherapy Experiment: An Overview. *Psychother. Psychosom., 50,* 192-200.

Morgan, R.L., Luborsky, L., Crits-Christoph, P., Curtis, H. & Solomon, J. (1982). Predicting the outcomes of psychotherapy by the Penn Helping Alliace rating method. *AMA Archives of General Psychiatry, 39,* 397-402.

Nedelmann, C. (1980). Behandlungsziel und Gesundheitsbegriff der Psychoanalyse. In H. Bach (Hrsg.), *Der Krankheitsbegriff in der Psychoanalyse.* Göttingen: Vandenhoeck & Ruprecht.

Orlinsky, D.-E. & Howard, K.-I. (1986). The relation of process to outcome in psychotherapy. In S.-L. Garfield & A.-E. Bergin (Eds.), *Handbook of Psychotherapy and Behavior Change.* New York: Wiley.

Pohlen, M. (1972). *Gruppenanalyse.* Göttingen: Vandenhoeck & Ruprecht.

Psychotherapie-Richtlinien: Richtlinien des Bundesausschusses der Ärzte und Krankenkassen über die Durchführung der Psychotherapie in der kassenärztlichen Versorgung vom 3. Juli 1987 (in Kraft getreten am 1.10.1988).

Racker, H. (1982). *Übertragung und Gegenübertragung - Studien zur psychoanalytischen Technik.* München/Basel: Ernst Reinhardt Verlag.

Richter, H.E., Strotzka, H. & Willi, J. (1976). *Familie und seelische Gesundheit.* Reinbeck: Rowohlt.

Sloane, R.-B., Staples, P.-R., Christel, A.-H., Yorkston, N.-J. & Wipple, K. (1975). *Psychotherapy versus behaviour therapy.* Cambridge: Harvard University Press.

Speisman, J.-C. (1959). Depth of Interpretation and verbal resistance in Psychotherapy. *J. Consult. Psycho., 23,* 93-99.

Schmid, R. (1988). *Psychoanalytische Tätigkeit in der BRD.* Ergebnisse einer empirischen Studie - Praxisstudie - im Auftrag der DGPPT. Köln.

Thomä, H. & Kächele, H. (1985). *Lehrbuch der psychoanalytischen Therapie* (Bd. 1, Grundlagen). Berlin/Heidelberg: Springer Verlag.

Thomä, H. & Kächele, H. (1988). *Lehrbuch der psychoanalytischen Therapie* (Bd. 2, Praxis). Berlin/Heidelberg: Springer Verlag.

Vereinbarung über die Anwendung von Psychotherapie in der vertragsärztlichen Versorgung. EKV-Anlage 5 (1.7.1988). *Dt. Ärzteblatt, 85* (23), A-1727-A-1740.

Winnicott, D.-W. (1974). *Reifungsprozesse und fördernde Umwelt.* München: Kindler.

6.3 Verhaltenstherapeutisch orientierte Intervention

Hans Reinecker

1. Einleitung

Eine einheitliche Definition des Begriffes Verhaltenstherapie stellt sich als schwierig heraus. Für eine allgemein anerkannte Charakterisierung wird auf Franks und Wilson (1978) verwiesen: «Die Verhaltenstherapie beinhaltet primär die Anwendung von Prinzipien, die in der Forschung der Experimental- und Sozialpsychologie entwickelt wurden; sie soll menschliches Leiden und die Einschränkung menschlicher Handlungsfähigkeit vermindern. Die Verhaltenstherapie legt Wert auf eine systematische Evaluation der Effektivität der Anwendung solcher Prinzipien. Die Verhaltenstherapie beinhaltet Veränderungen der Umwelt und der sozialen Interaktion und weniger eine direkte Veränderung körperlicher Prozesse durch biologische Vorgänge. Das Ziel ist hauptsächlich die Ausbildung und Förderung von Fähigkeiten. Die Techniken ermöglichen eine verbesserte Selbstkontrolle» (Franks & Wilson, 1978, S. 11).

Trotz ihrer kurzen Entwicklung steht die Bedeutung der Verhaltenstherapie im Rahmen des klinisch-psychologischen Ansatzes außer Frage. Diese Bedeutung erstreckt sich auf den theoretischen, auf den empirischen sowie auf den Versorgungsaspekt.

Ursprünglich wurde die Verhaltenstherapie als Anwendung der Lerntheorien interpretiert. Entspricht doch die Betrachtung menschlichen Verhaltens und dessen Veränderung im zeitlichen Verlauf dem, was gemeinhin unter «Lernen» verstanden wird. Auch eine Theorie therapeutischer Prozesse muß – wie in Kapitel 6.1 ausgeführt – *Komponenten des Lernens* berücksichtigen, will man diese Veränderungen nicht auf reine Entwicklungssprünge, biologische oder physiologische Veränderungen zurückführen. Galt die Verhaltenstherapie ursprünglich primär als *Anwendung* der Lerntheorien, so wird diese Beziehung von Grundlagentheorien und Technologien heute differenzierter interpretiert (vgl. Kapitel 1). Auch gegenüber anderen Theorien der akademischen Psychologie hat sich die Verhaltenstherapie geöffnet. Neben den lerntheoretischen Grundlagen werden zunehmend andere Teildisziplinen der Psychologie einbezogen (so auch andere Teilgebiete der Allgemeinen Psychologie wie die kognitive Psychologie, aber auch die Entwicklungspsychologie usw.).

2. Gesundheitskonzept – Krankheitskonzept

Psychische Störungen werden in der Verhaltenstherapie als Verhaltensweisen angesehen, die von der Person selbst bzw. ihrer sozialen Umgebung als problematisch erachtet werden. Das Ziel der verhaltenstheoretischen Diagnostik besteht darin, die vom Patienten vorgebrachten *Beschwerden* auf mehreren *Ebenen* zu beschreiben (Problemanalyse) und die *aufrechterhaltenden Bedingungen* zu eruieren (Bedingungsanalyse). Psychische Störungen sind somit als mehrschichtige Lebensprobleme zu verstehen; auch bei den Bedingungen dieser Probleme geht man davon aus, daß sich diese aus einem ganzen Bündel von Ursachen zusammensetzen. Es scheint deshalb zielführend, für die Analyse auf unterschiedliche Bereiche zurückzugreifen, wie dies in neueren Systemmodellen getan wird (vgl. Schwartz, 1982).

Im Rahmen der psychologischen Ebene wird auf verschiedene Modelle und Theorien aus der kognitiven Psychologie, den Lerntheorien, auf sozialpsychologische Theorien usw. zurückgegriffen. Für eine vielschichtige Analyse von menschlichen Problemen ist dies aber noch nicht hinreichend, dazu muß man vielmehr auf biologisch-physiologische Prozesse einerseits und auf sozial-kulturelle Komponenten andererseits Bezug nehmen. Die damit verbundene Betrachtungsweise kommt im Begriff des bio-psycho-sozialen Modells zum Ausdruck.

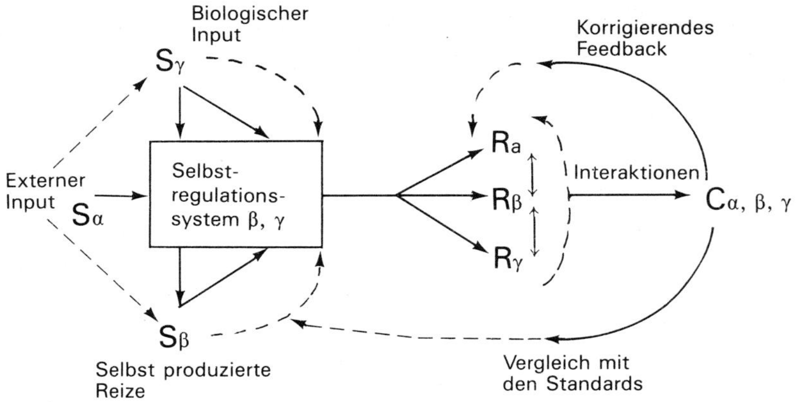

Das Selbstregulationssystem umfaßt u. a. Standards, Erwartungen und kognitive Verarbeitungsmechanismen.
Erläuterungen:
S: situationale Bedingungen,
R: Reaktionsmuster der Person,
C: Konsequenzen eines Verhaltens.

Für jedes dieser Elemente werden folgende Ebenen unterschieden:
α: externe oder Umwelt-Bedingungen
β: Prozesse und Inhalte der Informationsverarbeitung (z. B. Kognitionen) und
γ: biologische, pysiologische und genetische Determinanten.

Abbildung 1: System-Modell der Regulation menschlichen Verhaltens (Kanfer & Schefft, 1987)

Im System-Modell psychischer Störungen von Kanfer und Schefft (1987) wurden demgemäß
a) für die Analyse (Beschreibung) des Verhaltens mehrere *Ebenen* unterschieden;
b) für die Entstehung und Aufrecherhaltung eines Problems werden *Bedingungen* aus verschiedenen Gebieten als wichtig erachtet;
c) außerdem spielen in dem Modell Aspekte der *Selbstregulation* und der Rückkoppelung eine ganz entscheidende Rolle.

Kanfer und Schefft (1987) haben die Bestandteile des Modells im einzelnen expliziert (siehe Abbildung 1) (vgl. auch Kanfer, Reinecker & Schmelzer, 1990).

Bei der Analyse eines konkreten Problems eines Patienten, aber auch bei der Erfassung von Problemen auf der Ebene von Partnern, Ehen, Gruppen usw. greift man auf das Modell im Sinne eines theoretischen Rahmens zurück. Die einzelnen Bestandteile des Modells sind jeweils zu spezifizieren, was bei dem hohen Abstraktionsgrad des Rahmenmodells durchaus gewisse Schwierigkeiten bereiten kann.

Damit sollte deutlich sein, daß die Analyse menschlicher Probleme in der Verhaltenstherapie von einem *Kontinuum* psychischer bzw. somatischer Störungen einerseits und einem *System* unterschiedlicher Bedingungen für diese Störungen andererseits ausgeht. Daß es dabei zu massiven Interaktionen, Aufschaukelungsprozessen etc. kommen kann, wird im System durch den Aspekt der Rückkoppelung angedeutet. Sehr deutlich wird diese Auffassung in neueren Überlegungen zur Verhaltensmedizin, weil etwa auch für somatische Störungen sowohl physische Komponenten, als auch psychologische Bedingungen verantwortlich gemacht werden müssen (Beispiel: psychologische Komponenten bei chronischen Schmerzen; chronische Krankheiten als Folge eines bestimmten Lebensstils etc.). Auf die Entwicklung der Verhaltensmedizin, die programmatisch von einem bio-psycho-sozialen Modell ausgeht, kann in diesem Rahmen nur verwiesen werden (vgl. dazu Gentry, 1984; Miltner, Birbaumer & Gerber, 1986).

3. Therapieziele

Die Festlegung von Therapiezielen erfolgt im Verlaufe der Verhaltensdiagnostik und erfordert eine individuelle Analyse; abgesehen von sehr allgemeinen Therapiezielen, wie sie in der Charakterisierung von Verhaltenstherapie

aufscheinen (etwa: Selbstbestimmung u.ä.), sind die Therapieziele im Verlaufe der Verhaltensanalyse, Zielbestimmung und Therapieplanung gemeinsam von Therapeut und Klient zu erarbeiten.
Es ist für das verhaltenstherapeutische Vorgehen allerdings charakteristisch, daß eine Intervention nicht ohne eine explizite Festlegung zumindest vorläufiger Therapieziele erfolgen darf.
Es wäre allerdings verfehlt, Therapieziele allein auf der Grundlage von Problemzuständen zu formulieren: Ziele enthalten vielmehr normative Festlegungen, die sich eben nicht aus der Beschreibung eines Problemzustandes ergeben. Dies bedeutet, daß zur Festlegung von Therapiezielen immer auch normative Gesichtspunkte herangezogen werden müssen; der Hinweis auf normative Komponenten verlangt einen Rückgriff auf Begründungen aus dem Bereich von Werten und Normen (vgl. Weingartner, 1971).

Beispiel: Aus der Feststellung einer körperlichen Behinderung als Folge eines Unfalls können durchaus verschiedene Ziele erarbeitet werden: Erlernen der Fähigkeit der Person, mit der Behinderung zu leben ist ein ähnlich sinnvolles Ziel, wie die Absicht der Wiedereingliederung in den Arbeitsprozeß usw.

Bei der Festlegung von Therapiezielen sollten drei Gesichtspunkte klar sein:
1) Therapieziele sind *individuelle* Festlegungen,
2) Therapieziele bedürfen einer zumindest partiellen *normativen* Begründung und
3) Therapieziele müssen die verschiedenen *Ebenen* menschlicher Probleme berücksichtigen.

Vor diesem Hintergrund ist es die Aufgabe des Therapeuten, gemeinsam mit dem Klienten aus einer oft vagen Schilderung seiner Beschwerden zu einer möglichst genauen Beschreibung des Problems und der anzustrebenden Ziele zu gelangen. Für diese Zielbestimmung als *Prozeß* werden von Schmelzer (1983) einige konkrete Strategien zur Klärung grundlegender Ziele und Werte des Klienten vorgeschlagen. Als Entscheidungshilfe liefert Schmelzer verschiedene Anregungen, etwa den Bezug zu Kognitionen, zur Imagination, zur Klärung von «Current Concerns», d.h. von Gedanken, mit denen sich die Person stark beschäftigt.
Neben der Frage der *Klärung* individueller Ziele eines Patienten (vgl. Bandura, 1969) stellt sich in der Verhaltenstherapie auch die Frage der *Ziel-Evaluierung:* Dabei geht es um die Entscheidung, ob und in welchem Ausmaß durch den Therapieprozeß eine Annäherung an den Zielzustand erreicht wurde. Eine solche Evaluierung stellt sich besonders dann als schwierig heraus, wenn die Zielvorstellungen in theoretischen oder Dispositionsbegriffen beschrieben wurden (vgl. Perrez, 1976). In der Verhaltenstherapie wird deshalb verlangt, daß die Ziele der Veränderung – zumindest partiell – in *Beobachtungs*begriffen formuliert sind, wodurch eine Ziel-Evaluierung erleichtert wird.

4. Interventionstechniken

Eine saubere und konsequent funktionale *Bedingungsanalyse* bildet die Voraussetzung für eine verhaltenstherapeutische Intervention. In der Verhaltensanalyse (Kanfer & Saslow, 1969; Schulte, 1974) wird versucht, diejenigen Variablen zu identifizieren, die als unabhängige Variable des Problems (= UV) angesehen werden können. Die Verhaltensanalyse erfordert eine Betrachtung des Verhaltens auf mehreren *Ebenen* (siehe Fahrenberg, 1984) und auch eine Analyse der entsprechenden Bedingungen in einem Systemzusammenhang (vgl. Schwartz, 1982; Kanfer & Schefft, 1987).
Die Anwendung einer verhaltenstherapeutischen Technik bei einem vorliegenden Problem läßt sich in eine strategische und eine taktische Planung trennen: Die strategische Planung beinhaltet die Auswahl eines Änderungsprinzips und einer grundlegenden Strategie bei einem vorliegenden Problem («Standardtechniken» im Sinne von Fliegel et al., 1981). Dieser Rückgriff auf Standardverfahren reicht für die Durchführung einer ordnungsgemäßen Intervention beim Patienten nicht aus; erforderlich ist vielmehr, daß die einzelnen Interventionsschritte, die technologisch nahegelegt werden, konkret auf das Problem, den Patienten und seine Situation abgestimmt werden. Diese Abstimmung auf die individuellen Bedürfnisse erfordert sowohl eine

Kenntnis der Situation und Problematik des Patienten, als auch ein fundiertes *psychologisches* Wissen und eine Beherrschung des Standardrepertoires der Verhaltenstherapie.
Die Vermittlung eines *plausiblen Modells* für die Genese und Therapie eines Problems bildet eine Vorstufe des Einsatzes konkreter Techniken (vgl. Reinecker, 1987). Mit dieser Vermittlung eines plausiblen Modells kommt man einerseits dem *Bedürfnis* des Patienten nach einer *Erklärung* seiner Probleme entgegen (Bedeutung für die Motivation im Therapieprozeß!) und andererseits schafft man damit die notwendige *Transparenz* des therapeutischen Vorgehens. Beide Aspekte, die Berücksichtigung der Bedürfnisse des Patienten und die Transparenz im Therapieprozeß bilden eine wichtige - wenn auch noch nicht hinreichende - Voraussetzung für die Übernahme von Eigenverantwortung durch den Patienten für effizientes Selbstmanagement.

Beispiel: Die Vermittlung eines plausiblen Modells an einen Patienten mit starken sozialen Ängsten beinhaltet etwa Hinweise über die mögliche Entwicklung seines Problems aufgrund sozialer Isolation, ungeeignete Modelle kompetenten sozialen Verhaltens, frühe Vermeidung und damit ein Defizit an sozialen Fertigkeiten und dergleichen. Bei der Erklärung des therapeutischen Vorgehens wird der Patient darauf hingewiesen, daß er selbst (mit entsprechender Unterstützung) in der Lage ist, selbstsicheres Sozialverhalten einzuüben und in entsprechenden sozialen Situationen auch einzusetzen.

Bei der Darstellung von Interventionstechniken kann man unterschiedliche Systematiken zugrunde legen. Unter Berücksichtigung von pragmatischen und theoretischen Gesichtspunkten werden zunächst Techniken der Stimuluskontrolle, der Konsequenzkontrolle sowie des Modellernens unterschieden. Die zweite wichtige Gruppe bilden die verschiedenen kognitiven Interventionsverfahren, nämlich Selbstkontrolle, kognitive Therapieansätze, Rational-Emotive-Therapie, Problemlöseansätze, sowie das Selbstinstruktions- und Streßimpfungstraining (siehe dazu Tabelle 1).

4.1 Techniken der Stimuluskontrolle

Bei den Verfahren der Stimuluskontrolle handelt es sich um eine Gruppe von Techniken, durch die dem Patienten eine Strategie der Bewältigung im Umgang mit problematischen Situationen vermittelt wird. Ein geradezu klassisches Beispiel für Stimuluskontrolle bilden sog. *Konfrontationsverfahren* bei angstvermitteltem Vermeidungsverhalten (vgl. Marks, 1978a, b; 1987; Rimm & Masters, 1979; Reinecker, 1986).
Wenn das Problem eines Patienten darin besteht, daß er bestimmte Situationen aufgrund (antizipierter) *Angst* nicht mehr oder nur mehr beschränkt aufsuchen kann, so besteht die Aufgabe des Therapeuten darin, den Klienten anzuleiten, die gefürchtete Situation (schrittweise) wieder aufzusuchen, damit es zu einer Löschung und Bewältigung der Angst kommen kann. Das Problem des Patienten (in erster Linie das Vermeidungsverhalten) ist nach kognitiv-lerntheoretischer Auffassung deshalb so stabil in seinem Verhaltensrepertoire, weil es durch eine vollständige Vermeidung nicht zur Erfahrung der Ungefährlichkeit und damit zu keiner Extinktion kommt.

Tabelle 1: Verfahren in der Verhaltenstherapie

Techniken der Stimuluskontrolle	Systematische Desensibilisierung (in sensu, in vivo) Graduierte Löschung Exposition und Reaktionsverhinderung Angstbewältigungstraining Reiz-Überflutungs-Verfahren Paradoxe Intervention
Techniken der Konsequenzkontrolle	Reaktionskontingente Verstärkung Operante Löschung Kontingenzmanagement Münzökonomien Bestrafungsverfahren Time-out; Response-cost
Techniken des Modellernens	Modellernen in vivo Verdecktes Modellernen Darbietung symbolischer Modelle
Techniken der Selbstkontrolle	Selbstbeobachtung Stimuluskontrolle Kontingenzkontrolle Aufstellen von Verträgen
Kognitive Verfahren	Verdecktes Konditionieren Kognitive Therapie (A.T. Beck) Rational Emotive Therapie (A. Ellis) Training in Problemlösen Selbstinstruktionstraining Streßimpfungstraining Strategien der Umattribution

Durch das Verlassen der vermeintlich gefährlichen Situation wird die Vermeidung zusätzlich negativ verstärkt. Im Rahmen von Konfrontationsverfahren muß der Patient auf der kognitiven, Verhaltens- und physiologischen Ebene die *konkrete Erfahrung* machen, daß eine Konfrontation mit der subjektiv gefürchteten Situation nicht den erwarteten «Zusammenbruch» nach sich zieht; nach einem «Plateau» in der Erregung nimmt die Angst auf mehreren Ebenen ab, sodaß es auch zu einer Zunahme des Zutrauens in die eigenen Bewältigungsfertigkeiten kommt («Self-efficacy» im Sinne von Bandura, 1977).
Zur Erklärung des Prozesses der Abnahme von Angst und Vermeidungsverhalten im Rahmen von Konfrontationsverfahren kann man sich auf eine Reihe von theoretischen Ansätzen beziehen: Ansätze der Gegenkonditionierung (Pawlow, 1927; Wolpe, 1958) lassen sich ebenso anführen, wie Gesichtspunkte der Habituation (Birbaumer, 1977) oder Theorien der Löschung (Kimble, 1961) und kognitive Theorien (Tolman, 1932).
Man muß heute sagen, daß es verfehlt wäre, *einen* einzelnen theoretischen Ansatz als völlig zutreffend herauszustellen; zur Erklärung verschiedener Ebenen und Aspekte des komplexen Geschehens bei der Bewältigung von Angst in den verschiedenen Konfrontationsverfahren muß man vielmehr auf mehrere Theorien zurückgreifen, um den verschiedenen Einzelaspekten gerecht zu werden. Diese *Komplexität* der zugrundeliegenden Prozesse zeigt sich auch in der *Heterogenität* der einzelnen Methoden (Techniken, Verfahren), die man den Stimuluskontrollverfahren zuordnen kann: Sie reichen von der systematischen Desensibilisierung (vgl. Wolpe, 1974) über Exposure und Response Prevention (Marks, 1978 a, b) bishin zu Überflutungstechniken (Bartling, Fiegenbaum & Krause, 1980), zu Implosionsverfahren (vgl. Stampfl & Levis, 1973) und paradoxen Interventionsansätzen (Ascher, 1980).
Ungeachtet, ob die Methoden mit Akzent auf Fremd- oder Selbstkontrolle angewendet werden, findet bei all den genannten Verfahren eine Konfrontation der Person mit der angstauslösenden Situation statt. Diese kann nach angstauslösender Intensität abgestuft und vorstellungsmäßig (Desensibilisierung in sensu) oder abgestuft und real (Desensibilisierung in vivo) realisiert werden, oder nicht abgestuft und real (Expositionstherapie), oder massiert und vorstellungsmäßig (Implosion) bzw. massiert real (Flooding) arrangiert sein (vgl. Abbildung 2).

	in sensu	real
abgestufte Reizkonfrontation	Desensibilisierung	Desensibilisierung in vivo
nicht abgestufte Reizkonfrontation		Exposition
massierte Reizkonfrontation	Implosion	Flooding

Abbildung 2: Verfahren der Angsttherapie

Im Sinne eines Selbstkontroll- und Selbstmanagementansatzes (vgl. Karoly & Kanfer, 1982; Kanfer, Reinecker & Schmelzer, 1990) wird bei der Durchführung der einzelnen therapeutischen Strategien darauf geachtet, daß die Durchführung der Therapie vom Patienten stufenweise selbst übernommen wird. Sowohl unter ethischen als auch unter reinen Effektivitäts- und unter Kosten- und Nutzen-Aspekten ist die schrittweise Übernahme von Selbstkontrolle durch den Patienten selbst von allergrößter Bedeutung (vgl. Mahoney & Thoresen, 1974; Reinecker, 1978; Marks, 1986).

4.2 Techniken der Konsequenzkontrolle

Die Steuerung menschlichen Problemverhaltens durch *Konsequenzen* ist Gegenstand von Abhandlungen, die man weitgehend der operanten (instrumentellen) Tradition zuordnen muß. Die verschiedenen Möglichkeiten der Steuerung von Verhalten durch Konsequenzen und die Folgen für die zukünftige Auftrittswahrscheinlichkeit von Verhalten lassen sich in Abbildung 3 verdeutlichen.
Die Prozesse der Stimulus- und Konsequenzkontrolle stehen in enger Interaktion: Sie lassen sich weder theoretisch oder experimentell streng trennen (vgl. Kimble, 1961) noch ist eine solche Trennung im therapeutischen Kontext möglich oder sinnvoll. Bereits bei den obigen Ausführungen zur Stimuluskontrolle wurde kurz auf den Prozeß der negativen Verstär-

Beziehungen zwischen Reaktionen (Verhalten) und nachfolgenden Konsequenzen

		Darbietung	Entfernung
Verstärker	Positiver (=angenehmer) Stimulus C^+	C^+ positive Verstärkung Folge: $R\uparrow$	$\not{C}^+$ indirekte Bestrafung Löschung Folge: $R\downarrow$
	Aversiver (=unangenehmer) Stimulus C^-	C^- direkte Bestrafung Folge: $R\downarrow$	$\not{C}^-$ Negative Verstkärung Folge: $R\uparrow$

Abbildung 3: Schema der Grundstrategien der Konsequenzkontrolle (Reinecker, 1986, S. 46; Holland & Skinner, 1971, S. 245). $R\uparrow$ bedeutet eine Erhöhung der Auftrittswahrscheinlichkeit von Verhalten derselben operanten Klasse, $R\downarrow$ eine Senkung.

kung hingewiesen, um die Aufrechterhaltung des Vermeidungsverhaltens zu erklären: Angesichts einer in mehrerer Hinsicht aversiven Situation (Erregung, Angst usw.) kann eine Beendigung dieser Situation dadurch erfolgen, daß man sich dieser Situation entzieht (= Flucht) bzw. daß man sich dieser Situation bei entsprechender Hinweisreizen gar nicht mehr aussetzt (= Vermeidung). Die Beendigung einer aversiven Situation durch Vermeiden entspricht dem Prinzip der negativen Verstärkung: Alle Strategien und Verhaltensweisen, die zur Abnahme oder zum Nichteintreten einer gefürchteten aversiven Erfahrung führen, werden in Zukunft häufiger auftreten.

Die Techniken, die man der *Konsequenz*kontrolle zuordnen kann, werden zumeist als operante Verfahren (vgl. Karoly & Harris, 1986) bzw. als Strategien des Kontingenzmanagements (vgl. Tharp & Wetzel, 1975; Rimm & Masters, 1979) bezeichnet. Kontingenzmanagement meint dabei, daß die Konsequenzen eines Problem- bzw. Zielverhaltens so arrangiert werden, daß dadurch die Häufigkeit des Zielverhaltens zunimmt (z.B. durch positive Verstärkung), während Problemverhaltensweisen (z.B. durch operante Löschung) seltener werden sollten. Operante Verfahren zum Aufbau von Verhalten besitzen große praktische Bedeutung (etwa bei Aufbau von Sprach- und Interaktionsfertigkeiten bei retardierten Kindern und Erwachsenen).

Der schrittweise Aufbau des Zielverhaltens ist zumeist mit einer Löschung des Problemverhaltens verbunden – mit anderen Worten: Die *positiven* Konsequenzen werden nur mehr für erwünschtes Zielverhalten verabreicht und nicht mehr für das unerwünschte Problemverhalten (wie dies unter natürlichen Bedingungen häufig der Fall ist). Für den Bereich institutioneller Settings bezieht man sich häufig auf die Entwicklung von Token Economies (vgl. Ayllon & Azrin, 1968).

Von sehr eingeschränkter Bedeutung sind hingegen (direkte) Bestrafungsverfahren, bei denen eine Reduktion der Verhaltenshäufigkeit erzielt werden soll: Bestrafungs- und Aversionsverfahren (vgl. Reinecker, 1980, 1981) ziehen eine Reihe theoretischer, empirischer und vor allem ethischer Probleme nach sich, die eine Anwendung nur im Extremfall legitim erscheinen lassen (vgl. Barlow, 1978; Walters & Grusec, 1977). Bei der Betrachtung der gegenwärtigen Praxis von Verhaltenstherapeuten fällt allerdings auf, daß Verfahren zur aversiven Verhaltenskontrolle (z.B. Time-out oder Response-cost) wohl nur in seltenen Fällen angewendet werden; dies sollte unser Augenmerk jedoch nicht davon ablenken, daß selbst diese wenigen Fälle einer strengen Überprüfung bedürfen.

Ähnlich wie bei den Verfahren der Stimuluskontrolle muß man bei der Veränderung des Verhaltens durch eine Kontrolle der Konsequenzen ein Kontinuum von Fremd- und Selbstkontrolle annehmen: Die Kontrolle über das Verhalten eines Klienten durch einen Therapeuten ist üblicherweise von begrenzter Dauer, und zum Zweck der Aufrechterhaltung eines Therapieeffektes ist es höchst wünschenswert, wenn der Patient in der Lage ist, Konsequenzen seines Verhaltens selbst zu steuern (vgl. Goldstein & Kanfer, 1979). Beispiele für eine Interaktion von Fremd- und Selbstkontrolle bilden sogenannte Kontingenzverträge in der Partnertherapie, in denen die Kontingenzen für ein erwünschtes Verhalten zwischen gleichberechtigten Partnern vereinbart, festgelegt und verabreicht werden (vgl. Schindler, Hahlweg & Revenstorf, 1980).

4.3 Modellernen

Modellernen beruht auf der Tatsache, daß sich Menschen aufgrund der Beobachtung des Verhaltens anderer Personen (und der darauffolgenden Konsequenzen) dieses Verhalten aneignen bzw. eigene Verhaltensmuster in Richtung des Modellverhaltens ändern (vgl. Bandura, 1969). Im Unterschied zu anderen Formen des Lernens können selbst komplexe Verhaltensweisen und Handlungen durch Modellernen vom Beobachter relativ rasch nachgeahmt und übernommen werden.
Die Techniken des Modellernens nehmen in der Verhaltenstherapie eine Zwischenstellung zwischen sogenannten klassischen und sogenannten kognitiven Verfahren ein, weil man sich zur Erklärung des Modellernens auf eine Reihe unterschiedlicher Prozesse beziehen muß. Diese Prozesse sind auch Gegenstand der sogenannten kognitiv-sozialen Lerntheorie (vgl. Bandura, 1977; Bauer, 1979):

a) *Aufmerksamkeitsprozesse:* Die Aufnahme der Information durch den Beobachter ist ein aktiver Selektionsprozeß, bei dem die Aufmerksamkeit durch verschiedene Faktoren beeinflußt werden kann (z.B. motivationale Bedingungen; Merkmale des Modells und der Interaktion mit dem Beobachter usw.).

b) *Behaltensprozesse:* Die beobachteten Handlungen werden üblicherweise nicht umgehend nachgeahmt; dies erfordert einen Prozeß der Speicherung in Form eines bildlichen oder verbalen Repräsentationssystems. Dieser kognitive Speicherungsprozeß ist ein aktiver Vorgang, bei dem einzelne Merkmale des Modells verändert und vom Beobachter aktiv kodiert werden.

c) *Reproduktionsprozesse:* Ohne vorhandene geistige und physische Voraussetzung kann ein beobachtetes Verhalten nicht reproduziert werden; gerade komplexe (z.B. motorische) Aktivitäten setzen die Bereitstellung (z.T. sogar erst Ausformung) von Teilen der erforderlichen Reproduktionsprozesse voraus.

d) *Motivationsprozesse:* Diese stellen eine Art übergreifender Bedingung für das Modellernen dar, weil ohne diese motivationalen Prozesse das Modellernen nicht zustandekommen kann. Für die *Ausführung* (Performanz) von früher beobachtetem Verhalten etwa sind bisherige, beobachtete oder erwartete Verstärkungsprozesse von ausschlaggebender Bedeutung.

Für den Einsatz des Modellernens in der Verhaltenstherapie lassen sich eine Reihe von Beispielen anführen: Der Erwerb komplexer sozialer Verhaltensweisen im Training adäquaten Sozialverhaltens etwa bedient sich explizit des Modellernens durch den Therapeuten und durch Mitglieder der Gruppe (siehe Ullrich de Muynck & Ullrich, 1976; Hinsch & Pfingsten, 1983). Durch Modellernen können soziale Ängste ausgesprochen ökonomisch bewältigt und entsprechendes interaktionales Verhalten aufgebaut werden. Auch bei der Behandlung von Ängsten allgemeiner Art wird das Modellernen als *eine* Behandlungsform – häufig als Komponente eines komplexen Therapieprogramms – eingesetzt (vgl. Bauer, 1979). Ähnliches gilt für die Vermittlung sozialer Verhaltensweisen an aggressive oder gehemmte Kinder (vgl. Petermann, 1983) bzw. für die Behandlung von Kindern im allgemeinen: Hier stellt die Vermittlung eines Zielverhaltens im Wege über das Modellernen eine wichtige Hilfe dar, weil eine rein verbale Vermittlung häufig auf Schwierigkeiten stößt. Die großen Vorzüge des Modellernens wurden u.a. von Goldstein (1973) genutzt, um Patienten aus der Unterschicht auf der ihnen ädaquaten Ebene des konkreten Handelns entscheidende therapeutische Hilfestellungen zu leisten.
Einen Überblick über verschiedene Verfahren des Modellernens im Rahmen der Verhaltenstherapie liefern Perry und Furukawa (1986). Bei der Durchführung von Therapien sollte man nicht übersehen, daß der Therapeut in vielerlei Hinsicht Modellfunktion für den Patienten besitzt, wie es in Kapitel 6.1 beschrieben ist; daraus erwachsen für den Verhaltens-

therapeuten empirische und ethische Implikationen im Bereich der Ausbildung, der Selbsterfahrung und der Supervision.

4.4 Kognitive Verfahren

Die Entwicklung verschiedener «kognitiver Verfahren» in der Verhaltenstherapie läßt sich auch als Anerkennung der Tatsache interpretieren, daß bei menschlichen Problemen (psychische Störungen) verschiedene *Ebenen* unterschieden werden müssen; die Unterscheidung geht zum Teil auf ältere Ansätze aus der Psychologie zurück.
In der Verhaltenstherapie wird zumeist eine Differenzierung in eine kognitiv-verbale, eine physiologisch-somatische und eine Verhaltensebene vorgeschlagen (vgl. Lang, 1971). Da sich psychische Störungen üblicherweise in einem System unterschiedlicher Funktionsbereiche zeigen, sollte eine Analyse und Intervention auch die unterschiedlichen Ebenen berücksichtigen.
Implizit und in der verhaltenstherapeutischen Praxis wurden kognitive Interventionsstrategien berücksichtigt, seit es Verhaltenstherapie gibt - ein Blick in das Buch «Psychotherapy by reciprocal inhibition» von J. Wolpe aus dem Jahr 1958 zeigt dies recht deutlich. Eine explizite und damit auch theoretische Bearbeitung von diversen kognitiven Interventionsverfahren erfolgte etwa zu Beginn der siebziger Jahre - ebenso schnell wie heterogen: Während etwa die Ansätze der kognitiven Therapie von A.T. Beck vor dem problemgeschichtlichen Hintergrund der psychoanalytischen Theorie entwickelt wurden (ähnliches gilt für die Rational Emotive Therapie von A. Ellis), stammen andere Entwicklungen der kognitiven Techniken aus einer konsequenten Weiterentwicklung der Verhaltenstherapie. Dies gilt für das Problemlösetraining (D'Zurilla & Goldfried, 1971; Goldfried & Goldfried, 1975) ebenso wie für Ansätze der kognitiven Verhaltensmodifikation bei Mahoney (1974) oder Meichenbaum (1977, 1985). Kennzeichnend für die letzteren Ansätze ist insbesondere eine Berücksichtigung von Befunden aus der Grundlagenforschung in verschiedenen Bereichen der Psychologie - und hier insbesondere *kognitiver* Ansätze. Auch Strategien der Selbstkontrolle (Kanfer, 1970; Kanfer & Karoly, 1972; Mahoney & Thoresen, 1974; Hartig, 1973) und des Selbstmanagement (Karoly & Kanfer, 1982; Kanfer & Gaelick, 1986) wurden in engem Kontakt mit wissenschaftlichen und praktischen Trends der Psychologie entwickelt (vgl. Kanfer, Reinecker & Schmelzer, 1990).
Die einzelnen kognitiven Verfahren sind hier mit allen Grundlagen und Implikationen nicht zu besprechen (vgl. Mahoney, 1974; Kendall & Hollon, 1979; Kanfer & Goldstein, 1986; Hoffmann, 1979; vgl. dazu auch die von Kendall herausgegebene Reihe «Advances in Cognitive Behavior Therapy», seit 1982). Hier soll deshalb nur kurz auf einige zentrale theoretische und therapierelevante Annahmen eingegangen werden, die kennzeichnend für einzelne Techniken sind.

4.4.1 Ansätze der Selbstkontrolle

Die verschiedenen Modelle der Selbstkontrolle stellen eine Erweiterung klassisch-lerntheoretischer Konzeption insofern dar, als auf seiten des betroffenen Individuums die Fähigkeit zur Steuerung des eigenen Verhaltens vorausgesetzt wird; besonders deutlich wird dies im Konzept der *Selbstregulation*: In diesem Modell unterscheidet Kanfer (1970) die Stufen der Selbstbeobachtung, der Selbstbewertung anhand bestimmter Standards und der Selbstverstärkung als Folge eines Vergleichs von Standards mit dem eigenen Verhalten.
Selbstkontrolle meint einen Spezialfall der Selbstregulation bei Vorliegen einer speziellen Konfliktsituation: Hierbei unterbricht das Individuum eine weitgehend automatisierte Verhaltenskette zum Zwecke einer genauen Analyse der Situation und des eigenen Verhaltens. Motivationale, kognitive und Verhaltensprozesse spielen dort als Grundlage der Selbstkontrolle eine entscheidende Rolle.
Bei der Erörterung von speziellen Selbstkontroll-Methoden im Rahmen der Verhaltenstherapie sollte man von einem Kontinuum von Fremd- und Selbstkontrolle ausgehen: Es macht somit wenig Sinn, die einzelnen Verfahren gegeneinander zu stellen, weil situative Kontingenzen einerseits und Prozesse der Selbstregulation andererseits bei der Kontrolle komplexen menschlichen Verhaltens in enger Interaktion stehen.

Den Selbstkontrollansätzen im engeren Sinne können folgende Verfahren zugeordnet werden:
a) Methoden der *Selbstbeobachtung*, die zumeist als erste Stufe eines Änderungsprozesses dienen.
b) Methoden der *Stimuluskontrolle*: Hier kann die Person selbst zu einer Steuerung des eigenen Verhaltens beitragen, indem durch ein spezielles Arrangement der physikalischen oder sozialen Umgebung entsprechende Zielverhaltensweisen wahrscheinlicher bzw. unwahrscheinlicher werden.
c) Methoden der Konsequenz*kontrolle*: Die Person ist im Prinzip selbst in der Lage, durch Selbstverstärkung, Selbstbestrafung oder durch das Eingehen spezieller Kontrakte die Auftrittswahrscheinlichkeit des eigenen Verhaltens zu steuern.

Die verschiedenen Methoden der Selbstkontrolle bilden inzwischen einen festen Bestandteil verhaltenstherapeutischer Verfahren. Dies gilt auch angesichts der Tatsache, daß ein expliziter Effektivitätsvergleich nur sehr schwer zu führen ist, weil eine klare Trennung der einzelnen Strategien kaum möglich ist. Die einzelnen Ansätze besitzen in mehrerer Hinsicht große Relevanz:

- Selbstkontroll-Ansätze leisten einen entscheidenden Beitrag zur Transparenz des therapeutischen Vorgehens;
- Selbstkontroll-Ansätze lassen sich ferner zur Intervention von Problemen sehr privater (intimer) Natur heranziehen;
- Selbstkontroll-Ansätze dienen als effiziente Verfahren im Bereich der Prävention einerseits und der Rückfallsprophylaxe andererseits;
- Strategien der Selbstkontrolle können vom Klienten selbst in natürlichen Situationen eingesetzt werden und bilden damit einen wichtigen Beitrag zur Effektivität therapeutischer Verfahren und damit zum Nutzen für Patienten und Gemeinschaft.

4.4.2 Kognitive Therapie von A.T. Beck

Nach der Auffassung von Beck (1976) ist die *Ursache* depressiver Störungen in erster Linie in einer Störung kognitiver Verarbeitungsmuster zu sehen. Der Depressive verarbeitet wichtige Erfahrungen in falscher Weise: Entscheidend sind seine Erfahrungen über sich selbst, seine Umgebung und seine Zukunft (entspricht der kognitiven Triade, vgl. Hollon & Beck, 1979). Die verschiedenen *Denkfehler* werden von Beck (1976; vgl. Beck et al., 1979) auch verschiedenen Kategorien zugeordnet (z.B. selektive Abstraktion, willkürliches Schließen, Übergeneralisierung usw.). Beck (1976) betont jedoch auch, daß eine Diagnostik der bei einem Patienten vorliegenden problematischen Denkmuster nur auf der Grundlage einer individuellen Analyse geschehen kann.

Die Intervention setzt auf mehreren *Ebenen* an, die das Ziel haben, dem Patienten die Fehler in seiner Wahrnehmung und die entsprechenden Schlußfolgerungen vor Augen zu führen, damit er diese verändern kann, so ist die Analyse und Identifikation problematischer Denkmuster nur *ein* Schritt, um den Patienten zu einer realistischeren Sicht seiner Welt anzuleiten. Beck bedient sich zur Überzeugung des Patienten auch explizit der konkreten *Erfahrung*, ohne die eine kognitive Umstrukturierung kaum gelingen kann (z.B. Auftrag, kleine Aufgaben zu erledigen, durch die der Patient wieder konkret erlebt, daß er in der Lage ist, seine Umwelt zu gestalten und zu verändern).

Der Ansatz von Beck hat im vergangenen Jahrzehnt viele empirische Untersuchungen angeregt, die die Brauchbarkeit grundsätzlich unterstreichen (vgl. Rush et al., 1977; Niebel, 1984). Eine strukturierte Anwendung des Ansatzes der psychischen Störungen außerhalb der depressiven Problematik wird von Vertretern der kognitiven Therapie nach Beck immer wieder propagiert; während der Einbau kognitiver Elemente in eine komplexe Therapiestrategie bei entsprechenden Problemen gewiß angezeigt ist, kann man über die Anwendung des gesamten Vorgehens bei diversen Störungen bisher kaum fundierte empirische Aussagen finden.

4.4.3 Rational Emotive Therapie von A. Ellis

Ähnlich wie Beck entwickelte Ellis (1962) seine Rational Emotive Therapie aus einer Unzufriedenheit mit psychoanalytischen Modellen zur Behandlung emotionaler Pro-

bleme. Die zentrale Annahme bei Ellis besagt, daß nicht so sehr konkrete Ereignisse (A = activating events) zu unseren emotionalen oder Verhaltenskonsequenzen (= C, Konsequenzen, Probleme) führen, dafür ist vielmehr ein System von «Beliefs» (= B) verantwortlich, die unser Denken und Handeln bestimmen (s. Ellis & Harper, 1976; Ellis & Grieger, 1979).
Ellis (1984) versuchte, eine Reihe von Denkfehlern im «Belief-System» zu identifizieren; prinzipiell allerdings hält er die Liste möglicher irrationaler «Beliefs» für unbegrenzt. Es ist in therapeutischer Hinsicht Aufgabe des Therapeuten, dem Klienten diese Irrationalität der Denkmuster durch *rationale Diskussion* vor Augen zu halten und so zu einer Veränderung seiner Problematik beizutragen. Empirische Untersuchungen über die Wirksamkeit der RET brachten bei verschiedenen Störungen durchaus ermutigende Resultate (siehe Keßler & Hoellen, 1982; Kendall, 1984). Die theoretischen Grundannahmen von Ellis werden von verschiedener Seite allerdings massiver Kritik unterzogen; dies betrifft vor allem den Rationalitätsbegriff sowie die von Ellis vorgeschlagene direktive Indoktrination (vgl. auch dazu die Diskussion bei Haaga & Davison, 1986).

4.4.4 Training im Problemlösen

Trainings im Problemlösen für psychische Störungen wurden insbesondere von D'Zurilla und Goldfried (1971) und D'Zurilla und Nezu (1982) entwickelt (vgl. dazu auch König, 1979). In dem Ansatz greift man auf Befunde zurück, wonach psychiatrische Patienten eine verminderte Fähigkeit kognitiver und interpersonaler Problemlösung aufwiesen. Dabei lag es nahe, auf die aus der allgemeinen und kognitiven Psychologie (z.B. Newell & Simon, 1972) bekannten Überlegungen zurückzugreifen, wo Teilkomponenten effektiver Problemlösung ausgiebig untersucht wurden. Das Training der einzelnen Stufen des Problemlösens (1. allgemeine Orientierung, 2. Beschreibung des Problems, 3. Erstellen von Alternativen, 4. Treffen einer Entscheidung, 5. Evaluation) sollte den Klienten in die Lage versetzen, nicht nur einzelne Verhaltensweisen einzuüben bzw. zu verändern, sondern der Klient sollte verschiedene *Strategien* erlernen, die zur Lösung eines breiten Bereichs von Problemen einsetzbar sind.
In der Zwischenzeit gehören Modelle des Problemlösens – sowohl als Teilkomponenten eines Therapieprogramms, als auch im Sinne eines Meta-Modells des Therapieprozesses – zum Standardrepertoire des verhaltenstherapeutischen Vorgehens (vgl. dazu Kanfer & Busemeyer, 1982; Schmelzer, 1983). Die Übertragung des Problemlösemodells auf emotionale und psychische Probleme wird allerdings auch dahingehend kritisiert, daß sich psychische Störungen eben nicht analog zu akademischen Problemen analysieren lassen. Eine Anwendung des Problemlösetrainings ergibt sich in verschiedenen Bereichen: Als Therapiebestandteil bei verschiedenen Störungen, speziell bei interpersonalen Problemen (Delinquenz, soziale Unsicherheit, aber auch bei Abhängigkeiten, siehe Shure & Spivack, 1978). So gesehen kann man das Problemlösetraining als gut evaluiert ansehen.

4.4.5 Selbstinstruktions- und Streßimpfungstraining

Beide Verfahren wurden von D. Meichenbaum zu Beginn der siebziger Jahre entwickelt (vgl. Meichenbaum & Goodman, 1971; Meichenbaum, 1977). Beim *Selbstinstruktionstraining* sollte die Sprache (schrittweise) die Kontrolle über die Handlungen der Person übernehmen. Meichenbaum bezieht sich dabei auf entwicklungspsychologische Überlegungen, wonach die Sprache bei Kleinkindern die Funktion der Verhaltenssteuerung besitzt. Diese Selbstinstruktionen werden im Laufe der Entwicklung internalisiert und fungieren als «verdeckte» Steuerung des Verhaltens. In therapeutischer Hinsicht macht man sich diese Überlegungen insofern zunutze, als bei der Ausführung komplizierter Aufgaben auf die *Sprache* als unterstützendes Element zurückgegriffen wird (Beispiel: Problemlösen bei impulsiven Kindern, vgl. Camp & Bash, 1981).
Die Vermittlung des Selbstinstruktionstrainings an einen Patienten schafft ein Gefühl persönlicher Kontrolle, das für den Umgang mit problematischen Situationen äußerst

wichtig ist, weil der Klient durch seine eigene Sprache («innere Monologe») eine gewisse Kontrolle über verschiedene Verhaltensweisen und Situationen bekommt (s. dazu auch Befunde aus der Attributionsforschung, vgl. Försterling, 1986).
Das *Streß-Impfungs-Training* (Meichenbaum, 1985) bildet eine Therapiestrategie zur Bewältigung unangenehmer Streßsituationen. Meichenbaum greift hier auf die sogenannte Zwei-Faktoren-Theorie von Emotionen bei Schachter zurück (Schachter & Singer, 1962): Demnach können bei Emotionen zum einen die Komponente der unspezifischen physiologischen Erregung und zum anderen eine Komponente der kognitiven Bewertung unterschieden werden. Dieses Modell der Emotionen ist alles andere als unumstritten (vgl. dazu Reisenzein, 1983), erweist sich jedoch für die Klinische Psychologie als heuristisch ausgesprochen fruchtbar.
Meichenbaum (1985) vermittelt den Patienten aufgabenrelevante Kognitionen in drei Phasen:
1) *Unterrichtsphase*, in der eine Problemanalyse durchgeführt und der Patient in die kognitiv-verhaltenstherapeutische Sichtweise von Emotionen und ihre Bewältigungsmöglichkeiten eingeführt wird.
2) *Übungsphase*, in der der Patient lernt, in der therapeutischen Situation mit einem Stressor umzugehen; der Patient sollte dabei verschiedene Stufen der Konfrontation mit einem Stressor unterscheiden und Selbstverbalisationen zum Umgang mit der Situation üben.
3) *Anwendungsphase*, in der der Patient konkrete Streßsituationen im Alltag aufsucht und die gelernten Strategien (Selbstverbalisation) zur Bewältigung erprobt.

Große Bedeutung besitzt das SIT und andere Belastungsbewältigungsansätze (vgl. Lazarus & Folkman, 1984) auch für die Verhaltensmedizin (vgl. dazu Miltner, Birbaumer & Gerber, 1986): Die Bewältigung unausweichlicher Stressoren (z.B. bevorstehende Operationen, chronische Schmerzen) stellt ein wichtiges Arbeitsgebiet in der interdisziplinären Kooperation von Medizinern und Psychologen dar. Bei der Vermittlung des Streß-Impfungs-Trainings und anderer Bewältigungsfertigkeiten im Rahmen der Verhaltensmedizin sollte man bei aller Bedeutung kognitiver Verfahren nicht aus dem Auge verlieren, daß solche Interventionsansätze eine äußerst sensible Analyse der Bedürfnisse des Patienten und seiner vorhandenen Bewältigungsmöglichkeiten voraussetzen.

5. Ebenen der Intervention

Die Anwendung von Verhaltenstherapie ist keineswegs auf die Behandlung von Individuen beschränkt. Aus einer konsequent funktionalen Analyse (vgl. Holland, 1978) folgt vielmehr, daß diejenigen unabhängigen Variablen identifiziert werden können, die einer Veränderung bedürfen. Dies legt z.B. eine familiäre Intervention bei Eßstörungen, Partnertherapie bei funktionellen Sexualstörungen oder gesellschaftlich politische Interventionen bei Alkoholismus nahe.

5.1 Verhaltenstherapie in Gruppen

Der Begriff «Gruppentherapie» kennzeichnet keinen inhaltlichen Therapieansatz, sondern lediglich eine spezielle Interventionsebene bzw. ein besonderes Setting (vgl. Kapitel 6.1). Beispiele für die Durchführung verhaltenstherapeutischer Strategien in Gruppen finden sich von Beginn ihrer Entwicklung an. Dabei stand zunächst der Aspekt der Ökonomie im Vordergrund (speziell bei der Gruppen-Desensibilisierung, vgl. Florin & Tunner, 1975). Ein weiteres wichtiges Argument betrifft die Nutzung des Gruppen-Effektes («Soziales Lernen») zur Erreichung therapeutischer Effekte (vgl. Grawe, 1980).
In vielen ätiologischen Überlegungen zur Genese psychischer Störungen werden soziale Merkmale als Determinanten geltend gemacht. Es liegt deshalb besonders nahe, solche sozialen Komponenten als Rahmenbedingungen des therapeutischen Settings zu realisieren. In einer Gruppe wird es einem Patienten ermöglicht, neues Verhalten für komplexe Problemsituationen unter relativ kontrollierten Bedingungen einzuüben. Die einzelnen Gruppenmitglieder bieten Anregungen für neue Ziele, realistische Standards und ein le-

bensnahes Korrektiv, mehr als dies von einem Therapeuten allein geleistet werden könnte (vgl. dazu auch Fiedler, 1987).

5.2 Verhaltenstherapie in sozialen Systemen

Das verhaltenstherapeutische Vorgehen beinhaltet eine funktionale Analyse und gegebenenfalls Veränderung derjenigen Bedingungen, die als Determinanten eines Problems angesehen werden müssen (vgl. Holland, 1978). Da der Psychologe oder Verhaltenstherapeut üblicherweise nur indirekten Zugang zu natürlichen Bedingungssystemen besitzt, kommt der Intervention auf dem Wege über sog. Mediatoren große Bedeutung zu.
Das Modell einer indirekten Intervention in der natürlichen Umgebung - von Tharp & Wetzel (1975) als Mediatoren-Modell bezeichnet - läßt sich im Prinzip auf verschiedene soziale Systeme beziehen: Auf die Therapie bei Paaren, bei Kindern, in Familien oder in anderen sozialen Gruppen. Das *Prinzip* des Modells besteht darin, daß die therapeutische Funktion nicht vom Fachmann (Psychologe, Verhaltenstherapeut), sondern im wesentlichen von einer oder mehreren Personen der natürlichen Umgebung übernommen wird.
Nach Tharp & Wetzel (1975) läßt sich dies im folgenden Schema verdeutlichen:

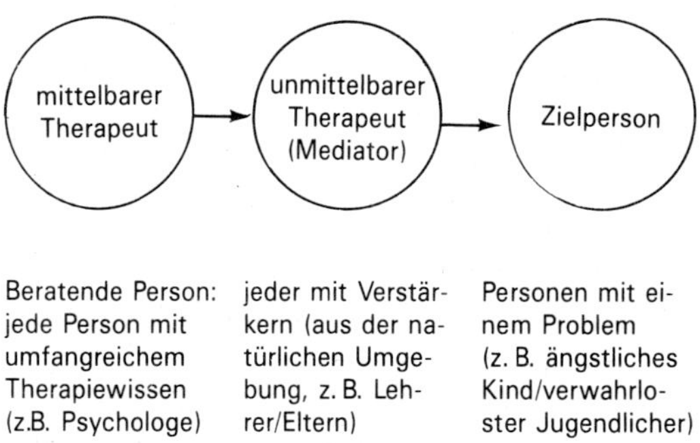

Abbildung 4: Mediatoren-Modell (Tharp & Wetzel, 1975)

Ein wohl entscheidender Vorteil der Intervention im gegebenen Sozialfeld betrifft den Versuch einer Veränderung von problematischen Bedingungen durch Personen, die diese Bedingungen im Prinzip auch kontrollieren können; in vielen Fällen erfordert die Anwendung des Mediatorenmodells zunächst eine Schulung/Training durch den Fachmann und eine Veränderung des Verhaltens der Personen des sozialen Feldes. Wenn sich dies bewerkstelligen läßt, dann bilden Interventionen in der natürlichen Umgebung eine günstige Voraussetzung für die Stabilisierung einer therapeutischen Veränderung (s. dazu auch Perrez et al., 1985).

5.3 Gemeindepsychologische Ansätze

Diese Ansätze lassen sich im Prinzip auf die Mental-Health-Bewegung zu Beginn des Jahrhunderts zurückführen; in der Verhaltenstherapie gelten folgende Merkmale als Prinzipien einer gemeindepsychologischen Orientierung (vgl. Keupp, 1978; Heyden, 1986):
1) *Gemeindenähe*, d.h. die Probleme werden im Feld ihrer Entstehung und Aufrechterhaltung analysiert und gegebenenfalls behandelt.
2) *Ambulante Hilfe* bedeutet ein Abgehen vom passiven Versorgungsgedanken; entscheidend ist dabei eine Anleitung der Betroffenen zur effizienten Selbsthilfe.
3) *Präventive Orientierung:* Die ätiologische Analyse menschlicher Probleme verlangt konkrete Maßnahmen zur Verhinderung psychischer Störungen auf verschiedenen Ebenen.
4) Die *Bedürfnisse* der Betroffenen und nicht so sehr die professionelle Perspektive sollte besonders in den Vordergrund gerückt werden.

Verhaltenstherapeutisch orientierte Gemeindepsychologie versteht sich weniger als «neuer» therapeutischer Ansatz, sondern vielmehr als eine konsequente Perspektive zur Lösung psychischer Probleme. Dabei ist man sich sehr wohl der Komplexität der anstehenden Aufgaben bewußt, so daß man sich über eine rasche und effiziente Lösung vieler Probleme im Bereich psychischer Störungen wohl keine überzogene Hoffnung machen sollte (vgl. dazu auch Kapitel 25).

5.4 Anwendungsfelder auf der Ebene der Sozietät

Verhaltenstherapeutische Ansätze haben im Bereich der klinischen Intervention, der Erziehung und der Rehabilitation bereits eine gewisse Tradition; die Anwendung vorwiegend operanter Prinzipien auf die Veränderung gesellschaftlicher und ökologisch relevanter Bedingungen menschlichen Verhaltens liegt dabei ebenso nahe wie der engere Bereich psychischer Störungen. Interessanterweise rücken solche Anwendungsfelder gerade dann in unser Blickfeld, wenn die entsprechenden Felder einen besonderen gesellschaftlichen Stellenwert bekommen.

Wichtige Anwendungsfelder bilden die Veränderungen des menschlichen Umgangs mit Abfall, die Bereitschaft zum Recycling und das möglichst sparsame Verhalten im Bereich von Energie und die Anleitung zur Benutzung von Massen-Transportmittel (vgl. Kazdin, 1977). Als Beispiel läßt sich die Studie von Winett & Nietzel (1975) anführen: Die Autoren bilden zwei Hauptgruppen bei einer Reihe von Haushalten, mit dem Ziel, elektrische Energie zu sparen. Verglichen mit Baseline-Bedingungen gelang es den Haushalten über vier Wochen lang hinweg deutlich, Energie zu sparen, wenn sie zusätzlich zur Information auch finanzielle Anreize für das Zielverhalten in Aussicht gestellt bekamen. Die Effekte zeigten sich noch deutlich zwei Wochen nach der Beendigung der Studie, allerdings nicht mehr nach acht Wochen.

Bereits eine solch kleine Studie verdeutlicht die möglichen Implikationen einer Anwendung psychologischer Prinzipien auf sozial relevante Bereiche und die damit verbundenen ethischen Probleme. Die Veränderung menschlichen Verhaltens – und sei es auch zur Erreichung noch so hochstehender und sozial akzeptierter Ziele – bedeutet einen Eingriff in ein soziales *System*, über dessen Konsequenzen man sich klar sein sollte. Die angesprochenen Eingriffe in soziale Systeme werden auch daran deutlich, daß von Untergruppen der menschlichen Gemeinschaft durchaus kontroverse Ziele verfolgt werden: Eine deutliche Einsparung fossiler Energie oder die konsequente Benutzung von öffentlichen Verkehrsmitteln hätte Auswirkungen, die durchaus mit Problemen verbunden sind (Arbeitslosigkeit bei Tankwarten und KFZ-Reparaturwerkstätten usw.). Die Realisierung entsprechender Ziele wird damit in hohem Maße von einem Abwägen sozialer und finanzieller Kosten abhängen.

Auch eine ganze Reihe von verschiedenen Krankheiten – speziell von chronischen Störungen – hat uns vor Augen geführt, daß wir mit unserem *Verhalten* zum Auftreten dieser Störungen beitragen: Im Falle von koronaren Herzkrankheiten etwa beeinflussen wir durch unsere Ernährungsgewohnheiten und durch unseren Lebensstil ein spezielles Risiko für eine Erkrankung. Diese wenigen Beispiele eines verhaltenstherapeutischen Zugangs auf der Ebene der Sozietät sollten nur verdeutlichen, daß eine solche psychologische Analyse und Intervention durchaus im Bereich der Möglichkeiten liegt. Die Realisierung und konsequente Umsetzung solcher Strategien hängt allerdings weniger von psychologischen Gesichtspunkten, sondern eher von der sozialen Akzeptanz gesellschaftlicher Zielvorstellungen ab.

6. Wirksamkeit

Die Verhaltenstherapie ist seit jeher mit dem Anspruch aufgetreten, wirksame Behandlungsverfahren für einen breiten Bereich von Problemen bereitzustellen; zum Nachweis dieser Wirksamkeit einzelner Verfahren bei entsprechenden Störungen bediente man sich einer breiten Palette von Forschungsstrategien (s. dazu Kazdin, 1980; Reinecker, 1983). Wenn man die einschlägigen Zeitschriften und Monographien betrachtet, so zeigt sich, daß verhaltenstherapeutische Ansätze bei praktisch allen klinisch relevanten Störungen mit einigem Erfolg angewendet wurden. Eine entscheidende Ausweitung des Anwendungsbereiches erfolgte mit der Verhaltensmedizin, wo bewährte psychologische Verfahren zur begleitenden Behandlung eines weiten Bereichs von somatischen (vorwiegend chronischen) Krankheiten herangezogen wurden (siehe dazu Gentry, 1984; Miltner, Birbaumer & Gerber, 1986).

Beispiel für den Nachweis der Wirksamkeit: Anstelle eines in diesem Rahmen nicht zu leistenden Überblicks über verschiedene Strategien und Probleme eines Effektivitätsnachweises wird ein Beispiel herausgegriffen, das man als charakteristisch für verschiedene Aspekte dieser Thematik ansehen kann. Michelson, Mavissakalian und Marchione (1985) untersuchten in ihrer Studie die differentielle Wirksamkeit verschiedener verhaltenstherapeutischer Vorgehensweisen bei der Behandlung von Agoraphobien (siehe Kasten 1).

Kasten 1
Untersuchung zur differentiellen Wirksamkeit (Michelson, Mavissakalian & Marchione, 1985)

Fragestellung: Welche differentiellen Effekte zeigen verschiedene verhaltenstherapeutische Strategien bei der Behandlung von Agoraphobikern?
Beschreibung der Patienten (Stichprobe): 39 Patienten mit der Diagnose «Agoraphobie mit Panikattacken».
Behandlungsformen: a) paradoxe Intention (PI); b) graduierte Exposition (GE); c) progressive Relaxation (PR). Dauer der Behandlung: jeweils 12 Wochen.
Versuchsplan: Messungen zu Beginn, nach 6 Wochen und am Ende der Behandlung; dazu ein Follow-Up von 3 Monaten. Vergleich von 3 parallelisierten Behandlungsgruppen.
Abhängige Variable: Erfassung des Zustandes auf der Verhaltens- (Therapeut, externe Rater), der subjektiven (Angstfragebögen; Beschreibung der Patienten) und der physiologischen Ebene.
Ergebnisse – Relevanz: Bereits zur Mitte der Behandlung (6 Wochen) wiesen die Gruppen GE und PR deutliche Besserungen auf, was für ein rasches Ansprechen der Patienten auf verhaltens- und physiologisch orientierte Behandlungen spricht. Die Anzahl der stark verbesserten Patienten betrug nach der Therapie für PI: 67%; für GE: 82% und für PR 70% und erbrachte keine signifikanten Unterschiede zwischen den Gruppen. Im Follow-Up zeigte sich in mehreren Maßen wiederum GE und PR der paradoxen Instruktion überlegen. Die Studie unterstreicht die Notwendigkeit einer differentiellen Erfassung von therapeutischen Effekten und die Bedeutung eines multimodalen Vorgehens bei der Behandlung von Agoraphobikern.

7. Erklärung der Wirksamkeit

Zur Erklärung der Wirksamkeit des verhaltenstherapeutischen Vorgehens wird auf eine breite Palette vorwiegend *psychologischer* Theorien zurückgegriffen, wie dies bereits bei der eingangs angeführten Charakterisierung von Verhaltenstherapie zum Ausdruck kam. Es ist allerdings wichtig darauf hinzuweisen, daß im Erklärungskontext auf eine Reihe von Aspekten aus angrenzenden Disziplinen verwiesen wird (z.B. Psychophysiologie, Evolutionstheorien, Biochemie, Neurologie usw.). Dieser Pluralismus macht deutlich, daß man zur Erklärung unterschiedlicher Ebenen und Bedingungskonstellationen menschlicher Probleme durchaus unterschiedliche theoretische Vorstellungen geltend machen kann. Ein Beispiel dafür bildet die Weiterentwicklung der Verhaltenstherapie, die Verhaltensmedizin, wo die Interdisziplinarität im konkreten Vorgehen (auf der Ebene der Technologie) aber auch in den Erklärungsansätzen (Ebene der Theorien) zum Programm erhoben wird.
Innerhalb der Verhaltenstherapie besitzt die Frage nach spezifischen versus unspezifischen Wirkfaktoren immer noch eine gewisse Bedeutung: Dabei darf man nicht übersehen, daß die Frage, was einen Faktor als «spezifisch», und einen anderen als «unspezifisch» kennzeichnet, alles andere als eindeutig zu beantworten ist. Um einer Antwort näher zu kommen, müssen in jedem Falle – neben der Beschreibung des Faktors selbst – Gesichtspunkte seiner Auswirkung und Merkmale seines theoretischen Hintergrundes herangezogen werden. Diese empirische und theoretische Einbettung von einzelnen Wirkfaktoren relativiert – zumindest für die Verhaltenstherapie – die Unterscheidung von spezifischen und unspezifischen Mechanismen doch in erheblichem Maße. Im Prinzip sollte der Verhaltenstherapeut in der Lage sein, für die einzelnen Schritte seines Vorgehens empirische und theoretische Begründungen zu liefern. Das Vorgehen ist dabei keineswegs auf die Anwendung von verhaltenstherapeutischen Methoden im engeren Sinne beschränkt, sondern enthält auch Schritte der Rollenstrukturierung, der Motivations-, der Problem- und Zielanalyse, Strategien zur Generalisierung und Evaluation, wie dies im Prozeßmodell

von Kanfer und Grimm (1981) zum Ausdruck kommt. Mit dem Anspruch auf Erklärung einzelner Schritte des therapeutischen Vorgehens unter Bezug auf *psychologische* Modellvorstellungen darf aber weder ein Anspruch auf Vollständigkeit, und Einzigartigkeit der Erklärung oder gar auf Letztbegründungen verbunden sein.

8. Literatur

Ascher, L.M. (1980). Paradoxical intention. In A.P. Goldstein & E.B. Foa (Eds.), *Handbook of behavioral interventions* (pp. 266–321). New York: J. Wiley.

Ayllon, T. & Azrin, N.H. (1968). *The token economy: A motivational system for therapy and rehabilitation.* New York: Appleton-Century-Crofts.

Bandura, A. (1969). *Principles of behavior modification.* New York: Holt.

Bandura, A. (1977). Self-efficacy: toward a unifying theory of behavior change. *Psychological Review, 84,* 191–215.

Barlow, D.H. (1978). Aversive Procedures. In W.S. Agras (Ed.), *Behavior Modification: Principles and clinical application* (pp. 86–133). Boston: Little, Brown & Company.

Bartling, G., Fiegenbaum, W. & Krause, R. (1980). *Reizüberflutung – Theorie und Praxis.* Stuttgart: Kohlhammer.

Bauer, M. (1979). *Verhaltensmodifikation durch Modellernen.* Stuttgart: Kohlhammer.

Beck, A.T. (1976). *Cognitive therapy and emotional disorders.* New York: International University Press.

Beck, A.T., Rush, A.J., Shaw, B.F. & Emery, G. (1979). *Cognitive therapy of depression.* New York: Guildford Press.

Birbaumer, N. (1977). *Psychophysiologie der Angst.* München: Urban & Schwarzenberg.

Camp, B.W. & Bash, M.S. (1981). *Think Aloud. Increasing social and cognitive skills – A problem solving program for children.* Champaign, Ill.: Research Press.

D'Zurilla, T.J. & Goldfried, M.R. (1971). Problem solving and behavior modification. *Journal of Abnormal Psychology, 78,* 107–126.

D'Zurilla, T.J. & Nezu, A. (1982). Social problem solving in adults. In P.C. Kendall (Ed.), *Advances in cognitive-behavioral research and therapy* (pp. 201–274). New York: Academic Press.

Ellis, A. (1962). *Reason and emotion in psychotherapy.* New York: Lyle Stuart.

Ellis, A. (1984). The essence of RET. *Journal of Rational Emotive Therapy, 2,* 19–25.

Ellis, A. & Grieger, R. (Hrsg.) (1979). *Praxis der Rational-Emotiven Therapie.* München: Urban & Schwarzenberg.

Ellis, A. & Harper, R.A. (1976). *A new guide to rational living.* Hollywood: Wilshire-Edition.

Fahrenberg, J. (1984). Methodische Überlegungen zur Mehrebenen-Prozeß-Forschung. In U. Baumann (Hrsg.), *Psychotherapie: Makro/Mikroperspektive* (S. 198–222). Göttingen: Hogrefe.

Fiedler, P.A. (1987). Verhaltenstherapie in Gruppen. *Verhaltensmodifikation und Verhaltensmedizin, 8,* 111–132.

Fliegel, S., Groeger, W.M., Künzel, R., Schulte, D. & Sorgatz, H. (1981). *Verhaltenstherapeutische Standardmethoden. Ein Übungsbuch.* München: Urban & Schwarzenberg.

Florin, I. & Tunner, W. (Hrsg.). (1975). *Therapie der Angst: Systematische Desensibilisierung.* München: Urban & Schwarzenberg.

Försterling, F. (1986). *Attributionstheorie in der Klinischen Psychologie.* München: Urban & Schwarzenberg.

Franks, C.M. & Wilson, G.T. (1978). *Annual review of behavior therapy. Theory and practice 1978.* New York: Bruner & Mazel.

Gentry, W.D. (Ed.). (1984). *Handbook of behavioral medicine.* New York: Guildford Press.

Goldfried, M.R. & Goldfried, A.P. (1975). Cognitive change methods. In F.H. Kanfer & A.P. Goldstein (Eds.), *Helping people change. A textbook of methods* (pp. 89–116). New York: Pergamon Press.

Goldstein, A.P. (1973). *Structured learning therapy. Toward a psychotherapy for the poor.* New York: Academic Press.

Goldstein, A.P. & Kanfer, F.H. (1979). *Maximizing Treatment Gains. Transfer Enhancement in Psychotherapy.* New York: Academic Press.

Grawe, K. (Hrsg.). (1980). *Verhaltenstherapie in Gruppen.* München: Urban & Schwarzenberg.

Haaga, D.A. & Davison, G.C. (1986). Cognitive change methods. In F.H. Kanfer & A.P. Goldstein (Eds.), *Helping People change. A textbook of methods* (pp. 97–130). New York: Pergamon Press.

Hartig, M. (1973). *Selbstkontrolle: Lerntheoretische und verhaltenstherapeutische Ansätze.* München: Urban & Schwarzenberg.

Heyden, T. (1986). Verhaltenstherapie in der psychosozialen Versorgung. In Deutsche Gesellschaft für Verhaltenstherapie (Hrsg.), mit Beiträgen von T. Heyden, H. Reinecker, D. Schulte & H. Sorgatz, *Verhaltenstherapie: Theorien und Methoden.* Tübingen: DGVT-Verlag.

Hinsch, R. & Pfingsten, U. (1983). *Gruppentraining sozialer Kompetenzen.* München: Urban & Schwarzenberg.

Hoffmann, N. (1979). *Grundlagen kognitiver Therapie.* Bern: Huber.

Holland, J.G. (1978). Behaviorism: Part of the problem or part of the solution? *Journal of Applied Behavior Analysis, 11,* 163–174.

Hollon, S.D. & Beck, A.T. (1979). Cognitive therapy of depression. In P.C. Kendall & S.D. Hollon (Eds.), *Cognitive-behavioral interventions. Theory, research, and procedures.* New York: Academic Press.

Kanfer, F.H. (1970). Self-regulation: Research issues and speculations. In C. Neuringer & J.L. Michael (Eds), *Behavior modification in clinical psychology* (pp. 178–220). New York: Appleton-Century.

Kanfer, F.H. & Busemeyer, J.R. (1982). The use of problem-solving and decision making in behavior therapy. *Clinical Psychology Review, 2,* 239–266.

Kanfer, F.H. & Gaelick, L. (1986). Selfmanagement methods. In F.H. Kanfer & A.P. Goldstein (Eds.), *Helping people change. A textbook of methods* (pp. 283–345). New York: Pergamon Press.

Kanfer, F.H. & Grimm, L.G. (1981). Bewerkstelligung Klinischer Veränderungen: Ein Prozeßmodell der Therapie. *Verhaltensmodifikation, 2*, 125-132.

Kanfer, F.H. & Schefft, B.K. (1987). *Self-management therapy in clinical practice*. Champaign, Ill.: Research Press.

Kanfer, F.H. & Karoly, P. (1972). Self-control: A behavioristic excursion into the lion's den. *Behavior Therapy, 3*, 398-416.

Kanfer, F.H. & Saslow, G. (1969). Behavioral diagnosis. In C.M. Franks (Ed.), *Behavior therapy. Appraisal and status* (pp. 417-444). New York: McGraw Hill.

Kanfer, F.H., Reinecker, H. & Schmelzer, D. (1990). *Selbstmanagementtherapie. Ein Lehrbuch für die klinische Praxis*. Berlin: Springer (im Druck).

Karoly, P. & Harris, A. (1986). Operant methods. In F.H. Kanfer & A.P. Goldstein (Eds.), *Helping people change. A textbook of methods* (pp. 210-247). New York: Pergamon Press. (3rd Ed.)

Karoly, P. & Kanfer, F.H. (Eds.). (1982). *Selfmanagement and behavior change: From theory to practice*. New York: Pergamon Press.

Kazdin, A.E. (1977). Extensions of reinforcement techniques to socially and environmentally relevant behaviors. In M. Hersen, R.M. Eisler & P.M. Miller (Eds.), *Progress in Behavior Modification* (pp. 39-67), Vol. 4. New York: Academic Press.

Kazdin, A.E. (1980). *Research Design in Clinical Psychology*. New York: Harper & Row.

Kendall, P.C. (1984). Cognitive processes and procedures in behavior therapy. In G.T. Wilson, C.M. Franks, K.D. Brownell & P.C. Kendall (Eds.), *Annual review of behavior therapy: Theory and practice* (pp. 120-155). New York: Guildford Press.

Kendall, P.C. (1982-1986). *Advances in Cognitive Behavior Therapy*. New York: Academic Press.

Kendall, P.C. & Holon, S.D. (Eds.). (1979). *Cognitive-behavioral interventions: Theory, research and procedures*. New York: Academic Press.

Kessler, B.H. & Hoellen, B. (1982). *Rational-Emotive Therapy in der Klinischen Praxis*. Weinheim: Beltz.

Keupp, H. (1978). Psychologische Tätigkeit in der psychosozialen Versorgung. Wider die Voreiligkeit programmatischer Fortschrittlichkeit. *Verhaltenstherapie und psychosoziale Versorgung. Sonderheft II der Mitteilungen der DGVT*. Tübingen: DGVT-Verlag.

Kimble, G.A. (1961). *Hilgard and Marquis' Conditioning and Learning*. New York: Appleton-Century.

König, F. (1979). Problemlösen und kognitive Therapie. In N. Hoffmann (Hrsg.), *Grundlagen kognitiver Therapie* (S. 155-176). Bern: Huber.

Lang, P.J. (1971). The application of psychophysiological methods to the study of psychotherapy and behavior change. In A.E. Bergin & S.L. Garfield (Eds.), *Handbook of psychotherapy and behavior change: An empirical analysis* (pp. 75-125). New York: J. Wiley.

Lazarus, R.S. & Folkman, S. (1984). Coping and adaption. In W.D. Gentry (Eds.), *Handbook of behavioral medicine* (pp. 282-325). New York: The Guildford Press.

Mahoney, M.J. (1974). *Cognition and Behavior Modification*. Cambridge, Mass.: Ballinger Publishing Comp.

Mahoney, M.J. & Thoresen, C.E. (1974). *Self-control: Power to the person*. Monterey, Calif.: Brooks-Cole.

Marks, I.M. (1978a). Exposure treatments: Conceptual issues. In W.S. Agras (Ed.), *Behavior modification. Principles and clinical applications* (pp. 163-203). Boston: Little, Brown & Co.

Marks, I.M. (1978b). Exposure treatments: Clinical applications. In W.S. Agras (Ed.), *Behavior modifications. Principles and clinical applications* (pp. 204-242). Boston: Little, Brown & Co.

Marks, I.M. (1986). *Benefits of behaviour modification*. Paper presented at the 16th Congress of the European Association for Behavior Therapy. Lausanne.

Marks, I.M. (1987). *Fears, phobias, and rituals. Panic, anxiety and their disorders*. New York: Oxford University Press.

Meichenbaum, D.H. (1977). *Cognitive-behavior modification*. New York: Plenum Press.

Meichenbaum, D.H. (1985). *Stress inoculation training*. New York: Pergamon Press.

Meichenbaum, D.H. & Goodman, J. (1971). Training impulsive children to talk to themselves: A means of developing self control. *Journal of Abnormal Psychology, 77*, 115-126.

Michelson, L., Mavissakalian, M. & Marchione, K. (1985). Cognitive and Behavioral Treatments of Agoraphobia: Clinical, Behavioral, and Psychophysiological Outcomes. *Journal of Consulting and Clinical Psychology, 53* (6), 913-925.

Miltner, W., Birbaumer, N. & Gerber, W.D. (1986). *Verhaltensmedizin*. Berlin: Springer.

Newell, A. & Simon, H.A. (1972). *Human problem solving*. Englewood Clifs, N.J.: Prentice Hall.

Niebel, G. (1984). Ergebnisse und Probleme vergleichender Therapieforschung bei depressiven Störungen. *Verhaltensmodifikation, 6*, 345.

Pawlow, I.P. (1927). *Conditioned reflexes*. London: Oxford University Press.

Perrez, M. (1976). Zum Problem der Relevanzforderungen in der Klinischen Psychologie am Beispiel der Therapieziele. In A. Iseler & M. Perrez (Hrsg.), *Relevanz in der Psychologie* (S. 139-154). München: Reinhardt.

Perrez, M., Büchel, F., Ischi, N., Patry, J.L. & Thommen, B. (1985). *Erziehungspsychologische Beratung und Intervention*. Bern: Hans Huber.

Perry, M.A. & Furukawa, M.J. (1986). Modeling Methods. In F.H. Kanfer & A.P. Goldstein (Eds.), *Helping people change. A textbook of methods* (pp. 66-110). New York: Pergamon Press.

Petermann, U. (1983). *Training mit sozial unsicheren Kindern*. München: Urban & Schwarzenberg.

Reinecker, H. (1978). *Selbstkontrolle: Verhaltenstheoretische und kognitive Grundlagen, Techniken und Therapiemethoden*. Salzburg: Otto Müller.

Reinecker, H. (Hrsg.). (1980). *Bestrafung. Experimente und Theorien*. Salzburg: Otto Müller.

Reinecker, H. (Hrsg.). (1981). *Aversionstherapie. Theorie und Praxis*. Salzburg: Otto Müller.

Reinecker, H. (1983). *Grundlagen und Kriterien verhaltenstherapeutischer Forschung*. Salzburg: AVM-Verlag.

Reinecker, H. (1986). Methoden der Verhaltenstherapie. In DGVT Forum 11, *Verhaltenstherapie. Theorien und Methoden*. Mit Beiträgen von T. Heyden, H. Reinecker, D. Schulte & H. Sorgatz. Tübingen: DGVT-Verlag.

Reinecker, H. (1987). *Grundlagen der Verhaltenstherapie*. München: Urban & Schwarzenberg.

Reisenzein, R. (1983). The Schachter theory of emotion: Two decades later. *Psychological Bulletin, 94* (2), 239–264.

Rimm, D.C. & Masters, J.C. (1979). *Behavior therapy. Techniques and empirical findings*. New York: Academic Press.

Rush, A.J., Beck, A.T., Kovacs, M. & Hollon, S.D. (1977). Comparative efficacy of cognitive therapy and pharmacotherapy in the treatment of depressed outpatients. *Cognitive Therapy and Research, 1*, 17–38.

Schachter, S. & Singer, J.E. (1962). Cognitive, social and physiological determinants of emotional states. *Psychological Review, 69*, 379–399.

Schindler, L., Hahlweg, K. & Revenstorf, D. (1980). *Partnerschaftsprobleme. Möglichkeiten zur Bewältigung. Ein verhaltenstherapeutisches Programm für Paare*. Berlin: Springer.

Schmelzer, D. (1983). Problem- und zielorientierte Therapie: Ansätze zur Klärung der Ziele und Werte von Klienten. *Verhaltensmodifikation, 4*, 130–156.

Schulte, D. (1974). *Diagnostik in der Verhaltenstherapie*. München: Urban & Schwarzenberg.

Schwartz, G.E. (1982). Integrating psychobiology and behavior therapy: A systems perspective. In G.T. Wilson & C.M. Franks (Eds.), *Contemporary behavior therapy. Conceptual and empirical foundations* (pp. 119–141). New York: Guildford Press.

Shure, M.B. & Spivack, G. (1978). *Problem-solving-techniques in childrearing*. San Francisco: J. Basse.

Stampfl, T.G. & Levis, D.J. (1973). *Implosive therapy: Theory and technique*. Morristown, N.J.: General Learning Press.

Tharp, R.G. & Wetzel, R.J. (1975). *Verhaltensänderungen im gegebenen Sozialfeld*. München: Urban & Schwarzenberg.

Tolman, E.C. (1932). *Purposive Behavior in Animals and Men*. New York: Appleton Century.

Ullrich de Muynck, R. & Ullrich, R. (1976). *Das Assertiveness-Trainings-Programm ATP. Einübung von Selbstvertrauen und sozialer Kompetenz*. München: Pfeiffer.

Walters, G.C. & Grusec, J.E. (1977). *Punishment*. San Francisco: W.H. Freeman.

Weingartner, P. (1971). *Wissenschaftstheorie I. Einführung in die Hauptprobleme*. Stuttgart: Fromann-Holzboog.

Winett, R.A. & Nietzel, M.T. (1975). Behavioral ecology: Contingency management of consumer energy use. *American Journal of Community Psychology, 3*, 123–133.

Wolpe, J. (1958). *Psychotherapy by reciprocal inhibition*. Palo Alto, Calif.: Stanford University Press.

Wolpe, J. (1974). *Praxis der Verhaltenstherapie*. Bern: Hans Huber.

6.4 Gesprächspsychotherapeutisch orientierte Intervention

Michael Reicherts

1. Einleitung

Diese Einführung versucht Ziele, Behandlungstechnik und Anwendungsformen der von Carl Ransom Rogers (1942, 1951, 1970) begründeten Gesprächspsychotherapie in etwas anderer Weise darzustellen als vorliegende Einführungen (z.B. Rogers, 1980; Linster, 1980; Minsel & Bente, 1980). Sie geht im wesentlichen von den empirisch gestützten Grundlagen der Gesprächspsychotherapie aus, wie sie bis etwa Ende der 70er Jahre erarbeitet waren. Danach ist die Forschungstätigkeit zurückgegangen, sowohl hinsichtlich differenzierter Wirksamkeitsnachweise als auch hinsichtlich der Überprüfung und Vernetzung gesprächspsychotherapeutischer Interventionskonzepte im Rahmen einer Hintergrundtheorie und dem rationalen Corpus der Psychologie. Beides sind wichtige Voraussetzungen für einen Ausbau technologischer Regeln (Westmeyer, 1978) gesprächspsychotherapeutischer Interventionen.

Die *Diskussion* um die Weiterentwicklung der Gesprächstherapie im deutschsprachigen Raum beschäftigte sich in der jüngeren Vergangenheit vor allem mit der Integration anderer Techniken, besonders aus dem Arsenal «erlebnisorientierter», humanistischer Methoden (vgl. die GwG-Nachrichten bzw. die GwG Zeitschrift, hrsg. von der Gesellschaft für wissenschaftliche Gesprächspsychotherapie). Die Invasion solcher Techniken in die psychotherapeutische Praxis verlangt nach entsprechenden Indikationsentscheidungen für den Einzelfall, wobei der Mangel an geeigneten Forschungsergebnissen spürbar wird.

Im *angloamerikanischen* Raum ist der Rückgang von Forschungsbemühungen noch deutlicher (vgl. Schwab & Tönnies, 1984). Das «Schisma» wissenschaftlicher vs. humanistischer Psychotherapiekonzepte illustriert auf der einen Seite das neuere Überblickswerk zur Gesprächspsychotherapie (Levant & Shlien, 1984) und auf der anderen Seite die völlig untergeordnete Rolle, die der gesprächspsychotherapeutische Ansatz in der Neuauflage des «Handbook of psychotherapy and behavior change» von Garfield und Bergin (1986) spielt.

Deutschsprachige Gesamtdarstellungen zur Gesprächspsychotherapie bieten Bommert (1977), Helm (1978), Pavel (1978), Biermann-Ratjen, Eckert und Schwartz (1979) und Tausch und Tausch (1979). Einen Überblick zu neueren Forschungsarbeiten Ende der 70er bis Anfang der 80er Jahre geben Schwab und Tönnies (1984). Weitere Studien finden sich in der Zeitschrift für Personenzentrierte Psychologie und Psychotherapie, die seit ihrer Gründung 1982 auch diverse empirische Arbeiten publiziert hat.

Es soll nicht Aufgabe dieses Beitrages sein, die eher fragmentarischen Forschungsarbeiten der jüngsten Zeit zusammenzutragen, um das empirische Puzzle der Gesprächspsychotherapie weiter zu vervollständigen. Vielmehr bemüht sich die vorliegende Einführung um ein Grundverständnis dieser weit verbreiteten Interventionstechnik und ihre Einbettung in eine zeitgemäße, systematische Konzeption Klinischer Psychologie.

2. Gesundheitskonzept – Krankheitskonzept

Die Gesprächspsychotherapie verwendet keinen eigentlichen Begriff psychischer «Krankheit». Vielmehr war es Rogers (1942, 1951) ein Anliegen, von dem damals vorherrschenden Krankheitsmodell abzukommen. Psychische *Störung*, *Beeinträchtigung* oder *Fehlanpassung* wird in der Gesprächspsychotherapie als Abweichung von *Gesundheit* im Sinne eines suboptimalen Prozesses des bio-psychischen

Systems Organismus verstanden. Als Grundlage gesunder organismischer Lebensprozesse wird ein dynamisches Konstrukt, die *Selbstaktualisierungstendenz,* angenommen: Sie sorge für Veränderung, Reifung und Wachstum, auch für die Erhöhung der Person, zum Guten hin. Die Selbstaktualisierungstendenz ist in der psychischen Störung blockiert bzw. wird in dysfunktionalen Prozessen umgelenkt.

Wichtige störungstheoretische Annahmen entwickelte Rogers in seiner «Theorie der Persönlichkeit und des Verhaltens» (1951; dt. 1973). Folgende Annahme bezieht sich wesentlich auf die *intrapsychische* Dimension von Störungen:

«Psychische Fehlanpassung liegt vor, wenn der Organismus vor dem Bewußtsein wichtige Körper- und Sinnes-Erfahrungen leugnet, die demzufolge nicht symbolisiert und in die Gestalt der Selbst-Struktur organisiert werden. Wenn diese Situation vorliegt, gibt es eine grundlegende oder potentielle psychische Spannung.» (1973, S. 440)

Das Selbstkonzept bzw. die Selbst-Struktur umfaßt wichtige stabile Annahmen über die eigene Person (z.B. «Ich bin ein Versager»). Es entsteht aus eigenen Erfahrungen der Person mit sich selbst und aus selbstwertbestimmenden Interaktionen mit anderen, bedeutsamen Personen (z.B. mit den Eltern, Lehrern oder Peers). Dieses sozial gewordene Selbstkonzept ist der innere Bezugspunkt für neue Erfahrungen. Dabei können Diskrepanzen auftreten zwischen dem Selbst und wichtigen Erfahrungen, die nicht in das Selbstkonzept integriert werden können, wodurch innere Bedrohung und Spannung entstehen. Was die *interpersonale* Dimension von Störungen anbelangt, schreibt Rogers z.B. (1973, S. 448):

«Die Person, die einige Erfahrungen verleugnet, muß sich fortlaufend gegen die Symbolisierung dieser Erfahrung verteidigen. Als Folge davon werden alle Erfahrungen abwehrend als potentielle Bedrohungen angesehen und nicht als das, was sie wirklich sind. So werden in interpersonellen Beziehungen Worte oder Verhaltensweisen als bedrohlich erfahren und wahrgenommen, die so nicht gemeint waren. Auch die Worte und Verhaltensweisen von anderen werden angegriffen, weil sie die gefürchteten Erfahrungen darstellen oder ihnen ähnlich sind. Dem anderen gegenüber gibt es dann kein wirkliches Verstehen mehr, weil er meistenteils im Sinne von Bedrohung oder Nichtbedrohung für das Selbst wahrgenommen wird. (...)»

Die in diesen Annahmen umrissene Konzeption psychischer Störung versteht demnach globale negative Gefühlszustände wie diffuse Angst und Spannung wesentlich als primäre Folge verzerrter oder fehlender Symbolisierungen von Erfahrungen des Organismus. Zu den Erfahrungen des Organismus gehören ihrerseits auch negative Emotionszustände wie Aggressivität, Schuld und Scham. Das gestörte Selbstkonzept ist rigide und verhindert, daß das Bewußtsein diese Erfahrungen macht. Das Bewertungssystem für die aktuellen Erfahrungen basiert auf ursprünglich externen, inzwischen verinnerlichten Maßstäben und nicht auf dem kontinuierlichen organismischen Bewertungsprozeß. Dagegen können von einem gesunden Selbstkonzept die einzelnen Erfahrungen angstfrei aufgenommen und verarbeitet werden. Rogers spricht von der «fully functioning person», die für alle Erfahrungen (sie sind bewußtseinsfähig, wenn auch nicht bewußtseinspflichtig), prinzipiell offen und flexibel ist und ein Maximum an Kommunikation und Lebenserfahrung einbezieht (Rogers, 1961).

Die Übereinstimmung zwischen realem Selbst und idealem Selbst stellt eine wichtige abgeleitete Größe psychischer Anpassung dar. Dafür wurden auch Operationalisierungen durch Meßinstrumente entwickelt, deren bedeutendstes das Q-Sort ist (Stephenson, 1953). Für das Kontinuum von psychischer Fehlanpassung hin zur Gesundheit hat Rogers (1961) ein Stufenmodell vorgeschlagen, dessen Endpunkt die «fully functioning person» bildet.

Ätiologietheoretische Annahmen zur Störungs*entstehung* beziehen sich auf zurückliegende Phasen der Übernahme von sozial vermittelten Werthaltungen, die nicht durch eigene (organismische) Erfahrung gestützt sind. In der Lerngeschichte – zum Teil auch in frühen Entwicklungsphasen – gehen «fremde» Werte und Normen in die Selbst-Struktur der Person ein: vor allem durch selektive Wertschätzung und Bestrafung durch «bedeutsame andere» werden solche wertbestimmte Annahmen über die eigene Person übernommen («Ich bin schlecht, weil ich...»). Performanztheoretische Annahmen zur *Auslösung und Aufrechterhaltung* der Störung unter aktuellen Bedingungen gehen von der fehlerhaften Abbildung von Erfahrungen und daraus entstehenden Diskrepanzen zwischen Wahrnehmungsanteilen und den dadurch verursachten emotionalen Spannungen aus. Als Konsequenz werden auch entsprechende negative emotionale Zustände nicht richtig wiedergegeben.

Das therapeutische Grundpostulat zur Aufhebung solcher Störungen verlangt eine soziale Umgebung der *bedingungslosen* Akzeptierung und Wärme und eines weitreichenden Verständnisses des gestörten individuellen Bezugsrahmens und seines Ausdruckes (vgl. die Interventionstechniken).

Dieses «uniforme» ätiologische Konzept wird auf verschiedene Störungen angewendet: sowohl auf den psychiatrischen Klienten, der eine psychotische Episode durchlebt, als auch auf den psychoneurotischen Klienten mit phobischen Angstsymptomen und den psychisch ansonsten unauffälligen Klienten, der in einer schweren Partnerschaftskrise psychologische Hilfe sucht.

Die geschilderten Annahmen lassen sich z.B. vor dem Hintergrund eines kognitiven Rahmenmodells zur Informationsverarbeitung präzisieren (z.B. Wexler, 1974; vgl. Abschnitt 7 (2)). Eine entsprechende Annahme besagt, daß «Erleben» wesentlich von den *verfügbaren Konzepten* (und deren Struktur, Differenzierung etc.) abhängt, um elementare Stufen der Informationsverarbeitung (z.B. Körperempfindungen, diffus-globale Selbst- und Situationswahrnehmungen) kognitiv zu repräsentieren, somit erlebbar zu machen und ggf. zum Ausdruck zu bringen. Gleiches gilt auch für negative Affekte (Wut, Gier etc.), die nicht mit der Selbst-Struktur in Einklang stehen, und elementare kognitive Repräsentationen der Umgebung. Ein solcher Ansatz dürfte mit der zunehmenden Orientierung an bio-psychologischen und neuronalen Prozessen wieder vermehrtes Interesse finden.

Wenn in der orthodoxen Gesprächspsychotherapie ein «uniformes» Störungskonzept mit einem «universellen» Interventionskonzept verbunden wird (vgl. Abschnitt 4.2), treten – wenigstens konzeptionell – keine Schwierigkeiten bei der Behandlung unterschiedlicher psychischer Probleme auf. Tatsächlich aber war es nötig, die Indikationsvoraussetzungen der Gesprächspsychotherapie gegenüber anderen Interventionsformen zu klären (vgl. Baumann, 1981). Auch im Rahmen der gesprächstherapeutischen Interventionstechnik gehen Therapeuten mit verschiedenen Klienten und verschiedenen Störungen unterschiedlich um (z.B. Bommert, 1977). Dies führte zu verschiedenen Indikationsmodellen, die weniger die «uniforme» Störungstheorie in Richtung gängiger Störungsklassifikationen wie z.B. dem DSM-III-R differenziert haben, als vielmehr gesprächspsychotherapie-*spezifische* Kriterien differentieller und adaptiver Indikation zu entwickeln versuchten (vgl. Abschnitt 3).

3. Therapieziele und Indikation

Bei den Therapiezielen der Gesprächspsychotherapie sind *drei Ebenen* zu unterscheiden:

(1) *Oberziele* der Therapie, die überindividuell, unabhängig von der Problemlage des einzelnen Klienten und dem aktuellen therapeutischen Prozeß als relevant gelten, wie «Selbstaktualisierung» oder «Wachstum». Rogers nennt sie auch therapeutische «Richtziele» (Rogers, 1961);

(2) therapeutische *Nahziele*, von denen angenommen wird, daß sie in einer relativ gesicherten Beziehung zu den Oberzielen stehen. Die Nahziele sind im therapeutischen *Prozeß* zu verwirklichen; die wichtigsten sind «Selbstexploration» und «Experiencing» des Klienten;

(3) Ad-hoc-Ziele, die sich aus den individuellen *Problemen* der jeweiligen Therapie ergeben und die der Klient wesentlich selbst setzt oder bestimmt (z.B. Sachse, 1987), wie z.B. der akute Wunsch nach Milderung depressiver Symptome oder nach mehr Sicherheit im Umgang mit anderen Menschen oder ein aktuelles Ziel im Beziehungsangebot zum Therapeuten hin («Ich möchte – wenigstens mit ihnen hier – versuchen offen zu sein»).

Zwischen (1) Oberzielen und (2) Nahzielen wird eine funktionale Zielhierarchie bzw. ein Oberziel-Unterziel-Zusammenhang angenommen. Oberziele und Nahziele sind klient- oder problem*un*spezifisch, d.h. sie sollen den therapeutischen Prozeß generell leiten, ohne daß

sie auf die vorliegende Symptomatik zugeschnitten würden. Ziele der Ebene (3) entsprechen z.T. den Zielen derjenigen Therapieformen, die nicht über ansatzimmanente Zielformulierungen verfügen (z.B. die Verhaltenstherapie) und daher zunächst keinen Anhaltspunkt darüber enthalten, was im Verhalten des Klienten als Verhaltensmangel oder -überschuß zu bewerten ist (bewertete Ist-Soll-Abweichungen).
Aus den Arbeiten von Rogers lassen sich vor allem *zwei Oberziele* der Gesprächspsychotherapie herauslösen, die unterschiedliche Teilaspekte wiedergeben: (a) Selbstaktualisierung und Selbstentfaltung und (b) die Reorganisation des Selbst bzw. der Selbststruktur, (Selbstakzeptierung) die für (a) erforderlich ist. Eine Voraussetzung zum Erreichen der Oberziele bildet neben den *Prozeß*zielen (2) der Selbstexploration und des Experiencing (das offen-bewußte Erfahren von emotionalen Erlebnisanteilen) die der «Reorganisation des Selbst» vorausgehende *Desorganisation* der Selbststruktur, bis die neue veränderte Struktur sich entwickeln kann.
Die Oberziele lassen sich als globale *Sollzustände* der Person auffassen, die durch die Therapie erreicht werden sollen. Diese Sollzustände stellen sog. *Dispositionsmerkmale* der Person dar, d.h. sie drücken eine globale Bereitschaft aus, die sich nicht direkt beobachten läßt. Die Bereitschaft zur Selbstakzeptierung kann in verschiedenartigen intrapsychischen Prozessen und äußeren Verhaltensweisen zum Ausdruck kommen. Oberziele lassen sich demnach auf unterschiedliche Weise operationalisieren. Die Frage, wann eine Person das für den Therapieerfolg erforderliche Maß an «Selbstakzeptierung» oder «Reorganisation des Selbst» erreicht hat, läßt sich daher nur schwer beantworten. Von den Oberzielen nehmen Rogers und andere Autoren an, daß es sich gewissermaßen um Universalien handle, die für jede Person bedeutsam sind. Zu den Problemen, die sich aus derartigen Zielkonzepten v.a. bei ihrer Überprüfung in der Forschungs- oder Behandlungsdiagnostik ergeben vgl. Perrez (1982).
Erwünschte Veränderungen der jeweiligen klinisch-psychologischen Symptomatik (z.B. Phobie, depressive Verstimmung, Kontaktprobleme) ergeben sich *mittelbar* aus Veränderungen i.S. der Sollzustände, wie sie die Oberziele beschreiben: Wenn ein von Schuldgefühlen geplagter aggressiv-gehemmter Mensch durch Selbstexploration in der gesprächspsychotherapeutischen Interaktion über eine Destruktion der verzerrenden Anteile zu einer Reorganisation seines Selbstkonzeptes gelangt und - damit - zu einer verbesserten Selbstakzeptierung z.B. geleugneter Konfliktanteile, dann sollte sich auch seine Symptomatik abschwächen. Die geschilderten Zielsetzungen sind daher strategisch dem Ziel der Symptomverbesserung vorgeordnet.
Damit wird deutlich, daß die von streng humanistischen Therapeuten postulierte Ziel-Losigkeit der Therapie tatsächlich kaum erreichbar ist, falls sie überhaupt wünschenswert wäre: Daß nämlich der Klient seinem eigenen Erleben wieder vertrauen kann, und das tut, wovon er meint, daß es für ihn richtig, weil organismisch stimmig sei, stellt ebenfalls eine Zielsetzung, einen therapeutischen Sollzustand dar. Allerdings ist dieser Sollzustand als dispositionelles Metamerkmal formuliert, unabhängig vom jeweiligen Inhalt, und entsprechend schwer zu erfassen.

Indikation

Hinsichtlich der *Indikation* der Gesprächspsychotherapie lassen sich in Anlehnung an Minsel (1975) drei Modelle unterscheiden: (1) Nach dem Modell *diagnostischer Kategorien* ist Gesprächspsychotherapie v.a. für psychoneurotische Beeinträchtigungen wie Ängste, depressive Verstimmungen, Kontaktstörungen und diffuse Störungen des Selbstkonzeptes, auch für verschiedene psychosomatische und psychiatrische Beschwerden geeignet. Entsprechend diesem Indikationsmodell diagnostischer Kategorien geht z.B. die Therapievergleichsstudie von Grawe (1976) und Plog (1976) zunächst von der Phobie als einer umschriebenen diagnostischen Kategorie aus. (2) Das Modell von *Erlebenskategorien* i.S. der verbal-affektiven Ansprechbarkeit oder von Prozeßmerkmalen des Klienten, wie Selbstexploration oder Experiencing (z.B. Eckert & Schwartz 1976): Danach ist Gesprächspsychotherapie dann indiziert, wenn sich in den Erstkontakten eine Ansprechbarkeit für die

Technik zeigt. (3) Bei dem *adaptiven psychotherapeutischen Reaktionsmodell* wird das Therapiegeschehen als Abfolge relativ kleiner Interventionssegmente verstanden; hier bezeichnet Indikation die Auswahl sequentieller Handlungsstrategien mit dem Ziel der Anpassung an die unmittelbaren Erfordernisse. Dies setzt allerdings eine weitere empirisch-technologische Klärung gesprächstherapeutischer Techniken im Vergleich und in Beziehung zu anderen therapeutischen Techniken voraus.

4. Interventionstechniken

4.1 Die Basisvariablen therapeutischen Handelns

Die Gesprächspsychotherapie kennt keine umschriebenen Einzeltechniken der Behandlung oder Behandlungselemente wie die Verhaltenstherapie z.B. mit der systematischen Desensibilisierung (siehe Kap. Verhaltenstherapie in diesem Band). Im Mittelpunkt der Gesprächspsychotherapie steht eine bestimmte, komplexe *Haltung* des Therapeuten, die in *einzelnen verbal-kommunikativen Handlungen* realisiert wird bzw. zum Ausdruck kommt. Die Haltung ist grundsätzlich nichtdirektiv und klientenzentriert. Sie wird von Rogers (1957, 1972, 1973; vgl. auch Bommert, 1978) durch drei *Basisvariablen* beschrieben:

- *einfühlendes Verstehen, Empathie* oder Verbalisierung emotionaler Erlebnisinhalte (VEE) (ursprünglich «reflecting of feelings», später «accurate empathic understanding» oder «accurate empathy»),
- *emotionale Wärme* oder positive Wertschätzung («unconditional positive regard» oder «positive regard», «warmth») und
- *Echtheit oder Kongruenz* («genuineness» oder «congruence»).

Diese Komponenten *sollten* vom Therapeuten in jeder einzelnen Gesprächseinheit verwirklicht werden. Tatsächlich können sie in den konkreten Einzeläußerungen im Verlauf des therapeutischen Kontaktes unterschiedlich ausgeprägt sein. *Echtheit* bezeichnet offenes, authentisches und spontanes Verhalten des Therapeuten, das nicht fassadenhaft ist: Er spricht mit dem Klienten ungezwungen und aufrichtig, auch über seine eigenen Gefühle und Gedanken. *Emotionale Wärme* und unbedingte Wertschätzung meinen, daß man dem Klienten ohne Vorbehalt Wertschätzung entgegenbringt, so wie er ist und ohne daß er ein bestimmtes Verhalten zeigen muß. Die therapeutische Wertschätzung verlangt keine Gegenleistung, auch wenn sie das Verhalten des Klienten keineswegs immer billigen muß, und die Wärme ist auch nicht besitzergreifend («zu warm»). Das empathische, *einfühlende Verstehen* umfaßt das Erkennen, Akzeptieren und zum Ausdruck bringen von Gefühlen des Gegenüber. Der Therapeut versucht das vom Klienten Gesagte widerzuspiegeln («reflecting of feelings») *und* auch über das vom Klienten unmittelbar Ausgedrückte hinaus emotionale Anteile in Worte zu kleiden und ihm mitzuteilen – als etwas, was er, der Therapeut, darin gehört zu haben meint. Der Therapeut kann darin auch das wiederzugeben versuchen, was er seiner Meinung nach «hinter» dem beobachteten Verhalten des Klienten vermutet, besonders hinsichtlich mitschwingender emotionaler Anteile. Letzteres stellt eine Art «fortgeschrittener» Empathie dar. Das Erfassen und Unterscheiden des vom Klienten Gesagten und des Mit-Gemeinten ist nicht einfach und bedarf ebenso wie seine präzise Wiedergabe intensiver Übung in der therapeutischen Ausbildung. Empathische Äußerungen «mittlerer Tiefe» nach der Skala empathischen Verstehens von Carkhuff scheinen u.a. in der therapeutischen Bearbeitung von Konflikten am erfolgreichsten zu sein (vgl. Perrez, 1975): Sie gehen über das bloße Widerspiegeln und Paraphrasieren hinaus, vermeiden aber die Verknüpfung mit unausgesprochenen, hoch valenten und emotional stark negativ getönten Bedeutungen, die der Klient zu diesem Zeitpunkt noch nicht selbst explorieren könnte. Der Veranschaulichung dient der Gesprächsausschnitt in Kasten 1.

In diesen Beschreibungen wird deutlich, daß es nötig ist, diese *Komponenten* therapeutischen *kommunikativen Handelns* operational zu definieren, um sie zu erfassen, untersuchen und trainieren zu können. Dafür wurden im Laufe der Jahre verschiedene Schätzskalen entwickelt (Truax, 1961; dt. Tausch, 1973; Carkhuff, 1969; dt. Eckert, 1974 und

Kasten 1
Ein Beispiel für das gefühlsverbalisierende Vorgehen (Gesprächsausschnitt, Tausch, 1970, S. 89)

Th: Ja, aber es verschafft Ihnen ein zusätzliches Gefühl, beruhigt zu –
Kl: Ja, das ist recht. Also am Rande kann ich die Sache immer viel besser verdauen als in der Mitte. (Th: Ja) In der Mitte habe ich gar nicht mehr gesessen, auch in der Universität setze ich mich nicht mehr in die Mitte. (Th: Ja) Da spielt aber auch – das habe ich aber früher, als ich noch keine Ängste hatte, schon, da habe ich mich auch gern an den Rand gesetzt, in dem Bewußtsein: Halt! Du mußt während der Vorstellung mal aufstehen, austreten, und (Th: Ja) da mußt du dich da rausquälen.
Th: In der Mitte fühlen Sie sich mehr eingeklemmt und nicht so frei in –
Kl: Ja, da denke ich: Wenn du mal austreten sollst, wie willst du denn hier so schnell herauskommen? (Th: Ja) Draußen am Rande kann ich jederzeit gehen und kommen.
Th: Ja, wenn Sie das Gefühl haben, gehen zu können, wenn es notfalls – die Angst zu stark wird, dann ist es nicht so schlimm!?
Kl: Ja, m-hm!
Th: Aber wenn es so ist, daß Sie Angst haben, und wenn dann noch zusätzlich die Angst auftaucht: Also – eh – ich kann nicht entweichen –
Kl: Ja, m-hm!
Th: – dann wird es stärker.
Kl: M-hm, ja, ja, m-hm.
Th: Ja.
Kl: Also dieses Gefühl – das haben Sie ganz richtig ausgedrückt – ich kann – eh – gehen, wenn ich will, nicht? (Th: Ja) Das –
Th: Da sind Sie mehr Herr der Situation –
Kl: Da bin ich mehr Herr der Situation. Aber wenn ich weiß, da sitzt links und rechts jemand, und da hinten sitzen noch welche, und der ganze Raum usw. usw., dann wird –
Th: Ja, dann fühlen Sie sich eingeklemmt (Kl: M-hm). Und diese Einklemmung, das Gefühl, nicht rauszukönnen, das schafft vermehrte Angst.
Kl: Das schafft mehr Angst, und dann wird mir das Geräusch auf der Leinwand ... (...)

Schwartz, 1975), die sich im allgemeinen recht gut bewährt haben. Nach entsprechendem Training der Beobachter bzw. Rater lassen sich damit ausreichende Übereinstimmungswerte erreichen. Es ist das Verdienst von Rogers selbst, das therapeutische Gespräch als einer der ersten auf Tonband festgehalten und transparent gemacht zu haben, und dadurch intersubjektiv überprüfbare und z.T. trainierbare Komponenten des hilfreichen Gespräches herausgearbeitet zu haben. Diverse Untersuchungen zu den drei Basisvariablen legen es nahe, daß konstruktive Änderungen beim Klienten wahrscheinlicher sind, wenn der Therapeut alle drei Komponenten – Kongruenz, positive Wertschätzung und Verbalisierung emotionaler Erlebnisgehalte – in hohem Maße realisiert (z.B. Tausch, 1973). Die Verwirklichung der drei Grundvariablen begünstigt die *Selbstexploration* des Klienten, die ihrerseits konstruktive Änderungen fördert, wie z.B. die Minderung von Diskrepanzen zwischen realem und idealem Selbst, wie sie die Störungstheorie beschreibt.

Die therapeutische Grundhaltung – u.a. beschrieben durch die drei Basisvariablen – kann als globale «Interventionsstrategie» verstanden werden. Vom Gesprächstherapeuten wird allerdings verlangt, daß er diese Haltung auch mit seiner Persönlichkeit ausfüllt und sie nicht nur als Instrument benutzt oder in eine entsprechende Rolle schlüpft. Damit ist die Personkomponente der Struktur technologischer Regeln der Psychotherapie (vgl. Perrez, 1983) angesprochen: Der angehende Therapeut sollte sich in der Therapieausbildung durch *Selbsterfahrung* und *Supervision* über seine Person klarwerden und auch weiterentwickeln können, um bei unterschiedlichen Klienten diese Inverventionsstrategie umsetzen zu können. Ursprünglich verstand Rogers die drei Komponenten als notwendige *und* hinreichende Bedingungen konstruktiver Veränderungen bei Klienten, d.h. ohne ihre Verwirklichung gibt es keine konstruktiven Änderungen *und* ihre Verwirklichung allein genügt für solche Änderungen.

Neben den Basisvariablen sind zur Interventionstechnik der «orthodoxen» Gesprächspsychotherapie auch bestimmte äußere Merkmale der *Therapiesituation* zu rechnen: z.B. eine gleichberechtigte Sitzposition im Gespräch (Sitzgelegenheiten auf gleicher Höhe, nicht zu nah und nicht zu weit voneinander entfernt), die Häufigkeit der Kontakte (durchschnittlich ein Kontakt pro Woche) oder die regelmäßige Aufzeichnung auf Tonband im Einvernehmen mit dem Klienten.

4.2 Weitere Behandlungsvariablen

Der geschilderte Interventionsansatz ist über wenige zentrale Handlungskomponenten bestimmt und zugleich «unbedingt» anwendbar, d.h. er galt zunächst gleichermaßen geeignet für jede Art von Beeinträchtigung und für jeden Klienten. Rogers vertrat insofern einen «Uniformitätsmythos» seines Behandlungskonzeptes, als die Variablen von jedem Therapeuten bei jeglichem Klienten und bei jeglicher Art von Störung in möglichst hohem Maße zu realisieren waren. Wie angedeutet, widersprachen einzelne Studien dieser Annahme (z.B. Bommert, 1978).
Methodisch sind daran nicht nur die Abhängigkeiten zwischen den drei Basisvariablen problematisch (Tausch, 1973; Skalen-Interkorrelationen um r=.70), sondern auch die Tatsache, daß die meisten Ergebnisse korrelativer Art sind, so daß der *Ursachencharakter* dieser Handlungskomponenten als unidirektionale Faktoren der Veränderung nicht gesichert ist (z.B. Grunwald, 1976). Eine Ausnahme bilden dabei Untersuchungen, bei denen Therapeutenvariablen im Gesprächsverlauf systematisch variiert wurden (vgl. Abschnitt 6).
In der Folgezeit kam es nicht nur zu einer Problematisierung der Indikationsfrage dieser globalen Interventionstechnik (vgl. Bastine, 1976; Zielke, 1979), sondern auch zu einer Differenzierung der Intervention, bei der neue Behandlungsvariablen beschrieben und empirisch belegt werden konnten. Diese Entwicklung steht z.T. im Zusammenhang mit theoretischen Reformulierungen der Hintergrundannahmen (Abschnitt 7).

Weitere Komponenten des therapeutischen Handelns, die untersucht und als Einflußfaktoren erfolgreicher Gesprächspsychotherapie diskutiert wurden, sind neben dem Konkretisieren, dem Konfrontieren und dem Fokussieren u.a. die *Aktivität*, innere *Beteiligung* (Schwartz et al., 1978), *Selbstöffnung* («self-disclosure») und *Überzeugungskraft* (Truax et al., 1968) des Therapeuten. Im Zuge der kognitiven Erklärungsansätze (Wexler, 1974; Krohne & Juhl, 1974) wurden auch *Differenzieren* und *Integrieren* der angesprochenen emotionalen Bedeutungsgehalte diskutiert (Reicherts & Wittig, 1984).

Konkretisieren bezeichnet Äußerungen, in denen spezifische Gefühle und Erfahrungen oder/und spezifische Situationen und Ereignisse in die Äußerungen einbezogen werden (vgl. Tausch, 1973). Diese Variable ist vor allem dann bedeutsam, wenn die drei Basisvariablen gut realisiert sind. Sie kann als Teilaspekt der Verbalisierung emotionaler Erlebnisinhalte (VEE) verstanden werden, die dadurch präziser und anschaulicher wird und dem Klienten mehr Nähe zu seinen Erlebnissen erlaubt.

Konfrontieren kennzeichnet nach Bommert (1977) Therapeutenäußerungen, die von der aktuellen Selbstschilderung des Klienten abweichen und ihn auf Diskrepanzen in seinen Äußerungen hinweisen. Solche Diskrepanzen beim Klienten, die der Therapeut in einer Konfrontation anspricht, können zwischen *Selbstbeschreibung und beobachtbarem Verhalten* (bzw. zwischen verbalem und nonverbalem Verhalten) oder zwischen *idealem und realem Selbst* bestehen, sowohl in positiver als auch in negativer Richtung (z.B. Helm, 1976). Der Klient kann auch mit externen Informationen konfrontiert werden, wie z.B. Testergebnissen, die er «zur richtigen Einschätzung seines Verhaltens und Erlebens benötigt» (Helm, 1976, S. 38). Konfrontationen können dabei didaktische und handlungsermutigende Funktion haben. Untersuchungen zeigten, daß Konfrontationen die Selbstexploration dann verbesserten, wenn die drei Basisvariablen hoch ausgeprägt waren, sonst verminderten sie die Selbstexploration (Berenson et al., 1968). Nach einem anderen Befund konfrontieren Therapeuten mit hohem Niveau in den Basisvariablen auch öfter (Helm, 1976). Solche Therapeuten konfrontieren den Klienten dabei eher mit seinen «Möglichkeiten» als mit seinen «Schwächen».

Ein *Interventionskonzept*, das in den vergangenen Jahren recht große Bedeutung gewonnen hat, ist das aus den Grundlagen der klientenzentrierten Gesprächspsychotherapie entwickelte *Focusing* von Gendlin (1978). Es betont stärker als die Basisvariable einfühlenden Verstehens das flexible Verfolgen und Vertiefen der beim Klienten anklingenden emotionalen Erlebnisaspekte. Focusing beinhaltet aktives, gezieltes Lenken der Aufmerksamkeit des Klienten auf seine aktuellen, inneren Zustände und Prozesse, die auch mitschwingende, tieferliegende Emotionen und vage körperliche Erlebnisaspekte zum Gegenstand haben können. Dem Klienten wird vorgeschlagen, sich auf das zu dem Problem bestehende diffuse Gefühl, die sog. *gefühlte Bedeutung* («felt sense»), zu konzentrieren. Über mehrere Prozeßschritte hinweg soll er versuchen, dieses Gefühl zu «symbolisieren», d.h. die bis dahin nur gefühlten Bedeutungen explizit zu benennen. Das Focusing enthält also ein Bearbeitungsangebot, das durch bestimmte Interventionen an den Klienten herangetragen wird. Wie eine neuere Studie zeigt (Sachse & Neumann, 1986), ist ein erster Focusing-Durchgang vor allem dann erfolgversprechend (d.h. die Symbolisierung gelingt stimmig), wenn der Klient ein hohes Maß an Selbstexploration bereits in einer vorausgehenden Therapiesitzung realisieren konnte, insbesondere sich seinem emotionalen (auch körperlichen) Erleben zuwenden konnte.

Nach diesem Indikations-Rationale anhand von Prozeßmerkmalen des Klienten profitiert offenbar der, der ohnehin schon mehr «kann». Dennoch ist das Ergebnis von Sachse & Neumann (1986) nicht trivial, da Focusing oft als Technik verwendet wird, um gerade dem schlecht explorierenden, wenig erlebensnahen Klienten zum «Durchbruch» zu seinen Gefühlen zu verhelfen.

Andere *Varianten* therapeutischen Handelns betreffen verstärktes Nachfragen und Informieren (Suchen und Geben von Information als Komponenten des Sprechhandelns), aktive Vorschläge, andere Verfahren (imaginative Techniken, Rollenspiel, psychodramatische Vignetten, Hausaufgaben etc.) bis hin zur Einbeziehung des Partners oder eines Familienmitgliedes in die Therapie.

5. Ebenen der Intervention und Anwendungsfelder

Die vorangegangenen Ausführungen bezogen sich vor allem auf das gesprächstherapeutische Handlungskonzept im Kontext der *therapeutischen Dyade* von Klient und Therapeut. Nun werden andere Ebenen der Intervention und Anwendungsfelder kurz vorgestellt, in denen Handlungskomponenten der Gesprächspsychotherapie in ursprünglicher Form oder in Abwandlungen und Weiterführungen zur Anwendung kommen.

5.1 Gesprächspsychotherapie in Gruppen

Der Einsatz gesprächspsychotherapeutischer Prinzipien in Gruppen wurde mit angeregt durch Rogers' langjährige Arbeit mit *Encounter-Gruppen*, bei denen die *Begegnung* von Menschen im Mittelpunkt steht (Rogers, 1970). Auf Gruppenebene wird die Bezeichnung *«personenzentriert»* dem Begriff «klientenzentriert» vorgezogen, da der Ansatz nicht nur für Zusammenkünfte von Personen mit aktuellen psychischen Problemen gedacht ist. Die personenzentrierte Gesprächsgruppe basiert auf einer Ausweitung der förderlichen Bedingungen des Einzelgesprächs auf Gruppen. Die Haltung des personenzentrierten *Helfers* («facilitators») in der Gruppe entspricht weitgehend der des Therapeuten im therapeutischen Einzelgespräch (z.B. Tausch & Tausch, 1979). Auch hier sind als Wirkfaktoren konstruktiver Änderungen die drei Basisvariablen des einfühlenden Verstehens, der Wärme und Achtung, sowie der Echtheit wesentlich. Hinzu kommt die Begegnung und Kommunikation der Gruppenmitglieder untereinander, teils als spontane und anhand des Modell des «Helfers» erlernte Realisierungen personenzentrierter Haltung, teils auch als aktuelle Erfahrungen negativer und positiver Affekte, Wahrnehmungen und Meinungen. Begegnungen können den Abbau von Inkongruenzen zwischen Selbst- und Fremdbildern fördern (vgl. Wachstumsziele der Therapie).
Nach der *Zusammensetzung* ihrer Teilnehmer und den Zielsetzungen sind verschiedene Gruppen zu unterscheiden: Es gibt Gruppen

mit «psychoneurotischen», «psychiatrischen», «psychosomatischen» oder «chronisch somatischen» Patienten. Neuere empirische Untersuchungen zur Gruppenarbeit im psychiatrischen Bereich z.B. mit Borderline-Patienten (im Vergleich mit psychoneurotischen Patienten siehe auch Eckert & Biermann-Ratjen, 1986) und mit psychoneurotischen Klienten belegen deren globale Wirksamkeit recht deutlich (siehe 6.). Daneben gibt es Gesprächsgruppen mit dem Ziel, durch *Begegnung* persönliche Selbstentfaltung und Weiterentwicklung zu fördern, Gesprächsgruppen zur Klimaverbesserung, Solidarität und Kooperation in (helfenden) Organisationen, oder im schulischen und sozialpädagogischen Bereich.

Es bestehen Unterschiede hinsichtlich der *Häufigkeit und Dauer* der Gruppengespräche und der *Gruppengröße*. Einerseits werden regelmäßige wöchentliche Gespräche von 90 Minuten verwendet, andererseits z.B. ein Anfangs«Block» von 2½ Tagen am Wochenende und anschließenden vier etwa vierstündigen Nachtreffen im 14-Tages-Rhythmus (z.B. Tausch & Tausch, 1979). Die untere Teilnehmergrenze bei Klienten- bzw. Patientengruppen liegt bei 5 die obere bei etwa 10 Teilnehmern. Bei nicht beeinträchtigten Personen liegt die Teilnehmerzahl meist bei 10–15 Personen, die Grenze ist aber nach oben offen. Meist arbeiten personenzentrierte Helfer in den Gruppen nicht allein, sondern ein *Haupt-Helfer* mit einem *Co-Helfer.*

Studien, die Therapieeffekte der klientenzentrierten Gruppenpsychotherapie mit anderen Gruppentherapieformen vergleichen, liegen v.a. für den psychiatrischen Bereich vor (z.B. Eckert et al., 1981). Untersuchungen zu unterschiedlichen Effekten klientenzentrierter vs. psychoanalytischer Gruppen*therapie* fassen Eckert und Biermann-Ratjen (1980) folgendermaßen zusammen: «Analytisch behandelte Patienten beachten und erwerben Autonomie, Selbständigkeit und Durchstehungsvermögen. Sie erwerben und bewerten Eigenständigkeit sehr hoch. Gesprächspsychotherapeutisch behandelte Patienten beachten und erwerben Selbstachtung, verstärkte Beziehungsfähigkeit und Kooperationsmöglichkeiten. Sie erwerben und bewerten Beziehungsfähigkeit sehr hoch.»

5.2 Gesprächspsychotherapie in Systemen und Institutionen

Prinzipien der helfenden Beziehung und Begegnung wurden u.a. in Selbsthilfegruppen, bei alten Menschen (z.B. Radebold, 1983) oder der Arbeit zur Verbesserung der zwischenmenschlichen Beziehungen in Organisationen und Institutionen verwendet, so z.B. für Gefängnisinsassen und Richter (z.B. A.M. Tausch et al., 1975). Auch in der pädagogischen Psychologie, zur Förderung des Lehrerverhaltens wird das gesprächspsychotherapeutische Basiskonzept verwendet und konnten gewisse Effekte im emotionalen Bereich und den Unterrichtsbeiträgen von Schülern nachgewiesen werden (z.B. Höder et al., 1979). Klientenzentrierte Handlungskomponenten kommen auch bei der Intervention in *Systemen* zur Anwendung: In der Paartherapie (Mandel et al., 1975) und Familientherapie (z.B. Heerekens, 1985), aber auch in der Management- und Organisationsentwicklung (z.B. Seewald, 1987).

Bei der Anwendung klientenzentrierter Handlungskomponenten auf der Ebene der Erziehung hat das Elterntraining von Gordon (1970) große Bedeutung erlangt. Unter anderen wird das «reflektierende Sprechen» mit dem Kind als eine zentrale Variable günstigen Elternverhaltens geübt (z.B. Perrez et al., 1985). Bei anderen Problemen erweist sich vor allem «Offenheit» und ggf. auch «Selbstöffnung» der Eltern als günstig. Daraus entwickelten sich auch Konzepte für Präventivprogramme für Familien (z.B. Horsten & Minsel, 1987) und bei Risikogruppen (Verwahrlosung etc.).

Auf klientenzentrierte Grundlagen stützt sich auch die *kindzentrierte Spieltherapie* als Behandlungsmethode (Axline, 1947). Ihre therapeutischen Zielsetzungen sind (z.B. Schmidtchen, 1989): (a) Förderung von seelischem Wachstum, (b) Verbesserung der allgemeinen Lernfähigkeit bei sozialen, emotionalen und intellektuellen Retardierungen (nicht der schulischen Leistungsfähigkeit), und (c) Abbau von Verhaltensstörungen. Darüberhinaus wurden Prinzipien der Gesprächspsychotherapie auch zur Verbesserung der Verständlichkeit in Sprache und Schrift vorgeschlagen (z.B. Langer, Schulz v. Thun & Tausch, 1974).

6. Wirksamkeit: Empirische Wirksamkeitsuntersuchungen

Es sind zu unterscheiden technologietheoretisch (a) interpretierte vs. (b) *un*interpretierte Wirksamkeitsbelege. Technologietheoretisch interpretierte Effektivitätsnachweise sind solche, die bei kontrollierter Anwendung einer Behandlungstechnik deren Wirksamkeit unter Aufdeckung ihres Wirkmechanismus belegen. Solche Wirksamkeitsbelege liegen für die Gesprächspsychotherapie allenfalls auf der Ebene der sog. Prozeßmerkmale vor, zur Aufdeckung der Wirkmechanismen i.e.S. fehlen sie (vgl. Abschnitt 7.). Die hinsichtlich ihres Wirkmechanismus *un*interpretierten Wirksamkeitsnachweise (b) können global (Behandlungsgruppe vs. Wartekontrollgruppe) oder differentiell vorgenommen sein: differentielle Wirksamkeitsbelege verwenden gleichbleibende Treatmentbedingungen (z.B. Ausprägungen der Basisvariablen) bei verschiedenen Störungsgruppen (z.B. psychoneurotische vs. Borderline-Patienten, vgl. Eckert & Biermann-Ratjen, 1986) oder unterschiedliche Treatmentbedingungen (z.B. unterschiedliche Ausprägungen der Basisvariablen oder Kombinationen mit anderen Behandlungselementen) bei gleichen Störungsgruppen. Differentielle Wirksamkeitsbelege sind Voraussetzung für eine differentielle Indikation.

Den weit überwiegenden Teil stellen globale Wirksamkeitsstudien, die für verschiedene Anwendungen die Wirkungen im Vergleich zu Kontrollgruppen aufzeigen. Dabei gelten im wesentlichen die gleichen Ober- und Prozeß-Ziele (vgl. Abschnitt 2.). Als Beispiel kann folgende Untersuchung von Pomrehn, Tausch & Tönnies (1986) zur Wirksamkeit gesprächspsychotherapeutischer Gruppen gelten (siehe Kasten 2).

Ein anderer Untersuchungszugang, der allerdings kaum weiter verfolgt wurde, ermöglicht die *quasi-experimentelle* Untersuchung von Effekten bestimmten Therapeutenverhaltens (z.B. Sander et al., 1969): In vorgegebenen Abschnitten einer üblichen Gesprächssitzung verändert der Therapeut systematisch für eine gewisse Zeit (z.B. 10 Minuten) bestimmte Aspekte seines Verhaltens (z.B. geringes vs. ausgeprägtes Verbalisieren emotionaler Erlebnisgehalte). Danach können Veränderungen im Klientenverhalten (z.B. Intensität der Selbstexploration) relativ zu diesem Verhaltensänderungen untersucht werden. Auch hierfür gelangen Nachweise zumindest kurzfristiger Wirksamkeit der gesprächstherapeutischen Interventionskomponenten, wie sie die Basisvariablen beschreiben. Erfolgt die Untersuchung über längere Zeiträume, wird es möglich, Effekte i.S. der *Erfolgs*untersuchung (z.B. subjektive Befindensbesserung) mit Effekten i.S. der *Prozeß*untersuchung (z.B. Stärke der Selbstexploration) zu verknüpfen und zu einem vertieften Verständnis von der Wirkung bestimmter therapeutischer Variablen einschließlich der therapeutischen Beziehung zu gelangen. Dies trägt zu technologietheoretisch interpretiertem Wissen über die Behandlungsmethode bei.

Die geprächspsychotherapeutische Prozeß- und Erfolgs*forschung* verwendet verschiedene Konzepte, Instrumente und Strategien. Hauptmaßstab für die Wirksamkeit ist meist die subjektive Bewertung des Klienten, der Verbesserung seines Zustandes, seiner Symptomatik, seiner Beziehungen zu sich, zu anderen und zur Welt. Darüberhinaus wurden in vielen Studien als abhängige Maße auch standardisierte Fragebogendaten (MMPI, FPI, Symptomlisten) und andere Instrumente (z.B. Q-Sort; goal attainment scaling) sowie Fremdeinschätzungen (z.B. der Symptomveränderungen) verwendet.

7. Erklärung der Wirksamkeit

Die empirischen Untersuchungen zur Gesprächspsychotherapie konzentrieren sich ganz überwiegend auf das praktische Handeln des Psychotherapeuten in der Interaktion mit dem Klienten. Viel weniger beschäftigen sie sich mit grundlegenden theoretischen Annahmen von Rogers, wie etwa der «Selbstaktualisierungstendenz», dem «Organismischen Bewertungsprozeß» oder der «Verzerrung» diskrepanter Erfahrungen. Die geschilderten und empirisch untersuchten Therapeutenvariablen stellen eher Operationalisierungen der Methode als der zugrundeliegenden Theorie dar.

Kasten 2
Wirksamkeitsstudie (Pomrehn, Tausch & Tönnies, 1986)

Fragestellung: Bei welchem Anteil psychoneurotischer Klienten treten durch personenzentrierte Gruppenpsychotherapie positive Veränderungen in wichtigen Symptombereichen ein? Sind diese Veränderungen über längere Zeit stabil und sind sie begleitet von Veränderungen in anderen Lebensbereichen? Mit welchen Bedingungen (Therapeutenverhalten, Prozeßmerkmale) stehen die Veränderungen in Beziehung?

Patientenbeschreibung: Teilgenommen haben 103 Patienten einer Psychologischen Beratungsstelle, Durchschnittsalter 36 Jahre (19–66), davon 59% weiblich, 41% ledig, 35% verheiratet und 24% geschieden, 62% mit Haupt/Realschulabschluß, 38% mit Abitur. Meistgeschilderte Symptome waren Selbstwert/Selbstbehauptungsschwierigkeiten, affektive Beeinträchtigungen und Kontaktstörungen. 78% geben körperliche Beschwerden an, deren größter Teil von medizinischer Seite als psychosomatisch eingestuft wurde. 39% erhielten Medikamente, von denen sich der größte Teil abhängig fühlte.

Behandlungsform: Gebildet wurden Gruppen mit 8–11 Teilnehmern mit je einem sog. Haupthelfer und einem Co-Helfer (insgesamt 13 Therapeuten), die an einer zweieinhalbtägigen Gruppentherapie und 4 zweieinhalbstündigen Nachtreffen mit 4 Wochen Abstand teilnahmen. In den Gruppengesprächen realisierten die Therapeuten die Grundhaltungen Empathie, Wärme und Echtheit sowie Aktivität. Die Realisierung der Basisvariablen wurde indirekt durch Klienteneinschätzungen (Skalen) kontrolliert: Nach Ansicht der Klienten realisierten 75% der Helfer und 63% der Co-Helfer die Basisvariablen in starkem Maße. Der Gruppenprozeß wurde ebenfalls ex post durch die Teilnehmer eingeschätzt.

Versuchsplan: Durchgeführt wurde eine Voruntersuchung (Hauptsymptomatik, Probleme in diversen Lebensbereichen (z.B. Partnerschaft, Kinder, Beruf/Arbeit), Motivation und Erwartungen), eine Nachuntersuchung 6 Wochen nach Abschluß der Therapiesitzungen, und eine Nachuntersuchung nach 1 Jahr, woran noch 87 Klienten (84%) teilnahmen. Zugrunde liegt ein Kontrollgruppenplan mit einer Wartekontrollgruppe von Klienten (N=51), die an der gleichen Institution um Therapie nachgesucht hatten, aber aus Kapazitätsgründen noch nicht behandelt werden konnten. Therapiegruppe und Wartekontrollgruppe unterschieden sich weder im Ausmaß ihrer Ausgangsstörung noch in demographischen Daten signifikant.

Abhängige Variablen: Klienten: Die Einschätzung globaler Besserung, der Besserung in den Hauptstörungsbereichen, Veränderungen in anderen Lebensbereichen, in der Selbstkommunikation, außerdem verschiedene Selbsteinschätzungen den Gruppenprozeß betreffend (eigene Offenheit, Lernbereitschaft, Vertrauen in die Gruppe); ferner Fremdeinschätzungen durch die Gruppenleiter bzw. Helfer hinsichtlich der Basisvariablen Empathie, Wärme und Echtheit.

Ergebnis: Die Teilnehmer an der Gruppentherapie schätzen das Ausmaß globaler Besserung 6 Wochen nach Abschluß der Sitzungen deutlich höher ein als die Kontrollgruppe nach 6 Wochen Warten (70% der Therapiegruppe schildern ihren Zustand als «gebessert» gegenüber 29% der Wartegruppe). Ähnliches gilt auch für günstige Veränderungen in einzelnen Lebensbereichen (z.B. Partnerschaft, Kinder, Sexualität, Beruf/Arbeit, soziales/politisches Engagement), im Umgang mit sich selbst und anderen, in psychosomatischen Beeinträchtigungen und im Substanzgebrauch, erfaßt durch Fragebögen. Auch in GT-spezifischen Testskalen zur Selbstkommunikation zeigten sich gewisse Unterschiede zugunsten der Therapiegruppe. Deutlich gebesserte Klienten schätzten sich selbst im Anschluß an die Gruppensitzungen günstiger ein als die weniger gebesserten Klienten (z.B. offener, gefühlsmäßig beteiligter, eher bereit von anderen Teilnehmern zu lernen, vertrauensvoller in der Gruppe). Auch die Gruppenleiter bzw. Helfer nahmen die deutlich gebesserten Klienten in den Basisvariablen günstiger wahr. In der Nachuntersuchung nach 1 Jahr, an der noch 87 Klienten teilnahmen, gaben 72% ihren Zustand als gebessert an, davon jedoch weit mehr als in der ersten Nachuntersuchung als «deutlich gebessert». Verschlechterungen schilderten 5%. Auch ein Fremdrating durch die Therapeuten kam zu ähnlichen Ergebnissen.

Problematisch ist an der Untersuchung hinsichtlich der Hypothesen zur Wirksamkeit, daß die Realisierung der Basisvariablen durch die Leiter/Helfer nur indirekt durch die Gruppenmitglieder eingeschätzt wurde; eine Analyse des Therapeutenverhaltens und des Gesprächsprozesses in der Gruppe durch Fremdbeobachter anhand von Tonbandaufzeichnungen wurde nicht vorgenommen. Damit bestehen nur sehr grobe Hinweise auf detaillierte therapeutische Prozesse.

Dafür gibt es mehrere Gründe (vgl. Bommert, 1978): Rogers hat seine Annahmen über erfolgreiche Psychotherapie schon früh in den Basisvariablen als praktische «Haltung» formuliert, die in umschriebenen Handlungsvariablen zum Ausdruck kommt. Viele Arbeiten versuchten dann diese Annahmen empirisch zu sichern, und nicht die dahinterstehenden theoretischen Annahmen, bzw. die Anbindung der technologischen Aussagen an nomologisches Wissen. Dies gilt z.T. auch für Prozeßuntersuchungen: So vermutet z.B. Perrez (1975), daß der Wirksamkeitsbeleg «Verbalisierung emotionaler Erlebnisgehalte durch den Therapeuten begünstigt die Selbstexploration des Klienten» weniger eine Kausalbeziehung ausdrückt, sondern «nur» eine empirische Generalisierung (des regelhaften, gemeinsamen Auftretens zweier aufeinander bezogener Aspekte des Interaktionsverhaltens) darstellt. Außerdem werden Rogers' grundlegende theoretische Annahmen von vielen Autoren für sehr schwer untersuchbar bzw. überprüfbar gehalten.

Es wurden daher verschiedene Versuche unternommen, andere theoretische Modelle zur Beschreibung und Erklärung des gesprächspsychotherapeutischen Geschehens heranzuziehen oder zu entwickeln. Oft wurden diese Ansätze skizziert, ohne empirische Belege dafür heranzuziehen: Ihr Wert beschränkt sich damit im wesentlichen auf «Wie-es-möglich-ist-daß»-Erklärungen (vgl. Westmeyer, 1973). Im folgenden werden *lerntheoretische* und *kognitive* Ansätze vorgestellt.

(1) Lerntheoretische Erklärungsmodelle versuchen das Geschehen in den gesprächspsychotherapeutischen Interaktionen u.a. auf folgende Weise zu erklären (vgl. Bommert, 1977):

a) *Gegenkonditionierung* (vgl. Systematische Desensibilisierung): Reize, die mit negativen Gefühlen (v.a. Angst) besetzt sind, werden – durch Lernen – mit neuen Reaktionen verknüpft, die mit den ursprünglichen unvereinbar sind. Negative Gefühle des Klienten (Angst, Konflikt, Schuld) werden in der Therapie einerseits zur Sprache gebracht bzw. erlebbar gemacht, andererseits gehemmt durch die mit ihnen unvereinbaren positiven Gefühle, die durch das Therapeutenverhalten wie emotionale Wärme, Angenommenwerden und Verständnis entstehen. Im Gegensatz zur Systematischen Desensibilisierung in der Verhaltenstherapie, von der dieses Erklärungsmodell stammt (Wolpe, 1958), wäre hier eher von *un*systematischer Desensibilisierung zu sprechen.

b) *Verbale Konditionierung:* Durch selektive Verstärkung läßt sich das Sprechverhalten von Personen verändern. Die verbalen und para- bzw. nonverbalen Verstärkungen des Therapeuten (in Form der Basisvariablen) sollten sich also auch im Verhalten des Klienten (z.B. dem Prozeßmerkmal der Selbstexploration) wiederfinden. Allerdings kann verbale Konditionierung nur dann als eigenständiger therapeutischer Wirkfaktor gelten, wenn das Verhalten des Klienten von der Therapiesituation auf sein Verhalten außerhalb der Therapie *generalisiert*, ebenso von seinem «reinen» Sprechverhalten auf nicht verbales Verhalten. Als Erklärungsproblem merkt z.B. Bommert an, daß nach dem Prinzip verbaler Konditionierung der Therapeut nur auf positive Äußerungen des Klienten eingehen müßte, während er nach dem Prinzip der Gegenkonditionierung sowohl auf positive wie negative Affekte eingehen müßte, – allerdings nicht gleichzeitig.

c) *Modellernen:* Nach diesem Erklärungsansatz, der auf Überlegungen von Bandura (1969) zurückgeht, übt der Therapeut in verschiedener Hinsicht eine Modellfunktion aus, so z.B. in der Realisierung empathischen Verstehens hinsichtlich (1) der Äußerung von Gefühlen einem Gegenüber, (2) dem Beschäftigen mit Problemen, die (bisher) nur fragmentarisch oder mit starken negativen Affekten repräsentiert wurden, und (3) einer ruhig-entspannten Zuwendung zu Problemen. Auch Aspekte emotionaler Zuwendung zu einer anderen Person führt der Therapeut als Modell vor, was z.B. Beziehungsfähigkeit und -bereitschaft steigern kann.

d) *Diskriminationslernen:* Ein allgemeiner Lernmechanismus, der in der Gesprächspsychotherapie wirksam ist (und auch den anderen Lernmodellen inhärent ist) ist die Verstärkung von Reizunterscheidungen (z.B. Truax, 1966). Dazu gehört auch das Entkoppeln «vermengter» Erlebnis- und Bedeutungsgehalte.

Dies wäre allerdings als kognitive Grundbedingung des Lernens auch der Differenzierung und Diskrimination des kognitiven Ansatzes (vgl. Wexler, 1974) zuzurechnen.
e) *Konfliktmodelle:* Andere Autoren wie Martin (1975), Perrez (1975) und Grunwald (1976) haben, orientiert an der Konflikttheorie nach Dollard und Miller (1950), die zugrundeliegenden (neurotischen) Störungen und das therapeutische Agens i.S. von zweidimensionalen Konfliktmodellen zu erklären versucht. Im Mittelpunkt steht ein *Annäherungs-Vermeidungskonflikt*: Neurotisches Verhalten wird aufrechterhalten, weil die Reduktion negativer Affekte wie Furcht/Angst durch Meiden sehr verstärkend wirkt und die bedrohlichen Reize so schnell gemieden werden, daß kein Umlernen stattfinden kann. Im Kontext der Gesprächspsychotherapie sind v.a. Konflikte angesprochen, die durch innere Reize im Denken, Vorstellen oder Fühlen aufrechterhalten werden (Martin, 1975). Ziel der Therapie ist die *Konfliktreduktion*, die durch zwei parallele Prozesse im therapeutischen Gespräch begünstigt wird: Die Annäherungstendenz wird durch positive Verstärkung (verbale, affektive Verstärkung der Wärme, des Verstehens, des Akzeptierens) erhöht. Zugleich wird die auftretende Angst durch Löschung vermindert, was einer Abschwächung der Vermeidenstendenz entspricht. Der erfolgreiche therapeutische Prozeß mäandriert dabei in der Konfliktregion in der Nähe des Schnittpunktes der jeweiligen Annäherungs-Vermeidungs-Gradienten, in Richtung zum konfliktbesetzten Ziel hin. Die Modelle sind weitgehend spekulativ. Perrez (1975) hat einen möglichen Versuchsplan zur Überprüfung einiger Modellaspekte vorgelegt.

(2) Kognitive bzw. Informationsverarbeitungs-Modelle: Überlegungen, den therapeutischen Prozeß als teilweise «nach außen verlegten» Informationsverarbeitungsprozeß des Klienten aufzufassen, in dessen Verlauf der Therapeut bestimmte Bedingungen setzt bzw. in spezifischer Weise «eingreift», wurde mit gewissen Unterschieden von Wexler (1974) und Krohne und Juhl (1974) vorgeschlagen (in der Gesprächspsychotherapie rezipiert wurde fast ausschließlich die Arbeit von Wexler). Der Therapeut ist hier ein «surrogate information processor»: Die empathische Reaktion des Therapeuten bietet eine Struktur an, die die Bedeutungsstruktur, an der der Klient gerade arbeitet, besser auffängt, sie besser *differenziert* und/oder *integriert*. Die empathische Antwort hat eine *aufmerksamkeitslenkende* Funktion (Aufmerksamkeit wird vom Therapeuten gerichtet, einige Inhalte werden übergangen, andere betont), eine *organisierende* Funktion (Strukturierungsangebote, die genauer differenzieren oder besser zusammenfassen) und eine *evokative* Funktion, die wichtige Aspekte des Gemeinten hervorhebt und die Selbstaktualisierung im Sinne von Informationsverarbeitung vorantreibt. Der Therapeut soll *kompensatorisch* wirken. Ein Verfahren zur Erfassung kognitiver Strukturmerkmale des Erlebens (z.B. Differenzierung der Emotionskonzepte) legten Reicherts & Pauls (1983) vor und zeigten damit Unterschiede zwischen Klienten, Normalen und Psychotherapeuten. Neben lerntheoretischen und kognitiven Ansätzen gibt es auch Erklärungsversuche, die sich an Kommunikationstheorie und Sprechhandlungstheorie orientieren, wie z.B. Tscheulin (1975), der damit therapeutische Paradoxien reformuliert hat.

8. Literatur

Axline, V. (1947). *Kinderspieltherapie im nicht-direktiven Verfahren.* München: Reinhardt.

Bandura, A. (1969). *Principles of behavior modification.* New York: Holt, Rinehart & Winston.

Bastine, R. (1976). Ansätze zur Formulierung von Interventionsstrategien in der Psychotherapie. In P. Jankowski, D. Tscheulin, H.J. Fietkau & F. Mann (Hrsg.), *Klientenzentrierte Psychotherapie heute* (S. 193-207). Göttingen: Hogrefe.

Baumann, U. (1981). Differentielle Therapiestudien und Indikation. In U. Baumann (Hrsg.), *Indikation zur Psychotherapie. Perspektiven für Forschung und Praxis* (S. 99-209). München: Urban & Schwarzenberg.

Berenson, B.G., Mitchell, K.M. & Moravec, J.A. (1968). Level of therapist functioning, patient depth of self-exploration, and type of confrontation. *Journal of Counseling Psychology, 15,* 136-139.

Bergeest, H.G., Steinbach, I. & Tausch, A.M. (1977). Psychische Hilfe für Besucher von Altentagesstätten durch Teilnahme an personenzentrierten Encounter-Gruppen. *Aktuelle Gerontologie, 7,* 305-313.

Biermann-Ratjen, E.M., Eckert, J. & Schwartz, H.J.

(1979). *Gesprächspsychotherapie. Verändern durch Verstehen.* Stuttgart: Kohlhammer.

Bommert, H. (1977; 4. Aufl. 1988). *Grundlagen der Gesprächspsychotherapie. Theorie–Praxis-Forschung.* Stuttgart: Kohlhammer.

Bommert, H. (1978). Gesprächspsychotherapie-Forschung. In L.J. Pongratz (Hrsg.), *Handbuch der Psychologie, 8. Band, Klinische Psychologie* (S. 1319–1348). Göttingen: Hogrefe.

Carkhuff, R.R. (1969). *Helping and human relations* (Vol. 1 and 2). New York: Holt, Rinehart & Winston.

Dollard, J. & Miller, N.E. (1950). *Personality and psychotherapy. An analysis in terms of learning, thinking, and culture.* New York: McGraw Hill.

Eckert, J. (1974). *Prozesse in der Psychotherapie.* Unveröffentlichte Dissertation, Universität Hamburg.

Eckert, J. & Biermann-Ratjen, E.M. (1980). *Allgemeine und differentielle Effekte von stationärer Psychotherapie.* Vortrag auf dem Kongreß der Deutschen Gesellschaft für Psychiatrie und Nervenheilkunde (DGPN), Berlin, 27.–29.11.1980.

Eckert, J. & Biermann-Ratjen, E.M. (1986). Überlegungen und Erfahrungen bei der gesprächspsychotherapeutischen Behandlung in Gruppen von Patienten mit einer Borderline-Persönlichkeitsstörung. *Zeitschrift für personenzentrierte Psychologie und Psychotherapie, 5,* 47–54.

Eckert, J., Biermann-Ratjen, E.M., Tönnies, S. & Wagner, W. (1981). Heilfaktoren in der Gruppenpsychotherapie. Empirische Untersuchungen über wirksame Faktoren im gruppenpsychotherapeutischen Prozeß. *Gruppenpsychotherapie und Gruppendynamik, 17,* 142–162.

Garfield, S.L. & Bergin, A.E. (Eds.) (1986). *Handbook of psychotherapy and behavior change. An empirical analysis* (3rd ed.). New York: Wiley.

Gendlin, E.T. (1978). *Focusing.* New York: Bantam Books. Dt. Ausgabe (1978). *Focusing. Technik der Selbsthilfe bei der Lösung persönlicher Probleme.* Salzburg: Otto Müller.

Gordon, Th. (1970). *Parent effectiveness training.* New York: Wyden. Dt. Ausgabe: (1972): *Familienkonferenz.* Hamburg: Hoffmann und Campe. 1972.

Grawe, K. (1976). *Differentielle Psychotherapie I. Indikation und spezifische Wirkung von Verhaltenstherapie und Gesprächspsychotherapie. Eine Untersuchung an phobischen Patienten.* Bern: Huber.

Grunwald, W. (1976). *Psychotherapie und experimentelle Konfliktforschung.* München: Reinhardt.

Hart, J.T. & Tomlinson, T.M. (Eds.) (1970). *New Directions in client-centered therapy.* New York: Houghton Mifflin Com.

Heerekens, P. (1985). Effektivität Klientenzentrierter Familientherapie. *Zeitschrift für personenzentrierte Psychologie und Psychotherapie, 4,* 53–70.

Helm, J. (1976). Wirkungsbedingungen im psychotherapeutischen Gespräch. In J. Helm et al. (Hrsg.), *Neurosenpsychologie* (S. 53–74). Berlin: Deutscher Verlag der Wissenschaften.

Helm, J. (1978). *Gesprächspsychotherapie. Forschung-Praxis-Ausbildung.* Berlin: Deutscher Verlag der Wissenschaften.

Höder, J., Tausch, R. & Weber, A. (1979). Die Qualität der Schülerbeiträge im Unterricht und ihr Zusammenhang mit personenzentrierten Haltungen ihrer Lehrer. *Zeitschrift für Entwicklungspsychologie und Pädagogische Psychologie, 11,* 101–112.

Horsten, A.J. & Minsel, W.R. (1987). Präventive Familienarbeit im Überblick. *Zeitschrift für personenzentrierte Psychologie und Psychotherapie, 6,* 133–140.

Howe, J. (Hrsg.) (1982). *Integratives Handeln in der Gesprächstherapie. Ein Kompendium zur Kombination therapeutischer Verfahren.* Weinheim: Beltz.

Joost, H. (1978). Förderliche Dimensionen des Lehrerverhaltens im Zusammenhang mit emotionalen und kognitiven Prozessen bei Schülern. *Psychologie in Erziehung und Unterricht, 25,* 69–74.

Krohne, H.W. & Juhl, K. (1974). *Über Beziehungen des Modells der konzeptuellen Komplexität zur Gesprächspsychotherapie: I. Modellparameter und theoretische Erwartungen* (Forschungsbericht) Osnabrück: Universität, Psychologie im Fachbereich 3.

Langer, I., Schulz v. Thun, F. & Tausch, R. (1974). *Verständlichkeit in Schule, Verwaltung, Politik und Wissenschaft.* München: Reinhardt.

Levant, R. & Shlien, J. (Eds.) (1984). *Client-centered therapy and the person-centered approach: New directions in theory, research, and practice.* Greenwood Press.

Linster, H.W. (1980). Gesprächspsychotherapie. In H.W. Linster & H. Wetzel (Hrsg.), *Veränderung und Entwicklung der Person. Grenzen und Möglichkeiten psychologischer Therapie* (S. 170–229). Hamburg: Hoffmann und Campe.

Mandel, A., Mandel, K.H., Stadter, E. & Zimmer, D. (1971). *Einübung in Partnerschaft durch Kommunikationstherapie und Verhaltenstherapie.* München: Kindler.

Martin, D.G. (1975). *Learning-based client-centered therapy.* Belmont, Calif.: Brooks/Cole Publishing Company. Dt. Ausgabe Gesprächspsychotherapie als Lernprozeß (1976). Salzburg: Otto Müller.

Meffert, H.J., Steinbach, I. & Tausch, A.M. (1976). Änderungen bei Kindergärtnerinnen und deren Kindergruppen durch einen Erzieher-Kurs in psychologisch hilfreichem Verhalten, *Psychologie in Erziehung und Unterricht, 23,* 328–336.

Minsel, B. (1984). Elterntraining. *Zeitschrift für personzentrierte Psychologie und Psychotherapie, 3,* 55–66.

Minsel, W.R. (1975). Indikation und Kontraindikation der Gesprächspsychotherapie. In Gesellschaft für wissenschaftliche Gesprächspsychotherapie (Hrsg.), *Die klientenzentrierte Gesprächspsychotherapie* (S. 181–194). München: Kindler.

Minsel, W.R. & Bente, G. (1980). Gesprächspsychotherapie. In W. Wittling (Hrsg.), *Handbuch der Klinischen Psychologie,* Bd. 2 Psychotherapeutische Interventionsmethoden (S. 139–164). Hamburg: Hoffmann & Campe.

Minsel, W.R., Langer, I. Peters, U. & Tausch, R. (1973). Bedeutsame weitere Variablen des Psychotherapeutenverhaltens. *Zeitschrift für Klinische Psychologie, 2,* 197–210.

Pavel, F.G. (1978). *Die klientenzentrierte Psychotherapie. Entwicklung – gegenwärtiger Stand – Fallbeispiele.* München: Pfeiffer.

Perrez, M. (1975). Gesprächspsychotherapie als Therapie internal motivierter Konflikte. In Gesellschaft für wissenschaftliche Gesprächspsychotherapie (Hrsg.), *Die klientenzentrierte Gesprächspsychotherapie* (S. 86–97). München: Kindler.

Perrez, M. (1982). Ziele der Psychotherapie. In R. Bastine, P.A. Fiedler, K. Grawe, S. Schmidtchen & G. Sommer (Hrsg.), *Grundbegriffe der Psychotherapie* (S. 459–463). Weinheim: Edition Psychologie.

Perrez, M. (1983). Wissenschaftstheoretische Probleme der Klinischen Psychologie: Psychotherapeutische Methoden. Zum Stand ihrer metatheoretischen Diskussion. In W.R. Minsel & R. Scheller (Hrsg.), *Forschungskonzepte der Klinischen Psychologie* (S. 148–163). München: Kösel.

Perrez, M., Minsel, B. & Wimmer, H. (1985). *Was Eltern wissen sollten. Eine psychologische Schule für Eltern, Lehrer und Erzieher.* Salzburg: Otto Müller.

Pomrehn, G., Tausch, R. & Tönnies, S. (1986). Personzentrierte Gruppenpsychotherapie: Prozesse und Auswirkungen nach 1 Jahr bei 87 Klienten. *Zeitschrift für personenzentrierte Psychologie und Psychotherapie, 5,* 19–31.

Radebold, H. (Hrsg.) (1983). *Gruppenpsychotherapie im Alter.* Göttingen: Hogrefe.

Reicherts, M. & Pauls, H. (1983). Kognitive Aspekte des Erlebens. Theoretische und empirische Untersuchungen zur Weiterführung des Wexler-Ansatzes in der klientzentrierten Gesprächspsychotherapie. *Zeitschrift für personenzentrierte Psychologie und Psychotherapie, 2,* 101–118.

Reicherts, M. & Wittig, R. (1984). Zur Veränderung des emotionalen Erlebens in der klientenzentrierten Psychotherapie – eine Einzelfalldarstellung mit einem neuen Untersuchungsansatz. *Zeitschrift für personenzentrierte Psychologie und Psychotherapie, 3,* 233–250.

Rogers, C.R. (1942). *Counseling and psychotherapy*: New concepts in practice. Boston: Houghton Mifflin. (dt. 1972)

Rogers, C.R. (1951). *Client-centered therapy.* Boston: Houghton Mifflin. (dt. 1973)

Rogers, C.R. (1957). The necessary and sufficient conditions of therapeutic personality change. *Journal of Consulting Psychology, 21,* 95–103.

Rogers, C.R. (1961). *On becoming a person.* Boston: Houghton Mifflin.

Rogers, C.R. (1970). *Carl Rogers on encounter groups.* New York: Harper & Row.

Rogers, C.R. (1972). *Die nicht-direktive Beratung.* München: Kindler. (Übers. von 1942)

Rogers, C.R. (1973). *Die klientenzentrierte Gesprächspsychotherapie.* München: Kindler. (Übers. von 1951).

Rogers, C.R. (1980). *A way of being.* Boston: Houghton Mifflin Com.

Sachse, R. (1987). Die therapeutische Beziehung in der klientenzentrierten Psychotherapie bei interaktionellen Zielen und Interaktionsproblemen des Klienten. *Zeitschrift für Klinische Psychologie, Psychopathologie und Psychotherapie, 35,* 219–230.

Sachse, R. & Neumann, W. (1986). Prognostische Indikation zum Focusing aufgrund von Selbstexploration und Selbsterleben von Klienten in klientenzentrierter Psychotherapie. *Zeitschrift für personenzentrierte Psychologie und Psychotherapie, 5,* 79–85.

Sander, K., Tausch, R. Bastine, R. & K. Nagel (1969). Experimentelle Änderung des Psychotherapeutenverhaltens in psychotherapeutischen Gesprächen und Auswirkungen auf Klienten. *Zeitschrift für experimentelle und angewandte Psychologie, 16,* 334–344.

Schmidtchen, S. (1989). *Kinderpsychotherapie: Grundlagen, Ziele, Methoden.* Stuttgart: Kohlhammer.

Schwab, R. & S. Tönnies (1984). Klientenzentrierte Einzelpsychotherapie und Personenzentrierte Gesprächsgruppen – Neuere Forschungsergebnisse und Entwicklungen. In U. Baumann, H. Berbalk & G. Seidenstücker (Hrsg.), *Klinische Psychologie: Trends in Forschung und Praxis* (S. 132–166). Bern: Huber.

Schwartz, H.J. (1975). *Zur Prozeßforschung in klientenzentrierter Psychotherapie.* Unveröffentlichte Dissertation, Universität Hamburg.

Schwartz, H.J., Eckert, J., Babel, M. & Langer, I. (1978). Prozeßmerkmale in psychotherapeutischen Anfangsgesprächen. *Zeitschrift für Klinische Psychologie, 7,* 65–71.

Stephenson, W. (1953). *The study of behavior.* Chicago.

Tausch, A.M. & Tausch, R. (1977). *Erziehungspsychologie.* Göttingen: Hogrefe.

Tausch, A.M., Schiefelbein, M., Schwab, R. & Dossmann, A. (1975). Psychische Änderungen und Gesprächsverhalten in personenzentrierten Encounter-Gruppen mit Gefängnisinsassen, Richtern, Psychotherapieklienten und Psychologen. *Psychologie in Erziehung und Unterricht, 22,* 161–171.

Tausch, R. (3. Aufl. 1970). *Gesprächspsychotherapie.* Göttingen: Hogrefe. (Neuauflage 1973).

Tausch, R. & Tausch, A.M. (1979). *Gesprächspsychotherapie. Einfühlsame hilfreiche Gruppen und Einzelgespräche in Psychotherapie und alltäglichem Leben.* Göttingen: Hogrefe.

Truax, Ch.B. (1961). *A scale for the measurement of accurate empathy.* Psychiatric Institute Bulletin (Vol. 1), University of Wisconsin.

Truax, Ch.B. (1966). Reinforcement and nonreinforcement in Rogerian psychotherapy. *Journal of Abnormal Psychology, 71,* 1–9.

Truax, Ch.B. & Carkhuff, R.R. (1965). Experimental manipulation of therapeutic conditions. *Journal of consulting psychology, 29,* 119–124.

Truax, Ch.B. & Carkhuff, R.R. (1967). *Toward effective counseling and psychotherapy: Training and practice.* Chicago: Aldine.

Truax, Ch.B., Fine, H. Moravec, H.A. & W. Millis (1968). Effects of the therapist persuasive potency in individual psychotherapy. *Journal of Clinical Psychology, 24,* 359–362.

Tscheulin, D. (1975). Gesprächspsychotherapie als zwischenmenschlicher Kommunikationsprozeß. In Gesellschaft für wissenschaftliche Gesprächspsychotherapie (Hrsg.), *Die klientenzentrierte Gesprächspsychotherapie* (S. 98–113). München: Kindler.

Westmeyer, H. (1973). *Kritik der psychologischen Unvernunft. Probleme der Psychologie als Wissenschaft.* Stuttgart: Kohlhammer.

Westmeyer, H. (1978). Wissenschaftstheoretische Grundlagen Klinischer Psychologie. In H. Berbalk, U. Baumann, G. Seidenstücker (Hrsg.), *Klinische Psychologie. Trends in Forschung und Praxis* (Bd. 1) (S. 108–132).

Wexler, D.A. (1974). A cognitive theory of experiencing, self-actualization, and therapeutic process. In D.A. Wexler & L.N. Rice (Eds.), *Innovations in client-centered-therapy* (pp. 49–116). New York: Wiley.

Wolpe, J. (1958). *Psychotherapy by reciprocal inhibition.* Palo Alto, Calif.: Stanford University Press.

Zielke, M. (1979). *Indikation zur Gesprächspsychotherapie.* Stuttgart: Kohlhammer.

6.5 Psychopharmakotherapie

René Spiegel

1. Einleitung

Das folgende Kapitel unterscheidet sich von den übrigen Teilen dieses Lehrbuchs insofern, als Psychologen, falls sie nicht auch Ärzte sind, die hier vorgestellten Interventionsmittel - Psychopharmaka - nicht selber anwenden dürfen. Auf therapeutische Empfehlungen und praktische Anweisungen können wir also verzichten. Andererseits haben Klinische Psychologen häufig mit Klienten und Patienten zu tun, die mit solchen Medikamenten behandelt werden oder wurden. Deshalb ist es nötig, die wichtigsten Psychopharmaka zu kennen, d.h. über ihre therapeutischen Anwendungen (Indikationen), Wirkungen und Nebenwirkungen Bescheid zu wissen und die Möglichkeiten psychopharmakologischer Interventionen realistisch einzuschätzen. Unabhängig davon stellt die Psychopharmakologie ein auch für Psychologen attraktives interdisziplinäres Arbeits- und Forschungsgebiet dar, das enge Kontakte mit den Nachbardisziplinen Psychiatrie, Neuropharmakologie und Neurobiologie schafft.

Das vorliegende Kapitel konzentriert sich auf folgende Fragen:
1. Was sind Psychopharmaka, in welche wichtigsten Klassen werden sie eingeteilt; welche Wirkungen und «Nebenwirkungen» sind von Vertretern der einzelnen Klassen zu erwarten?
2. Wie werden Psychopharmaka verwendet: vorbeugend, als Dauertherapie oder im Sinne kurzfristiger Interventionen? Wie stehen medikamentöse und nicht-pharmakotherapeutische Interventionen zueinander?
3. Wie - in welcher Weise, wie stark und wie lange - verändern Psychopharmaka das Empfinden, Verhalten oder gar die Persönlichkeit eines Klienten oder Patienten? Welche Verfälschungen sind bei der diagnostischen Beurteilung medikamentös behandelter Patienten zu befürchten?

Die Erörterung weiterer wesentlicher Fragen (Wirkmechanismen, psychophysiologische Zusammenhänge, Suchtprobleme) muß aus Platzgründen knapp bleiben. Der interessierte Leser sei deshalb auf zwei weiterführende deutschsprachige Werke verwiesen: Langer, G. & Heimann, H. (Hrsg.) (1983). *Psychopharmaka - Grundlagen und Therapie.* Wien: Springer Verlag. Ein Standardwerk mit Beiträgen von über 40 Autoren, auf die im Folgenden vielfach verwiesen wird. Spiegel, R. (1988). *Psychopharmakologie: Eine Einführung.* Bern: Hans Huber. Ein vor allem für Psychologen verfaßtes Lehrbuch.
Das umfassendste Handbuch wurde in den USA publiziert: H.Y. Meltzer: Psychoplenorology - The Third Generation of Progress. Raven, New York (1987)

2. Einteilung der Psychopharmaka

Psychopharmaka sind Medikamente, die auf das Erleben und Verhalten des Menschen wirken und ihrer «psychotropen» Wirkungen wegen therapeutisch eingesetzt werden. Weitere psychotrop wirkende Substanzen wie Alkohol, Nikotin, Kokain, Heroin, usw. werden als Genuß- bzw. Suchtmittel bezeichnet und finden in der westlichen Medizin keine anerkannte therapeutische Anwendung. Auch Schmerzmittel, Antiepileptika und Vertreter weiterer Medikamentklassen haben direkte oder indirekte Wirkungen auf das Erleben und Verhalten, zählen aber nicht zu den Psychopharmaka, da sie nicht primär wegen ihrer psychotropen Wirkungen angewendet werden. Man unterscheidet heute folgende *Klassen von Psychopharmaka:*
- *Neuroleptika* zur symptomatischen Behandlung von Schizophrenien und von Unruhezuständen im Rahmen anderer psychischer Störungen; sie werden gelegentlich auch als Antipsychotika und im englischen Sprachraum auch als major tranquilizers bezeichnet.

- *Antidepressiva* zur Behandlung von Depressionen; weitere Bezeichnungen sind Thymoleptika (=Stimmungsausgleicher) bzw. Thymeretika (=Stimmungsanreger) für eine Gruppe von stärker stimulierenden Antidepressiva. Zu den antidepressiv wirksamen Medikamenten wird auch das prophylaktisch verabreichte *Lithium* gezählt.
- *Tranquilizers* (Synonym Anxiolytika) zur Behandlung von Angst- und Spannungszuständen verschiedener Genese; im englischen Sprachraum findet sich auch die Bezeichnung minor tranquilizers. Die meisten heute gebräuchlichen *Schlafmittel* (Hypnotika) sind mit den Tranquilizers chemisch und pharmakologisch eng verwandt.
- *Stimulantien* sind antriebs- und leistungssteigernde Medikamente, die auch als Psychostimulantien oder seltener Analeptika bezeichnet werden. Unter *Nootropika* versteht man Substanzen, die - vor allem bei älteren Menschen - eine günstige Wirkung auf kognitive Funktionen haben, ohne allgemein stimulierend zu wirken.

Die hier verwendeten Klassenbezeichnungen - Neuroleptika, Antidepressiva, Tranquilizers und Stimulantien - sind sprachlich uneinheitlich, da sie teilweise die klinische Anwendung (Antidepressiva, d.h. gegen Depressionen gerichtete Medikamente), teilweise einen vermuteten Wirkmechanismus (Neuroleptika, d.h. Nervenfesthalter), teilweise aber eine Beschreibung der Wirkung (Tranquilizer = Beruhiger, Stimulans = Anreger) enthalten. Trotz dieser Inkonsequenz haben sich diese Bezeichnungen weitgehend durchgesetzt.

2.1 Neuroleptika

2.1.1 Klinische Wirkungen und Anwendungen

Neuroleptika sind dämpfende Medikamente, die gegen starke innere Unruhe, psychomotorische Erregung und schwere Schlaflosigkeit eingesetzt werden. Solche Zustände können auftreten im Rahmen von

- schizophrenen Psychosen, vor allem katatonen und paranoiden Formen (WHO-ICD 295.2 und 295.3)
- Manien (WHO-ICD 296.0 und 296.2)
- Psychotischen Syndromen als Folgen hirnorganischer Störungen (z.B. Altersparanoid, WHO-ICD 297.2)
- Depressionen, vor allem solchen mit angstbetonter, agitierter Symptomatik (WHO-ICD 296.1).

Von den behandelten Patienten werden Neuroleptika als starke Beruhigungsmittel wahrgenommen, die sich von anderen dämpfenden Medikamenten - Tranquilizers und Schlafmitteln - in zwei wesentlichen Punkten unterscheiden: Erstens wirken sie im Gegensatz zu Tranquilizers nicht muskelrelaxierend und im Unterschied zu den Schlafmitteln auch in höheren Dosen nicht narkotisch. Zweitens haben sie neben ihrer beruhigenden Wirkung auch Effekte auf psychotische Symptome (deshalb der - nicht von allen Autoren akzeptierte - Ausdruck «Antipsychotika»). Die «antipsychotischen» Wirkungen kommen in der Regel nicht nach den ersten Dosen eines Neuroleptikums, sondern erst nach mehreren Behandlungstagen oder -wochen zum Ausdruck: Wahn und Verfolgungsideen treten zurück, verlieren ihren bedrängenden Charakter teilweise oder ganz, drohende und fordernde Stimmen werden leiser oder verstummen, der Patient kann sich, wie es von außen scheint, in sinnvoller und besser einfühlbarer Weise mit seiner Umgebung auseinandersetzen - sein Erleben und Verhalten ist nicht mehr «psychotisch».

2.1.2 Die bekanntesten Neuroleptika

In den deutschsprachigen Ländern sind zur Zeit über 40 Neuroleptika im Handel; die bekanntesten Präparate sind in Tabelle 1 zusammengestellt. Dazu folgende Erläuterungen, die auch für die übrigen Tabellen in diesem Kapitel gelten:

Markennamen: sie werden von den Herstellerfirmen festgelegt und sind als Markenzeichen geschützt, können aber von Land zu Land verschieden sein. So wird die Substanz Laevomepromazin in der Schweiz und in Österreich unter dem Markennamen Nozinan (R), in der BRD aber als Neurocil (R) verkauft. Im klinischen Gebrauch werden Medikamente meist mit den Markennamen bezeichnet.

Freinamen oder generic name: er gibt in verkürzter Form Hinweise auf die chemische Struktur eines Medikamentes und dient, da er in allen Ländern gleich lautet, der Verständigung im internationalen Rahmen besser als die Markennamen. Im klinischen Alltag wird er selten gebraucht.

Übliche Tagesdosen: die niedrigsten und die höchsten empfohlenen Tagesdosen des gleichen Medikamentes können um einen Faktor 5 bis 50 auseinander liegen. Diese weiten Dosisspannen sind darauf zurückzuführen, daß Neuroleptika in verschiedenen Indikationen angewendet werden und daß die Wirksamkeit und Verträglichkeit dieser Medikamente von Patient zu Patient variieren. So werden Alterspatienten möglichst niedrige Dosen verabreicht, während bei jungen, akut psychotischen Patienten hohe Dosen notwendig sein können.

2.1.3 Unterschiede zwischen verschiedenen Neuroleptika

Angesichts von Tabelle 1 und der oben genannten Zahl von 40 Neuroleptika drängt sich die Frage auf, ob eigentlich so viele Neuroleptika benötigt werden, bzw. worin sich die verschiedenen Präparate im klinischen Gebrauch unterscheiden.

Bei der Antwort sind zwei Aspekte auseinanderzuhalten: der wirtschaftliche und der wissenschaftliche. Ein wirtschaftliches Interesse an den verschiedenen Präparaten besteht von seiten jener Pharma-Firmen, die Neuroleptika entwickelt haben oder noch entwickeln, um sich einen Anteil am entsprechenden Markt zu sichern. Entsprechend wird ihre Werbung die besonderen Merkmale und Vorteile der eigenen Medikamente in den Vordergrund stellen, auch wenn die Unterschiede zwischen manchen Präparaten klinisch nicht sehr bedeutend sind. Unter den wissenschaftlichen Aspekt fallen tatsächliche Unterschiede zwischen den Präparaten in bezug auf pharmakokinetische und -dynamische Eigenschaften.

Pharmakokinetik (= Studium der Bewegung des Pharmakons): Neuroleptika und andere Medikamente werden, abhängig von ihrer chemischen Struktur, der galenischen Zubereitung (Kapsel, Tablette, Spritze) und von den Verhältnissen im Körper des Patienten, unterschiedlich absorbiert, verteilt, metabolisiert und ausgeschieden. Der Übertritt eines Medikaments vom Blut ins Hirngewebe durch die sogenannte Blut-Hirnschranke, seine Affinität zu den relevanten Strukturen im Gehirn, den Rezeptoren, sind von physikalisch-chemischen Eigenschaften seiner Moleküle abhängig. Das Zusammenspiel aller dieser Faktoren erklärt, warum Neuroleptika unterschiedlicher chemischer Struktur Milligramm für Milligramm nicht gleich stark wirksam sind

Tabelle 1: Bekannte Neuroleptika (Auswahl; vollständige Liste bei Aschauer & Resch, 1983)

Markennamen	**Freinamen**	**übliche Tagesdosen (mg)**
Ciatyl®, Sordinol®	Clopenthixol	20 - 300
Dapotum®, Lyogen®, Omca®	Fluphenazin	3 - 20
Dipiperon®	Floropipamid	80 - 360
Dogmatil®	Sulpirid	100 - 600
Fluanxol®	Flupenthixol	1 - 10
Haldol®	Haloperidol	1 - 20
Largactil®, Megaphen®	Chlorpromazin	50 - 600
Leponex®	Clozapin	12.5- 600
Melleril®	Thioridazin	75 - 700
Neuleptil®, Aolept®	Periciazin	20 - 150
Neurocil®, Nozinan	Laevomepromazin	50 - 600
Orap®	Pimozid	3 - 10
Prazine®, Protactyl®	Promazin	50 -1000
Sedalande®	Fluanison	5 - 80
Truxal®, Taractan®	Chlorprothixen	50 - 600

(Tabelle 1, 3. Kolonne) und sich auch in bezug auf den Wirkungseintritt unterscheiden (Näheres bei Breyer-Pfaff, 1983).

Pharmakodynamik: Neuroleptika unterscheiden sich auch in Bezug auf ihre Pharmakodynamik, d.h. ihr pharmakologisches und klinisches Wirkungsprofil. Man unterscheidet grob zwischen stark dämpfenden, schlafanstoßenden Neuroleptika (Beispiele: Clopenthixol, Laevomepromazin) und anderen Präparaten, deren schlafanstossende Wirkung schwächer ist (z.B. Fluphenazin, Haloperidol). Dämpfende Neuroleptika werden bei Zuständen großer innerer und äußerer Unruhe, oft verbunden mit gestörtem Schlaf, verabreicht, wenig dämpfende Neuroleptika bei Patienten, die unter Wahn und Halluzinationen leiden, bei denen aber eine starke Sedation nicht erwünscht ist. Den vor allem zu Beginn einer Behandlung unterschiedlichen Wirkungsbildern stark und schwach dämpfender Neuroleptika entsprechen in der Regel auch unterschiedliche Nebenwirkungen: Allgemein führen stark dämpfende, schlafanstoßende Präparate vor allem in hohen Dosen zu vegetativen Störungen wie Blutdruckabfall, Veränderungen der Herzmuskeltätigkeit (EKG-Veränderungen), Schwitzen, Mundtrockenheit und Störungen der Sexualfunktionen (Impotenz, Anorgasmie). Dagegen kommt es nach stärker «antipsychotischen» Neuroleptika häufig zu motorischen Störungen, nämlich Dyskinesien (Fehlbewegungen), medikamentösem Parkinsonoid und, nach langdauernder Verabreichung, zu Spätdyskinesien. Unabhängig vom Wirktypus lösen Neuroleptika auch unerwünschte hormonelle Veränderungen (Prolactinspiegel-Erhöhung und als Folge davon oft Amenorrhoe und vorübergehende Sterilität, Brustvergrößerung, Milchfluß) aus.
Angesichts der Vielfalt von möglichen Nebenwirkungen sind Nutzen und Risiken einer Behandlung mit Neuroleptika im Einzelfall genau gegeneinander abzuwägen; eine schrankenlose Verschreibung dieser Medikamente ist ebenso unangebracht wie völlige Medikamenten-Abstinenz. Ähnliche Fragen nach Risiko und Nutzen finden sich beim – an sich erwünschten – möglichst frühzeitigen Absetzen einer neuroleptischen Therapie (siehe S. 170).

2.1.4 Wirkmechanismen der Neuroleptika

Neuroleptika haben vielerlei Wirkungen, die sich in geeigneten Testmodellen mit biochemischen, elektrophysiologischen, ethologischen und weiteren pharmakologischen Methoden darstellen lassen. Nach heutiger Auffassung kommen die klinischen Effekte der Neuroleptika vor allem durch ihre Fähigkeit zustande, die Wirkung des Neurotransmitters Dopamin postsynaptisch zu blockieren. Dopamin spielt in jenen Hirnstrukturen eine wichtige Rolle, die affektive, motorische und gewisse hormonelle Prozesse vermitteln. So wird die antidopaminerge Wirkung der Neuroleptika im Corpus striatum für ihre extrapyramidal-motorischen («Neben-»)Wirkungen verantwortlich gemacht, während die hormonellen Veränderungen unter Neuroleptika-Behandlung auf die Blockierung tuberoinfundibulärer dopaminerger Bahnen zurückgeführt werden. Kontrovers ist hingegen der Mechanismus, welcher der therapeutisch angestrebten «antipsychotischen» Wirkung der Neuroleptika zugrundeliegt: Nach der sogenannten Dopamin-Hypothese besteht in gewissen limbischen und corticalen Hirnstrukturen schizophrener Patienten eine (vorübergehende? dauernde?) Überfunktion dopaminerger Neuronen, die durch Neuroleptika in den Normbereich zurückgeführt wird. Andererseits gibt es pharmakologische und klinische Befunde, die der Dopamin-Hypothese in dieser einfachen Fassung widersprechen und zu komplizierteren Modellen geführt haben (vgl. Spiegel, 1988, Kapitel 5).

Literatur: Bürki (1983) und McKenna (1987) zur Pharmakologie der Neuroleptika und zur Dopamin-Hypothese; Gaertner (1983) und Schied (1983) über Therapie mit Neuroleptika; Kane und Smith (1982) über Spätdyskinesien.

2.2 Antidepressiva

2.2.1 Klinische Wirkungen und Anwendungen

Antidepressiva sind Medikamente, die gegen Depressionen, d.h. gegen wochen- und monatelang anhaltende Zustände schwerer Niedergeschlagenheit, Verzweiflung und Antriebslosigkeit, eingesetzt werden. Der Ausdruck «Depression» bezeichnet keine einheitliche

Krankheit, sondern ein Syndrom, das anhand der Symptomatik und unter Berücksichtigung der Vorgeschichte des Patienten genauer zu differenzieren ist. Klinisch-deskriptiv unterscheidet man zwischen gehemmten und agitierten Formen der Depression; als vegetative, somatisierte oder auch larvierte Depressionen werden Zustände bezeichnet, die sich fast ausschließlich in Form körperlicher Beschwerden und Symptome äußern.

Gewisse Formen der Depression werden als endogen bezeichnet: damit wird ausgesagt, daß der Krankheit keine erkennbare äußere Ursache, kein einfühlbarer Anlaß und auch nicht eine längere Reihe von kleineren oder größeren psychischen Traumen zugrunde liegt. Endogene Depressionen zeichnen sich durch ihren phasischen Verlauf aus: Sie treten anscheinend spontan auf, verschwinden in der Regel nach mehreren Wochen oder Monaten ebenso spontan wieder und können nach Monaten oder Jahren erneut ausbrechen. Von manisch-depressivem Kranksein oder bipolarer affektiver Psychose (WHO-ICD 296.2 und 296.3) spricht man, wenn den depressiven Phasen manische Phasen, die sich durch gehobene Stimmung, gesteigerten Antrieb und Ideenflucht kennzeichnen, folgen oder vorausgehen; bei der unipolaren endogenen Depression (WHO-ICD 296.1) fehlen die manischen Phasen (dazu Tölle, 1985, S. 231–249).

Antidepressiva werden vor allem ihrer stimmungsaufhellenden Wirkung wegen verschrieben, die sich in der Regel nach mehreren Verabreichungstagen, oft erst nach Wochen, einstellt. Bei nicht-depressiven, gesunden Probanden haben Antidepressiva keine stimmungsverbessernde oder gar euphorisierende Wirkung; insofern kann ihr therapeutischer Effekt als depressionsspezifisch bezeichnet werden. Eine detaillierte Schilderung der Wirkung des ersten Antidepressivums Imipramin findet sich bei R. Kuhn (1957), seinem Entdecker; sie lautet kurz zusammengefaßt:

Die Mimik der Patienten löst sich und gewinnt ihre Ausdrucksfähigkeit zurück. Die Patienten werden lebhafter, freundlicher und umgänglicher, sie sprechen mehr und mit lauterer Stimme. Ihr Jammern, Weinen und Klagen hört auf, Bemerkungen über körperliche Beschwerden werden seltener. Die Patienten stehen am Morgen spontan auf, nehmen von sich aus Aktivitäten auf, ihr verlangsamtes Lebenstempo normalisiert sich. Die Patienten nehmen die Besserung auch selbst wahr, Schweregefühle und depressive Wahnideen verschwinden, suizidale Ideen und Impulse treten zurück. Schlafstörungen und schwere Träume werden seltener; Tagesschwankungen, Appetitmangel und Obstipation bessern sich.

2.2.2 Die bekanntesten Antidepressiva

In den deutschsprachigen Ländern sind zur Zeit rund 25 Antidepressiva im Handel, die sich – ähnlich wie die Neuroleptika – in bezug auf pharmakokinetische und -dynamische Merkmale unterscheiden. Die bekanntesten Präparate sind auf Tabelle 2 aufgeführt.

Tabelle 2: Bekannte Antidepressiva (Auswahl; vollständige Liste bei Aschauer & Resch, 1983)

Markennamen	**Freinamen**	**übliche Tagesdosen (mg)**
Agedal®	Noxiptilin	75–450
Anafranil®	Chlorimipramin	50–300
Gamonil®	Lofepramin	105–210
Insidon®	Opipramol	150–300
Istonil®	Dimetacrin	75–600
Ludiomil®	Maprotilin	75–200
Nortrilen®	Nortriptylin	30–100
Noveril®	Dibenzepin	120–720
Pertofran®	Desimipramin	50–300
Sinequan®	Doxepin	75–300
Stangyl®, Surmontil®	Trimipramin	50–400
Tofranil®	Imipramin	75–200
Tolvin®, Tolvon®	Mianserin	10–120
Trittico®, Thombran®	Trazodon	75–200
Tryptizol®, Laroxyl®	Amitriptylin	75–300
Vivalan®	Viloxazin	150–200

Klinisch und pharmakologisch unterscheidet man zwischen initial dämpfenden, antriebsneutralen und antriebssteigernden Antidepressiva, die sich auch durch ihr Spektrum von Nebenwirkungen unterscheiden. Initial dämpfende Antidepressiva (z.B. Amitriptylin, Doxepin) werden vor allem bei Depressionen mit ängstlich-agitierter Symptomatik verabreicht und wirken zunächst beruhigend und schlaffördernd; ihren stimmungsaufhellenden Effekt entfalten sie später. Schwach dämpfende oder gar antriebssteigernde Antidepressiva (z.B. Nortriptylin, Desimipramin) werden dann verschrieben, wenn eine Sedierung des Patienten nicht angezeigt oder unerwünscht ist. Die häufigsten Nebenwirkungen der Antidepressiva, besonders jener vom sedierenden Wirktypus, sind vegetativer Art: Mundtrockenheit, Akkommodationsstörungen der Augen, Verstopfung, Potenzstörungen bei Männern; ferner können Schwindel, vermehrtes Schwitzen und Herzklopfen auftreten. Medizinisch bedeutsamer, vor allem bei älteren Patienten, sind Blutdruckabfall bis zum orthostatischen Kollaps, Delirien bei Überdosierung und Störungen der Herzfunktion.

Die zum Teil sehr unangenehmen Nebenwirkungen der Antidepressiva führen oft dazu, daß Patienten von sich aus die Therapie unterbrechen oder die Dosis der Medikamente reduzieren, was angesichts der hohen Rückfallquote und der Selbstmordgefahr bei Depressionen ein hohes Risiko birgt. Einige neuere Antidepressiva zeichnen sich durch weniger Nebenwirkungen aus und werden deshalb bei der Behandlung ambulanter Patienten bevorzugt.

2.2.3 Wirkmechanismus der Antidepressiva

Antidepressiva haben eine Vielzahl von Effekten in ganz verschiedenartigen pharmakologischen Tests. Fast alle antidepressiv wirksamen Präparate erhöhen kurzfristig das Angebot an funktionell verfügbaren biogenen Aminen (Noradrenalin, Serotonin, Dopamin) im Zentralen Nervensystem (ZNS); viele Antidepressiva wirken anticholinerg, und einige haben zentral antiserotoninerge Effekte. Angesichts der Vielfalt von pharmakologischen Wirkungen, die sich je nach Testsystem unterschiedlich darstellen, erstaunt es nicht, daß für den Wirkmechanismus der Antidepressiva mehrere Hypothesen aufgestellt worden sind, die sich teilweise widersprechen oder zumindest nicht zu einer einheitlichen Theorie verschmolzen werden konnten (Katecholamin-, Serotonin-, umgekehrte Katecholamin-, Gleichgewichts-Hypothesen usw., vgl. Spiegel, 1988, Kapitel 5). Besonders schwierig ist es, den stimmungsaufhellenden Effekt der Antidepressiva, der sich in der Regel nach 1 bis 2 Wochen einstellt, mit pharmakologischen Daten und Annahmen zu erklären, die vorwiegend aus Versuchen mit einmaliger oder kurzfristiger Verabreichung der Medikamente gewonnen werden. Eine plausible, wenn auch sehr allgemeine und nicht in allen Aspekten bestätigte Hypothese geht dahin, daß Antidepressiva in funktionell gestörten monoaminergen Systemen durch wiederholte akute Einwirkungen Gegenregulationen und Anpassungsvorgänge auslösen und so, auf höherem Niveau, zu einem neuen Gleichgewicht der neuronalen Übertragung führen (Waldmeier, 1983).

2.2.4 Lithium

Lithium wird in Form von verschiedenen Lithiumsalzen sowohl gegen Manien (WHO-ICD 296.0 und 296.2) als auch zur sekundären Prophylaxe von depressiven Phasen im Rahmen endogener Depressionen (WHO-ICD 296.3) eingesetzt. Bei regelmäßiger Einnahme von Lithium werden die Intervalle zwischen den depressiven Phasen länger, die depressiven Phasen werden abgeschwächt oder bleiben ganz aus. Lithium ist zwar besser verträglich als die meisten Antidepressiva, doch auch nicht völlig frei von Nebenwirkungen: Ein feiner Tremor tritt vor allem zu Beginn der Behandlung auf; Übelkeit, Völlegefühl, Durst und vermehrte Urinausscheidung werden nicht selten beschrieben. Gewichtszunahme ist häufig und vor allem aus ästhetischen Gründen unerwünscht.

Literatur: Waldmeier (1983) und Delini-Stula (1983) über Pharmakologie und Wirkmechanismen der Antidepressiva; Langer und Schönbeck (1983) sowie Beckmann (1983) über Therapie mit Antidepressiva; Greil und van Calker (1983) über die Lithium-Wirkung.

2.3 Tranquilizers und Schlafmittel

2.3.1 Klinische Wirkungen und Anwendungen

Tranquilizers sind Medikamente mit beruhigender, entspannender, angstlösender (anxiolytischer) Wirkung, die bei Unruhe-, Angst- und Spannungszuständen aller Art angewendet werden. Die heute verwendeten Tranquilizers stammen vorwiegend aus der Gruppe der *Benzodiazepine*, die gegenüber den älteren, meist als Sedativa bezeichneten Beruhigungsmitteln aus der Gruppe der Barbiturate den Vorteil geringerer Toxizität und besserer Verträglichkeit besitzen.
Neuroleptika und Antidepressiva haben ihre wichtigsten Anwendungen in der «großen Psychiatrie», d.h. in der Behandlung von Schizophrenien und Depressionen. Dagegen reicht der Konsum von Tranquilizers stärker in die Allgemeine Medizin und in verschiedene medizinische Spezialgebiete hinein: Dank ihrer guten Verträglichkeit werden diese Medikamente bei neurotischen, vegetativen und psychosomatischen Störungen eingesetzt, ferner in der Rheumatologie (Benzodiazepine wirken muskelrelaxierend) und gegen bestimmte Formen der Epilepsie. Gefördert wird dieser vielfältige Einsatz durch die Tatsache, daß Tranquilizers fast ausschließlich zentral wirken, daß also vegetative Wirkungen (Mundtrockenheit, Schwitzen, Sehstörungen, Verstopfung), die für den Patienten unangenehm sind, praktisch fehlen.
Auch die meisten heute verwendeten *Schlafmittel* oder Hypnotika stammen aus der Klasse der Benzodiazepine. Von den Tranquilizers unterscheiden sie sich hauptsächlich in bezug auf ihre zeitlichen Wirkungsmerkmale: Der Effekt von Schlafmitteln setzt in der Regel rasch ein, sollte aber nach wenigen Stunden abklingen, damit am folgenden Morgen keine Nachwirkungen auftreten. Gegenüber den früher oft als Schlafmitteln verwendeten Barbituraten zeichnen sich die heutigen Hypnotika durch höhere Sicherheit aus; erfolgreich verlaufende Suizidversuche mit Benzodiazepin-Derivaten allein sind selten.

2.3.2 Die bekanntesten Präparate

Zur Zeit sind rund 20 als Tranquilizers oder Schlafmittel verwendbare Benzodiazepine im Handel; die bekanntesten Präparate sind auf Tabelle 3 zusammengestellt. Qualitativ bestehen zwischen verschiedenen Benzodiazepin-Derivaten kaum Unterschiede, auch wenn die einschlägige Werbung einen anderen Eindruck zu erwecken sucht. Hingegen machen Zeit-Wirkungsmerkmale – Wirkungseintritt, Wirkungsmaximum, Wirkungsdauer – den Einsatz verschiedener Präparate für unterschiedliche Anwendungen sinnvoll.

Tabelle 3: Bekannte Tranquilizers, Schlafmittel (Auswahl; vollständige Liste bei Aschauer & Resch, 1983)

Markennamen	Freiname	Dosis (mg)	Verwendung
Adumbran®, Seresta®	Oxazepam	20 –150	Tranquilizer
Dalmadorm®	Flurazepam	15 – 30	Schlafmittel
Frisium®, Urbanyl®	Clobazam	20 – 60	Tranquilizer
Halcion®	Triazolam	0.25– 1.0	Schlafmittel
Lexotanil®	Bromazepam	3 – 24	Tranquilizer
Librium®	Chlordiazepoxid	5 –150	Tranquilizer
Luminal®, Agrypnal®	Phenobarbital	60 –300	Schlafmittel
Medomin®	Heptabarbital	100 –200	Schlafmittel
Mogadon®, Mogadan®	Nitrazepam	5 – 15	Schlafmittel
Nembutal®	Pentobarbital	100 –200	Schlafmittel
Noctamid®	Lormetazepam	0.5 – 2.0	Schlafmittel
Rohypnol®	Flunitrazepam	2 – 6	Schlafmittel
Tavor®, Temesta®	Lorazepam	2 – 10	Tranquilizer
Tranxilium®	Dikalium clorazepat	10 – 60	Tranquilizer
Valium®	Diazepam	5 – 60	Tranquilizer
Xanax®	Alprazolam	0.5 – 4	Tranquilizer

2.3.3 *Abhängigkeit von Benzodiazepinen*

Mit ihrer geringen Toxizität, der fast ausschließlich auf das ZNS konzentrierten Wirkung und weiteren praktischen Vorteilen (nur wenige metabolische Interaktionen mit anderen Medikamenten) stellen Tranquilizers und Schlafmittel aus der Benzodiazepin-Reihe scheinbar fast ideale Medikamente dar. Gerade die gute Verträglichkeit, das Fehlen auch subjektiv unangenehmer Nebenwirkungen, können aber zu Problemen führen: Während kaum je ein Patient versucht sein wird, Neuroleptika oder Antidepressiva ohne klinische Notwendigkeit einzunehmen, besteht bei Tranquilizers ein ausgesprochenes Mißbrauchs-Risiko. Diese Medikamente wirken entspannend und beruhigend, die Welt erscheint freundlicher und harmonischer - die eigenen realen Probleme verlieren ihre Dringlichkeit. Andererseits kehren Unruhe, Ängstlichkeit und Bedrängnis beim *Absetzen* dieser Medikamente rasch und oft verstärkt wieder, so daß es schwierig ist, den einmal zur Gewohnheit gewordenen Griff zur Tranquilizerpackung aufzugeben. Länger anhaltender, regelmäßiger Gebrauch von Tranquilizers, auch in den empfohlenen Dosen, führt zu «psychischer Abhängigkeit»; einem monate- oder jahrelangen Konsum folgen beim Absetzen häufig Entzugssymptome (Unruhe, Schlafstörungen, Muskelzuckungen, Wahrnehmungsstörungen u.a.), die für eine «physische Abhängigkeit» sprechen.

2.3.4 *Wirkmechanismus der Benzodiazepine*

Die beruhigende, entspannende Wirkung der Tranquilizers wird auf die Fähigkeit der Benzodiazepin-Moleküle zurückgeführt, die Effekte des Neurotransmitters GABA (Gamma-Aminobuttersäure) zu verstärken. GABA ist der mengenmäßig vorherrschende und weitestverbreitete erregungshemmende Neurotransmitter. Angriffspunkte der Benzodiazepine sind die GABAergen Synapsen, deren Empfindlichkeit durch das Benzodiazepin-Molekül gesteigert wird, so daß die gleiche GABA-Menge eine stärkere bzw. länger anhaltende postsynaptische Hemmung auslöst. Die besondere Anordnung der GABAergen Neuronen in praktisch allen Teilen des ZNS soll dafür verantwortlich sein, daß Benzodiazepine vor allem exzessive Erregung dämpfen und daß die Dämpfung ein bestimmtes Maß nicht übersteigen kann (Haefely, 1983). Da sich GABA bzw. GABAerge Zellen praktisch nur im ZNS finden, wird auch verständlich, daß Benzodiazepine keine peripheren Effekte, die klinisch als vegetative Nebenwirkungen in Erscheinung treten, auslösen.

Literatur: Haefely (1983) über Pharmakologie der Tranquilizers und Hypnotika; Pöldinger und Wider (1983) und Rickels und Schweizer (1987) über Therapie mit Tranquilizers und Schlafmitteln; Schöpf (1985) über physische Abhängigkeit von Benzodiazepinen; Haefely (1986) über Mechanismen der Abhängigkeits-Entstehung.

2.4 Stimulantien und Nootropika

2.4.1 *Klinische Wirkungen und Anwendungen der Stimulantien*

Stimulantien sind anregende Medikamente, mit denen Erschöpfungszustände und Gefühle der Müdigkeit verhindert oder vorübergehend unterdrückt werden können. Aufmerksamkeit, Konzentration und Unternehmungslust werden durch Stimulantien gefördert, und es kann sich ein Gefühl ausgeprägten Wohlbefindens oder, nach höheren Dosen, ein Zustand der Euphorie einstellen.
Trotz diesen erfreulichen Wirkungen genießen Stimulantien einen schlechten Ruf und werden heute nur selten verordnet. Grund dafür ist der häufige *Mißbrauch* dieser Medikamente im Sport (Doping) und im Drogenmilieu (z.B. intravenös verabreichte Amphetamin-Präparate: «Speed» usw.). Ein weiterer Nachteil der heute bekannten Stimulantien ist die Tachyphylaxie: Die Präparate verlieren bei wiederholtem Gebrauch ihre Wirkung. So ist der Dauerkonsument gezwungen, die Dosis konsequent zu steigern, und beim Versuch, das Stimulans vorübergehend oder dauernd abzusetzen, wird er - je nach Einnahmedauer und Dosis - ein sehr unangenehmes *Entzugssyndrom* in Form von unüberwindlicher Schläfrigkeit, Lethargie oder auch Depression durchzumachen haben.
Therapeutisch eingesetzt werden Stimulantien beim hyperkinetischen Syndrom von Kin-

dern und bei der Narkolepsie. *Hyperkinetische Kinder* (WHO-ICD 314.00ff.) fallen auf durch besondere Unaufmerksamkeit, motorische Unruhe, Lernstörungen, Impulsivität und Affektinkontinenz. Dieser schweren Verhaltensstörung (auch Hypermotorik und in den USA attentional deficit disorder, ADD, genannt) liegt in der Regel eine peri- oder postnatale Hirnschädigung zugrunde. Interessanterweise führen Stimulantien bei solchen Kindern nicht zu einer weiteren Steigerung der Unruhe, sondern zu verbesserter Aufmerksamkeit, längerem Verweilen bei der gleichen Tätigkeit, verstärkter affektiver Kontrolle und damit zu einer besseren Anpassung in der Schule und zuhause. Beim hyperkinetischen Syndrom verliert sich die Wirkung von Stimulantien offenbar auch bei längerem Einsatz nicht völlig; trotzdem ist die Anwendung dieser Medikamente in Mitteleuropa, im Unterschied zu den Gebräuchen in den USA, nicht sehr häufig.
Narkolepsie (WHO-ICD 347) oder Schlafsucht ist eine schwere Vigilanzstörung, die sich in Form von plötzlichem und unwiderstehlichem Schlafbedürfnis tagsüber, sogenannten Schlafanfällen, äußert. Je nach Schweregrad der Krankheit nicken die Patienten alle paar Minuten oder Stunden ein, auch wenn sie sich Tätigkeiten hingeben, an denen sie Interesse und Freude haben. Narkoleptische Syndrome werden heute mit Antidepressiva und Stimulantien, häufig auch in Kombination miteinander, behandelt.

2.4.2 Wirkungsmechanismus der Stimulantien

Die Wirkung von Amphetamin und ähnlichen Stimulantien kommt durch Verstärkung der katecholaminergen Neurotransmission, d.h. durch ein Mehrangebot von Noradrenalin und Dopamin an den entsprechenden Synapsen, zustande. Nach der Gabe von Amphetaminartigen Verbindungen werden Noradrenalin und Dopamin aus präsynaptischen Speichern vermehrt freigesetzt, ein Vorgang, der nicht beliebig lang aufrechterhalten werden kann, was den raschen Wirkungsverlust der Stimulantien erklärt. Für Methylphenidat, ein heute bevorzugtes Stimulans, wird überdies eine Hemmung der präsynaptischen Wiederaufnahme von freigesetzten Katecholaminen angenommen, d.h. ein Mechanismus, der von den klassischen Antidepressiva bekannt ist und vermutlich nicht der Erschöpfung unterliegt.

2.4.3 Wirkungen und Anwendungen von Nootropika

Der Ausdruck *Nootropika* ist neu und hat sich als Bezeichnung der auf Tabelle 4 aufgeführten Medikamente noch nicht allgemein durchgesetzt. Nootropika bilden eine chemisch und pharmakologisch heterogene Gruppe von Substanzen, die zur Behandlung von Aufmerksamkeits-, Gedächtnis- und anderen kognitiven Störungen bei alten Menschen verwen-

Tabelle 4: Stimulantien, Nootropika

Markennamen	**Freiname**	**Dosis (mg)**	**Verwendung**
Benzedrin®	dl-Amphetamin	10– 30	Stimulans
Cyclospasmol®	Cyclandelat	600– 2000	Nootropikum (?)
Dexedrin®	d-Amphetamin	5– 20	Stimulans
Duvadilan®, Suprilent®, Vasoplex®	Isoxsuprin	30– 80	Nootropikum (?)
Hydergin®	Co-dergocrin Mesylat	3– 9	Nootropikum
Lucidril®	Meclofenoxat	600– 2000	Nootropikum
Normabrain®, Nootropil®	Piracetam	2400–40000	Nootropikum
Pervincamin®, Cetal®	Vincamin	30– 60	Nootropikum
Pervitin®	Methamphetamin	3– 6	Stimulans
Praxilen®, Dusodril®	Naftidrofuryl	300– 600	Nootropikum
Ritalin®	Methylphenidat	5– 15	Stimulans
Sermion®	Nicergolin	15– 30	Nootropikum
Stimul®, Tradon®	Pemolin	20– 40	Stimulans
Stugeron®	Cinnarizin	75– 225	Nootropikum (?)
Trental®	Pentoxifyllin	300– 1200	Nootropikum (?)

(?): Präparate mit zweifelhafter Wirkung als Nootropika

det werden. – Eine gewisse Verlangsamung sensorischer, kognitiver und motorischer Vollzüge wird als normale Begleiterscheinung des Alterns angesehen; übersteigen die Leistungseinbußen eine – unscharf definierte! – Grenze, so spricht man, je nach Schule, von Zerebralinsuffizienz, von chronischem organischem Hirnsyndrom oder neuerdings von beginnenden oder fortgeschrittenen senilen Demenzen. Einer senilen Demenz können nach heutiger Kenntnis cerebrovaskuläre oder neurodegenerative Störungen, oft auch eine Kombination dieser beiden, zugrunde liegen.

Eine Pharmakotherapie der fortgeschrittenen senilen Demenz (WHO-ICD 290.0), die sich durch schwere Gedächtnisstörungen, Desorientiertheit, Verhaltensstörungen und Persönlichkeitsveränderungen kennzeichnet, gibt es nicht; hingegen können leichte Symptome im kognitiven und affektiven Bereich durch Nootropika günstig beeinflußt werden (Orgogozo & Spiegel, 1987). Die Wirkungen dieser Substanzen sind medizinisch und sozial insofern von Bedeutung, als sie dazu beitragen können, daß Alterspatienten länger unabhängig und in ihrer gewohnten häuslichen Umgebung leben können. Nootropika sind im allgemeinen gut verträgliche Medikamente; schwere Nebenwirkungen oder Abhängigkeit sind bis jetzt für keines dieser Präparate beschrieben worden.

Literatur: Abikoff und Gittelman (1985) über Stimulantien bei hyperkinetischen Kindern; Roth (1980) über Pharmakotherapie der Narkolepsie; Coper und Kanowski (1983) über Nootropika; Orgogozo & Spiegel (1987) über Pharmakotherapie der Demenz.

3. Psychopharmakotherapie und Psychotherapie

Das Verhältnis von Psychopharmakotherapie und Psychotherapie ist an anderer Stelle (Spiegel, 1988, Kapitel 8) unter verschiedenen Aspekten analysiert und dargestellt worden. Eine große Zahl von empirischen Studien zeigt klar, daß sich pharmako- und psychotherapeutische Einsätze, auch beim gleichen Patienten, nicht ausschließen oder ungünstig beeinflussen müssen, sondern daß sie sich, je nach Indikation und Stadium des therapeutischen Prozesses, gegenseitig fördern können.

3.1 Neuroleptika und Schizophreniebehandlung

Patienten in akuten Phasen schizophrener Psychosen sind psychotherapeutischen Bemühungen oft nicht zugänglich. Als Folge einer Behandlung mit Neuroleptika können sich viele Patienten beruhigen, von ihren tiefen Ängsten und manchmal auch von ihren Wahnvorstellungen so weit lösen, daß sie für milieu-, sozial- und individual-psychotherapeutische Interventionen empfänglich werden (vgl. Kapitel 18 in diesem Band). Diese nichtpharmakotherapeutischen Interventionen werden begleitet von regelmäßiger Medikamenteneinnahme, die unter ärztlicher Aufsicht erfolgt: Mit dem Neuroleptikum soll eine affektive Abschirmung und Stabilisierung, ein anhaltender Schutz vor überschießenden emotionellen Reaktionen gewährleistet werden.

Aus dieser Beschreibung wird die Stellung der Neuroleptika im Therapieplan der Schizophrenien deutlicher: Die Medikamente heilen nicht die Krankheit, sie dämpfen – bildlich gesprochen – ein aus dem Gleichgewicht geratenes System und stabilisieren es in der Folge so weit, daß andere, eher kausal wirksame Verfahren und Selbstheilungskräfte wirksam werden können. Es stellt sich dann die Frage, wie lange Neuroleptika, die ja alles andere als harmlos sind, angewendet werden müssen und aufgrund welcher Kriterien sie im Einzelfall abzusetzen sind. Die Antwort verschiedener Autoren auf diese Frage ist nicht einheitlich und läßt dem Ermessen viel Spielraum: Allgemein wird geraten, die neuroleptische Medikation nach Remission einer Ersterkrankung weiterzuführen, doch schwanken die Angaben über die notwendige Dauer einer Erhaltungs-Medikation zwischen 3 Monaten und 3 Jahren, und auch die Empfehlungen hinsichtlich der Dosis zeigen große Streuungen (Schied, 1983). Hat ein Patient bereits mehrere schizophrene Schübe erlitten, so gehen die Empfehlungen dahin, ihn trotz allen Nachteilen der Neuroleptika und unabhängig von allfälligen psychotherapeutischen Maßnahmen jahre-, möglicherweise sogar lebenslang mit solchen Medikamenten zu behandeln.

3.2 Die Behandlung von Depressionen

Bilden Neuroleptika das Rückgrat der heutigen Schizophreniebehandlung, so ist das therapeutische Vorgehen bei Depressionen weniger einheitlich, da Depressionen nach Ätiologie, Symptomatik, Schweregrad und Verlauf eine heterogene Gruppe von Krankheiten darstellen. Depressive Phasen im Rahmen endogener Depressionen haben eine starke Tendenz zur Spontanremission; mit Antidepressiva wird die Phasendauer verkürzt, nicht aber die Grundkrankheit geheilt, da Monate oder Jahre später neue depressive Phasen auftreten können. Aus Sicherheitsgründen wird empfohlen, die medikamentöse Therapie nach dem Abklingen einer depressiven Phase während 4–5 Monaten weiterzuführen.
Treten depressive Phasen wiederholt auf, so wird heute zu einer jahrelangen sekundären Prophylaxe mit Lithium, in Fällen von Unverträglichkeit oder ungenügender Wirkung des Lithiums zu einer Dauerbehandlung mit Tegretol (R) (Carbamazepin), geraten.
Die Behandlung von Depressionen erfolgt mehrheitlich ambulant, hospitalisiert werden fast nur schwer depressive und suizidgefährdete sowie allein lebende Patienten. Sowohl ambulant als auch stationär können Pharmako- und Psychotherapie kombiniert werden, wobei sich die psychotherapeutischen Interventionen je nach Fall und mehr noch nach den lokal gegebenen Möglichkeiten stark unterscheiden (Weissman et al., 1987).
Vor allem in den USA sind in den letzten 15 Jahren zahlreiche Vergleichsuntersuchungen zwischen pharmako- und psychotherapeutischen Verfahren in der Depressionsbehandlung durchgeführt worden. Auch wenn manche dieser Studien methodologische Mängel aufweisen, so führen sie insgesamt doch zum Schluß, daß medikamentöse und psychotherapeutische Interventionen bei depressiven Erkrankungen vergleichbare Erfolgsraten aufweisen, zumindest bei kurzfristiger Betrachtungsweise. Kombinierte Pharmako- und Psychotherapien haben sich in mehreren Studien als besonders wirksam erwiesen, und empirische Hinweise, daß sich diese beiden Therapieansätze ungünstig beeinflussen könnten, gibt es nicht. Sogar bei schweren endogenen Depressionen (Melancholien), wo ein Erfolg psychotherapeutischer Bemühungen kaum je unmittelbar sichtbar wird, empfiehlt sich eine Kombination von Pharmako- und Psychotherapie (Tölle, 1985, S. 252–254).
Insgesamt spielen psychotherapeutische Interventionen verschiedener Art bei der Behandlung von Depressionen eine große Rolle, und besonders für Psychologen ist die Erkenntnis wichtig, daß in einem gut angelegten Therapieplan Pharmako- und Psychotherapie personell in verschiedenen Händen liegen können. Sogenannte reaktive Depressionen und neurotische Störungen mit depressiver Prägung sollten psychotherapeutisch und höchstens vorübergehend medikamentös behandelt werden (Kapitel 5).

3.3 Tranquilizers und Psychotherapie

Die Vielfalt der Anwendungen von Tranquilizers in der organischen Medizin und Psychiatrie macht eine allgemein gültige Darstellung ihrer Vor- und Nachteile im Vergleich mit nicht-medikamentösen Interventionen unmöglich. Welcher therapeutische Zugang im Einzelfall gewählt wird, hängt oft stärker von ökonomischen Faktoren, von den Vorstellungen und Wünschen des Patienten und von der Ausrichtung des Arztes oder Psychologen ab als von «objektiven Merkmalen» der zu behandelnden Störung.
Publizierte Ergebnisse von Vergleichsuntersuchungen zwischen Tranquilizer- und nichtmedikamentöser Behandlung bei Spannungs- und Angstsyndromen sowie neurotischen Störungen sprechen für eine höhere Wirksamkeit der medikamentösen Therapien, doch begünstigte die Anlage dieser Studien möglicherweise die Pharmakotherapie: Fast alle Vergleiche erstreckten sich nur über wenige Monate, was mindestens einen Teil der nicht-medikamentösen Therapieansätze benachteiligte. Andererseits sollten Tranquilizers, angesichts des Abhängigkeitsrisikos, nicht über mehrere Monate regelmäßig angewendet werden, so daß es schwierig ist, auf diesem Gebiet faire Vergleichsstudien durchzuführen.
Immerhin ergaben die vorliegenden Untersuchungen (vgl. Spiegel, 1988, Kapitel 8), daß kombinierte pharmako- und psychotherapeutische Interventionen vielfach die besten Er-

gebnisse erzielten. Eine weitere Beobachtung der meisten Vergleichsstudien war die relativ große Zahl von Placebo-Reaktionen oder, positiv gesagt, der Spontanheilungen. Für die Praxis läßt sich daraus folgendes ableiten: Die Abgrenzung der Indikationen für Pharmako- und Psychotherapien ist im Falle der neurotischen und funktionell-körperlichen Syndrome unscharf. Dieser Umstand ist zwar wissenschaftlich unbefriedigend, läßt aber den Patienten und Therapeuten eine gewisse Wahlfreiheit, und bei Versagen des einen Ansatzes bleiben weitere therapeutische Möglichkeiten und damit Hoffnungen offen.

3.4 Stimulantien und Nootropika

Die Anwendung von Stimulantien bei hyperkinetischen Kindern erfolgt nicht isoliert, sondern in Verbindung mit einer fortgesetzten Beratung der Eltern, mit verhaltensorientierten Interventionen, schulischen Maßnahmen usw.. Das grundsätzliche Mißtrauen, das sich gegen Stimulantien allgemein und gegen ihren Einsatz bei Kindern im besonderen richtet, hat die Entwicklung nicht-medikamentöser und kombinierter Therapiemodelle beim hyperkinetischen Syndrom und ähnlichen Störungen gefördert (Kapitel 3.2.1). Auch hier dienen Medikamente, sofern sie überhaupt angewendet werden, der symptomatischen Therapie und sollten günstige Voraussetzungen schaffen für psycho- und soziotherapeutische Interventionen, die auf eine dauerhafte Veränderung zielen. Beim hyperkinetischen Syndrom ist überdies mit spontan erfolgenden Reifungs- und Heilungsvorgängen zu rechnen. Über klinisch relevante therapeutische Erfolge mit *Nootropika* bei Alterspatienten mit fortgeschrittenen Demenzsyndromen gibt es bisher keine Berichte, wohl aber über günstige Resultate bei leichteren intellektuellen Ausfällen im höheren Alter, die oft mit depressiven Symptomen verbunden sind. In begrenztem Maße können in solchen Fällen auch nicht-pharmakotherapeutische Interventionen – Gedächtnistraining, spielerisches Hirntraining – wirksam sein, und erste Studien liegen auch mit kombinierten medikamentösen und nicht-medikamentösen Ansätzen vor. Da auf diesem Gebiet zur Zeit umfangreiche Untersuchungen im Gange sind, dürfte es in wenigen Jahren eher möglich sein, genauere Therapieempfehlungen zu machen.

4. Zum Einfluß von Psychopharmaka auf das Erleben, Verhalten und die Persönlichkeit

Da Psychopharmaka auf das Erleben und Verhalten wirken, stellt sich für Klinische Psychologen die wichtige Frage nach der Gültigkeit von diagnostischen Ergebnissen, die bei Patienten unter Psychopharmakotherapie erhoben werden. Konkret gefragt: Welche für die diagnostische Beurteilung wesentlichen psychischen Funktionen oder Bereiche werden durch Psychopharmaka vorübergehend oder dauernd verändert?
Versuche an gesunden Probanden zeigen, daß «höhere Funktionen» wie Intelligenzleistungen, Problemlösungen oder auch Parameter von Persönlichkeitstests durch Psychopharmaka wenig tangiert werden, zumindest in den Dosen, die nicht allgemein zu einer massiven und auch vom Probanden wahrgenommenen Veränderung führen (Spiegel, 1988, Kapitel 3). Neuroleptika, sedierende Antidepressiva und Tranquilizers beeinträchtigen vor allem einfache motorische Testparameter, Aufmerksamkeits- und Merkfähigkeitsleistungen, d.h. Bereiche, die mit dem Wachheitsgrad eng korrelieren. Empirische Studien haben ferner gezeigt, daß subjektiv wahrgenommene Müdigkeit, Unkonzentriertheit usw. recht gut mit objektiven Leistungseinbußen übereinstimmen, weshalb es in jedem Fall angezeigt ist, den Patienten oder Klienten nach den zur Zeit eingenommenen Medikamenten und allfällig verspürten Wirkungen zu befragen.
Unabhängig davon sollte der Psychologe beim *behandelnden Arzt* zuverlässige Informationen zum Medikamenten-Status seines Klienten oder Patienten einholen, um diagnostische Fehlurteile zu vermeiden. Vor allem dann, wenn ein Patient in der Testsituation unaufmerksam, gleichgültig oder schläfrig wirkt, oder wenn er in den Tests Organizitäts-Merkmale aufweist, ohne daß dies aus dem Zusammenhang der Krankheit oder aus der Vorgeschichte verständlich wird, sind Fragen an den Arzt nach allfälligen zentral wirksamen Medi-

kamenten unerläßlich. *Chemische Blut- und Urinuntersuchungen* sind angezeigt, falls ein Patient über seine Medikation keine Auskunft geben kann oder will und auch sonst keine zuverlässigen Angaben zu erhalten sind. – Wenn die hier genannten Vorkehrungen getroffen werden, dann ist eine grobe Verfälschung von diagnostischen Ergebnissen durch momentan eingenommene Psychopharmaka nicht wahrscheinlich.

5. Schlußbetrachtung

Die Entdeckung der Neuroleptika und Antidepressiva in den 50er Jahren unseres Jahrhunderts und die Einführung der Tranquilizers und modernen Schlafmittel in den folgenden Jahren haben die stationäre wie auch die ambulante Psychiatrie grundlegend verändert. Schizophrene Patienten, die früher Jahre oder gar ein ganzes Leben in geschlossenen Abteilungen verbringen mußten, können heute, nach Abklingen akuter Phasen ihrer Krankheit, in der Gemeinschaft leben und arbeiten. Depressive Patienten werden mit intensiver Pharmakotherapie rasch aus tiefer Verzweiflung und Schwermut befreit, und auch Angst, Unruhe und Gespanntheit bei nichtpsychotischen Erkrankungen können mit entsprechenden Medikamenten in Schach gehalten werden. Die einstigen Irrenanstalten sind zu ruhigen Krankenhäusern ohne Umfriedungsmauern geworden und verfügen über ein meist breites Angebot an pharmako-, psycho- und soziotherapeutischen Maßnahmen. Psychologen neigen gelegentlich dazu, Pharmako- und Psychotherapie in einem Ausschließungs- oder Konkurrenzverhältnis zu sehen und den Einsatz von Psychopharmaka eher skeptisch zu beurteilen. Die Erfahrung von über 30 Jahren zeigt, daß Neuroleptika, Antidepressiva, Tranquilizers usw. zwar sehr wirksame Interventions-, aber keine Heilmittel sind und daß sie, besonders bei langzeitigem Gebrauch, zu schweren körperlichen und psychischen Schädigungen führen können. Psychopharmaka sind deshalb kritisch und immer im Rahmen eines Gesamt-Therapieplans zu verwenden, in dem auch psycho- und soziotherapeutische Maßnahmen ihren festen Platz haben. Die Erstellung, Durchführung, Überwachung und allfällige Korrektur dieses Therapieplans ist eine gemeinsame Aufgabe von Ärzten, Pflegepersonal, Sozialarbeitern und Klinischen Psychologen. Je mehr Psychologen über die Möglichkeiten und Grenzen der Interventionsmittel, die ihnen selbst nicht zur Verfügung stehen, wissen, desto wesentlicher wird ihr Beitrag an die gemeinsame Arbeit sein.

6. Literatur

Die folgenden Arbeiten sind im deutschsprachigen Standardwerk von Langer, G. & Heimann, H. (Hrsg.) (1983). *Psychopharmaka – Grundlagen und Therapie.* Wien: Springer Verlag, zu finden:

Aschauer, H. & Resch, F. Praxisnahe Übersicht der Psychopharmaka mit Verzeichnis der Präparate. S. 663–730.

Beckmann, H. Therapie mit nicht-trizyklischen Antidepressiva. S. 140–145.

Breyer-Pfaff, U. Klinische Pharmakokinetik der Neuroleptika. S. 251–258.

Bürki, H.R. Neurobiochemische Wirkungen der Neuroleptika. S. 213–223. Pharmakologie der Neuroleptika. S. 223–226.

Coper, H. & Kanowski, S. Nootropika: Grundlagen und Therapie. S. 409–433.

Delini-Stula, A. Pharmakologie der Antidepressiva. S. 81–95.

Gaertner, H.J. Klinische Pharmakologie der Neuroleptika. S. 227–250.

Greil, W. & van Calker, D. Lithium: Grundlagen und Therapie. S. 161–202.

Haefely, W. Neurophysiologische und neurobiochemische Wirkungen der Tranquilizer und Hypnotika. S. 306–310. Pharmakologie der Tranquilizer und Hypnotika. S. 310–316.

Langer, G. & Schönbeck, G. Klinische Pharmakologie der Antidepressiva, S. 96–111.

Psychiatrische Indikationen der Therapie mit Antidepressiva. S. 118–139.

Pöldinger, W. & Wider, F. Klinische Pharmakologie und Pharmakokinetik der Tranquilizer und Hypnotika. S. 316–346.

Schied, H.W. Psychiatrische Indikationen der Therapie mit Neuroleptika. S. 259–286.

Waldmeier, P. Neurobiochemische Wirkungen antidepressiver Substanzen. S. 65–81.

Weitere im Text zitierte Literatur

Abikoff, H. & Gittelman, R. (1985). Hyperactive children treated with stimulants. Is cognitive training a useful adjunct? *Archives of General Psychiatry, 42,* 953–961.

Haefely, W. (1986). Biological basis of drug-induced tolerance, rebound, and dependence. Contribution to recent research on benzodiazepines. *Pharmacopsychiat., 19,* 353–361.

Kane, J.M. & Smith, J.M. (1982). Tardive dyskinesia. *Archives of General Psychiatry, 39,* 473–481.

Kuhn, R. (1957). Über die Behandlung depressiver Zustände mit einem Iminodibenzylderivat (G 22355). *Schweiz. med. Wochensch., 87,* 1135-1140.

McKenna, P.J. (1987). Pathology, phenomenology and the dopamine hypothesis of schizophrenia. Brit. J. Psychiat., *151,* 288–301.

Orgogozo, J.M. & Spiegel, R. (1987). Critical review of clinical trials in senile dementia. *Postgrad. Med. Journal, 63,* 237-240 und 337-343.

Rickels, K., Schweizer, E.E. (1987). Current pharmacotherapy of anxiety and panic. In: Meltzer, H.Y. (ed.): Psychopharmacology - The Third Generation of Progress. Raven, New York, pp. 1193-1203.

Roth, B. (1980). *Narcolepsy and Hypersomnia.* Basel: Karger.

Schöpf, J. (1985). Physische Abhängigkeit bei Benzodiazepin-Langzeitbehandlung. *Nervenarzt, 56,* 585–592.

Spiegel, R. (1988). *Einführung in die Psychopharmakologie.* Bern: Hans Huber.

Tölle, R. (1985). *Psychiatrie.* Berlin/Heidelberg: Springer, 7. Aufl.

Weissman, M.M., Jarrett, R.B., Rush, J.A. (1987). Psychotherapy and its relevance to the pharmacotherapy of major depression: A decade later (1976-1985). In: Meltzer, H.Y. (ed.). Psychopharmacology - The Third Generation of Progress. Raven, New York, pp. 1059–1069.

7. Rehabilitation: Systematik und allgemeine Aspekte

Johannes Zuber, Joachim Weis und Uwe Koch

1. Das System der Rehabilitation und die Rolle der Rehabilitationspsychologie

1.1 Die Begriffe «Behinderung» und «Rehabilitation» sowie Ziele der Rehabilitation

Binting (1980) schlägt als Arbeitsdefinition für den Begriff «Behinderung» «das Vorliegen einer relativ schweren, lang andauernden, jedoch grundsätzlich rehabilitationsfähigen körperlichen, sinnesbezogenen, geistigen oder psychischen Schädigung, die subjektiv oder objektiv zu Lebenserschwernissen führt und die abweichendes Verhalten zur Folge haben kann» vor. Darin wird zum Ausruck gebracht, daß nicht nur die Schädigung, sondern auch ihre Folgen, die Verarbeitung durch den Betroffenen sowie die Reaktionen des sozialen Umfelds eine Behinderung charakterisieren. Dieser weitgefaßte Begriff berücksichtigt auch die drei in der WHO-Definition von «Behinderung» hervorgehobenen Aspekte, nämlich den Schaden (impairment), die funktionelle Einschränkung (disability) und die soziale Beeinträchtigung (handicap).

Bezüglich der Klassifikation der verschiedenen Behinderungsarten gibt es unterschiedlich differenzierte Systeme (vgl. Brackhane, 1988). So unterscheidet eine Grobeinteilung der Bundesarbeitsgemeinschaft für Rehabilitation zwischen körperlicher, geistiger und seelischer Behinderung, während Jochheim (1979) unter dem Gesichtspunkt der funktionellen Einschränkung nicht weniger als 80 verschiedene Behinderungsarten unterscheidet. Wichtige Oberkategorien bei ihm sind z.B. Verhaltenseinschränkungen, Kommunikationseinschränkungen, Einschränkungen in der Durchführung alltäglicher Funktionen, Bewegungseinschränkungen.

Unter «Rehabilitation» sind Bemühungen zu verstehen, zu verhindern, daß eine Behinderung zu einer dauerhaften Beeinträchtigung der persönlichen, sozialen und beruflichen Lebensumstände wird und für den Fall, daß eine vollständige Rehabilitation nicht zu erreichen ist, diese Auswirkungen auf die genannten Lebensbereiche auf ein Minimum zu reduzieren.

Als ein von vielen Experten akzeptiertes Ziel der Rehabilitation wird die soziale Integration des Behinderten genannt (vgl. Abschnitt 3.4). Gemeint ist damit eine möglichst weitgehende Teilhabe des Behinderten am Leben der Gemeinschaft. Soziale Integration wird dabei nicht als die einseitige Anpassung des Behinderten an die Gesellschaft verstanden, sondern auch als Gestaltung der Umwelt in Richtung auf eine Erleichterung des Lebens der Behinderten. Soziale Integration ist häufig nur als eine relative Größe zu sehen, in vielen Fällen wird nur eine partielle soziale Teilnahme erreichbar sein.

Gemeinsames Merkmal vieler Definitionen ist es, von einer Minderung der Leistungsfähigkeit des betroffenen Individuums und deren Auswirkungen auf den gesellschaftlichen Produktionsprozeß auszugehen. Eine solche, häufig am Finalitätsprinzip orientierte Rehabilitation findet ihren Niederschlag in Schlagworten wie «Rehabilitation vor Rente» oder «Rehabilitation als Schlüssel zum Dauerarbeitsplatz» (vgl. Stegie & Koch, 1982).

1.2 Gesetzliche Grundlagen

Die gegenwärtige Rehabilitationspraxis in der Bundesrepublik Deutschland wird in starkem Maße durch eine Reihe von Rehabilitationsgesetzen aus dem Jahre 1974 bestimmt. Hier sind das Rehabilitationsangleichungsgesetz, das Schwerbehindertengesetz, das Gesetz für Sozialversicherung der Behinderten und die dritte Novelle des Bundessozialhilfegesetzes zu nennen. Die Zuständigkeit für die verschiedenen rehabilitativen Leistungen liegt bei sechs verschiedenen Sozialleistungs- bzw. Rehabilitationsträgern: Den Kranken-, Unfall- und Rentenversicherungen, der Kriegsopferversorgung, der Bundesanstalt für Arbeit sowie der Sozialhilfe. Dabei tritt die Sozialhilfe erst ein, wenn weder die behinderte Person selbst, noch einer der anderen Sozialleistungsträger für die Rehabilitationskosten aufkommen können. Das Rehabilitationsangleichungsgesetz zielt darauf, die Leistungen der verschiedenen Träger auszugleichen, Zuständigkeiten zu regeln und ein zügiges Rehabilitationsverfahren zu ermöglichen. Für die Betroffenen ist ein Rehabilitationsgesamtplan zu erstellen. Die Behinderten unterliegen dabei einer Mitwirkungspflicht.

Tabelle 1: Leistungsspektrum rehabilitativer Maßnahmen

Medizinische Leistungen: U.a. ärztliche und zahnärztliche Leistungen, Arznei- und Verbandsmittel, Heilmittel, einschl. Krankengymnastik, Bewegungs-, Sprach- und Beschäftigungstherapie, Körperersatzstücke;

Berufsfördernde Leistungen: U.a. Hilfen zur Erhaltung oder zur Erlangung des Arbeitsplatzes, zur Berufsfindung, zur beruflichen Anpassung;

Leistungen zur allgemeinen sozialen Eingliederung: U.a. zur angemessenen Schulbildung für Behinderte, zur Ermöglichung der Teilnahme am Leben in der Gemeinschaft;

Ergänzende Leistungen: U.a. Übergangsgeld, Beiträge zur gesetzlichen Sozialversicherung, Haushaltshilfen.

1.3 Das System der medizinischen, beruflichen und schulischen Rehabilitation

Die Bundesrepublik Deutschland verfügt über ein in dieser Dichte vermutlich in der Welt einzigartiges System von medizinischer, schulischer und beruflicher Rehabilitation.
In der *medizinischen Rehabilitation* wird zwar zwischen stationärer, teilstationärer und ambulanter Rehabilitation unterschieden, der Großteil der Leistungen wird aber im Rahmen der stationären Rehabilitation erbracht. Zu einem geringen Teil werden stationäre medizinische Reha-Maßnahmen bereits während der Krankenhausbehandlung durchgeführt, wenn z.B. die übliche kurative Behandlung durch rehabilitative Maßnahmen wie Krankengymnastik, Bewegungstherapie oder Arbeitstherapie ergänzt wird. Meist erfolgt die Durchführung medizinischer Rehabilitation aber in Kur- und Spezialeinrichtungen. Das Angebotsspektrum der medizinischen Rehabilitationseinrichtungen reicht von den sogenannten freien offenen Badekuren mit Unterbringung der Rehabilitanden in Pensionen oder Kurheimen bis zu Angeboten in Sanatorien, Kurkliniken und Schwerpunktkliniken.
Die *berufliche Rehabilitation* bezieht sich auf Bemühungen zur beruflichen und sozialen Ein- bzw. Wiedereingliederung Behinderter und Kranker. Auf der institutionellen Ebene sind zur Erreichung dieser Ziele 42 Berufsbildungswerke zur Erstausbildung jugendlicher Behinderter und 21 Berufsförderungswerke zur Ausbildung erwachsener Behinderter geschaffen worden. Darüberhinaus gibt es 350 Werkstätten für Behinderte, die vorwiegend geistig Behinderten, zum Teil auch psychisch Kranken (vgl. Abschnitt 3.3), die nicht auf dem allgemeinen Arbeitsmarkt tätig sein können, einen geschützten Arbeitsplatz bieten. Den Berufsbildungs- und den Berufsförderungswerken sind spezielle Dienste zur medizinischen, psychologischen, pädagogischen und sozialen Betreuung angeschlossen. Bei der Planung von Maßnahmen zur beruflichen Wiedereingliederung bzw. Neuorientierung sind laut Gesetz Eignung, Neigung und bisherige Tätigkeit der Betroffenen angemessen zu berücksichtigen.
Die vorschulische und *schulische Rehabilitation* behinderter Kinder und Jugendlicher erfolgt in einem ebenfalls gut ausgebauten, aber vom übrigen Schulwesen getrennten System von Sondereinrichtungen, das sich im schulischen Bereich in Abhängigkeit von der Behinderungsart in zehn Schultypen gliedert. In den letzten Jahren wurden verstärkte Bemühungen um eine integrative Förderung von behinderten und nichtbehinderten Kindern und Jugendlichen gefordert, nicht zuletzt, um auch auf diesem Wege zum Abbau sozialer Barrieren zwischen Behinderten und Nichtbehinderten beizutragen.
Die Leistungen im Rahmen der medizinischen, beruflichen und schulischen Rehabilitation werden von sehr unterschiedlichen Berufsgruppen erbracht. Nach einer Einteilung von Wöhrl (1988) kann man folgende sechs verschiedene Berufsgruppen in der Rehabilitation unterscheiden: Medizinisch-therapeu-

tische, pflegerisch-versorgende, technisch-handwerkliche, psychosoziale, pädagogische sowie beratende und interessensvertretende Berufe. Als wichtige Voraussetzung für eine erfolgreiche Rehabilitation wird die Fähigkeit dieser Professionen zur Zusammenarbeit betont.

Das System der Rehabilitation ist in den letzten Jahren zunehmend kritisch im Hinblick auf seine Effektivität diskutiert worden (vgl. Koch & Haag, 1988). Darüberhinaus zielt diese Kritik darauf, daß das Individuum zwar vielfältige Hilfen erfährt, daß aber dennoch seinen subjektiven Bedürfnissen nach Hilfe nur bedingt entsprochen wird. Hauptkritikpunkte sind:

- Stark ausgeprägte Institutionalisierung des Rehabilitationswesens
- Zu spätes Einleiten von medizinischen und beruflichen Rehabilitationsmaßnahmen
- Fehlen ambulanter rehabilitativer Maßnahmen
- Unzureichend entwickelte Verbindungen zwischen der medizinischen und der beruflichen Rehabilitation
- Fehlende Evaluation der rehabilitativen Maßnahmen

1.4 Die psychosoziale Rehabilitation und Rehabilitationspsychologie

Im Gegensatz zur medizinischen, beruflichen und schulischen Rehabilitation verfügt die *psychosoziale Rehabilitation* nicht über ein ausgebautes Netz institutioneller Einrichtungen öffentlicher, kirchlicher und privater Träger. Denn eine von den anderen Bereichen losgelöste psychosoziale Rehabilitation erschiene wenig sinnvoll und würde einem integrierten Rehabilitationsansatz widersprechen. In den siebziger und achtziger Jahren wurden innerhalb der medizinischen, beruflichen und schulischen Rehabilitation allmählich psychologische Dienste geschaffen, deren Kapazität aber bisher für die vielfältigen Anforderungen nicht ausreicht. Dabei muß gesehen werden, daß psychosoziale Leistungen in der Rehabilitation nicht nur von Psychologen erbracht werden. Psychologisches Denken sollte jedoch in allen Bereichen der Rehabilitation Eingang finden.

Auch im wissenschaftlichen Bereich hat sich in dieser Zeit die *Rehabilitationspsychologie* als Teildisziplin der Psychologie profiliert (vgl. Koch, Lucius-Hoene & Stegie, 1988). An einigen Universitäten wurden Professuren für Rehabilitationspsychologie geschaffen. Während auf der theoretischen Ebene das Profil einer eigenständigen Disziplin «Rehabilitationspsychologie» noch wenig prägnant erscheint, ergibt sich in der Praxis der Rehabilitation ein vielfältiges und breitgefächertes Aufgabenfeld für den Psychologen. Die Tätigkeit des Rehabilitationspsychologen wird von nahezu allen Teildisziplinen der Psychologie bestimmt, insbesondere von der Allgemeinen, Pädagogischen und Klinischen Psychologie sowie der Entwicklungs-, Sozial- und Arbeitspsychologie. Dabei kommt es in bestimmten Praxisfeldern der Rehabilitationspsychologie zu Überschneidungen von Aufgabenkompetenzen mit der Klinischen Psychologie und der Arbeits- bzw. Berufspsychologie. Die Hauptaufgaben der psychosozialen Rehabilitation sieht Witte (1988) in einer Regelung des Verhältnisses zwischen dem Behinderten und seiner Umwelt. Im Sinne einer Reakkomodation sind für den Behinderten durch psychologische Hilfen Selbstwertgefühl und Selbstsicherheit zu stärken und Möglichkeiten der Selbstverwirklichung zu vermitteln. Daneben sind Anstrengungen reassimilativer Art notwendig, d.h. die Umweltbedingungen sind so zu gestalten, daß sie für die Bedürfnisse und Möglichkeiten der Behinderten einen optimalen Handlungs- und Bewegungsraum darstellen.

Unterteilt man den Gesamtprozeß der Rehabilitation unter medizinischer, beruflicher und sozialer Perspektive in vier Phasen, so ergeben sich für jede Phase unterschiedliche Aufgabenschwerpunkte für den Psychologen: In der *Akutphase* mit dem Schwerpunkt auf rehabilitationsmedizinischen Maßnahmen stellen sich psychodiagnostische Aufgaben sowie Aufgaben im Bereich psychologisch-psychotherapeutischer Gespräche, z.B. zur Linderung depressiver Reaktionen oder zur Motivierung der Patienten, Lösungsmöglichkeiten aktiv für sich zu suchen. In der Phase der *Rehabilitationsvorbereitung und -findung* stehen verschiedenartige psychodiagnostische Aufgaben als Hilfe der Planung der weiteren

Rehabilitationsmaßnahmen (z.B. Berufswahl) im Vordergrund. Darüberhinaus fällt in dieser Zeit häufig auch die Entscheidung über notwendige unterstützende psychodiagnostische Maßnahmen. Die Phase der *beruflichen und schulischen Rehabilitation* ist durch psychologische Maßnahmen gekennzeichnet, die der begleitenden Diagnostik, der Erleichterung des Lern- und Umschulungsprozesses und der psychischen Stützung durch Beratung und Therapie dienen. In der letzten Phase der Rehabilitation, der *sozialen und beruflichen Integration*, sollte der Psychologe Eingliederungshilfen geben, die das Zurechtfinden nach Abschluß der Rehabilitationsmaßnahmen erleichtern. Strukturelle Gegebenheiten des deutschen Rehabilitationswesens, insbesondere das Defizit an dezentral ambulanten rehabilitativen Hilfen, verhindern meist psychologische Maßnahmen in diesem Stadium (s.u.).

Die Arbeitstechniken des Psychologen in der Rehabilitation - sei es nun im Bereich der psychologischen Diagnostik und Evaluation, in Beratung oder Psychotherapie - sind keineswegs spezifisch; spezifisch sind eher die Empfänger dieser Hilfen, ihre Probleme und die Bedingungen, unter denen diese Leistungen erbracht werden müssen: Behinderte und Schwerkranke, deren vielfältige Lebenseinschränkungen und der meist institutionelle Rahmen (vgl. Janzowski, 1988). Auf einige exemplarische Arbeitsfelder wird im dritten Teil des Beitrags differenzierter eingegangen.

2. Evaluationsforschung

Von den US-amerikanischen Entwicklungen beeinflußt, existiert die Evaluationsforschung in der Bundesrepublik seit etwa 10 Jahren (vgl. Wittmann, 1985). Ziel der Evaluationsforschung ist die Unterstützung von Entscheidungsprozessen bei der Planung und Durchführung von Projekten im Bildungs- und Gesundheitsbereich.

Für den Bereich der Rehabilitationspsychologie ist die Evaluation von Programmen, die beispielsweise die Einrichtung psychosozialer Dienste in verschiedenen klinischen Feldern zum Gegenstand haben, von großer Bedeutung. Dabei wird zwischen formativer und summativer, sowie zwischen interner und externer Evaluation unterschieden. Während bei der summativen Evaluation bereits abgeschlossene Projekte hinsichtlich Zielsetzung und Effektivität geprüft werden, wird die formative Evaluation während der Entwicklung und der Anwendung eines Programmes durchgeführt. Bei interner Evaluation führt das Personal einer Einrichtung die Forschungsarbeit selbst durch, bei externer Evaluation besteht Unabhängigkeit zwischen dem Forschungsteam und dem Personal der zu evaluierenden Einrichtung. In der Praxis lassen sich fließende Übergänge zwischen den Evaluationsarten finden. Der Anspruch der strikten Unabhängigkeit ist bei formativer Evaluation kaum zu realisieren, da der Forscher nur in guter Zusammenarbeit mit dem Personal einer Einrichtung die für ihn notwendigen, sensiblen Daten erheben kann. Bei summativer Evaluation scheint hingegen ein externes Team notwendig.

Für eine Programmevaluation sind nach Attkisson und Broskowski (1978) folgende fünf Evaluationsbereiche zu untersuchen:

- materieller, zeitlicher und organisatorischer Aufwand des Programms
- Leistung des Programms und Qualität der Durchführung des Programms
- Angemessenheit des Programms in bezug auf die bestehenden Bedürfnisse
- Verhältnis von Aufwand zu Leistungen, die das Programm erbringt (Leistungsfähigkeit)
- Analyse des spezifischen Prozesses, der den Eingangsaufwand in das Ergebnis umwandelt.

Nach Coursey (1977) lassen sich sechs Teilschritte eines Evaluationsprozesses, der die obengenannten Bereiche untersucht, aufführen:

1. Definition der Komponenten und Beschreibung des Programms
2. Ableitung der Bewertungskriterien, Definition der evaluativen Fragestellungen und Entwicklung einer Methodologie
3. Operationalisierung und Bestimmung der zu messenden Merkmale und Meßoperationen
4. Handhabung des Evaluationsprojekts (Finanzierung, Personal, Datensammlung)

5. Feedback und Ergebnisse für das Programm, dessen Personal und den Auftraggeber
6. Bewertung des Evaluationsprojekts.

In bezug auf die Festlegung der Standards für Programmevaluation, die das Anspruchsniveau für Evaluationsforschung festlegen, sei hier auf Bengel und Koch (1988) verwiesen, die in Auszügen die Standards der American Evaluation Research Society wiedergeben.
In der Evaluationsforschung werden vier Modelle unterschieden (vgl. Coursey, 1977) (vgl. Tabelle 2).

Tabelle 2: Modelle der Evaluation (Aus: Bengel & Koch, 1988, S. 327)

1. Modelle der Ergebnis-evaluation	Vergleich von behandelten und nicht (bzw. alternativ) behandelten Gruppen
2. Zielmodell	Vergleich der tatsächlichen Effekte mit vorher definierten Zielen
3. Kosten-analytisches Modell	Bewertung von Kosten im Verhältnis zum Nutzen
4. System-analytisches Modell	Beschreibung von Struktur und zeitlichem Ablauf des Programms (Systems) mit Methoden der Systemtheorie und Bewertung nach Aufwand, Leistung, Angemessenheit, Leistungsfähigkeit und unter Prozeßgesichtspunkten

Dabei ist das systemanalytische Modell bislang nur in Ansätzen verwirklicht und beschreibt die Idealvorstellung von Evaluation. Das kostenanalytische Modell läßt sich in Kosten–Effektivitäts-Analysen und Kosten–Nutzen-Analysen differenzieren. Während bei der Kosten-Effektivitäts-Analyse die Kosten und Wirkungen eines Programmes mit Alternativprogrammen verglichen werden, müssen bei der Kosten-Nutzen-Analyse den Effekten und dem Nutzen eines Programms monetäre Werte zugeordnet werden. Diese Analysen sind gerade in Zeiten angestrebter oder bereits verwirklichter Einsparungen im Gesundheitssektor von Bedeutung und widersprechen unseres Erachtens nicht dem Ziel der Evaluation im Gesundheitsbereich, die Qualität von Behandlungsmöglichkeiten zu prüfen und zu optimieren. Beim Zielmodell werden die Ziele des Programms bei Beginn der Evaluation festgelegt und mit den tatsächlichen Ergebnissen nach Anwendung des Programms verglichen. Damit kann der forschungsmethodischen Schwierigkeit der Kriteriendefinition begegnet werden. Die am häufigsten angewandte Methode stellt das Goal-Attainment-Scaling (GAS) dar.

Dabei werden klare und realistische Interventionsziele festgelegt, die anhand einer fünf-Punkte-Skala bewertet werden. Das vor der Intervention erwartete Ziel erhält den Wert Null; +1, +2, -1 und -2 bilden die Werte für unerwartet gute oder unerwünschte Ausgänge. Jeder Zielbereich wird nun entsprechend seiner Bedeutung gewichtet. Vor und nach der Intervention wird der aktuelle Status anhand der fünf-Punkte-Skala bestimmt. Durch Differenzbildung ergibt sich die durch das Programm erreichte Veränderung. Aber nicht nur bei Programmen, sondern auch in der individuellen Therapie können die Behandlungsziele mit GAS festgelegt und geprüft werden. Da der Klient an der Zielbestimmung beteiligt ist, kann sich hierdurch eine zusätzliche Therapiemotivation entwickeln. Trotz einiger methodischer Kritikpunkte, die sich auf die Reaktivität der Messung beziehen, die im übrigen aus therapeutischen Gründen durchaus wünschenswert ist, wird das Goal-Attainment-Scaling insgesamt positiv bewertet, nicht zuletzt da die kontinuierliche Anwendung der GAS-Protokolle den heuristisch wertvollen Effekt hat, «daß die Chance besteht, Programme durchsichtiger zu machen ...» (Wittmann, 1985, S. 326).

Neben dem GAS existieren andere Verfahren wie die Delphi Technik, Ist–Soll Analysen, die Multiattributive Nutzentheorie (MAUT) und die soziale Urteilsbildungstechnologie (SJT), die hier nicht näher diskutiert werden sollen (siehe hierzu Wittmann, 1985).
Zum Abschluß dieses kurzen Überblicks über einige zentrale Aspekte der Evaluationsforschung möchten wir auf Möglichkeiten des Mißbrauchs von Evaluationsstudien hinweisen. Auf diese Gefahren muß der Evaluationsforscher besonders dann achten, wenn es sich um typische Auftragsforschung handelt.

Eye-Wash beschreibt den Versuch, ein schlechtes Programm dadurch zu retten, daß in der Evaluation nur die positiven Aspekte berücksichtigt werden.

White-Wash stellt den Versuch dar, die Mißerfolge eines Programms zu kaschieren.

Submarine kennzeichnet den Versuch, durch einseitige Betonung von negativen Resultaten ein Programm zu Fall zu bringen.

Postponement beschreibt den Versuch, ein notwendiges Handeln aufzuschieben mit der Begründung, daß noch weitere Fakten gesammelt werden müßten.

Posture beschreibt, daß die Evaluation lediglich als Ritual durchgeführt wird, die daraus resultierenden Ergebnisse bei der Entscheidungsfindung jedoch nicht berücksichtigt werden.

Als Beispiel einer Evaluationsstudie soll im folgenden Kasten das durch das deutsche Bundesministerium für Arbeit und Sozialordnung (BMA) geförderte Forschungsprojekt «Psychosoziale Betreuung krebskranker Kinder und Jugendlicher» (April 1987–Juli 1988) dargestellt werden (vgl. Koch et al., 1989). Anhand dieses Projekts wurde die Implementierung des ebenfalls durch das BMA geförderten Modellprogramms zur psychosozialen Betreuung krebskranker Kinder und Jugendlicher (Juli 1986–Dezember 1989) evaluiert, das an 32 pädiatrisch/onkologischen Stationen/Abteilungen im Gebiet der Bundesrepublik Deutschland durchgeführt wurde.

Kasten 1
Evaluationsstudie (Koch et al., 1989)

Fragestellung zu klinisch-konzeptionellen Aspekten der Evaluation: Inhaltliche Gestaltung der psychosozialen Betreuung; Organisation der psychosozialen Dienste; Konzepte der psychosozialen Betreuung; Akzeptanz und Integration der psychosozialen Dienste; kurzfristige Effekte der psychosozialen Betreuung aus Sicht verschiedener Berufsgruppen.

Stichprobe und Untersuchungsinstrumente: Untersucht wurden alle 32 pädiatrisch/onkologischen Stationen/Abteilungen, die am Modellprogramm des BMA teilnahmen (d.h., die je nach Größe der Station 1 bis 3 psychosoziale Mitarbeiter haben). Die Untersuchung erfolgte mit speziell entwickelten Interview- und Fragebogenverfahren.

Versuchplan: Da mit dem Projekt die Notwendigkeit psychosozialer Betreuung auf Kinderstationen sowie die Umsetzung des Modells in die Regelversorgung untersucht werden sollte, waren keine Zielkriterien bei Beginn der Evaluation vorgegeben. Deshalb wurde zunächst eine Zielanalyse durchgeführt. Die SOLL-Vorstellungen wurden in einem ersten Schritt anhand einer umfangreichen Literaturanalyse erhoben. In einem zweiten Schritt wurden Interviews und Gruppendiskussionen mit relevanten Experten/innengruppen aus dem pädiatrisch/onkologischen Bereich zu einem wünschenswerten psychosozialen Betreuungsangebot durchgeführt. Drittens wurden mittels Fragebogen an 4 Experten/innengruppen (ärztl. Dienst, Pflegedienst, psychosozialer Dienst, Elternvertreter N = 141) die Zielvorstellungen zur personellen Ausstattung und zur Verteilung des psychosozialen Betreuungsangebotes auf die Zielgruppen durchgeführt. Die Ist-Analyse erfolgte in Form einer Klinik- und Berufsgruppenuntersuchung in den 32 Stationen. Befragt wurden jeweils pro Station mehrere Vertreter/innen des ärztlichen, psychosozialen und Pflegedienstes mit Interview- und Fragebogenverfahren. Die Evaluation zielt auf einen Vergleich des allgemeinen SOLLs mit dem IST-Zustand in den Kliniken unter Berücksichtigung klinikspezifischer Gegebenheiten.

Ergebnisse: Die Voraussetzungen für ein breitgefächertes psychosoziales Betreuungsangebot sind, über alle Stationen betrachtet, als gut zu bezeichnen. Hauptberufsgruppen sind psychologisch/psychotherapeutische und sozialpädagogische Dienste. Weitere psychosoziale Berufsgruppen (Heilpädagogen, Musikpädagogen, Beschäftigungstherapeuten) spielen eine nachgeordnete Rolle. Das psychosoziale Betreuungsangebot enthält zwar alle von den Experten für sinnvoll erachteten Elemente, allerdings sollte die Betreuung hinsichtlich der Personalarbeit und hinsichtlich der ambulanten Betreuung ausgebaut werden. Weiter sollten spezielle Angebote für erkrankte Jugendliche und für die Geschwister der erkrankten Kinder und Jugendlichen realisiert werden. Schließlich wäre eine weitere Differenzierung des psychosozialen Betreuungsangebotes wünschenswert. Gründe für diese auch von den Berufsgruppen selbst berichteten Defizite sind in z.T. personellen Engpässen und den fehlenden Fortbildungsmöglichkeiten in pädiatrischer Onkologie zu sehen. Insgesamt ist trotz der erwähnten Kritikpunkte die bisher erreichte Leistungsfähigkeit der psychosozialen Dienste als positiv zu bewerten. Erwartungsgemäß konnten dabei die bereits länger eingerichteten Dienste den Zielvorstellungen eher gerecht werden.

3. Ausgewählte Probleme einzelner Behinderungsgruppen

Die Auswahl, der in diesem Kapitel vorgestellten Behinderungsgruppen stand unter dem Ziel, die Verschiedenartigkeit der Reha-Felder und die Breite psychologischer Tätigkeit in der Rehabilitation deutlich zu machen. Die mit diesen Zielgruppen verbundenen unterschiedlichen Aufgabenstellungen, die Phasen und die verschiedenen Arten der Rehabilitation lassen sich an den Beispielen der Rehabilitation von behinderten Kindern, der Krankheitsverarbeitung bei chronischen Erkrankungen, der beruflichen Integration von psychisch Kranken sowie der gesellschaftlichen Integration von Körperbehinderten aufzeigen.

3.1 Aspekte der Frühförderung von Kindern mit angeborener Behinderung und Probleme der Familien behinderter Kinder

3.1.1 Frühförderung

Nach Warnke beinhaltet Frühförderung «Früherkennung, Frühbehandlung, spezielle Erziehung und Integration Behinderter oder von einer Behinderung bedrohter Säuglinge und Kleinkinder» (Warnke, 1988, S. 479). Die Frühförderung findet vornehmlich in sozialpädiatrischen Zentren und speziellen Beratungsstellen, teilweise auch in spezialisierten Gemeinschaftspraxen und in Erziehungsberatungsstellen statt. Dabei gilt es in der Früherkennung, nicht erst dann entwicklungsneurologische und entwicklungspsychologische Untersuchungen durchzuführen, wenn bereits Auffälligkeiten beim Kind manifest geworden sind, sondern bereits Risikowerte während der Schwangerschaft, bei und nach der Geburt zum Anlaß entsprechender Diagnostik zu nehmen. Zu diesen Risikofaktoren zählen beispielsweise ein Geburtsgewicht kleiner als 2500g, Atemnotsyndrom bei der Geburt oder ein andauernder, abnormer neurologischer Befund in der Neugeborenenperiode (vgl. Brack, 1986). Eine Schwäche des Risikokonzepts, die nicht exakte Einschätzung potentiell entwicklungsgefährdeter Kinder, kann durch Einbeziehung familiärer und psychosozialer Faktoren minimiert werden. Die Aufgabe der entwicklungspsychologischen Diagnostik ist es, Auffälligkeiten in bestimmten als bedeutsam erachteten Verhaltensbereichen festzustellen. Dafür häufig verwendete Verfahren sind der Denver-Entwicklungstest, die Münchner Funktionelle Entwicklungsdiagnostik sowie der Griffith-Test, um nur einige zu nennen. Die Verfahren sollen Informationen liefern zu Bereichen wie Sprachverständnis, Sozialverhalten, Selbständigkeitsentwicklung etc. (vgl. die Übersicht von Brack, 1986). Die Frühbehandlung behinderter Kinder hat das Ziel, Entwicklungsstörungen zu normalisieren und bei bleibender Behinderung den Spielraum eigener Aktivität des Kindes möglichst groß zu erhalten. Dabei muß die Förderungsmaßnahme grundsätzlich vom individuellen Entwicklungsstand des Kindes ausgehen. Individuelle Behandlungspläne, die die

Kasten 2
Bereiche der Frühbehandlung

Ärztliche Frühbetreuung: Einleitung und Koordination der Frühförderungsmaßnahme, Vorsorgeuntersuchung und ärztliche Behandlung (medikamentös, chirurgisch, orthopädisch, kinderpsychiatrisch, neuropsychiatrisch, etc.).

Krankengymnastik: Förderung sensumotorischer Fähigkeiten und Behandlung cerebraler Bewegungsstörungen.

Psychologische Betreuung: Psychotherapeutische Behandlung psychopathologischer Störungen des Kindes; Durchführung konkreter Übungen zur Motorik, zur Sprachverbesserung, zur Förderung des Sozialverhaltens; Eltern und Familienarbeit (je nach Einzelfall Beratung, Training, Therapie); Anleitung der Eltern als Mediatoren in der psychotherapeutischen und konkret übenden Behandlung.

Sozialarbeit: Information und Unterstützung bei sozialrechtlichen Problemen (Versicherungsschutz, Sozialhilfe, Erwerbsfähigkeit, ökonomische Unterstützungen); Hilfe bei der Vermittlung von Pflegediensten.

Logopädie beim hörbehinderten Kind und bei Störungen oraler Funktionen, *heilpädagogische Übungsbehandlungen* zur Förderung feinmotorischer Fertigkeiten, taktiler Wahrnehmung und geistig emotionaler Entwicklung sowie die *pädagogische Frühbetreuung* behinderter Kinder ergänzen das Konzept der Frühbehandlung.

Aktivitäten der verschiedenen an der Förderung beteiligten Berufsgruppen sinnvoll verbinden, sind zu erstellen. Hierbei ist die Zusammenarbeit mit den Eltern und Geschwistern des behinderten Kindes von grundlegender Bedeutung, da die Förderung - soweit möglich - im familiären Rahmen durchgeführt wird. So werden die Eltern beispielsweise bei krankengymnastischen Behandlungen auf neurophysiologischer Grundlage durch fachliche Anleitung in die Behandlung einbezogen. Eine aktive Mitarbeit der Familie erhöht die Heilungs- oder Linderungschancen für das behinderte Kind. Die verschiedenen Bereiche der Frühbehandlung sind in Kasten 2 stichwortartig notiert.

Insgesamt kann festgehalten werden: je früher eine geeignete Behandlung bei behinderten Säuglingen oder Kindern eingeleitet wird, desto größer sind die Chancen entweder einer Normalisierung der Störung oder zumindest einer deutlichen Linderung der Symptomatik. In dem beschriebenen großen Aufgebot an Fachkräften verschiedenster therapeutischer Richtungen kann die wichtige Funktion der Familie leicht übersehen werden. Basis der Frühförderung ist jedoch die Zusammenarbeit mit der Familie.

3.1.2 Die psychosoziale Adaptation des behinderten Kindes

Die psychosoziale Adaptation des behinderten Kindes ist aus rehabilitationspsychologischer Sicht ein zentraler Punkt. Psychische Störungen im Sinne einer Fehladaptation treten bei chronisch kranken und behinderten Kindern 2 bis 3 mal so häufig auf wie bei gesunden Kindern. Dies gilt insbesondere, wenn die Erkrankungen mit Hirnschädigungen verbunden sind.
Steinhausen (1984, 1988) beschreibt ein Modell psychosozialer Adaptation bei chronischen Krankheiten und Behinderungen von Kindern, dessen Elemente in Kasten 3 kurz dargestellt werden sollen.

Kasten 3
Modell psychosozialer Adaptation (Steinhausen, 1984, 1988)

Allgemeine Krankheitserfahrungen: Jedes chronisch kranke und behinderte Kind muß sich mit den Erfahrungen von Krankenhausaufenthalten, Medikamentenverordnungen, Operationen, Schmerzen, Einschränkungen und seinem Anderssein als gesunde Kinder auseinandersetzen; dies nicht nur zeitbegrenzt, sondern permanent.

Spezifische Krankheitsaspekte: Hier sind zu nennen der Zeitpunkt des ersten Auftretens der Beeinträchigung (frühmanifest - spätmanifest), der Krankheitsverlauf (progredient mit letalem Ausgang - reversible oder kontrollierbare Beeinträchtigung), die Sichtbarkeit der Behinderung (Stigmatisierungsproblematik) sowie der Schweregrad der Krankheit. Dabei darf jedoch nicht vorschnell geschlossen werden, daß bei größerer somatischer Beeinträchtigung auch die psychische Situation des Kindes ungünstiger ist.

Einschränkungen gewöhnlicher Lebenserfahrungen: Der Aufbau sozialer Kontakte gestaltet sich für sinnesbehinderte Kinder aufgrund der Einschränkungen in der Kommunikation und für körperlich behinderte Kinder aufgrund ihrer eingeschränkten Mobilität als erschwert.

Stand der emotionalen, motivationalen, kognitiven und sozialen Entwicklungen: Zum Verständnis der Möglichkeiten der Krankheitsverarbeitung des Kindes ist auf jeder Entwicklungsstufe der Stand seiner emotionalen, motivationalen, kognitiven und sozialen Entwicklungen zu berücksichtigen.

Reaktionen von Eltern und Geschwistern: Die in der Familie häufig vorherrschenden Reaktionen auf die Behinderung wie Wut, Trauer, Rationalisierung, Verleugnung oder Schuldvorwürfe, die die Krankheitsbewältigung seitens der Familie darstellen können, haben großen Einfluß auf die Krankheitsverarbeitung des Kindes. Fehlt dem Kind in seiner meist schwierigen psychischen Situation die Unterstützung der Familie, wirkt sich das im allgemeinen negativ auf die Krankheitsverarbeitung aus.

Reaktion der sozialen Umwelt: Die soziale Stigmatisierung behinderter Kinder durch die Umwelt führt häufig nicht nur zur sozialen Isolation des Kindes, sondern zur sozialen Isolation der gesamten Familie.

3.1.3 Die Schwierigkeiten der Familien mit behinderten Kindern

Die erste Leistung, die die Familie zu erbringen hat, besteht in der Verarbeitung der Diagnose. In seinem umfassenden Übersichtsartikel beschreibt Stegie die Diagnosemitteilung als «Auslöser von Schocks und persönlicher Desintegration der Eltern» (Stegie, 1988, S. 121). Der sich daran anschließende Prozeß mit Phasen der Verleugnung, Schuldzuweisung, der Aggression, der Wut und der Trauer erinnert an die Verarbeitung von Diagnosen schwer- und todkranker Menschen. In der Tat nimmt Trout (1983) an, daß viele Eltern angesichts des neugeborenen behinderten Kindes um ein verlorenes Kind trauern, nämlich um das Kind, das sie sich in ihrer Phantasie immer gewünscht hatten. Trout betont die Bedeutsamkeit des Trauerprozesses, da die Eltern erst danach eine stärkere emotionale Bindung zu ihrem behinderten Kind aufbauen können. Diese sozial-emotionale Beziehung ist – wie bereits betont – eine wichtige Voraussetzung im Hinblick auf eine Reduktion der Beeinträchtigung des Kindes. Die psychosozialen Auswirkungen der Behinderung des Kindes bei den Eltern betreffen vornehmlich zwei Bereiche. Zum einen ist die praktische Versorgung und Pflege des behinderten Kindes zu nennen, die (besonders für die Mütter) häufig dazu führt, daß Beruf und Freizeit nurmehr sehr eingeschränkt möglich sind. Zusätzlich sind die häufig notwendigen medizinischen, pädagogischen und psychologischen Sondermaßnahmen mit nicht unerheblichen finanziellen Kosten verbunden. Zum zweiten hat die Behinderung des Kindes Auswirkungen auf die partnerschaftliche Beziehung, die Beziehung zwischen den Eltern und ihren nichtbehinderten Kindern sowie auf weitere soziale Kontakte. Diese Betrachtung macht deutlich, «wie psychosoziale Auswirkungen in dem einen Bereich zugleich Mediatoren für die Belastungen im anderen Bereich sind und umgekehrt» (Stegie, 1988, S. 123).

Die größte Belastung für die Familie besteht in den immer wiederkehrenden Krisen, den je nach Entwicklungsperiode verschiedenen Anforderungen oder der Konfrontation mit der Tatsache, daß die Behinderung nicht aufhebbar ist. Dabei werden von Eltern behinderter Kinder besonders diejenigen Abschnitte als problematisch erlebt, die bei gesunden Kindern typische Entwicklungsperioden darstellen, wie z.B. laufen oder sprechen lernen, Einschulung oder Pubertät. Ähnliche Belastungen erleben die Eltern, wenn ein jüngeres Geschwister das behinderte Kind in der Entwicklung überholt oder wenn Fragen der Schul- oder Heimunterbringung zu klären sind.

Zur Rolle der Väter und der Geschwister existiert eine umfangreiche Forschung. So stellte beispielsweise Cummings (1976) bei Vätern geistig behinderter Kinder erhöhte Depressionswerte und ein stark verringertes Selbstbewußtsein fest. Bei älteren Schwestern und jüngeren Brüdern behinderter Kinder zeigte sich ein erhöhtes Risiko psychosozialer Störungen (bei älteren Schwestern aufgrund der anfallenden Pflegeaufgaben, bei jüngeren Brüdern aufgrund der fehlenden Aufmerksamkeit seitens der Eltern). Die Gefühle der Geschwister gegenüber ihren behinderten Geschwistern korrelierten hoch mit dem Gefühl, von den Eltern akzeptiert zu werden.

3.2 Prozesse der Krankheitsverarbeitung bei chronisch körperlich Kranken

Unter chronisch körperlichen Krankheiten wird eine Vielzahl von Erkrankungen mit unterschiedlicher Ätiologie, Pathogenese, Symptomatik und Prognose zusammengefaßt. Die chronisch körperliche Erkrankung ist gekennzeichnet durch einen länger dauernden Krankheitsprozeß, wobei Heilung oder vollständige Beseitigung der Erkrankung oft nicht möglich ist. Die wichtigsten chronischen Erkrankungen sind Herzinfarkt, chronische Nierenerkrankung, Rheuma oder Krebs. In jedem Falle stellt die chronisch körperliche Erkrankung eine sehr starke Belastung für das betroffene Individuum und das soziale Umfeld dar. Die Belastungen stehen einerseits im Zusammenhang mit der Behandlung der Erkrankung, andererseits sind sie gekennzeichnet durch die vielfältigen Auswirkungen, die die chronische Erkrankung auf das alltägliche Leben und die verschiedensten praktischen Lebensbereiche hat. Darüber hinaus sind auch die Angehörigen oder Partner des erkrankten Individuums von den Auswirkungen betroffen. Bereits hier wird deutlich, daß die Belastungen und die Reaktionen des Individuums auf diese Belastungen je nach Krankheit sehr unterschiedlich sein können.

3.2.1 Begriffsbestimmungen und Definitionen der Krankheitsverarbeitung

In Anlehnung an Lazarus und Folkman (1984) definiert Heim (1988) Krankheitsverarbeitung (coping) als das Bemühen, bereits bestehende oder zu erwartende Belastungen durch die Krankheit innerpsychisch (emotional-kognitiv) oder durch zielgerichtetes Handeln zu reduzieren, auszugleichen oder zu verarbeiten.
Die Begriffe Krankheitsbewältigung und Krankheitsverarbeitung werden in der Literatur weitgehend synonym verwendet, wobei der englischsprachige Ausdruck «Coping» die Bewältigung belastender Ereignisse allgemein bezeichnet. Das Konzept der Bewältigung (Coping) ist vor allem in neueren Arbeiten schwer vom Konzept der Abwehr abzugrenzen (Beutel, 1988), wenngleich einige Autoren die Abwehrprozesse eher unbewußten psychischen Vorgängen zuordnen, und die Abwehr allgemein nur für kurzfristig adaptiv angesehen wird (Haan, 1977).
Die systematische Erforschung der Verarbeitung belastender Ereignisse begann in den 50er Jahren, wobei die Arbeiten von Lazarus (Lazarus & Launier, 1978) methodisch wie auch theoretisch für die Copingforschung allgemein richtungsweisend waren. Hierbei eröffnete die paradigmatische Verschiebung des Forschungsinteresses von der Seite des belastenden Ereignisses (Streßkonzept) hin zur Seite der subjektiven Verarbeitung des betroffenen Individuums (Reaktionsseite) den thematischen Bezug zur Krankheitsverarbeitung (Lazarus & Folkman, 1984; Beutel & Muthny, 1988). Diese Forschungsrichtung wurde dabei auch durch das Interesse motiviert, aus der Kenntnis von Prozessen der Krankheitsverarbeitung psychologische Interventionen zu entwickeln. Das Konzept der Krankheitsverarbeitung ist insgesamt gekennzeichnet durch eine heterogene Theoriebildung und sehr unterschiedliche methodische Ansätze zur Erfassung des Bewältigungsprozesses. Insofern hat sich die Erwartung an die Entwicklung von Interventionsmöglichkeiten bislang nicht in der Breite erfüllt (vgl. Beutel & Muthny, 1988).

3.2.2 Formen der Krankheitsverarbeitung

Trotz der relativ heterogenen Theorienbildung besteht eine weitgehende Übereinkunft darüber, daß Krankheitsverarbeitung auf verschiedenen Ebenen (kognitiv, emotional und handlungsbezogen) stattfinden kann. Nach Heim (1986) sind *emotional ausgerichtete Bewältigungsformen* durch unbewußte Abwehrvorgänge und vorbewußte bis bewußte emotionale Haltungen gegenüber der Erkrankung gekennzeichnet. Demgegenüber beziehen sich *kognitive Bewältigungsformen* auf das gesamte Spektrum der rationalen Verarbeitungsmechanismen, wie beispielsweise der Krankheit einen Sinn geben. Gerade hier spielen die Einstellungen und Haltungen im Sinne von Kausal- und Kontrollattributionen eine zentrale Rolle. *Handlungsbezogene Bewältigungsformen* sind schließlich Verhaltensweisen als Reaktionen auf die Erkrankung, die ein direktes Handeln auslösen, wie beispielsweise ablenkendes Zupacken oder aktives Vermeiden. Vor allem die kognitiven und emotionalen Bewältigungsformen sind begrifflich sehr schwer gegeneinander abzugrenzen. Die Krankheitsbewältigung insgesamt läßt sich als ein komplexer Prozeß beschreiben, der vom Zusammenwirken subjektiver und situativer Faktoren geprägt ist, wobei im Hinblick auf die Wahl der Verarbeitungsformen die individuelle Einschätzung und Bewertung der inneren oder äußeren Belastungen von zentraler Bedeutung ist (Beutel, 1988). In der Regel werden also mehrere Krankheitsverarbeitungsmechanismen simultan oder nacheinander angewandt. Darüber hinaus ist die Krankheitsverarbeitung als prozessuales Geschehen aufzufassen, welches je nach Phase der Erkrankung unterschiedliche Verarbeitungsformen zur Anwendung kommen läßt. So kann es beispielsweise zu einem gewissen Zeitpunkt sinnvoll sein, Verarbeitungsstrategien im Sinne der Abwehr und Verdrängung einzusetzen, welche kurzfristig zu einer subjektiven Erleichterung führen, während für eine mittel- und langfristige Adaptation eher Formen der aktiven Auseinandersetzung einen stabilisierenden Effekt erreichen. Im Hinblick auf die mittel- bis langfristige Anpassung an eine Erkrankung konnte in einer Metaanalyse verschiedener psychoonkologischer Evaluationsstudien aufgezeigt werden, daß geeignete Verarbeitungsmechanismen das aktive Zupacken, Zuwenden, Auflehnen oder die emotionale Entlastung sind, während fatalistisches Akzeptieren, passive Kooperation, Resignation und Selbstbeschuldigung als eher ungeeignet gelten (vgl. Heim, 1988).

Aufgrund der genannten Heterogenität in der Theorienbildung zeigen sich in der Erforschung der Krankheitsverarbeitung eine Reihe von Problemen. So wird die Erfassung der Krankheitsverarbeitung als Prozeßgeschehen häufig konfundiert mit der Konzeptionalisierung als Kriterium für eine erfolgreiche Adaptation (Beutel & Muthny, 1988). Die Ziele des Bewältigungsprozesses können jedoch je nach Beurteiler (Arzt, Patient und soziales Umfeld) und je nach Zeitpunkt (kurz, mittel- oder langfristig) unterschiedliche Aspekte in den Vordergrund stellen (Heim, 1988). Darüber hinaus wird der Erfolg der Krankheitsverarbeitung durch Merkmale der Person (z.B. Selbstkonzept), der Situation (z.B. Kontrollierbarkeit, situative und zeitliche Einflüsse) sowie durch Merkmale des sozialen und institutionellen Umfeldes (z.B. soziale Unterstützung oder Art des Behandlungssettings) bestimmt. Die Kriterien zur Beurteilung des Adaptationserfolges sollten demnach auf verschiedenen Ebenen (Zeitdimension und verschiedene Dimensionen der Lebensqualität) angesiedelt sein und unterschiedliche Beurteilungsperspektiven (Selbst- und Fremdeinschätzung) einbeziehen.

3.2.3 Psychosoziale Probleme und Formen der Krankheitsverarbeitung am Beispiel der Krebserkrankung

Die geschilderten Grundzüge der Krankheitsverarbeitung sollen im folgenden am Beispiel der Krebserkrankung konkretisiert und exemplarisch dargestellt werden.

Die Phase der Diagnosestellung im Vorfeld der Unsicherheit über die Bösartigkeit einer Tumorerkrankung ist für den Patienten eine Zeit der Unsicherheit und des bangen Wartens auf das endgültige Untersuchungsergebnis. Die Diagnose «Krebs» stellt für die Mehrzahl der Patienten einen schweren Schock dar, der durch schwerwiegende meist jedoch vorübergehende emotionale Störungen begleitet wird. Wie bei kaum einer anderen Erkrankung ist die Therapie des Krebses (chirurgische Therapien, Strahlentherapie und Chemotherapie mit aversiven und z.T. lebensbedrohlichen Nebenwirkungen) mit schweren Beeinträchtigungen und Belastungen für den Patienten verbunden. Je nach Art und Verlauf der Erkrankung und der angewendeten Behandlungsverfahren ist seine Lebensqualität mehr oder weniger stark beeinträchtigt. Diese Beeinträchtigung kann vorübergehend, aber auch bleibend sein. In einzelnen Fällen kann dies eine körperliche Behinderung oder Verstümmelung darstellen (bspw. künstlicher Darmausgang), durch einen bleibenden Funktionsverlust bestimmt sein (bspw. Sterilität) oder durch den Verlust einzelner Gliedmaßen (bspw. Amputation) gekennzeichnet sein. Die Phase nach Abschluß der Primärtherpaie ist je nach Art und Schwere der Erkrankung bestimmt durch das Hoffen auf die vollständige Beseitigung aller Tumorherde und die Angst vor einem möglichen Rezidiv. Die Phase der Progredienz oder die Endphase ist gekennzeichnet durch das Bemühen um eine Sinngebung durch Veränderung und Verletzung des Selbstwertgefühls und durch Trauerarbeit (vgl. Meerwein, 1985).

Häufige psychische und psychosomatische Reaktionen auf die Krebserkrankung sind Depressionen, starke Angstgefühle und in einzelnen Fällen Suizid. Die Probleme in der Partnerschaft liegen vor allem im Bereich der Kommunikation und Sexualität. Zugleich sind jedoch häufig die gesamten familiären Interaktionsstrukturen betroffen. Entsprechend den schwer beeinträchtigenden Therapiemaßnahmen stellt die Compliance ein großes Problem dar, ist jedoch bis auf wenige Ausnahmen kaum untersucht (Beutel, 1988).

Auch im Fall der Krebserkrankung verläuft die Krankheitsverarbeitung prozeßhaft und ist von einer Vielzahl von Faktoren der Krankheits- und Behandlungssituation abhängig. Als häufigster Verarbeitungsmechanismus wird die Verleugnung in der Literatur immer wieder hervorgehoben (vgl. Beutel, 1988).

Über den Effekt der Verleugnungsstrategie existieren unterschiedliche Forschungsergebnisse, die sich im wesentlichen auf Langzeit- und Kurzzeiteffekte beziehen und keine einheitliche Bewertung dieser Strategie zulassen. Als weitere häufige Verarbeitungsstrategien werden die kämpferische Gesinnung, das stoische Akzeptieren und die Hilf- bzw. Hoffnungslosigkeit genannt (vgl. Greer et al., 1979).

Psychologische Hilfen bei der Verarbeitung der Krebserkrankung müssen berücksichtigen, daß sich die psychotherapeutische Arbeit mit Krebspatienten deutlich gegenüber der Arbeit mit psychisch gestörten Klienten unterscheidet (vgl. Koch, 1986). So ist die psychische Problematik des Krebspatienten in der Regel durch die Bedingungen und Belastungen der Erkrankung, ihres Verlaufs und der Folgewirkungen bestimmt und seltener als Resultat einer neurotischen Fehlentwicklung anzusehen. Psychologische Interventionsansätze als Hilfestellungen in der Krankheitsverarbeitung erstrecken sich einerseits auf das Gebiet der problemzentrierten spezifischen Interventionen (Verfahren zur Umstellung von Lebensgewohnheiten, Maßnahmen zur Verbesserung sowie Verfahren zum Abbau von Ängsten vor medizinischen Maßnahmen) und auf allgemeine psychologische Interventionen (Gestaltung des Behandlungsklimas, Supervision, Fortbildung anderer Berufsgruppen sowie ökologische Gestaltung des Behandlungssettings; Koch & Beutel, 1988).

3.3. Die berufliche Integration von psychisch Behinderten

Während in Kapitel 1 die allgemeinen Rahmenbedingungen und Gesetzesgrundlagen der beruflichen Rehabilitation erörtert wurden, sollen in diesem Abschnitt spezifische Probleme der beruflichen Integration am Beispiel der Zielgruppe «psychisch Kranker» dargestellt werden.

3.3.1 Die Ausgangssituation beruflicher Integration psychisch Kranker

Wie kein anderer Bereich der Rehabilitation ist die berufliche Wiedereingliederung von Behinderten von der allgemeinen Wirtschaftslage und den Problemen der Arbeitslosigkeit abhängig. Eine Literaturübersicht nach Schwefel (1986) zeigt hierbei, daß eine Reihe von berufsbezogenen Variablen wie Qualifikation, Dauer der Arbeitslosigkeit, Anzahl früherer Anstellungen und Zuverlässigkeit eine größere Bedeutung für die Möglichkeit einer Reintegration besitzen als behinderungsspezifische Faktoren. Dennoch sind psychisch Kranke im besonderen Maße von dieser Situation betroffen. So konnte eine Reihe von Untersuchungen zeigen, daß die Haltungen von Arbeitgebern gegenüber psychisch Kranken immer noch gekennzeichnet sind durch die Attribution von mangelnder Anpassungsfähigkeit, Unehrlichkeit, hohem Absentismus sowie Aggressivität (vgl. hierzu Eickelmann, 1987). Ebenso ist aus früheren arbeitstherapeutischen Untersuchungen bekannt, daß psychisch Kranke weniger mit instrumentellen als vielmehr mit den sozioemotionalen Arbeitsanforderungen Schwierigkeiten haben (Haerlin, 1972).

Die Situation des Arbeitsmarktes und die Probleme der Arbeitslosigkeit führen in der Folge dazu, daß die Frühberentung häufig den Versuchen einer beruflichen Rehabilitation vorgezogen wird. So weisen neuere Statistiken des Verbandes Deutscher Rentenversicherungsträger die psychischen Erkrankungen bei Männern als die zweithäufigste Frühberentungsursache nach den Herz-Kreislauf-Erkrankungen aus. Bei den Frauen liegen die psychischen Erkrankungen an dritter bzw. vierter Position. Ebenso liegt das Durchschnittsalter der Frühberentung im Vergleich zu anderen Krankheitsbildern am niedrigsten (vgl. Schuntermann, 1988).

Darüber hinaus konnte in verschiedenen Arbeiten gezeigt werden, daß die Gruppe psychisch Kranker auch in der Gewährung von Maßnahmen der medizinischen Rehabilitation benachteiligt ist (Henkel, 1981), wobei die Diagnosegruppen affektive Psychosen und Schizophrenie am stärksten betroffen sind.

Die heutige Ausgangssituation für die berufliche Integration von psychisch Kranken ist somit durch eine Reihe von Schwierigkeiten gekennzeichnet: Die je nach dem Grad der Behinderung eingeschränkte, in der Regel schwankende und schwer kalkulierbare Leistungsfähigkeit und die eingeschränkte Anpassungsfähigkeit von psychisch Kranken erschweren eine Aufnahme auf den freien Arbeitsmarkt. Trotz der Bemühungen des Reha-Angleichungsgesetzes sind die Gesetzesgrundlagen für die Förderung der verschiedenen Maßnahmen durch die verschiedenen Kostenträger immer noch schwer überschaubar.

3.3.2 Institutionen der beruflichen Integration psychisch Behinderter

Betriebliche und außerbetriebliche Maßnahmen zur beruflichen Integration finden vorrangig in den Berufsbildungswerken, den Berufsförderungswerken und den Werkstätten für Behinderte statt (vgl. Tews, 1988). Die traditionellen Einrichtungen der Berufsförderung (Berufsfindung, Berufsbildung) nehmen jedoch bis auf wenige Ausnahmen keine psychisch Kranken auf. Somit sind die Werkstätten für Behinderte zusammen mit den Firmen für psychisch Kranke und den arbeitsbegleitenden Diensten die wichtigsten institutionellen Träger.

Die *Werkstatt für Behinderte*, traditionell eine Einrichtung für geistig Behinderte, wurde seit Ende der 70er Jahre für die Bedürfnisse und spezifischen Probleme psychisch Behinderter konzeptionell erweitert. In der Regel werden eigene Abteilungen oder Einrichtungen für psychisch Behinderte konzipiert, wobei eine Ist-Analyse (Wedekind & Vompel-Otting, 1987) zeigt, daß der Anteil der psychisch Kranken an der gesamten WFB-Population immer noch unter 10% liegt. Das Ziel der Werkstatt für psychisch Behinderte liegt in der Vermittlung von speziellen Arbeitsfertigkeiten, aber auch in der Bereitstellung von geschützten Dauerarbeitsplätzen (Bundesministerium für Arbeit und Sozialordnung, 1987).
Als eine spezifische Antwort auf die anwachsende Arbeitslosigkeit werden seit Ende der 70er und Anfang der 80er Jahre sie sog. *Firmen für psychisch Kranke* auf Initiative von freien Trägern aufgebaut (FAF, 1989). Gemeinsames Ziel der Firmen für psychisch Kranke ist es, auf der Basis von wirtschaftlichen Unternehmen und Betrieben des freien Arbeitsmarktes psychisch Kranke in die Arbeit zu integrieren. Das Spektrum der Arbeitsangebote dieser Betriebe reicht vom Bäckereibetrieb über die Druckerei und Industriefertigung bis hin zum Buchhaltungsbüro oder einem Restaurant, wobei dem Dienstleistungssektor die größte Bedeutung zukommt.

Die Aufgabe von *ambulanten arbeitsbegleitenden Diensten* besteht im wesentlichen darin, Arbeitsverhältnisse für psychisch Behinderte auf dem freien Arbeitsmarkt zu halten bzw. neu zu schaffen. Diese arbeitsbegleitende Betreuung dient im Sinne der Prävention dem Ziel, eine Aussonderung von vornherein zu verhindern. Die Betreuungsaufgaben erstrecken sich auf die Bereiche Einzelbetreuung, Beratung, Aufklärung von Kollegen und Vorgesetzten, Abbau von Vorurteilen sowie Krisenintervention.

Die verschiedenen Initiativen und Konzeptionen zur Reintegration psychisch Kranker machen deutlich, daß die berufliche Rehabilitation nicht gleichzusetzen ist mit einer vollständigen Integration auf dem freien Arbeitsmarkt, sondern eine berufliche Integration auf unterschiedlichen Stufen über die Erreichung von Teilzielen stattfindet. So benötigen psychisch kranke Jugendliche und junge Erwachsene ohne berufliche Vorerfahrung andersartige Arbeitsangebote als Langzeitpatienten, die durch eine langandauernde Hospitalisierung seit vielen Jahren aus dem Arbeitsleben ausgegliedert sind. Vor diesem Hintergrund sind die hier vorgestellten Arbeitsangebote als sich wechselseitig ergänzende Ansätze zu verstehen, psychisch Behinderte in unterschiedlicher Weise in das Arbeits- oder Berufsleben zu integrieren.

3.3.3 Berufliche Integration zwischen Anspruch und Wirklichkeit

Die Erforschung des Erfolgs einer beruflichen Integration zeigt in der Heterogenität der Befunde vor allem zwei prognostisch bedeutsame Merkmale (vgl. Weis, 1989): 1. das psychopathologische Zustandsbild, 2. prämorbide soziale und berufliche Integration bzw. Desintegration. Die Verlaufsstudien machen hierbei deutlich, daß es je nach Verlaufstypen unterschiedliche Ausgänge im Sinne der Erfolgsparameter geben kann. Die Differenzierung unterschiedlicher Verlaufsgruppen erklärt oftmals auch die Heterogenität der in verschiedenen Forschungsarbeiten als valide identifizierten Prädikatoren. Gerade für die berufliche Integration muß verstärkt berücksichtigt werden, daß berufsspezifische Prognosefaktoren durch die vorhandenen kultur-

abhängigen Arbeitsnormen zu einem beträchtlichen Anteil als Spezifika der Arbeitssituation und weniger als typisch für die Art und den Verlauf der psychischen Erkrankungen anzusehen sind.
Vor dem Hintergrund der zunehmenden Schwierigkeiten einer Integration in das Arbeitsleben wurde das Erfolgskriterium und Rehabilitationsziel «Arbeit» seit den 80er Jahren immer mehr einer kritischen Überprüfung unterzogen. Wie für die Gruppe psychisch Kranker aufgezeigt wurde, bedeutet berufliche Reintegration nicht in jedem Falle die volle Rehabilitation im beruflichen Feld des freien Arbeitsmarktes. Insofern ist das Ziel einer beruflichen Integration immer in bezug auf die jeweilige Zielgruppe und den jeweiligen Grad individueller Beeinträchtigung zu sehen. Bennett (1986) plädiert für die Unterscheidung zwischen Arbeit als beruflicher Tätigkeit im Sinne der Erwerbstätigkeit und Arbeit als Alltagsbewältigung und Selbsterhaltung. Während die englische Sprache «rehabilitation» und «resettlement» als berufliche Wiedereingliederung unterscheidet (Bennett, 1986), wird in unserem Sprachgebrauch kaum zwischen Rehabilitation und Wiedereingliederung unterschieden. Dies wirkt sich insbesondere auf diejenigen Krankheitsgruppen negativ aus, die nicht mehr voll eingegliedert werden können und daher weitere Rehabilitationsbemühungen häufig unterbleiben. Gerade für diese Gruppen stellt sich im Sinne der Erreichung von Teilzielen die Frage nach einem ihren Teilfähigkeiten angepaßten Arbeitsplatz oder einer adäquaten Strukturierung des Tages durch Beschäftigungsangebote oder Freizeitgestaltung. In diesem Sinne lassen sich mit Schwendy (1986) wenigstens drei Untergruppen psychisch Kranker unterscheiden, die aufgrund der subjektiven Beeinträchtigung und Krankheitsgeschichte unterschiedliche Maßnahmen der beruflichen Integration benötigen:

1. Chronisch psychisch Kranke mit Langzeithospitalisierung mit relativ starken Beeinträchtigungen der beruflichen Leistungsfähigkeit und langandauernder beruflicher Desintegration;
2. Psychisch Kranke jüngeren Alters («New chronic patient»), in der Regel ohne Berufs- oder Schulausbildung sowie ohne berufliche Sozialisationerfahrungen;
3. Psychisch kranke Erwachsene mit wenigen stationären Aufenthalten von kürzerer Dauer sowie Berufsausbildung und prämorbider Berufserfahrung.

Gerade für die erste Gruppe kommen verstärkt die Angebote der Tagesstrukturierung in Frage, da eine vollständige berufliche Integration aufgrund der Beeinträchtigung und Dauer der Desintegration schwer erreichbar erscheint. Für die zweite Gruppe sind es vorrangig Maßnahmen der Berufsfindung und Ausbildung, um die Ausgangsbedingungen für eine berufliche Reintegration herzustellen, während die dritte Gruppe mit Hilfe von entsprechenden Integrationshilfen je nach Grad der Beeinträchtigung teilgeschützte oder freie Arbeitsplätze ausfüllen können. Diese typologische Unterteilung ist als erste Annäherung zu verstehen, wobei die Grenzen zwischen den Gruppen fließend sind. Von einer klaren Indikationszuweisung zu verschiedenen Arbeitsangeboten bzw. Beschäftigungsformen sind wir zum gegenwärtigen Zeitpunkt noch weit entfernt.

3.4. Gesellschaftliche Integration von Behinderten am Beispiel von Körper- und Sinnesbehinderten

In diesem Abschnitt soll geklärt werden, was unter gesellschaftlicher Integration behinderter Menschen zu verstehen ist, inwieweit sie verwirklicht ist, und welche Möglichkeiten zur Förderung der Integration Behinderter bestehen.
Häufig wird die Integration Behinderter mit der sozialen Rehabilitation gleichgesetzt. Diese Gleichsetzung verkürzt den Gedanken der Integration – denn soziale Integration ist mehr als die einseitige Anpassung und Wiedereingliederung behinderter Menschen; sie «beinhaltet ein wechselseitiges, emanzipatorisches und solidarisches Verändern des bisherigen Zustands durch Behinderte wie Nichtbehinderte» (Cloerkes, 1988, S. 92) und umfaßt somit medizinische wie auch berufliche Rehabilitationsmaßnahmen.

3.4.1 Die Realität der Integration Behinderter

Die empirische Forschung zeigt, daß große Diskrepanzen zwischen Anspruch und Wirklichkeit bestehen.

1. Behindertengerechte bauliche Maßnahmen fehlen weitgehend trotz anderslautender Lippenbekenntnisse. Ernüchternd wirkt die nach Cloerkes (1988) zitierte Untersuchung des Arbeitskreises Planen und Bauen (1982), die exemplarisch für die Stadt Hanau zeigt, daß Rollstuhlfahrer nur in 44% der Apotheken, in 28% der Ladengeschäfte, in 15% der amtlichen Stellen, in 5% der Arztpraxen, in 2% der Gastwirtschaften und in 0% der öffentlichen Toiletten gelangen können.

2. Eine zweite zentrale Barriere zur gesellschaftlichen Integration Behinderter ist durch die überdurchschnittlich hohe Arbeitslosigkeit gegeben. Zwar sieht das Schwerbehindertengesetz der BRD vor, daß bei Betrieben ab einer bestimmten Größenordnung 6% der Arbeitsplätze an Behinderte vergeben werden sollten, bis heute machen aber viele Betriebe und z.B. auch öffentliche Arbeitgeber von der Möglichkeit Gebrauch, sich mit Hilfe einer Ausgleichsabgabe (im Falle eines öffentlichen Arbeitgebers aus Steuergeldern) von dieser Verpflichtung freizukaufen.

3. Die persönlichen Einstellungen und Verhaltensweisen von Nichtbehinderten gegenüber Behinderten stellen die wohl größte Barriere bei der Integration Behinderter dar. In einer Analyse von über 400 Einzeluntersuchungen zu diesem Themenbereich kommt Cloerkes (1980) zu der Feststellung, daß die dort berichteten Einstellungen Nichtbehinderter gegenüber Behinderten von generell negativen bis zu ausgesprochen positiven Einstellungen reichten. In den Untersuchungen zeigen sich weitgehend stabile «Beliebtheitshierarchien» der verschiedenen Behindertenarten. Diejenigen Behindertengruppen, die den sozialen Normen Nichtbehinderter noch am ehesten entsprechen (Bandscheibengeschädigte, Asthmatiker), rangieren am höchsten; Behinderte, die diesem normativen Anspruch im Urteil der Majorität nicht Folge leisten können, wie psychisch oder geistig Behinderte, nehmen die niedrigsten Plätze ein.

Wie die Einstellungsforschung gezeigt hat, werden negative Einstellungen nicht notwendigerweise in diskriminierendes Verhalten umgesetzt. Nichtbehinderte befinden sich gegenüber Behinderten häufig in einem Dilemma. Auf der einen Seite existieren negative Einstellungen, die nicht zuletzt durch das von der Gesellschaft geprägte Bild der Behinderten bestimmt sind. Auf der anderen Seite existiert ein sozialer Druck, sich «behindertengerecht» zu verhalten (man denke nur an das «Jahr der Behinderten» oder an Fernsehsendungen wie «Der große Preis» für die Aktion Sorgenkind). Cloerkes (1984) spricht vom «normativen Konflikt», in dem sich der einzelne Nichtbehinderte befindet. Durch die paradoxe Konstellation, geprägt von Verhaltensunsicherheit und ambivalenten Gefühlen, wird eine natürliche und unkomplizierte Interaktion zwischen Nichtbehinderten und Behinderten deutlich erschwert. Der Versuch, solche Kontakte möglichst zu vermeiden, ist die Folge. Die daraus entstehende soziale Isolation behinderter Menschen stellt die größte Barriere bei ihrer gesellschaftlichen Integration dar. Nach der Klassifikation diskriminierenden Verhaltens von Pettigrew (1985) gilt neben Verbalinjurien und physischen Angriffen die Kontaktvermeidung als eine der diskriminierenden Verhaltensweisen.

3.4.2 Verbesserung der mangelnden gesellschaftlichen Integration behinderter Menschen

Zunächst ist zu betonen, daß, entgegen der Hoffnung einiger Fachleute, durch eine detaillierte Informierung der Bevölkerung Vorurteile und negative Einstellungen gegenüber Behinderten abbauen zu können (von Bracken, 1976), die Aufklärungskampagnen kaum etwas im Hinblick auf eine Einstellungsänderung bewirkten. Eine empirische Studie des IMW-Forschungsinstituts zeigte, daß die großangelegten Aufklärungskampagnen im Jahr der Behinderten bei ca. 40% der Bevölkerung ohne jeden Effekt waren (IMW, 1982). Sozialpsychologisch lassen sich hierfür Gründe benennen, die hier allerdings nur stichwortartig aufgeführt werden können:

- Bisherige negative Einstellungen werden durch selektive Wahrnehmung stabilisiert.
- Information löst möglicherweise Angst aus, die zu Abwehr und damit zu noch höherer Rigidität führen kann.

Auch die naive Annahme, man müsse zum Abbau von negativen Einstellungen gegenüber Behinderten diese nur mit Nichtbehinderten in Kontakt bringen, kann so nicht beibehalten werden. Natürlich gilt wie auch für die Informationskampagnen: Ohne Kontakt und ohne Information findet keine Einstellungsänderung statt, aber Information und Kontakt sind keine hinreichenden Bedingungen für die gesellschaftliche Integration Behinderter. Ähnlich wie beim gutgemeinten Informationsversuch kann sich auch der Kontakt zwischen Behinderten und Nichtbehinderten als Bumerang erweisen. So lehnten beispielsweise nichtbehinderte Kinder lernbehinderte Kinder bei vermehrtem Kontakt verstärkt ab (Kniel, 1979). Das hier aufgezeigte Gesamtbild ist nicht erfreulich. Ermutigend ist jedoch, daß mehrere amerikanische Untersuchungen durch eine differenziertere Betrachtungsweise der qualitativen Bedingungen des Kontakts zu positiveren Ergebnissen kommen (vgl. Sandler & Robinson, 1981).

Eine positive Einstellungsänderung gegenüber Behinderten ist am ehesten zu erwarten, wenn behinderte Menschen in der Öffentlichkeit positiv dargestellt werden. Ist die Bereitschaft zur Einstellungsänderung vorhanden, wird in der Kombination von Information und konkretem Kontakt mit Behinderten der günstigste Weg zur Verhaltensänderung gesehen.

Schließlich soll betont werden, daß sämtliche Integrationsbemühungen daran scheitern können, daß die gesellschaftliche Werte- und Normenstruktur einer Integration entgegensteht. Solange Leistungsideale, Wirtschaftswachstumsideale, Gesundheitsideale, Schönheitsideale usw. als anzustrebene Normen für ein «vollwertiges» gesellschaftliches Mitglied existieren, finden behinderte Menschen nur schwerlich ihren Platz, weil sie viele dieser Normen nicht erfüllen können. Deshalb sind für eine ernstgemeinte Integration Behinderter neben dem Abbau von Mobilitätsbarrieren für Körper- und Sinnesbehinderte, neben einer verbesserten Information und Kontaktbemühungen auch gesellschaftliche Ideale kritisch zu beleuchten und gegebenenfalls zu verändern. Übersieht man die soziokulturellen Aspekte der Integrationsfrage, wird man im Bemühen um Integration immer wieder scheitern.

4. Literatur

Arbeitskreis Planen und Bauen für Behinderte e.V. (1982). *Unveröffentlichtes Arbeitspapier.* Hanau.

Attkisson, C.C. & Broskowski, A. (1978). Evaluation and the emerging human service concept. In C.C. Attkisson, W.A. Hargreaves, M.J. Horowitz & J.E. Sorensen (Eds.), *Evaluation of human service programs* (pp. 3-25). New York: Academic Press.

Bengel, J. & Koch, U. (1988). Evaluationsforschung im Gesundheitswesen. In U. Koch, G. Lucius-Hoene & R. Stegie (Hrsg.), *Handbuch der Rehabilitationspsychologie* (S. 321-347). Berlin: Springer.

Bennett, D. (1986). *Probleme der beruflichen Rehabilitation psychisch Kranker und Behinderter in Großbritannien.* Vortrag auf der Tagung: Fortschritte und Veränderungen in der Versorgung psychisch Kranker - ein internationaler Vergleich. Bonn-Bad Godesberg.

Beutel, M. (1988). *Bewältigungsprozesse bei chronischen Erkrankungen.* Weinheim: Edition Medizin.

Beutel, M. & Muthny, F. (1988). Konzeptionalisierung und klinische Erfassung von Krankheitsverarbeitung - Hintergrundstheorien, Methodenprobleme und künftige Möglichkeiten. *Psychotherapie und Med. Psychologie, 38,* 19-27.

Bintig, A. (1980). *Wer ist behindert?* Problematisierung der Begriffe und Definitionen von Behinderung in Verwaltung, Wissenschaft und Forschung. Berlin: Bundesinstitut für Berufsbildung.

Brack, U.B. (Hrsg.) (1986). *Frühdiagnostik und Frühtherapie.* Psychologische Behandlung von entwicklungs- und verhaltensgestörten Kindern. München: Urban & Schwarzenberg.

Bracken, H. von (1976). *Vorurteile gegen behinderte Kinder, ihre Familien und Schulen.* Berlin: Marhold.

Brackhane, R. (1988). Behinderung, Rehabilitation, Rehabilitationspsychologie: Terminologische Vorbemerkungen und Begriffserklärungen. In U. Koch, G. Lucius-Hoene & R. Stegie (Hrsg.), *Handbuch der Rehabilitationspsychologie* (S. 20-34). Berlin: Springer.

Bundesministerium für Arbeit und Sozialordnung (1987). *Die berufliche Eingliederung psychisch Behinderter.* Vorschläge für ein behindertengerechtes System der beruflichen Eingliederung. Bonn.

Cloerkes, G. (1980). Soziokulturelle Bedingungen für die Entstehung von Einstellungen gegenüber Behinderten. *Vierteljahresschrift für Heilpädagogik und ihre Nachbargebiete, 49,* 259-273.

Cloerkes, G. (1984). Die Problematik widersprüchlicher Normen in der sozialen Reaktion auf Behinderte. *Vierteljahresschrift für Heilpädagogik und ihre Nachbargebiete, 53,* 25-40.

Cloerkes, G. (1988). Behinderung in der Gesellschaft. Ökologische Aspekte und Integration. In U. Koch, G. Lucius-Hoene & R. Stegie (Hrsg.), *Handbuch der Rehabilitationspsychologie* (S. 86-100). Berlin: Springer.

Coursey, R.D. (1977). *Program evaluation for mental health.* New York: Grume & Stratton.

Cummings, S.T. (1976). The impact of child's deficiency on the father: A study of fathers of mentally retarded and of chronically ill children. *American Journal of Orthopsychiatry, 46,* 246-255.

Eikelmann, B. (1987). Arbeit - ihre Bedeutung in Therapie und Rehabilitation chronisch seelisch Kranker. *Psychiatrische Praxis, 14,* 18-22.

FAF (Hrsg.). (1989). *Firmen für psychisch Kranke: Daten, Fakten, Konzepte, Projekte.* Psychiatrie Bonn.

Greer, S., Morris, T. & Pettingale, K.W. (1979). Psychological response to breast cancer. Effect on outcome. *Lancet, 2,* 785-787.

Haan, N. (1977). *Coping and Defending*. New York: Academic Press.
Haerlin, C. (1972). Arbeitserprobung bei psychisch Behinderten. *Beschäftigungstherapie und Rehabilitation, 11,* 12–15.
Heim, E. (1986). Krankheitsauslösung - Krankheitsverarbeitung. In E. Heim & J. Willi (Hrsg.), *Psychosoziale Medizin. Band 2. Klinik und Praxis* (S. 343–390). Berlin: Springer.
Heim, E. (1988). Coping und Adaptivität: Gibt es geeignetes oder ungeeignetes Coping? *Psychotherapie und Med. Psychologie, 38,* 8–18.
Henkel, D. (1981). Frühinvalidität und Rehabilitation bei psychisch Kranken in der Rentenversicherung 1968–79. *Jahrbuch Kritische Medizin, 7,* 128–146.
IMW-Forschungsinstitut (1982). Begleitende Untersuchungen zu Wirkungen und Erfolg des «Internationalen Jahres der Behinderten 1981». Ausgewählte Ergebnisse der Gesamtanalyse. In K.L. Holtz (Hrsg.), *War's das? Eine Bilanz zum Jahr der Behinderten* (S. 192–207). Heidelberg: Schindele.
Janzowski, F. (1988). Psychologische Hilfen in der Rehabilitation. In U. Koch, G. Lucius-Hoene & R. Stegie (Hrsg.), *Handbuch der Rehabilitationspsychologie* (S. 280–297). Berlin: Springer.
Jochheim, K.A. (1979). The Classification of Handicaps. *International Journal of Reha Research, 3,* (Suppl. 1 to Vol. 2).
Kniel, A. (1979). *Die Schule für Lernbehinderte und ihre Alternativen.* Eine Analyse empirischer Untersuchungen. Rheinstetten: Schindele.
Koch, U. (1986). Verhaltensmedizin im Bereich chronischer Erkrankungen. In J.C. Brengelmann & G. Bühringer (Hrsg.), *Therapieforschung für die Praxis. Band 6* (S. 27–49). München: Röttger.
Koch, U. & Beutel, M. (1988). Psychische Belastungen und Bewältigungsprozesse bei Krebspatienten. In U. Koch, G. Lucius-Hoene & R. Stegie (Hrsg.), *Handbuch der Rehabilitationspsychologie* (S. 297–434). Berlin: Springer.
Koch, U. & Haag, G. (1988). Rehabilitation als Hilfe zur Bewältigung der Behinderung. *Praxis der Klinischen Verhaltensmedizin und Rehabilitation, 1,* 55–65.
Koch, U., Lucius-Hoene, G. & Stegie, R. (Hrsg.). (1988). *Handbuch der Rehabilitationspsychologie.* Berlin: Springer.
Koch, U., Siegrist, B., Schmid, R. & Wedell-Niemann, B. (1989). *Zusammenfassung und Bewertung der Ergebnisse der Evaluation des Modellprogramms «Psychosoziale Betreuung krebskranker Kinder und Jugendlicher».* Bonn: Bundesministerium für Arbeit und Sozialordnung.
Lazarus, R.S. & Folkman, S. (1984). *Stress, Appraisal and Coping.* New York: Springer.
Lazarus, R.S. & Launier, R. (1978). Stress related transactions between persons and environment. In L.A. Perwiss & M. Lewis (Eds.), *Perspectives in interactional psychology* (pp. 287–327). New York: Plenum.
Meerwein, F. (1985). Die Arzt-Patient-Beziehung des Krebskranken. In F. Meerwein (Hrsg.), *Einführung in die Psychoonkologie* (S. 84–164). Bern: Huber.
Pettigrew, T.F. (1985). Vorurteil. In D. Elschenbroich (Hrsg.), *Einwanderung, Integration, ethische Bindung. Harvard encyclopedia of American ethnic groups. Eine deutsche Auswahl* (S. 81–109). Basel: Stromfeld.
Sandler, A. & Robinson, R. (1981). Public attitudes and community acceptance of mentally retarded persons: A review. *Education and Training of the Mentally Retarded, 16,* 97–103.
Schuntermann, M. (1988). Die Bedeutung der psychiatrischen Krankheiten im Berentungsgeschehen wegen Berufs oder Erwerbsunfähigkeit. In M. Zielke, J. Sturm & N. Mark (Hrsg.), *Die Entzauberung des Zauberbergs. Therapeutische Strategie und soziale Wirklichkeit* (S. 93–122). Dortmund: Verlag Modernes Leben.
Schwefel, D. (1986). Unemployment, health and health-service in german speaking countries. *Social Science Medicine, 22/4,* 409–430.
Schwendy, A. (1986). Berufliche Förderung und Eingliederung seelisch Behinderter - Ein Überblick über die derzeitige Situation. In G. Bosch & C. Kulenkampff (Hrsg.), *Komplementäre Dienste - Wohnen und Arbeiten. Aktion psychisch Kranke. Tagungsberichte Bd. 11* (S. 105–113). Rheinland Köln.
Stegie, R. (1988). Familien mit behinderten Kindern. In U. Koch, G. Lucius-Hoene & R. Stegie (Hrsg.), *Handbuch der Rehabilitationspsychologie* (S. 120–139). Berlin: Springer.
Stegie, R. & Koch, U. (1982). Rehabilitation Psychology in the Federal Republic of Germany. *The German Journal of Psychology, 6,* 221–255.
Steinhausen, H.C. (1984). Psychische Störungen bei Behinderungen und chronischen Krankheiten. In H. Remschmidt & M.H. Schmidt (Hrsg.), *Kinder- und Jugendpsychiatrie in Klinik und Praxis. Bd. III. Alterstypische, reaktive und neurotische Störungen* (S. 322–348). Stuttgart: Thieme.
Steinhausen, H.C. (1988). Chronische Krankheiten und Behinderungen bei Kindern. In U. Koch, G. Lucius-Hoene & R. Stegie (Hrsg.), *Handbuch der Rehabilitationspsychologie* (S. 499–517). Berlin: Springer.
Tews, H.P. (1988). Berufliche Rehabilitation. In U. Koch, G. Lucius-Hoene & R. Stegie (Hrsg.), *Handbuch der Rehabilitationspsychologie* (S. 186–211). Berlin: Springer.
Trout, M.D. (1983). Birth of a sick or handicapped infant: Impact on the family. *Child Welfare, 62,* 337–348.
Warnke, A. (1988). Früherkennung und Frühbehandlung. In U. Koch, G. Lucius-Hoene & R. Stegie (Hrsg.), *Handbuch der Rehabilitationspsychologie* (S. 479–498). Berlin: Springer.
Wedekind, R. & Vompel-Otting, B. (1987). Psychisch behinderte Menschen in Werkstätten für Behinderte - eine Übersicht zur Situation in den WfB's. *BAG-WfB-Berichte, Informationen, Meinungen, 3,* 7–17.
Weis, J. (1989). *Arbeitsbelastungen und Arbeitsbewältigung bei psychisch Kranken.* Eine arbeitsanalytische Studie zur Praxis der beruflichen Rehabilitation. Weinheim: Deutscher Studienverlag.
Witte, W. (1988). *Einführung in die Rehabilitationspsychologie.* Bearbeitet und herausgegeben von R. Brackhane. Bonn: Huber.
Wittmann, W. (1985). *Evaluationsforschung.* Berlin: Springer.
Wöhrl, H.G. (1988). Berufsgruppen in der Rehabilitation: Funktionen und Kooperationsmodelle. In U. Koch, G. Lucius-Hoene & R. Stegie (Hrsg.), *Handbuch der Rehabilitationspsychologie* (S. 212–249). Berlin: Springer.

B. Klinisch-psychologische Intervention: Störungsspezifische Aspekte Teil I:

Interventionen bei gestörten Funktionen

8. Psychomotorik: Intervention

Herbert Heuer

1. Einleitung

In der zweiten Hälfte des letzten Jahrhunderts entstand in England eine Bewegung, deren Ziel die Erziehung zu gleicher Geschicklichkeit beider Hände war (siehe Harris, 1980). Die Begründung dieses Ziels war teilweise recht pragmatisch: zwei «geschickte» Hände sind offensichtlich nützlicher als nur eine «geschickte» Hand. Lord Baden-Powell zum Beispiel verwies auf die militärischen Vorteile, die entstehen, wenn die Soldaten Schwert, Pistole usw. sowohl mit der linken wie auch mit der rechten Hand bedienen könnten. Im Kern zielte die Bewegung aber auf ein ganz anderes Ergebnis: Durch gleichartige Übung beider Hände sollten die beiden cerebralen Hemisphären in gleichartiger Weise gefördert werden. Davon wurde eine Erhöhung, wenn nicht Verdoppelung der geistigen Fähigkeiten erwartet. Im Rückblick erscheint dieses Programm eher kurios, aber kaum kurioser als so mancher Vorschlag zur Förderung der rechten cerebralen Hemisphäre, der auch heute noch durch die Presse geistert.

Der Vorstellung, über die Übung der linken Hand die Leistungsfähigkeit der rechten cerebralen Hemisphäre zu erhöhen, liegt der allgemeinere Gedanke zugrunde, schwer zugängliche zentrale Funktionen gewissermaßen von der «motorischen Peripherie» her zu beeinflussen. Dieser Gedanke findet sich auch in anderen Zusammenhängen. Günther und Gruber (1983) weisen zum Beispiel auf die Möglichkeit hin, Schizophrenie auch auf dem Weg über die motorische Leistungsbeeinträchtigung zu beeinflussen. Feldenkrais (1949) beschreibt die Verbesserung der Körperhaltung als Weg zu einer «reifen Persönlichkeit». Eine Anzahl heute angebotener Körpertherapien, über deren Seriosität sich streiten läßt, scheint ähnliche Ziele zu verfolgen.

Angesichts der Verzahnung psychomotorischer Funktionen mit anderen psychischen Funktionen ist es keineswegs ausgeschlossen, daß sich indirekte Wirkungen psychomotorischer Übungen erzielen lassen. Andererseits aber ist es auch möglich, daß die Besserung psychomotorischer Funktionen durch unverändert gestörte andere Funktionen behindert wird. Ein Sprechtraining für Stotterer oder ein Schreibtraining für Klienten mit Schreibkrämpfen kann z.B. unwirksam bleiben, solange die störenden Einflüsse etwa erhöhter Erregung auf die Koordination weiterbestehen. Auch wenn in diesem Kapitel die Intervention bei psychomotorischen Störungen relativ isoliert beschrieben wird, sollte sie in der Praxis stets in ein umfassendes Behandlungsprogramm eingebettet sein.

Bei der Behandlung psychomotorischer Störungen begegnen sich verschiedene Disziplinen, von der Heilpädagogik bis zur Medizin. Im folgenden soll ein kurzer Überblick gegeben werden, der sich auf für Psychologen relevante Verfahren beschränkt. Der Schwerpunkt wird dabei auf die Intervention bei spezifischen Störungen gelegt, die nicht eindeutig auf eine Verletzung oder Erkrankung des Zentralnervensystems zurückzuführen sind. Zuvor aber soll kurz auf psychologische Beiträge bei der Rehabilitation zentralmotorisch Behinderter eingegangen werden.

2. Rehabilitation zentralmotorisch Behinderter

Zentralmotorische Behinderungen sind eine häufige Folge von Unfällen, Schlaganfällen oder anderen Vorfällen, die zu Verletzungen des Zentralnervensystems führen. Die Rückgewinnung von verlorengegangenen Bewegungsmöglichkeiten zum Beispiel nach Schlaganfällen kann als ein Problem des Lernens unter speziellen Bedingungen betrachtet werden. Befunde aus dem Bereich des motorischen Lernens sollten daher zumindest Anregungen für die Gestaltung des Trainings geben können. Zwei solche Befunde, für die positive Ergebnisse bei der klinischen Anwendung vorliegen, sollen kurz beschrieben werden. Der erste Befund betrifft den Einsatz mentaler Übung.

Mentale Übung besteht aus der wiederholten Vorstellung des zu erlernenden Bewegungsmusters. Ihre Wirkung scheint vor allem auf zweierlei Art zustandezukommen (Heuer, 1985). Zum einen enthalten viele Bewegungsmuster rein kognitive Anteile, die natürlich ohne Ausführung der Bewegung geübt werden können. Das wird in dem Maße die Bewegungsleistung fördern, in dem die Umsetzung der zum Beispiel räumlichen Vorstellungen in motorische Kommandos gelingt. Zum anderen scheint eine Bewegungsvorstellung mit einer Programmierung der entsprechenden Bewegung einherzugehen. Zentrale Anteile der Bewegungssteuerung laufen also ab, ohne daß sie zur Körperperipherie «durchgeschaltet» sind. Mentale Übung erlaubt somit die Variation von Bewegungsprogrammen, ohne daß die tatsächlichen Einschränkungen der Bewegungsmöglichkeiten das Erproben behindern. Speziell die Kombination mentaler mit physischer Übung, bei der die Vorstellung immer wieder an der Realität überprüft werden kann, erbringt gelegentlich bessere Ergebnisse als physische Übung allein. Günther (1980) berichtet, daß auch bei zentralmotorischer Behinderung die Kombination mentaler Übung mit einer krankengymnastischen Behandlung zu einem erhöhten Leistungsfortschritt führt. Ein fertiges mentales Übungsprogramm für zentralmotorisch Behinderte liegt vor (Tübinger mentale Trainingsprogramme zur Grob- und Feinmotorik).

Ein zweiter Befund aus dem Bereich des motorischen Lernens, der Konsequenzen für die Behandlung zentralmotorisch Behinderter hat, betrifft die Bedeutung sensorischer Rückmeldungen. Bewegungen werden umso besser gelernt, je genauer die verfügbaren Rückmeldungen sind (Heuer, 1983, S. 68–70). Zusätzliche Rückmeldungen könnten also auch die Rehabilitation fördern, vor allem dann, wenn neben den motorischen auch sensorische Störungen vorliegen. Ferner dürften sie eine Rolle beim entdeckenden Lernen spielen, bei der Su-

Funktionstraining: Das Kind muss die Formen ohne Zuhilfenahme der Augen auf spielerische Weise durch das Betasten der Formen erkennen. Durch das taktile Wahrnehmungstraining wird u.a. die räumliche Vorstellungsfähigkeit gefördert.

che nach neuen Varianten der Bewegungssteuerung, die zunächst nur schwache Effekte in der Körperperipherie haben, welche ohne zusätzliche Hilfsmittel kaum oder gar nicht zu bemerken sind.
Die am häufigsten verwendete *zusätzliche Rückmeldung* bei der Behandlung zentralmotorisch Behinderter ist das Elektromyogramm (EMG). Es handelt sich dabei um die auf der Haut registrierbare elektrische Aktivität der darunter liegenden Muskeln. In einer Anzahl von Fällen hat die Methode zu deutlichen Fortschritten geführt, aber es wird ein Mangel an kontrollierten Untersuchungen beklagt, die die spezifischen Wirkungen der Methode belegen (z.B. Wolf, 1983). Eines der Probleme ist das des Transfers: Welche Bedeutung hat zum Beispiel ein erhöhtes EMG-Signal für den Alltag? Mulder (1985) berichtet von einer Tendenz, daß das Lernen mit zusätzlicher EMG-Rückmeldung hochgradig spezifisch sein kann. Die Versuchspersonen zeigten nach dem Training zwar eine höhere myoelektrische Aktivität als die Kontrollgruppe, aber nicht entsprechend weitere oder schnellere Bewegungen.
Übung mit zusätzlicher EMG-Rückmeldung weist zumeist zwei Merkmale auf, die nicht der alltäglichen Benutzung der Muskeln entsprechen: Zum einen ist sie auf einzelne Muskeln konzentriert, und zum anderen ist das Ziel ein möglichst starkes oder schwaches EMG-Signal. Im Alltag aber kontrahieren wir keine einzelnen Muskeln möglichst stark oder schwach, sondern wir führen zweckdienliche Bewegungen aus. Dabei müssen eine Reihe von Muskelgruppen so gesteuert werden, daß ein bestimmtes über die Zeit variierendes Aktivitätsmuster entsteht. Es liegt nahe, den Transfer der Übung auf Alltagssituationen dadurch zu fördern, daß die Übungssituation an die Alltagssituation angeglichen wird. Geübt werden dann nicht mehr isolierte Muskelkontraktionen, sondern zielgerichtete Handlungen (vgl. Mulder, 1985).
Eine konsequente Realisierung fand dieser Gedanke bei Wehner, Hübner und Stadler (1982), die von erfolgsversprechenden Anwendungen berichten. Ihre Übungen betrafen nicht nur sinnvolle Handlungen, sondern sie verwendeten auch elektromyographische Führungsgrößen, mit denen die Patienten das eigene EMG vergleichen konnten. Die Führungsgrößen können von einem unbehinderten Menschen stammen, der das zu lernende Bewegungsmuster ausführt, aber auch von dem Patienten selbst, z.B. bei halbseitigen Lähmungen.

3. Intervention bei spezifischen Störungen

Im folgenden sollen einige Methoden zur Behandlung spezifischer Störungen besprochen werden, speziell zur Behandlung von Tics, Überaktivität, Schreibkrämpfen und Stottern. Diese Methoden sind auf die Störung der psychomotorischen Funktionen ausgerichtet, in den speziellen Fällen also auf die Störungen des Aufrufs von Bewegungsprogrammen und der Koordination. In der Praxis werden sie meistens durch weitere Methoden ergänzt, da auch psychomotorische Störungen selten isoliert auftreten.

3.1 Tics

Tics können gelegentlich als Eigenarten betrachtet werden, die so unbedeutend sind, daß sie keine Intervention erfordern. Oft aber sind sie sozial auffällig und daher lästig für die Betroffenen. Bei schweren Tics wie beim Gilles de la Tourette-Syndrom kann eine medikamentöse Behandlung gerechtfertigt sein. Bestimmte Neuroleptika bessern zwar die Symptomatik, haben aber recht massive Nebenwirkungen (Brunn et al., 1976; vgl. Kapitel 6.5). Tics sind umschriebene und relativ einfach quantifizierbare Störungen. Es ist daher nicht erstaunlich, daß bei der Behandlung eine Anzahl verhaltenstherapeutischer Methoden erprobt wurden; Turpin (1983) gibt einen Überblick. Die wohl am häufigsten verwendete Methode ist die «negative Übung», die zum Beispiel von Dunlap (1944) zur Behandlung des Stotterns eingesetzt wurde. Erst später wurde sie dann im Rahmen der Hull'schen Theorie lerntheoretisch begründet (Yates, 1970).
Bei der negativen Übung lernt der Klient, den Tic möglichst exakt willkürlich auszuführen. Die Bewegung wird dann für einige Minuten massiert geübt, wobei die Häufigkeit pro Zeit-

einheit typischerweise sinkt. Die Reaktionen werden also gehemmt, so daß Pausen auftreten. Das spontane Schwinden der reaktiven Hemmung in diesen Pausen soll - entsprechend der Hull'schen Theorie - das Nicht-Reagieren verstärken. Wichtig ist, daß der Tic möglichst exakt nachgeahmt wird. Andernfalls wird nämlich einfach ein neuer Tic gelernt, aber nicht der alte gehemmt.

Negative Übung erscheint als Musterbeispiel für eine lerntheoretisch fundierte Intervention. Ihr Erfolg entspricht jedoch nicht den ursprünglichen Erwartungen (Turpin, 1983). Nicht nur, daß die Methode erfolglos sein kann, sondern es sind auch Fälle dokumentiert, in denen sie die Häufigkeit von Tics erhöhte (z.B. Feldman & Werry, 1966). Negative Übung kann heute nicht mehr als Methode der Wahl bei der Behandlung von Tics angesehen werden.

Verläßt man den lerntheoretischen Rahmen, so verliert die Methode der negativen Übung einiges an Plausibilität. Die Initiierung eines Tics ist ja deutlich verschieden von der Initiierung der willkürlichen Nachahmung (vgl. Band I, Kapitel 3.1.8). Die Annahme, über die Hemmung der willkürlichen Nachahmung eine Hemmung der ursprünglichen Reaktion erzielen zu können, ist daher nicht unbedingt gerechtfertigt. Äußerlich mögen der Tic und die Nachahmung zwar identisch sein, ihre funktionellen Grundlagen aber sind dennoch verschieden.

Ein ganz anderer Weg zur Behandlung von Tics wird mit der Methode des *«habit reversal»* (Azrin & Nunn, 1973) beschritten. Auf dem Hintergrund der in Band I, Kapitel 3.1.8 beschriebenen funktionellen Sichtweise läßt sich die Methode folgendermaßen charakterisieren: Die Handlungskriterien der Initiierungsregeln für Tics sind unbekannt. Auf dieser Seite der Initiierungsregel kann eine Intervention also kaum ansetzen. Es müßte aber möglich sein, den «Handlungsteil» der Regel zu verändern. Der Tic sollte durch eine andere Reaktion ersetzt werden können, die zum einen sozial weniger auffällig ist und zum anderen den Tic mechanisch verhindert, indem Muskeln kontrahiert werden, die den beim Tic kontrahierten Muskeln entgegenwirken. Auch wenn offenbar keine Behandlungsmethode auf die Dauer das hält, was sie anfangs verspricht, sind die Erfolge des «habit reversal» beeindruckend.

Die erste Komponente der Methode ist die Übung einer mit dem Tic inkompatiblen Reaktion. Dabei handelt es sich meist um isometrische Muskelkontraktionen, die sozial unauffällig sind. Azrin und Nunn (1973) verwendeten unter anderem folgende Kontraktionsmuster:

- isometrische Kontraktion der Nackenmuskeln (u.U. gleichzeitig Kinn nach vorn und unten drücken) bei Zuckungen des Kopfes;
- Schulter isometrisch nach unten drücken bei Zuckungen der Schulter nach oben;
- Hände nach unten halten und gegen eine Stuhllehne oder gegen die eigenen Beine drücken bei Zuckungen der Schulter nach vorn.

Die inkompatible Reaktion wird gegebenenfalls mit Hilfe eines Spiegels geübt.

Die zweite Komponente der Methode ist die Übung des Bemerkens des eigenen Tics. Der Klient beschreibt seinen Tic, gegebenenfalls wieder mit Hilfe eines Spiegels; er beschreibt die Situationen, in denen Tics besonders häufig sind; er führt seinen Tic willkürlich aus und versucht, bereits sein Nahen zu bemerken. Auf unbemerkte Tics wird er hingewiesen. Das Ziel dieser Maßnahmen ist es, den Klienten dazu zu führen, seine Tics möglichst alle zu bemerken, und das möglichst schon vor ihrer eigentlichen Ausführung.

Die dritte und kritische Komponente der Methode ist dann die Verknüpfung der geübten inkompatiblen Reaktion mit der Initiierungsregel für den Tic. Jedesmal, wenn der Klient das Nahen oder die Ausführung eines Tics registriert, führt er die inkompatible Reaktion für die Dauer von 3 Minuten aus. Die drei zentralen Komponenten der Methode werden durch motivierende Maßnahmen (z.B. Besprechung der Lästigkeit des Tics; Einbeziehung von Familienmitgliedern) sowie Entspannungsübungen ergänzt (vgl. auch Kasten 1).

Azrin, Nunn und Frantz (1980) berichten, daß die Behandlung von Tics mit Hilfe des «habit reversal» wesentlich wirkungsvoller ist als die Methode der negativen Übung (siehe Kasten 1). Die Tic-Häufigkeit wurde in dieser Untersuchung allerdings nicht von neutralen Beobachtern festgestellt, was die Ergebnisse fragwürdig erscheinen läßt. Der schnelle Erfolg des «habit reversal» wurde jedoch von Finney, Rapoff, Hall und Christophersen (1983) bei zwei Jungen im Alter von 11 und 12 Jahren bestätigt. Die Kinder wurden in einer Standardsituation zu Hause gefilmt, und die Häufigkeit der Tics wurde anschließend gezählt.

Kasten 1
Methodenvergleich (Azrin, Nunn und Frantz, 1980)

Fragestellung: Vergleich von negativer Übung und «habit reversal» bei der Behandlung von Tics.

Stichprobe: 22 Personen mit Tics unterschiedlicher Art, meist im Kopf-Schulter-Bereich.

Behandlungsformen: «habit reversal» und negative Übung in 1 bis 2 Sitzungen von jeweils ca. 150 Minuten Dauer; die Vpn waren instruiert, die Übungen für sich fortzuführen.

Versuchsplan: Vergleich zweier Behandlungsgruppen; die Vpn wurden den Gruppen zufällig zugeordnet.

Abhängige Variablen: Beim ersten Telefonkontakt wurden die Vpn gebeten, auf die Zahl ihrer Tic-Perioden zu achten. Die Zahl wurde in der ersten Versuchssitzung mitgeteilt und als Baseline verwendet. Die weiteren Ergebnisse beruhen auf Aufzeichnungen der Vpn, die den Untersuchern telefonisch oder per Brief durchgegeben wurden.

Ergebnisse: Die Abbildung zeigt die prozentuale Abnahme der Tic-Häufigkeit im Verlauf der Zeit. Nach 4 Wochen waren 8 der 10 Vpn mit «habit reversal» praktisch symptomfrei, aber nur 2 der 12 Vpn mit negativer Übung. Nach 18 Monaten waren von den 5 erreichbaren Vpn mit «habit reversal» 4 praktisch symptomfrei.

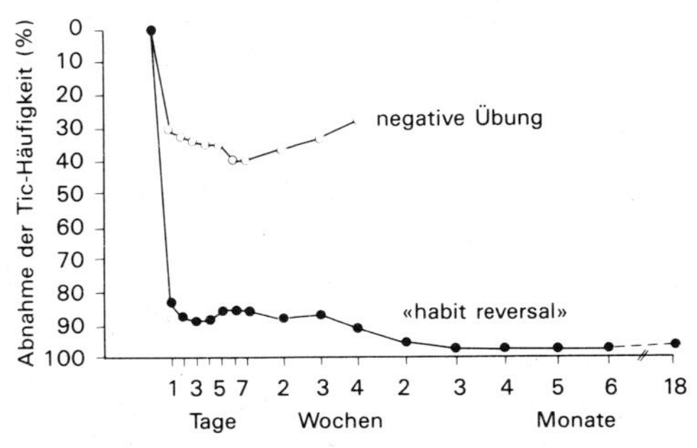

3.2 Hyperaktivität

Bei Hyperaktivität liegt, wie bei Tics, eine Störung der Initiierung von Handlungen vor, die aber von anderer Art ist. Die Aufmerksamkeit wird während einer Handlung nicht hinreichend eingeschränkt, so daß die Handlungsbedingungen weiterer Initiierungsregeln erfüllt werden können. Das Ziel der Intervention ist hier eine Einengung der Aufmerksamkeit im Dienste der Handlungssteuerung.
Die nächstliegende und am wenigsten aufwendige Methode zur Besserung der Hyperaktivität ist die medikamentöse Behandlung mit Stimulantien. Allerdings sprechen nicht alle Kinder darauf an, die langfristigen Wirkungen sind nicht hinreichend bekannt, und kognitive Leistungen können bei höherer Dosis beeinträchtigt sein. Empfehlenswert erscheint daher nur eine zeitlich begrenzte medikamentöse Behandlung mit möglichst geringen Dosen, die von einem Kanon verhaltenstherapeutischer und pädagogischer Maßnahmen begleitet wird (Conners & Wells, 1986; Eisert & Eisert, 1982).
Verhaltenstherapeutische Maßnahmen bei Hyperaktivität sind zum Teil wenig spezifisch für die spezielle Form der psychomotorischen Störung. Zumeist handelt es sich um Varianten des «Kontingenz-Management» (vgl. Kapitel 6.3), also um gezielte Belohnungen ruhigen Verhaltens (anfangs für sehr kurze Perioden von z.B. einer Minute) und gezielten Entzug von Belohnungen bei hyperaktivem Verhalten in Schule und/oder Elternhaus. Die medikamentöse Behandlung unterstützt ein solches Vorgehen, da sie ruhiges Verhalten fördert und damit die Belohnungshäufigkeit.
Bei vielen hyperaktiven Kindern gibt es spezielle Situationen, in denen sie eher ruhig sind; solche Situationen können ebenfalls ausgenutzt werden, um die Häufigkeit von Belohnungen zu erhöhen.
Eine speziellere Maßnahme zur Einengung der Aufmerksamkeit im Dienste der Handlungssteuerung ist die Einschränkung bzw. Verarmung der Umwelt des Kindes. Zum Beispiel können die Schularbeiten in einer Umgebung angefertigt werden, in der keine anderen Tätigkeitsmöglichkeiten in Sicht sind, also zum Beispiel keine Spielzeuge. Eine solche Maßnahme hat natürlich keine unmittelbaren

Folgen für die Aufmerksamkeitssteuerung des Kindes, sondern die Hyperaktivität wird einfach durch das Fehlen von Gelegenheiten vermindert. Es kann aber die Erfolgswahrscheinlichkeit etwa bei den Schularbeiten erhöht werden und dadurch auch deren Attraktivität; die Einengung der Aufmerksamkeit auf die eher attraktive Aufgabe sollte dann leichter fallen.

Eine zweite spezifische Intervention bei Überaktivität oder anderen Formen inadäquater Handlungsinitiierung kann in der Etablierung zusätzlicher Handlungskriterien bestehen. Es wird zum Beispiel geübt, zwischen die Erfüllung der ursprünglichen Handlungskriterien und die Ausführung gewissermaßen ein «Stop! Überlege erst!» einzufügen, so daß die Handlung erst begonnen wird, wenn ein weiteres (kognitives) Kriterium erfüllt ist. Statt durch Verarmung der Umwelt soll die inadäquate Handlungsinitiierung also durch zusätzliche Hürden verhindert werden.

Eine dritte Art der Intervention schließlich besteht in der Bereitstellung zusätzlicher Signale für das gewünschte Verhalten. Die Methode ist als Selbstinstruktionstraining bekannt (siehe Kapitel 6.3). Mit Hilfe eines Modells zum Beispiel wird das Kind dazu gebracht, die Ausführung einer bestimmten Aufgabe verbal zu begleiten und sich selbst zu instruieren, was jeweils als nächstes zu tun sei. Dadurch werden nicht nur zusätzliche Handlungskriterien für die nächsten Schritte erfüllt, sondern gleichzeitig wird auch die Aufmerksamkeit auf die Aufgabe konzentriert. Im Verlauf des Trainings kann das laute Sprechen durch Flüstern und schließlich durch «inneres Sprechen» ersetzt werden.

3.3 Schreibkrampf

Schreibkrämpfe sind zwar selten, haben für die Betroffenen aber oft massive berufliche oder schulische Konsequenzen. Das Ziel bei ihrer Behandlung ist im wesentlichen, ein gestörtes Verteiler-Netzwerk, das mit übermäßig hohen Muskelkräften arbeitet, wieder zu einer normalen Funktionsweise zu führen. Die dabei verwendeten Methoden zielen in erster Linie auf eine Korrektur der oft ungewöhnlichen Schreibhaltung, eine Reduktion der überhöhten Muskelspannung und einen «Neuaufbau» der Handschrift, also die Übung einer normalen Koordination.

Die *Korrektur einer ungewöhnlichen Schreibhaltung,* zum Beispiel eines zu stark gebeugten Handgelenks, ist der erste Schritt zur Überwindung der Störung und zum Aufbau neuer Schreibgewohnheiten. Auch wenn die Schreibhaltung nicht notwendig zu den ursächlichen Faktoren zählt, ist sie doch sicherlich zu den aufrechterhaltenden Bedingungen zu rechnen. Das gilt auch für Krämpfe bei der Bedienung von Tastaturen. Da die Tastenreihen gerade sind und nicht V-förmig, sind die Hände typischerweise nach außen (zum Knöchel hin) gedreht. Diese Drehung ist bei Personen mit Krampferscheinungen stärker als bei Personen ohne Krampferscheinungen (Ferguson & Duncan, 1974). Da die Schreibhaltung eine feste Gewohnheit ist, erfordert das Erreichen einer neuen Haltung einige Übung und zunächst konsistente Überwachung.

Zur *Minderung der aufgewendeten Kraft* werden häufig Entspannungsübungen eingesetzt. Reavley (1975) berichtet von einem Klienten, dem die erhöhte Muskelspannung beim Schreiben erst durch Rückmeldung der elektromyographischen Aktivität bewußt wurde. Die Rückmeldung des EMG wurde auch zum Herausfinden einer neuen Schreibhaltung benutzt und anschließend zur Überwachung der Schreibübungen. Eine besonders einfache, aber wohl recht raffinierte Methode zusätzlicher Rückmeldungen verwendete Grassick (1979) bei einer 22jährigen Studentin: Der gestreckte Daumen wurde mit Klebeband überklebt, und zwar von der Mitte des Handgelenks auf der Innenseite über Basis und Spitze des Daumens hinweg und auf der Außenseite wieder bis zum Handgelenk hinunter. Bei diesem Verfahren signalisieren ein Teil der kinästhetischen Rückmeldungen eine zu starke Beugung des Fingers. Wenn die registrierte Bewegung gleich bleibt, wird also die tatsächliche Beugung geringer. Im Verlauf der Übung wurde das Klebeband sukzessiv verkürzt.

Der *Aufbau der neuen Koordination* beginnt mit einfachen Übungen wie Spiralen und anderen einfachen Figuren, auch großen runden Buchstaben. Zu Anfang sollte ein weicher Bleistift und Papier mit mehreren Führungslinien verwendet werden. Allmählich können

die Figuren dann komplizierter und kleiner sowie anderes Papier und andere Stifte verwendet werden. Reavley (1975) berichtet, daß die gelegentliche Verwendung von Papier mit mehreren Führungslinien bei der Überwindung von Rückfällen half.
Crisp und Moldofsky (1965) berichten von sieben Klienten, bei denen Verfahren der beschriebenen Art durchgeführt wurden; nur bei einem zeigte sich keine Besserung des Schreibkrampfes. Die speziell auf die Psychomotorik ausgerichteten Verfahren waren eingebettet in weitere Methoden einschließlich interpretativer Psychotherapie. Auch für den Schreibkrampf gilt die allgemeine Regel, daß die Behandlung psychomotorischer Störungen von der Behandlung anderer, gleichzeitig vorhandener Störungen begleitet sein sollte.

3.4 Stottern

Mehr noch als für den Schreibkrampf scheint für das Stottern eine Intervention auf mehreren Ebenen erforderlich zu sein. Hier sollen nur einige Techniken besprochen werden, die einen unmittelbaren Einfluß auf die Flüssigkeit des Sprechens haben. Im Regelfall sind diese Techniken Teil umfassenderer Behandlungsprogramme, wie sie zum Beispiel von Fiedler und Standop (1986) beschrieben werden.
Eine der bekanntesten Maßnahmen, einem Stotterer flüssiges Sprechen zu ermöglichen, ist die verzögerte akustische Rückmeldung. Bei flüssigen Sprechern bewirkt verzögerte akustische Rückmeldung stotterähnliche Phänomene wie Dehnungen und Wiederholungen (maximal bei einer Verzögerung von ca. 200 ms). Bei Stotterern dagegen verschwinden die normalerweise vorhandenen Störungen (am besten bei einer Verzögerung von ca. 100 ms). Mit Hilfe einer allmählichen Verringerung der Verzögerung kann versucht werden, die flüssige Sprechweise auf die normale Situation zu generalisieren.
Die Konsequenzen der verzögerten Rückmeldung haben zu Spekulationen darüber geführt, daß Störungen bei der Verarbeitung akustischer Rückmeldungen eine ursächliche Rolle beim Entstehen des Stotterns spielen könnten. Tatsächlich scheint die verzögerte Rückmeldung an sich für ihre positive Wirkung beim Stottern aber unerheblich zu sein. Wichtiger ist vielmehr, daß bei verzögerter Rückmeldung gedehnt gesprochen wird. Eine gedehnte Sprechweise kann im Prinzip auch ohne technische Hilfsmittel gelernt werden und hat auch dann ein mehr oder weniger flüssiges Sprechen zur Folge. Flüssiges Sprechen kann außerdem mit anderen ungewöhnlichen Sprechweisen erzielt werden, etwa einer besonders starken Betonung (die i.a. mit einer Verlangsamung einhergeht), der Verwendung besonders deutlicher Gebärden oder dem gemeinsamen Lesen eines Textes, wobei der zweite Leser ebenfalls ein Stotterer sein kann.
Eine sehr bekannte Variante der ungewöhnlichen Sprechweisen ist das metrische Sprechen. Als Hilfe beim Erlernen kann ein Metronom verwendet werden; als Hilfe für den Einsatz im Alltag kommt ein Haptometronom in Frage, das unauffällig in der Hand gehalten werden kann. Ein Problem beim Einsatz des metrischen Sprechens im Alltag ist jedoch, daß es von den Stotterern gelegentlich als sozial auffälliger erlebt wird als das Stottern selbst.
Es ist keineswegs klar, warum die ungewöhnlichen Sprechweisen das Stottern so stark vermindern. Eine einfache Hypothese ist, daß sie andere Koordinationsmuster erfordern als normales Sprechen; eine Störung des normalen Sprechens impliziert ja keineswegs, daß andere Koordinationen der Artikulatoren ebenfalls gestört sein müssen. Diese Hypothese macht verständlich, daß das stotterfreie ungewöhnliche Sprechen nur recht geringen Nutzen für das normale Sprechen bringt.
Neben den ungewöhnlichen Sprechweisen gibt es weitere Techniken, mit denen Stotterer die Koordinationsprobleme überwinden können. Eine dieser Techniken ist die «Anlauttechnik». Dabei wird der schwierigen Silbe – Stotterer können die kritischen Stellen, an denen sie stottern werden, generell gut antizipieren – ein stimmloses «h» vorangestellt oder auch ein kurzer Stimmlaut wie «e», «w» oder «m». Zur Übung kann der Laut anfangs übertrieben werden und erst allmählich abgeschwächt. Varianten desselben Prinzips sind stimmlose Lippenbewegungen, ganze Wörter, gesummte Töne usw. vor den kritischen Stellen. Die Wirkung dieser Methoden kommt möglicher-

weise dadurch zustande, daß die Artikulatoren in eine für das Aussprechen des schwierigen Lautes geeignete und wohldefinierte Ausgangsstellung gebracht werden (vgl. Kapitel 26 in Band 1, Abbildung 3).

Sprechhilfen werden nicht nur bei der Behandlung des Stotterns eingesetzt, sondern sie werden auch selbständig von Stotterern entdeckt. Dabei kann es zu Formen «abergläubischen Verhaltens» kommen, etwa zu bestimmten Bewegungen beim Sprechen, die vielleicht zeitweilig eine Wirkung als Sprechhilfe besaßen, auf die Dauer aber die soziale Auffälligkeit des Stotterns eher vergrößern. Bei der Suche nach Möglichkeiten flüssigen Sprechens können auch sehr ungünstige Sprechweisen wie das Sprechen während des Einatmens eingeübt werden. Solche Begleitsymptome des Stotterns können spezielle Übungen erforderlich machen.

4. Literatur

Azrin, N.H. & Nunn, R.G. (1973). Habit reversal: A method of eliminating nervous habits and tics. *Behavior Research and Therapy, 11,* 619-628.

Azrin, N.H., Nunn, R.G. & Frantz, S.E. (1980). Habit reversal vs. negative practice treatment of nervous tics. *Behavior Therapy, 11,* 169-178.

Brunn, R.D., Shapiro, A.K., Shapiro, E., Sweet, R., Wayne, H. & Solomon, G.E. (1976). A follow-up of 78 patients with Gilles de la Tourette's syndrome. *American Journal of Psychiatry, 133,* 944-947.

Conners, C.K. & Wells, K.C. (1986). *Hyperkinetic children: A neuropsychosocial approach.* London: Sage.

Crisp, A.H. & Moldofsky, H. (1965). A psychosomatic study of writer's cramp. *British Journal of Psychiatry, 111,* 841-858.

Dunlap, K. (1944). Stammering: Its nature, etiology and therapy. *Journal of Comparative Psychology, 37,* 187-202.

Eisert, H.G. & Eisert, M. (1982). Verhaltenstherapeutische und pädagogische Ansätze beim hyperkinetischen Syndrom. In H.C. Steinhausen (Hrsg.), *Das konzentrationsgestörte und hyperaktive Kind* (S. 144-165). Stuttgart: Kohlhammer.

Feldenkrais, M. (1949). *Body and mature behaviour.* Tel Aviv: ALEF.

Feldman, R.B. & Werry, J.S. (1966). An unsucessful attempt to treat a tiqueur by massed practice. *Behavior Research and Therapy, 4,* 111-117.

Ferguson, D. & Duncan, J. (1974). Keyboard design and operating posture. *Ergonomics, 6,* 731-744.

Fiedler, P. & Standop, R. (1986). *Stottern. Ätiologie-Diagnose-Behandlung.* München: Urban & Schwarzenberg.

Finney, J.W., Rapoff, M.A., Hall, C.L. & Christophersen, E.R. (1983). Replication and social validation of habit reversal treatment for tics. *Behavior Therapy, 14,* 116-126.

Grassick, G.P. (1979). The rapid treatment of a case of writer's cramp using band-aid biofeedback. *Journal of Behavior Therapy and Experimental Psychiatry, 10,* 87-88.

Günther, W. (1980). *Untersuchungen zur Wirksamkeit mentaler Trainingsverfahren grobmotorischer Bewegungen bei der Rehabilitation zentralmotorisch Behinderter.* Dissertation, Tübingen.

Günther, W. & Gruber, H. (1983). Psychomotorische Störungen bei psychiatrischen Patienten als mögliche Grundlage neuer Ansätze in Differentialdiagnostik und Therapie. I. Ergebnisse erster Untersuchungen an depressiven und schizophrenen Kranken. *Archiv für Psychiatrie und Nervenkrankheiten, 233,* 187-209.

Harris, L.J. (1980). Left-handedness: Early theories, facts, and fancies. In J. Herron (Ed.), *Neuropsychology of left-handedness* (pp. 3-78). New York: Academic Press.

Heuer, H. (1983). *Bewegungslernen.* Stuttgart: Kohlhammer.

Heuer, H. (1985). Wie wirkt mentale Übung? *Psychologische Rundschau, 36,* 191-200.

Mulder, T. (1985). *The learning of motor control following brain damage: Experimental and clinical studies.* Lisse: Swets & Zeitlinger.

Reavley, W. (1975). The use of biofeedback in the treatment of writer's cramp. *Journal of Behavior Therapy and Experimental Psychiatry, 6,* 335-338.

Turpin, G. (1983). The behavioural management of tic discorders: A critical review. *Advances in Behaviour Research and Therapy, 5,* 203-245.

Wehner, T., Hübner, H. & Stadler, M. (1982). Die Anwendung interpersoneller Biosignalverarbeitung für die Rehabilitation. *Bremer Beiträge zur Psychologie, 16.*

Wolf, S.L. (1983). Electromyographic biofeedback applications to stroke patients: A critical review. *Physical Therapy, 9,* 1448-1455.

Yates, M.J. (1970) Tics. In C.G. Costello (Ed.), *Symptoms of Psychopathology* (pp. 320-335). New York: Wiley.

9. Gedächtnis: Intervention

Uwe Schuri

1. Einleitung

Störungen von Lern- und Gedächtnisleistungen zählen zu den häufigsten Folgen von Hirnschäden unterschiedlicher Ätiologie (vgl. Wilson, 1987). Sie können erhebliche Behinderungen im Alltag bedingen, bis hin zum völligen Verlust der selbständigen Lebensführung. Im Rahmen der neuropsychologischen Rehabilitationsforschung ist der Entwicklung und Überprüfung effizienter psychologischer Interventionsstrategien in diesem Problembereich in den vergangenen 15 Jahren besondere Aufmerksamkeit gewidmet worden, wobei die wichtigsten Impulse aus der kognitiven Psychologie und der Verhaltenspsychologie kamen. Zunächst wurde vorwiegend versucht, die beeinträchtigten Gedächtnisleistungen amnestischer Patienten mit Hilfe solcher Methoden zu verbessern, deren gedächtnisfördernde Wirkung bei gesunden Menschen bekannt ist. In den letzten Jahren werden darüber hinaus zunehmend Erkenntnisse der klinischen Forschung über erhaltengebliebene Gedächtniskomponenten amnestischer Patienten therapeutisch genutzt. Ferner ist ein Bemühen um Steigerung der Alltagsrelevanz der Therapie erkennbar.

Im folgenden Kapitel sollen die z.Z. diskutierten psychologischen Interventionsmethoden bei der Therapie organischer Amnesien, d.h. durch eine Hirnschädigung bedingter Lern- und Gedächtnisstörungen, dargestellt werden. Zu pharmakologischen Therapieansätzen vgl. z.B. Cooper (1984) oder Feeney und Sutton (1987).

Der Klassifikation von Klimesch (vgl. Kapitel 9 in Band 1) folgend, handelt es sich bei den organischen Amnesien um Störungen vom «Typ A», bei denen die Einspeicherung neuer Informationen ins Langzeitgedächtnis ein zentrales Problem darstellt. Klimesch unterscheidet sie von dissoziativen Amnesien, wie sie z.B. durch emotions-, schock- oder drogenbedingte Hemmungsprozesse hervorgerufen werden. Bei diesen funktionellen Störungen vom «Typ B», die primär im Rahmen psychiatrischer oder neurotischer Krankheitsbilder beobachtbar sind, besteht die Schwierigkeit im Auffinden bzw. Abrufen bereits gespeicherter (v.a. autobiographischer) Informationen. In vielen Fällen kehrt die Erinnerung ohne spezifische Intervention innerhalb weniger Tage zurück, in anderen können Methoden wie Hypnose, freies Assoziieren und Traumdeutung helfen, «blockierte» Gedächtnisinhalte wieder bewußt zu machen. Dissoziative Amnesien sind im Vergleich zu denen vom «Typ A» sehr selten. Auf sie soll hier daher nicht weiter eingegangen werden (nähere Informationen finden sich z.B. bei Kihlstrom & Evans, 1979).

2. Interventionsziele

Die Patienten selbst und ihre Angehörigen beobachten in der Anfangsphase nach einer Hirnschädigung, z.B. nach einem Schädelhirntrauma, eine allgemeine Verbesserung ihrer Gedächtnisleistungen. Sie erwarten in der Therapie eine Unterstützung dieses Vorgangs der *Wiederherstellung ursprünglicher Fähigkeiten*. Die Praxis zeigt jedoch, daß dies nur in sehr begrenztem Umfang möglich ist. Das Forschungsinteresse konzentrierte sich in Folge dessen bis Mitte der 80-er Jahre auf die *Kompensation gestörter Gedächtnisleistungen durch Einsatz zuvor nicht benutzter Strategien der Informationsverarbeitung*. In den meisten hierzu durchgeführten Studien bleibt jedoch der Alltagsbezug der Methoden fraglich. Zudem fehlen empirische Belege für das Erreichen des explizit formulierten oder impliziten Zieles: Der Anwendung und Generalisation der erlernten kognitiven Strategien im Alltag.

Diese Sachlage hat einige Autoren dazu bewogen, das Ziel tiefer anzusetzen und sich in der Therapie ganz auf das *Training spezifischen*

Wissens (wie z.B. die Bedienung eines Computers, vgl. Kapitel 3.5) zu konzentrieren (Schacter & Glisky, 1986), ohne dabei eine allgemeine Steigerung der Lern- und Merkfähigkeit anzustreben. Das Ziel anderer neuer Therapieansätze, wie z.B. von Wilson (1987, 1989) ist ein *möglichst störungsfreier Alltagsablauf unter Nutzung aller verfügbaren Ressourcen*. Dabei nehmen therapeutische Veränderungen der Umwelt und der systematische Einsatz externer Gedächtnishilfen, wie Terminkalender oder Erledigungslisten, eine zentrale Stellung ein. Darüber hinaus wird den früher vernachlässigten (aber besonders alltagsrelevanten) prospektiven d.h. auf die Zukunft gerichteten Gedächtnisleistungen besondere Beachtung geschenkt (Sohlberg & Mateer, 1989a).

In der praktischen Arbeit mit Patienten werden zur *Definition individueller Therapieziele* spezifische diagnostische Informationen benötigt. Auf eine ausführliche Darstellung dabei zu berücksichtigender Einzelaspekte wird hier verzichtet (vgl. hierzu Klimesch, Kapitel 9 in Band 1 und Schuri, 1988). Es sollen jedoch an dieser Stelle einige häufig vernachlässigte Gesichtspunkte hervorgehoben werden:

- Gedächtnisstörungen treten je nach Ausmaß der Schädigung gedächtnisrelevanter Hirnstrukturen in unterschiedlichen Schweregraden auf. Diese reichen von minimalen Leistungseinbußen, die sich testmäßig nur schwer objektivieren lassen, bis hin zu schwersten Störungen, wie sie beim sog. amnestischen Syndrom (vgl. z.B. Hirst, 1982) beobachtbar sind. Die Therapieforschung hat sich bislang bevorzugt mit den schweren Amnesien beschäftigt, die jedoch nur bei einem kleinen Prozentsatz der Patienten vorliegen, mit denen sich der Kliniker in in der Praxis konfrontiert sieht.
- Die meisten der hier anzutreffenden Patienten haben weniger ausgeprägte Gedächtnisstörungen, weisen dafür jedoch häufig zusätzlich andere neuropsychologische Defizite (wie Störungen der Wahrnehmung, der Aufmerksamkeit oder des Textverständnisses) auf, die für die Gedächtnistherapie relevant sind. Eine Schlüsselvariable für die realistische Zielsetzung dürfte dabei die *Fähigkeit des Patienten zur Einsicht in vorhandene Störungen und zur adäquaten Bewertung ihrer Auswirkungen im Alltag* darstellen. Patienten, denen relevante Beeinträchtigungen ihrer Lern- und Gedächtnisleistungen nicht bewußt sind, zeigen nur eine geringe Therapiemotivation und setzen kompensatorische Gedächtnisstrategien im Alltag nicht systematisch ein.
- Die Diagnostik sollte neben den gestörten Gedächtnisfunktionen auch erhaltengebliebene Fähigkeiten (z.B. implizite Lernleistungen; vgl. Klimesch, Kapitel 27 in Band 1) erfassen.
- Eine alltagsorientierte Therapie setzt ein differenziertes Wissen über die Gedächtnisanforderungen und -probleme im täglichen Leben des Patienten voraus. Gegenwärtig verfügbare standardisierte Tests bieten aufgrund mangelnder ökologischer Validität hierzu keine ausreichende Beurteilungsgrundlage. Daher sollten sie durch verhaltenspsychologische Meßtechniken (wie Verhaltensbeobachtungen in Alltagssituationen, Checklisten u.a.) ergänzt werden (vgl. z.B. Goldstein, 1984; Wilson, 1987, S. 61–74).

3. Interventionsmethoden

3.1 Klassifikation

Ausgehend von den im vorangegangenen Abschnitt dargestellten allgemeinen Therapiezielen (Wiederherstellung, Kompensation durch Strategien der Informationsaufnahme, Erwerb alltagsrelevanten Wissens, möglichst störungsfreier Alltagsablauf) lassen sich die Interventionsmethoden grob klassifizieren in:

- Methoden, die der Reduktion von Anforderungen an das Gedächtnis dienen und
- Methoden die auf eine Verbesserung von Gedächtniskomponenten abzielen.

Die folgende Darstellung von Interventionsmethoden orientiert sich an diesem Schema.

3.2. Veränderungen der Umwelt und externe Gedächtnishilfen

Eine der naheliegendsten Möglichkeiten, gedächtnisbedingte Probleme im Alltag zu vermeiden, besteht darin, die Anforderungen an das Gedächtnis zu reduzieren und somit dem

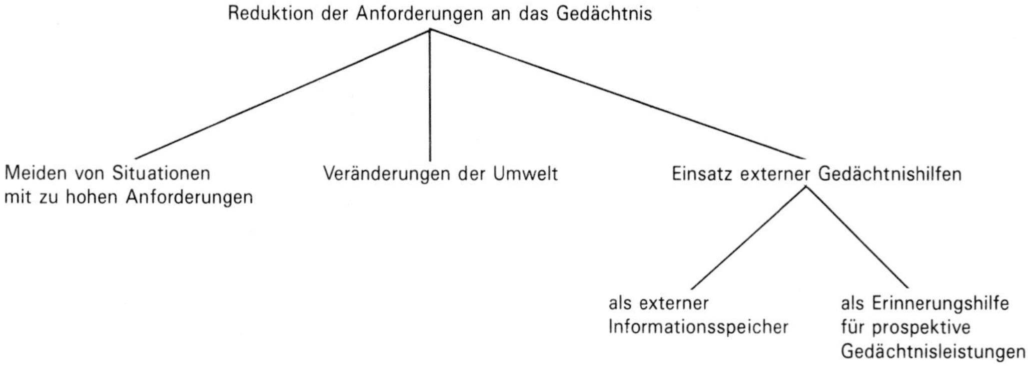

Abbildung 1: Strategien und Methoden zur Entlastung des Gedächtnisses

verminderten Leistungsniveau anzupassen (vgl. Abbildung 1). Dabei sind zunächst Situationen zu erfassen, in denen aufgrund zu hoher Gedächtnisanforderungen ein Versagen bzw. deutliche Mißerfolgserlebnisse absehbar sind. Wenn möglich, sollten solche Situationen gemieden werden.

Eine andere Methode der Reduktion von Gedächtnisanforderungen ist die optimale Gestaltung der Umwelt des Patienten. Beispiele hierfür sind die Aufbewahrung von Dingen an festgelegten Orten (möglichst dort, wo sie auch gebraucht werden), sowie das Anbringen von Aufschriften und Hinweisschildern. Auch das verbale Verhalten Gedächtnisgestörten gegenüber ist in diesem Zusammenhang zu beachten. Es kann z.B. durch zu hohe Informationsfülle eine Überforderung entstehen.

Eine weitere Möglichkeit der Reduktion von Gedächtnisanforderungen im Alltag besteht im Einsatz externer Gedächtnishilfen zur kurz- und längerfristigen Speicherung von Informationen sowie als Erinnerungshilfen für Vornahmen. Als kurzfristiger *externer Informationsspeicher* sind sie bei Störungen des Arbeitsgedächtnisses (d.h. Problemen beim gleichzeitigen Halten und Verarbeiten von Informationen) von Bedeutung. Hier geht es darum, Zwischenschritte von Handlungs- bzw. Arbeitsabläufen festzuhalten (z.B. bei komplexen Rechnungen), die sonst durch zwischengeschaltete Aktivitäten vergessen würden. Sie dienen ferner dazu, Informationen im Überblick zu behalten, die bei der Bearbeitung einer Aufgabe berücksichtigt werden sollen oder die Grundlage eines Entscheidungsprozesses sind.

Längerfristig werden Informationen in Form von Erledigungslisten, Gesprächsnotizen, Skizzen etc. extern gespeichert, um bei Bedarf einen sicheren Zugriff auf sie zu haben. Diese Hilfen sind bei Störungen der Aufnahme, des längerfristigen Behaltens bzw. des Abrufs neuer Informationen sowie des Altgedächtnisses unverzichtbar. Von praktischer Bedeutung sind in diesem Zusammenhang z.B. die systematische Zusammenstellung berufsrelevanten Wissens (Fachausdrücke, Arbeitsabläufe etc.) oder biographischer Ereignisse (wie der Krankengeschichte) bei Störungen domänspezifischen Wissens bzw. des autobiographischen Gedächtnisses.

Besondere Bedeutung haben externe Hilfen als *Erinnerungshilfen bei prospektiven Gedächtnisleistungen* wie dem Erinnern von Terminen und Vornahmen. Dem Gesunden liefern sie dabei in der Regel nur einen Hinweis auf intern gespeicherte Informationen. Gedächtnisgestörte Patienten vergessen dagegen zumeist nicht nur, daß sie etwas tun wollten, sondern auch *was* sie sich vorgenommen haben. Welche *Kriterien für wirksame externe Hilfen gibt es?* Zunächst einmal sollten sie so einfach wie möglich zu handhaben sein und dennoch einen hohen Grad an Sicherheit bieten. Dies bedeutet, daß sie sowohl auf das Leistungsprofil des Patienten als auch auf seine spezifischen Gedächtnisanforderungen im Alltag abgestimmt sein müssen.

Nach Harris (1984a, b) sind für externe Hilfen zum Erinnern an Termine und Vornahmen u.a. die folgenden Merkmale wünschenswert:

- Sie sollten «aktiv» (wie das Alarmzeichen

> Kasten 1
> *Training des Gebrauchs eines «Gedächtnisbuches» (Sohlberg & Mateer, 1989b)*
>
> Sohlberg und Mateer trainierten einen Patienten mit schweren Gedächtnisstörungen und anderen kognitiven Defiziten (Störungen der Aufmerksamkeit, unterdurchschnittiche Intelligenz) im Gebrauch eines «Gedächtnisbuches». Dabei griffen sie auf Methoden zur Fertigkeitsvermittlung bei schwer behinderten Kindern zurück. Bei Aufnahme des Trainings, 1 Jahr nach einem schweren Schädelhirntrauma, war der 19jährige Patient völlig abhängig von seiner Familie und bedurfte einer ganztägigen Supervision. Das täglich durchgeführte Training, das in ein umfassendes Rehabilitationsprogramm eingebettet war, bestand aus einem 3-stufigen hierarchischen Programm: In einer *Akquisitionsphase* erlernte er zunächst die Bedeutung der einzelnen Sektionen seines Buches (Orientierung, Gedächtnis-Tagebuch, Kalender, Erledigungen, Transport) sowie das Abfassen von Eintragungen. In der sich anschließenden *Applikationsphase* lernte er (u.a. im Rollenspiel), wann und wo Eintragungen ins Buch zu machen waren. In der abschließenden *Adaptationsphase* wurde der selbständige Einsatz des Buches im Alltag trainiert und geprüft. Während des Trainings erhielt der Patient ein unmittelbares Feedback über seine Leistungen und abgestufte Hilfen. Für jeden der 3 Trainingsabschnitte wurden spezifische Leistungsziele unter Berücksichtigung von Güte- und Stabilitätskriterien operational definiert, nach deren Erreichen zur nächsten Phase übergegangen wurde (z.B. bestand das Ziel für die Akquisitionsphase in 100% richtigen Antworten auf festgelegte Fragen zum Gedächtnisbuch an 5 aufeinanderfolgenden Tagen). Es dauerte insgesamt 6 Monate, bis der Patient in der Lage war, das Gedächtnisbuch systematisch und selbständig einzusetzen. Die testpsychologisch ermittelten kognitiven Leistungen hatten sich in diesem Zeitraum mit Ausnahme leicht verbesserter Aufmerksamkeitsleistungen nicht wesentlich verändert. Der Patient führte jedoch ein weitgehend selbständiges Leben. Die Autoren vermuten, daß die erworbene Fertigkeit hierfür eine entscheidende Rolle spielte (Sohlberg & Mateer, 1989a, S. 170). Das Buch wurde auch 6 Monate nach Beendigung des Trainings noch systematisch eingesetzt.

einer Uhr) und nicht «passiv» (z.B. Notiz auf einem Zettel) sein.
- Die Erinnerung sollte möglichst unmittelbar vor dem Zeitpunkt erfolgen, zu dem eine Handlung erforderlich ist.
- Schließlich sollte die Hilfe möglichst spezifisch sein. Der Knoten im Taschentuch, welcher bei seinem zufälligen Auffinden nicht preisgibt, woran er uns erinnern soll, berücksichtigt keines dieser Kriterien. Die Benutzung eines akustischen Alarmzeichens in Kombination mit einer spezifischen schriftlichen Information in einem Heft, stellt dagegen eine gute Kombination dar.

Externe Gedächtnishilfen sind in der Literatur über lange Zeit zugunsten interner Strategien vernachlässigt worden. Dies geschah völlig zu unrecht, da sie relativ sichere Methoden zur Vermeidung gedächtnisbedingter Probleme im Alltag darstellen. Voraussetzung hierfür ist allerdings, daß geeignete Methoden ausgesucht werden und ihre Anwendung systematisch trainiert wird. Als ein gutes Beispiel für ein solches Training kann der Fallbericht von Sohlberg und Mateer (1989b; vgl. auch Sohlberg & Mateer, 1989a) gelten (vgl. Kasten 1). Externe Hilfen sind im gesamten Spektrum der Störungsgrade anwendbar, wobei ihre relative Bedeutung jedoch mit ansteigendem Schweregrad der Gedächtnisstörung zunimmt. Sie können, wie unser Fallbeispiel zeigte, auch bei schwersten Gedächtnisstörungen ein hohes Maß an Autonomie im Alltag gewährleisten.
Externe Hilfen stoßen jedoch häufig auf Widerstand der Patienten (und ihrer Angehörigen), die anstelle solcher «Prothesen» eine Wiederherstellung der früheren Gedächtniskapazitäten wünschen (vgl. Abschnitt 2). Sie möchten ihr Gedächtnis nicht durch lästige, in ihren Augen demnächst wieder entbehrliche Strategien entlasten, sondern den vermeintlich fortdauernden Gesundungsprozeß durch mentale Übungen unterstützen. Die Bereitschaft zum Einsatz externer Hilfen nimmt erst dann deutlich zu, wenn ein persistierendes Restdefizit zu wiederholten «Gedächtnispannen» im Alltag geführt hat. Es ist daher in den frühen Phasen wichtig, den Patienten klarzumachen, daß es keine Belege dafür gibt, daß die Benutzung externer Hilfen die Normalisie-

rung ihrer Gedächtnisfunktionen behindert. Vielmehr ist eher ein positiver Effekt zu erwarten.

Vorbehalte gegen den «bedingungslosen» Einsatz externer Hilfen sind häufig auch auf Seiten der Therapeuten spürbar. Für sie stellt die Vermittlung kompensatorischer interner Strategien eine größere intellektuelle Herausforderung und damit die interessantere Tätigkeit dar. Wichtige Voraussetzungen für den erfolgreichen Einsatz externer Hilfen sind somit die Akzeptanz dieser Methode durch den Patienten, seine Angehörigen und den Therapeuten, die Auswahl geeigneter Hilfen sowie das systematische Training ihres Einsatzes.

3.3 Training von Strategien der Informationsverarbeitung

Wir wissen, daß es gesunden Personen möglich ist, ihre Gedächtnisleistungen durch die Anwendung bestimmter Strategien der Aufnahme und des Abrufs von Informationen zu verbessern (vgl. Wippich, 1984). Der Versuch, die erhaltenen Kapazitäten gedächtnisgestörter Patienten mit Hilfe solcher oder abgewandelter (auf ihre speziellen Bedürfnisse zugeschnittener) Techniken optimal zu nutzen, stellt einen Schwerpunkt der Therapieforschung dar. Für eine genaue Beschreibung solcher «internen» Gedächtnishilfen vgl. z.B. Moffat (1984).

Angewendet werden diese Strategien hauptsächlich in zwei Bereichen: Zum einen beim Lernen und Erinnern von (vorwiegend verbalen) Einzelinformationen und zum anderen bei der Verarbeitung von Texten. Als theoretischer Bezugsrahmen bieten sich dabei gedächtnispsychologische Modelle an, welche die Bedeutung von Verarbeitungsprozessen betonen, wie der «levels of processing»-Ansatz (Craik & Lockhart, 1972; Craik & Jacoby, 1979), dem zufolge eine «tiefe» semantische und elaborierte Verarbeitung zu besonders guten Gedächtnisleistungen führt. Ausgehend von solchen Theorien läßt sich einerseits prüfen, ob ineffiziente Strategien eingesetzt werden bzw. ob ein optimaler Umgang mit dem Material zu verbesserten Gedächtnisleistungen führt sowie andererseits, ob diese effizienteren Strategien erlernt und im Alltag eingesetzt werden.

Amnesien wurden in älteren Theorien als Folge von Störungen der Informationsaufnahme (Enkodierung), der Speicherung (Konsolidierung) oder des Abrufs von Informationen («retrieval») betrachtet. In der Folgezeit sind jedoch die Interaktionen zwischen diesen Prozessen der Informationsverarbeitung hervorgehoben geworden (vgl. z.B. Salmon & Butters, 1987). Amnestische Patienten scheinen besondere Probleme beim Behalten episodischer Informationen zu haben. Dabei handelt es sich um persönliche Erlebnisse und ihre zeitlich-kontextuelle Einordnung (vgl. Kli-

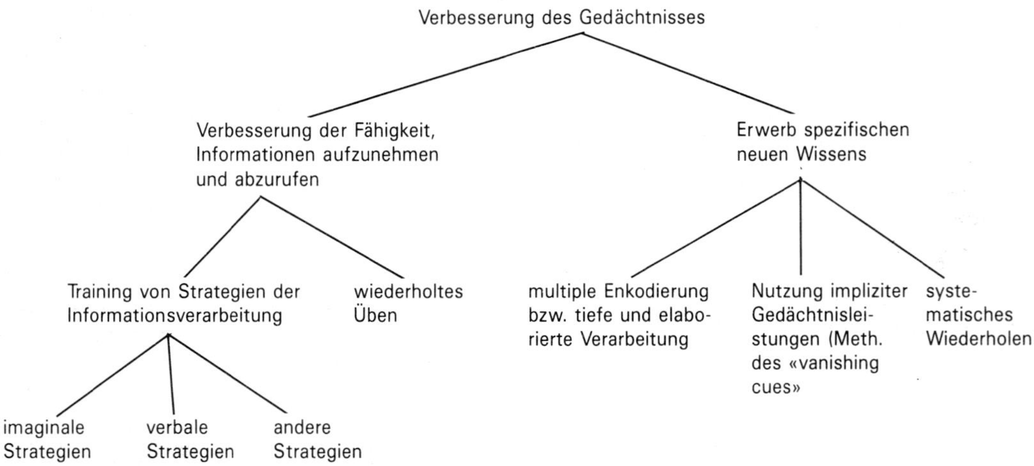

Abbildung 2: Ziele und Methoden beim Versuch der Verbesserung von Gedächtniskomponenten

mesch, Kapitel 27 in Band 1). Im Gegensatz zu Gesunden wird die zeitlich-kontextuelle Information bei ihnen vermutlich nicht automatisch mit abgespeichert. Dadurch ergeben sich Probleme beim Erinnern des Erlebten, weil es nicht über Kontextmarkierungen abgerufen werden kann. Diese Zusammenhänge sind auch beim Training zu berücksichtigen: In der Lernsituation sollte der Patient die für den Abruf benötigten Kontextinformationen bewußt mitlernen. Darüber hinaus erscheint es sinnvoll, neue Informationen in möglichst vielfältiger Weise mit vorhandenem Wissen zu verknüpfen. Je stärker diese Vernetzung ist, umso schneller und sicherer sollte vor dem Hintergrund moderner Netzwerkmodelle (vgl. Klimesch, 1988) der Abruf gelingen.

In einer Reihe von Forschungsarbeiten ist der gedächtnisfördernde Effekt *verbaler Strategien* bei gedächtnisgestörten Patienten erprobt worden. Zu den Techniken, die zum Einprägen/Erinnern mehrerer isoliert nebeneinanderstehender Informationen herangezogen werden, zählen

- die Organisation nach klanglichen oder semantischen Gesichtspunkten («cluster»-Bildung, z.B. Ordnen einer Einkaufsliste nach Obst, Molkereiprodukten etc.)
- ihre Einbindung in Sätze, Reime oder Geschichten
- die Verknüpfung zweier Wörter durch einen verbalen «Mediator» (z.B. Benutzung der «Brücke» Hand beim Lernen des Paares Uhr – Handschuh) sowie
- der Gebrauch von Anfangsbuchstaben und Abkürzungen als Abrufhilfe (sind z.B. die Initialien von Namen bewußt mitgelernt worden, so kann bei später auftretenden Abrufproblemen das Alphabet systematisch nach diesen Erinnerungshilfen abgesucht werden. Abkürzungen wie «BAFÖG» (*B*undes-*A*usbildungs-*F*örderungsgesetz) können die Erinnerung an komplexe Sachverhalte erleichtern).

Teilweise werden verbale Strategien auch mit visuellen Vorstellungen kombiniert. Von verschiedenen Autoren wurden einander sich ähnelnde Techniken zur Verbesserung der Gedächtnisleistungen für Textinformationen beschrieben. Es handelt sich um Varianten der PQRST-Technik (siehe Kasten 2) von Robinson (1970). Danach verschafft man sich zunächst einen Überblick (Preview), formuliert daraufhin Fragen zum Text (Question), liest ihn anschließend sorgfältig (Read), wiederholt den Inhalt (State) und überprüft sich schließlich anhand der gestellten Fragen (Test). Der erste Literaturbericht über die erfolgreiche Anwendung dieser Technik bei Ge-

Kasten 2

Fallbeispiel zur Anwendung der PQRST-Technik (Glasgow, Zeiss, Barrera & Lewinsohn, 1977)

Eine 22jährige Studentin litt 3½ Jahre nach einem schweren Schädelhirntrauma (bei hoher Intelligenz im Wechsler-Test) unter Schwierigkeiten, sich Unterrichtsstoff zu merken. Im Rahmen der Therapie wurden während einer zweiwöchigen Baseline-Periode zunächst ihre Behaltensleistungen für kurze gehörte und gelesene Texte ermittelt. Bewertet wurde dabei die freie Reproduktion von Hauptgesichtspunkten und wichtigen Details sowie die Beantwortung textbezogener multiple-choice Fragen (Rekognition). Die Tests erfolgten unmittelbar nach Darbietung, am Ende der Sitzung, nach 24 Stunden sowie nach einer Woche. Dabei zeigte sich, daß ihr zentrales Problem im längerfristigen Behalten lag (unmittelbar nach der Darbietung wurden 88%, am Ende der Sitzung 54% und nach einer Woche nur noch 8% der Hauptgesichtspunkte frei erinnert). Nach dieser Testphase wurde die Wirkung zweier Behandlungsstrategien untersucht. Eine bestand im mehrfachen Wiederholen der Information («rehearsal») bei der anderen handelte es sich um eine leicht modifizierte PQRST-Technik (die P- und Q-Phase wurden kombiniert; es wurden Standardfragen vorgegeben). In 4 Sitzungen wurden je 3 Texte bearbeitet, wobei die Strategien in balancierter Abfolge zur Anwendung kamen. Unter den abhängigen Variablen befand sich neben den Kennwerten der Baseline-Periode auch die Bearbeitungszeit. Die PQRST-Technik erwies sich dem «rehearsal» als deutlich überlegen und dieses wiederum der in der Baseline-Periode benutzten Strategie. Im Anschluß an diese Therapiephase wurde die Anwendung der PQRST-Technik beim Lesen von Zeitungsartikeln außerhalb der Klinik untersucht. Als abhängige Variable diente hier die Selbsteinschätzung der erzielten Leistung. Auch unter diesen Bedingungen zeigte sich der gedächtnisfördernde Effekt der PQRST-Methode. Die Autoren weisen allerdings auf den erhöhten Zeitbedarf dieser Strategie hin.

dächtnisgestörten stammt von Glasgow, Zeiss, Barrera und Lewinsohn (1977).
Wilson (1987) konnte nachweisen, daß der gedächtnisfördernde Effekt der Methode nicht allein durch eine erhöhte Bearbeitungszeit bedingt ist.
Wenn das einfache Wiederholen neuer Informationen in den gerade zitierten Arbeiten auch nur geringe Effekte bewirkte, so kann ein systematisches Wiederholen nach einem optimalen zeitlichen Ablauf doch eine durchaus wirksame zusätzliche Hilfe beim Lernen darstellen (Schacter, Rich & Stampp, 1985).
Die überwiegende Zahl vorliegender Therapiestudien untersucht den Effekt *bildhafter Vorstellungen* («visual imagery») auf Lern- und Gedächtnisleistungen. Pavios *duale Kodierungstheorie* dient dabei als theoretische Grundlage (Pavio, 1971, 1986). Durch das Training einer «doppelten» Abspeicherung (verbal und bildhaft) können die Vorzüge bildhafter Repräsentation genutzt werden. Hieraus ergeben sich auch zusätzliche Möglichkeiten für den Informationsabruf. Als Beispiel für die Untersuchung des Effektes bildhafter Vorstellungen auf Gedächtnisleistungen für verbale Informationen ist in Kasten 3 die Studie von Howes (1983) dargestellt.
Einzelinformationen können in ein Bild integriert werden, wodurch eine Vielzahl zunächst isolierter Informationen überschaubar gemacht wird. Sie lassen sich auch in eine Bilderreihe bringen, und erleichtern dadurch das Erinnern einer Abfolge. Dies Prinzip wird beispielsweise in der «Loci-Methode» (Methode der Orte) angewandt, bei der die zu erlernen-

Kasten 3
Gruppenstudie zum Effekt von selbst- und fremdgenerierten Bildern auf das Lernen und Behalten von Wort-Paarassoziationen (Howe, 1983)

Fragestellung: Untersucht wurde, ob Korsakow-Patienten beim Lernen und Behalten von Wortpaar-Assoziationen in unterschiedlicher Weise von selbst-generierten bildhaften Vorstellungen bzw. von durch den Untersucher vorgegebenen Bildern profitieren.

Patientenbeschreibung: An der Untersuchung nahmen 11 männliche stationär behandelte Patienten mit Korsakow-Psychose teil, die unter schweren Gedächtnisstörungen (gemäß Wechsler Memory Scale und anderen Tests) litten sowie 11 nicht hospitalisierte Alkoholiker, die mindestens seit einem Monat abstinent waren und keine auffälligen Gedächtnisdefizite zeigten. Es wurde versucht, die Patientengruppen hinsichtlich der Variablen Alter, Bildung, Kapazität des Kurzzeitgedächtnisses und Intelligenz zu parallelisieren.

Behandlungsform: Es wurden zwei Behandlungsformen verglichen: Während beider erhielten die Teilnehmer zunächst explizite Instruktionen und Anleitungen zum Gebrauch bildhafter Vorstellungen beim Lernen, dem ein kurzes Training mit 4 Wortpaaren folgte.

Hierbei und während des sich anschließenden Tests präsentierte und beschrieb unter der ersten Experimentalbedingung der Untersucher Bilder, auf denen die zwei zu assoziierenden Objekte miteinander interagierend dargestellt waren. Unter der zweiten Bedingung mußten die Patienten selbständig eine Vorstellung generieren, zeichnen und beschreiben.

Versuchsplan: Alle 22 Patienten durchliefen an aufeinanderfolgenden Tagen innerhalb einer Woche 5 Untersuchungsbedingungen. Für je 5 Personen aus beiden Patientengruppen lautete deren Abfolge: a) Initiale Baseline, b) fremdgenerierte Vorstellungen, c) Kontrolle, d) selbstgenerierte Vorstellungen, e) Kontrolle. Bei den restlichen Patienten war die Abfolge der Phasen b) und d) umgekehrt. Unter Baseline-(Kontroll-) Bedingungen erhielten die Teilnehmer keine spezifische Instruktion zum Vorgehen beim Lernen.

Abhängige Variablen: Während jeder der zwei Experimental- und drei Kontrollphasen wurden zwölf Wortpaar-Assoziationen nach der Lern-Prüfmethode gelernt. Abhängige Variablen waren die Behaltensleistungen (freies Erinnern und Rekognition) nach 15 Minuten und nach 24 Stunden.

Ergebnis/Bilanz: Beide Strategien (sowohl die selbst- als auch die fremd-generierten Bilder) führten bei Korsakow-Patienten zu deutlich besseren Behaltensleistungen als das Lernen ohne spezifische Instruktion. Dabei erwiesen sich die vom Untersucher präsentierten Bilder noch als geringfügig wirksamer. Über die drei Kontrolluntersuchungen hinweg ergaben sich jedoch keine signifikanten Verbesserungen (kein «carry over»), wie es bei den Alkoholikern beobachtet wurde.

den Informationen an genau festgelegten Punkten entlang eines mental repräsentierten bekannten Weges (z.B. dem Weg zur Arbeit) «abgelegt» werden. Möchte man sich z.B. merken, zunächst zur Post zu gehen und anschließend Getränke zu kaufen, so kann man sich vorstellen, daß am ersten Wegpunkt (sagen wir der Haustür) eine riesige Briefmarke klebt und am zweiten (z.B. der Bushaltestelle) eine große im Weg stehende Flasche Limonade das Einsteigen erschwert. Bildhafte Vorstellungen werden auch beim Lernen von Gesichter-Namen-Assoziationen angewandt. Dabei wird zunächst der Name in ein Bild transponiert (z.B. Herr Vogel: Bild eines Vogels), das anschließend mit einem charakteristischen Aussehensmerkmal der Person (z.B. buschige Augenbrauen) imaginativ verknüpft wird (ein Vogel mit buschigen Augenbrauen). An diesem Beispiel werden schon Schwierigkeiten der Methode deutlich: Nicht jeder Name ist leicht in ein Bild umzusetzen und nicht jedes Gesicht weist hervorstechende Merkmale auf.

Geht man davon aus, daß eine duale Kodierung (verbal und bildhaft) zu verbesserten Gedächtnisleistungen führt, so stellt sich die Frage, ob das Gedächtnis von der Hinzunahme weiterer Kodierungsformen profitiert. Neuere Untersuchungen und Modelle der allgemeinen Psychologie sowie der Entwicklungspsychologie des höheren Lebensalters zur *multiplen Kodierung* (vgl. z.B. Engelkamp & Zimmer, 1985) legen nahe, daß sich die (verbalen) Gedächtnisleistungen amnestischer Patienten durch die Aktivierung von Handlungsprogrammen verbessern lassen. Das Erlernen des Namens «Vogel» könnte danach z.B. durch Ausführung einer mit ihm assoziierten typischen Bewegung (wie Flügelschlag) erleichtert werden. Auch die Behaltensleistungen von Aktionsphrasen, wie «die Fahrkarte abstempeln», könnten möglicherweise durch das Ausführen einer entsprechenden Handlung in der Enkodierungsphase verbessert werden. In der Literatur der letzten Jahre werden entsprechende Effekte in der Tat beschrieben. Systematische Untersuchungen hierzu fehlen jedoch noch.

Die Ergebnisse der Therapieforschung zeigen, daß amnestische Patienten (zumindest die mit mittelgradigen und leichten Störungen) in der Regel in der Lage sind, die trainierten Strategien der Informationsverarbeitung in der Therapiesituation gewinnbringend einzusetzen, auch wenn sie dabei nur selten ein der Norm entsprechendes Leistungsniveau erreichen. Es gibt jedoch gegenwärtig keine sicheren Belege dafür, daß ein spezifisches Strategietraining signifikante *generelle* Verbesserungen von Gedächtnisfunktionen bewirkt.

Zudem wurde der Einsatz der erworbenen Techniken im Alltag nur in wenigen Studien geprüft. In diesem Zusammenhang erwähnenswert ist auch die häufig nur geringe Alltagsrelevanz der benutzten Therapiematerialien (z.B. Wortlisten).

Die meisten Strategien erfordern viel Anstrengung und Verarbeitungskapazität. Unter zeitkritischen Bedingungen erweisen sie sich daher als nicht praktikabel. Dies gilt besonders für Patienten mit reduzierter Geschwindigkeit der Informationsverarbeitung. Zu berücksichtigen ist in diesem Zusammenhang auch die Hypothese, der zufolge Verarbeitungsprozesse, die bei Gesunden weitgehend automatisch ablaufen (wie das Enkodieren von Kontextinformationen), bei amnestischen Patienten Anstrengung erfordern. In der Praxis können Kapazitätsprobleme nur teilweise durch hohes Überlernen («Einschleifen») der Methoden gemindert werden. Daher sollte besonders bei schweren Amnesien die Reduktion der Anforderungen an das Gedächtnis (vgl. Abschnitt 3.2) dem Einsatz komplexer interner Strategien vorgezogen werden.

3.4. Übungstherapie

Das mechanische Üben von Gedächtnisleistungen mit Hilfe von Spielen (z.B. «Memory») und einfachen Testaufgaben (wie das Reproduzieren von Wortlisten und kurzen Texten) gehört zu den im klinischen Alltag üblichen Therapiemethoden (Harris & Sunderland, 1981). Auch die heute sehr in Mode gekommenen computergestützten Trainingsprogramme gehören überwiegend dieser Kategorie an. Die Möglichkeit, einer allgemeinen Verbesserung des Gedächtnisses mit Hilfe solcher Methoden, wurde aufgrund vorliegender empirischer Befunde (z.B. Prigatano, Fordyce, Zeiner, Roueche, Pepping & Wood,

1984) bis vor kurzem generell sehr skeptisch beurteilt (vgl. z.B. Schacter & Glisky, 1986). Die Vorstellung, das Gedächtnis sei «wie ein Muskel» trainierbar, schien zu optimistisch. Neuere Untersuchungen (vgl. Sohlberg & Mateer, 1989a) deuten jedoch an, daß das vorherrschende, durchweg negative Urteil relativiert werden muß. Nach einem Training prospektiver Gedächtnisleistungen beobachteten diese Autoren eine Verbesserung sowohl prospektiver als auch anderer (retrospektiver) Gedächtnisleistungen. In weiteren empirischen Arbeiten wird man daher dem Aufgabentyp, der geübt wird (retrospektive oder prospektive Leistungen), besondere Beachtung schenken müssen. Für die Wirksamkeit des Trainings könnte auch der Zeitpunkt der Durchführung bedeutsam sein: Es erscheint nach eigenen Erfahrungen denkbar, daß in frühen Stadien nach einer Hirnschädigung durch Übung Gedächtnisverbesserungen erzielt werden können, die über die spontane Rückbildung hinausgehen. Dabei ist allerdings auch an den möglichen Effekt eines gleichzeitigen (unspezifischen) Trainings von Aufmerksamkeitsfunktionen zu denken. Unzureichende Aufmerksamkeitsleistungen können auch in späteren Rehabilitationsstadien eine Ursache für Gedächtnisprobleme sein. Einige Autoren empfehlen daher ein spezifisches Aufmerksamkeitstraining als festen Bestandteil der Therapie bei Gedächtnisstörungen (z.B. Sohlberg & Mateer, 1989).

3.5. Techniken zum Erwerb neuen Wissens

Bei schweren Amnesien sind dem therapeutischen Bemühen um eine Verbesserung der Fähigkeit, neue Informationen (generell oder nur bestimmte Klassen, wie Texte oder Namen) aufzunehmen und zu erinnern, deutliche Grenzen gesetzt. Das bedeutet jedoch nicht, daß diese Patienten völlig unfähig wären, etwas Neues zu erlernen. Beim Versuch, wenige relevante Informationen einzuspeichern (z.B. einen neuen Namen) können zum einen die in Abschnitt 3.3 diskutierten Strategien herangezogen werden (vgl. z.B. Wilson, 1987). Zum anderen versucht man, erhalten gebliebene implizite Gedächtnisleistungen (vgl. Klimesch, Kapitel 27 in Band 1; Shimamura, 1989) zu nutzen. Die von Glisky, Schacter und Tulving (1986) beschriebene Methode der *«vanishing cues»* stellt solch einen Versuch dar. Ziel der Autoren war es, einigen schwer amnestischen Patienten ein Grundvokabular der Computersprache zu vermitteln. Dazu wurde zunächst ein Begriff zusammen mit seiner Definition auf dem Bildschirm dargeboten. Bei der zweiten Präsentation wurden sukzessiv, beginnend mit dem ersten, nur so viele Buchstaben vorgegeben, wie zur Identifikation notwendig waren. Der nächste Durchgang begann mit einem Wortfragment, welches einen Buchstaben weniger hatte, als das zuvor erfolgreiche usw.. Die Methode bewirkte einen zwar langsamen aber stabilen Lernzuwachs und erwies sich dem Lernen ohne Hinweisreize als überlegen.

4. Schwerpunkte zukünftiger Forschung

Die psychologische Rehabilitation von Gedächtnisstörungen steckt trotz erheblicher Bemühungen in den letzten 15 Jahren noch in ihren Anfängen. Es gibt kein allgemein akzeptiertes Therapiekonzept und die gängigen Meinungen zur Wirksamkeit verschiedener Interventionsmethoden haben nur eine dünne empirische Basis. Deisinger und Markowitsch (im Druck) bemerken in ihrer kritischen Literaturübersicht darüber hinaus zu Recht die fast immer unzureichende Deskription der Untersuchungsstichproben und das häufige Fehlen adäquater Kontrollbedingungen.

Ein zentrales Problem stellt gegenwärtig die geringe *ökologische Validität* vieler Therapiemethoden (und ebenso verfügbarer diagnostischer Verfahren) dar. Die Gedächtnistherapie und Therapieforschung sollte daher zukünftig ihren Ausgangspunkt weniger als bisher in interessanten Methoden als vielmehr in den Alltagsanforderungen der Patienten suchen. Sie kann dabei vom steigenden Interesse der kognitiven Psychologie an Alltagsphänomenen profitieren (Gruneberg, Morris & Sykes, 1988a,b). Für verschiedene Anforderungssituationen (z.B. Behalten von Fernsehnachrichten oder Weitergabe von telephonisch übermittelten Informationen) sollten optimale Behandlungsstrategien entwickelt und erprobt werden. Dabei sind *alle* relevanten Methoden (externe *und* interne Gedächtnishilfen) zu berücksichtigen, und die Auswahl der Interventionsstrategie(n) muß in enger Abstimmung mit den beeinträchtigten und den erhaltenen Gedächtnisfähigkeiten, den assoziierten Hirnleistungsstörungen sowie den persönlichen Präferenzen des Patienten erfolgen. Diese Ziele dürften am ehesten durch kontrollierte Einzelfallstudien erreicht werden.

Die strenge Ausrichtung der Therapie auf den Alltag erscheint auch als ein guter Weg, um der oft beklagten mangelnden *Generalisation* der in der Therapie erworbenen Strategien auf neue Situationen und Probleme zu begegnen. Zur Erleichterung dieses Transfers in den Alltag sollten die Patienten die erlernten Techniken darüber hinaus bereits im Rahmen der Therapie in einer vielzahl klinischer und außerklinischer Situationen systematisch erproben (vgl. Baddeley, 1984).

Ob die erworbenen Strategien später tatsächlich spontan eingesetzt werden, hängt aber nicht nur vom Schweregrad der Gedächtnisstörung ab, sondern, wie bereits in Abschnitt 2 erwähnt, entscheidend von der realistischen Selbsteinschätzung des Patienten. Nur diejenigen unter ihnen, welche ihre Gedächtnisstörungen wahrnehmen und deren Auswirkungen im Alltag erkennen, werden kompensatorische Techniken auch anwenden. Die systematische Untersuchung der Zusammenhänge steht jedoch noch aus, und therapeutische Verfahren, die auf eine Verbesserung der Selbsteinschätzung abzielen, befinden sich erst in der Entwicklung.

5. Literatur

Baddeley, A.D. (1984). Memory theory and memory therapy. In B. Wilson & N. Moffat (Eds.), *Clinical management of memory problems* (pp. 5–27). London: Croom Helm.

Cooper, S.J. (1984). Drug treatments, neurochemical change and human memory impairment. In B. Wilson & N. Moffat (Eds.), *Clinical management of memory problems* (pp. 132–147). London: Croom Helm.

Craik, F.I.M., & Lockhart, R.S. (1972). Levels of processing: A framework for memory research. *Journal of Verbal Learning and Verbal Behavior, 11*, 671–684.

Craik, F.I.M., & Jacoby, L.L. (1979). Elaboration and distinctiveness in episodic memory. In L.-G. Nilsson (Ed.), *Perspectives on memory research.* Hillsdale: Erlbaum.

Deisinger, K. & Markowitsch, H.J. (im Druck). Die Wirksamkeit von Gedächtnistrainings in der Behandlung von Gedächtnisstörungen. *Psychologische Rundschau.*

Engelkamp, J. & Zimmer, H.D. (1985). Motor programs and their relation to semantic memory. *German Journal of Psychology, 9,* 239–254.

Feeney, D.M. & Sutton, R. (1987). Pharmacotherapy for recovery of function after brain injury. *CRC Critical Reviews in Neurobiology, 3,* 135–197.

Glasgow, R.E., Zeiss, R.A., Barrera, M. & Lewinsohn, P.M. (1977). Case studies on remediating memory deficits in brain damaged individuals. *Journal of Clinical Psychology, 33,* 1049–1054.

Glisky, E.L., Schacter, D.L. & Tulving, E. (1986). Learning and retention of computer-related vocabulary in memory-impaired patients: Method of vanishing cues. *Journal of Clinical and Experimental Neuropsychology, 8,* 292–312.

Goldstein, G. (1984). Methodological and theoretical issues in neuropsychological assessment. In B.A. Edelstein & E.T. Couture (Eds.), *Behavioral assessment and rehabilitation of the traumatically brain-damaged.* New York: Plenum Press.

Gruneberg, M.M., Morris, P.E. & Sykes, R.N. (Eds.). (1988). *Practical aspects of memory: Current research and issues. Vol. 1 Memory in everyday life.* Chichester, New York: John Wiley & Sons.

Gruneberg, M.M., Morris, P.E. & Sykes, R.N. (Eds.). (1988). *Practical aspects of memory: Current research and issues. Vol. 2 Clinical and educational implications.* Chichester, New York: John Wiley & Sons.

Harris, J. (1984a). Methods of improving memory. In B. Wilson & N. Moffat (Eds.), *Clinical management of memory problems* (pp. 46–62). London: Croom Helm.

Harris, J.E. (1984b). Remembering to do things: a forgotten topic. In J.E. Harris & P.E. Morris (Eds.), Everyday memory actions and absent-mindedness (pp. 71–92). London: Academic Press.

Harris, J.E. & Sunderland, A. (1981). A brief survey of the management of memory disorders in rehabilitation units in Britain. *International Rehabilitation Medicine, 3,* 206–209.

Hirst, W. (1982). The amnesic syndrome: Descriptions and explanations. *Psychol. Bull., 91,* 435–460.

Howes, J.L. (1983). Effects of experimenter- and self-generated imagery on the Korsakoff patient's memory performance. *Neuropsychologia, 21,* 341–349.

Kihlstrom, J.F. & Evans, F.J. (Eds.) (1979). *Functional disorders of memory.* Hillsdale, N.J.: Lawrence Erlbaum.

Klimesch, W. (1988). *Struktur und Aktivierung des Gedächtnisses: Das Vernetzungsmodell: Grundlagen und Elemente einer übergreifenden Theorie.* Bern: Verlag Hans Huber.

Moffat, N. (1984). Strategies of memory therapy. In B. Wilson & N. Moffat (Eds.), *Clinical management of memory problems* (pp. 63–88). London: Croom Helm.

Paivio, A. (1971). *Imagery and verbal processes.* New York: Holt, Rinehart and Winston.

Paivio, A. (1986). *Mental representations: A dual coding approach.* New York: Oxford University Press.

Prigatano, G.P., Fordyce, D.J., Zeiner, H.K., Roueche, J.R., Pepping, M. & Wood, B.C. (1984). Neuropsychological rehabilitation after closed head injury in young adults. *Journal of Neurology, Neurosurgery and Psychiatry, 47,* 505–513.

Robinson, F.P. (1970). *Effective study.* New York: Harper & Row.

Salmon, D.P. & Butters, N. (1987). Recent developments in learning and memory: implications for the rehabilitation of the amnesic patient. In M.J. Meier & L. Diller (Eds.), *Neuropsychological Rehabilitation* (pp. 280–293). Edinburgh: Churchill Livingstone.

Schacter, D.L. & Glisky, E.L. (1986). Memory remediation: Restoration, alleviation, and the acquisition of domain-specific knowledge. In B. Uzzell & Y. Gross (Eds.), *Clinical neuropsychology of intervention* (pp. 257–282). Boston: Nijhoff.

Schacter, D.L., Rich, S.A. & Stampp, M.S. (1985). Remediation of memory disorders: Experimental evaluation of the spaced-retrieval technique. *Journal of Clinical and Experimental Neuropsychology, 7,* 79–96.

Schuri, U. (1988). Lernen und Gedächtnis. In D. von Cramon & J. Zihl (Hrsg.), *Neuropsychologische Rehabilitation: Grundlagen – Diagnostik – Behandlungsverfahren* (S. 215–247). Berlin: Springer Verlag.

Shimamura, A.P. (1989). Disorders of memory: the cognitive science perspective. In F. Boller & J. Grafman (Eds.), *Handbook of Neuropsychology* (Vol. 3) (pp. 35–73). Amsterdam: Elsevier Science Publishers.

Sohlberg, M.M. & Mateer, C.A. (1989a). *Introduction to cognitive rehabilitation. Theory and practice.* New York: Guilford Press.

Sohlberg, M.M. & Mateer, C.A. (1989b). Training use of compensatory memory books: A three stage behavioral approach. *Journal of Clinical and Experimental Neuropsychology, 11,* 871–891.

Wilson, B. (1987). *Rehabilitation of memory.* New York: Guilford Press.

Wilson, B. (1989). Coping strategies for memory dysfunction. In E. Perecman (Ed.), *Integrating theory and practice in clinical neuropsychology* (pp. 155–174). Hillsdale, New Jersey: Lawrence Erlbaum Associates.

Wippich, W. (1984). *Lehrbuch der angewandten Gedächtnispsychologie.* Stuttgart, Berlin: Kohlhammer.

10. Lernen: Intervention

Gerhard W. Lauth

Lernstörungen äußern sich als Aneignungsbeeinträchtigungen sowie im Erwerb dysfunktionaler, sozial-emotionaler Verhaltensweisen aufgrund abnormer individueller Lernvoraussetzungen. Für beide Störungsformen sind unterschiedliche Interventionsstrategien angezeigt.

1. Interventionen bei Aneignungsbeeinträchtigungen

1.1 Interventionsziele

Bedingungsanalytisch sind Aneignungsbeeinträchtigungen durch einen Multi-Ebenen-Ansatz zu erklären (siehe Kapitel 28 in Band 1), deshalb konzentrieren sich die Interventionen bei diesen Lernstörungen auf:
1. Die Vermittlung grundlegender Strategien der Handlungsorganisation, die a) den Ausgangspunkt der Lerntätigkeit sowie das Lernziel verdeutlichen; b) Vorgehensweisen und Planungen zur Lernzielerreichung entwickeln (z.B. Reflektion der eigenen Kenntnisse, Lernplanungen); c) diese Lernverlaufsplanungen umsetzen (z.B. Überprüfung und ggf. Modifikation des Lernverlaufs). Dieses Interventionsziel ist besonders bei komplexen, störanfälligen und relativ frei gestaltbaren Lernleistungen (z.B. berufliche Weiterbildung, Studienprobleme) sowie allgemeinen Lernstörungen relevant.

2. Die Vermittlung von metakognitiven Fertigkeiten, u.a. a) Erwerb und Nutzung von inhaltsspezifischen Lernstrategien (z.B. aktives Memorieren zur Gedächtnisoptimierung, Bildung von Oberbegriffen zur Wissensintegration, Informationsübernahmestrategien zur Textanalyse); b) Erwerb reflexiven Lernverhaltens (z.B. Analogieschlüsse ziehen, eigenes Vorwissen durch Selbstabfragestrategien aktivieren, Veranschaulichungen vornehmen; c) flexible und zieladaptive Regulation der Lernfähigkeit sowie Überwachung der eigenen kognitiven Tätigkeit (z.B. Handlungssteuerung durch Selbstinstruktionen, Abfragesysteme bei Erkenntnisschwierigkeiten). Diese metakognitiven Interventionsmomente regen selbstverantwortliche Lernprozesse an; sie sind folglich ein wesentlicher Teil jeder psychologisch fundierten Lernkompetenzförderung.

3. Die Aktivierung bzw. die Vermittlung von bereichsspezifischem Wissen (z.B. Buchstabenkenntnisse bei Legasthenie; u.a. durch instruktionspsychologisches Vorgehen, Lerngestaltungen bzw. Lernplanungen). Dieses Interventionsmoment ist besonders für die umschriebenen Lernstörungen (z.B. Rechenschwäche) bedeutsam. Hierbei wird auch eine Diagnostik des verfügbaren Inhaltswissens vorgenommen.

4. Die Stabilisierung der psychischen Befindlichkeit des Lernenden (z.B. Abbau von Mißerfolgsorientierungen, Verbesserung des Begabungsselbstbildes, Entwicklung eines verbesserten Kompetenzbewußtseins). Dieses Interventionsmoment ist besonders bei solchen Lernstörungen relevant, bei denen der Lernende sozialen Erwartungen relativ langandauernd nicht genügt (z.B. Lernversagen in der Schule, persistierende Studienprobleme).
Diese Interventionsziele werden nach Maßgabe der zugrundeliegenden Aneignungsstörungen zu Interventionsprogrammen kombiniert, für deren Entwicklung zwei übergeordnete Gesichtspunkte zu berücksichtigen sind:
- *Die Schwere der Aneignungsstörung:* Allgemeine und persistierende Störungen (z.B. geistige Retardierung) erfordern die explizite und möglichst integrierte Vermittlung von grundlegenden Strategien, prinzipiellen metakognitiven Fertigkeiten, bereichsspezifischen Kenntnissen und alternativen affektiven Bewältigungsformen für Lernschwierigkeiten.

Wichtig ist dabei, daß diesen Klienten ganze Handlungsprogramme vermittelt werden; denn sie können aus der isolierten Vermittlung einzelner Handlungsmomente kaum komplexere kognitive Strukturen ableiten.
- *Entwicklungsrelevanz der Intervention:* Die Interventionen sollen «das Lernen lehren». Damit erhalten die strategischen und metakognitiven Fertigkeiten eine besondere Bedeutung; sie veranschaulichen, «wie man lernt» und vermitteln Vorgehensweisen, die für eine Vielzahl von Lernsituationen günstig sind. Diese sogenannte konzeptuelle Interventionsgestaltung begünstigt den Transfer und die Stabilität der Interventionsergebnisse.

1.2 Interventionsmethoden

Dominierende psychologische Interventionsmethoden bei Aneignungsstörungen sind:

1.2.1 Kognitiv-behaviorale Interventionsansätze (vgl. Meichenbaum, 1979; Lauth, 1983).

Sie streben eine Förderung der Lernkompetenz an und bedienen sich dabei des Selbstinstruktionstrainings sowie des kognitiven Modellierens. Mit diesen didaktisch-therapeutischen Methoden können sowohl die offenen als auch die verdeckten - als Denken ablaufenden - Lernprozesse und -strategien vermittelt werden (vgl. Kasten 1).

Kasten 1
Das kognitive Modellieren als didaktisch-therapeutische Interventionsform

Das Kognitive Modellieren stellt eine interventionsbezogene Sonderform des Modell-Lernens dar, mit der sowohl verhaltensbezogene als auch kognitive Bewältigungsfertigkeiten vermittelt werden können. Dabei werden sog. kognitive Modelle eingesetzt, die sowohl das offene Verhalten demonstrieren als auch gleichzeitig durch Selbstverbalisierungen die Prinzipien, Regeln und Strategien, denen ihr Verhalten folgt, laut aussprechen. Damit machen sie dem Beobachter auch die internen Anteile ihres Verhaltens zugänglich. Ein Beispiel dafür ist die folgende Strategie zur Informationsentnahme bei Lesetexten, die dem Adressaten als Selbstanweisung vermittelt wird und die er vor dem Lesen von Texten memoriert sowie zur Kanalisierung seiner Aufmerksamkeit einsetzt:
«Wenn ich den Inhalt einer Geschichte erzählen will, ist es wichtig, daß ich drei Dinge beachte! Vor und während des Lesens einer Geschichte muß ich daran denken. Zuerst frage ich mich nach der Hauptidee der Geschichte - wovon handelt sie? Zweitens merke ich mir wichtige Einzelheiten - dabei ist es wichtig, wie die Dinge zeitlich verlaufen. Drittens achte ich darauf, was die Personen in der Geschichte fühlen und warum sie dies tun. Während des Lesens mache ich manchmal eine Pause. Ich denke dann darüber nach, was ich tue und was ich schon gelesen habe.

Das Kognitive Modellieren stellt oft die Eingangsstufe des Selbstinstruktionstrainings (Meichenbaum, 1979) dar, das eine gelenkte Übernahme des Modellverhaltens innerhalb von fünf Stufen anstrebt: a) Ausgangssituation: Demonstration des förderlichen offenen und verdeckten Verhaltens über das genannte kognitive Modellieren, b) externe Steuerung: das Klientenverhalten wird durch die verbale Anleitung des Therapeuten gesteuert, c) offene Selbststeuerung: der Klient begleitet sein Verhalten durch Selbstverbalisierungen, d) ausgeblendete Selbstinstruierung: der Klient instruiert sich flüsternd bzw. bruchstückhaft, e) verdeckte Selbstinstruierung: der Klient memoriert die Selbstinstruierungen als Analogie zum Denken. Auf diese Weise sollen verhaltensbestimmende Kognitionen (z.B. Selbstverbalisierungen, Zielbestimmung, Handlungsregulation) für das offene Verhalten steuernd werden. Diese Interventionsmethode wird in der Therapie von Verhaltensstörungen mit kognitiven Anteilen (z.B. Impulsivität, Aufmerksamkeitsstörungen, Lernschwierigkeiten) eingesetzt. Sie eignet sich darüberhinaus als zielführende Methode, um Lernstrategien zu vermitteln. Durch die Erstellung geeigneter Filme bzw. über die Ausbildung von Mediatoren (z.B. Eltern, Lehrer) kann eine beträchtliche präventive Wirkung erreicht werden.

Gleichzeitig kann dem Klienten ein alternativer affektiver Umgang mit seinen Lernschwierigkeiten vermittelt werden, in dem eine Umstrukturierung seines internen Dialoges zugunsten eines bewältigungsorientierten Vorgehens vorgenommen wird (z.B. «Ich komme damit im Moment nicht zurecht, aber ich lasse mich davon nicht nervös machen. Ich beginne nochmals von vorn!»). Dieser interne Dialog wird mit den handlungsnotwendigen Operatoren (Strategien, metakognitiven Fertigkeiten) und inhaltsspezifischen Kenntnissen verknüpft.

1.2.2 Aktivierung von Lernstrategien durch heuristische Erkenntnisdialoge (z.B. Brown & Palincsar, 1987).

Sie betonen die Bedeutung der exekutiven Metakognitionen (z.B. Ausgangs- und Zielanalyse, Regulation der Lernfähigkeit) und die Entwicklungslogik des Lernens. In der Intervention erhalten die Klienten Materialien, die ihrem Lernvermögen angemessen sind; ein Experte strukturiert ihr Lernverhalten durch Erklärungen, Modelldemonstrationen sowie Erkenntnisdialoge und bildet dabei die relevanten Lernstrategien aus (z.B. beim Leseverständnis: Zusammenfassen, Fragen formulieren, Mehrdeutigkeiten klären, Textstellen vorhersagen). Diese Interventionsmethode beruht auf pädagogisch-entwicklungspsychologischen Theorien.

1.2.3 Mediatoren (z.B. Lehrer, Eltern, Erzieher)

Hierzu wird den Mediatoren zunächst das relevante Bedingungswissen über Aneignungsstörungen vermittelt (vgl. Kapitel Bedingungsanalyse von Lernstörungen), um sie dann in der Durchführung der jeweiligen Interventionsmethode (kognitives Modellieren, Selbstinstruktionstraining, heuristische Erkenntnisdialoge) zu schulen. Im einfachsten Falle können sie bereits vorhandene Interventionsprogramme durchführen (z.B. Lehrer im Förderunterricht) und in weiterreichenden Umsetzungen aufgrund des erworbenen Bedingungs- und Änderungswissens, selbst geeignete Interventionen entwickeln (Lauth & Schlottke, 1988).

1.2.4 Instruktionspsychologische Vermittlung von Lernstrategien

Diese Interventionsform geht von einer psychologischen Analyse von Lerndefiziten bzw. Lernkompetenzen aus und bildet das förderliche Lernverhalten über Instruktionen (z.B. Illustrationen, Texte, Vorträge) sowie Lerngestaltungen (z.B. Aufgabenauswahl, systematisches Üben) aus. Dabei wird sowohl Aufgaben- als auch Strategiewissen vermittelt. Diese Interventionsform wird vor allem zur Ausbildung inhaltsspezifischer Lernkompetenzen bei umschriebenen Lernstörungen (z.B. Legasthenie und Rechenschwäche) eingesetzt.
Kognitiv-behaviorale Interventionsformen finden die weiteste Verbreitung; mit ihnen können auch Störungen, die oft gemeinsam mit Aneignungsstörungen auftreten (z.B. Aggressivität, Leistungsangst, Depressivität) therapiert werden.
Im nachfolgenden werden diese Interventionen für Personen mit umschriebenen und allgemeinen Lernstörungen dargestellt.

1.3 Interventionen bei umschriebenen Lernstörungen

Bei umschriebenen Lernstörungen (z.B. Legasthenie, schulische Lernschwierigkeiten, Studienschwierigkeiten) ist die Aneignungsbeeinträchtigung auf wenige inhaltliche Themenbereiche begrenzt. Dies ist so zu interpretieren, daß auf der Ebene der allgemeinen Lernstrategien, Wissensbestandteile und taktischen Lernvoraussetzungen (Grundfertigkeiten) keine Defizite bestehen; solche Defizite treten aber in einzelnen Inhaltsbereichen (z.B. Lesen) zu Tage. Die Interventionen bei umschriebenen Lernstörungen können sich deshalb vor allem auf die Vermittlung inhaltsspezifischer Momente (Inhaltswissen und inhaltsspezifische Strategien) konzentrieren. Ein Beispiel für eine derartige Intervention stellt das *strategische Lesetraining* von Hasselhorn und Körkel (1983; siehe Kasten 2) dar. Dieses Training

geht von einer Analyse der Leseschwäche aus; es vermittelt inhaltsspezifisches Aufgabenwissen, sowie eine reflexive, problemlöseorientierte Lesestrategie (Strategiewissen).
Die derzeit bestehenden Interventionen zur *Legasthenie* versuchen über Instruktionen und das Durcharbeiten von Übungsmaterialien einen inhaltsspezifischen Wissenserwerb, sowie bspw. eine emotionale Stabilisierung der Schüler (z.B. durch Ermutigung, Reflexion des eigenen Lernens und die Entlastung von Leistungsanforderungen) zu erreichen. Hier werden Übungsmaterialien eingesetzt, die einen systematischen Aufbau von Lese- und Rechtschreibkenntnissen erlauben; ferner werden die Eltern mit einbezogen (z.B. Reflexion ihres Erziehungsverhaltens, Erziehungsberatung; Betz & Breuninger, 1987; Atzesberger, 1976). Diese Programme führen zu bedeutsamen Lernfortschritten, die vor allem darauf zurückzuführen sind, daß sich die Klienten die notwendigen Lernstrategien aufgrund des erworbenen Wissens und ihrer emotionalen Stabilisierung selbst ableiten.

Kasten 2
Ein Beispiel für ein Training zur Verbesserung des Lernens (Hasselhorn & Körkel, 1983)

Fragestellung: Welchen Effekt hat ein operativ-strategisches Lesetraining?

Beschreibung der Stichprobe: 48 Kindern einer 6. Klasse/Hauptschule (Altersdurchschnitt 12,9 Jahre)

Behandlungsformen:
Behandlungsgruppe: Vermittlung von Strategie- und Aufgabenwissen über Lernprozesse (Wissenskompetenz) sowie die reflexive Nutzung dieses Wissens (operative Kompetenz). Das Training knüpft an einer Defizitdiagnose der Textverarbeitungskompetenzen von lernschwachen Schülern an (vgl. Kapitel 28 in Band 1), es verläuft in drei Phasen: a) Das systematische Einüben *grundlegender Fertigkeiten* zum Verstehen und Behalten von Textinformationen über das Selbstinstruktionstraining, u.a.: Antizipieren möglicher Textinhalte, Überprüfen des eigenen Textverständnisses, systematisches Entwickeln von Schlußfolgerungen. b) Der Aufbau eines *reflexiven* und problemorientierten *Verhaltens* beim Umgang mit Schwierigkeiten im Textverständnis: (z.B. logische Textwidersprüche erkennen). Hierzu wird eine Selbstbefragungstechnik vermittelt, mit deren Hilfe folgende 4 Problemlöseschritte initiiert werden: Bestimmung des auftretenden Problems, Sammeln möglicher Lösungswege, Entscheidung für eine Lösungsmöglichkeit und deren konkrete Umsetzung, sowie Beurteilung der Lösungsqualität. c) Das Vermitteln einer verallgemeinerbaren *problemlöseorientierten Heuristik* für ein planvolles und selbstgesteuertes Textlernen (Modell zum reflexiven und selbststeuernden Textverarbeiten).
Kontrollgruppe: Die Kontrollgruppe erhält ein traditionelles Lesetraining (z.B. deutliches, betontes Lesen von Texten; Bestimmung grammatikalischer Bestandteile; ausführliche Diskussion der Inhalte).
Training: Training in Dreiergruppen in 10 Unterrichtsstunden innerhalb von 15 Tagen.
Trainingsmethoden: Kurzvorträge, Beispieldemonstrationen, Selbstinstruktionstraining.

Versuchsplan: Messungen vor und nach dem Training.

Abhängige Variablen: Erhebung der Wissenskompetenz (Verfügbarkeit textverarbeitungsbezogenen Aufgaben-, Strategie- und Interaktionswissens, reflexive Zugänglichkeit der verarbeiteten Informationen), der operativen Kompetenz (Klären von Verstehensschwierigkeiten, Analyse- und Überwachungsprozesse beim Lesen, allgemeine Bewertungsprozesse) sowie von Lern- und Gedächtnisleistungen (Verstehens- und Behaltensleistung).

Ergebnisse/Relevanz: Es zeigt sich, daß beide Trainingsvarianten zu bedeutsamen Steigerungen der Verstehens- und Behaltensleistungen führen. Das strategische Training erweist sich jedoch im Vergleich zur Kontrollgruppe als wirkungsvoller (u.a. Verbesserung der Behaltensleistung um 83%, der Verstehensleistung um 71%). Darüber hinaus verändert das Strategietraining die kognitive Struktur der Kinder (Hasselhorn & Körkel, im Druck), so daß sie sich die unbekannten Texte qualitativ anders erschließen.
Dieses Anwendungsbeispiel zeigt, daß die Vermittlung strategisch-metakognitiven Verhaltens zusammen mit inhaltsspezifischer Grundfertigkeiten Lernprozesse optimiert und eine Generalisierung sowie eine Stabilisierung des (veränderten) Lernverhaltens begünstigt. Ferner wird die kognitive Entwicklung durch diese Intervention angeregt.

Die Vermittlung von Lern- bzw. Arbeitsstrategien sowie emotionsregulierenden Selbstverbalisierungen erweist sich auch bei Erwachsenen mit *Studienschwierigkeiten* bzw. Leistungsängstlichkeit als förderlich. Studierenden werden bspw. über modellhafte Videofilme bewältigungsorientierte Selbstverbalisierungen und förderliche Lernstrategien, sowie adäquates Lern- bzw. Arbeitsverhalten vermittelt (Bruch, 1978). Wichtig ist dabei, daß die vermittelten Lernstrategien den sozialökologischen Gegebenheiten und dem Erwachsenenstatus Rechnung tragen: Hierzu zählt vor allem die Entwicklung von persönlichen Lernzielen, die Koordination des Lernens mit konkurrierenden Tätigkeiten (z.B. Zeitplanung, Lernorganisation) sowie der Umgang mit direkten Lernproblemen (z.B. Textanalyse, Lerndiagnose, Selbstabfragesysteme) und der Erwerb von Arbeitstechniken (z.B. Notizen anfertigen).

Bei Aneignungsstörungen, die mit *somatisch-neurologischen Auffälligkeiten* einhergehen, sind Verbesserungen des Aneignungsverhaltens möglich. Oft müssen jedoch einzelne Auffälligkeiten als Teilleistungsschwächen aufgefasst werden und bedürfen eines kompensatorischen Funktionstrainings (z.B. der Wahrnehmung, des Gedächtnisses). Gegebenenfalls werden die lernrelevanten Strategien erst nach einem derartigen Funktionstraining vermittelt.

1.4 Interventionen bei allgemeinen Lernstörungen

Interventionen bei allgemeinen Lernstörungen vermitteln vor allem, grundlegende Lernstrategien und metakognitive Fertigkeiten. Diese Interventionen sind dann erfolgreich, wenn:

1. den Klienten allgemeine Strategien vermittelt werden (z.B. Problemlösestrategien),
2. die Klienten Steuerungs- und Kontrollprozesse für ihre Lernfähigkeit erwerben (z.B. Selbstinstruktionen, Selbstabfragesysteme),
3. die Klienten Lernschwierigkeiten in bewältigungsorientierter Form begegnen lernen (z.B. Ausbildung förderlicher interner Dialoge),
4. die Klienten den bereichsspezifischen Wissensbestand aktivieren (z.B. durch selbstreflexive Lernprozesse),
5. förderliche Lernstrategien bei unterschiedlichen Materialien eingeübt werden (z.B. transfertheoretische Gestaltung der Übungsmaterialien).

Diese Interventionsmomente begünstigen die Ausbildung einer allgemeinen Lernkompetenz. Konsequenterweise stellen moderne Interventionen weniger die Einübung von Detailfertigkeiten in den Mittelpunkt, sondern versuchen weiterreichende Entwicklungen anzuregen.

1.4.1 Inhaltliche Aneignungsstrategien

Brown et al. (1979) vermittelten geistig Behinderten (7,2 bis 11,7 Jahre; IQ 55–81) metakognitive Memorierungs- (aktive Selbstwiederholung - rehearsal bzw. Antipization des Folgewortes) sowie Selbstüberprüfungsstrategien für das Erlernen von Wortlisten. Die Vermittlung dieser metakognitiven Prozesse führt zu einer weitreichenden Optimierung des Lernens: a) Die Kinder verbesserten ihre Erinnerungsleistungen; b) die älteren Kinder wandten die erlernten Strategien auch noch nach einem Jahr an und übertrugen sie auch auf die Informationsentnahme bei einem Prosatext; c) das Lernverhalten wird qualitativ verändert, indem die Kinder mehr Zeit zum Lernen aufwenden und mehr Informationen entnehmen. Die geistig retardierten Kinder haben also nicht nur gelernt, eine Wortliste auswendig zu lernen (dies wäre eine allzu isolierte und «unpraktische» Lernleistung), sondern ihr Lernverhalten so geändert, daß sie qualitativ anders an die Lerninhalte herangehen (siehe auch Kasten 3).

1.4.2 Optimierung des sozialen Lernens

Die Ausbildung generalisierbaren Nachahmungsverhaltens, wird vor allem für retardierte, autistische bzw. schizophrene Kinder angestrebt. Dabei wird versucht, diesen Klientengruppen zu einem verbesserten und generalisierten sozialkognitiven Lernen zu verhelfen. Ein Beispiel dafür ist das Imitationstraining von Lovaas und Mitarbeitern (1967). Sie bauten bspw. bei zwei *autistischen Jungen* (sechs Jahre) über ein vierstufiges systematisches

Imitationstraining verbales Verhalten auf. Die beiden Kinder, die zu Beginn der Therapie nur gelegentlich Laute ohne erkennbare Bedeutung äußerten, soziale Kontakte ablehnten und selbstzerstörerisches Verhalten (sich beißen, Kopf anschlagen) zeigten, verbesserten durch die systematische Verstärkung ihres Imitationsverhaltens ihr Sprach- und Sozialverhalten sehr nachdrücklich: a) Sie ahmten Worte so schnell nach, daß zum sinnvollen Sprachgebrauch übergegangen werden konnte; b) sie gelangten zu einem generalisierten Imitationsverhalten, und das Nachahmen sowie die Herstellung von Ähnlichkeit zum Erwachsenenverhalten scheint zu einem erlernten Verstärker geworden zu sein. Dieses Imitationstraining hat weitreichende Verbreitung gefunden und wird auch auf den Aufbau komplexen

Kasten 3
Ein Interventionsprogramm zur Vermittlung allgemeiner Problemlösestrategien und metakognitiver Fertigkeiten bei allgemeinen Lernstörungen (Lauth, 1988)

Fragestellung: Welchen Effekt hat die Vermittlung allgemeiner Problemlösestrategien, metakognitiver Fertigkeiten (z.B. selbstreflexives Verhalten) sowie eines alternativen emotionalen Bewältigungsverhaltens bei retardierten und lernschwachen Kindern?

Beschreibung der Stichprobe: 33 Kinder einer Sonderschule für Lernbehinderte (Altersdurchschnitt 10,4).

Behandlungsformen:
Behandlungsgruppe: Den Kindern werden allgemeine Problemlösestrategien, metakognitive Fertigkeiten (z.B. selbstreflexives Verhalten, adaptive Regulation der Handlung durch Selbstinstruktionen, abstrahierende Analyse der eigenen kognitiven Tätigkeit) sowie ein alternatives affektivemotionales Bewältigungsverhalten bei Handlungsschwierigkeiten (z.B. Reaktionsverzögerung, selbstermutigende Selbstanweisungen) vermittelt. Mit diesem Interventionsprogramm sollen die Adressaten verallgemeinbare Strategien und metakognitive Fertigkeiten, die in unterschiedlichen Inhaltsbereichen (z.B. schulisches Lernen, soziales Verhalten) umgesetzt werden können, erwerben. Dazu werden verschiedene Interventionsmethoden eingesetzt: 1) über das kognitive Modellieren werden förderliche Bewältigungsstrategien demonstriert; 2) diese Vorgehensweisen werden über das Selbstinstruktionstraining allmählich in das Reaktionsrepertoire der Klienten überführt; 3) die Adressaten bearbeiten im Interventionsverlauf divergente Anforderungen, die nach transfertheoretischen Gesichtspunkten zusammengestellt werden und ansteigende Schwierigkeit besitzen. Damit werden die strategischmetakognitiven Vorgehensweisen bei unterschiedlichen Materialien eingeübt.
Kontrollgruppe: Bearbeitung der gleichen Materialien in einer heilpädagogischen Unterrichtung ohne Strategie und Metakognitionsvermittlung.
Training in Gruppen von 2 bis 4 Kindern über insgesamt 8 wöchentliche Sitzungen.
Trainingsmethoden: Kognitives Modellieren, Selbstinstruktions-Training und Bearbeitung divergenter Anforderungen, Diskussion.

Versuchsplan: Messungen vor und nach dem Training, Kontrollgruppe.

Abhängige Variablen: Erhebung schulrelevanter Konzentrationsfähigkeit und Reflexivität bei Problemlösen (Antwortlatenz, metakognitive Vermittlung) sowie des Strategiewissens und des Trainingstransfers (auf trainingsdivergente Aufgaben, auf das Alltagsverhalten).

Ergebnisse – Relevanz: Die Intervention verbessert die metakognitive Handlungsorganisation, die Reflexivität sowie das Strategiewissen und die Problemlösefähigkeit bei trainingsdivergenten Aufgaben; eine Verbesserung des Alltags- und Unterrichtsverhaltens ist nicht zu verzeichnen. Bei lernschwachen, versetzungsgefährdeten Schülern (Altersdurchschnitt 8,5 Jahre; 2. und 3. Grundschulklasse) sind weitreichendere Entwicklungsfortschritte mit sehr deutlichen Transfereffekten auf das Alltags-, das Unterrichtsverhalten sowie die Schulleistung zu verzeichnen. Das Interventionsprogramm ist für retardierte (IQ 60–90) und lernschwache Kinder im Alter von 9 bis 11 Jahren geeignet. Diese Erprobungen belegen, daß allgemeine Bewältigungsstrategien, reflexive Arbeitshaltungen und eine verbesserte Motivation erworben werden sowie (bei lernschwachen Grundschülern) schulische Leistungen zu verzeichnen sind. Es kann leicht über Mediatoren auf eine Institutionelle Förderung bspw. in Schulen und Heim übertragen werden.

nonverbalen Verhaltens (z.B. Körperpflege, Spielen, Malen, Sozialverhalten) übertragen. *Mongoloide Kinder* finden sehr schnell zu einem generalisierten Nachahmungsverhalten, wenn sie ein Training mit Imitationsaufgaben (z.B. Bewegungsübungen) erhalten bzw. einen Film mit systematischer Verstärkung von Modellverhalten sehen (Martin, 1973 zit. nach Bauer, 1979, S. 83). Ferner führt die kontinuierliche Verstärkung ihres imitativen Verhaltens zu einer Steigerung der Nachahmung.
Folglich können *Mediatoren* (Eltern, Lehrer, Erzieher, Klinikpersonal) retardierte Kinder bzw. Erwachsene im Modell-Lernen anleiten (z. B. durch Verstärkung des imitativen Vehaltens, Zentrierung der Aufmerksamkeit des Lernenden auf relevante Modellaspekte, spezifische Gestaltung von Modelldemonstrationen).

1.5 Interventionen bei geronto-psychischen Lernstörungen

Für geronto-psychiatrische Patienten wird eine beträchtliche allgemeine Veränderbarkeit ihres Lern- und Leistungsverhaltens belegt. Selbst die Lernleistung von Patienten mit organischen Psychosen (z.B. Demenzen, Schizophrenie, Depression) läßt sich durch spezifische Interventionen (z.B. Problemverbalisation, gezieltes Feedback, Veranschaulichung der Handlungsziele) beträchtlich steigern (Wiedl et al., 1987). Trotz dieser günstigen Ausgangssituationen liegen jedoch z.Z. kaum ausgearbeitete und erprobte Konzepte zur Lernkompetenzförderung vor. Die derzeitigen Interventionen beziehen sich auf:

- die Umweltstrukturierung und gezielte Einübung, beispielsweise in *realitätsorientierten Therapien* für Patienten mit Gedächtnisverlusten, Desorientierung und Verwirrtheit. Diese Intervention organisiert institutionelle Strukturen so, daß sich die Patienten besser orientieren können und ihren Verhaltensradius erweitern. Sie werden in Gruppen schulmäßig unterrichtet (z.B. Erlernen von Namen, Alter), wobei vor allem instruktionspsychologische Interventionen (z.B. ständige Wiederholungen, audiovisuelle Veranschaulichungen, Übungen) eingesetzt werden und vom Klinikpersonal angehalten, ihre Umwelt aufmerksamer und orientierter wahrzunehmen.
- Weckung von Aufmerksamkeit, Interesse und Selbständigkeit. Bei gerontopsychiatrischen Langzeitpatienten (71 Jahre, Verweildauer 20 Jahre) werden bereits positive Verhaltensänderungen beobachtet, wenn sie an einfachen Freizeitaktivitäten (Bingo, Würfeln, Roulette) teilnehmen (Scholz & Haisch, 1986) und in einen persönlichen Kontakt zum Therapeuten treten. Auch bei Altenheimbewohnern werden analoge Ergebnisse beobachtet, wenn sie zu vermehrter Selbständigkeit angeleitet und die erreichte Selbständigkeit durch das Pflegepersonal systematisch verstärkt wird.
- Unterstützung von Aufmerksamkeits- und Gedächtnisprozessen. Diese Interventionen halten die Klienten vor allem zur systematischen Aufmerksamkeitszentrierung, zur aktiven Enkodierung von lernrelevanten Informationen sowie zur flexiblen Abrufbarkeit von gespeicherten Informationen an.

Diese Programme wirken sich über die Verbesserung der Motivation, der Selbständigkeit, der sozialen Integration und der allgemeinen Aktivierung indirekt auf die Lernleistung aus.

2. Interventionen bei abnormen individuellen Lernvoraussetzungen

2.1 Löschung und Habituation bei erhöhter Konditionierbarkeit

Eine erhöhte Konditionierbarkeit wird vor allem Angst- und Zwangspatienten zugeschrieben. Sie zeichnen sich im Wesentlichen dadurch aus, daß sie dysfunktionale Angstreaktionen schnell erlernen, diese Reaktionen aber nicht auf gleichsam natürlichem Wege verlernen. Zur Intervention bei erhöhter Konditionierbarkeit eignen sich verschiedene Maßnahmen: a) die direkte Verminderung der dysfunktionalen Angstreaktion durch Löschungs- und Habituationsprozesse; b) die Verminderung einer allgemeinen Stabilisierung der Person u.a. durch Kompetenztraining und c) die Gestaltung der Umwelt zugunsten geringerer Konflikthaftigkeit. Diese Maßnahmen unterscheiden sich deutlich im Ausmaß ihres Symptombezuges; sie werden zumeist als Interventionsstrategie miteinander kombiniert. Dabei richten sich die meisten der derzeitigen Interventionsprogramme an Angst- sowie Zwangspatienten, wobei sie zunächst direkte Löschungs- und Habituationsprozesse zu erreichen versuchen.

2.1.1 Löschungs- und Habituationsprozesse

Die direkte Verminderung eines phobischen Vermeidungsverhaltens erfolgt durch eine *forcierte Löschung*, die die Ausführung des Vermeidungsverhaltens (z.B. Flucht) verhindert. Dabei macht der Klient die Erfahrung, daß die erwartete negative Konsequenz (der unkonditionierte aversive Reiz) ausbleibt und er die Angstsituation bewältigen kann. Eine derartige Löschung wird mit den *Reizkonfrontationsverfahren* angestrebt. Dabei werden die Angstpatienten mit den aversiven Reizen (z.B. Höhen, offene Plätze, Tiere) konfrontiert, ohne daß der unkonditionierte Reiz (z.B. Schreckerlebnis) präsent ist. Diese Reizkonfrontation kann auch als *Habituationstraining* erfolgen. Dabei wird der Klient real (in vivo) und allmählich mit der Angstsituation konfrontiert (z.B. ein Agoraphobiker nähert sich allmählich einer belebten Fußgängerzone und hält sich eine zeitlang darin auf). Eine sehr stark angstauslösende Situation wird also ausgewählt und so in Teilschritte zerlegt, daß die Teilschritte insgesamt eine Bewältigung der angstauslösenden Situation darstellen. Der Klient nähert sich (oft mit dem Therapeuten) schrittweise der Angstsituation. Wobei die Annäherung bis zur Bewältigung der sehr angstauslösenden Situation (z.B. Aufenthalt in der Fußgängerzone) erfolgt. Die Teilschritte der Angstbewältigung sind dabei so gewählt, daß sie für den Klienten keine zu große Angststeigerung erzeugen.

Der Effekt der gestuften in vivo Reizkonfrontation in der Kombination mit einer Stabilisierung der Person geht sehr deutlich aus einer Therapieuntersuchung von Biran und Wilson (1981) hervor. Sie behandelten 22 einfache Phobiker mit Höhenangst, Furcht vor Fahrstühlen oder Dunkelheit in nur fünf Einzelsitzungen entweder mittels der in vivo Reizkonfrontation oder mittels kognitiver Umstrukturierung. Die in vivo Reizkonfrontation beinhaltete die geschilderte graduelle Annäherung an den phobischen Reiz. Ferner wurden die Klienten nach jedem erfolgreich bewältigten Annäherungsschritt aufgefordert, diesen Annäherungsschritt in eigener Regie auszuführen, um ihr Kompetenzbewußtsein und die Generalisierung des Therapieerfolges zu fördern. Die in vivo Reizkonfrontation erweist sich der Alternativbehandlung (kognitive Umstrukturierung) in mehreren Erfolgskriterien als effektiver: verbessertes Annäherungsverhalten an die phobischen Inhalte, weniger selbstberichteter Angst und geringerer autonomer Erregung (Herzfrequenz, Hautleitfähigkeit) während der Vermeidungstests. Vor allem aber konnten neun Klienten der in-vivo-Reizkonfrontation die phobische Angstsituation bewältigen. Diese Behandlungseffekte generalisierten auch auf das sonstige Alltagsverhalten (z.B. konnte eine Klientin mit Dunkelangst nachts Auto fahren). Nachuntersuchungen nach zwei Jahren belegen anhaltende Therapieeffekte. Die Reizkonfrontation ist auch für die Behandlung von *Zwangsvorstellung und -handlungen* geeignet.

2.1.2 Systematische Desensibilisierung

Ein zweites prominentes Verfahren zur Angsttherapie ist die *systematische Desensibilisierung*. Ihre Wirkungsweise wird zurückgeführt auf: reziproke Hemmung der Angstreaktion, Habituation, Löschung oder kognitive Umstrukturierung (vgl. Kapitel 2.4, Verhaltenstherapie). Erklärungen, die von einem Habituationseffekt ausgehen, postulieren, daß die systematische Desensibilisierung das spezifische Aktivierungsniveau durch die Entspannung und die wiederholte Darbietung der Angstreize des Klienten so absenkt, daß eine Habituation und damit eine Angstreduktion eintreten kann. Im Falle einer allgemeinen chronischen Überaktivierung, die z.B. für das Entstehen schwerer Angststörungen, wie Agoraphobie und soziale Phobie angenommen wird, werden Maßnahmen empfohlen, um eine allgemeine chronische Überaktivierung durch Medikamente oder *Pharmaka* zu vermindern (Lader & Wing, 1968). Da das Aktivierungsniveau einer Person eng mit ihrer Konditionierbarkeit zusammenhängt, können durch die normalisierte psychophysiologische Aktivierung auch einzelne prinzipielle Lernvorgänge beeinflußt werden. So kann durch anxiolytische oder sedierende Medikamente (z.B. Benzodiazepine) eine verzögerte Habituation «normalisiert» werden und infolgedessen die Extinktion von angstrelevanten Konditionierungen begünstigt werden. Ferner treten verhaltenspsychologische Effekte ein (z.B. Auflösung von konfliktbedingten Meidungsverhalten), die wiederum eher zur Konfrontation mit ansonst angstbesetzten Situationen führen. Aber auch die Orientierungsreaktion auf nur potentiell bedrohliche Reize wird durch eine verminderte Aktivierung reduziert, möglicherweise verringert dies die Wahrscheinlichkeit für die Ausbildung neuer akuter Angstreaktionen (Strian, 1983). Aus psychologischer Sicht ist diesem Einsatz von Pharmaka jedoch der Versuch vorzuziehen, eine chronische Überaktivierung durch eine Stabilisierung der Person (z.B. Kompetenztraining, Streßbewältigung) sowie ihrer Lebensumstände (z.B. Reduzierung von Konflikthaftigkeit) zu begegnen. Zumindest sollten solche Interventionen eine notwendige Medikamentisierung begleiten.

2.1.3 Stabilisierung der Person

Interventionen, wie die Bewältigungskompetenzen einer Person verbessern und die Aufmerksamkeitsfokussierung auf emotional negativ besetzte Wahrnehmungen verändern, tragen indirekt zu einer Verminderung erhöhter Konditionierbarkeit bei. Beide Maßnahmen sollen die Person zu verbesserten Problemlösungen, zur Wahrnehmung erhöhter Selbsteffizienz und zu einer tatsächlich verbesserten Umweltkontrolle befähigen. Diese Momente stehen einer ängstlich-meidenden Erwartungshaltung und einer oft damit verbundenen höheren Konditionierbarkeit entgegen. In diesen Interventionen werden die Klienten bspw. in Angst-, Schmerz- und Streßbewältigungstrainings zum Differenzierungslernen angeleitet werden. Sie lernen dabei, a) die Differenzierung von Hinweisreizen (z.B. die Interpretation von Hinweisreizen zugunsten geeigneter Bewältigungsmaßnahmen). Bestimmte Signale sollen dabei zu Hinweisreizen für ein entstehendes Problemverhalten werden (z.B. physiologische Anzeichen für Angst, Hinweisreize für soziale Konflikte) und Verhaltensweisen ergriffen werden, die eine Problemeskalation verhindern. b) Die *Differenzierung von Reaktionen*, um mit dem nunmehr adäquat eingeschätzten Angstereignis besser umgehen zu können (z.B. präventive Lösungen anstreben, Entspannung oder Ablenkung praktizieren). Dadurch wird eine ängstliche, angespannte Erwartungshaltung verringert. Indirekt wird der erhöhten Konditionierbarkeit durch die Verminderung der Aktivierung begegnet.

2.1.4 Gestaltung der Umwelt

Eine erhöhte Konditionierbarkeit wird auch durch konflikthafte, hoch emotionale Situationen begünstigt. Folglich besteht eine umweltbezogene Intervention darin, den belastenden Charakter solcher Situationen zu reduzieren. Dies kann ermöglicht werden durch: Erhöhung der Umweltkontrolle, (z.B. Verminderung von Anforderungen), Reduzierung konflikthafter Momente (z.B. klarere Regelungen, klarere Rollendefinitionen in Beruf und Familie), und die Stärkung von Bewältigungskompetenzen (z.B. Kommunikations- und Problemlösefertigkeit).

2.2 Interventionen bei niedriger Konditionierbarkeit

Die Beobachtung, daß Personen mit niedriger Konditionierbarkeit unter aktivierenden Bedingungen besser lernen, hat zu mehreren Behandlungsansätzen geführt, die zunächst ihr kortikales oder autonomes Aktivierungsniveau mittels Pharmakotherapie erhöhen. Dies gilt bspw. für eine Teilgruppe *hyperaktiver bzw. aufmerksamkeitsgestörter Kinder*, die mittels Stimulantien behandelt werden und gut auf diese Medikamentation ansprechen. Dabei werden u.a. Methylphenidat, Amphetamine, Dextroamphetamine und Magnesium eingesetzt. Diese Medikamentation ist bei 60 bis 70% der Kinder wirksam, was vor allem

in Verhaltensverbesserungen, sowie in der Verbesserung von experimentellen Aufgabenleistungen und in der Erhöhung der physiologischen Aktivierung erfaßt wird. Diese Verbesserungen können aktivierungstheoretisch gut erklärt werden.
Weil die ausschließliche Behandlung der Hyperaktivität durch Pharmakotherapie negative Auswirkungen auf die Kausalattributierungen sowie indirekt die Persönlichkeitsentwicklung der Kinder haben kann, sollten jedoch eher multimodale Behandlungsformen gewählt werden, die die Pharmakotherapie mit einer komplexeren kognitiven Verhaltenstherapie verbinden. Neuere Untersuchungen, die anhand der kognitiven Verhaltenstherapie arbeiten, belegen gute Erfolge auch mittels der psychologischen Intervention alleine (vgl. Kapitel Petermann). In spekulativer Weise kann die Effizienz des kognitiv verhaltensbezogenen Trainings mit der *Inhibitionstheorie* in Verbindung gebracht werden. Sie besagt, daß sich kortikal untererregte Personen aufgrund einer Schwäche, unbelohntes oder bestraftes Verhalten zu unterdrücken, weniger verstärkungskontingent verhalten. Die Vermittlung selbstregulatorischer Fertigkeiten sowie die Anleitung zur verbalen Handlungsregulation kann deshalb als Stärkung des Inhibitionssystems interpretiert werden. Mit dieser Überlegung steht im Einklang, daß *zerebral beeinträchtigte aufmerksamkeitsgestörte Kinder* am meisten von einem Training profitieren, das sie mittels einfacher Selbstanweisungen (Reaktionsstop) zu Unterbrechung automatischer, fehlangepaßter Handlungen anleitet (Schlottke, 1984).

2.3 Aufbau von Verstärkerwirksamkeit

In der *Depressionstherapie* werden Einzeltechniken angewandt, die auf eine Erhöhung bzw. den Aufbau von Verstärkerwirksamkeit hinauslaufen. Dies geht von folgender Beobachtung aus: «Der Patient weiß, was er zu tun hat, aber es fehlt ihm das innere Verlangen oder der Antrieb es auszuführen. Der Patient immobilisiert sich selbst, weil er glaubt, zu der betreffenden Tätigkeit unfähig zu sein oder aus dieser Aktivität keine Befriedigung ziehen zu können» (Beck et al., 1981). Die kognitive Depressionstherapie betreibt den Aufbau der Verstärkerwirksamkeit, indem depressionstypische Grundannahmen und irrationale Überzeugungen aufgedeckt, verändert und diese modifizierten Einstellungen (z.B. realitätsgerechte Wahrnehmung, eigene Kompetenzerwartung) in konkrete Alltagshandlungen übertragen werden. Dabei werden Verhaltensweisen abgeleitet, die einen positiven Verstärkungswert für den Patienten erlangen. Der Therapeut reagiert auf die Umsetzung der Hausaufgaben mit sozialer Zuwendung (z.B. Lob, Freude). Insofern kann die Depressionstherapie als eine Intervention interpretiert werden, die sukzessiv Verhalten mit positiven Verstärkungsfolgen aufbaut. Ähnliches gilt auch für das Schlußstadium von *Kriseninterventionen.*

3. Schlußfolgerung

Die Interventionen bei Aneignungsbeeinträchtigungen unterliegen derzeit einem deutlichen Wandel, in dem sich zunehmend die Erkenntnis durchsetzt, daß das eigentliche Ziel dieser Maßnahmen in einer Entwicklungsanregung besteht. Für das konkrete Therapieziel bedeutet dies, «das Lernen zu lehren». Damit erlangen strategisch-metakognitive Interventionsinhalte eine besondere Bedeutung. Anerkanntermaßen ist diese Entwicklungsanregung besonders bei allgemeinen Aneignungsstörungen (z.B. kognitiver Retardierung) angezeigt. Hierfür stehen erste Interventionskonzeptionen bzw. -programme zur Verfügung, die sich klinisch-psychologischer Vorgehensweisen bedienen und gleichzeitig Grundlagen der Kognitionstheorie oder Wissenspsychologie berücksichtigen. Leider liegen für Aneignungsbeeinträchtigungen, die im Zuge des Anstiegs geronto-psychiatrischer Störungen auftreten, kaum erprobte Programme vor, so daß hier – auch angesichts der demoskopischen Entwicklung – noch weitreichender Handlungsbedarf besteht.
Die Interventionen bei abnormalen individuellen Lernvoraussetzungen sind zum Großteil in der traditionellen verhaltenstherapeutischen Angsttherapie sowie in der Depressionstherapie begründet. Ein deutliches Forschungsdefizit in bezug auf die Konzipierung

und Evaluation von Interventionsmaßnahmen besteht hier jedoch bei der Behandlung von Aufmerksamkeitsstörungen, die eine beträchtliche Prävalenz und Relevanz für die weitere individuelle Entwicklung beziehen.

4. Literatur

Atzesberger, M. (1976). Leistungsveränderungen in Lesen und Rechtschrift von legasthenen Grundschülern bei Langzeitforderung unter differentiellen Aspekten. In W.H. Tack (Hrsg.), *Bericht über den 30. Kongreß der Deutschen Gesellschaft für Psychologie* (S. 345–347). Göttingen: Hogrefe.

Bauer, M. (1979). *Verhaltensmodifikation durch Modellernen.* Stuttgart: Kohlhammer.

Beck, A.T., Rush, J.A., Shaw, B.F. & Emery, G. (1981). *Kognitive Therapie der Depression.* München: Urban & Schwarzenberg.

Betz, D. & Breuninger, H. (1987). *Teufelskreis Lernstörungen. Theoretische Grundlegung und Standardprogramm.* München: Urban & Schwarzenberg.

Biran, M. & Wilson, G.T. (1981). Treatment of phobic disorders using cognitive and exposure models: A self-efficacy analysis. *Journal of Consulting and Clinical Psychology, 49,* 886–899.

Brown, A.L., Campione, J.C. & Barclay, C.R. (1979). Training self-checking routines for estimating test readiness: Generalization from list learning to prose recall. *Child Development, 50,* 510–512.

Brown, A.L. & Palincsar, A.S. (1987). Reciprocal teaching of comprehension strategies: A natural history of one program for enhancing learning. In J.D. Day & J.G. Borkowsky (Eds.), *Intelligence and exceptionality: New directions for theory, assessment, and instructional practices* (pp. 81–132). Norwood, New Jersey: Ablex.

Bruch, M.A. (1978). Type of cognitive modeling, imitation of modeled tactics, and modification of test anxiety. *Cognitive Therapy and Research, 2,* 147–164.

Goldstein, A.J. (1982). Agoraphobia: Treatment successes, treatment failures, and theoretical implications. In D.L. Chambless & A.J. Goldstein (Eds.), *Agoraphobia, multiple perspectives on the theory and treatment.* New York: Wiley.

Hasselhorn, M. & Körkel, J. (1983). Gezielte Förderung der Lernkompetenz am Beispiel der Textverarbeitung. *Unterrichtswissenschaft, 11,* 370–382.

Hasselhorn, M. & Körkel, J. (im Druck). Beeinflußbarkeit der Gedächtnisleistung von Kindern durch systematisches Training. In F.E. Weinert (Hrsg.), *Gedächtnisentwicklung als Entwicklung intelligenter Informationsverarbeitung.* Göttingen: Hogrefe.

Lader, M.H. & Wing, A.M. (1968). A physiological model of phobic anxiety and desensitization. *Behavior Research and Therapy, 6,* 411–421.

Lauth, G.W. (1983). *Verhaltensstörungen im Kindesalter. Ein Trainingsprogramm zur kognitiven Verhaltensmodifikation.* Stuttgart: Kohlhammer.

Lauth, G.W. (1987). Problemlösen von Retardierten – Präventionsmaßnahmen. In H. Neber (Hrsg.), *Problemlösepsychologie* (S. 262–286). Münster: Aschendorff.

Lauth, G.W. (1988). *Trainingsmanual zur Vermittlung kognitiver Fertigkeiten bei retardierten Kindern.* Tübingen: Gesellschaft für Verhaltenstherapie.

Lauth, G.W. & Schlottke, P.F. (1988). Die Förderung kognitiver Kompetenzen bei lernbehinderten Kindern mit Unterstützung durch Mediatoren. *Heilpädagogische Forschung, 14,* 148–160.

Lovaas, O.I., Freitas, L., Nelson, K. & Whalen, C. (1967). The establishment of imitation and its use for the development of complex behavior in schizophrenic children. *Behavior Research and Therapy, 5,* 171–181.

Martin, M. (1973). *Verhaltensmodifikation bei mongoloiden Kindern mit der Methode des Modellernens.* Unveröff. Diss., Universität, München.

Meichenbaum, D. (1979). *Kognitive Verhaltensmodifikation.* München: Urban & Schwarzenberg.

Schlottke, P.F. (1984). *Psychologische Behandlung von Aufmerksamkeitsstörungen bei Kindern.* Habilitationsschrift, Universität, Tübingen.

Scholz, O.B. & Haisch, I. (1986). Aktivierung gerontopsychiatrischer Langzeitpatienten. *Zeitschrift für Klinische Psychologie, 15,* 47–56.

Strian, F. (1983). *Angst, Grundlagen und Klinik.* Berlin: Springer.

Wiedl, K.H., Schöttke, H. & Gediga, G. (1987). Reserven geistiger Leistungsfähigkeit bei geriatrischen Psychiatriepatienten und bei Altenheimbewohnern: Eine Studie zur dynamischen Testdiagnostik. *Zeitschrift für Klinische Psychololgie, 16,* 29–42.

11. Problemlösen: Intervention

Gerhard W. Lauth

1. Einleitung

Während in der Normalpopulation erst komplexe, vernetzte und intransparente Probleme zu deutlichen Verschlechterungen des Problemlösens führen, haben psychisch belastete Personen bereits bei vergleichsweise unkomplizierten Problemen Schwierigkeiten. Deshalb stellt die Verbesserung der vorhandenen Problemlösefertigkeiten eine günstige Interventionsstrategie für die Therapie und Prävention psychischer Störungen dar. Diese Interventionen haben vier wesentliche Vorteile:

1. Der Allgemeinheitsgrad: Die Problemlösestruktur legt einzelne Bewältigungsschritte fest, die flexibel auf unterschiedlichste Störungsbereiche, Situationen und Personengruppen übertragen werden können.

2. Die Strukturierung: Chaotische, unzusammenhängende, stark verallgemeinerte und vielschichtige Klientenprobleme werden durch die Struktur des Problemlösens bearbeitbar. Denn der Klient wird dadurch veranlaßt, Schwierigkeiten in geordneter Weise zu analysieren und sich in ihrer Bewältigung an einer förderlichen Abfolge (der Problemlösestruktur) zu orientieren.

3. Die Ableitung konkreter Bewältigungshandlungen: Aus der Analyse seiner Probleme leitet der Klient Handlungen ab, die die bestehende Problematik direkt lösen bzw. verbessern sollen.

4. Der Erwerb einer allgemeinen Strategie: Der Klient erlernt innerhalb des Problemlösens förderliche Herangehensweisen, die ihn zur Selbsthilfe in einer Vielzahl von Situationen befähigen.

Zur Verbesserung der Problemlösefertigkeiten der Klienten bieten sich vor allem drei Interventionsausrichtungen an:

- Die *Differenzierung* des problemrelevanten Wissenssystems. Dies ist dann indiziert, wenn das problemrelevante Wissen inadäquat, unstrukturiert oder undifferenziert ist.
- Die *Aktivierung* der bestehenden Problemlösefertigkeiten, wenn aufgrund situativer oder persönlicher Bedingungen bestehende Problemlösefertigkeiten nicht zur Anwendung kommen.
- Die *direkte Vermittlung* von Problemlösefertigkeiten, wenn die Problemlösefertigkeiten insgesamt unzureichend sind. Diese Interventionsmöglichkeiten werden im nachfolgenden dargestellt.

2. Die Differenzierung des problemrelevanten Wissens

Die Differenziertheit und flexible Handhabung des problemrelevanten Wissens ist in hohem Maße dafür ausschlaggebend, inwieweit jemand Probleme sachgerecht verstehen und Lösungsmöglichkeiten ableiten sowie seine Lösungshandlung nach Rückmeldungen während der Lösungsausführung modifizieren kann. Diesem Sachverhalt tragen verschiedene Interventionen direkt Rechnung, indem sie die Klienten zu einer verbesserten Diskriminations- und Differenzierungsfähigkeit führen. Dies gilt vor allem für die kognitive *Depressionstherapie* von Beck (Beck et al., 1981). Hierbei gilt es vor allem, das geschlossene System der kognitiven Triade (negatives Selbstbild, negative Fehlinterpretationen, negative Zukunftserwartungen), das durch charakteristische Denkmuster (z.B. willkürliche Schlußfolgerungen; verabsolutiertes, dichotomes Denken; Übergeneralisierung) aufrechterhalten wird, zu differenzieren. Dies geschieht, indem die dysfunktionalen Grundannahmen zunächst identifiziert und über die Veranlassung von konkreten Handlungen sowie deren Reflexion zugunsten

realistischer, differenzierten Wirklichkeitsinterpretationen verändert werden. Im Grunde genommen bedient sich die Therapie dabei einer Intervention zur Veränderung von (grundlegenden) Einstellungen. Diese Interventionsform ist auch sehr gut auf die Modifikation anderer als depressogener Grundannahmen (z.B. überperfektes Verhalten, feindselige Wahrnehmung) zu übertragen. Solche nicht haltbaren Einstellungen können benannt, rational diskutiert und als verursachendes Beliefsystem ausgewiesen werden (vgl. Rational-Emotive-Therapie).
Bei anderen Interventionsformen erfolgt eine *direkte Wissensvermittlung* mit dem Ziel, die Problemwahrnehmung zu differenzieren. Dies geschieht vor allem im Streßimpfungs- und Schmerzbewältigungstraining; aber auch in den meisten der Problemlösetrainings (vgl. Kapitel 3.2). Die Wissensdifferenzierung führt dazu, daß das anstehende Problem (z.B. Alltagsstreß) anders wahrgenommen wird und eine Rekonstruktion des Problems erfolgt. Damit wird die Wissensdifferenzierung zur Grundlage für veränderte Problemlösungen. Ohne diese Problemrekonstruktion durch eine veränderte Wissenstruktur würde eine vermittelte Problemlösung unverankert bleiben und von dem Klienten kaum beibehalten werden. Die Differenzierung der relevanten Wissenstruktur führt dagegen dazu, daß Problemlösungen einvernehmlich mit dem Klienten erarbeitet werden können.

3. Aktivierung bestehender Problemlösekompetenzen

Die Umsetzung bestehender Problemlösekompetenzen kann aufgrund persönlicher (z.B. starke emotionale Erregung) und situativer Bedingungen (z.B. Streß) beeinträchtigt sein. In diesen Fällen werden die durchaus vorhandenen Problemlösefertigkeiten einer Person nicht verwirklicht. Folglich versuchen die hier ansetzenden Interventionen die vorhandenen Problemlösefertigkeiten zu aktivieren. Sie beschreiten dabei zwei Wege: 1) Die Regulation von negativen und ungünstigen Emotionen im Sinne einer Problemdistanzierung. 2) Die Verbesserung der Handlungsausführung. Im nachfolgenden werden zwei idealtypische Interventionsformen zur Aktivierung der Problemlösekompetenzen dargestellt.

3.1 Interventionen mit emotionsregulierender Ausrichtung

Die Problemlösekompetenzen einer Person werden durch starke (negative) Emotionen beeinträchtigt: Sie unterbrechen ablaufende Problemlöseprozesse, reichern das anstehende Problem durch personelle, negative Anteile an, erhöhen infolgedessen die Problemschwierigkeit und führen eher zu unbedachten Problemlösungen. Die Interventionen zur Aktivierung bestehender Problemlösekompetenzen unterstützen deshalb den Klienten in der Regulierung starker negativer Emotionen. Ihr Ziel besteht darin, eine Problemdistanzierung zu erreichen und dadurch reflektierte Lösungen im Sinne des Problemlöseprozesses zu ermöglichen. Dies gilt zum Beispiel für *Kriseninterventionen.* Unter dem Eindruck krisenhafter Ereignisse tritt eine Verschlechterung der aktuellen Problemlösefähigkeiten auf. Einer Person gelingen in diesem Fall gewohnte Problemlösungen nicht mehr, die Wirklichkeit erscheint kaum bewältigbar; es zeigen sich Unfähigkeiten im Planungsverhalten, im Denken und im aktiven Problemlösen. In diesem Stadium der Krisenentwicklung unternimmt die Intervention die folgenden Maßnahmen:
1. Emotionsregulierung: Der Therapeut geht zunächst auf die Gefühle des Betroffenen ein, versucht Empfindungen zu klären und Gefühle «zum Ausdruck» kommen zu lassen. Hier ist geradezu ein karthatisches Verhalten beabsichtigt. Die klinische Erfahrung lehrt, daß problemangemessene Lösungen ohne diese Emotionsregulierung kaum möglich sind.
2. Redefinition des Problems: Der Therapeut versucht hier zusammen mit dem Betroffenen das Krisenereignis und die eingetretene Situation anhand objektivierender Kriterien zu bewerten, um eine kognitive Verarbeitung zu ermöglichen.
3. Verhaltensplanungen für die aktuelle Situation: Förderliche Orientierungen für die ein-

getretene Situation und damit übereinstimmendes Verhalten werden entwickelt sowie allmählich in Handlung umgesetzt.
4. *Ziele übergreifender Art:* Hier stehen letztlich langfristige - oft sinnstiftende - Orientierungen im Mittelpunkt der Intervention. Sie führen dazu, daß der Klient auf einer höheren Ebene Zielsicherheit erhält und damit übereinstimmendes Verhalten entwickelt.
Dieser Ablauf der Krisenintervention besitzt eine interne Logik, die eingehalten werden muß: Problemlösungen folgen auf die Emotionsregulierung.

Andere Interventionen mit ebenfalls emotionsregulierendem Charakter regen die Klienten in direkterer Weise zu einer *Problemdistanzierung* an. Problemdistanzierung bedeutet, daß eine Person nicht nach dem ersten Impuls reagiert, sondern a) zunächst eine Phase der Reaktionsverzögerung einhält, b) zusätzliche Informationen einholt, c) das übergeordnete Regelsystem «Problemlösen» sowie ihr Wissen aktiviert und handlungsstrukturierend einsetzt. Dies beugt ungünstigen Problemlösungen, die aufgrund emotionaler Voreinstellungen erfolgen, vor. Im einfachsten Fall werden den Klienten dabei Selbstanweisungen in Form eines Regelsystems vermittelt. Der Klient wird dann angeleitet sein Handeln z.B. mit den folgenden Selbstanweisungen zu regulieren, z.B.: a) Handele nicht voreilig aus dem ersten Impuls heraus! b) Verschaffe Dir einen Überblick über die Situation! c) Frage Dich, ob der Partner das Problem genau wie Du sieht! d) Wie könnte der andere das Problem stattdessen sehen? e) Formuliere das Problem sprachlich genau! f) Benutze alle vorhandenen Informationen zu dem gegebenen Problembereich! Die Problemdistanzierung verbessert die Chance, zu reflektierten Problemlösungen zu gelangen und die einzelnen Phasen des Problemlöseprozesses sequentiell «abzuarbeiten». In vielen Interventionen geht der direkten Vermittlung von Problemlösefertigkeiten eine derartige Anleitung zur Problemdistanzierung voraus (Camp & Bash, 1981; Platt et al., 1975). Indirektere Interventionen versuchen über eine *vertiefte Problemrepräsentation* (z.B. Rollenempathie, Informationssuche, das Problem vom Standpunkt des Partners sehen) die Objektivierung eines Sachverhaltes zu erreichen. Hierbei wird den Klienten bspw. die Fertigkeit vermittelt, die Verknüpfung einzelner Problembedingungen zu erkennen, die Fakten in eine sachlogische Abfolge zu bringen und relevante sowie irrelevante Faktoren zu unterscheiden (Crutchfield et al., 1966). Solche Anleitungen zur Problemformulierung verbessern die Qualität hypothetischer sozialer Problemlösungen (D'Zurilla & Nezu, 1980). Die genaue Problemrepräsentation bewirkt gleichzeitig, daß eine Lösungshandlung stärker gegen konkurrierende Handlungstendenzen (z.B. andere Lösungsziele) abgeschirmt wird.

3.2 Interventionen mit handlungsregulierender Ausrichtung

Bestehende Problemlösekompetenzen können durch Momente der Handlungsausführung beeinträchtigt werden. Hier bieten sich Interventionen an, die rigidisierte, starre Handlungsmuster unterbrechen und handlungsleitende Selbstverbalisierungen vermitteln.
Bei *hoher Rigidisierung* des Problemverhaltens (z.B. starke aggressive Neigungen, Fluchtverhalten, Jähzorn, Suchtverhalten) ist es angezeigt, die gewohnheitsmäßigen Handlungsformen zu unterbrechen. Besonders bei jüngeren und kognitiv weniger entwickelten Personen werden hierzu bildhaftanschauliche Vorstellungen eingesetzt. Sehr bekannt ist dabei die *«Schildkröten-Technik»* von Schneider und Robin (1976). Hier werden Kinder angeregt, in Problemsituationen das Verhalten einer Schildkröte in der Vorstellung zu imitieren: Sie lernen, sich «in den Panzer der Schildkröte zurückzuziehen», wenn sie die Kontrolle über die Situation zu verlieren glauben. «Im Panzer der Schildkröte» können sie in aller Ruhe verschiedene Problemrepräsentationen und Lösungsmöglichkeiten gedanklich durchspielen. Der Aufbau dieser Vorstellung wird von einem Entspannungs- und Selbstinstruktionstraining begleitet. Den Kindern wird über diese Maßnahme ermöglicht, Verhaltensalternativen zu entwickeln, diese gedanklich durchzuspielen und ihre Konsequenzen zu bewerten. Die Unterbrechung des rigidisierten

Verhaltens schafft überhaupt erst die Möglichkeit, zu einem reflektierten Problemlöseverhalten zu gelangen.
Ebenfalls dem Ziel der Handlungssteuerung dient die Vermittlung handlungsleitender Selbstinstruktionen (z.B. im *Selbstinstruktionstraining*, vgl. Kapitel Verhaltenstherapie). Hierbei wird ein ungünstiger, bedrohungssteigernder «internen Dialog» zugunsten eines bewältigungsorientierten Vorgehens verändert. Das direkte Ziel der Selbstinstruktionstherapie besteht darin, positive, verstärkende Selbstanweisungen zu erhöhen und diese Selbstanweisungen mit den entsprechenden Verhaltensweisen zu verknüpfen. Durch die Veränderung des internen Dialoges trägt dieser Ansatz wesentlich zur Aktivierung bestehender Problemlösefertigkeiten bei.

4. Vermittlung von Problemlösekompetenzen

Menschen mit Problemlösestörungen sind in vielen unterschiedlichen Bereichen ihres Lebens beeinträchtigt. Deshalb stellt die Vermittlung von Problemlösekompetenzen einen wesentlichen und wirksamen Interventionsansatz dar. Die nachstehend geschilderten Interventionen zur Vermittlung von Problemlösekompetenzen haben mehrere Punkte gemeinsam:

- Sie vermindern nicht direkt ein bestimmtes Problemverhalten, sondern verbessern allgemein die Möglichkeit einer Person, *alternatives Verhalten* zu verwirklichen.
- Sie vermitteln, daß Problemsituationen in einer *schrittweisen Abfolge* unter Einhaltung grundlegender Denkprozesse bewältigt werden sollen.
- Sie legen dar, daß ungünstige Haltungen gegenüber dem anstehenden Problem aufgegeben und Probleme *vertieft repräsentiert* werden sollen.
- Sie legen dar, daß Problemlösungen vor allem durch die Ableitung von *Lösungsalternativen* und das Durchdenken ihrer *Konsequenzen* entwickelt werden können.
- Sie betten das Problemlösen in *erweiterte Konzepte*, wie z.B. der sozialen Wahrnehmung, der Handlungsregulation sowie die Vermittlung positiver sozialer Haltungen ein.

Insgesamt können diese Interventionen sowohl einer präventiven Orientierung folgen als auch bereits bestehende psychische Beeinträchtigungen therapieren.

4.1 Die therapeutische Umsetzung der Problemlösestruktur bei D'Zurilla und Goldfried

Der erste direkte Versuch, die Vermittlung von Problemlösefertigkeiten innerhalb der Klinischen Psychologie zu verankern, wurde von D'Zurilla und Goldfried (1971) unternommen. Sie schlagen ein einfaches lineares Problemlösemodell vor, auf das auch in späteren Umsetzungen immer wieder Bezug genommen wird. Es sieht vor, daß der Klient anstehende Probleme in der nachfolgenden Sequenz behandelt:

1. Er nimmt eine *allgemein förderliche* Haltung zum anstehenden Problem ein d.h. a) er akzeptiert, daß Probleme im menschlichen Leben normal und lösbar sind, b) er übergeht Problemsituationen nicht, sondern nimmt sie wahr, c) er unterdrückt die Tendenz, vorschnell zu handeln bzw. nichts zu tun. Diese allgemein förderliche Orientierung wird über Erklärungen und Diskussionen mit dem Therapeuten ausgebildet. Ferner wird der Klient in der Therapie angehalten, Alltagsprobleme zu identifizieren und sein eigenes Verhalten im Alltag zu beobachten.
2. Er *definiert das Problem* verhaltensorientiert. Der Klient soll die Problemanteile so formulieren, daß relevante und irrelevante Informationen unterscheidbar sind. Ferner sollen wichtige Ziele und Konflikte deutlich werden. Insgesamt wird das schlecht definierte Problem in ein gut definiertes überführt. Innerhalb der Therapie wird dies dadurch zu erreichen versucht, daß der Klient seine anstehenden Probleme gemeinsam mit den Therapeuten in der geschilderten Weise definiert und formuliert.
3. Er entwickelt möglichst viele *alternative Lösungen*, ohne sie zunächst zu bewerten. Zu dem nunmehr gut definierten Problem werden vom Klienten möglichst viele Alternativlösungen selbst entwickelt.

4. Er *entscheidet* sich für die bestmögliche Lösung, wobei der Klient vor allem auch die eigenen Bedürfnisse sowie den zu erwartenden Erfolg bedenkt. Eine gute Lösung ändert die Situation so, daß die Problematik nicht länger besteht und gleichzeitig die positiven Folgen sowohl für den Problemlöser als auch seine soziale Umwelt maximiert sowie negative minimiert werden. Der Klient wird hier vom Therapeuten angeleitet, die Handlungskonsequenzen zu bedenken; schlechte Lösungsalternativen werden sukzessive ausgeschlossen, gute Lösungen dagegen weiter verfolgt und detaillierter geplant.
5. Er führt die *Lösungshandlung* letztlich durch und bewertet die Folgen der Handlung. Hierzu erhält er Unterstützung, Ermutigung und Anleitung durch den Therapeuten.
Diese Abfolge wird in späteren Interventionsgestaltungen – oft angereichert durch weitere Bestimmungselemente des Problemlösens – verwendet. Spätere Untersuchungen zeigen, daß die Lösungsgüte vor allem durch die Anleitung des Klienten zur genauen Definition

Kasten 1
Vermittlung von Problemlösefertigkeiten beim interpersonellen Problemlösen (Platt et al., 1975)

Sitzung 1: – Sei Dein eigener Problemlöser! Gruppenbildung und Sammeln interpersoneller Probleme der Gruppenmitglieder. Erkennen von Problemen durch die Beachtung und Bewußtwerdung der eigenen Gefühle, die mit den vorhandenen Problemen verknüpft sind.
Sitzung 2: – Schaue Dir die Tatsachen an (Teil I)! Unterscheidung von Tatsachen und Meinungen bei sozialen Problemen.
Sitzung 3: – Schaue Dir die Tatsachen an (Teil II)! Wahrnehmungsübungen zum genauen Beobachten und Wiedererinnern sozialer Gegebenheiten.
Sitzung 4: – Schaue Dir die Tatsachen an (Teil III)! Übungen zum Thema «Wie erhalte ich mehr Informationen über interpersonelle Situationen?»
Sitzung 5: – Andere sehen andere Tatsachen! Gruppenübungen, die zur Erkenntnis führen, daß Personen unterschiedliche Vorlieben und Denk- sowie Verhaltensstile besitzen. Anhand von Gruppenausarbeitungen und TAT-Karten werden diese Unterschiede verdeutlicht.
Sitzung 6 und 7: – Gefühle erkennen und mitteilen! Das Erkennen von Gefühlen anderer Personen als wichtiger Leitfaden zum Lösen interpersoneller Probleme. Dabei geht es zunächst um die Unterscheidung verbaler und nonverbaler Kommunikation sowie um das Identifizieren von Gefühlen anhand nonverbaler Informationen des Partners.
Sitzung 8 und 9: – Problemlöse-Hilfen I und II – Gedächtnistraining! Vermittlung von Strategien, um Informationen aus Gesprächen zu behalten und sich an Personen zu erinnern. Die Verwendung von Selbstinstruktionen (z.B. sich selber Fragen stellen) wird als vermittelndes Moment im Lösen von Problemen eingeführt.
Sitzung 10: – Nur keine übereilten Entscheidungen! Vermittlung von richtigen – verzögerten – Entscheidungen über die Abfolge («stop, look, listen, remember and think before you decide») (Phase 1 des Problemlöseprozesses nach Gildfried & D'Zurilla, 1971).
Sitzung 11: – Fasse Deine Gedanken in Worte (Problemlöse-Hilfen III)! Verwendung von «Lautem Denken» um ein Problem zu definieren (Phase 2 des Problemlöseprozesses).
Sitzung 12: – Finde viele unterschiedliche Lösungsmöglichkeiten! Entwicklung unterschiedlicher möglicher Lösungswege in einem brainstorming ähnlichen Prozeß (Phase 3 des Problemlöseprozesses).
Sitzung 13 und 14: – Bedenke die Folgen! Entscheidungen für förderliche Problemlösungen über das Durchdenken wahrscheinlicher Folgen und die Auflistung zu erwartender Vor- und Nachteile der Handlung. Gleichzeitig wird vermittelt, daß Zielsetzungen eine wichtige Rolle in der Entscheidungsfindung spielen sowie man Ziele innerhalb von Problemsituationen bestimmt (Phase 4 des Problemlöseprozesses).
Sitzung 15: – Berücksichtige den Standpunkt anderer! Betrachtung sozialer Probleme aus unterschiedlichen Perspektiven.
Sitzung 16 und 17: – Sprich' mit anderen! Rollenspiel zur Bewältigung interpersoneller Probleme (z.B. andere Wünsche als der Handlungspartner haben).
Sitzung 18: – Geh' in Einzelschritten vor, praktiziere das Gelernte im Alltag! Schritt-für-Schritt-Lösungen bei exemplarischen Problemen (jemanden im Restaurant ansprechen, Eheprobleme lösen, einsam, eigene Alltagsprobleme der Trainingsteilnehmer) werden in der Gruppe erarbeitet und sodann auf den Alltag übertragen (Phase 5 des Problemlöseprozesses).

und Formulierung des anstehenden Problems (Phase 2) verbessert wird (D'Zurilla & Nezu, 1980).

4.2 Die Vermittlung sozialer Problemlösefertigkeiten

Eine weit verbreitete Intervention zur Vermittlung interpersoneller Problemlösefertigkeiten stammt von Platt et al. (1975). Sie vermitteln den Klienten innerhalb von 19 Gruppensitzungen sowohl Problemlösefertigkeiten als auch allgemeine Kommunikationsformen und soziale Haltungen. Das Ziel der Intervention besteht darin, gute Problemlösungen im Alltag zu erreichen. Hierzu soll der Problemlöser seinen gewohnten Handlungsablauf zunächst unterbrechen: stop, look, listen, ask, don't rush, think! Unter dem Stichwort think soll er sich Fragen stellen, die gleichzeitig die Grundfertigkeiten des Problemlösens verdeutlichen, z.B. 1) Was ist das Problem? 2) Was sind die relevanten Tatsachen? 3) Wie sieht der Handlungspartner das Problem? 4) Welches Ziel wäre angebracht? 5) Was könnte ich tun? 6) Welche Folgen würden diese Lösungsmöglichkeiten haben? 7) Was könnte als nächstes geschehen? Insgesamt sollen durch das Training vermittelt werden:

1. *Problemsensitivität* für interpersonelle Probleme (Erkennen sozialer Probleme; Bereitschaft an deren Verbesserung zu arbeiten).
2. *Kausales Denken* (sehen, daß das eigene Fühlen und Handeln mit dem Verhalten anderer Menschen in Beziehung steht).
3. *Denken in Lösungsalternativen* (Entwicklung alternativer Lösungen, keine vorzeitige Festlegung auf die «bestmögliche» Lösung).
4. Die *Antizipation von Konsequenzen* (Durchdenken der Lösungsfolgen).
5. *Mittel-Ziel-Denken* (Entwicklung von Plänen zur Zielerreichung).

Die Intervention besteht aus zwei verschiedenen Teilen; wobei sich der erste Teil mit den Voraussetzungen des Problemlösens beschäftigt (Sitzung 1 bis 9) und der zweite Teil den eigentlichen Problemlösefertigkeiten gewidmet ist (vgl. Kasten 1).

Die Teilnehmer treffen sich dabei unter der Leitung eines Gruppenleiters und arbeiten nach einem Trainingsmanual. Die einzelnen Sitzungen sind jeweils sehr ähnlich aufgebaut; sie vermitteln zunächst eine alltagssprachliche Einführung in die Thematik und geben die Lernziele der jeweiligen Sitzungen bekannt. Sodann werden Aufgaben angeboten und Verarbeitungen angeregt (Übungen, Diskussion, Rollenspiel, Problembearbeitungen); zwischen den einzelnen Gruppensitzungen bearbeiten die Teilnehmer Hausaufgaben.

Dieses Problemlösetraining wurde vielfach modifiziert und auf unterschiedliche Adressatengruppen (z.B. unterschiedliche Durchführung, unterschiedliche Klinische Gruppen, Mediatoren) übertragen. Ein klinisches Anwendungsbeispiel wird in Kasten 1 berichtet. Die relevanten Modifikationen beziehen sich darauf, daß 1) neben der Vermittlung individueller Problemlösefertigkeiten das Gruppengeschehen stärker miteinbezogen wird (interaktionelle Problemlösegruppen, Grawe et al., 1970); therapeutischere Entscheidungs- und Strukturierungshilfen für alternative Handlungen und Zielorganisation gewährt werden (Kämmerer, 1983). Als Ergebnis dieser Interventionen werden u.a. bei stark gehemmten neurotischen Psychiatrie-Patienten eine Verminderung von Unsicherheit, Angst, Hemmung, Erschöpfung und Depression gegenüber einer unbehandelten Kontrollgruppe (Grawe et al. 1980) sowie eine deutliche Verbesserung des Problemlöseverhaltens und Problemlösewissens erreicht (Kämmerer, 1983). Ein Beispiel für die Behandlungseffekte Klinischer Gruppen wird in Kasten 2 wiedergegeben.

4.3 Die Vermittlung sozialen Problemlösens bei Kindern

Camp und Bash (1981) entwickelten aus der empirischen Analyse der Verhaltensbesonderheiten *aggressiver Kinder* ein Therapieprogramm für 6 bis 8jährige Jungen, das wesentliche Elemente des interpersonellen Problemlösens (Platt et al., 1975) aufnimmt und gleichzeitig handlungsregulatorische Fertigkeiten vermittelt. Dabei gehen die Autoren davon aus, daß die Aggression die Folge einer mangelnden Handlungsregulation (assoziative Verhaltensmuster, rasches Reagieren, unzureichende Problemrepräsentation) und unzureichender Problemlösefertigkeiten ist. Die Intervention beabsichtigt deshalb, vorschnelle Reaktionen zunächst zu hemmen. Stattdessen sollen die Kinder eine Reflexionsphase einhalten, sich nach den Zielen ihres Verhaltens, den verschiedenen Möglichkeiten zur Zielerreichung sowie den Konsequenzen der verschiedenen Lösungsalternativen fragen und ihre Verhaltensausführung bewerten. Diese Ziele entsprechen bereits der Struktur des Problemlöseprozesses. Die Intervention wird einzeln oder in Gruppen von bis zu 4 Kindern durchgeführt, eingesetzt werden u.a. Modelldemonstrationen, Signalkarten, Handpuppen, Fotos und Comic-Figuren. Dabei werden Handlungen zunächst vom Trainer demonstriert und über Zwischenschritte in das Verhaltensrepertoire des Kindes überführt. In der Intervention wird sowohl die Bewältigung sozialer Situationen als auch intellektueller Anforderungen eingeübt.

In seinen Ergebnissen ist das Training ermutigend: Im Vergleich zu einer unbehandelten Kontrollgruppe zeigen sich signifikante Verbesserungen, sowohl des Unterrichts- als auch des Testverhaltens (Camp, 1980). Die aggressiven Kinder unterscheiden sich dabei nach Abschluß des Trainings (in den statistisch gewichteten Daten) nicht mehr von unauffälligen Kindern. Es liegen sogar Erfahrungen vor, daß die Kinder nach 6 bis 12 Monaten zu einer kontinuierlichen Verbesserung ihrer Problematik neigen (Camp & Bash, 1981).

4.4 Beeinflussung von Systemen

In natürlichen Systemen (Familie, Berufsgruppe, Schulklasse etc.) wurde vor allem versucht, mit *Mediatoren* zu arbeiten. Einige Autoren vermitteln über die Anleitung der Eltern, der Lehrer, der Kindergärtnerinnen oder

Kasten 2
Behandlung von männlichen Alkoholikern anhand des interpersonellen Problemlösens (Intagliata, 1978)

Fragestellung: Welche Effekte hat ein interpersonelles Problemlösetraining bei männlichen Alkoholikern und wie stabil sind gegebenenfalls die Therapieeffekte?

Patientenbeschreibung: 63 männliche Patienten aus einer stationären Alkoholikerbehandlung, Alter 23 bis 66 Jahre (Altersdurchschnitt 45 Jahre), mit eher niedrigem Ausbildungsniveau.

Behandlungsform: Vermittlung von interpersonellen Problemlösefertigkeiten. Die Patienten sollten eine Abfolge von vier Schritten lernen, um interpersonelle Probleme zu lösen: Das Problem erkennen; es definieren; alternative Lösungen entwickeln; nach Abschätzung der Konsequenzen die beste Lösungsmöglichkeit auswählen. Diese Problemlöseintervention verwendete wichtige Materialien aus dem Programm von Platt et al. (1975). Dauer der Behandlung: 10 Sitzungen von jeweils einer Stunde innerhalb von 4 Wochen. Behandlungsform: Gruppensitzungen.

Versuchsplan: a) Behandlungsgruppe; b) Kontrollgruppe gleichaltriger männlicher Patienten, die nur den Klinikalltag durchläuft. Messungen vor und nach der Behandlung sowie einen Monat nach der Entlassung.

Abhängige Variablen: Erfassung von theoretisch-gedanklichen Problemlösefähigkeiten im Means-End-Problem-Solving-Test u.a. zielerreichende Mittel, Erkennen von Lösungshindernissen. Vorausplanung von Lösungshandlungen), Auseinandersetzung mit wichtigen Problemen nach der Klinikentlassung (Interview). Im Interview wurden spezifische Pläne zur Lebensbewältigung, zum Erkennen von Schwierigkeiten und der Verfügbarkeit alternativer Lösungspläne erhoben.

Ergebnis/Bilanz: Im Vergleich zur Kontrollgruppe verbesserten die Teilnehmer zum Zeitpunkt der Klinikentlassung ihre Problemlösefertigkeiten signifikant: Sie planten die Bewältigung der nachfolgenden Probleme stärker im voraus und machten auch nach der Entlassung praktischen Gebrauch von den vermittelten Problemlösefertigkeiten. Leider liegen jedoch keine Angaben darüber vor, inwieweit durch das Training die aktuelle Alkoholproblematik bzw. die alltägliche Lebensbewältigung verbessert werden konnte. Es ist jedoch offensichtlich, daß ein Teil der vermittelten Problemlösefertigkeiten bereits einen Monat nach der Entlassung der Patienten in Vergessenheit geriet. Dies spricht dafür: «Auffrischsitzungen» in die Intervention miteinzuplanen, das Training stärker in den Klinikalltag zu verankern und die Vermittlung von Problemlösefertigkeiten mit der Änderung von Situationen (z.B. Klinikabläufen) zu verbinden.

Erzieher Problemlösefertigkeiten an die Kinder. Shure und Spivack (1981) lehren die Mediatoren, «Problemlösegespräche» zu führen, die die Kinder zum rationalen Durchdenken von Problemsituationen anhalten. Gesteuert durch Fragen oder Anregungen der Erwachsenen bestimmen die Kinder das anliegende Problem, entwickeln Lösungsalternativen, bedenken deren Konsequenzen und entscheiden sich für eine Alternative. Probleme werden dadurch nicht durch die Erwachsenen gelöst, sondern die Kinder erhalten eine Struktur zur selbständigen Problemlösung. Das Interventionsprogramm vermittelt den Eltern 4 bis 5jähriger Kinder, wie sie in kindgemäßer Form systematisch Problemlösefertigkeiten einschließlich der begrifflichen und kognitiven Voraussetzungen aufbauen können. Das Programm umfaßt drei Teile: 1) Die Vermittlung der notwendigen begrifflichen bzw. kognitiven Voraussetzungen zum Problemlösen (z.B. Gefühle erkennen, Kausalitätsprinzip) an die Kinder. 2) Übungen zur Ausbildung von Problemlösefertigkeiten bei den Kindern (z.B. Alternativlösungen entwickeln); 3) Übungen zur Ausbildung von Problemlösefertigkeiten bei den Eltern selbst (z.B. Methoden der Informationsgewinnung). Shure und Spivack (1981) überprüften die Effektivität der Intervention bei zwanzig 4 bis 5jährigen Kindern, die von ihren Kindergärtnerinnen überwiegend als verhaltensauffällig (impulsiv, ungeduldig bzw. schüchterngehemmt) beurteilt wurden. Ihre Mütter wurden in der geschilderten Weise angeleitet, Problemlöseprozesse anzuregen. Die Mütter stammten aus der Unterschicht und wohnten in «Problemgebieten». Das Training führte in mehrfacher Hinsicht zu einem positiven Ergebnis: a) Die Problemlösefertigkeiten der Kinder verbesserten sich, indem sie eher Alternativlösungen entwickeln und Konsequenzen besser vorhersehen konnten. Allerdings verbessert sich nicht ihre Fertigkeit, die interpersonelle Dimension von Problemen wahrzunehmen. b) Ihre Fortschritte im Problemlösen gehen mit einer verbesserten sozialen Anpassung im Kindergarten einher. Am Ende des Trainings werden 71% der Kinder als sozial angepaßt diagnostiziert (unbehandelte Kontrollgruppe 31%). c) Auch die Mütter verbessern ihr Erziehungsverhalten sowie ihre eigene Problemlösefertigkeit. Damit ist der Nutzen des Trainings sehr klar belegt. Ähnliche Programme liegen für das Training von pädagogischen Fachkräften (Kindergärtnerinnen, Erziehern, Schulberatern) vor (Spivack & Shure, 1974; Elias et al., 1985; Lauth, 1988).

In der Verbesserung *familiärer Problemlöseprozesse* werden Kommunikationsfertigkeiten stärker gewichtet als in den bisher geschilderten Problemlösetherapien. Klein et al. (1977) arbeiteten im Rahmen einer Kurzzeitintervention mit den Familien jugendlicher Straftäter. Diese Intervention beabsichtigte, klare Kommunikationsformen in der Familie auszubilden, so daß Anforderungen und alternative Lösungen innerhalb der Familie klar präsentiert sowie Kompromisse ausgehandelt werden konnten. Die Nachuntersuchung nach 2,5 bis 3,5 Jahren belegt vielfältige und nachdrückliche Vorteile der Kurzzeitintervention: So reduzierte sich die Anzahl der Strafverfahren um bis zur Hälfte gegenüber einer klientenzentrierten Diskussionsgruppe bzw. einer Kontrollgruppe ohne Behandlung. Ferner konnte die Rückfallquote der Jugendlichen vermindert werden. Wesentlich für den Erfolg dieser Intervention scheint zu sein, daß sie in der Familie stattfand und damit Problemlöseprozesse innerhalb der gesamten Familie verankerte. Ansätze, die kommunikative Prozesse nicht berücksichtigen und eher «theoretisch» orientiert bleiben, führen zu geringeren Verhaltensänderungen (Blechman et al., 1978). Therapieansätze für Paare versuchen gleichzeitig Wege zu entwickeln, um befriedigendere Konsequenzen in der Beziehung zu verwirklichen (z.B. Witkins & Cayner, 1980).

5. Effizienz der Problemlöseintervention

Es wurden immer wieder Ergebnisse vorgelegt, die ermutigende und zum Teil weitreichende positive Ergebnisse von Problemlöseinterventionen belegen. Daneben gibt es aber auch eine – nur wenig geringere – Anzahl von Untersuchungen, die nur kurzfristige Verbesserungen, geringen Transfer auf das Alltagsverhalten und nur auf die Therapiesituation beschränkte Veränderungen belegen. Wie allgemein in der Therapieforschung fehlt es auch eher an Interventionen bei wirklich klinischen Gruppen und an Nachfolgeuntersuchungen, die mehrere Monate oder Jahre nach der Therapie die soziale Anpassung der Klienten anhand problembezogener Daten erfassen.

Zu fordern ist auch eine weitergehende Implementation von Problemlöseinterventionen in den Alltag sowie die Gestaltung von Institutionen (z.B. Psychiatrie, Schulen, Altenheime) nach Prinzipien, die auf die Dauer Problemlöseprozesse begünstigen. Für die Modifikation realen Problemlösens sollten also nicht nur personeninterne Fertigkeiten, sondern auch externe soziale Bedingungen in einer längerfristigen Perspektive berücksichtigt werden.

Trotz dieser Einschränkungen kann man die Problemlöseansätze als ermutigende therapeutische Hilfen ansehen. Bestehende Interventionsansätze können leicht um ökologische und soziale Bedingungen erweitert werden.

6. Literatur

Beck, A.T., Rush, J.A., Shaw, B.F. & Emery, G. (1981). *Kognitive Therapie der Depression.* München: Urban & Schwarzenberg.

Blechman, E., Olson, D., Schornagel, C., Halsdorf, M. & Turner, A. (1976). The family contract game: Technique and case study. *Journal of Consulting and Clinical Psychology, 44,* 449–455.

Camp, B.W. (1980). Two psychoeducational treatment programs for young aggressive boys. In C.K. Whalen & B. Henker (Eds.), *Hyperactive children: The social ecology of identification and treatment* (pp. 191–219). New York: Academic Press.

Camp, B.W. & Bash, M.A. (1981). *Think aloud.* Champaign: Research Press, 827.

Crutchfield, R.S., Covington, M.V. & Davies, L.B. (1966). *The productive thinking program.* Berkeley: Brazelton.

D'Zurilla, T.J. & Goldfried, M.R. (1971). Problem-solving and behavior modification. *Journal of Abnormal Psychology, 78,* 107–126.

D'Zurilla, T.J. & Nezu, A. (1980). A study of generation-of-alternatives process in social problem-solving. *Cognitive Therapy and Research, 4,* 67–72.

Elias, M., Bruene, L., Clabby, J., Barbiere, M. & Heckelman, S. (1985). A multidisciplinary social problem-solving intervention for middle school students with behavior and learning disorders. *Advances in Learning and Behavioral Disabilities, 4,* 49–75.

Goldfried & D'Zurilla (1971). Grawe, K., Dziewas, H. & Wedel, S. (1980). Interaktionelle Problemlösegruppen - ein verhaltenstherapeutisches Gruppenkonzept. In K. Grawe (Hrsg.), *Verhaltenstherapie in Gruppen* (S. 266–306). München: Urban & Schwarzenberg.

Intagliata, J. C. (1978). Increasing the interpersonal problem-solving skills of an alcoholic population. *Journal of Consulting and Clinical Psychology, 46,* 489–498.

Kämmerer, A. (1983). *Die therapeutische Strategie «Problemlösen» - Theoretische und empirische Perspektiven ihrer Anwendung in der Kognitiven Psychotherapie.* Münster: Aschendorff.

Klein, N.C., Alexander, I.F. & Parsons, B.V. (1977). Impact of family systems intervention on recidivsm and sibling delinquency: A model of primary prevention and program evaluation. *Journal of Consulting and Clinical Psychology, 45,* 469–474.

Lauth, G. (1987). Problemlösen von Retardierten: Präventionsmaßnahmen. In H. Neber (Hrsg.), *Angewandte Problemlösepsychologie* (S. 262–286). Münster: Aschendorff.

Lauth, G. (1988). Neber, H. (1987). Konzeption und Entwicklung einer angewandten Problemlösepsychologie. In H. Neber (Hrsg.), *Angewandte Problemlösepsychologie* (S. 1–118). Münster: Aschendorff.

Platt, J.J., Spivack, G. & Swift, M.S. (1975). *Interpersonal problem-solving group therapy.* Unveröff. Trainingsmanual, Hahnemann Medical College & Hospital, Philadelphia, 314 North Board Street, Pa. 19102.

Schneider, M. & Robin, A. (1976). The turtle technique: A method for the self control of impulsive behavior. In J. Krumholtz & C. Thoresen (Eds.), *Counseling methods.* New York: Holt, Rinehart & Winston.

Shure, M.B. & Spivack, G. (1981). *Probleme lösen im Gespräch.* Stuttgart: Klett-Cotta.

Urbain, E.S. & Kendall, P.C. (1980). Review of social-cognitive problem-solving interventions with children. *Psychological Bulletin, 88,* 109–143.

Witkins, L. & Cayner, J.J. (1980). Communication and problem-solving skills training for couples: A case study. In S.D. Rose (Ed.), *A case book for group therapy* (pp. 219–248). Englewood Cliffs.

12. Emotion: Intervention

Christoph Kraiker und Reinhard Pekrun

1. Einleitung

Von emotionalen Störungen spricht man dann, wenn Inhalte, Häufigkeit, Intensität und Dauer bestimmter Emotionen nach gesellschaftlicher, klinischer oder subjektiver Einschätzung unangemessen sind (vgl. Kapitel 30, Band 1). Daraus folgt, daß die therapeutische Beeinflussung gestörter Emotionen diese erwähnten Eigenschaften zu ändern hat. Allerdings ist es schwierig, Emotionen direkt zu beeinflussen. Wenn man eine Funktion nicht unmittelbar ändern kann (im Sinne einer Basishandlung, die man direkt ausführen kann, ohne erst etwas anderes tun zu müssen, vgl. Kraiker, 1980, S. 175), dann wird man versuchen, sie über eine Manipulation ihrer Antezedenzbedingung zu modifizieren. Die Antezedenzbedingungen emotionalen Verhaltens sind dispositionelle Eigenschaften des Organismus auf der einen Seite und aktuell auslösende Prozesse auf der anderen Seite. Auslösende Prozesse können interner und externer Natur sein, ferner können sie entweder direkt die Emotion oder das emotionale Syndrom auslösen, oder aber indirekt, etwa über die vorhergehende Aktivierung von bestimmten Kognitionen oder körperlichen Vorgängen.

Das Ziel therapeutischer Maßnahmen ist primär die Änderung der Reaktions-Dispositionen; man möchte z.B., daß die Phobikerin wie andere Menschen keine oder nur geringe Angst entwickelt in für sie bislang kritischen Situationen. Man würde es nur unter speziellen Bedingungen als eine akzeptable Notlösung empfinden, wenn man ihr zeigte, wie sie solche Situationen erfolgreicher als bisher vermeiden kann; und man würde es auch nur als Notlösung empfinden, wenn etwa die Ängste im Moment ihrer Entstehung lediglich unterdrückt würden, etwa durch Medikamente, Atemübungen, Entspannung, oder ähnliches. Dispositionen sind keine Handlungen, und man kann sich nicht einfach entschließen, andere zu haben als die, die man hat. Dispositionen, jedenfalls psychische, ändern sich im Verlauf länger andauernder Prozesse durch die Einwirkung bestimmter Ereignisse. Das Auftreten von Emotionen wird beim Vorliegen entsprechender Dispositionen kontrolliert durch:

- Ereignisse und/oder Handlungen
- die Repräsentation bestimmter Ereignisse oder Handlungen in der Erinnerung oder der imaginativen Antizipation
- die Bewertung dieser Ereignisse auf verschiedenen Dimensionen (z.B. bedrohlich vs lustvoll; gerecht vs ungerecht usw.) entweder reflexartig oder kognitiv (interpretativ) vermittelt
- die Bewertung der eigenen Fähigkeiten, den Anforderungen dieser Ereignisse gerecht zu werden (z.B. sie adäquat zu bewältigen)
- somatische Faktoren.

Daraus ergibt sich, daß unter bestimmten Umständen mehrere (perzeptive, kognitive, reflexhafte) Dispositionen sich in einer Reihe entsprechender aktueller Prozesse manifestieren, die ihrerseits die emotionale Antwort auslösen, so daß die Modifikation der Emotion zunächst den Umweg über die Modifikation jener Dispositionen nehmen muß, die zu kausal relevanten Antezedenzbedingungen der Emotionsentstehung führen.

In einer geringfügigen Erweiterung des Schemas von Pekrun (Kapitel 30, Band 1) seien diese Dispositionen hier aufgelistet:

- direkte Reaktionsdispositionen (unbedingte und bedingte Reflexe)
- Wahrnehmungsstil
- Informationsverarbeitung
- Kausalattribution
- Selbstkonzept und Kompetenzerwartung
- Ereigniserwartungen und Valenzen
- somatische Dispositionen.

Diese Kategorien sind eine Elaboration der vorher genannten Aspekte, überschneiden sich jedoch teilweise, so wie die eingesetzten Modifikationstechniken fast immer übergreifende Auswirkungen haben. Im folgenden sollen nun einige Techniken der Änderung entsprechender Dispositionen vorgestellt werden.

2. Beeinflussung durch Konditionierung und Löschung

Bedingte und unbedingte Reflexe können durch Umkonditionierung geändert werden. Im Falle unbedingter Reflexe kann dies durch die Etablierung inkompatibler positiver oder aversiver Reflexe geschehen (selten!), bei bedingten Reflexen durch Löschung, sei es stellvertretend in der Imagination (Prinzip der funktionalen Ähnlichkeit von Imagination und Wahrnehmung), sei es in der Realität. Da reine Reflexe (welcher Art auch immer) im Bereich des emotionalen Geschehens bei Menschen kaum isolierbar sein dürften (außer vielleicht bei Säuglingen), da immer komplexe Interaktionen mit kognitiven Vorgängen, Suggestionen usw. vorliegen, sind auch die verschiedenen Umkonditionierungstechniken komplexer und schwerer zu interpretieren, als es meist dargestellt wird. Am nächsten kommt einem solchen Verfahren die sog. Systematische Desensibilisierung (Wolpe, 1958), bei der in der (realen oder imaginativ vermittelten) Gegenwart angstauslösender Reize Maßnahmen gesetzt werden, die Entspannung bewirken (vgl. Kapitel 6.3). Lerntheoretisch läßt sich dies am ehesten als Löschung und Löschungsgeneralisierung unter optimierten Bedingungen oder als reziproke Hemmung (Wolpes Auffassung) bzw. als Umkonditionieren (Entspannungsreaktionen treten an Stelle von Angstreaktionen) interpretieren. Tatsächlich ist der Wirkmechanismus aber unbekannt, da es sich auch um ein implizites Bewältigungstraining handeln könnte, oder um kognitive Umstrukturierungen im Verlauf therapeutischer Gespräche (der Klient lernt zum Beispiel, daß viele andere Personen ähnliche Angstprobleme haben, daß er nicht verrückt ist, daß der Therapeut ihn trotzdem respektiert usw).

Damit wird deutlich, daß selbst bei eng umschriebenen Interventionstechniken vielerlei Prozesse in Gang gesetzt werden können. Dies gilt mutatis mutandis auch für eine weitere sog. Umkonditionierungstechnik, die sog. Reizüberflutung (flooding), bei der Klienten den angstauslösenden Stimuli über längere Zeit (meist mehrere Stunden) ausgesetzt werden (Marks, 1969). Mit Sicherheit hat man so gut wie keine Kenntnisse darüber, was etwa während dieser Zeit bezüglich Selbstgesprächen und Phantasien im Klienten vorgeht und wie sich das auf das Ergebnis dieser Intervention auswirkt.

3. Beeinflussung durch Wahrnehmungsänderung

Unbeschadet der Tatsache, daß sich jedenfalls beim Menschen die «reine» Wahrnehmung von der Interpretation des Wahrgenommenen nicht säuberlich trennen läßt, zielen einige Interventionen primär auf die Wahrnehmungsinhalte. So kann trainiert werden, die Wahrnehmung externer Realität überhaupt aufrechtzuerhalten, statt den Fokus etwa auf angstmachende propriozeptive Körperempfindungen oder negative imaginative Abläufe zu richten. Ferner kann trainiert werden, in komplexen Situationen (z.B. Prüfungssituationen oder öffentliches Auftreten) die Wahrnehmung nicht nur auf beunruhigende Aspekte zu lenken (vgl. Kasten 1), sondern auch auf die förderlichen und Sicherheit gebenden (also etwa nicht auf die gelangweilt aussehenden Zuhörer, sondern auf die interessiert und freundlich dreinschauenden), wobei etwa auch erotische bzw. andere angenehme Stimuli häufig als angsthemmend eingesetzt werden können.

In diesem Zusammenhang ist ein Verhalten von Bedeutung, das man vielleicht «phobisches Oszillieren» nennen könnte: das ständige Schwanken zwischen Zuwendung zum angstauslösenden Reiz und Abwendung davon. Man stelle sich eine Spinnenphobikerin vor, die sowohl die Augen umherschweifen läßt, um Spinnen zu erkennen, die sie aber angewidert und entsetzt schließt, sobald sie eine Spinne sieht. Der Mechanismus ist gerade hier unmittelbar nachvollziehbar: die angstmachende Situation ist ein Problem, dem man

Kasten 1
Beispiel für Wahrnehmungsbeeinflussung

Ein Beispiel (im Zusammenhang mit anderen Interventionen): Der Therapeut geht mit einem Mann, der agoraphobische Ängste hat, in einem belebten Park spazieren und gibt dabei folgende Instruktionen: «Gehen Sie ganz ruhig, ganz gelassen, ganz entspannt. Lassen Sie Ihre Arme schwer werden, lassen Sie die Schultern entspannt herabsinken und gehen Sie mit erhobenem Kopf. Sagen Sie sich immer wieder im Inneren: Laufen ist gut für meinen Körper, die Anspannung kann ich ertragen. Und jetzt schauen Sie sich um, schauen Sie, wo Sie sind, betrachten Sie Ihre Umgebung. Beschreiben Sie mir, wie die Wiese aussieht (P. tut es) ..., beschreiben Sie mir, was für Bäume es hier gibt ... beschreiben Sie mir den kleinen Tempel ..., schauen Sie sich die hübschen Mädchen an, die hier auf den Bänken sitzen.»

sich zuwenden muß, um es lösen zu können, von dem man sich aber auch abwenden muß, da es große Angst macht. Die mögliche Konsequenz ist ein sich ständig wiederholender Zirkel: Man kann das Problem nicht auf sich beruhen lassen, da es ungelöst ist, und man kann es nicht lösen, da man sich immer wieder davon abwendet. In der psychohygienischen Alltagspragmatik kann eine Förderung der Wahrnehmungsvermeidung (eine Art proximaler Stimuluskontrolle) durchaus von Nutzen sein: «Schau' nicht nach unten», sagt man dem Bergsteiger oder dem Dachdecker. Während es aber in der psychologischen Intervention durchaus Fälle geben mag, bei denen ähnliches sinnvoll ist (etwa das oben erwähnte Beispiel öffentlichen Redens), wird dort normalerweise gerade die gezielte Wahrnehmung, das «ins Auge fassen» gefördert werden, denn nur so kann eine Bewältigung (sei es durch «coping», Löschen oder was immer) erreicht werden.

4. Beeinflussung durch Änderung der Informationsverarbeitung

Ein wesentlicher Aspekt dieses umfangreichen Gebietes ist das imaginativ-antizipatorische Probehandeln. Von besonderer Bedeutung im klinisch-psychologischen Bereich sind hier Katastrophenphantasien und Versagensphantasien, eine Art Vorangst, die Kehrseite der Vorfreude. Den meisten vertraut ist das «Nicht-Abschalten-Können» (eben der Gedanken und Phantasien), etwa wenn nachts der antizipierte Schrecken des kommenden Tages den Menschen am Einschlafen hindert. Unspezifische Beeinflussungsmöglichkeiten sind auch der Alltagspsychologie vertraut: Das Sich-Beschäftigen mit etwas Einfachem und Vertrautem, das ihn so weit absorbiert, daß die herumvagabundierende Phantasietätigkeit zur Ruhe kommt. Zu solchen Techniken gehören die sog. Mantras (die ständige Wiederholung bestimmter sinnloser oder auch sinnvoller Laute), ferner das Sprechen immer wiederholter Gebete (z.B. Rosenkranz und Litaneien), und auch die Formeln des autogenen Trainings können derartige Wirkungen haben. Spezielle Maßnahmen aus dem klinisch-psychologischen Bereich zielen kaum direkt auf die Phantasien ab, sondern auf die durch sie repräsentierten Bedrohungen. Hier kommen dann auch alle jene Strategien des Vermittelns von Fertigkeiten der Realitätsprüfung und des Umgangs mit eben jenen Bedrohungen zum Einsatz, die unten beschrieben werden.

Daneben sind von Interesse eher formale Defekte der Informationsverarbeitung, jene «logischen Fehler», die Aaron Beck mit verantwortlich macht für das Entstehen depressiver Verstimmung und der damit assoziierten Ängste. Wir haben es hier mit Defekten des induktiven Schließens zu tun. Beck und Greenberg (1979) beschreiben fünf Typen (vgl. Kapitel 30, Band 1): Willkürliche Schlußfolgerungen, selektive Abstraktion, Übergeneralisierung, Magnifizierung (negativer Aspekte der Realität) und Minimisierung (positiver Aspekte) und Personalisierung.

Solche falschen Schlußfolgerungsstrategien können nicht nur depressive Stimmungen und Verhaltensweisen verursachen, sondern eben auch Angst, Wut, Ärger, und andere emotionale Zustände. Die entsprechende Therapie ist eine rational–aufklärende: «Der Therapeut nimmt jedoch nicht von Anfang an an, daß die Schlußfolgerung des Patienten falsch sei, noch versucht er ihn auf Grund seiner eigenen Wahrnehmung der Tatsachen davon zu überzeugen, daß er Unrecht hat. Er gebraucht eher die «sokratische» Methode der Fragestellung (ein kleines Beispiel findet sich im Kap. über Beeinflussung von Motivation, S. 243), um dem Patienten selber Äußerungen von Tatsachen zu entlocken, die zu genaueren Schlußfolgerungen führen» (Beck & Greenberg, 1979, S. 191) (vgl. Kasten 2)

Die Ergebnisse mehrerer Studien zeigen, daß mit verhaltensorientierter wie kognitiver Therapie auch bei geringer Sitzungszahl eine drastische Reduktion depressiver Störungen erzielt werden kann. Unterschiedliche Effektivität von Verhaltensmodifikation einerseits und kognitiver Therapie andererseits sind nicht klar nachgewiesen (vgl. Kasten 2).

Dieser letztere Befund allerdings ist kritisch zu sehen. Für eine Verallgemeinerung sind nämlich in vielen Studien die Stichproben zu klein. Darüber hinaus wurden die Therapien teilweise von den Untersuchern selbst durchgeführt (z.B. bei Wilson et al., 1983); grundlegende Prinzipien kontrollierter klinischer Studien sind damit verletzt (vgl. Kapital «Methodik der klinischpsychologischen Interventionsforschung» in diesem Band). Schließlich ist zu bedenken, daß auch verhaltensorientierte Behandlungen meistens kognitive Interventionselemente enthalten. Das Verhalten des Klienten wird normalerweise intensiv diskutiert. In der Studie von Wilson et al. (1983)

Kasten 2

Eine Untersuchung zur relativen Effektivität von kognitiver Therapie und Verhaltensmodifikation (Wilson, Goldin & Charbonneau-Powis, 1983)

Fragestellung: Eine Untersuchung von Wilson, Goldin und Charbonneau-Powis ging der Frage nach, ob kognitive Therapie oder Verhaltensmodifikation erfolgreicher bei der Therapie depressiver Störungen ist. Hintergrund war eine Kritik an älteren Vergleichsstudien, in denen die jeweiligen Behandlungsbedingungen für kognitive und verhaltensorientierte Therapie nicht vergleichbar waren, da sich z.B. Therapieintensität oder Format der Behandlung (Gruppen- vs. Einzeltherapie) unterschieden. Dementsprechend sollte versucht werden, außer dem Behandlungsinhalt alle anderen erfolgsrelevanten Faktoren konstant zu halten.

Methode: Die Stichprobe bestand aus 25 erwachsenen Einwohnern Sidneys mit unipolarer Depression, die sich auf Ankündigungen eines Therapieprogramms hin gemeldet hatten. 8 von ihnen wurden mit kognitiver Therapie behandelt, 8 mit Verhaltensmodifikation, und 9 wurden einer Warteliste zugeordnet und dienten damit als Kontrollgruppe.

Therapieinhalte: Die kognitive Therapie bestand aus acht Einzelsitzungen, in denen im Sinne der Theorie von Beck (1976) negative Stile der Informationsverarbeitung zunächst identifiziert und dann kritisch diskutiert wurden. Gleichzeitig sollten die Klienten ihre Gedanken und Stimmungen täglich anhand entsprechender Häufigkeitslisten aufzeichnen und sich dabei des Zusammenhangs von Denken und Emotionen bewußt werden. In der ebenfalls aus acht Einzelsitzungen bestehende Verhaltenstherapie wurden (a) typische Verhaltensweisen des Klienten diskutiert, und (b) von Sitzung zu Sitzung die Aufgabe gegeben, spezifizierte, als angenehm eingestufte Aktivitäten auszuführen (z.B. einen Freund anzurufen). Außerdem hatten die Klienten (c) ähnlich wie in der kognitiven Therapie täglich ihre Stimmungen, daneben aber statt ihrer Kognitionen die jeweils ausgeführten Tätigkeiten aufzuzeichnen.

Abhängige Variablen: Als Maße für den Therapieerfolg dienten das Depressionsinventar von Beck (1978); ein Fragebogen zu irrationalen Überzeugungen; ein Stimmungsfragebogen; sowie Einschätzungen von Häufigkeit und positiver bzw. negativer Wertigkeit von Alltagsereignissen und Gedanken. Diese Maße wurden u.a. kurz vor und kurz nach der Behandlung (Prä- und Posttest) sowie bei einer Follow-up-Erhebung fünf Monate nach Therapieende erhoben.

Ergebnisse: Zwischen Prätest und Posttest zeigte sich in beiden Behandlungsgruppen eine wesentliche, größtenteils auch signifikante Reduktion der Werte für irrationale Überzeugungen, negative Ereignisse, negative Gedanken und Gesamtausmaß von Depression sowie ein Anstieg der Werte für positive Ereignisse und positive Gedanken. Die Depressionswerte lagen auch sechs Monate nach Behandlungsende noch deutlich unter den Prätestwerten. Diese Veränderungen zeigten sich jeweils nur für die beiden Behandlungsgruppen, nicht aber für die Kontrollgruppe; zwischen den beiden Behandlungsgruppen hingegen zeigten sich kaum Unterschiede im Therapieerfolg.

(siehe Kasten 2) hatte der Patient die Aufgabe, Zusammenhänge von Verhalten und Stimmungen kognitiv durchzuarbeiten (s.o.). Verglichen wurden in dieser Studie in mancher Hinsicht eher zwei Varianten kognitiver Therapie, von denen eine Stimmung primär in Relation zu Kognitionen, die andere zu Verhalten setzte. Angesichts der engen funktionalen Verknüpfungen von Kognition, Emotion und Verhalten ist dabei anzunehmen, daß ein Fokussieren auf zwei dieser Größen die jeweilige dritte Größe ebenfalls in die Aufmerksamkeit des Klienten rückt; es ist anzunehmen, daß *beide* Behandlungsvarianten Verknüpfungen von Kognitionen, Emotionen und Verhalten restrukturieren.

5. Beeinflussung durch Umattribuierung

Ausgangspunkt ist die Analyse der Attributionsstile im Zusammenhang mit der neuformulierten Theorie der erlernten Hilflosigkeit (vgl. Kapitel 30, Band 1). Trainingsprogramme zielen darauf, Kausalattributionen von negativen Ereignissen in eine nicht pathogene Richtung hin zu verändern, also von internen zu externen, von stabilen zu vorübergehenden, von globalen zu spezifischen Ursachen. Dies kann durch spezielle Übungen geschehen, in denen die Patienten angeleitet werden, jede Woche einige Beispiele emotionaler Fehlreaktionen zu analysieren, dafür andere Ursachen zu suchen als die bisher angenommenen und diese schriftlich festzuhalten (z.B. Beck et al., 1979). Umattribuierung richtet sich gegen Selbstabwertungen des Klienten, aber auch gegen einseitige Interpretationen der Handlungsweisen anderer, die für Ärger, Zorn, Eifersucht und ähnliches verantwortlich sein können.

Ein wichtiger Gegenstand der Umattribuierung ist die Intervention bei sogenanntem «Symptomstress» (Ellis, 1979), dem Leiden an den eigenen Symptomen. Viele Patienten machen zum Beispiel «Verrücktsein» für phobische Reaktionen verantwortlich (eine interne, globale und stabile Attribution), was das Leiden noch verstärkt. Im Verlauf einer Umattribuierung würde man zeigen, daß die Symptome Konsequenz einer bestimmten Lebensgeschichte mit bestimmten Erfahrungen sind (externe Ursachen), daß die Symptome kein Zeichen von weitergehender Psychopathie sind (spezifische Ursachen), und daß sie durch geeignete Maßnahmen geändert werden können (vorübergehende Ursachen).

Als Beispiel für das therapeutische Vorgehen der Umattribuierung (und ähnlicher Maßnahmen) ist die deutsche Fassung eines kurzen Fallberichtes in Kasten 3 beschrieben.

Kasten 3
Umattribuieren: Fallbeispiel

Ein Bankmanager von 51 Jahren war in einem Zustand tiefer Niedergeschlagenheit, da er sich in seiner Arbeit für inkompetent hielt. Hier ein Ausschnitt aus einer Therapiesitzung:
P: Sie machen sich keine Vorstellung, was für einen Mist ich gebaut habe. Ich habe wieder einen so großen Fehler gemacht, daß die Bank mich eigentlich entlassen müßte.
T: Was für ein Fehler war das?
P: Ich habe einen Kreditantrag akzeptiert, der sich als ein Desaster erwies.
T: Wie kam es denn dazu?
P: Ja, es sah eigentlich alles gut aus; gute Referenzen, hohe Kreditwürdigkeit, aber ich hätte wissen müssen, daß es Probleme geben würde.
T: Hatten Sie alle relevanten Informationen, als Sie den Kreditantrag überprüften?
P: Damals nicht, aber sechs Wochen später. Ich verdiene mein Geld, um gewinnbringende Entscheidungen zu treffen, nicht, um das Geld der Bank zu verschleudern.
T: Ich verstehe diese Haltung, aber ich möchte mit Ihnen jetzt die Informationen durchgehen, die sie zum Zeitpunkt der Entscheidung hatten, nicht was Sie sechs Wochen später wußten.

Die gemeinsame Analyse der Entscheidungsgrundlagen machten dem Patienten deutlich, daß er sich aufgrund solider Prinzipien für den Kreditantrag entschieden hatte. Er erinnerte sich sogar, daß er den finanziellen Hintergrund des Kunden gründlich untersucht hatte, eine Tatsache, die ihm entfallen war (Beck et al., 1979, eigene Übers.). Diese Art der Umattribuierung verlagert die Ursachen eines Desasters nach außen und stellt so das Gefühl eigener Kompetenz wieder her.

6. Beeinflussung durch Änderung von Selbstkonzept und Kompetenzerwartung

Von zentraler Bedeutung ist der Begriff der «self-efficacy expectations» von Bandura und seinen Mitarbeitern, der die Überzeugungen einer Person bezüglich der eigenen Handlungskompetenz, der eigenen Fähigkeiten zur Realisierung von schwierigen Handlungen bezeichnet (verwandt mit dem Begriff des «Selbstvertrauens» bei Alfred Adler). Unfähigkeitsvermutungen können deshalb in entsprechenden Situationen zu Angst, aber auch zu Ärger, Wut, Verzweiflung usw. führen.

Die Art der Intervention wird auch davon abhängen, ob die Kompetenz tatsächlich fehlt, oder ob sie zwar existiert, aber fälschlicherweise als nicht vorhanden eingeschätzt wird. Im ersten Fall können verschiedene Formen des verhaltensorientierten «Bewältigungstrainings» (Coping) eingesetzt werden, z.B. Streßimpfung (Meichenbaum, 1977), Selbstsicherheitstraining (Ullrich de Muynck & Forster, 1974; Lange & Jakubowski, 1976), Training bei Prüfungsangst (Florin & Rosenstiel, 1976) etc. Dies wäre auch im zweiten Fall möglich, wäre aber meist unnötig aufwendig, so daß man hier mit direkter kognitiver Umstrukturierung in Form von systematischer Reflektion (Vergegenwärtigen von Situationen, in denen man das Problem schon bewältigt hat, Selbstinstruktionstraining etc.) arbeiten könnte (vgl. Goldfried, Linehan & Smith, 1978; Biran & Wilson, 1981; Bandura, 1986).

Es ist deutlich, daß starke Überschneidungen zwischen den verschiedenen theoretischen Formulierungen bestehen. Seligmans (1975) Attributionstheorie und Banduras Begriff der Self-Efficacy beschäftigen sich beide mit den subjektiven Einschätzungen der eigenen Handlungskompetenz bzw. -inkompetenz, und auch Becks Formulierung des negativen Selbstbildes (die Überzeugung, daß man wertlos und inkompetent sei) als Teil der sogenannten kognitiven Triade beschäftigt sich mit dem gleichen Thema. Dementsprechend sind die daraus abgeleiteten therapeutischen Maßnahmen, nämlich verhaltensorientiertes «Coping» und kognitive Umstruktierung, sehr ähnlich.

7. Beeinflussung durch Änderung von Ereigniserwartungen und Valenzen

Erwartungen beziehen sich auf die subjektiven Wahrscheinlichkeiten, mit denen bestimmte Ereignisse unter bestimmten Bedingungen Realität werden, Valenzen auf die Bewertung dieser Ereignisse. Aversive Emotionen können entstehen, wenn Ereignissen eine unrealistisch hohe Auftretenswahrscheinlichkeit zugeordnet wird und gleichzeitig eine unangemessen negative Bewertung (vgl. Kapitel 30, Band 1). Die Intervention kann wiederum kognitiv oder konkret erfolgen: Man kann mit dem Flugphobiker argumentieren und ihm zeigen, daß er angstfrei Auto fährt und dies objektiv viel gefährlicher ist als zu fliegen. Man kann den Patienten aber auch immer wieder in die gefürchtete Situation hineinführen und ihm so die Erfahrung vermitteln, daß die gefürchteten Konsequenzen nicht auftreten oder daß sie nicht so schlimm sind wie angenommen. Dies kann in abgestufter Form geschehen («in vivo» Desensibilisierung) oder in massierter, langdauernder Konfrontation (Reizüberflutung).

Hier wird eine allgemeine Problematik der Verwendung kognitivistischer Terminologie deutlich: ihre Schlüsselbegriffe sind primär auf denkende Wesen anwendbar und legen daher logisch-sprachliche Argumentationen als geeignete Interventionen nahe, obgleich doch Einstellungen, Überzeugungen, Selbstkonzepte und ähnliches auch modifizierbar sind durch direkte Erfahrung, d.h. ohne diskursive Reflexionsprozesse. Tatsächlich gehören ja auch Verhaltensübungen zum Standardrepertoire kognitiv arbeitender Therapeuten (Beck, Ellis, Seligman). Das ist pragmatisch durchaus vernünftig, erschwert aber die Abschätzung der relativen Wirksamkeit kognitiver Arbeit im engeren Sinn verglichen mit der verhaltensorientierten.

8. Beeinflussung durch Änderung somatischer Faktoren

Man wird wohl annehmen müssen, daß eine somatische Prädisposition zu starker emotionaler Erregung förderlich ist für das Entstehen von emotionalen Störungen, z.B. für den Faktor emotionale Labilität bzw. «Neurotizismus» im Sinne Eysencks (Eysenck, 1957). Wir haben es hier mit Dispositionen zweiter Ordnung zu tun (Kraiker, 1980), d.h. etwa mit der Bereitschaft, sehr schnell konditionierte Angstreaktionen zu entwickeln.

Die von Seligman (1971) vorgelegten Argumente, die für die Existenz einer vergleichbaren, von ihm «preparedness» genannten Prädisposition im Zusammenhang mit der Entstehung bestimmter Phobien sprachen, konnten wohl nur in einer vom Behaviorismus geprägten Umgebung so viel Aufsehen erregen, wie sie es getan haben. Es ist kein Mittel bekannt, um solche Prädispositionen auf sinnvolle Weise zu ändern, aber man kann die unspezifischen Auswirkungen modifizieren, die emotionale Erregbarkeit, die sich in Ärger, Wut, Aggressivität, Angst und schließlich auch in den physiologischen und morphologischen Konsequenzen zeigt. Der Wirkmechanismus solcher Maßnahmen ist letztlich unbekannt, aber es gibt eine Reihe von pragmatisch bewährten Techniken der Dämpfung somatischer Erregung, die entweder allein oder im Kontext weitergehender psychotherapeutischer Maßnahmen eingesetzt werden können. Dazu gehören etwa das Autogene Training (Linden, 1977a, 1977b), die Progressive Muskelentspannung (Bernstein & Berkovec, 1975), sowie Medikamente wie z.B. trizyklische Antidepressiva bei der Behandlung von Agoraphobie mit Panikattacken, wobei komplexe und wenig durchschaubare Interaktionseffekte entstehen (Telch et al., 1985).

Einerseits könnten direkte Auswirkungen vorliegen, die im Zusammenhang gesehen werden können mit jenen Emotionstheorien, die der unspezifischen Erregung oder Aktivierung (arousal) eine kausal relevante Rolle (z.B. Zajonc, 1980) oder sogar eine notwendige Funktion bei der Emotionsgenese zusprechen (z.B. Schachter & Singer, 1962). Eine Reduktion dieser Erregung wird daher mit großer Wahrscheinlichkeit auch eine Reduktion der Emotionsintensität bewirken. Andererseits könnten auf diese Weise notwendige Bedingungen für die Entfaltung anderer Prozesse entstehen, z.B. das Entstehen von größerem Mut zur Durchführung weitergehender Therapie, oder eine Art unsystematischer Immunisierung gegenüber Katastrophenphantasien (d.h., daß etwa angstmachende Vorstellungen, die mehr oder weniger automatisch auftreten, durch wiederholte Assoziation mit Entspannung ihre aufregende Wirkung verlieren; Goleman, 1971; Kirsch & Henry, 1979), oder einfach die Herstellung jenes Minimums an Konzentrationsfähigkeit, das für Imaginationsarbeit im Sinne der systematischen Desensibilisierung oder für das Wirksamwerden von Selbstinstruktionen notwendig ist.

Auf unspezifische somatische Erregungsprozesse zielende Maßnahmen medikamentöser oder nichtmedikamentöser Natur bringen allein keine dauerhaften Erfolge im Sinne einer überdauernden Dispositionsänderung, jedenfalls wurden sie bisher nicht nachgewiesen. In Interaktion mit anderen Maßnahmen können sie jedoch eine wichtige und manchmal unverzichtbare Rolle spielen, wobei nicht ausgeschlossen werden kann, daß zu solchen zusätzlichen Maßnahmen auch spontan entstehende Bewältigungsstrategien des Patienten gehören, die vom Therapeuten weder geplant noch explizit eingeführt wurden.

9. Schlußbemerkungen

Es ist deutlich geworden, wie sehr sich die verschiedenen Typen von Antezedenzbedingungen emotionaler Reaktionen überschneiden und dementsprechend auch die dazugehörigen Interventionsmöglichkeiten. Wenn wir das oben formulierte Schema aufgreifen und

FAKTOR	INTERVENTION
I. Situationsrepräsentationen	Stimuluskontrolle (distal und proximal)
A) in der Wahrnehmung	
B) in der Phantasie	Ablenkung (z.B. autogene Formeln)
II. Situationsbewertung	
A) als konditionierte Reaktion	Umkonditionieren, Löschen
B) kognitiv vermittelt	Korrektur falscher Schlußfolgerungen, Realitätsprüfung
III. Hilflosigkeitskognitionen	Bewältigungstraining, Umattribuierung
IV. Unspezifische Erregung (arousal)	Entspannungstraining Medikamente

Abbildung 1: Interventionsmethoden und ihre Indikation

noch einmal versuchen, es unter einem etwas anderen Blickwinkel zu betrachten, dann können wir die verschiedenen kausal relevanten Faktoren den entsprechenden Interventionsmöglichkeiten gegenüberstellen (vgl. Abbildung 1).

10. Literatur

Bandura, A. (1977). Self efficacy: toward a unifying theory of behavior change. *Psychological Review, 84,* 191-215.

Bandura, A. (1986). Fearful expectations and avoidant actions as coeffects of personal self-inefficacy. *American Psychologist, 41,* 1389-1391.

Beck, A.T. (1978). *Depression inventory.* Philadelphia: Center for Cognitive Therapy.

Beck, A.T. & Greenberg, R. (1979). Kognitive Therapie bei der Behandlung von Depressionen. In N. Hoffmann (Hrsg.), *Grundlagen kognitiver Therapie* (S. 177-203). Bern: Huber.

Beck, A.T., Rush, A.J., Shaw, B.F. & Emery, G. (1979). *Cognitive Therapy of Depression.* New York: Guilford Press.

Bernstein, D.S. & Berkovec, T.D. (1975). *Entspannungstraining: Handbuch der Progressiven Muskelentspannung.* München: Pfeiffer.

Biran, M. & Wilson, G.T. (1981). Treatment of phobic disorders using cognitive and exposure methods. *Journal of Consulting and Clinical Psychology, 48,* 886-887.

Ellis, A. (1979). *Theoretical and Empirical Foundations of Rational-Emotive Therapy.* Monterey/Cal.: Brooks/Cole.

Eysenck, H.J. (1957). *The dynamics of anxiety and hysteria.* London: Routledge.

Florin, I. & Rosenstiel, L. v. (1976). *Leistungsstörungen und Prüfungsangst.* München: Goldmann.

Goldfried, M.R., Linehan, M.M. & Smith, J.L. (1978). Reduction of test anxiety through cognitive restructuring. *Journal of Consulting and Clinical Psychology, 46,* 32-39.

Goleman, D. (1971). Meditation as meta-therapy: Hypotheses toward a proposed fifth state of consciousness. *Journal of Transpersonal Psychology, 3,* 1-25.

Kirsch, I. & Henry, D. (1979). Self-desensitization and meditation in the reduction of public speaking anxiety. *Journal of Consulting and Clinical Psychology, 47,* 536-541.

Kraiker, C. (1980). *Psychoanalyse, Behaviorismus, Handlungstheorie.* München: Kindler.

Lange, A.J. & Jakubowski, P. (1976). *Responsible assertive behavior.* Champaign, Ill.: Research Press.

Linden, M. (1977a). Verlaufsstudie des Wechsels der Atmung und des CO^2 Spiegels während des Lernens des autogenen Trainings. *Psychotherapie und Medizinische Psychologie, 27,* 229-234.

Linden, M. (1977b). Verlaufsuntersuchung des Wechsels von Herzschlag und peripherer Zirkulation während der Lernschritte des autogenen Trainings. *Psychotherapie und medizinische Psychologie, 27,* 148-157.

Marks, I. M. (1969). *Fears and phobias.* New York: Academic Press.

Meichenbaum, D.H. (1977). *Cognitive-behavior modification - An integrative approach.* New York: Plenum.

Schachter, S. & Singer, J.E. (1962). Cognitive, social and physiological determinants of emotional state. *Psychological Review, 69,* 379-399.

Seligman, M.E.P. (1971). Phobias and preparedness. *Behavior Therapy, 2,* 307-320.

Seligman, M.E.P. (1975). *Helplessness: On depression, development, and death.* San Francisco: Freeman.

Telch, M.J., Agras, W.S., Taylor, C.B., Roth, W.T. & Gallen, C.C. (1985). Combined pharmacological and behavioral treatment for agoraphobia. *Behavior Research and Therapy, 23,* 325-335.

Ullrich de Muynck, R. & Forster, T. (1974). Selbstsicherheitstraining. In Ch. Kraiker (Hrsg.), *Handbuch der Verhaltenstherapie* (S. 351-368). München: Kindler.

Wilson, P.H., Goldin, J.C. & Charbonneau-Powis, M. (1983). Comparative efficacy of behavioral and cognitive treatments of depression. *Cognitive Therapy and Research, 7,* 111-124.

Wolpe, J. (1959). *Psychotherapy by reciprocal inhibition.* Stanford: Stanford University Press.

Zajonc, R.B. (1980). Feeling and thinking: Preferences need no inferences. *American Psychologist, 35,* 151-175.

13. Motivation: Intervention

Christoph Kraiker und Reinhard Pekrun

1. Aspekte motivierten Verhaltens

Im Sinne von Erwartungs-Wert-Theorien der Motivation (vgl. Kapitel 31, Band 1) können folgende Aspekte motivierten Verhaltens als wesentlich angesehen werden:
1) daß bestimmte Weltzustände positive oder negative Valenz (Wertigkeit) für den Organismus besitzen;
2) daß diese Tatsache im Organismus repräsentiert ist;
3) daß der Organismus ein System von Erwartungen zu den möglichen Konsequenzen verschiedener Handlungen besitzt;
4) daß der Organismus bestimmte Überzeugungen seiner Fähigkeit (oder Unfähigkeit) hat, Handlungen vom einen oder anderen Typ tatsächlich durchzuführen.

Die Motivation zu einer Handlung besteht in Wünschen und Absichten, bestimmte Weltzustände zu verwirklichen oder zu vermeiden, da diese Weltzustände für das handelnde Individuum einen positiven oder negativen Wert besitzen. Die Wertigkeit eines Zustandes wird subjektiv typischerweise als (angenehme oder unangenehme, positive oder negative) Emotion erfahren bzw. antizipiert. Anders gesagt: ohne Emotionen in der Regel keine Valenzen, ohne Valenzen keine Handlungsmotivation.
Die Aufgabe der psychotherapeutischen Intervention bei motivationalen Störungen besteht dementsprechend u.a. darin, als «abnorm» angesehene Wertigkeiten und Erwartungen zu ändern. Da motiviertes Verhalten durch die Interaktion verschiedener Prozesse entsteht, sind damit auch die emotionalen Aspekte und deren Beeinflussung als integraler Bestandteil der Beeinflussung von Motivation zu berücksichtigen.

2. Beeinflussungsmöglichkeiten motivationaler Störungen

Was die Motivation beeinflußt, beeinflußt auch Emotion und Verhalten; komplex sind nicht nur die einschlägigen klinisch-psychologischen Interventionen, komplex sind auch ihre Konsequenzen. Wir werden im folgenden Interventionen, die direkt oder indirekt auf motivationale Störungen zielen (zu deren Klassifikation vgl. Kapitel 13, Band 1) nach den relevanten Antezedenzbedingungen einteilen. Zum Schluß greifen wir die spezielle Problematik der Therapiemotivation auf.
Eine Beschreibung relevanter Antezedenzbedingungen für normale und gestörte Motivationsbildung findet sich in Band 1 (vgl. Kapitel 31, Band 1). Wir fassen sie noch einmal kurz zusammen:
(1) Persönlichkeitsbedingungen als individuelle Dispositionen in Form von konstitutionellen Faktoren und überdauernden kognitiven Strukturen,
(2) Situationsbedingungen, und
(3) aktuelle interne Auslöse- und Steuerungsprozesse.

Wir werden im folgenden verschiedene Beeinflussungmöglichkeiten gestörter Motivation paradigmatisch beschreiben, und zwar gruppiert nach jenen Antezedenzbedingungen, durch deren Veränderung mittelbar auch das motivationale Geschehen beeinflußt wird.

3. Persönlichkeitsbedingungen: Beeinflussung von konstitutionellen Faktoren?

Körperliche Konstitutionen sind nicht psychologisch veränderbar; änderbar sind vermittelnde, konstitutionsabhängige physiologische Prozesse, z.B. durch Medikamente oder chirurgische Eingriffe in das Zentralnervensy-

stem. Dies ist hier nicht unser Thema. Wir müssen uns aber fragen, ob bei bestimmten, möglicherweise konstitutionell begründeten Motivlagen sinnvoll interveniert werden kann. So hat z.B. Farley (1986) eine «Big T» genannte Persönlichkeit identifiziert («T» steht hier für «thrill-seeking», also etwa «erregungssuchend»), deren Charakterisierung Ähnlichkeiten aufweist mit Charakterisierungen der sog. psycho- bzw. soziopathischen Persönlichkeit (Cleckley, 1959), auch in dem Sinn, daß viele jugendliche Delinquenten diesen Persönlichkeitstyp zeigen.
Farley nahm an, daß diese Eigenschaft angeboren ist, und er stellte sich die Frage, welche Maßnahmen für diese Jugendlichen hilfreich sein könnten. Er verglich zwei verschiedene Strategien, die wir kontrakonstitutionell bzw. ko-konstitutionell nennen möchten. Bei der ersten wurden die Jugendlichen einem strikten, aktivitätsstrukturierenden Erziehungssystem unterworfen, um eine Annäherung an die durchschnittliche Motivationslage zu erreichen. Dies schien jedoch wenig Erfolg zu haben. Ko-konstitutionelle Maßnahmen hingegen (ein Programm, das abenteuerliche Aktivitäten und aufregende Erlebnismöglichkeiten förderte) hatte mehr Erfolg; die Motivationsstruktur wurde nicht bekämpft, sondern in konstruktive Bahnen geleitet.
Es sei hier auch erinnert an die schon seit langem bekannten schlechten therapeutischen Prognosen für Soziopathen (Bräutigam, 1968; Yates, 1970). Der übliche Rahmen der Psychotherapie und auch etwa die von Eysenck (1964) vorgeschlagenen Interventionsstrategien müssen in diesen Fällen als typisch kontra-konstitutionell angesehen werden. Offenbar ist das nicht sehr sinnvoll.
Vergleichbar ist die Situation bei der sog. Typ-A-Persönlichkeit (Rosenman et al., 1975; Glass, 1977; Harrell, 1980), die als ehrgeizig, ungeduldig, arbeitswütig, und unter Zeitdruck stehend geschildert wird. Wenn wir davon ausgehen, daß dieser Typ deutliche Gesundheitsrisiken aufweist (Koronare Herzerkrankungen, Bluthochdruck), was inzwischen gut belegt zu sein scheint (vgl. Kapitel 17 in diesem Band), dann stellt sich die Frage nach der Beeinflussung dieser «überspannten» Motivationslage. Durch kontra-konstitutionelles Training konnte Typ-A-Verhalten tatsächlich reduziert werden (Friedman et al., 1984; Gill et al., 1985), aber die Auswirkungen auf die Erkrankungshäufigkeit sind bei diesen Untersuchungen nicht sehr überzeugend.
Wir leiten aus den erwähnten Resultaten die vorsichtige Empfehlung ab, von kontrakonstitutionellen Interventionen nicht zu viel zu erwarten und immer die Möglichkeit kokonstitutioneller Modifikationsmöglichkeiten zu prüfen.

4. Persönlichkeitsbedingungen: Beeinflussung von kognitiven Strukturen

Kausalattribution:
Die im Zusammenhang mit der reformulierten Theorie der erlernten Hilflosigkeit (Seligman et al., 1979; vgl. Kapitel 35, Band 1) entwickelten Konzepte dienen zur Interpretation von Motivations- und Handlungsdefiziten. Bestimmte Attributionsstile werden verantwortlich gemacht für eine generelle Aktivitätsreduzierung, welche durch Umgebungsvariablen nicht ausreichend erklärbar zu sein scheint. Der entscheidende Punkt ist, welche Ursachen für Mißerfolge und Versagen verantwortlich gemacht werden. Die relevanten Dimensionen sind:

intern	vs.	extern
global	vs.	spezifisch
stabil	vs.	vorübergehend.

Beispielhaft angewendet im Zusammenhang von Arbeitshemmungen lassen sich die entsprechenden Attributionen durch folgende Selbstaussagen illustrieren: «Ich verstehe das Buch nicht» (intern), «Das Buch ist unverständlich geschrieben» (extern), «Ich bin nicht intelligent genug» (global), «Ich habe kein Talent für Mathematik» (spezifisch), «Ich habe keine Ausdauer» (stabil), «Ich bin zu müde» (vorübergehend).
Wenn Fehlschläge intern, global und stabil attribuiert werden (d.h. wenn man eigene dauerhafte und umfassende Schwächen dafür verantwortlich macht), dann besteht wenig Hoffnung auf Besserung, und anhaltende Motivationsdefizite sind das Resultat. Therapeutisch

kann man z.B. so vorgehen, daß man Fehlschläge (bzw. das, was der Patient dafür hält) notieren und alle denkbaren externen, spezifischen und vorübergehenden Ursachen dafür suchen läßt. Dies ergibt wahrscheinlich nur dann einen Sinn, wenn solche Ursachen tatsächlich existieren. Etwa statt zu sagen: «Ich bin nicht ausreichend begabt, ich habe das Referat nicht verstanden», kann man sagen «Das Referat war wirklich konfus und miserabel aufgebaut; die anderen haben es auch nicht kapiert». Durch systematisches Umattribuieren soll der Patient eine realistischere Sicht der Ursachen von Schwierigkeiten entwickeln und damit von seiner negativen Selbsteinschätzung und daraus resultierenden Motivationsschwäche befreit werden.

Kompetenzerwartungen:
Mit solchen Überlegungen verwandt ist Banduras These, daß die Entwicklung von Kompetenzerwartungen (self-efficacy expectations) ein entscheidendes Element erfolgreicher Therapie sei. Kompetenzvertrauen in diesem Sinn gehört zu dem verhaltensdeterminierenden Komplex von Erwartungen (neben den Ergebniserwartungen), die als Angriffspunkt therapeutischer Bemühungen besonders wichtig seien. Allerdings beschreibt er dafür keine besondere Technik, sondern interpretiert den Wirkmechanismus schon vorliegender Therapieformen, insbesondere der systematischen Desensibilisierung, als positive Änderung von Kompetenzvertrauen. Die Interpretation der systematischen Desensibilisierung als «Psychotherapie durch Gegenkonditionierung» (Wolpe, 1958) wird demnach als eine Form von Kompetenztraining interpretiert (Bandura, 1977, 1982; Bandura & Adams, 1977; Biran & Wilson, 1981).

Demotivierende Überzeugungen:
Ellis (Ellis, 1962; Ellis & Grieger, 1977) hat als Hauptursachen von emotionalen und motivationalen Schwierigkeiten sog. «irrationale Überzeugungen» definiert. Besonders ängstigend und damit aktivitätshemmend ist die Überzeugung: «Ich tauge nichts, wenn ich nicht immer perfekt, kompetent und leistungsfähig bin, oder wenigstens fast immer in den wichtigen Bereichen». Diese Überzeugung ist häufig verbunden mit starker Versagensangst, geringer Risikobereitschaft und Leistungsvermeidung. Wir alle kennen wahrscheinlich Personen, die nach jahrelangem Studium keine Abschlußprüfung machen, weil sie Angst vor dem Versagen haben. Ersetzt werden soll die erwähnte irrationale Überzeugung durch eine rationale, z.B. «Ich bin ein unvollkommenes Geschöpf mit Grenzen und Fehlern. Es ist besser, Dinge überhaupt zu tun, als sie auf perfekte Art tun zu müssen». Zu den eingesetzten Techniken gehören der sog. «Sokratische Dialog» und «Disputationen». Beides sind verbal orientierte Indoktrinationsstrategien (allerdings häufig verbunden mit imaginativen Methoden und fast immer mit praktischen «Hausaufgaben»). Der Therapeut kann sich dabei auch als Modell anbieten, wie etwa im Dialog, der im Kasten 1 wiedergegeben ist.

5. Situationsbedingungen

Stimuluskontrolle:
Ein typisches Anwendungsgebiet der Stimuluskontrolle ist exzessive Motiviertheit im Zusammenhang mit Sucht, suchtartigem Verhalten und sozial unakzeptabler Impulsivität. Es geht bei Stimuluskontrolle darum, die Auslö-

Kasten 1
Therapeut als Modell-Dialogbeispiel

T: Darf man sich denn nicht irren oder Fehler machen? Du liebe Zeit, ich habe Hunderte von Fehlern gemacht. Nun, wenn Ihnen das passiert, halten Sie sich nicht für einen Deppen?

P: Genau!

T: Und wenn das mir passierte, wäre ich dann ein Depp?

P: Nein!

T: Es gibt also zwei verschiedene Regeln in der Welt; wer hat diese Regeln denn gemacht?

P: Ich nehme an ich selbst.

T: Dann können Sie jetzt auch andere Regeln einführen, Regeln, die Ihnen gegenüber fair sind, damit sie so leben können wie der Rest der Menschheit (Walen et al., 1980, S. 119).

Kasten 2
Modifikation einer depressiven Motivationsstörung (Hamilton & Waldman, 1983)

Hamilton und Waldman beschreiben eine Fallstudie, in der depressiver Verlust von Interesse, Motivation und aktivem Handeln u.a. mit Techniken von Stimuluskontrolle, Aufbau von Verhaltenskontingenzen und bewältigungsorientierter Selbstinstruktion therapiert wurde.

Der Klient und seine Symptomatik: Es handelt sich um den 20-jährigen Studenten Al, der über eine seit vier Jahren währende, nicht-zyklische Depression berichtet. Hauptsymptome sind u.a. Verlust von Interesse und Motivation, Müdigkeit, Konzentrationsschwierigkeiten, sozialer Rückzug, negative Stimmung und selbstdestruktives Grübeln. Dieses Grübeln wird von den Autoren als entscheidende Ursache der anderen Symptome gesehen. Darüber hinaus berichtet Al, daß er während dieser Zeit die Scheidung seiner Eltern, starken familiären Streß und ständige Kritik seitens seiner Mutter erlebte.

Untersuchungsanlage und Behandlungsmethode: Die Fallstudie der Behandlung von Al hatte folgenden Ablauf: (a) eine 18tägige Erhebung der Basisrate negativer Gedanken; (b) eine 14tägige verhaltensorientierte Behandlung; (c) eine sich anschließende, 70tägige kognitiv orientierte Behandlungsphase; und (d) eine Follow-up-Erhebung sechs Monate nach Behandlungsende. Während der verhaltensorientierten Interventionsphase wurde ein Kontingenzprogramm durchgeführt, in dem Al Punkte («tokens») gewinnen konnte, wenn er Aktivitäten ausführte, die sich auf sein Studium und auf Alltagsroutinen bezogen (studienbezogene Informationen einholen, tägliche Lernziele verfolgen, Verabredungen einhalten etc.). Anhand eines Tokensystems konnte Al die gewonnenen Punkte gegen angenehme Aktivitäten mit Verstärkungswert eintauschen. In der zweiten Behandlungsphase wurde dieses Verhaltensprogramm ersetzt durch einen kognitiv orientierten Kontrakt, in dem Al sich verpflichtete, (a) jeden Anfall von Grübeln sofort kognitiv zu restrukturieren, indem er Auslöseereignisse, Gefühle, Gedanken und eine rationale Reinterpretation des Ereignisses notierte; (b) sich täglich positive Selbstverstärkungen zu verabreichen, die u.a. im Lesen positiver selbstbezogener Äußerungen bestanden; und (c) sich in selbstinstruierender Weise in entspanntem Zustand die Bewältigung unterschiedlicher Streßsituationen vorzustellen.

Abhängige Variablen: In Vor- und Nachtest wurden Häufigkeit und Intensität negativer Gedanken, depressive Affekte und das Gesamtausmaß an Depression (anhand des Depressionsinventars von Beck, 1978) erhoben. Gedankenintensität und -frequenz wurden darüber hinaus täglich auch während der Behandlungsphase von Al notiert, und Affekte sowie Depression wurden nicht nur als Selbstbericht, sondern auch als Fremdeinschätzung durch seinen Zimmergenossen erfaßt.

Ergebnisse: Während der (relativ kurzen) Phase verhaltensorientierter Behandlung zeigte sich noch keine signifikante Reduktion von Häufigkeit und Intensität negativer Gedanken; danach aber nahmen die Werte für depressives Grübeln drastisch ab. Insbesondere für den Intensitätsparameter blieb dieser Fortschritt auch nach sechs Monaten erhalten. Daneben zeigte sich für depressive, ängstliche und feindselige Stimmung wie auch für Depression insgesamt eine deutliche Reduktion vom Prätest zum Follow-up. Dies galt sowohl für Al's Selbstberichte wie für die Fremdeinschätzungen.

Diskussion: Extendiertes Grübeln läßt sich als Bestandteil exzessiver Lageorientierung auffassen, mit der Folge reduzierter Motivationsentfaltung und entsprechenden, von Al ja auch berichteten Handlungsdefiziten (vgl. Kapitel 31, Band 1). Dieser Fallbericht zeigt, daß sich solche Lageorientierung anhand von Techniken behavioral-kognitiver Gedanken- und Verstärkungskontrolle therapieren läßt, mit günstigen Folgen für das gesamte depressive Symptombild. Kritisch ist allerdings zu vermerken, daß die zu vermutenden Motivations- und Verhaltensfolgen der Therapie hier nicht in differenzierter Weise direkt erfaßt wurden, sondern nur anhand des globalen Depressionsinventars von Beck. Darüber hinaus ist anzumerken, daß die von Al berichtete familiäre Problematik in diesem Forschungsbericht zwar erwähnt, aber offensichtlich weder näher untersucht noch in die Behandlung einbezogen worden ist. Unklar bleibt in diesem Fall damit auch die Gefahr familiär bedingter depressiver Rückfälle.

ser solcher größtenteils automatisiert ablaufenden Prozesse bzw. die dazu notwendigen Objekte zu vermeiden (eine andere Strategie ist, den Prozeß, nachdem er mal in Gang gekommen ist, zu durchbrechen). Beispiele dafür sind:

- Bei *Alkoholproblemen:* Keine alkoholischen Getränke zu Hause, kein Besuch von Kneipen, Vermeidung von Alkoholwerbung so weit wie möglich;
- Bei *übermäßigem Essen:* Nur die jeweils notwendigen Lebensmittel im Kühlschrank, kein Studium von Kochbüchern oder Rezepten in Zeitschriften;
- Bei *Studienproblemen:* Keine spannenden Romane im Arbeitszimmer, keine Zeitung, keine Zeitschrift, kein Fernsehen, Arbeiten an Plätzen, wo man nichts anderes tun kann und andere auch arbeiten (z.B. Bibliotheken), kein Telefon beantworten;
- Bei *Abhängigkeiten von psychotropen Substanzen:* kein Aufsuchen der «Szene», Wechsel des Lebensraumes;
- Bei *Nikotinabhängigkeit:* Zigaretten u.ä. nur zu bestimmten Zeiten verfügbar machen oder ganz aus der Umgebung verbannen, nicht mit Rauchern zusammensein, wegschauen, wenn der Held im Fernsehen eine Zigarette raucht.

Verstärkungskontingenzen:
Motivationen verschwinden, wenn das entsprechende Handeln nicht zum Erfolg führt, d.h. wenn es nicht verstärkt wird, wenn keine kontingente Beziehung zwischen Handlungen und Ereignissen besteht. Schwierigkeiten können hier auftreten, wenn (1) solche Kontingenzen tatsächlich nicht oder nur in sehr reduzierter Form bestehen (z.B. in verarmten Umgebungen wie Altersheimen oder nach dem Verlust des Arbeitsplatzes oder nahestehenden Personen; vgl. dazu Lewinsohn, 1974, Interpretation depressiver Demotiviertheit), oder wenn (2) die Kontingenzen zwar bestehen, aber nicht wirksam werden (siehe Kasten 2). Dies ist z.B. dann der Fall, wenn Verstärker für bestimmte Personen eine unüblich geringe Valenz besitzen oder sogar aversiv sind (wie etwa die Nahrung im Falle der Anorexia Nervosa), oder bei solchen gestörten Individuen, für die selbst normale Kontingenzbedingungen zu wenig strukturiert sind und deshalb keine angemessene motivationssteuernde Wirkung haben, z.B. bei bestimmten Formen von Retardierung oder Psychosen.

Im zweiten Fall kann man die Motivation zu einem bestimmten Verhalten (z.B. Nahrungsaufnahme im Fall der Anorexie) dadurch erhöhen, daß die Zugänglichkeit anderer Verstärker von hoher Valenz (z.B. sozialer Kontakt) von diesem Verhalten abhängig gemacht wird, wobei sich die Valenz der neueingeführten Verstärker durch vorhergehende Deprivation erhöhen läßt (Hsu, 1986).

Im ersten Fall kann es sich als sinnvoll erweisen, eine artifiziell hochstrukturierte Kontingenzumgebung zu schaffen. Eine Möglichkeit, die gesamte Klinikroutine derart zu strukturieren, sind die sog. «Token Economies», bei denen explizit festgelegt ist, welche erwünschten Verhaltensweisen mit Tokens (d.h. Punkten oder Spielmünzen, die nach einem bestimmten System gegen substantielle Verstärker eingetauscht werden können) verstärkt und welche ignoriert werden. Dieses sehr aufwendige Verfahren besitzt wenigstens zwei Komponenten: Anleitung durch präzise Regeln und Steuerung durch präzise Kontingenzen (vgl. Skinner, 1969, Diskussion von kontingenzgesteuerten und regelgeleiteten Verhaltensweisen). Wie fast überall, lassen sich auch hier die verschiedenen Aspekte einer Intervention nicht klar isolieren (Florin & Meyer-Osterkamp, 1974; Paul & Lentz, 1977).

Hochstrukturierte Kontingenzbedingungen können auch lediglich für bestimmte Zeiten eingeführt werden (Trainingsstunden), um die Motivation zu bestimmten Handlungen, die für den Erwerb von Basisfertigkeiten notwendig sind, zu erhöhen. Dies gilt etwa für Trainingsprogramme zum Aufbau von Sprache bei autistischen Kindern, oder von selbständigem Essen, Anziehen oder Toilettenbesuch. Um die komplexe Handlung zu erleichtern, wird sie in kleine Schritte zerlegt, und jeder Schritt unmittelbar verstärkt, meist nach vorhergehender Deprivation und mit Hilfe von Modellernen (Garcia et al., 1973; Watson & Uzzell, 1981).

6. Beeinflussung aktueller interner Steuerungs-und Auslöseprozesse

Selbstinstruktionstraining:
Störungen der internen Steuerung finden sich z.B. bei exzessiver Impulsivität (Kapitel 31, Band 1). Meichenbaum und Goodman (1971) beschrieben ein Programm zur Verbesserung der Selbststeuerungsfähigkeiten bei impulsiven (hyperaktiven und aufmerksamkeitsschwachen) Kindern. Komplexe Handlungsabläufe wurden durch gleichzeitig ablaufende Selbstanweisungen gesteuert. Der Therapeut führte das Verhalten zunächst selbst vor und sprach die entsprechenden Selbstinstruktionen währenddessen laut aus, so daß auch das Kind sie hören konnte. Dann mußte das Kind die Handlung zu den laut gesprochenen Instruktionen des Therapeuten ausführen, in einem weiteren Schritt sprach das Kind selbst die Anweisungen mit lauter Stimme und handelte entsprechend, schließlich sprach es leise, und zum Schluß unhörbar. Ähnliche Verfahren wurden eingesetzt bei exzessiver Impulsivität im Zusammenhang mit Essen (Bulimia) (vgl. Kirkley et al., 1985; Ordman & Kirschenbaum, 1985).
Noch nicht befriedigend geklärt ist die Wirksamkeit des sog. Gedankenstopps zur Unterbrechung automatisch ablaufender Kognitionen bei der unmittelbaren Vorbereitung von Handlungen, z.B. Zwangssymptomen (Marks, 1981). Die Unterbrechung hochautomatisierter Verhaltensketten (z.B. beim Rauchen) ist dennoch eine häufig gebrauchte Strategie.

Physiologische Prozesse:
Die Zusammenhänge zwischen Motivationslage und neurobiochemischen Prozessen sind nur unvollkommen geklärt (vgl. Kapitel 6.5 in diesem Band). Erfolgreiche Medikamente wurden meist zufällig gefunden. Kurz erwähnt seien hier nur die stimmungsaufhellenden trizyklischen Antidepressiva sowie die antriebssteigernden Monoaminoxydase-Hemmer (MAO-Hemmer), wobei letztere wegen schwerer Nebenwirkungen nur selten eingetzt werden.
Der scheinbar naheliegende Einsatz von Sexualhormonen zur Steigerung sexueller Motivation hat sich jedoch nicht bewährt, so wie überhaupt die Korrelation zwischen Hormonpegel und sexuellem Verhalten sehr niedrig ist (Bourne et al., 1988). Auch Hormonbehandlungen nach operativen Geschlechtsänderungen bei Transsexualismus werden eher wegen der morphologischen Effekte als wegen ihres Einflusses auf die Motivationslage durchgeführt (Hunt & Hampson, 1980).
Wie komplex die Zusammenhänge tatsächlich sind, zeigt z.B. die paradoxe Tatsache, daß hyperaktive, impulsive Kinder durch Gaben von Tranquillizern noch gestörter werden, als sie es ohnehin schon sind, während die Gabe von stimulierenden Medikamenten die Hyperaktivität dämpft und bestimmte Schulleistungen verbessert (Pelham et al., 1985).

Wahrnehmungs- und Phantasieprozesse:
Die Anregung sexuellen Interesses durch die Betrachtung entsprechender Bilder oder Filme sowie durch selbst- oder fremderzeugte Vorstellungen (Bücher) ist normaler Bestandteil unserer Kultur.
Dies kann auch ins Gegenteil gewendet werden: Die Wahrnehmung oder Vorstellung aversiver Konsequenzen (z.B. Tod durch Lungenkrebs oder im Leberkoma) ist verhaltenshemmend. Ein Beispiel für die Etablierung unmittelbarer aversiver Reaktionen bei der Einleitung unerwünschter Verhaltensweisen ist die Schnellrauchtechnik: Der Klient wird angehalten, sehr schnell und sehr viel zu rauchen, bis bereits beim Anzünden einer Zigarette Übelkeit entsteht (Lando, 1977). Damit vergleichbar ist die heute bei sexuellen Problemen aus ethischen Gründen nicht mehr eingesetzte Technik, sozial mißbilligte Auslöser sexueller Erregung (z.B. bei Homosexualität und Fetischismus) mit aversiven Stimulationen zu koppeln, etwa elektrischen Schlägen oder übelkeitserregenden Mitteln (Harbison et al., 1974). Auf der Vorstellungsebene gehören hierher die sog. verdeckte Sensibilisierung (Cautela, 1966, 1967; Gold & Neufeld, 1965), bei der problematisches Verhalten und Konsequenzen lediglich in der Vorstellung repräsentiert werden.
Ins Positive gewendet werden aktuell ablaufende Wahrnehmungen und Phantasien bei der direkten Sexualtherapie von Masters und Johnson (1970). Insbesondere ist hier «Sensate Focus» zu nennen, eine Konzentration der Wahrnehmung auf aktive und passive ero-

tische Stimulationen, was sowohl die Aktivität mit angenehmen Empfindungen assoziiert wie den demotivierenden Effekt besorgter Phantasien reduziert.

7. Beeinflussung der Therapiemotivation

Neben der Unterscheidung von internen und externen Antezedenzbedingungen (relativ zum Klienten) müssen hier auch noch Faktoren betrachtet werden, die vom Therapeuten bzw. der therapeutischen Situation abhängen. Wenn wir mit letzterem beginnen, sollten wir Skinners Mahnung beherzigen (1953), daß Therapie Zeit brauche, und daß der Therapeut dafür sorgen muß, daß diese Zeit zur Verfügung steht, daß der Patient also die Therapie nicht vorzeitig abbricht. Das bedeutet, der Therapeut soll sich *nicht-bestrafend* verhalten, wobei der Begriff der Bestrafung hier lerntheoretisch zu verstehen ist, nicht moralisch oder pädagogisch. Am ehesten läßt sich diese Fähigkeit in persönlicher Supervision des Therapeuten einüben, denn der Ausdruck von Kritik, Geringschätzung, Langeweile oder Desinteresse ist ja nicht ohne weiteres kontrollierbar.

Der Therapeut hat ferner bei konfrontativen Verfahren dafür zu sorgen, daß das Ausmaß der Konfrontation für den Klienten bewältigbar bleibt, damit er nicht zur Notbremse exzessiver Vermeidung in Form von Therapieabbrüchen greift. Hier sind die üblichen Maßnahmen anwendbar wie sukzessive Approximation (vgl. Kapitel 6.3) oder Bereitschaft des Therapeuten, als Modell für schwierige Aufgaben zu dienen. Die bisherigen Untersuchungen zur Frage der Therapieabbrüche haben unseres Wissens jedoch das Therapeutenverhalten nicht betrachtet, sondern sich vor allem mit Patientenvariablen beschäftigt. Hier scheint die «soziale Schicht» diejenige Variable zu sein, die mit Therapieabbruch am engsten korreliert, in dem Sinne, daß Klienten mit niedrigem sozialen Status und niedrigem Bildungsniveau Therapien häufiger abbrechen als solche mit hohem Status und hohem Bildungsniveau (Garfield, 1986). Diese Variable ist zwar kaum vom Therapeuten zu beeinflussen, aber es steht in seiner Macht, Kommunikationsschwierigkeiten zu überwinden und ausführliche, relevante und verständliche Informationen über den Therapieablauf zu geben. Von hoher Bedeutung ist auf Seiten des Therapeuten *reaktanzreduzierendes* Verhalten. Reaktanz ist sozusagen das sozialpsychologische Pendant zum innerpsychischen «Widerstand», wobei jedoch Reaktanz sozial erzeugt wird (Brehm & Brehm, 1981). Unter Reaktanz faßt man alle jene Reaktionen eines Menschen zusammen, die er zeigt, wenn die Freiheitsgrade seines Handelns beschnitten werden, und die dazu dienen, diese Freiheitsgrade wiederherzustellen, etwa in Form von Verweigerung (keine «Hausaufgaben» machen), indirekter Sabotage oder Ad-absurdum-Führen der vorgeschlagenen Maßnahmen. Reaktanzerzeugende Kommunikationen sind direktiv und autoritär, reaktanzreduzierende Kommunikationen sind möglichst freiheitsgewährend, etwa durch Anbieten von Alternativen, das Aufgreifen von Vorschlägen des Klienten, Selbstbestimmung in bezug auf den zeitlichen Ablauf bestimmter Maßnahmen und Ähnliches.

Therapieexterne Bedingungen der Therapiemotivation des Patienten sind zunächst «sekundäre Krankheitsgewinne», lerntheoretisch gesprochen, Verstärkungen für die Symptomatik (Rosenhan & Seligman, 1989, S. 250). Die können offensichtlich sein, z.B. eine Berentung als Folge von Berufsunfähigkeit, weniger offensichtlich, etwa in Form der sozialen Kontrolle über Familienangehörige, die in Richtung Unterstützung oder sogar Pflege manipuliert werden, oder schließlich ziemlich verborgen, etwa in dem Sinn, daß durch die Symptomatik ein «erfülltes» Leben entsteht, wo sonst nur Leere wäre (was macht z.B. ein Zwangsneurotiker mit seiner Zeit, wenn ein achtstündiges Ritual verschwindet?). Therapien müssen erreichen, daß der Klient ohne sekundären Krankheitsgewinn auskommt, wenn dieser eine große Rolle bei der Aufrechterhaltung der Störung spielt, sonst ist sie mit großer Wahrscheinlichkeit zum Scheitern verurteilt.

Ferner von Bedeutung ist die Rolle, die der Patient mit seinen Störungen in seinem sozialen Umfeld spielt, insbesondere im familiären Kontext. Ein gestörtes Familienmitglied kann die Familie eben nicht nur in die Krise führen, sondern sie auch zusammenhalten; erfolgrei-

che Therapie würde dann diesen Zusammenhalt gefährden. In ähnlicher Weise kann die durch therapeutische Maßnahmen gewonnene Freiheit und Unabhängigkeit etwa für Eltern oder Partner bedrohlich werden, weil sie den Verlust der bisher gut kontrollierbaren Person fürchten. Eine mögliche Konsequenz in allen diesen Fällen ist die Sabotage therapeutischer Bemühungen durch wichtige Bezugspersonen des Klienten, was diesen schließlich seinerseits zur Sabotage der Therapie oder ihrem Abbruch veranlassen kann. Das Abfangen solcher Tendenzen durch Einbeziehen des Partners oder der Familie ist ein Hauptanliegen der sog. systemorientierten Paar- und Familientherapie (Satir, 1973; Stierlin, 1975; Haley, 1977; Hoffmann, 1982), die die Bedürfnisse des «Gesamtsystems» als Gegenstand der Intervention definiert. Wenn der Klient ohne eigene Initiative nur auf Druck der Umwelt um Therapie nachfragt, im Extremfall aufgrund eines Gerichtsurteils (z.B. bei Drogenabhängigen oder, wie es früher in England möglich war, bei männlicher Homosexualität), dann ist eine Therapie von vornherein sinnlos, wenn es nicht gleich zu Beginn gelingt, Therapiemotivation herzustellen – über die Erfolgsaussichten sollte man sich keine Illusionen machen.
Im übrigen ist festzuhalten, daß Therapiemotivation ein schlecht operationalisiertes Konzept ist, über dessen praktische und theoretische Fruchtbarkeit wenig Übereinkunft besteht (Garfield, 1980).

8. Schlußbemerkungen

Wir müssen noch einmal darauf hinweisen, daß die enge Verzahnung des Motivationsbegriffes innerhalb des nomologischen Netzes psychologischer Theorienbildung eine isolierte Betrachtung von Motivation kaum zuläßt. Was die Motivation beeinflußt, beeinflußt auch Emotion, Wahrnehmung und Verhalten, und umgekehrt. Streng genommen gibt es überhaupt keine Beeinflussung der Motivation per se; sie spielt in der gesamten Psychotherapie eine Rolle. Überschneidungen mit anderen Gebieten, insbesondere dem Kapitel «Beeinflussung von Emotion», sind unvermeidbar.

9. Literatur

Bandura, A. (1977). Self-efficacy: Toward a unifying theory of behavioral change. *Psychological Review, 84,* 191–215.

Bandura, A. (1982). Self-efficacy mechanism in human agency. *American Psychologist, 37,* 122–147.

Bandura, A. & Adams, N.E. (1977). Analysis of self-efficacy theory of behavior changes. *Cognitive Therapy and Research, 41,* 287–310.

Beck, A.T. (1978). *Depression inventory.* Philadelphia: Center for Cognitive Therapy.

Biran, M. & Wilson, G.T. (1981). Treatment of phobic disorders using cognitive and exposure methods. *Journal of Consulting and Clinical Psychology, 48,* 886–887.

Bourne, L.E., Ekstrand, B.R. & Dunn, W.L.S. (1988). *Psychology.* New York: Holt, Rinehart and Winston.

Bräutigam, W. (1968). *Reaktionen, Neurosen, Psychopathien.* Stuttgart: Thieme.

Brehm, S.S. & Brehm, J.W. (1981). *Psychological reactance: a theory of freedom and control.* New York: Academic Press.

Cautela, J.R. (1966). Treatment of compulsive behavior by covert sensitization. *Psychological Record, 16,* 33–41.

Cautela, J.R. (1967). Covert sensitization. *Psychological Reports, 20,* 459–468.

Cleckley, H.M. (1959). Psychopathic States. In S. Arieti (Ed.), *American Handbook of Psychiatry* (Vol. 1) (pp. 567–588). New York: Basic Books.

DSM-III-X. (1988). Experten- und Lehrsystem zur psychiatrischen Diagnostik auf der Grundlage des DSM-III-R (Herausgegeben von Ralph Langner u.a. 2. Aufl.). Weinheim: Beltz.

Ellis, A. (1962). *Reason and Emotion in Psychotherapy.* New York: Lyle Stuart.

Ellis, A. & Grieger, R. (Eds.). (1977). *A Handbook of Rational-Emotive Therapy.* New York: Springer.

Eysenck, H.J. (1964). *Crime and Personality.* London: Routledge and Kegan Paul.

Farley, F. (1986). The Big T in personality. *Psychology Today,* 44–50.

Florin, I. & Meyer-Osterkamp, S. (1974). Ansätze zur Verhaltenstherapie bei Schizophrenen. In C. Kraiker (Hrsg.), *Handbuch der Verhaltenstherapie* (S. 465–486). München: Kindler.

Friedman, M., Thoresen, C.E., Gill, J.J., Powell, L.H., Ulmer, D., Thompson, L., Price, V.A., Rabin, D.D., Breall, W. S., Dixon, T., Levy, R. & Bourg, E. (1984). Alteration of Type A behavior and reduction in cardiac recurrances in postmyocardial infarction patients. *American Heart Journal, 108,* 237–248.

Garcia, E., Guess, D. & Brynes, J. (1973). Development of syntax in a retarded girl using procedures of imitation, reinforcement, and modelling. *Journal of Applied Behavior Analysis, 6,* 299–310.

Garfield, S.L. (1980). *Psychotherapy – An eclectic approach.* New York: Wiley.

Garfield, S.L. (1986). Research on client variables in psychotherapy. In S.L. Garfield & A.E. Bergin (Eds.), *Handbook of psychotherapy and behavior change* (3rd ed.) (pp. 213–256). New York: Wiley.

Gill, J.J., Price, V.A., Friedman, M., Thoresen, C.E., Powell, L.H., Ulmer, D., Brown, B. & Drews, F.R. (1985). Reduction in Type A behavior in healthy middle-aged American military officers. *American Heart Journal, 110,* 503–514.

Glass, D.C. (1977). *Behavior patterns, stress, and coronary disease.* Hillsdale, N.J.: L. Erlbaum Ass.

Gold, S. & Neufeld, I. (1965). A learning theory approach to the treatment of homosexuality. *Behavior Research and Therapy, 2,* 201–204.

Haley, J. (1977). *Direktive Familientherapie: Strategien für die Lösung von Problemen.* München: Pfeiffer.

Hamilton, S.B. & Waldman, D.A. (1983). Self-modification of depression via cognitive-behavioral intervention strategies: A time series analysis. *Cognitive Therapy and Research, 7,* 99–106.

Harbison, J.J., McAllister, H., Quinn, J.T. & Graham, P.J. (1974). Verhaltensmodifikation sexueller Störungen. In Ch. Kraiker (Hrsg.), *Handbuch der Verhaltenstherapie* (S. 425–444). München: Kindler.

Harrell, J. P. (1980). Psychological factors and hypertension. *Psychological Bulletin, 87,* 483–501.

Hoffmann, L. (1982). *Grundlagen der Familientherapie.* Hamburg: Isko-Press.

Hsu, L.K.G. (1986). The treatment of anorexia nervosa. *American Journal of Psychiatry, 143,* 5.

Hunt, D.D. & Hampson, J.L. (1980). Transsexualism: A standardized psychosocial rating format for the evaluation of results of sex reassignment surgery. *Archives of Sexual Behavior, 9,* 225–236.

Kirkley, B.G., Schneider, J.A., Agras, W.S. & Bachman, J.A. (1985). Comparison of two group treatments for bulimia. *Journal of Consulting and Clinical Psychology, 53,* 43–48.

Lando, H. A. (1977). Successful treatment of smokers with a broad-spectrum behavioral approach. *Journal of Consulting and Clinical Psychology, 45,* 361–366.

Lewinsohn, P. H. (1974). A behavioral approach to depression. In R.J. Friedman & M.M. Katz (Eds.), *The psychology of depression: Contemporary theory and research.* Washington, D.C.: Winston/Wiley.

Marks, I.M. (1981). Review of behavioral psychotherapy: I. Obsessive-compulsive disorders. *American Journal of Psychiatry, 138,* 584–592.

Masters, W.H. & Johnson, V.E. (1970). *Human sexual inadequacy.* Boston: Little, Brown.

Meichenbaum, D.H. & Goodman, J. (1971). Training impulsive children to talk to themselves. A means of developing self-control. *Journal of Abnormal Psychology, 77,* 115–126.

Ordman, A.M. & Kirschenbaum D.S. (1985). Cognitive behavioral therapy for bulimia: An initial outcome study. *Journal of Consulting and Clinical Psychology, 53,* 305–313.

Paul, G.L. & Lentz, R.J. (1977). *Psychosocial treatment of chronic mental patients: Milieu versus social learning programs.* Cambridge, Mass.: Harvard University Press.

Pelham, W.E., Bender, M.E., Caddell, J., Booth, S. & Moorer, S.H. (1985). Methylphenidate and children with attention deficit disorder. *Archives of General Psychiatry, 42,* 948–952.

Rosenhan, D.L. & Seligman, M.E.P. (1989). *Abnormal Psychology.* New York: W.W. Norton.

Rosenman, R.H., Brand, R.J., Jenkins, C.D., Friedman, M., Straus, R. & Wurm, M. (1975). Coronary heart disease in the Western Collaborative Group Study: Final follow-up experience of 8½ years. *Journal of the American Medical Association, 233,* 872–877.

Satir, V. (1973). *Familienbehandlung.* Freiburg: Lambertus.

Seligman, M.E.P., Abramson, L.Y., Semmel, A. & Baeyer, C. v. (1979). Depressive attributional style. *Journal of Abnormal Psychology, 88,* 242–247.

Skinner, B.F. (1953). *Science and Human Behavior.* New York: Free Press.

Skinner, B.F. (1969). *Contingencies of reinforcement.* New York: Appleton Century Crofts.

Stierlin, H. (1975). *Von der Psychoanalyse zur Familientherapie.* Stuttgart: Klett-Cotta.

Walen, S.R., DiGiuseppe, R. & Wessler, R.L. (1980). *A practitioner's guide to Rational-Emotive Therapy.* New York/Oxford: Oxford University Press.

Watson, L.S. & Uzzell, R. (1981). *Handbook of behavior modification with the mentally retarded.* New York: Plenum.

Wolpe, J. (1959). *Psychotherapy by reciprocal inhibition.* Stanford: Stanford University Press.

Yates, A.J. (1970). *Behavior Therapy.* New York: Wiley.

14. Schlaf: Intervention

Inge Strauch

1. Einleitung

Schlafstörungen sind in der Bevölkerung weit verbreitet, doch sind sie bis heute nur für sehr wenige Menschen Anlaß, einen klinischen Psychologen aufzusuchen. Aus einer Schweizer Repräsentativerhebung geht hervor, daß 45.6% der Befragten gegen ihre Schlafprobleme gar nichts unternehmen. Wird fachliche Hilfe gesucht, dann in erster Linie bei einem Arzt, da jeder Vierte rezeptpflichtige Medikamente einnimmt. Ausserdem wird im Sinne der Selbstmedikation und Selbsthilfe versucht, mit frei erhältlichen Medikamenten (11%), Hausmitteln (18%) oder durch Veränderung der Lebensweise (8%) eine Besserung zu erzielen (Hornung & Gutscher, 1986).
Dabei besteht für die Behandlung von Schlafstörungen ein breites, offensichtlich bisher noch wenig in Anspruch genommenes Angebot von psychologischen Methoden. Sie stammen aus verschiedenen therapeutischen Richtungen, und sie stützen sich auf die verschiedenen Annahmen, die in bezug auf die Ätiologie von Schlafstörungen formuliert worden sind. Kasten 1 gibt einen Überblick über die Interventionen, die bisher am häufigsten eingesetzt und auf ihre Wirksamkeit untersucht worden sind.

Kasten 1
Methoden zur Therapie von Schlafstörungen

Symptomorientierte Interventionen:
- Medikamente
- Entspannungsverfahren
- Stimulus- und Bettzeitkontrolle
- Paradoxe Intention

Persönlichkeitsorientierte Interventionen:
- psychodynamisch orientiert
- kognitiv/verhaltensorientiert

2. Medikamente

Nach Borbély (1986) gibt es nicht das «ideale» Schlafmittel ohne Neben- und Nachwirkungen. Auch wenn ein Schlafmittel zuverlässig wirkt, so besteht immer die Gefahr einer Überdosierung und einer psychischen Abhängigkeit. Nebenwirkungen können sich in Veränderungen der Schlafstruktur, Verwirrtheitszuständen bei nächtlichem Aufstehen und Benommenheit am nächsten Tag zeigen. Eine Folge chronischer Einnahme ist zudem eine verstärkte Insomnie, die nach Absetzen des Medikaments zu beobachten ist und die eine Entwöhnung erschwert.
Ein gelegentlich eingenommenes Schlafmittel hat vor allem bei massiven Schlafstörungen den Vorteil, eine Nacht mit ungestörterem Schlaf einzuleiten, wodurch die wachsende Frustration der Schlaflosigkeit zumindest kurzfristig gehemmt werden kann.
Der Pharmakologe Borbély kommt allerdings in seinem kritischen Artikel zu dem Schluß, daß es keine Schlafstörung gibt, die eine Verschreibung von Hypnotika als zwingend erscheinen läßt. Werden sie verordnet, so empfiehlt er die kleinste wirksame Dosis mit der kürzest erforderlichen Dauer, wobei in jedem Fall andere therapeutische Maßnahmen begleitend hinzukommen müßten.
Auch wenn diese Empfehlungen bisher erst wenig Eingang in die medizinische Praxis gefunden haben, so verstärken sie doch die Bedeutung, die den psychologischen Maßnahmen zukommt.

3. Entspannungsverfahren

Unter den symptomorientierten psychologischen Verfahren sind verschiedene Formen des Entspannungstrainings am häufigsten angewandt worden. Progressive Entspannung, Autogenes Training, Hypnose, Meditation – alle diese Verfahren gehen davon aus, daß eine

Schlafstörung durch erhöhte psychophysiologische Aktivierung hervorgerufen wird, die positiv beeinflußt werden kann, wenn es gelingt, einen optimalen Entspannungszustand herbeizuführen. Je nach Verfahren steht stärker die körperliche oder die kognitive Entspannung im Vordergrund. Gemeinsam ist ihnen aber, daß der Klient im Anschluß an eine gezielte Anleitung angehalten wird, zu Hause die Entspannung in der Vorschlafsituation oder während der nächtlichen Wachzeiten zu praktizieren.

Die Wirksamkeit von Entspannungsverfahren ist bisher auch am eingehendsten in kontrollierten Studien untersucht worden. Allerdings wurden in den meisten Untersuchungen nur subjektive Einschätzungen des Schlafs herangezogen. So hat z.B. Borkovec (1979) mit seiner Gruppe zahlreiche Experimente über mögliche Wirkfaktoren von verschiedenen Entspannungsmethoden durchgeführt. Der von ihm gegebene Überblick läßt folgende Schlussfolgerungen zu:

- Entspannungsmethoden können im Vergleich zu Placebobedingungen oder keiner Behandlung subjektive Einschlafstörungen erheblich verbessern.
- Die progressive Relaxation hat gegenüber einfacher Entspannung mehrfach bessere Ergebnisse gezeigt, einschliesslich einer objektiven Verkürzung der Einschlaflatenz bei psychophysiologischen Insomnien.
- Es ist jedoch nicht nachgewiesen, daß eine Besserung der Beschwerden mit einer meßbaren Reduktion der körperlichen Anspannung verbunden ist. Ein wichtiger Faktor der Entspannung scheint demnach darin zu bestehen, daß durch die Aufmerksamkeit, die den Körperprozessen zugewandt wird, das Grübeln über die Schlafstörung unterbrochen wird.

Auch Biofeedback-Methoden sind für die Behandlung von Schlafstörungen eingesetzt worden. Ein Training zur Kontrolle des Frontalis-Muskels wurde in einer Untersuchung von Nicassio, Boylan und McCabe (1982) mit progressiver Entspannung und einem Pseudo-Feedback verglichen. Gegenüber der Placebo-Bedingung verbesserten sich subjektive Einschlafzeiten nach beiden Behandlungsarten, obwohl die im Anschluss an jede Sitzung gemessenen EMG Werte keine erfolgreiche Entspannung anzeigten. Hauri (1978) fand ebenfalls, daß ein Frontalis-Feedback nur die subjektive und nicht die im Labor gemessene Einschlaflatenz verbesserte. Er setzte ausserdem ein Feedback zur Erhöhung von 12–14 Hz EEG-Rhythmen ein, die vom sensomotorischen Cortex abgeleitet werden und die während des Schlafs als Schlafspindeln in Erscheinung treten. Hier stellte sich nicht nur eine subjektive, sondern auch eine objektive Verbesserung der Schlafqualität heraus. Dieses Ergebnis ist insofern erstaunlich, als die Rückmeldung der Hirnstromaktivität an den Probanden nicht von körperlichen Empfindungen begleitet ist.

Hauri hat zudem zeigen können, wie wichtig bei solchen Therapieexperimenten die Ausgangswerte sind. Seine Probanden wurden, wie dies üblich ist, zufällig einer der beiden Bedingungen zugeteilt. In einer post-hoc Analyse zeigte sich aber, daß von einem EMG Feedback diejenigen Probanden am meisten profitiert hatten, die vor Beginn der Therapie ängstlich und körperlich angespannt waren, d.h. hier war die eingesetzte Therapiemethode der Ausgangslage angemessen.

4. Stimulus- und Bettzeitkontrolle

Die von Bootzin (1980) vorgeschlagene Standardinstruktion zur Stimuluskontrolle von Schlafstörungen ist in Kasten 2 dargestellt.

Kasten 2
Instruktion zur Stimuluskontrolle von Schlafstörungen (Bootzin, 1980)

- Gehen Sie nur zu Bett, wenn Sie müde sind.
- Benützen Sie das Bett nur zum Schlafen, d.h. nicht zum Lesen, Trinken, Rauchen, Fernsehen (Sex ausgenommen).
- Wenn Sie nach 10 Minuten noch wach sind, stehen Sie auf und gehen Sie in ein anderes Zimmer. Gehen Sie erst wieder zu Bett, wenn Sie sich müde fühlen.
- Wenn Sie dann immer noch nicht einschlafen können, wiederholen Sie den vorhergehenden Schritt.
- Stehen Sie jeden Morgen zur gleichen Zeit auf.
- Schlafen Sie nicht tagsüber.

Diese Verhaltensregeln haben einerseits das Ziel, schlafinkompatible Gewohnheiten und Gedanken, die sich im Umfeld der Schlafumgebung verfestigt haben, zu unterbinden, damit das «Bett» wieder seine schlaffördernde Funktion erhält, und sie versuchen andererseits, die zeitliche Abfolge des Schlaf-Wach-Rhythmus zu stabilisieren.

Das Stimulus-Kontrollprogramm ist vorwiegend bei der Behandlung von Einschlafstörungen erfolgreich eingesetzt worden (Bootzin & Nicassio, 1978), doch stellt sich die Frage, ob es den richtigen Namen trägt. Zwart und Lisman (1979) haben nämlich die Auswirkung verschiedener Komponenten des Programms untersucht. 41 Studenten mit mittelschweren Einschlafproblemen wurden zufällig 5 Bedingungen zugeteilt: Stimuluskontrolle, nichtkontingente Kontrolle (mehrfaches vorher festgesetztes Aufstehen), zeitliche Kontrolle (lediglich Regulierung der Bettzeiten), Gegenkontrolle (bei Nichteinschlafenkönnen im Bett lesen, essen oder fernsehen) und Wartegruppe. Den Probanden wurde außerdem versichert, daß eine Besserung erst nach der vierten Sitzung zu erwarten sei, um Erwartungseffekte zu kontrollieren. Die auf Schlaftagebuchdaten basierenden Ergebnisse zeigten am Ende der dritten Woche nur bei den Bedingungen der Stimulus-Kontrolle und der Gegenkontrolle signifikante Verminderungen der Einschlafzeiten. Allerdings waren diese Ergebnisse nicht mehr spezifisch am Ende der Behandlung, weil hier mit Ausnahme der Wartegruppe unter allen Bedingungen eine Besserung eingetreten war. Zwart und Lisman werten ihre Ergebnisse als Hinweis darauf, daß die Unterbrechung des auf die Schlafstörung bezogenen Denkens eine größere Wirkung ausübt als die im Bett ausgeführten Aktivitäten.

Offensichtlich ist das Stimulus-Kontroll-Paradigma bisher zu vereinfacht auf der Verhaltensebene formuliert worden, denn auch Haynes, Adams, West, Kamens und Safranek (1982) fanden keinen Zusammenhang zwischen der Häufigkeit von schlafinkompatiblem Verhalten und gemessenen sowie geschätzten Einschlafzeiten. Die Wirksamkeit der Stimulus-Kontrolle wird nicht nur mit der Unterbrechung des symptomorientierten Grübelns erklärt, sondern auch damit, daß die Instruktion Aufzustehen als aversiv erlebt wird oder daß aufgrund des mehrfachen Aufstehens eine Schlafdeprivation auftritt, die den nachfolgenden Schlaf verbessert.

Aber auch eine Bettzeitkontrolle allein kann schon den Schlaf verbessern. Spielman, Sasky und Thorpy (1987) gingen von der einleuchtenden Überlegung aus, daß vor allem die schlaflos im Bett verbrachte Zeit das Beschwerdenbild der Schlafstörung aufrechterhält. Sie grenzten daher bei ihren Probanden die Bettzeit auf die jeweils subjektiv erlebte Schlafdauer ein. Hatte z.B. ein schlafgestörter Proband in seinem Tagebuch angegeben, daß er durchschnittlich 8 Stunden im Bett verbringt, aber nur 5 Stunden dieser Zeit schlafen kann, so wurde seine Bettzeit solange auf 5 Stunden reduziert, bis er 5 Nächte lang durchschnittlich 90% dieser Zeit schlafen konnte. Erst dann wurde die Bettzeit um 15 Minuten verlängert, wiederum so lange, bis er diese Zeit überwiegend als Schlaf erlebte. Sank innerhalb dieser schrittweisen Verlängerung die Schlafeffizienz wieder ab, so wurde auch die Bettzeit wieder verkürzt.

Bei 35 Probanden, die seit 15 Jahren chronische Schlafstörungen hatten, wurde diese Bettzeitreduktion 8 Wochen lang mit Erfolg durchgeführt. Ihre Schlafeffizienz war auch noch 9 Monate später deutlich gegenüber der Ausgangslage verbessert. Die Schlafdauer zeigte allerdings nur einen geringfügigen Anstieg. Es gab aber auch das Problem, die Probanden für diese Massnahme zu motivieren. Viele beklagten sich, sie seien zu müde, um solange aufzubleiben oder sie wüssten nicht, was sie in dieser Zeit Sinnvolles tun könnten. Auch fürchteten sie, die Bettzeitreduktion könne ihre Leistung und ihr Befinden noch mehr verschlechtern.

5. Paradoxe Intention

Den kognitiven Hypothesen zur Erklärung von Schlafstörungen entspricht die Methode der paradoxen Intention, die von V.E. Frankl im Rahmen seiner Logotherapie entwickelt worden ist (Frankl, 1960). Es handelt sich um eine Selbstkontrolltechnik, bei der das Symptom explizit verschrieben wird. Ein Klient mit Schlafstörungen wird angewiesen, den

Versuch des Einschlafens zu unterlassen. Stattdessen soll er sich bemühen, so lange wie möglich wachzubleiben und mit offenen Augen seine Körperreaktionen zu beobachten.

Der paradoxen Intention liegt der Gedanke zugrunde, daß der Leistungsdruck «Einschlafen zu wollen» sekundäre Angst hervorruft, die das Symptom verstärkt. Durch die gegenteilige Absicht wird das kognitive Denkschema verändert und das Grübeln unterbrochen.

Auch dieses Verfahren kann, wie die anderen verhaltenstherapeutischen Interventionen, seine Erfolge aufweisen. Turner und Ascher (1979) haben beispielsweise jeweils 10 chronisch schlafgestörte Patienten im Alter von 24–79 Jahren einer Behandlung mit paradoxer Intention, Stimulus-Kontrolle oder progressiver Entspannung zugewiesen. Ausserdem gab es eine Placebo- und eine Wartegruppe. Bei allen Therapiegruppen besserte sich die subjektive Schlafbeurteilung und verminderte sich der Schlafmittelgebrauch.

Die paradoxe Intention lenkt direkt von symptombezogenen Gedanken ab. Diese Wirkung kann aber ebenso mit indirekteren Instruktionen erreicht werden. Woolfolk und McNulty (1983) konnten zeigen, daß die Aktivierung neutraler oder angenehmer Vorstellungen ohne zusätzliche Entspannung Einschlafstörungen verbessert.

6. Psychodynamisch orientierte Interventionen

Schlafstörungen, die im Kontext neurotischer Erkrankungen auftreten, sind natürlich schon immer in psychotherapeutischen Behandlungen der verschiedenen Richtungen berücksichtigt worden, es gibt hier aber kein funktionsspezifisches therapeutisches Vorgehen. Vielmehr geht man von der Annahme aus, daß nach einer Verarbeitung der innerpsychischen Konflikte das sekundäre Symptom der Schlafstörung verschwindet.

Systematische Wirksamkeitsstudien liegen in bezug auf Schlafstörungen nicht vor. Es entspräche allerdings auch nicht dem persönlichkeitsorientierten Konzept dieser psychotherapeutischen Richtungen, ein einzelnes Symptom zum Gegenstand einer Untersuchung zu machen.

Engel-Sittenfeld, Engel, Huber und Zangl (1980) haben die Auswirkung von 15 Stunden Gesprächspsychotherapie im Vergleich zu autogenem Training und Biofeedback bei Patienten mit chronischen Schlafstörungen untersucht. Die drei Verfahren unterschieden sich nicht in ihrer insgesamt nur bescheidenen Wirkung, wobei interessanterweise die Abbruchquote bei der Gesprächspsychotherapie am höchsten war.

Hier ist ein Problem angesprochen, das sich nicht selten bei der Behandlung primärer Schlafstörungen stellt. Auch wenn der Schlafstörung ein innerpsychischer Konflikt zugrunde liegt, so sind viele Klienten sehr symptomorientiert, d.h. sie erwarten in erster Linie eine Behandlung ihrer Schlafprobleme und zeigen keine Motivation, ihre innerpsychische Situation aufzudecken. Das ist insbesondere dann der Fall, wenn sie keinen Zusammenhang zwischen der Schlafstörung und ihrem Erleben sehen, wie das folgende Beispiel verdeutlicht.

Herr B., ein 45jähriger Oberstudiendirektor, leidet seit 20 Jahren an massiven, mit Angstzuständen einhergehenden Einschlaf- und Durchschlafstörungen, die aufgrund der Abklärung objektiviert werden können. Dabei fällt vor allem eine grosse Schwankungsbreite der Symptome auf. Herr B. sieht seine Schlafstörung als einzige Ursache an für seine Selbstwert- und Beziehungsprobleme, die ihm in seinem Alltagsleben stark zu schaffen machen. «Der Schlaf bewirkt, daß ich diese Probleme nicht lösen kann.» Er erlebt die Beeinträchtigung des Schlafs als eine ichfremde, nicht kontrollierbare Störung. Herr B. kann sich zunächst nicht vorstellen, daß die Schlafstörung eine Reaktion auf seine innerpsychischen Konflikte sein könnte. Erst als er sein Schlaftagebuch ergänzt durch Aufzeichnungen von Ereignissen des vorangegangenen Tages, wird ihm allmählich klar, daß die Stärke seiner Schlafstörung variiert mit dem Ausmass der Aktualisierung seiner Konflikte. Herr B. war daraufhin motiviert, in einer psychoanalytischen Therapie eine Lösung seiner Probleme zu suchen.

Kales, Soldatos und Kales (1982), die in ihrer Klinik eine grosse Zahl von Schlafstörungen diagnostisch abgeklärt und behandelt haben, empfehlen bei Insomnien, die auf innerpsychischen Konflikten beruhen, ein aktiveres Angehen dieser Konflikte, als dies bei einem

psychoanalytischen Vorgehen üblich ist, um dem Patienten den Zusammenhang zwischen Symptom und Konflikt bewußt zu machen.
Auch für eine besondere Form der Schlafstörung, das Erwachen aus angstbesetzten Träumen, das mit erhöhter physiologischer Aktivierung einhergeht, ist die Indikation einer konfliktorientierten Therapie einleuchtend. Allerdings sind solche Albträume auch schon erfolgreich mit einer systematischen Desensibilisierung behandelt worden (Cellucci & Lawrence, 1978).

7. Kognitiv/verhaltensorientierte Interventionen

Ein gutes Beispiel für eine nicht nur auf das Symptom beschränkte Verhaltenstherapie ist das Breitbandprogramm von Hohenberger und Schindler (1984). Kasten 3 zeigt die einzelnen Bausteine des Therapieprogramms, das aus 11 halbstandardisierten Sitzungen besteht.
Aufgrund der Erkenntnis, daß Wachen und Schlaf in einer engen Wechselwirkung stehen, sollen hier nicht nur das Schlafverhalten und die Einstellung zum Schlaf, sondern auch der Lebensstil des Klienten, insbesondere der Umgang mit Belastungssituationen verändert werden. Die Autoren betonen die Notwendigkeit, die Therapieziele aufgrund einer individuellen Verhaltensanalyse zu formulieren, indem die funktionalen Zusammenhänge zwischen Tages- und Abendsituation detailliert erarbeitet werden.
Eine erste empirische Untersuchung über die Wirksamkeit dieses Programms wurde mit 24 chronisch schlafgestörten Klienten durchgeführt, die zu Beginn der Therapie medikamentenfrei waren. 11 Klienten durchliefen das Programm in der Abfolge A–B, bei 12 Klienten wurde die Therapiephase B zuerst angeboten. Die Verhaltensanalysen wurden individuell durchgeführt, während die anschliessenden Therapiesitzungen von zwei Therapeuten in Kleingruppen geleitet wurden. Ausgewertet wurden die täglichen Angaben über den Schlaf-, sowie Skalen über Tagesbefinden, Belastung, Entspannungsfähigkeit bei Belastung und Depressivität, die vor und nach der

Kasten 3
Breitbandprogramm zur Therapie von Schlafstörungen (Hohenberger & Schindler, 1984, S. 59)

Verhaltensanalyse:

1. Sitzung:	*Erstgespräch* Überblick über die Symptomatik; Information über die Therapie
2. Sitzung:	*Schlafverhalten* Ätiologie; Funktionale Analyse der momentanen Beschwerden
3. Sitzung:	*Lebenssituation* Systematische Analyse der verschiedenen Lebensbereiche nach Belastungskomponenten; Diskrepanzen zwischen Ist- und Sollzustand; Zielplanung

Therapiephase A:

4. Sitzung:	*Entspannungstraining* Vermittlung von Informationen über Schlaf; Training in körperlicher Entspannung nach Jacobson
5. Sitzung:	*Tagesstrukturierung* Entspannungstraining; Erarbeitung und Festlegung eines geeigneten Schlaf-/Wach-Rhythmus
6. Sitzung:	*Kognitive Kontrolle* Entspannungstraining; Training in gedanklicher Kontrolle (Gedankenstop, kognitives Umstrukturieren)
7. Sitzung:	*Imaginationstraining* Entspannungstraining; Training in Entspannungsbildern (positive imagery)

Therapiephase B:

8. Sitzung:	*Training in sozialer Kompetenz* Durchsetzen berechtigter Forderungen; Gesprächsführung
9. Sitzung:	*Ausbau von Freizeitaktivitäten* Erarbeiten von Selbstkontrollprogrammen
10. Sitzung:	*Umgang mit Belastung* Problemlösefertigkeiten; Konfliktlösung
11. Sitzung:	*Fading* Erstellen weiterer Selbstkontroll-Programme; Therapieabschluss

Therapie, sowie 6 Monate später ausgefüllt wurden. Gegenüber einer Wartegruppe verbesserten sich bei den behandelnden Klienten Einschlafzeit, Schlafdauer und Schlafgewohnheiten, nicht aber die nächtlichen Wachzeiten und die Einstellung zum Schlaf. In den sekundären Zielvariablen veränderten sich nicht das Tagesbefinden und das Ausmass der Belastung, wohl aber in positiver Richtung der Umgang mit Belastung und Depressivität. Die auf den Schlaf bezogenen Verbesserungen waren auch noch bei der Nachkontrolle vorhanden, während die Reaktion auf Belastung und Depressivität hier eine Tendenz zur Verschlechterung zeigte. In der Verlaufsanalyse der Schlafparameter war der Erfolg bei denjenigen Klienten stabiler, die zuerst in bezug auf ihre akuten Schlafprobleme behandelt wurden. Diese Abfolge des Programms kommt offensichtlich der Therapieerwartung des Klienten stärker entgegen.

Bei Frau A., deren psychophysiologische Schlafstörung in Bd. I ausführlich dargestellt wurde, wurden ebenfalls mehrere therapeutische Interventionen eingesetzt. In bezug auf den Schlaf wären Entspannungsanweisungen allein wenig aussichtsreich gewesen, weil ihre Schlafstörungen nicht durch körperliche Verkrampfung, sondern durch exzessives Grübeln aufrechterhalten wurde. Hingegen konnten durch ein Training, bei dem die belastenden Gedanken durch angenehme Vorstellungsbilder ersetzt wurden, die Einschlaf- und Aufwachzeiten herabgesetzt werden. Dies war allerdings nur möglich, weil Frau A. parallel dazu im Sinne einer kognitiven Umstrukturierung gelernt hatte, mit ihrer Belastung im Alltag gelassener umzugehen. Weiterhin trug ein Ausbau ihrer Freizeitaktivitäten zu einem stabileren Schlafverhalten und zu einer Verbesserung ihres Befindens bei. Die Stabilität des Erfolgs wurde nicht zuletzt gestützt durch eine drastische Reduktion der Schlafmittel.

Wie sind die Wirksamkeitsstudien zur Behandlung von Schlafstörungen zusammenfassend zu beurteilen und welchen Beitrag leisten sie für eine individuelle Therapieindikation?

Die Wirksamkeit der symptomorientierten psychologischen Verfahren wird gesamthaft als bescheiden bezeichnet (Schindler & Hohenberger, 1982). Im Hinblick auf die klinische Praxis ist ausserdem einschränkend festzustellen, daß häufig nur Studenten mit mässigen Einschlafproblemen kontrolliert behandelt wurden. Die Mehrzahl der Studien lässt darüberhinaus in methodischer Hinsicht zu wünschen übrig. Neben Schwächen in der Versuchsplanung wurden bisher bei der Auswahl von Probanden zu wenig die psychophysiologischen Unterschiede im Beschwerdenbild berücksichtigt. Die meisten Studien beziehen sich zudem nur auf subjektive Angaben der Probanden. Auch wenn für einen Klienten die subjektive Besserung entscheidend ist, so müsste die Wirksamkeit einer bestimmten Therapie auch in bezug auf objektive Veränderungen erfasst werden.

Turner, DiTomasso und Giles (1983) führen Mißerfolge bei der Behandlung von Schlafstörungen in erster Linie auf unzureichende Differentialdiagnosen zurück, bei denen die auslösenden und aufrechterhaltenden Bedingungen nicht spezifisch berücksichtigt wurden. Diese Beobachtung verweist einmal mehr auf die Bedeutung, die einer umfassenden diagnostischen Abklärung zukommen sollte.

Eine wichtige Schlußfolgerung aus den Ergebnissen der psychophysiologischen Schlafforschung ist, daß Schlafstörungen auf vielfältige Ursachen zurückgehen können. Deshalb gibt es auch kein Patentrezept für die Behandlung von Schlafstörungen, weil in jedem individuellen Fall im Sinne einer adaptativen Indikation die Verfahren ausgewählt werden sollten, die sowohl der psychophysiologischen Ausprägung des Beschwerdenbilds als auch der gesamten psychischen Situation angemessen sind.

Informationen über Schlaf- und Schlafhygieneregeln, wie sie beispielsweise von den bekannten Schlafforschern Oswald und Adam (1984) publiziert worden sind, können zur Prophylaxe von Schlafstörungen durchaus beitragen. Auch das verhaltenstherapeutische Selbsthilfeprogramm von Coates und Thoresen (1982) mag manchen Menschen bei leichten Schlafproblemen helfen. Doch ist durchaus Skepsis angebracht, ob solche Informationen eine effiziente Selbsthilfe aktivieren. Lacks und Rotert (1986) konnten nämlich zeigen, daß Probanden mit chronischen Schlafstörungen zwar mehr über Schlafhygiene wussten als gute Schläfer, daß sie aber diese Regeln weniger häufig einhielten.

Man muss davon ausgehen, daß für eine nicht geringe Zahl von chronischen schweren

Schlafstörungen eine fachspezifische Abklärung und Behandlung erforderlich und wünschenswert ist. In den USA wurde 1975 die Association of Sleep Disorders Centers gegründet. Es ist das Anliegen dieser Gesellschaft, die interdisziplinäre Forschung und die Ausbildung von «Schlafspezialisten» zu fördern. Inzwischen gibt es im angloamerikanischen Bereich bereits weit über 100 akkreditierte Kliniken, in denen alle Formen von Schlafstörungen diagnostiziert und behandelt werden. In Europa sind solche Institutionen bedauerlicherweise noch nicht sehr zahlreich vertreten.

8. Literatur

Bootzin, R.R. (1980). *Verhaltenstherapeutische Behandlung von Schlafstörungen*. München: Pfeiffer.

Bootzin, R.R. & Nicassio, P.M. (1978). Behavioral treatments for insomnia. In M. Hersen, R. Eisler & M. Miller (Eds.), *Progress in Behavior Modification, 6* (pp. 1-45). New York: Academic Press.

Borbély, A. (1986). Schlafmittel und Schlaf: Übersicht und therapeutische Richtlinien. *Ther. Umschau, 43*, 509-519.

Borkovec, T.D. (1979). Pseudo(experiential)-insomnia and idiopathic (objective) insomnia: Theoretical and therapeutical issues. *Adv. Behav. Research Therapy, 2*, 27-55.

Cellucci, A.J. & Lawrence, P.S. (1978). The efficacy of systematic desensitization in reducing nightmares. *Journal of Behav. Therapy & Exp. Psychiatry, 9*, 109-114.

Coates, T.J. & Thoresen, C.E. (1982). *Endlich wieder schlafen können*. Salzburg: Otto Müller.

Engel-Sittenfeld, P., Engel, R.R., Huber, H.P. & Zangl, K. (1980). Wirkmechanismen psychologischer Therapieverfahren bei der Behandlung chronischer Schlafstörungen. *Zeitschrift für Klinische Psychologie, 9*, 34-52.

Frankl, V.E. (1960). Paradoxical intention: A logotherapeutic technique. *American Journal of Psychotherapy, 14*, 520-535.

Hornung, R. & Gutscher, H. (1986). Beschwerden, Ratsuch- und Behandlungsstrategien. In H. Gutscher, R. Hornung, U. May & H. Schär (Hrsg.), *Medikamentenkonsum und Medikationsrisiken* (S. 11-36). Bern: Hans Huber.

Hauri, P. (1978). Biofeedback techniques in the treatment of chronic insomnia. In R.L. Williams & I. Karacan (Eds.), *Sleep Disorders: Diagnosis and Treatment* (pp. 145-159). New York: John Wiley & Sons.

Haynes, S.N., Adams, A.E., West, S., Kamens, L. & Safranek, R. (1982). The stimulus control paradigm in sleeponset insomnia: A multimethod assessment. *Journal of Psychosom. Research, 26*, 333-339.

Hohenberger, E. & Schindler, L. (1984). Ein verhaltenstherapeutisches Programm zur Behandlung von Schlafstörungen. In J. Brengelmann & G. Bühringer (Hrsg.), *Therapieforschung für die Praxis* (S. 55-71). München: Röttger.

Kales, J., Soldatos, C. & Kales, A. (1982). Diagnosis and treatment of sleep disorders. In J. Greist, J. Jefferson & R. Spitzer (Eds.), *Treatment of Mental Disorders* (pp. 473-500). New York: Oxford University.

Lacks, P. & Rotert, M. (1986). Knowledge and practice of sleep hygiene techniques in insomniacs and good sleepers. *Behav. Research Therapy, 24*, 365-368.

Nicassio, P.M., Boylan, M.B. & McCabe, T.G. (1982). Progressive relaxation, EMG biofeedback and biofeedback placebo in the treatment of sleeponset insomnia. *British Journal of Med. Psychology, 55*, 159-166.

Oswald, I. & Adam, K. (1984). *So schlafen Sie besser.* Wien: Orac.

Schindler, L. & Hohenberger, E. (1982). Die verhaltenstherapeutische Behandlung von Schlafstörungen: Status und Perspektiven. *Psychol. Beiträge, 24*, 549-582.

Spielman, A.J., Saskin, P. & Thorpy, M.J. (1987). Treatment of chronic insomnia by restriction of time in bed. *Sleep, 10*, 45-56.

Turner, R.M. & Ascher, L.M. (1979). Controlled comparison of progressive relaxation, stimulus control, and paradoxical intention therapies for insomnia. *Journal of Consult. Clinical Psychology, 47*, 500-508.

Turner, R.M., DiTomasso, R. & Giles, T. (1983). Failures in the treatment of insomnia: A plea for differential diagnosis. In E.B. Foa & P.G.M. Emmelkamp (Eds.), *Failures in Behavior Therapy* (pp. 289-310). New York: John Wiley & Sons.

Woolfolk, R.L. & McNulty, T.F. (1983). Relaxation treatment for insomnia: A component analysis. *Journal of Consult. Clinical Psychology, 51*, 495-503.

Zwart, C.A. & Lisman, S.A. (1979). Analysis of stimulus control treatment of sleep-onset insomnia. *Journal of Consult. Clinical Psychology, 47*, 113-118.

B. Klinisch-psychologische Intervention: Störungsspezifische Aspekte Teil II:

Interventionen bei gestörten Funktionsmustern

15. Neurosen: Intervention

Iver Hand

1. Einleitung

Die Psychotherapie der Neurosen ist bisher nicht entwickelt worden. Zahlreiche Therapieschulen bieten unterschiedlich komplexe Behandlungsansätze für unterschiedliche Teilbereiche neurotischer Erkrankungen an. Innerhalb der einzelnen Therapieschulen besteht eine deutliche Varianz hinsichtlich der konkreten Handlungsweisen. Die Diskrepanz zwischen Theorie und Praxis ist erheblich - nicht selten verstehen sich Praktiker unterschiedlicher Therapieschulen besser miteinander als mit den Theoretikern ihrer jeweils eigenen Schule.

In der psychotherapeutischen Praxis der Neurosen-Versorgung dürfte heute ein therapeutischer Eklektizismus - bis hin zum Versuch einer Strukturierung desselben (Garfield, 1982) - vorherrschend sein, mit Elementen aus den drei «etablierten» Schulen: Psychodynamische Therapie, Verhaltenstherapie und Gesprächs-Psychotherapie. Psychologen werden im Studium, zumeist parallel laufend, in die beiden letzteren Verfahren eingeführt, obwohl diese sich in wesentlichen Bereichen tiefgehend unterscheiden. An einigen Hochschulen wird auch eine «unitarische», schulenübergreifende Theorie vermittelt (z.B. Orlinski & Howard, 1988; Beitman et al., 1989), für die es jedoch bisher kein entsprechendes Handlungs- bzw. Praxismodell gibt.

Welche der im folgenden dargestellten Elemente einer (Be-)Handlungsstrategie bei Neurosen in den jeweiligen Schuldarstellungen enthalten sind, und um welche Basiskonzepte das hier beschriebene Strategiemodell erweitert werden sollte, sei dem Urteil des Lesers überlassen.

Eine verläßliche vergleichende Beurteilung der Effizienz der unterschiedlichen Therapieverfahren für neurotische Erkrankungen ist bisher nicht möglich, da es kaum - bzw. methodisch nur unzureichende (Sloane et al., 1981) - kontrollierte Vergleichsstudien zu dieser Frage gibt (Luborski, 1988). Metaanalysen (z.B. Smith et al., 1980) tausender, unabhängig voneinander publizierter, kaum standardisierter, mit unterschiedlichen Meßmitteln dokumentierter und an eher willkürlichen Erfolgskriterien evaluierter Therapiestudien haben bisher schwer zu interpretierende Ergebnisse erbracht. Weitaus die meisten empirisch-experimentellen Studien zur Therapie-Effizienz bei Erkrankungen i.S. der «Reichs-Versicherungs-Ordnung» (RVO)* - die noch heute die Leistungspflicht der Krankenversicherungen in der Bundesrepublik regelt - sind bisher aus der Verhaltenstherapie gekommen (Rachman & Wilson, 1980).

Psychotherapie bei Neurosen sollte in erster Linie ambulant - unter Verbleib des Betroffenen in seinen realen Problemfeldern - erfolgen. Dennoch ist stationäre, bettengebundene Neurosentherapie in der Bundesrepublik und in der DDR in einem weit über dem international üblichen Maße verbreitet - oft eher als Folge fehlender ambulanter Versorgungsangebote denn aufgrund fachlich-differentieller Indikationsstellung. Neurosentherapie sollte idealerweise von multiprofessionellen Therapeuten-Teams mit regelmäßiger gegenseitiger Supervision durchgeführt werden, da die potentiell wirksamsten und effektivsten Verfahren zugleich auch die potentiell risikoreichsten sind. Dieses Postulat ist allerdings in unserem Versorgungssystem, das auf Einzelpraxen ausgerichtet ist, nicht realisierbar.

Dieser Beitrag stellt eine therapeutische (Be-) Handlungsstrategie mit sowohl initialer, differentieller wie auch mit prozeßbegleitender, adaptiver Indikationsstellung für einzelne Interventionen im Rahmen einer übergeordneten Gesamtstrategie dar. Unter besonderer Be-

* In diesem Beitrag werden die Begriffe «Krankheit» und «Störung» synonym verwendet: ersterer ist für die Krankenversicherungen in der Bundesrepublik verbindlich, in DSM-III-R jedoch durchgängig durch letzteren ersetzt.

rücksichtigung konflikt- und motivationspsychologischer Ambivalenz-Konstrukte wird die Analyse der intraindividuellen wie der interaktionellen Funktionalitäten von Symptom und allgemeinerem Krankheitsverhalten dargestellt. Eingebettet ist dieses Vorgehen in die Analyse und Modifikation der Patient-Therapeut-Beziehung.
Die nachfolgende Darstellung basiert auf einer verhaltenstherapeutischen Grundorientierung unter Berücksichtigung psychodynamischer und systemischer Theorien und Behandlungsmodelle (Hand, 1986).

2. Funktionale Psychopathologie als Grundlage der Therapieplanung

Die in Band 1, Kapitel 2.2 beschriebene klassifikatorische Diagnostik ergibt kaum positive Indikationen für psychotherapeutische Interventionen bei Neurosen, sondern dient vor allem dem differentialdiagnostischen Ausschluß übergeordneter Störungen - und damit z.B. der Kontraindikation neurosenspezifischer Interventionen bei Psychosen. Die Handlungsableitung innerhalb der Neurosentherapie bedarf demgegenüber sowohl einer «funktionalen Psychopathologie» (siehe Abbildung 1, aus Hand, 1988) wie auch «schulspezifischer» Indikationsregeln (siehe 3. in diesem Beitrag).
Das Modell in Abbildung 1 faßt wesentliche Indikatoren für «Veränderungsresistenz» bzw. «Motivation zur Veränderung» zusammen. Es geht von einer Dichotomisierung des Verhaltens in «Annäherungs-Meidungs» (approach-avoidance) Verhalten aus, die, zusammen mit Experimenten zum Diskriminationslernen, auch die Grundlage für frühe lerntheoretische Konflikttheorien (approach-avoidance conflict) von der Pawlow-Schule bis hin zu Dollard und Miller (1950) darstellt.
In diesem Modell wird in seinen beiden äußeren Randbereichen das Ausmaß an «Gestörtheit» (bzw. Veränderungsresistenz) symptomatisch am Ausmaß primärer und sekundärer sozialer Defizite und Ängste (auf der linken Seite) und an dem Ausmaß an «neurotischer» Multisymptomatik (auf der rechten Seite) dargestellt. Im zentralen Bereich des Modelles erfolgt (auf der rechten Seite) eine Hierarchi-

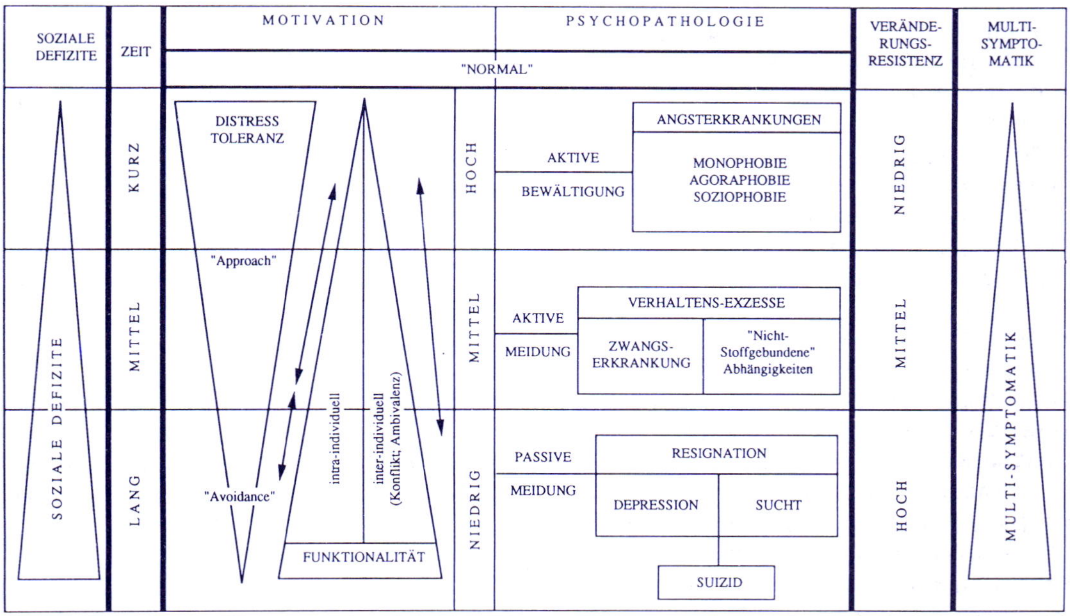

Abbildung 1: Modell einer funktionalen Psychopathologie neurotischer Erkrankungen (mit freundlicher Genehmigung des Springer-Verlages).

sierung «neurotischer» Störungen - von Angsterkrankungen über Verhaltens-Exzesse zur Resignation. Diese Gestörtheit-Hierarchie wird als abhängig betrachtet von der «Distreß-Toleranz» einerseits (Reaktion auf Alltags-Distreß - z.B. Regentage im Urlaub, Kopfschmerzen, Zahnarztbesuch, Versäumen eines wichtigen Termines u.ä. - i.S. von Coping oder aber Meidung, Passivität oder Niedergeschlagenheit) und der aktuellen intra-individuellen und interaktionellen (d.h. inter-individuellen) Funktionalität des Krankheitsgeschehens andererseits (s. linker, zentraler Bereich).

Die *Hierarchisierung neurotischer Störungen* erfolgt entsprechend dem Ausmaß der Vermeidung von Alltagsaktivitäten und von Eigenständigkeit und Eigenverantwortlichkeit in der Lebensführung:

- Bei *Angsterkrankungen*, insbesondere Phobien, ist die Meidung ursprünglich auf spezifische Auslösesituationen beschränkt. Selbst leichtere Symptomausprägung wird als «nicht-normal» und störend erlebt. Alltagsaktivitäten werden trotz der Behinderung durch die Phobie aber weiterhin wahrgenommen («aktive Bewältigung»). Erst bei zusätzlichem Auftreten positiver interaktioneller Funktionalitäten dieses Symptomverhaltens oder bei sekundärer Depression (aufgrund von Belastungen oder Einschränkungen durch die Phobie oder als Folge der Auslösebedingungen der Phobie) werden Alltagsaktivitäten deutlich reduziert.
- Bei *Verhaltens-Exzessen*, wie Zwängen oder pathologischem Spielen, führt die hohe Aktivität des Verhaltensexzesses bereits zu erheblicher Meidung von Alltagsaktivitäten; der Verhaltensexzeß selbst wird zum wesentlichen, verbleibenden Verhaltens-Aktivum («aktive Meidung»). Verhaltensexzesse sind primär attraktive, als «normal» erlebte Verhaltensweisen, die pathologisch eskalieren können, wenn das Alltagsleben seine Attraktivität verloren hat. Sie dienen dann der «aktiven» Füllung eines «existentiellen Vakuums» (Frankl, 1975) - d.h., indirekt der Vermeidung des Gefühls der Depression und der Kanalisierung noch vorhandener Aktivitäts-Bereitschaft in den monomanen Exzess.

  Im Gegensatz zu DSM-III-R wird die Zwangskrankheit hier also nicht den Angsterkrankungen und pathologisches Spielen nicht den «Impuls-Kontroll-Störungen» zugerechnet.
- Bei *Resignation* ist schließlich auch die Aktivierungs-Bereitschaft weitgehend aufgehoben. Die Meidung erstreckt sich nun sowohl auf das Alltagsleben wie auf mögliche Aktivitäts-Ausweichfelder. Im Vordergrund steht der «Rückzug» in die (neurotische) Depression oder in eine durch Substanzen induzierte Gefühls- und Erlebniswelt. Aus beiden ergibt sich das Risiko des Suizides als der Extremform der Meidung von Leben. Entsprechend hoch ist in diesem Stadium der Appell an die Umwelt, stellvertretend für die eigene Person zu handeln und Verantwortung zu übernehmen.

Zwischen allen drei Stadien bestehen fließende und, abhängig von individueller Praedisposition und Lebensereignissen (z.B. auch Therapien), reversible Übergänge oder Überschneidungen. Therapeutische Aktivierung ist aus dem Stadium der Resignation sehr viel schwieriger zu erreichen, als die Umlenkung noch vorhandener Verhaltensaktiva bei monomanen Verhaltensexzessen in weiter gefächerte Alltagsaktivitäten; den geringsten Therapieaufwand erfordert in der Regel die Aufhebung einer auf umschriebene Auslösesituationen beschränkten Vermeidung von Alltagsaktivitäten bei Phobien. Dieses Modell reflektiert daher auch die unterschiedlichen Erfolgsquoten in der Behandlung dieser Störungen (siehe Abschnitt 4).

3. Eine Handlungsstrategie der Therapie

3.1 Rahmenbedingungen und Ablaufphasen

Die *(Be-)Handlungsstrategie* der Therapie umfaßt sowohl deren grundlegende Rahmenbedingungen wie auch die Systematik der für das jeweilige Verfahren charakteristischen Veränderungsschritte. Erstere beinhalten die kontinuierliche Analyse und Modifikation der Motivation von Patient (und seinem sozialen Umfeld) und Therapeut sowie von deren

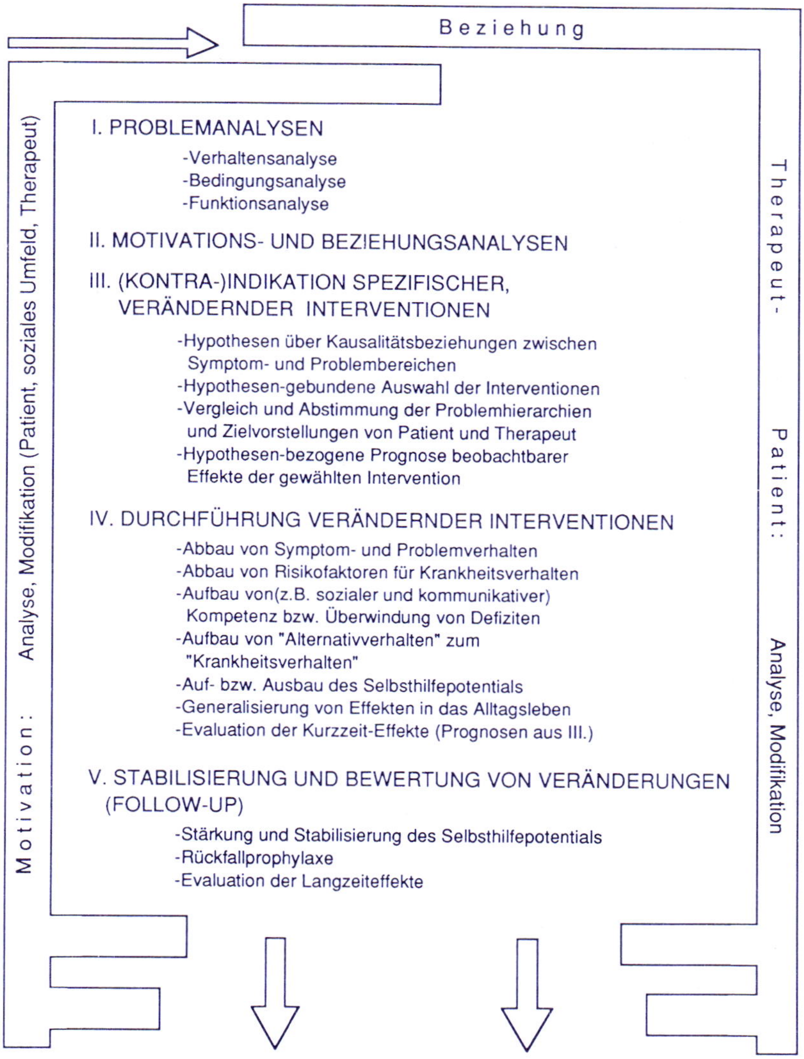

Abbildung 2: Die Strategie der Verhaltenstherapie: Ein Fünf-Phasen-Modell (Hand, 1986) (Mit freundlicher Genehmigung des Springer-Verlages).

Beziehung zueinander. Am Beispiel der Verhaltenstherapie wird ein *Fünf-Phasen-Modell* (Hand, 1986; ähnliche Modelle in Craig & McMahon, 1984; Kanfer & Scheft, 1988) in Abbildung 2 zusammengefaßt.

Therapie wird als zeitlich eindeutig limitierter Erlebnisbereich in der Lebensführung verstanden, durch den in vorübergehender Abhängigkeit vom Expertenwissen und -verhalten des Therapeuten erheblich höhere Eigenständigkeit in der nachfolgenden Lebensführung resultieren soll. Gerade bei schwerer gestörten Personen kann die Systematik der Veränderungsschritte aber nur verändernd wirken, wenn Beziehungsaufbau und Motivationsabklärung gelungen sind und reflektierte Rahmenbedingungen für den Veränderungsprozeß bleiben.

In der Klinischen Praxis dient das dargestellte Ablaufmuster der Systematisierung der Informationsgewinnung und der therapeutischen Zielfindung; die Durchführung der einzelnen Schritte variiert jedoch in Abhängigkeit von Patienten- und Therapeuten-Variablen.

3.2 Grundlagen der Informationsgewinnung zur Hypothesenbildung

Die *Motivations-, Beziehungs- und Problemanalysen* sind bereits im therapeutischen Erstkontakt gleichzeitig zu beachten. Dieser hat daher hohe Bedeutung für den weiteren Therapieverlauf bei Neurosen: Er prägt Beziehungsmuster zwischen Therapeut und Patient, sowie Inhalte und Dauer der Therapie. Dementsprechend sollte er, wo nötig, auch bis zu 2 Stunden ausgedehnt werden können, um Patient und Therapeut eine erste gemeinsame Hypothesenbildung zu ermöglichen.
Die *Informationssammlung* im «Erstkontakt» - zu dem insgesamt die ersten drei Kontakte gerechnet werden können - kann in drei typischen Phasen erfolgen:
1. Die *«rezeptiv-informative»* Phase steht in der Regel am Beginn; der Therapeut ermutigt den Patienten, sich und seine Probleme möglichst spontan darzustellen;
2. Die *«direktiv-explorative»* Phase folgt, sobald der Therapeut erste Hypothesen gebildet hat, die er nun durch gezielte Themenvorgabe abzuklären versucht;
3. Die *«norm- und zielorientierte, kooperative»* Phase führt dann zu einer gemeinsamen Entscheidung für oder gegen eine Therapie und zur Festlegung von deren Zielsetzungen und den dafür geeigneten Interventionen.

Für eine *differenzierte Indikationsstellung* eines Therapieangebotes sollten bereits in den ersten 1 bis 3 Kontakten folgende 10 Basis-Fragen soweit möglich geklärt und im Therapieverlauf dann regelmäßig überprüft werden:

1. Eigen- bzw. Fremdmotivation des Patienten zur Therapieaufnahme und zur Veränderung.
2. Direkt erkennbare oder indirekt ableitbare Problembereiche neben den primär vorgetragenen Symptomen oder Beschwerden.
3. Abgrenzung der auslösenden von den aufrechterhaltenden Bedingungen vorgetragener Symptome oder Problembereiche.
4. Abgrenzung der intraindividuellen gegenüber den interaktionellen Funktionen der vorgetragenen Beschwerden.
5. Frühere und gegenwärtige Kausalzusammenhänge zwischen Symptombeschwerden und anderen Problembereichen.
6. Vermutete Konsequenzen eines Abbaues von Symptom- und anderem Krankheitsverhalten.
7. Mikroanalyse des Symptomverhaltens, mit abschließender Bewertung unter Einbezug der durchgeführten Test-Diagnostik.
8. Symptombildungen oder andere besondere Reaktionsweisen auf frühere bio-soziale Entwicklungsphasen (z.B. Pubertät, Schulabschluß, Verlassen des Elternhauses, erste feste Partnerbeziehung etc.).
9. Soziale Kompetenz und emotionale Ausdrucksfähigkeit (aktuelle Modellsituation: Patient-Therapeut-Beziehung).
10. Ausmaß und Qualität von eigeninitiiertem «Alternativverhalten» in der bisherigen Lebensführung.

Im folgenden sollen die Motivationsanalyse (3.3), die Bedingungs- und Funktionsanalyse (3.4), die Hierarchisierung der Problem- und Interventions-Ebenen (3.5) und die Indikation für symptomspezifische Interventionen (3.6) etwas näher erläutert werden.

3.3 Motivationsanalyse

Die Motivationsanalyse versucht beim Patienten, seinem unmittelbaren sozialen Umfeld und beim Therapeuten (!) zu klären, wieweit die von allen Beteiligten verbalisierte Motivation zur therapeutischen Arbeit der «wirklichen» entspricht.
Problematische Motivation des Patienten wird oft mit problematischer Motivation seines sozialen Bezugssystems oder auch des Therapeuten zusammenhängen. Zwei für unerfahrene Therapeuten schwierig identifizierbare Ausdrucksformen problematischer Motivation beim Patienten sind: 1. die scheinbare Eigenmotivation, bei der es sich um eine teilweise internalisierte Fremdmotivation handeln kann. Erst die behutsame Aufdeckung der «wirklichen» eigenen Zielsetzung kann dann zu einer für den Patienten sinnvollen Therapieplanung führen; 2. die scheinbare Fremdmotivation, bei der der Patient sich als «geschickt» (von Partner, Hausarzt o.a.) bezeichnet - und mit seinem Erscheinen doch zugleich die eigene (Teil-)Motivation signalisiert.
Gilt es bei scheinbarer Eigenmotivation, ein vorschnelles Therapieangebot in eine letztlich falsche Richtung zu unterlassen, so ist bei scheinbarer Fremdmotivation - auch, wenn sie mit deutlich aggressiver Ängstlichkeit ge-

äußert wird - eine vorschnelle (gekränkte) Therapieablehnung durch den Therapeuten zu vermeiden.

Motivationsprobleme im sozialen Bezugsfeld: Bei chronifizierter Symptomatik eines Individuums und gleichzeitig über längere Zeit bestehender Partnerschaft (Familie) kann selbst eine Einzeltherapie nur sinnvoll geplant werden, wenn eine systemisch orientierte Motivationsanalyse durchgeführt wurde (Einzelheiten in Hand, 1988a). Nur dann wird beurteilbar, ob und in welcher Weise das System überhaupt veränderbar sein könnte - oder ob durch die scheinbare Therapiesuche eines Familienmitgliedes eher eine Optimierung bereits vorhandener, defensiver Kompromißlösungen mit Delegation von Verantwortung dafür an Dritte angestrebt wird. In einem solchen Falle würde dann jenes Familienmitglied in Therapie «geschickt», von dem qua «ungewußtem» Konsens am ehesten erwartet wird, daß es durch die Therapie am wenigsten beeinflußbar ist.

Aus alledem ergibt sich auch, daß sehr sorgfältig abzuwägen ist, wann Angehörige als «Ko-Therapeuten» oder als «Ko-Patienten» in eine Therapie einbezogen werden - bzw., wann über eine Individualtherapie gezielt systemische Veränderungen anzustreben sind.

3.4 Bedingungs- und Funktionsanalysen von Symptom- und Krankheitsverhalten

Die Bedingungs- und Funktionsanalyse von Symptom- und anderem Krankheitsverhalten in der Verhaltenstherapie findet in ähnlicher Form auch in anderen Therapieschulen statt. In Abbildung 3 ist der Versuch unternommen, eine Operationalisierung und Systematik der Bedingungs- und Funktionsanalyse zusammenzufassen (aus Hand, 1986). Die Aufteilung in *Bedingungen für* (unidirektionale Kausalität) und *Funktionen von* (zirkuläre Kausalität) Symptom- oder Krankheitsverhalten - bei gleichzeitiger Berücksichtigung der Zeitfaktoren: Vergangenheit, Gegenwart und Zukunft - ermöglicht die Ableitung eines übergeordneten zeitdynamischen Störungs- und Kausalitätsmodelles. Es dient damit der Ableitung von Interventionen sowie der Prognose von deren Effekten.

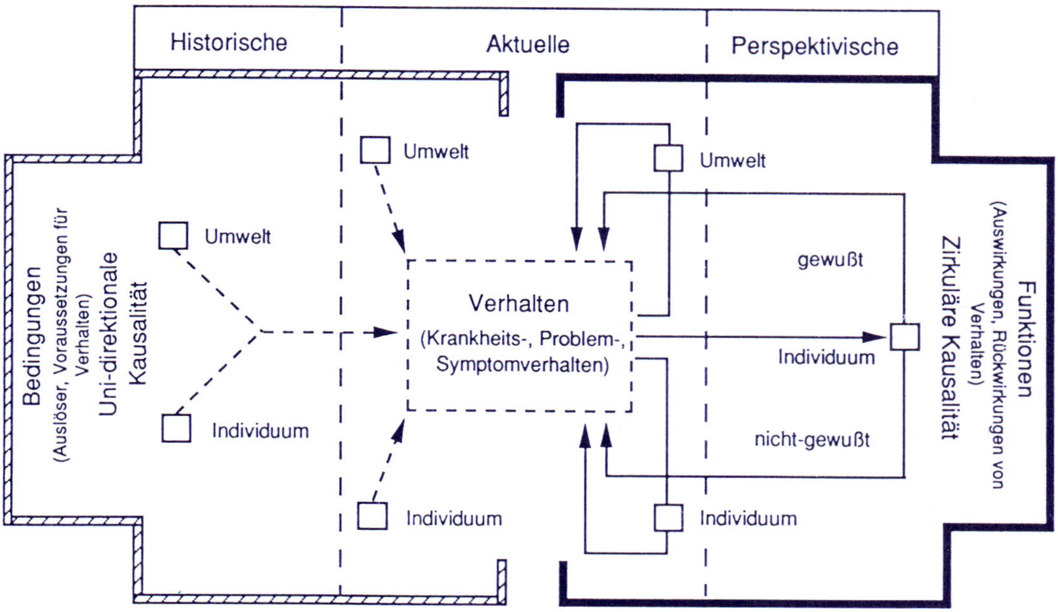

Abbildung 3: Bedingungen und Funktionen von Krankheits-Verhalten. Ein pragmatisch-therapeutisches «Kausalitätsmodell» (Hand, 1986). (Mit freundlicher Genehmigung des Springer-Verlages).

Bedingungen sind Auslöser oder Ursachen von Krankheitsverhalten, die ihrerseits durch dasselbe nicht wesentlich beeinflußt werden. *Funktionen* sind die direkten und die mittelbaren (über die Umwelt) Rückwirkungen des Krankheitsverhaltens auf die betroffene Person selbst i.S. eines Regelkreises (zirkuläre Kausalität). Auslösung und Aufrechterhaltung einer Störung können durch mehrere Bedingungs- und Funktionsvariablen gleichzeitig erfolgen, deren Kombination über die Zeit keineswegs stabil sein muß.
Für den Therapeuten sind diese Variablen beobachtbar oder aus mosaikartigen Teilinformationen hypothetisch abzuleiten. Sie sind aufteilbar in Individuum- und Umweltvariablen. (Ein ähnliches, aber die Konzepte von Selbst-Regulation, Selbst-Kontrolle und self-efficacy in den Mittelpunkt stellendes und in klassisch-verhaltenstherapeutischer Terminologie beschriebenes Modell siehe Kanfer & Schefft, 1988; Kanfer, 1989).
Die Funktionsvariablen können in vom Patienten gewußte und nichtgewußte unterteilt werden (Literatur in Hand, 1986). Zu ihnen rechnen auch die «Appell-» oder «Signal»-Funktion von Symptom-Verhalten, die in der Therapie herauszuarbeiten ist. Die Annahme «nichtgewußter Intentionen» (Hand, 1986) beinhaltet nicht notwendigerweise die Übernahme analytischer Konstrukte unbewußter Handlungsmotivation (entsprechender analytischer Ansatz bei Weiss & Sampson, 1984), sondern ist lediglich pragmatisches Mittel zum therapeutischen Zweck einer spekulativ-kreativen Funktionsanalyse: Ein Problemverhalten kann auf diesem Wege für Therapeut und Patient «verständlich» und vielleicht verzichtbar werden, wenn etwa die nunmehr bewußt gemachte Intention mit sozial akzeptableren Strategien realisiert wird. Die spielerische (Hypothese als Spielball des Therapeuten, den der Patient annehmen oder vorbeifliegen lassen kann) Konfrontation mit der (noch) nicht-gewußten Intention kann aber auch ein symptomatisches Verhaltensstereotyp abrupt unterbrechen.

3.5 Hierarchisierung der Problem- und Interventions-Ebenen

Die aus den komplexen Analysen abzuleitenden Interventionen können oft auf wenige, grundlegende Problembereiche ausgerichtet werden: Verhaltens-Störungen und Verhaltens-Defizite, sowie interaktionelle Wahrnehmungs-Blockaden und Handlungs-Blockaden. Diese Problembereiche und zugehörige Interventionen sind in Abbildung 4 zusammengefaßt (z.T. Ergänzung zu Abbildung 1).

PROBLEM-EBENEN	STÖRUNGS-FORMEN	INTERVENTIONS-FORMEN	INTERVENTIONS-ZIELE
VERHALTENS-STÖRUNGEN	SYMPTOM - VERHALTEN Qualitativ neues, "nicht normales" Verhalten VERHALTENS-EXZESSE Eskaliertes "Normal-Verhalten"	(STÖRUNGS-) VERHALTENS-REDUKTION	Auf-/Ausbau von HANDLUNGS-FREIRAUM
VERHALTENS-DEFIZITE	ENTWICKLUNGS-DEFIZITE Primäre (vor Erkrankung) u. sekundäre (Folge d. Erkrankung) in: sozialer Kompetenz; Problemlösestrategien; Distress-Toleranz; eigeninitiiertem Planen u. Handeln	(BASIS-) VERHALTENS-AUFBAU	Auf-/Ausbau von HANDLUNGS-KOMPETENZ
WAHRNEHMUNGS-BLOCKADEN (interaktionell)	"PARATAXIEN" Stereotype Fehlwahrnehmung anderer Personen "KOLLUSIONEN" Dyadische, komplementäre Interdependenz bei äquivalenten Reifungsdefiziten, aber gegensätzlichen Kompensationsmechanismen --> "Interaktionspersönlichkeit"	historisch-orientiert: Bearbeitung induzierter TRANSFERENZ-NEUROSE gegenwarts-orientiert: KOMMUNIKATIONS-TRAINING	Auf-/Ausbau von ERFAHRUNGS-FREIRAUM
HANDLUNGS-BLOCKADEN	KONFLIKT-AMBIVALENZ zum Teil "nicht-gewußte Intention" für Krankheitsverhalten und Handlungsblockaden im Alltagsleben; Widerspruch: emotionales Bedürfnis vs. rationale Handlungssteuerung	• DEUTUNG DER BEDEUTUNG (Analyse) • SYSTEMISCHE FUNKTIONS-ANALYSE (VT) • PROVOKATIVE VERSCHREIBUNG (Familien-Therapie)	Auf-/Ausbau von HANDLUNGS-BEREITSCHAFT

Abbildung 4: Problemebenen, Störungsformen und Interventionen

Die *Verhaltensstörungen* sind in Symptom-Verhalten und Verhaltens-Exzesse unterteilt. Das Symptomverhalten wird in der Regel als qualitativ neu, nicht zur «normalen» Lebensführung gehörig erlebt, während Verhaltens-Exzesse (u.a. in den Bereichen Spielen, Sexualität, Essen und Arbeiten) eher primär «normale» Verhaltensweisen, mit erheblich selbstverstärkender Funktion, darstellen. Die problemspezifische Interventionsform wäre ein Reduktionstraining für das jeweilige Problemverhalten. Falls keine gleichzeitigen Störungen in den übrigen Problem-Ebenen vorliegen, gelingt dies bei Symptom-Verhalten (z.B. Phobien) oft mit hervorragendem Erfolg (siehe Kapitel 4), während die Verhaltens-Exzesse aufgrund ihrer unmittelbaren selbstverstärkenden Funktion z.B. durch ein «Selbstkontroll»-Training deutlich weniger zu beeinflussen sind. Ziel direkter Interventionen auf der Störungs-Ebene ist die Wiederherstellung von *Handlungsfreiraum,* nachdem der Tagesablauf vorher durch Problem-Verhalten entweder weitestgehend blockiert (durch das Symptom) oder «gefüllt» (durch den Exzess) war.
Unter den *Verhaltens-Defiziten* sind einige wenige Entwicklungs-Defizite oft von entscheidender Bedeutung für den Krankheitsverlauf (auch bei Symptomverhalten). Vor allem Defizite in sozialer Kompetenz, Problemlöse-Strategien, Distress-Toleranz und eigeninitiiertem Planen und Handeln können dabei bereits als langfristige Lerndefizite vor Auftreten der eigentlichen Erkrankung vorhanden gewesen oder aber als Folge eines langjährigen Krankheitsverlaufes entstanden bzw. verstärkt worden sein. Direkte Interventionsformen bestehen in gestuftem, systematischem Einüben solcher, für ein zufriedenstellendes Alltagsleben erforderlicher «Basis»-Verhaltensweisen (z.B. Training sozialer Fertigkeiten). Diese Interventionen führen dann zum Ausbau von *Handlungs-Kompetenz* als einer Voraussetzung dafür, daß Handlungs-Freiraum auch genutzt werden kann.

Eine qualitativ andere Kategorie von Problemen besteht in der Blockade von realitätsangemessener interaktioneller Wahrnehmung einerseits und in vielfältigen Handlungs-Blockaden andererseits:

Wahrnehmungs-Blockaden sind bedingt durch Stereotypien, die in früheren Lernerfahrungen mit bedeutsamen anderen Personen entstanden sind und dazu führen, daß ein intensiverer Kontaktaufbau zu neuen Personen immer wieder dadurch erschwert wird, daß diese als «Replikationen» der früheren Personen verkannt werden. Rührt diese Wahrnehmungs-Blockade aus frühen Elternbeziehungen her, dann spricht man in der Neoanalyse (Sullivan, 1980) von Parataxien; solche Blockaden können jedoch auch aus frühen, schmerzlichen Zweierbeziehungen außerhalb der Herkunftsfamilie herrühren. *Beispiel:* der primär sozial ängstliche, gehemmt-mißtrauische junge Mensch, der sich trotz hoher Bedenken auf eine intensive Zweierbeziehung mit emotionaler Öffnung eingelassen und dann ein äußerst schmerzliches Verlusterlebnis erlitten hat; die im Einzelerlebnis erfolgte Bestätigung des ursprünglichen kognitiven Konstruktes generalisiert sofort, mit entsprechend verstärkter Erwartungshaltung, die dann eine adäquate Wahrnehmung künftiger Kontaktpersonen noch stärker behindert.
Die «Kollusionen» können als Übergang zu den Handlungs-Blockaden betrachtet werden. Sie entstehen, wenn zwei Personen mit äquivalenten Reifungsdefiziten, aber gegensätzlichen (dafür entwickelten) Kompensationsmechanismen, eine enge Beziehung eingehen. Beide können dann eine dyadenspezifische «Interaktionspersönlichkeit» entwickeln (Einzelheiten in Willi, 1977), die zu Veränderungen oder Blockaden ursprünglich vorhandener Kompetenzen und Freiräume im interaktionellen Wahrnehmen und Handeln führen. Die Interventionen dienen der Auflösung dieser Stereotypien. In Abhängigkeit von der Therapieschule sind dabei drei grundsätzlich unterschiedliche Vorgehensweisen möglich: 1. Aufarbeitung einer vorher induzierten «Übertragungsneurose» in der analytischen Einzeltherapie; 2. gemeinsame Therapie von Patienten und dessen real noch existierendem Elternteil (Vergangenheits-Bewältigung in aktueller invivo Zweier-Therapie, VT); 3. Gruppentherapie oder Rollenspiele im Einzelkontakt mit systematisch-gestuftem Lernen adäquater interaktioneller Wahrnehmungen mit neuen Sozialpartnern (VT). Die Maßnahmen sollen zur Wiederherstellung von interaktionellem *Er-*

fahrungsfreiraum führen, damit Handlungsfreiraum und Handlungskompetenz auch in Sozialkontakten zufriedenstellender wirksam werden können.

Handlungs-Blockaden sind typischerweise durch Ambivalenz in länger hingezogenen Entscheidungs- bzw. Konfliktsituationen bedingt, wobei in der Regel Defizite bzw. Blockaden aus den beiden vorherigen Problemebenen als Mit-Bedingungen für die Handlungs-Blockade gegeben sein dürften. Es besteht häufig eine Unvereinbarkeit zwischen emotionalen Bedürfnissen einerseits und rein rationaler Handlungssteuerung andererseits. Das gezeigte Krankheits- bzw. Symptomverhalten kann dann durch «nichtgewußte Intentionen» gesteuert sein. Die dafür entwickelten Interventionsformen reichen von den individuell und systemisch ausgerichteten Funktionsanalysen (Verhaltenstherapie) über die «Deutung der Bedeutung» des Symptomverhaltens (Analyse) bis hin zu provozierenden «Verschreibungen» zum raschen «Aufbrechen» der Handlungs-Blockaden. Ziel ist letztlich die Wiederherstellung der *Handlungsbereitschaft,* damit grundsätzlich verfügbarer Handlungsfreiraum, Handlungskompetenz und interaktioneller Wahrnehmungsfreiraum wieder voll im Alltagsleben genutzt werden.

Diese vier Kategorien von Störungen, Defiziten und Blockaden können im Einzelfall in unterschiedlichen Kombinationen vorliegen und beeinflussen dementsprechend das Ausmaß der Verhaltens-Aktiva im Alltagsleben einerseits und die Veränderungs-Motivation andererseits. Für jeden dieser Störungsbereiche gibt es gezielte Interventionen, deren Indikation oder Kontraindikation im Einzelfall wiederum nur aus den beschriebenen komplexen Analysen abgeleitet werden kann. So können bei gleicher Symptombildung - in Abhängigkeit vom Ausmaß der «Gesamtgestörtheit» bzw. hierarchisch übergeordneter Störungen - eine alleinige Symptomtherapie oder eine «Therapie am Symptom vorbei», (i.S. einer «Ursachentherapie») oder auch beide Maßnahmen erforderlich sein. Bei vielschichtiger Gestörtheit können entweder unterschiedliche Interventionen für die unterschiedlichen Störungsbereiche (sukzessive oder parallel) indiziert sein - oder auch nur Interventionen in einem eng umschriebenen Störungsbereich: so haben etwa schwergestörte Zwangskranke, ähnlich wie schizophrene Patienten, oft nur eine sehr begrenzte Informations-Verarbeitungskapazität, die durch multimodale Intensivtherapie rasch überfordert wird und dann zu massiver Symptomverstärkung führen kann (Beispiel in Hand, 1988b).

Zur Indikationsstellung für die eine oder die andere dieser Vorgehensweisen ist der Therapeut auf die beschriebenen Analysen (siehe dazu auch Revenstorf, 1982; Kanfer & Schefft, 1988) und den Abschluß einer intensiven, patientenbezogenen, supervidierten Weiterbildung angewiesen.

Wird die *Hierarchisierung von Störungsbereichen* um systemische Aspekte (Familie, Beruf) erweitert, dann ergeben sich zur Bildung eines schlüssigen Kausalitätsmodelles für die Ableitung adäquater Interventionen folgende Standardsituationen, die in Abbildung 5 schematisch dargestellt sind.

Bei gleichzeitigem Vorliegen etwa von Partnerschaftskonflikt, Arbeitsplatzproblem, Depression und Phobie wird erkennbar, daß in der ersten und dritten Variante ein klares Kausalitätsmodell erstellt, in der zweiten und vierten dagegen die Identifizierung einer «Ursache» vermieden bzw. noch offengelassen wurde. Mitunter gelingt es erst im Therapieprozeß, die für die Bildung einer Kausalitätshypothese erforderlichen Informationen zu gewinnen. Eine deutlich erkennbare Gefahr, z.B. in der Verhaltenstherapie, liegt darin, verschiedene identifizierte Problem- und Symptombereiche isoliert mit einer Ansammlung von Techniken behandeln zu wollen.

In jedem Falle sollte der Therapeut jedoch ein Hierarchie- oder Interdependenz-Modell erstellen und dieses mit dem des Patienten in Übereinstimmung bringen. Bei anhaltendem Dissens zwischen Therapeut und Patient sollte das Modell des Patienten vorrangig handlungsleitend werden (wobei der Therapeut seines noch keineswegs verwirft), da die Motivation des Patienten zur Kooperation in seinem eigenen Modell am höchsten ist («join the client where he is», Kanfer). Nur bei Vorliegen einer klaren Kontraindikation gegen die vom Patienten bevorzugte Interventionsebene muß direkt oder indirekt ein Weg gefunden werden,

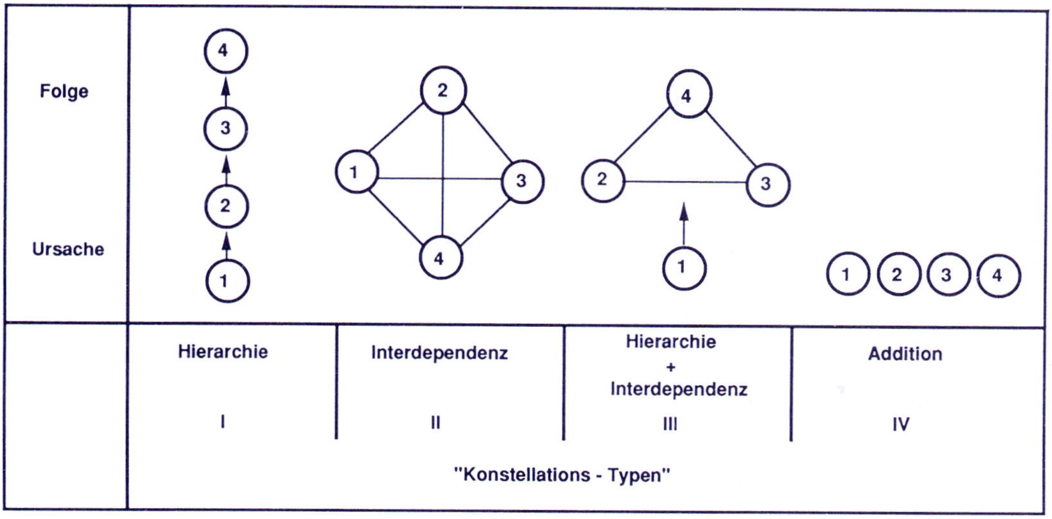

Abbildung 5: Symptom- und Problem-Konstellationen

auf dieser nicht zu arbeiten (z.B. Kontraindikation von Symptomtherapie bei akut nach Partnerverlust aufgetretenen Handlungszwängen, die eindeutig der «Abwehr» von Verlust-Depression und Suizidalität dienen). In den anderen Dissens-Situationen führt die Arbeit auf der vom Patienten bevorzugten Interventionsebene entweder, entgegen der Annahme des Therapeuten, zum Erfolg (gar nicht so selten!) – oder der Patient hat eine autonome Erfahrung gemacht und kann nunmehr von sich aus auf die Ebene des Therapeuten wechseln.

3.6 Indikation für symptomspezifische Interventionen

Die *Indikation für spezifische Symptom-Interventionen* – als Therapieschwerpunkt oder als Teilbereich multimodaler Therapie – wird über die Kombination von Makro-Analysen (siehe Kapitel 15, Band 1) und Mikro-Analysen gesichert. In Abbildung 6 wird am Beispiel der Agoraphobie gezeigt, welche handlungsleitenden Entscheidungsschritte über beide Ebenen möglich sind.

Auf der ersten Ebene der Makro-Analyse wird mit den Verfahren der Somato- und Psycho-Pathologie eine Zuordnung zu den drei Hauptkrankheitsbereichen Organerkrankung, Psychose und Neurose (zum Ausschluß der ersteren beiden) vorgenommen. Die zweite Ebene der Makro-Analyse ist in ihren diagnostischen Begriffen und Zuordnungen bereits stark von der jeweiligen Psychotherapieschule abhängig. In der Abbildung wird am Beispiel der Verhaltenstherapie gezeigt, wie eine initial vorgetragene agoraphobische Symptomatik – die als Symptombildung bei allen übergeordneten Störungen vorkommen kann – über hierarchisierte Entscheidungsschritte mit hoher Sicherheit zugeordnet werden kann. Bei Verifizierung des Vorliegens einer primären Phobie (vor allem: Ausschluß einer sekundären phobischen Symptomatik bei primärer Depression) kann dann auf der Ebene der Mikro-Analyse des Symptomverhaltens die Zuordnung zu Unterformen der «Agoraphobie» anhand der gezeigten Schritte überprüft und abgesichert werden. Aus den Ergebnissen der Mikroanalysen ergibt sich dann, wie Standardverfahren der Verhaltenstherapie für bestimmte Störungen für die individuelle Anwendung zu modifizieren sind (Hand, 1986).

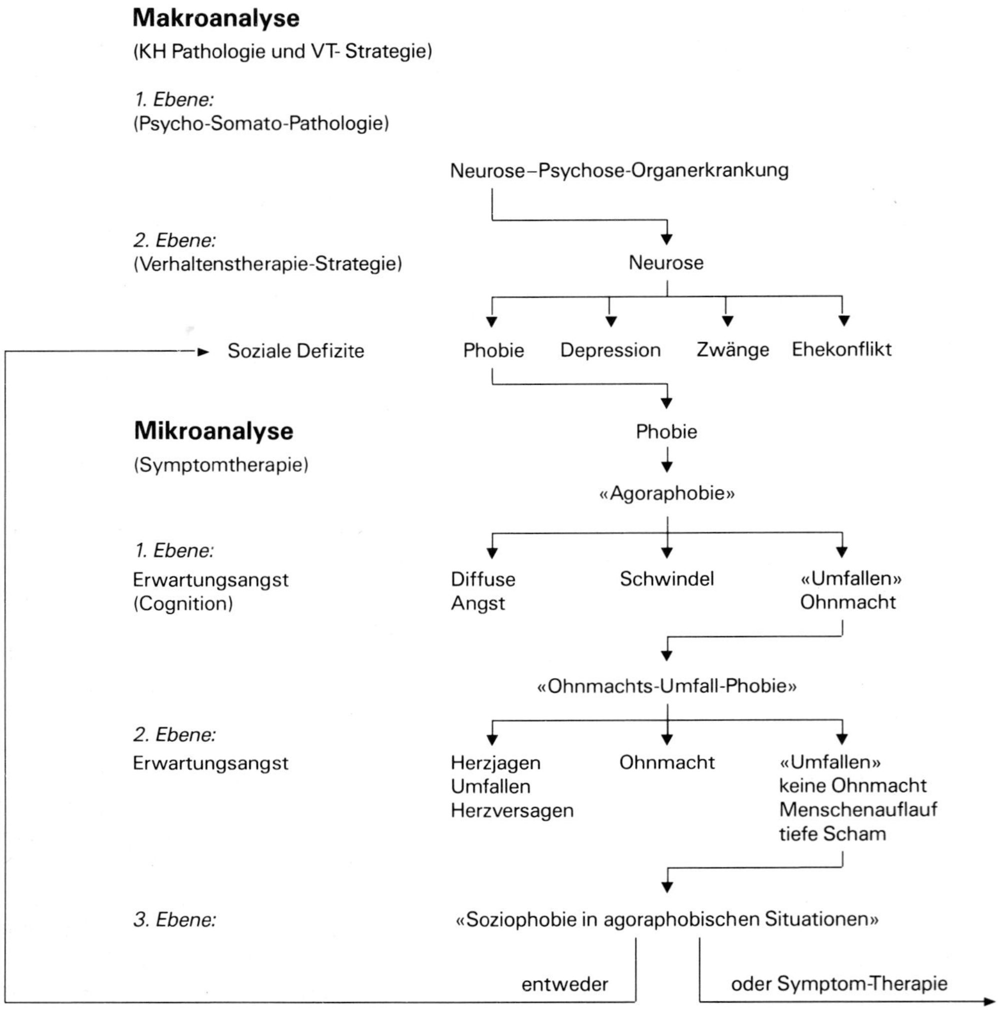

Abbildung 6: Makro- und Mikro-Analyse von Symptomverhalten. Beispiel: Agoraphobie (Hand, 1986) (Mit freundlicher Genehmigung des Springer-Verlages).

4. Ergebnisse von Neurosentherapien

Therapie soll einen, mehrere oder alle der folgenden «Verhaltens»-Anteile verändern: Motorisches Verhalten, Kognitionen, Emotionen und physiologische Prozesse auf der individuellen Ebene, interaktionelles Verhalten in Systemen und Verhalten von Systemen (Paar, Familie etc.).

Folgende Ideal-Ergebnisse werden angestrebt:

- Risikobereitschaft zum Handeln und Toleranz für erweiterte Optionen in der Lebensführung («restauration of morale», Frank, 1981).
- Entscheidungsfreiheit und Handlungskompetenz in der täglichen Lebensführung («self-efficacy», nach Bandura, 1978).
- Selbsthilfe-Kompetenz in Distress-(einschl. «Rückfall»-)Situationen («self-management», nach Kanfer, 1989; «coping»).
- Kongruenz von emotionalen Bedürfnissen und rationaler Handlungssteuerung (Luborsky, 1988).
- Interaktionelle Erlebnisfähigkeit.
- Sinn-Orientierung in der Lebensführung (Überwindung des «existentiellen Vakuums», Frankl, 1975): zuversichtliche Zielorientierung anstelle ängstlich-negativer Erwartungshaltung mit Meidung von Alltagsleben.

Die wohl ausgewogenste vergleichende Darstellung der wesentlichen unter den kaum noch überschaubaren Verfahren zur Erreichung dieser Ziele dürfte Garfield und Bergin (1986) gelungen sein (siehe ferner Revenstorf, Band I–IV; Freedman et al., 1988).

Im abschließenden Teil dieser Darstellung kann nur auf einige Hauptinhalte analytischer und verhaltenstherapeutischer Behandlungsstrategien eingegangen werden. Die Gesprächspsychotherapie hat keine vergleichbare Strategie entwickelt, da sie die dafür erforderlichen diagnostischen Voraussetzungen nicht akzeptiert (siehe Bommert, 1982).

4.1 Konfliktbezogene Interventionen

Für die unter den letzten beiden Problemebenen in Abbildung 4 zusammengefaßten Störungen gelten traditionell Psychoanalyse und analytische Psychotherapie als «Therapie der Wahl». «Neurotische Konfliktverarbeitung» (z.B. Mentzos, 1982) gilt allgemein als analytisches Konzept, wenngleich in der Pawlow-Schule im vorigen Jahrhundert sogar tierexperimentell gezeigt wurde, daß z.B. die experimentelle Überforderung vorher erlernter Diskriminationsfähigkeit in einer standardisierten «Entscheidungssituation» zum «neurotischen» Zusammenbruch nicht nur der Diskriminationsfähigkeit, sondern breit gefächerter, über Jahre erlernter Alltags-Verhaltensweisen führen kann (Hand, 1974).

Das gegenwärtig wohl am höchsten standardisierte und zugleich sprachlich am leichtesten zugängliche *analytische Psychotherapie-Modell* stammt aus der Menninger Klinik (Luborsky, 1988): Konflikt ist dabei auf «Beziehungskonflikt» reduziert bzw. verdichtet. Mit der «Methode des zentralen Beziehungskonflikt-Themas» wird «das Verstehen der Motive (des Patienten) aus der Sicht des Patienten» angestrebt. Die deutende Intervention erfolgt auf der Basis des «Verstehens ... von Wünschen, Bedürfnissen, Motiven des Patienten hinsichtlich seiner wesentlichen Beziehungspersonen, den Therapeuten eingeschlossen». Mit einem stark kognitiv geprägten Konzept wird «angenommen, daß der Patient sein Erleben und Verhalten besser verstehen und damit kontrollieren kann», wenn ihm Einsicht darüber vermittelt ist, «daß unbewußte Faktoren für Verhalten determinierend sind». Diese Erkenntnis soll entscheidend «aus dem Wiedererleben der wesentlichen frühen Beziehungsprobleme in der Beziehung zum Therapeuten, also in der Übertragung ...» vermittelt werden. Dennoch wird in diesem Kurzzeit-Therapiemodell (1–25 Sitzungen) nicht, wie in der klassischen Psychoanalyse, «im Liegen» und auch ohne induzierte Übertragungs-(Transferenz)Neurose gearbeitet. Obwohl das analytische Modell über die herausragende Bedeutung früher interaktioneller Eltern-Kind-Traumata für die spätere Persönlichkeitsentwicklung einer empirischen Überprüfung nicht standgehalten hat (siehe Band I, Sozialisation), ist die kindheitsorientierte, «aufarbeitende» Therapieform – von klassischer Analyse über analytisch orientierte Psychotherapie und analytisch orientierte Varianten der Gesprächstherapie bishin zum «Urschrei» und vergleichbaren Verfahren – die wohl immer noch von den meisten Therapeuten vertretene Richtung. Die in diesen Therapiemodellen entscheidenden «ursächlichen» Variablen sind sehr unterschiedlich zu jenen (auf dem Hintergrund einer eingehenden Biographie) primär gegenwartsbezogenen Variablen in der Bedingungs- und Funktionsanalyse der Verhaltenstherapie.

Die *Strategie der Klinischen Verhaltenstherapie* mit ihren komplexen Bedingungs- und Funktionsanalysen eröffnet durch eine hierarchisierte Gewichtung der einzelnen Problembereiche und ihrer intraindividuellen wie interaktionellen Funktionalitäten den Zugang zu spezifischen Behandlungsplänen auch im Bereich von konflikt- und kollusions-bedingten Handlungs oder Wahrnehmungs-Blockaden – sei es auf Einzel-, Paar- oder Familienebene. Dabei bestehen Überschneidungen mit systemischen Therapien, Neuro-Linguistischer Programmierung (NLP), einzelnen Verfahren der Gestalttherapie u.a.

Die Reduktion von verhaltenstherapeutischer Neurosen-Therapie auf symptomreduzierende «Techniken» ist durch die Strategie der klinischen Verhaltenstherapie seit langem überholt. Sofern eine Therapie schwerpunktmäßig auf Symptom-Interventionen beschränkt bleibt, ist dies nicht mehr das Resultat einer einfachen Symptom-Diagnose, sondern der komplexen Bedingungs-, Funktions- und Motivations-Analysen auf dem Hintergrund einer funktionalen Psychopathologie.

Symptom-reduzierende Verfahren wie «multimodale Therapiepakete» sind in der Verhaltenstherapie in starkem Maße auch durch strukturierte und standardisierte Verfahren zum Training von Fertigkeiten geprägt: Training sozialer Fertigkeiten; Kommunikations-(Wahrnehmen-Verarbeiten-Mitteilen) Training; Problemlöse-Training; Distress-Bewältigungs-Training (von verbessertem Umgang mit alltäglichen Stress-Situationen bis zu «Angst-Depressions-Distress-Management»); Entspannungs-Training; Selbstanalyse («sokratischer Dialog») und Selbstsprache-(kognitive Evaluation)Training, u.a.

Eine Trennung in kognitive, motorische, emotionale und physiologische Verfahren ist – trotz der gegenwärtigen Popularität von kognitiver Therapie und kognitiver Verhaltenstherapie – von der Konzeptualisierung her anachronistisch und inhaltlich irreführend, da die meisten in der klinischen Praxis eingesetzten Verfahren Elemente aus mehreren Verhaltensbereichen miteinander kombinieren. Gerade die «kognitiven» Therapien bei Depressionen und Angsterkrankungen scheinen umso wirksamer zu sein, je mehr sie direkt am motorischen und physiologischen Verhalten arbeiten.

4.2 Problemspezifische Interventionen und deren Effekte

Für die Behandlung bestimmter neurotischer Symptombildungen und von Verhaltensdefiziten (die ersten beiden Problemebenen in Abbildung 4) gilt seit langem die Verhaltenstherapie als «Therapie der Wahl». Innerhalb der Verhaltenstherapie reicht das Spektrum der möglichen Interventionen von eher verhaltensbezogen-übenden zu eher kognitiv«umstrukturierenden» bishin zu multimodalen Vorgehensweisen. Analytische Psychotherapie und Gesprächs-Psychotherapie postulieren für den Bereich Symptombildungen zumindest vergleichbare Effizienz, ohne allerdings eine der Verhaltenstherapie vergleichbare Evaluation ihrer Effekte nachweisen zu können.

Im folgenden sollen die am besten gesicherten Verfahren für einige Hauptstörungs-Diagnosebereiche – in Anlehnung an die DSM-III-R-Diagnostik – im Überblick dargestellt werden; sie sind ausnahmslos verhaltenstherapeutisch orientiert.

Die Verhaltenstherapie der *Angsterkrankungen* hat zwei Entwicklungslinien: die Systematische Desensibilisierung und die Flooding-Expositions-Verfahren. In den letzten Jahren wird zunehmend auch kognitive Therapie (vor allem nach Beck & Emmery, 1985; neue konzeptuelle Weiterentwicklung von Clark, 1988; daraus abgeleitet auch Margraf & Schneider, 1989) eingesetzt.

Während die Desensibilisierung in sensu bei ausgeprägteren Phobien heute aufgrund mangelnder Effizienz nicht mehr und kognitive Therapien aufgrund bisher noch zu weniger Effizienz Nachweise noch nicht routinemäßig eingesetzt werden sollten, stellt die Exposition in-vivo in ihren unterschiedlichen Varianten (von der vorsichtig gestuften bis zur massierten Anwendungsform) für Phobien und Zwänge heute – mit etwa 20 größeren, internationalen Langzeit-Katamnesen – die am besten abgesicherte symptomspezifische Intervention im Neurosenbereich überhaupt dar (Übersichten in Thorpe et al., 1984; Marks, 1987; Hand, 1990). Während die vorsichtig gestufte Exposition vom Desensibilisierungsmodell her eher die Heranführung an gemiedene Situationen unter Angstvermeidung trainiert, ist bei der massierten Exposition das Auftreten hoher Angstzustände in den Anfangsphasen geradezu gewollt, um direkt Angst/Panik-Management trainieren zu können. Als «Exposition-Reaktionsbewältigungs-Training» (Exposure-Response-Management, ERM; Hand, 1989) beinhaltet die (bevorzugt in Gruppen durchzuführende) in-vivo-Exposition zu den Angst/Panik auslösenden Reizen: 1. «Angst-Panik-Management» als Bewältigungsstrategie für den Umgang mit solchen Zuständen; 2. «Depressions-Distress-Management» (wie 1.); 3. erweiterte Selbst-Exploration bei erhöhtem emotionalem Arousal («Vertiefung» der Verhaltensanalyse) – u.U. mit «kathartischer» Bewußtmachung früherer traumatischer Erlebnisse; 4. intensive neue interaktionelle Erfahrungen im Therapeuten- und Gruppen-Kontakt; 5. durch Erfahrung der Angst/Panik-Bewältigung Generalisierung von «Annäherungs-Verhalten» in andere Problembereiche (erweiterte Problem/Konflikt-Konfrontationsbereitschaft).

Die differentielle Indikationsstellung für die eine oder die andere Vorgehensweise (Hand, 1990) kann hier nicht dargestellt werden.

Bei *Mono- und Agoraphobien* wird eine durchschnittliche Erfolgsquote um 70% er-

Brückenphobie: Durch das konsequente Meiden des gefürchteten Objektes beraubt sich der Phobiker der Möglichkeit, seine Angst zu löschen bzw. zu bewältigen.

Expositionstherapie: Der Patient exponiert sich in vivo den äußeren gefürchteten Reizbedingungen, u. U. anfänglich in Begleitung des Therapeuten, der ihn beruhigt und ermutigt. Die Aufhebung des Meideverhaltens bewirkt eine Angstreduktion.

zielt – mit einer Abweichung von 20% nach unten und oben, je nach behandelter Untergruppe bzw. publizierender Arbeitsgruppe.
Bei Soziophobie und sozialen Defiziten werden ähnliche Erfolgsquoten beschrieben, wobei die jeweiligen Standardprogramme (Ullrich de Muynck et al., 1980) meist mehrere übende Verfahren gleichzeitig in problemhomogenen Gruppen im Praxisraum einsetzen. Eine Sonderform stellt die für Soziophobie modifizierte Exposition-in-vivo dar (Wlazlo et al., 1990), die ebenfalls bei etwa 70% der Therapieteilnehmer zu guten Langzeiteffekten führt und sowohl als Gruppen wie als Einzel-Therapie angewendet werden kann.
Bei *generalisierter Angststörung* steht ein therapeutenangeleitetes Selbsthilfe-Manual zur Verfügung, das in England bereits als gut effizient belegt ist (Butler et al., 1987).
Bei Zwangserkrankungen werden mit schwerpunktmäßiger Exposition-in-vivo ebenfalls langfristige Erfolge bei etwa 70% der Therapieteilnehmer angegeben – mit bis zu 90% Erfolgen bei Waschzwängen und bis zu 90% Mißerfolge bei reinen Denkzwängen. Wird Exposition auch bei Denkzwängen konsequent eingesetzt, dann scheinen auch hier die Langzeit-Erfolge um 70% zu liegen (Literatur in Hand, 1990).
Die bei Angst-(einschl. Zwangs-)Erkrankungen wieder intensiv diskutierte zusätzliche oder Erst-Indikation für Psychopharmaka ist bisher nur für Ausnahmesituationen als effektiv nachgewiesen (Hand, 1990).
Bei pathologischem Spielen ist die Diskussion um dessen «Sucht»-Charakter noch nicht abgeschlossen. Mit einem bereits vor 10 Jahren entwickelten und in drei Effizienz-Studien gesicherten, ursachenbezogenen ambulanten Behandlungsprogramm konnte eine Erfolgsquote um 65% erreicht werden (Klepsch et al., 1989).
Bei *funktionellen Organbeschwerden* ist ein ausschließlich gruppentherapeutisches Behandlungsmodell von Pieper (1978) inzwischen mit einer Erfolgsquote von ebenfalls um 70% gut abgesichert, wenngleich es trotz seiner langjährigen Verfügbarkeit bisher nur an wenigen Orten im Einsatz ist.
Bei *sexuellen Funktionsstörungen* werden für direktive Kurzzeit-Therapien Erfolgsquoten von 39–98% angegeben. Zwei bisher publizierte Langzeit-Katamnesen mit 50% Beteiligung der ehemaligen Therapieteilnehmer (Arentewicz & Schmidt, 1980); Everaerd, 1983) ergaben Erfolgsquoten von 75% bzw. 59%.
Die hier gegebene Übersicht stellt eine hochgradige Vereinfachung der komplexen und z.T. problembeladenen Forschungsrealität in diesen Bereichen dar. Sie gibt eher tendenziell wieder, in welchen Störungsbereichen heute relativ gesicherte empirische Ergebnisse vorliegen. Es ist dabei zu berücksichtigen, daß Effizienznachweise bei solchen Störungen, die mit «neurotischen» oder «psychosomatischen» Symptombildungen einhergehen, wesentlich einfacher zu erbringen sind als bei Gestörtheit, die über weniger konkrete Beschwerden zum Ausdruck gebracht wird.
Viele der o.a. Therapieverfahren werden in problemhomogenen Gruppen durchgeführt. Diese sind überwiegend zielgerichtet-übend. Sie dienen im einfachsten Fall der Ökonomisierung von Einzelverfahren, oder sie nutzen gruppendynamische Elemente als zusätzliche Therapie-Variablen (wie Kohäsion, z.B. bei Hand et al., 1974) oder sie bearbeiten am Beispiel von hier-und-jetzt sich entwickelnden Interaktionsproblemen der Gruppenmitglieder modellhaft Beziehungsprobleme im Alltagsleben (siehe in Grawe, 1980). Standardverfahren der Verhaltenstherapie (z.B. in Fliegel et al., 1981) bei umschriebenen Problembereichen sollten nicht «reflexartig» aufgrund einer Symptom-/Syndrom-Diagnose, sondern erst nach Absicherung der Indikation über die oben und in Bd. I beschriebenen mehrschichtigen Diagnoseschritte angewendet werden. Sie werden allerdings nicht selten von Therapeuten als banal und zu pauschal abgelehnt und durch eigene kreative Individualität ersetzt oder verändert – keineswegs regelhaft zum Nutzen der Patienten.

4.3 Systemisch orientierte Interventionen

In der therapeutischen Praxis, gleich welcher Schule, ist heute eine auch systemisch orientierte Hypothesenbildung und Therapiedurchführung unverzichtbar. Wie in der Einzeltherapie, so kann auch bei Paar- und Familientherapien grundsätzlich zwischen Verfah-

ren, die Fertigkeiten trainieren und Kenntnisse vermitteln, und solchen, die Wahrnehmungs- und Handlungs-Blockaden auflösen, unterschieden werden (in Jacobson & Gurman, 1986). Mit einem übergeordneten strukturell-strategischen Konzept hat Friesen (1985) die unterschiedlichen Formen der Paar- und Familientherapie in ein Modell integriert.
Aus der Sicht des Autors sind folgende Vorgehensweisen zu trennen, die in diesem Rahmen nur kurz angedeutet werden können.
1. Familiäres «Krankheits-Management»-Training: als «psycho-educational approach» in der Schizophrenie-Behandlung (Anderson et al., 1986) entwickelt, beinhaltet es neben «Familienunterricht» über die Erkrankung des Symptomträgers psychosoziale Strategien verbesserten Umganges mit der Krankheit durch die Gesamtfamilie. In der Verhaltenstherapie hat die vergleichbare Einbeziehung einzelner Familienmitglieder in eine Einzeltherapie – bis hin zu hochgradig strukturierten Selbsthilfe-Manualen für den Symptomträger wie für die Beziehungsperson (Mathews et al., 1988) – eine lange Tradition.
2. Systemisch-funktionale Interventionsmodelle: sehen als wesentliche Störung die systemische Fehlfunktion und nicht das individuelle Krankheitssymptom. Im verhaltenstherapeutischen Modell würde hier ein Überwiegen interaktioneller gegenüber intraindividuellen Funktionalitäten des Krankheitsverhaltens beschrieben werden. Die primär systemischen Interventionen umfassen u.a.:
Das «Generations-Hierarchie»-Modell (Haley, 1977), das eine Familie dann als «gesund» einstuft, wenn Verantwortlichkeiten und Macht entsprechend der Generations-Hierarchie verteilt sind. Symptomauftreten bei einem Kind wird dementsprechend erwartet, wenn ein Elternteil sich auf die Hierarchie-Ebene des Kindes und ein Kind auf die der Eltern begeben hat. Therapieziel ist die Wiederbesetzung der Generations-Hierarchie-Ebenen durch die jeweils dorthin gehörigen Personen.
Das «Judo»-Modell, das von einer «systemischen Einheit» i.S. einer «interaktionellen Feedback-Schleife» ausgeht, antizipiert die defensiven Kräfte eines solchen Systems gegen verändernde Einwirkungen von außen. Der Therapeut stützt die paar- oder familienstabilisierenden Funktionen der Krankheitssymptomatik, statt sie durch konfliktkonfrontierende oder andere Maßnahmen zu bedrohen. Er versucht mit bescheidener Zielsetzung, einen Teil der Aktivität des Systems im pathologischen Bereich in weniger pathologische Bereiche umzulenken («join the system where it is» – in Abwandlung des Kanfer-Prinzips).
Das «Trojanische-Pferd-mit-Dynamit»-Modell (z.B. Selvini-Palazzoli, 1977) interpretiert demgegenüber «ungesunde» familiäre Kommunikations-Stereotypien als Schutzwall des Systems gegenüber Veränderungen von außen, die durch «Kommunikations-Tricks» aufzubrechen sind. Deshalb wird durch die «Verschreibung» eines Verhaltensauftrages im übertragenen Sinne «kommunikatives Dynamit» wie mit einem Trojanischen Pferd in das Kommunikations-Stereotyp des Systems «hineingeschmuggelt». Gelingt dieses Vorhaben, so wird die Verschreibung dort u.U. explosionsartig und fast wie ein «Software-Virus» zerstörerisch tätig. Dieser Effekt wird als der wesentliche therapeutische betrachtet. Von klinischen Psychotherapeuten wird allerdings die Gefahr gesehen, daß die Zerstörung des kompensatorischen Kommunikationsstereotyps viel schwerwiegendere Störungen bei einzelnen Familienmitgliedern freilegt und damit erst einmal ein erhöhtes Risiko provoziert.
Die unterschiedlichen systemischen Verfahren können – für sich genommen oder in der Kombination mit Einzel- und Paar-Therapie – z.B. innerhalb einer verhaltenstherapeutischen Gesamtstrategie systematisch und strukturiert zur Anwendung kommen (fallbezogene, klinisch deskriptive Darstellungen am Beispiel von Zwangskranken und ihren Familien in Hand, 1988b). Für Indikation und Effizienz systemischer Verfahren gibt es bisher, trotz ihrer hohen Akzeptanz über Therapieschulen hinweg, kaum Evaluationen.

5. Evaluation der Therapie-Effizienz

Beispiel: Angsterkrankungen

Die Evaluation der Effizienz von «Neurosen»-Therapien sollte im Idealfall auf folgenden Voraussetzungen beruhen: Kurze Therapie (Wochen bis wenige Monate) und lange

Nachbeobachtungszeiträume (Follow-up von 2–10 Jahren); hochgradig standardisierte Intervention bei gut über Meßinstrumente operationalisierter Hauptstörung. Erfolg sollte mehrdimensional operationalisiert werden über: Testdiagnostik von Hauptsymptomatik, Multisymptomatik und «Persönlichkeit»; Vergleich der Medikamenteneinnahme und der Inanspruchnahme des medizinischen Versorgungssystems vor und nach der Therapie; Vergleich der Qualität der privaten und beruflichen Lebensführung vor und nach der Therapie. Darüber hinaus sollte die so festgestellte «Erfolgsquote» in bezug auf unterschiedliche Referenzgruppen beschrieben werden: Prozent der Follow-up Teilnehmer (Standard-Referenzgruppe in der Literatur), aber auch die Prozentsätze bezogen auf die Gesamtzahl der Therapiebeender, der initialen Therapieteilnehmer und der Teilnehmer an einem Erstinterview.

Gruppenstatistische Datenanalysen sollten zumindest bei einigen klar definierten Störungen und Interventionen eher getrennt für die Erfolgs- und Mißerfolgspatienten (zum Follow-up Zeitpunkt) als für die Gesamtgruppe erfolgen. Unter den Meßinstrumenten sind bei neurotischen Patienten deren Selbstratings grundsätzlich relevanter als Fremdratings (von Therapeuten oder «blinden» Ratern), da die Inanspruchnahme medizinisch-psychologischer Leistungen durch die Selbsteinschätzung dieser Patienten bestimmt ist. Diese Voraussetzungen für eine Evaluation wurden über die vergangenen Jahre weitaus am meisten in Verhaltenstherapiestudien zu Angsterkrankungen, insbesondere zur Agoraphobie, erfüllt. Einige Ergebnisse sollen abschließend exemplarisch dargestellt werden.

Die Erfolgsquoten von 11 internationalen Katamnesen zur Agoraphobie und der Hamburger Langzeitkatamnesen zu Angsterkrankungen, sind in Tabelle 1 zusammengefaßt. Für die Bereiche Soziophobie und Monophobie (simple phobias) gibt es keine internationalen Langzeit-FU-Studien, die annähernd die o.a. Kriterien erfüllen.

Die Erfolgsquoten relativieren sich, wenn z.B. bei Agoraphobie die Follow-up Erfolgsquote von etwa 70% (errechnet unter Einbeziehung mehrerer neuer Followup-Review Artikel) auf die Ausgangspopulationen zu den Zeitpunkten 1.–3. umgerechnet wird (Tabelle 2). Dabei handelt es sich um die nachgewiesenen Erfolgsquoten; die tatsächlichen liegen zu den Zeitpunkten 1.–3. deutlich höher, wenn es gelingt, die Nicht-Teilnehmer an der letzten FU-Untersuchung doch noch nachzuuntersuchen (laufende Studie an der Hamburger VT-Ambulanz).

Tabelle 1: Langzeiteffekte von Kurzzeit-Verhaltenstherapie bei Angsterkrankungen

1. Follow-Up (FU) Studien der Verhaltenstherapie-Ambulanz, Universitätsklinik Eppendorf, Hamburg (Quelle: überwiegend noch nicht publizierte Psychologie-Diplomarbeiten an der Ambulanz)

	N Studien	N Patienten	FU Compliance (% der Therapie-Teilnehmer)	$\bar{x}$ Katamnese Dauer (Jahre)	% Erfolg der FU-Teilnehmer
Agoraphobie	2	198	83%	5.3	73%
Soziophobie	2	165	62%	5.4	68%
Monophobien	1	34	83%	3.8	50%[a]
Summe	5	397	76%	4.8	64%

2. Internationale Follow-Up Studien (nach O'Sullivan und Marks, 1990)

	N Studien	N Patienten	FU Compliance	Katamnese Dauer	% Erfolg
Agoraphobie	11	556[b]	85%	4	76%

Anmerkungen: [a] Erfolgsquote hier aufgrund von Skalen-Problemen zu niedrig angegeben; [b] Einschließlich N=75 aus den Studien der VT-Ambulanz. Die Angaben zu einigen wenigen FU-Studien über Soziophobie, spezifische Phobien und «gemischte» Phobien sind in der Übersicht von O'Sullivan und Marks so allgemein gehalten, daß sie hier nicht berücksichtigt wurden. Offensichtlich ist der Glanz der internationalen Langzeitkatamnesen nach VT bei Angsterkrankungen ausschließlich aus Studien zur Agoraphobie abgeleitet.

Tabelle 2: Abhängigkeit der Erfolgsquote von der Ausgangsstichprobe: Expositionstherapie für Agoraphobie

	Stichprobengröße vom Erstinterview zum Follow-Up				
	1.		2.	3.	4.
	%	N	%	%	%
1. *Erstinterview*	*100*	*[853]*	-	-	-
2. Therapie begonnen	*80*	*[682]*	100	-	-
3. Therapie beendet	*70*	*[597]*	80	100	-
4. Follow-Up Teilnahme	*59*	*[507]*	75	85	100
Erfolgsquote zum Follow-Up	*24*		45	60	70

Anmerkung: Die N in Zeile 3 und 4 sind direkt der Literatur entnommen. Die N in Zeile 1 und 2 sind aus diesen rückgerechnet, da die «Schwundquoten» von 1. nach 3. in der Regel nur in Prozent angegeben sind.

Betrachtet man die zum letzten FU-Zeitpunkt identifizierten Erfolgs-/Mißerfolgspatienten getrennt (Hand et al., 1986) auf ihren multisymptomatischen Ratings (Abbildung 7), so zeigt sich bei Agoraphobie nach Expositionsbehandlung, daß das Gros der Therapieteilnehmer entweder sehr stark oder überhaupt nicht von der Therapie profitiert (Veränderungsscores von prä-zu FU-Testung in Prozent der Ausgangsratings).

Die gepunkteten Balken zeigen die Veränderungsscores der Gesamtgruppe (Erfolgs- plus Mißerfolgspatienten), die für die meisten dieser Patienten statistische Artefakte darstellen. Da nahezu alle FU-Studien bisher mit den Gesamt-Gruppen Mittelwerten gearbeitet haben, ist daraus oft der (vermutlich falsche) Schluß gezogen worden, daß Agoraphobiker nach Expositionstherapie zwar gebessert, aber immer noch Agoraphobiker geblieben sind.

Auch solche Ergebnisdarstellungen sind letztlich immer noch zu pauschal. Betrachtet man nämlich die differentiellen Effekte zweier unterschiedlicher Expositionsverfahren (Angst-Meidung versus Angst-Management) bei unterschiedlich stark - im Bereich Agoraphobie und begleitender Multisymptomatik - gestörten Patienten, so finden sich deutliche Hinweise auf optimale Kombinationen von Therapie-Variante × Gestörtheitsgrad bei einigen Gestörtheitsgraden, während sie bei anderen nicht zu bestehen scheinen (Tabelle 3).

Nahezu nicht erforscht sind bisher die spezifischen Merkmale von: Therapie-Ablehnern, Therapie-Abbrechern, Rückfall-Patienten mit eigenständigem Rückfall-Mangement versus solchen mit danach wieder chronischem Krankheitsverlauf, und schließlich von Langzeit-Non-Respondern (Foa & Emmelkamp, 1983; laufende Studien der Hamburger VT-Ambulanz). Angesichts des hohen prozen-

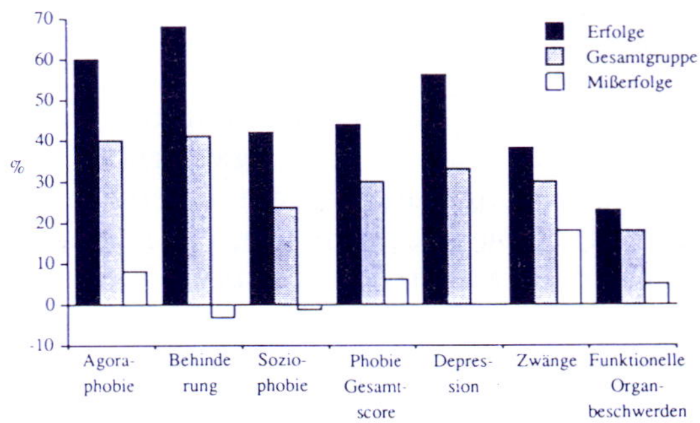

Abbildung 7: Multisymptomatische Veränderungs-Scores zum Follow-Up in % der Ausgangs-Scores (Hand, 1986) (Mit freundlicher Genehmigung des Springer Verlags)

Tabelle 3: Langzeiteffekte von gestufter versus intensiver Exposition

Schweregrad der Agoraphobie	Erfolgsquote Gestufte Exposition[a] (Angst-Meidungs Training)		Intensive Exposition[b] (Angst-Management Training)	
	%	N	%	N
Leichte bis mittelschwere Agoraphobie	? (Studien noch nicht abgeschlossen)	?	100	(11)
Schwere Agoraphobie	54%	(7)	93%	(13)
Schwere Agoraphobie plus schwere Zusatzsymptomatik	50%	(3)	55%	(11)

Anmerkungen: [a] Manual-geleitet, [b] Therapeuten-geleitet. Dieses Ergebnis wird gegenwärtig an einer erheblich größeren Stichprobe überprüft.

tualen Anteiles dieser Untergruppen (zusammengenommen) an der Erstinterview-Ausgangsstichprobe käme den Ergebnissen solcher Studien für eine differentielle Therapie-Indikationsstellung die gleiche Bedeutung wie der bisher extrem bevorzugten Erfolgsforschung bei. Es wird deutlich, daß selbst bei den mit der höchsten methodischen Qualität beforschten Störungen noch viele Fragen offen sind. Darüber hinaus dürften methodische Probleme in einigen anderen Störungsbereichen auch noch deutlich höher liegen. Nachdem langfristig angelegte Evaluationsstudien in den 70er Jahren (insbesondere in der Verhaltenstherapie) häufiger zu finden waren, scheint gegenwärtig der Trend, gerade auch in der Verhaltenstherapie, eher dahin zu gehen, mit großem Publikationsaufwand immer neue «Innovationen» zu propagieren. Die kurzfristige positive Verstärkung für diese Art der Forschung ist deutlich höher als die für die mühsam, über jahrelange Zeitintervalle zu planenden und durchzuführenden Evaluationsstudien. Das Gros der heute für hilfreich gehaltenen und breit angewendeten Verfahren in der Neurosentherapie ist noch nicht in der oben beschriebenen Weise evaluiert. Noch schwieriger stellt sich eine vergleichende Therapieforschung zur Effizienz unterschiedlicher Therapie-«Schulen» dar, die nur noch selten durchgeführt wird und deren Realisierbarkeit gerade durch die riesige NIMH Studie zur Depressionsbehandlung wieder in Frage gestellt worden ist. Therapie-Evaluation und vergleichende Therapieforschung ist mit den heute verfügbaren Methoden sicher sehr viel stärker möglich als sie realisiert wird. Offen ist die Frage, wie die entsprechende Motivation aufgebaut werden kann.

6. Literatur

Anderson, C. (1986). Psychoeducational family therapy. In M. Goldstein, I. Hand & K. Hahlweg (Eds.), *Treatment of schizophrenia*. Berlin: Springer.

Arentewicz, G. & Schmidt, G. (1980). *Sexuell gestörte Beziehungen*. Berlin: Springer.

Bandura, A. (1978). Toward a unifying theory of behavioral change. In C. Franks & G. Wilson (Eds.), *Annual review of behavior therapy, theory and practice* (Vol. 6). New York: Brunner & Mazel.

Beck, A., Emmery, G. & Greenberg, R. (1985). *Anxiety disorders and phobias - a cognitive perspective*. New York: Basic books.

Beitman, B., Goldfried, M. & Norcross, J. (1989). The movement toward integrating the psychotherapies - an overview. *Am. J. Psychiatry, 146*, 138-147.

Bommert, H. (1982). *Grundlagen der Gesprächspsychotherapie* (3. Aufl.). Stuttgart: Kohlhammer.

Butler, G., Gellington, A., Hibbert, G., Klimes, I. & Gelder, M. (1987). Anxiety Management for persistant anxiety. *Br. J. Psychiatry, 151*, 535-542.

Clark, D. (1988). Anxiety states - panic and generalized anxiety. In K. Hawton et al. (Eds.), *Cognitive behavior therapy for psychiatric problems*. Oxford: Oxford University Press.

Craig, K. & McMahon, R. (Eds.). (1984). *Advances in clinical behavior therapy*. New York: Brunner & Mazel.

Dollard, J. & Miller, N. (1950). *Personality and psychotherapy*. New York: McGrawHill.

Everaerd, W. (1983). Failure in treating sexual dysfunctions. In E. Foa & P. Emmelkamp (Eds.), *Failures in Behavior therapy*. New York: Wiley.

Fliegel, S., Groeger, W., Künzel, R., Schulte, D. & Sorgatz, H. (1981). *Verhaltenstherapeutische Standardmethoden*. München: Urban & Schwarzenberg.

Foa, E. & Emmelkamp, P. (Eds.) (1983). *Failures in behavior therapy*. New York: Wiley.

Frank, J. (1981). The role of hope in psychotherapy. *Int. J. Psychiatry, 5*, 383-395.

Frankl, V. (1975). *Theorie und Therapie der Neurosen*. München: VTB Reinhardt.

Freedman, A., Kaplan, H., Sadock, B. & Peters, U. (1988). *Psychiatrie in Praxis und Klinik* (Bd. 3, Neurosen).

Friesen, J. (1985). *Structural-strategic marriage and family therapy*. New York: Gardner.

Garfield, S. (1982). *Psychotherapie - ein eklektischer Ansatz*. Weinheim: Beltz.

Garfield, S. & Bergin, E. (1986). *Handbook of psychotherapy and behavior change* (3rd Edition). New York: Wiley.

Grawe, K. (Hrsg.). (1980). *Verhaltenstherapie in Gruppen*. München: Urban & Schwarzenberg.

Haley, J. (1977). *Direktive Familientherapie* (Reihe Leben und Lernen, Bd. 27). München: Pfeiffer.

Hand, I. (1974). *Pawlows Beitrag zur Psychiatrie - Struktur- und Entwicklungsanalyse einer Lehrmeinung*. Stuttgart: Thieme.

Hand, I. (1988a). Verhaltenstherapie als Kurzzeit-Psychotherapie. *Prax. Psychother. Psychosom., 33*, 268-277.

Hand, I. (1988b). Obsessive-compulsive patients and their families. In I. Falloon (Ed.), *Handbook of Behavioral Family Therapy*. New York: Guilford Press.

Hand, I. (1989). Verhaltenstherapie bei schweren Phobien und Panik - psychologische und medizinische Aspekte. In I. Hand & H.U. Wittchen (Hrsg.), *Verhaltenstherapie in der Medizin*. Berlin: Springer.

Hand, I. (1990). Verhaltenstherapie bei Angsterkrankungen. In H. Möller (Hrsg.), *Therapie Psychiatrischer Erkrankungen*. Stuttgart: Enke.

Hand, I., Lamontagne, Y. & Marks, I. (1974). Group exposure (flooding) in vivo for agoraphobics. *Br. J. Psychiatry, 124*, 588-602.

Hand, I., Angenendt, J., Fischer, M. & Wilke, C. (1986). Exposure in-vivo with panic management for agoraphobia. In I. Hand & H.U. Wittchen (Eds.), *Panic and Phobias*. Berlin: Springer.

Hand, I. & Wittchen, H.U. (Eds.). (1988). *Verhaltenstherapie in der Medizin.* Berlin: Springer.

Jacobson, N. & Gurman, A. (Eds.). (1986). *Clinical handbook of marital therapy.* New York: Guilford Press.

Kanfer, F. (1989). Basiskonzepte in der Verhaltenstherapie: Veränderungen während der letzten 30 Jahre. In I. Hand & H.U. Wittchen (Hrsg.), *Verhaltenstherapie in der Medizin.* Berlin: Springer.

Kanfer, F. & Schefft, B. (1988). *Guiding the process of therapeutic change.* Champaign, IL: Research Press.

Luborsky, L. (1988). *Einführung in die analytische Psychotherapie - ein Lehrbuch.* Berlin: Springer.

Margraf, J. & Schneider, S. (1989). *Panik: Angstanfälle und ihre Behandlung.* Berlin: Springer.

Marks, I. (1987). *Fears, phobias and rituals.* Oxford: Oxford University Press.

Mathews, A., Gelder, M. & Johnston, D. (1988). *Platzangst - eine Anleitung zur Durchführung einer Exposition in-vivo unter Einsatz eines Selbsthilfemanuals.* Berlin: Springer (Deutsche Bearbeitung: C. Wilke & I. Hand).

Mentzos, St. (1984). *Neurotische Konfliktverarbeitung: Einführung in die psychiatrische Neurosenlehre.* Frankfurt: Fischer Taschenbuch Verlag.

Orlinski, D. & Howard, K. (1988). Ein allgemeines Psychotherapiemodell. *Integrative Therapie, 4,* 281-308.

Pieper, M. (1978). *Therapieprogramm zur Behandlung von Patienten mit psychosomatischen Störungen in Gruppen.* DG VT Materialien Nr. 15.

Rachman, S. & Wilson, G. (1980). *The effects of psychological therapy.* Oxford: Pergamon.

Revenstorf, D. (1982). *Psychotherapeutische Verfahren.* Bd. I: Tiefenpsychologische Therapie. Stuttgart: Kohlhammer.

Revenstorf, D. (1982). *Psychotherapeutische Verfahren.* Bd. II: Verfahrenstherapie. Stuttgart: Kohlhammer.

Revenstorf, D. (1983). *Psychotherapeutische Verfahren.* Bd. III: Humanistische Therapien. Stuttgart: Kohlhammer.

Revenstorf, D. (1985). *Psychotherapeutische Verfahren.* Bd. IV: Gruppen-, Paar- und Familientherapie. Stuttgart: Kohlhammer.

Selvini-Palazzoli, M., Boscolo, L., Cecchin, G. & Prata, G. (1977). *Paradoxon und Gegenparadoxon.* Stuttgart: Klett.

Sloane, R., Staples, F., Cristol, A., Yorkson, N. & Whipple, K. (1981). *Analytische Psychotherapie und Verhaltenstherapie. Eine vergleichende Untersuchung.* Stuttgart: Enke.

Smith, M., Glass, G. & Miller, T. (1980). *The benefits of psychotherapy.* Baltimore: John Hopkins Press.

Sullivan, H. (1980). *Die internationale Theorie der Psychiatrie.* Frankfurt a.M.: Fischer.

Thorpe, G., Burns, L., Smith, P., Blier, M. et al. (1984). Agoraphobia - research developments and clinical implications. In C. Franks (Ed.), *New developments in behavior therapy.* New York: Haworth.

Ullrich de Muynck, R., Ullrich, R., Grawe, K. & Zimmer, D. (Hrsg.). (1980). *Soziale Kompetenz: Klinische Effektivität und Wirkfaktoren.* München: Pfeiffer.

Willi, J. (1977). *Die Zweierbeziehung.* Reinbek: Rowohlt.

Wlazlo, Z., Schroeder-Hartwig, K., Hand, I., Kaiser, G. & München, N. (1990). Exposure in-vivo versus social skills training for social phobia - longterm outcome and differential effects. *Behav. Res. Therapy.*

16. Depressive Störungen: Intervention

Lilian Blöschl

1. Einleitung

Der multidimensionalen Natur depressiver Zustandsbilder entsprechend haben in der Therapie depressiver Störungen sowohl somatische als auch psychologische Behandlungsverfahren ihren Platz. Auf dem Hintergrund der traditionellen Ansätze zur Depressionsklassifikation wird häufig davon ausgegangen, daß somatotherapeutische Methoden primär im Bereich psychotisch/endogener Depressionen, psychotherapeutische Methoden primär im Bereich neurotisch/reaktiver Depressionen indiziert sind; daß es sich dabei nur um eine globale symptomatologisch orientierte Schwerpunktsetzung handeln kann, versteht sich schon aufgrund der Problematik dieser klassifikatorischen Unterscheidungen von selbst (vgl. Kapitel 16, Band I). Über die Möglichkeiten und Grenzen somatotherapeutischer Verfahren zur Depressionsbehandlung, unter denen pharmakotherapeutische Verfahren an erster Stelle stehen, informieren Pflug und Heimann (1981) und Möller und Lauter (1986) (vgl. Kapitel 6.5 in diesem Band).

Wenngleich dem Depressionsproblem in der Psychotherapie lange Zeit hindurch im Vergleich zu anderen Störungsformen verhältnismäßig wenig Aufmerksamkeit gewidmet worden ist, so finden sich doch Beiträge zur Behandlung depressiver Störungen in so gut wie allen psychotherapeutischen Richtungen. Eine generelle Übersicht bietet der Sammelband von Sulz (1986); speziell in bezug auf die Varianten psychoanalytisch-psychodynamischer Depressionsbehandlung sei auf die Darstellungen von Mendelson (1974), Strupp et al. (1982), u.a. verwiesen. Auf der Basis der allgemeinen psychoanalytischen Behandlungskonzepte wird in diesen Varianten in der Regel auf die besonderen Schwierigkeiten Bezug genommen, die die ausgeprägte zwischenmenschliche Ambivalenz depressiver Patienten für den Aufbau des analytischen Arbeitsbündnisses mit sich bringt (vgl. Kapitel 6.2 in diesem Band). Die deutliche Zunahme des Interesses an Fragen der psychologischen Depressionsbehandlung, die seit etwa 20 Jahren zu erkennen ist, geht vor allem auf Impulse aus zwei Richtungen zurück: auf die Entwicklung der verhaltenstherapeutischen Ansätze zur Depressionsbehandlung und auf die Entwicklung der kognitiv-therapeutischen Ansätze zur Depressionsbehandlung. Aus beiden Bereichen liegt gegenwärtig bereits eine große Anzahl von empirischen Studien vor (vgl. De Jong, Hoffmann & Linden, 1980; Blöschl, 1981; Rehm, 1981 a; Williams, 1984; Blackburn, 1988, u.a.). Daneben findet sich in jüngster Zeit auch eine Reihe von empirischen Arbeiten, in denen die Rolle interpersoneller Faktoren in der Depressionstherapie besonders akzentuiert wird; obwohl die Anzahl der betreffenden Arbeiten noch vergleichsweise gering ist, verdienen sie als Indikatoren eines sich heute ganz allgemein abzeichnenden Trends doch spezielle Erwähnung (vgl. Klerman & Weissman, 1982; Klerman, 1988, u.a.). Auf der methodischen Ebene ist allen diesen neueren psychologischen Richtungen gemeinsam, daß sie sich grundsätzlich um die Herstellung von Querverbindungen zu verschiedenen Gebieten der psychologischen Grundlagenforschung sowie um die systematische empirische Überprüfung der erzielten Behandlungsergebnisse bemühen. Auf der inhaltlichen Ebene ist ihnen gemeinsam, daß sie im Unterschied zu den älteren psychotherapeutischen Richtungen psychoanalytischer Provenienz primär nicht die Veränderung von basalen Merkmalen der Persönlichkeitsstruktur auf dem Weg der Aufdeckung und Bearbeitung frühkindlicher Konflikte anstreben; vielmehr steht die Lösung aktueller und habitueller Probleme in der Auseinandersetzung des Individuums mit seiner Umwelt im Vordergrund.

Die folgende Darstellung gibt in kurzgefaßter Form einen Überblick über die neueren psychologischen Zugänge zur Depressionsbehandlung, wobei aufgrund der außerordentlich raschen und teilweise recht verwirrenden Entwicklung auf diesem Gebiet eine grundsätzliche Vorbemerkung angebracht ist. Im Lauf der letzten Jahre haben sich die einzelnen Ansätze einander zunehmend in Richtung einer stärker multimodalen Betrachtungs- und Vorgehensweise angenähert; die vorgenommene Unterscheidung zwischen verhaltensorientierten, kognitiv orientierten und interpersonell orientierten Ansätzen ist dementsprechend unter theoretischen wie unter praktisch-therapeutischen Aspekten primär im Sinn einer Gewichtung und Prioritätensetzung aufzufassen. Die in der Gruppe der Selbstkontroll- und Streßbewältigungsansätze zusammengefaßten Beiträge sind explizite auf einer kombinierten behavioral-kognitiven Basis entwickelt worden. Tabelle 1 informiert über die wichtigsten therapeutischen Einzelzugänge im Rahmen dieser Gliederung sowie über die spezifischen Therapieziele, von denen aus das generelle Therapieziel der Behebung oder Milderung depressiver Störungsbilder erreicht werden soll; zugleich werden exemplarisch jeweils einige wichtige Therapieelemente angeführt.

Die Patienten, die in die betreffenden Therapieprogramme einbezogen werden, sind überwiegend solche mit leichten bis mittelschweren unipolaren Depressionen, wie sie in der ambulanten Behandlung dominieren, doch liegt bereits auch eine Reihe von Therapiestudien an Patienten mit schweren und chronischen Depressionen, bzw. an stationär aufgenommenen depressiven Patienten vor. In altersmäßiger Hinsicht handelt es sich in der großen Mehrheit der Fälle um Erwachsene zwischen 20 und 60 Jahren; über die Einsatz-

Tabelle 1: Neuere psychologische Ansätze in der Depressionstherapie

Therapieansatz	Spezifisches Therapieziel	Therapieelemente
Verhaltensorientierte Ansätze		
sensu Lewinsohn	Veränderung von inäquaten Verhaltens-Verstärker-Kontingenzen	Kontingenzmodifikatorische Partner- und Familientherapie; Training sozialer Skills; Aktivitätspläne ...
sensu Wolpe	Veränderung von negativen emotionalen Reaktionsmustern	Systematische Desensibilisierung; Assertionstraining ...
Kognitiv orientierte Ansätze		
sensu Beck	Veränderung von negativen kognitiven Schemata	Identifikation «automatischer» Gedanken und genereller Einstellungsverzerrungen; induktives Fragen; Hausaufgaben; Gedanken- und Aktivitätsprotokolle ...
sensu Seligman	Veränderung von negativen Kontrolleinstellungen und Attributionstendenzen	Reattributionstraining ...
Selbstkontroll- und Streßbewältigungsansätze		
sensu Rehm	Veränderung von inadäquaten Selbstkontrollprozessen	Training von Selbstbeobachtung, Selbstbewertung und Selbstverstärkung ...
sensu McLean	Veränderung von inadäquaten Problembewältigungsstrategien, speziell im sozialen Bereich	Kommunikationstraining, Problemlösetraining ...
Interpersonell orientierte Ansätze		
sensu Klerman & Weissman	Veränderung von inadäquaten Problembewältigungsstrategien im sozialen Bereich	Identifikation problemrelevanter Kognitionen und Emotionen; Kommunikationstraining ...

möglichkeiten behavioral-kognitiver Depressionstherapien bei Kindern bzw. bei alten Menschen berichten Blöschl (1988), Hautzinger (1986) u.a. Die Dauer der Therapien, die teilweise als Einzelbehandlungen, teilweise als Gruppenbehandlungen durchgeführt werden, beträgt in der Regel (bei beträchtlichen Schwankungen) einige Monate bei ein bis zwei Sitzungen pro Woche. Der Stellenwert einer positiven und kooperativen Beziehung zwischen dem Patienten und dem Therapeuten wird durchgehend unterstrichen.

2. Verhaltensorientierte Ansätze in der Depressionstherapie

Der Ausgangsposition der verhaltenstherapeutischen Ansätze im allgemeinen entsprechend (vgl. Kapitel 6.3 in diesem Band) steht am Beginn der verhaltenstherapeutischen Zugänge zum Depressionsproblem der Versuch, Konzepte und Befunde aus der experimentellen Lernforschung mit der Entstehung und der Behebung depressiver Zustände in Beziehung zu bringen. Besonders einflußreich ist in diesem Zusammenhang der verstärkungspsychologische Ansatz von Lewinsohn geworden; daneben kommt auch dem angstorientierten Ansatz von Wolpe, obwohl er in den letzten Jahren eher sporadisch Beachtung gefunden hat, grundsätzliche Bedeutung zu.

2.1 Der Ansatz von Lewinsohn

Theoretischer Hintergrund: Den Anknüpfungspunkt der verstärkungspsychologischen Konzepte auf der symptomatologischen Ebene bildet die ausgeprägte Verhaltensreduktion in der Depression, die in der klinischen Beschreibung depressiver Zustandsbilder in Symptomen wie Passivität, Interessenverlust und Antriebsmangel zum Ausdruck kommt. Diese Verhaltensreduktion wird hypothetisch mit dem Wegfall oder der Verringerung reaktionskontingenter positiver Rückmeldungen von seiten der Umwelt – mit dem Wegfall oder der Verringerung von positiven Verstärkern, speziell solchen sozialer Art – in Zusammenhang gebracht; d.h. es wird angenommen, daß massive Verstärkerverluste und Verstärkerdefizite auf der Basis von Extinktionsprozessen im Sinn operanter Lernprinzipien zu den herabgesetzten Verhaltenshäufigkeiten und zugleich in respondenter (unkonditionierter) Weise zu den emotionalen und kognitiven Depressionssymptomen führen (Lewinsohn, 1975). In den letzten Jahren sind diese ätiologischen Modellvorstellungen mehr und mehr in Richtung eines «integrativen» – behavioral-kognitiven – Modells erweitert worden (Lewinsohn et al., 1985, u.a.). Dem Wegfall oder der Verringerung positiv verstärkender Umweltrückmeldungen wird dabei nach wie vor eine wichtige Rolle in der Entstehung depressiver Störungen zugeschrieben; zugleich wird jedoch auch dem Einfluß aversiver Umweltbedingungen und kognitiver Faktoren zunehmende Bedeutung eingeräumt.

Therapeutische Vorgehensweisen: In therapeutischer Hinsicht wird im Sinn dieser Grundannahmen primär die Beeinflussung depressiver Verhaltensmuster durch die Veränderung inadäquater Verstärkungsbedingungen angestrebt, und zwar sowohl durch die Modifikation von ungünstigen Umweltgegebenheiten als auch durch die Modifikation bestimmter Verhaltensweisen des Patienten, die eine Nutzung potentiell vorhandener Verstärker verhindern. Voraussetzung dafür ist eine detaillierte Verhaltensanalyse, in die neben Methoden der unmittelbaren Verhaltensbeobachtung auch spezielle diagnostische Methoden, z.B. Fragebogenverfahren zur Erfassung verstärkender Aktivitäten und Ereignisse, miteinbezogen werden. Die wichtigsten Interventionsstrategien, die bereits in den frühen Arbeiten von Lewinsohn verwendet wurden, sind a) die Veränderung ungünstiger Verstärkungsbedingungen in den Interaktionen des Klienten mit dem Partner bzw. den Familienangehörigen, etwa mittels kontingenzmodifikatorischer Verfahren, b) das generelle Training sozialer Fertigkeiten, die es dem Klienten ermöglichen sollen, von potentiellen Verstärkern in wirksamerer Weise Gebrauch zu machen, und c) die Erhöhung der Frequenz positiv verstärkender Aktivitäten nicht nur im sozialen Bereich, sondern auch im nonsozialen Bereich, etwa auf der Leistungs- und Freizeitebene. Aktivitätspläne, gestufte Aufgaben und die

Führung von Tagesprotokollen durch den Klienten stellen dabei wichtige Hilfsmittel dar. Im Sinne der oben aufgezeigten Entwicklung werden diese grundlegenden Strategien im Therapieansatz von Lewinsohn heute in der Regel durch eine Reihe von anderen Strategien ergänzt (Lewinsohn et al., 1982, u.a.); Methoden, die den Einfluß von aversiven Umweltbedingungen und Aktivitäten reduzieren sollen (z.B. Relaxationstechniken), haben in den neueren verstärkungsorientierten Therapieprogrammen ebenso ihren Platz wie verschiedene kognitive Methoden, die auf die Veränderung der internalen Verarbeitung von Umweltreizen gerichtet sind (vgl. Abschnitt 3 der vorliegenden Darstellung).

2.2 Der Ansatz von Wolpe

Theoretischer Hintergrund: Im Unterschied zum Ansatz von Lewinsohn stellt der verhaltenstherapeutische Ansatz von Wolpe (1971) ausdrücklich die Rolle emotionaler Konditionierungsvorgänge im Depressionsproblem in den Mittelpunkt. Ausgehend von den empirisch vielfach belegten korrelativen Zusammenhängen zwischen Angst und Depression vertritt Wolpe in ätiologischer Hinsicht die Hypothese, daß sich bestimmte (neurotische) Formen depressiver Störungen auf der Basis von massiven und langandauernden Ängsten, vor allem im sozialen Bereich, entwickeln; zur theoretischen Einordnung der postulierten Sequenzen wird unter anderem auf das Konzept der «Schutzhemmung» zurückgegriffen.
Therapeutische Vorgehensweisen: In therapeutischer Hinsicht wird dementsprechend darauf abgezielt, die sozialen Basisängste der depressiven Patienten mittels verschiedener Dekonditionierungsmethoden – mittels Verfahren der Systematischen Desensibilisierung und des Assertionstrainings – zu beheben (vgl. Kapitel 6.3 in diesem Band). Angstreduzierende Strategien dieser Art sind in den letzten Jahren vorwiegend als Zusatzmethoden im Rahmen multimodaler Depressionstherapien mit herangezogen worden; eine Neubelebung und Weiterführung des angstorientierten Zugangs zum Depressionsproblem zeichnet sich in den Arbeiten von Hersen und Bellack und Mitarbeitern ab (Hersen, Bellack & Himmelhoch, 1980, u.a.). Die betreffenden Therapieprogramme basieren auf einem (kognitiv erweiterten) Training sozialer Fertigkeiten, wie es in den verstärkungsorientierten Programmen zum Einsatz kommt; die Autoren interpretieren ihr therapeutisches Vorgehen jedoch als Spezialfall eines Assertionstrainings unter Bezugnahme auf Wolpe, wobei der Zusammenhang, der sich zwischen der Beseitigung sozialer Angst als einem Hindernis für die Aufnahme positiv verstärkender Kontakte und der Behebung von Verstärkerdefiziten ergibt, ausdrücklich hervorgehoben wird.

3. Kognitiv orientierte Ansätze in der Depressionstherapie

Den Ausgangspunkt der kognitiven Ansätze zum Depressionsproblem bildet die Annahme, daß Störungen im Bereich der Wahrnehmungs- und Denkvorgänge in der Entstehung depressiver Zustandsbilder eine zentrale Rolle spielen; unter therapeutischen Aspekten steht demzufolge die Veränderung abweichender Informationsverarbeitungs- und Einstellungsprozesse im Vordergrund. Von den einschlägigen Ansätzen hat der Beitrag von Beck auf der theoretischen wie auf der praktisch-therapeutischen Ebene spezielle Bedeutung erlangt. Der Beitrag von Seligman – der Ansatz der erlernten Hilflosigkeit – ist schwerpunktmäßig eher im Gebiet der Grundlagenforschung anzusiedeln, obwohl auch von diesem Ansatz fruchtbare Impulse für die psychologische Behandlung depressiver Störungen ausgegangen sind.

3.1 Der Ansatz von Beck

Theoretischer Hintergrund: Beck (1970) vertritt die Auffassung, daß als Basis depressiver Störungsbilder bestimmte kognitive Grundmuster (kognitive Schemata) zu betrachten sind, die sich in symptomatologischer Hinsicht vor allem in drei Bereichen manifestieren: in der negativen Einstellung des Depressiven zu sich selbst, zu seiner Umwelt und zu seiner Zukunft («negative kognitive Triade»). Die negativen kognitiven Schemata, die im

Sinn von allgemeinen Maßstäben und Überzeugungen diesen verzerrten Sicht- und Denkweisen zugrundeliegen, haben ihren Ursprung in frühen ungünstigen Umwelterfahrungen und werden später durch oft nur geringfügige belastende Ereignisse ähnlicher Art reaktiviert; sie determinieren die Strukturierung der Umweltreize durch das Individuum und führen in der Folge zu den emotionalen und behavioralen Depressionssymptomen. In der Weiterentwicklung dieses Konzepts (Beck, 1983, u.a.) wird, ähnlich wie bei Lewinsohn, zwar die Grundhypothese, d.h. hier die Hypothese von der substantiellen Rolle kognitiver Variablen in der Entstehung depressiver Störungsbilder, beibehalten, doch wird die Vielfalt möglicher ätiologischer und prädisponierender Faktoren unter spezieller Berücksichtigung persönlichkeitspsychologischer Aspekte in zunehmendem Ausmaß unterstrichen.

Therapeutische Vorgehensweisen: Das spezifische Therapieziel, das von den skizzierten ätiologischen Annahmen abgeleitet wird, besteht darin, die negativen kognitiven Schemata des Klienten zu identifizieren und zu verändern, wobei zu diesem Zweck sowohl kognitive als auch verhaltensorientierte Strategien herangezogen werden (vgl. Beck et al., 1986, u.a.). In der Regel wird mit verhaltensorientierten Strategien begonnen, die anhand von Hausaufgaben und Verhaltensaufzeichnungen zu konkreten positiven Aktivitäten anleiten. Die verzerrten Denkabläufe und Einstellungen werden dann im therapeutischen Gespräch unter Bezugnahme auf die Vorgänge zwischen den Sitzungen aufgezeigt, an der Realität getestet und auf dem Hintergrund der vom Klienten gewonnenen Erfahrungen durch weniger irrationale Alternativ-Erklärungen und Alternativ-Einstellungen zu ersetzen gesucht. Die Identifikation und Veränderung von negativen «automatischen Gedanken» - von unmittelbaren negativen Selbstverbalisationen - stellt auf dem Weg zur Identifikation und Veränderung der grundlegenden negativen Schemata einen bedeutsamen Zwischenschritt dar. Zu den wichtigsten kognitiven Einzeltechniken, die im Zug dieser Umstrukturierungsprozesse zum Einsatz kommen, gehören Methoden der direkten (induktiven) Befragung, mittels derer logischer Fehler im Denken und Urteilen der Klienten sichtbar gemacht werden, Methoden zur Veränderung von verzerrten Attributionstendenzen, die Anleitung des Klienten zur Führung von Gedankenprotokollen u.a.; zu den wichtigsten verhaltensorientierten Einzeltechniken gehören Methoden, die auf der Anwendung von Aktivitätsplänen, gestuften Aufgaben, Rollenspiel-Verfahren, usw. beruhen, d.h. Methoden, wie sie in den verhaltenstherapeutischen Ansätzen zur Depressionsbehandlung herangezogen werden.

3.2 Der Ansatz von Seligman

Theoretischer Hintergrund: Das Konzept der erlernten Hilflosigkeit von Seligman (1974, 1981) besagt, ausgehend von einer Reihe von Tierexperimenten und Analogiestudien im Humanbereich, daß wiederholte Mißerfolgserlebnisse - speziell im Sinn der Unfähigkeit, aversive Situationen zu beenden - am Anfang reaktiv-depressiver Prozesse stehen. Auf der Grundlage solcher Erfahrungen entwickelt sich die Einstellung, daß zwischen den eigenen Handlungen und wichtigen Umweltereignissen kein Zusammenhang besteht, d.h. es entwickelt sich eine generalisierte Erwartung von Unkontrollierbarkeit, die die Basis der motivationalen, emotionalen und behavioralen Depressionssymptome bildet. In der revidierten Form des Konzepts wird die Hypothese des Kontrollverlusts um attributionstheoretische Annahmen erweitert; die Entwicklung generalisierter Hilflosigkeitseinstellungen und damit der Basis für depressive Reaktionsmuster hängt diesen Annahmen zufolge davon ab, welche Ursachen den erlebten Kontrollverlusten zugeschrieben werden. Internalen, globalen und stabilen Kausalattributionen wird dabei besondere Bedeutung zugemessen.

Therapeutische Vorgehensweisen: Eine eigene Therapierichtung im engeren Sinn des Wortes hat sich auf diesem Hintergrund bisher noch nicht konstituiert, doch sind verschiedene therapeutische Einzelstrategien entwickelt worden, die an zentrale Annahmen aus dem Konzept der erlernten Hilflosigkeit anknüpfen. In Übereinstimmung mit der revidierten Fassung des Hilflosigkeitskonzeptes wird vor allem darauf abgezielt, verzerrte Attributionstendenzen in bezug auf Situationen des Kontrollverlusts, speziell verzerrte Tendenzen zur internalen Kausalattribution bei Mißerfolgen, zu verändern. Reattributionsstrategien dieser Art finden als Zusatzmethoden in zahlreichen kognitiv-behavioralen Therapieprogrammen zur Behandlung depressiver Störungen Verwendung (vgl. Williams, 1984, u.a.).

4. Selbstkontroll- und Streßbewältigungsansätze in der Depressionstherapie

Wie eingangs hervorgehoben, hat der allgemeine Trend zu stärker multimodalen Betrachtungs- und Vorgehensweisen in der psychologischen Behandlung depressiver Störungen unter anderem darin seinen Ausdruck gefunden, daß etwa seit Mitte der 70er Jahre mehrere einschlägige Ansätze von vornherein auf dem Hintergrund von kombinierten behavioral-kognitiven Modellvorstellungen entwickelt worden sind. Von diesen Ansätzen der «zweiten Generation» seien hier der Selbstkontrollansatz von Rehm und der Streßbewältigungsansatz von McLean näher dargestellt.

4.1 Der Ansatz von Rehm

Theoretischer Hintergrund: Rehm (1977, 1981b) geht in seinem Ansatz von Auffälligkeiten des depressiven Verhaltens und Erlebens aus, wie sie u.a. in der Setzung unangemessener Leistungsstandards und in der geringen Häufigkeit von Selbstbelohnungen zum Ausdruck kommen, und interpretiert diese Tendenzen als Indikatoren eines Selbstkontrolldefizits. Personen mit basalen Selbstkontrolldefiziten können nach dieser Annahme im Fall von externalen Verstärkerverlusten nicht auf ausreichende internale Regulationsmechanismen zurückgreifen, wie sie zur Überbrückung und Bewältigung der externalen Verluste notwendig wären; sie sind daher für die Entwicklung depressiver Störungen besonders anfällig.

Therapeutische Vorgehensweisen: Im Sinne dieser Ausgangshypothesen zielt das therapeutische Vorgehen grundsätzlich darauf ab, die Selbstkontrollprozesse des Patienten dahingehend zu modifizieren, daß ein höheres Ausmaß an Unabhängigkeit von externalen Verstärkern bzw. generell ein höheres Ausmaß an Selbststeuerung erreicht wird. Im Verlauf der Therapie werden in systematischer Weise entsprechende Veränderungen in den einzelnen Bereichen der Selbstkontrollvorgänge angestrebt, wobei im Bereich der Selbstbeobachtung die Modifikation selektiver Wahrnehmungs- und Erinnerungstendenzen, im Bereich der Selbstbewertung die Erstellung von angemessenen Verhaltenszielen und die Modifikation von verzerrten Attributionen und im Bereich der Selbstverstärkung die Erstellung und Anwendung von Selbstbelohnungsplänen auf der materiellen und auf der verbal-internalen Ebene zu den wichtigsten Teilschritten gehören. Verschiedene behaviorale und kognitive Strategien, wie sie in den vorhergehenden Abschnitten skizziert wurden, kommen im Rahmen der Behandlung in kontinuierlicher Abstimmung aufeinander zum Einsatz. Eine detailliertere Beschreibung des Ablaufs von Selbstkontrollprogrammen in der Depressionstherapie findet sich in der in Abschnitt 6 referierten Gruppenstudie von Fuchs und Rehm (1977).

4.2 Der Ansatz von McLean

Theoretischer Hintergrund: Der behavioral-kognitive Ansatz von McLean (1976) weist ebenfalls zahlreiche Querverbindungen zu den verstärkungspsychologischen Ansätzen auf; er hebt jedoch die interpersonellen Aspekte depressiver Störungen noch deutlicher hervor als dies bei Lewinsohn und bei Rehm der Fall ist und nimmt zugleich auf Konzepte und Befunde aus der Streßforschung Bezug. Auf dieser Basis wird die Auffassung vertreten, daß die Entwicklung depressiver Zustandsbilder als Resultat ineffizienter Bewältigungsstrategien im Umgang mit belastenden Lebenssituationen und Lebensereignissen, speziell mit solchen sozialer Natur, zu betrachten ist.

Therapeutische Vorgehensweisen: Zur Veränderung der inadäquaten Streßbewältigungsstrategien des Patienten findet ein multimodales Therapieprogramm Verwendung, in dessen

Rahmen mittels einer Reihe von behavioralen und kognitiven Behandlungsmethoden die Behebung von Defiziten in folgenden Bereichen angestrebt wird: Kommunikation, Verhaltensproduktivität (auch im Sinne der Setzung von angemessenen Verhaltenszielen), Soziale Interaktion, Selbstbehauptung, Entscheidungsfindung und Problemlösung, Kognitive Selbstkontrolle. Die therapeutischen Prozeduren werden relativ spezifisch auf die Probleme im Einzelfall zugeschnitten; wann immer möglich, wird der Ehepartner des Patienten in die Behandlung miteinbezogen (vgl. auch McLean & Hakstian, 1979; McLean, 1981).

5. Interpersonell orientierte Ansätze in der Depressionstherapie

Wie die bisherigen Ausführungen erkennen lassen, ist den sozialen Umweltbeziehungen des Klienten in den behavioralen und behavioral-kognitiven Zugängen zur Depressionsbehandlung von Anfang an erhebliche Bedeutung zugemessen worden. Daneben treten jedoch in jüngster Zeit zunehmend Behandlungsansätze in den Vordergrund, die sich in besonderer Weise auf die Rolle sozialer und sozial-kognitiver Faktoren im Depressionsproblem konzentrieren (vgl. Becker, Heimberg & Bellack, 1987; Gotlib & Colby, 1987; Nezu, Nezu & Perri, 1989, u.a.). Das Streßbewältigungskonzept von McLean kann diesbezüglich als ein wichtiger Vorläufer gelten. Die meisten dieser Ansätze schließen in theoretischer wie in praktischer Hinsicht mehr oder weniger unmittelbar an die älteren behavioral-kognitiven Zugänge an. Dagegen weist die «Interpersonelle Psychotherapie» depressiver Störungen von Klerman und Weissman (1982) zwar in bezug auf das therapeutische Vorgehen zahlreiche Ähnlichkeiten mit den behavioral-kognitiven Therapieprogrammen auf; sie beruht jedoch auf anderen konzeptuellen Ausgangspositionen.

5.1 Der Ansatz von Klerman und Weissman

Theoretischer Hintergrund: Klerman und Weissman (1982; vgl. auch Klerman, 1988) knüpfen in ihren ätiologischen Hypothesen nicht an lernpsychologische oder kognitionspsychologische Modellvorstellungen, sondern an Konzepte aus der älteren und neueren sozialpsychiatrischen Forschung unter Einbeziehung sozialpsychologischer und entwicklungspsychologischer Konzepte an. Dabei wird unter anderem auch auf die aktuellen Entwicklungen im Bereich der Attachment-Forschung sowie der Netzwerk- und Unterstützungsforschung Bezug genommen. Auf diesem Hintergrund wird postuliert, a) daß engen interpersonellen Beziehungen in der Prävention depressiver Störungen eine wichtige Funktion zukommt, und b) daß Verluste und Probleme im Kontext solcher Beziehungen für die Entstehung depressiver Störungen von grundlegender Bedeutung sind.

Therapeutische Vorgehensweisen: Das zentrale Anliegen des therapeutischen Vorgehens besteht ähnlich wie bei McLean darin, mit dem Patienten Strategien zur effizienteren Bewältigung der interpersonellen Schwierigkeiten zu erarbeiten; daß es in der Regel notwendig ist, den Depressiven zunächst durch angemessen stützende Informationen hinsichtlich der Art und der Prognose seiner Störung symptomatisch zu entlasten, wird ausdrücklich hervorgehoben. In der eigentlichen Therapiephase wird vorerst gemeinsam mit dem Patienten geklärt, mit welchem von vier als basal erachteten interpersonellen Problemkreisen – Trauer, Rollenkonflikte, Rollenveränderung und Interpersonelle Defizite – der Beginn der depressiven Entwicklung in Zusammenhang steht. Die Behandlung konzentriert sich dann in erster Linie auf den betreffenden Problemkreis, wobei in fallspezifischer Weise Methoden verwendet werden, die den im Rahmen der kognitiven und behavioralen Ansätze verwendeten Methoden weitgehend entsprechen (Identifizierung problemrelevanter Kognitionen und Emotionen, Veränderung inadäquater Kommunikationsmuster, Anleitung zur Aufnahme von positiven Kontakten und Aktivitäten, u.a.).

6. Zur praktischen Durchführung und zur Effizienz der neueren psychologischen Depressionstherapien

Im folgenden seien exemplarisch eine Fallstudie (vgl. Kasten 1) und eine therapeutische Gruppenstudie (vgl. Kasten 2) aus dem Bereich der neueren psychologischen Depressionstherapien referiert; beide Arbeiten beruhen, wenngleich mit unterschiedlichen Schwerpunktsetzungen, im Sinne des einleitend skizzierten Trends auf der Anwendung sowohl behavioraler als auch kognitiver Therapiestrategien. Die Fallstudie von Blöschl (1986) berichtet über die verstärkungsorientierte Behandlung einer Patientin mit reaktiver Depression. Die Gruppenstudie von Fuchs und Rehm (1977) illustriert die Anwendung des Selbstkontrollprogramms nach Rehm; es handelt sich dabei um eine Arbeit, die in der Folge zum Ausgangspunkt für mehrere ähnlich aufgebaute Therapiestudien geworden ist. Fallstudien und kumulative Fallstudien, in denen über die Effekte verhaltensorientierter und/oder kognitiv orientierter Verfahren zur Depressionsbehandlung berichtet wird, finden sich in der einschlägigen Fachliteratur seit längerem in beträchtlicher Anzahl; in den letzten Jahren hat jedoch auch die Anzahl von empirischen Gruppenvergleichen zur Effizienzkontrolle dieser Verfahren deutlich zugenommen; desgleichen ist der interpersonelle Therapieansatz von Klerman und Weissman bereits in mehreren kontrollierten Gruppenstudien hinsichtlich seiner Wirksamkeit überprüft worden. Neben Vergleiche mit unbehandelten Kontrollgruppen, nichtspezifischen Gesprächs- und Kontakttherapien und einsichtsorientierten psychotherapeutischen Kurzzeitverfahren treten dabei in jüngster Zeit mehr und mehr auch Vergleiche mit pharmakotherapeutischen Methoden zur Depressionsbehandlung. Die Ergebnisse und Ergebnistendenzen, die den gegenwärtigen Stand der Forschung in diesem höchst komplexen

Kasten 1
Therapeutische Fallstudie (Blöschl, 1986)

Problemstellung: Frau A., eine unverheiratete 24jährige Sachbearbeiterin in einem großen Unternehmen, bis dahin klinisch unauffällig, mit guten Sozialkontakten und beruflich sehr ambitioniert und erfolgreich, litt seit eineinhalb Jahren unter ausgeprägter depressiver Symptomatik; medikamentöse Behandlungsversuche ambulanter und stationärer Art waren ohne anhaltenden Erfolg geblieben (Beck-Score zu Beginn der Verhaltenstherapie 31). Die verhaltensorientierte diagnostische Analyse ergab, daß es im Jahr vor dem Auftreten der Symptomatik im Anschluß an eine extern bedingte Veränderung am Arbeitsplatz (Versetzung an eine auch objektiv deutlich ungünstigere Position innerhalb der Firma) sukzessive zu massiven Verstärkerreduktionen in mehreren für Frau A. zentralen Lebensbereichen gekommen war (unbefriedigende Arbeitssituation, zunehmende Spannungen in der Beziehung zum Freund, Verringerung der Freizeitkontakte im Bekanntenkreis).

Therapiedurchführung: Zum Wiederaufbau des Verstärkernetzes von Frau A. wurden folgende therapeutische Strategien herangezogen: a) graduelle Wiederaufnahme der Freizeitkontakte anhand von Aktivitätsplänen, b) graduelle Veränderung der ungünstigen beruflichen Situation anhand von gestuften Aufgaben, und c) Verbesserung der Partnerbeziehung durch Problemlösungstraining und Verhaltenskontrakte. Gleichzeitig wurden anhand der von Frau A. geführten täglichen Aktivitäts- und Stimmungsprotokolle kognitive Umstrukturierungsprozesse unter folgenden Aspekten initiiert: a) Herstellung eines Zusammenhangs zwischen verstärkenden Aktivitäten und Stimmung, und b) Verständnis der eigenen Verstärkerhierarchien und der Bedeutung von einigermaßen ausbalancierten Verstärkergewichtungen. Die Sitzungen wurden, da die Klientin auswärts wohnte, alle 14 Tage je zwei Stunden abgehalten; Gesamtdauer der Therapie inklusive der diagnostischen Phase ein Jahr.

Ergebnis: Am Ende der Therapie war die depressive Symptomatik behoben (Beck-Score 5); Frau A. war wie vor Beginn der Störung sozial und beruflich wieder gut integriert. Eine Nachkontrolle nach einem Jahr ergab ein Anhalten des Erfolgs (Beck-Score 10).

und schwierigen Arbeitsfeld charakterisieren, können hier nur ganz kurz gestreift werden (vgl. die Übersichtsdarstellungen bei Rehm, 1981 a; Lewinsohn & Hoberman, 1982; Klerman et al., 1984; Hollon & Beck, 1986; De Jong-Meyer, 1988; Klerman, 1988, u.a.). Generell zeichnet sich ab, daß sich sowohl die verhaltensorientierten und/oder kognitiv orientierten Therapieansätze als auch der interpersonelle Therapieansatz im Vergleich mit unbehandelten Kontrollgruppen bzw. mit nichtspezifischen und spezifischen Kurzzeitverfahren als beachtlich effizient erwiesen haben, d.h. daß sie in der deutlichen Mehrheit der einschlägigen Studien signifikant stärker ausgeprägte Besserungen der depressiven Symptomatik erbracht haben als die jeweiligen Vergleichsprozeduren. In den Nachkontrollen zeigt sich zwar häufig eine gewisse Verringerung der Unterschiede zwischen den Therapieeffekten, doch erhält die Annahme von der therapeutischen Wirksamkeit der neueren psychologischen Ansätze auch von hier aus jedenfalls partielle Unterstützung. Gegenüber den Effekten medikamentöser Behandlungszugänge erwiesen sich die Effekte der psychologischen Behandlungszugänge in einigen Untersuchungen als vergleichbar ausgeprägt (Elkin et al., 1989); in einigen anderen Untersuchungen deutet sich auch diesbezüglich eine Überlegenheit der psychologischen Ansätze an. Die in den letzten Jahren häufig diskutierte Frage nach den möglichen Vorteilen (oder Nachteilen) einer Kombination zwischen psychologischen und medikamentösen Behandlungsverfahren läßt sich aufgrund der

Kasten 2
Therapeutische Gruppenstudie (Fuchs & Rehm, 1977)

Fragestellung: Überprüfung der Wirksamkeit einer Selbstkontroll-Therapie bei depressiven Störungen mittleren Schweregrades.

Klientenstichprobe: Acht depressive Frauen (Alter: 18–48 Jahre), die sich aufgrund von Verlautbarungen in den Massenmedien zur Teilnahme an einem Programm zur ambulanten Behandlung depressiver Störungen gemeldet hatten; Bestimmung des Ausprägungsgrads der depressiven Symptomatik mittels Test- und Interviewverfahren; psychotische und suizidale Personen wurden nicht in das Programm einbezogen.

Behandlungsform und -dauer: Die Behandlung wurde in kleinen Gruppen durchgeführt; sie umfaßte sechs Sitzungen (Dauer jeweils etwa zwei Stunden) über sechs Wochen verteilt. Je zwei Sitzungen waren dem sequentiellen Training kognitiv-behavioraler Fertigkeiten zur Selbstbeobachtung, zur Selbstbewertung und zur Selbstverstärkung gewidmet. Spezifische Therapieschritte waren u.a. im Selbstbeobachtungsabschnitt die Veränderung selektiver negativer Wahrnehmungstendenzen, im Selbstbewertungsabschnitt die Erstellung von realistischen Zielen und Teilzielen in bezug auf die Ausführung positiver Aktivitäten, und im Selbstverstärkungsabschnitt die Auswahl und Anwendung von adäquaten Selbstbelohnungen materieller und internaler Art kontingent auf die Erreichung der gesetzten Ziele. Vergabe von Hausaufgaben; Führung von Aktivitäts- und Stimmungsprotokollen durch die Klientinnen.

Versuchsplan: Prätest-Posttest-Nachkontroll-Vergleiche; Posttestung nach Beendigung der Therapie, Nachkontrolltestung sechs Wochen nach Beendigung der Therapie. Zwei Kontrollgruppen: eine Gruppe mit nichtspezifischer Therapie im Sinne von problemrelevanten Gruppendiskussionen und eine Warteliste-Gruppe.

Abhängige Variablen: Zwei standardisierte Selbsteinschätzungs-Depressionsmaße (Beck-Depressionsinventar und D-Skala des MMPI); zusätzlich mehrere Selbsteinschätzungs- und Fremdbeobachtungsmaße in bezug auf allgemein-psychopathologische Tendenzen, Aktivität und Selbstbewertung/Selbstkontrolle.

Ergebnisse: Die Selbstkontroll-Gruppe wies im Posttest in der D-Skala des MMPI signifikant stärkere Verbesserungen auf als die beiden Vergleichsgruppen; die erzielten Verbesserungen waren auch zum Zeitpunkt der Nachkontrolle noch aufrecht. Die Ergebnisse im Beck-Depressionsinventar und in den Zusatzmaßen sprachen zwar nicht durchgehend, aber mehrheitlich ebenfalls für eine größere Effizienz der Selbstkontroll-Behandlung. Zur klinischen Signifikanz: Die Scores der beiden Depressionsmaße lagen im Posttest für alle acht Klientinnen der Selbstkontroll-Gruppe im Normalbereich; in der Gruppe mit nichtspezifischer Therapie traf dies nur für drei der zehn Klientinnen, in der Warteliste-Gruppe nur für eine der zehn Klientinnen zu.

Uneinheitlichkeit der einschlägigen empirischen Befunde zur Zeit noch nicht schlüssig beantworten (vgl. Blackburn, 1988; De Jong-Meyer, 1988, u.a.).
Zusammenfassend formuliert sprechen die Ergebnisse der empirischen Effizienzkontrollen dafür, daß die neueren psychologischen Ansätze zur Depressionsbehandlung, wenngleich sie keineswegs als Allheilmittel zu betrachten sind, insgesamt doch wichtige Möglichkeiten zur Behebung oder Milderung depressiver Störungen eröffnet haben. Am breitesten fundiert ist gegenwärtig von der Anzahl der Untersuchungen wie vom Spektrum der einbezogenen Patientengruppen her das kognitiv-behaviorale Therapieprogramm sensu Beck; auch die Effekte verschiedener Varianten der behavioral-kognitiven Therapieprogramme sowie die Effekte des interpersonellen Therapieprogramms sensu Klerman und Weissman sind jedoch empirisch ausreichend belegt, um den Einsatz dieser Verfahren im Rahmen der Behandlung unipolarer Depressionen grundsätzlich zu rechtfertigen. Daß unser Wissen um die spezifischen und/oder generellen Wirkfaktoren und Wirkmechanismen, auf die die erzielten Veränderungen zurückzuführen sind, noch in den Anfängen steht, darf dabei freilich nicht übersehen werden. Wie oben aufgezeigt gehen die betreffenden Therapieprogramme zwar von unterschiedlich akzentuierten theoretischen und symptomatologischen Ansatzpunkten aus; auf der praktisch-therapeutischen Ebene überschneiden sie sich jedoch explizite und implizite in vielfältiger Weise. Empirische Detailanalysen, wie sie zur Überprüfung des Stellenwerts bestimmter Strategien und Strategieelemente innerhalb dieser komplexen Prozeduren erforderlich wären, liegen für die verhaltensorientierten und kognitiv orientierten Ansätze erst in relativ geringer Anzahl und mit recht inkonsistenten Resultaten vor; für den interpersonellen Therapieansatz fehlen entsprechende Analysen noch so gut wie vollständig. Im Interesse einer systematischen theoretisch fundierten Weiterentwicklung der psychologischen Behandlungszugänge im Depressionsbereich werden vermehrte Forschungsbemühungen in dieser Richtung in den nächsten Jahren unerläßlich sein.

7. Literatur

Beck, A.T. (1970). *Depression. Causes and treatment.* Philadelphia: University of Pennsylvania Press.

Beck, A.T. (1983). Cognitive therapy of depression: New perspectives. In P.J. Clayton & J.E. Barrett (Eds.), *Treatment of depression: Old controversies and new approaches* (pp. 265–284). New York: Raven.

Beck, A.T., Rush, A.J., Shaw, B.F. & Emery, G. (1986). *Kognitive Therapie der Depression* (2. Aufl.). München: Urban & Schwarzenberg.

Becker, R.E., Heimberg, R.G. & Bellack, A.S. (1987). *Social skills treatment for depression.* New York: Pergamon.

Blackburn, I.M. (1988). An appraisal of comparative trials of cognitive therapy for depression. In C. Perris, I.M. Blackburn & H. Perris (Eds.), *Cognitive psychotherapy. Theory and practice* (pp. 160–178). Berlin: Springer.

Blöschl. L. (Hrsg.) (1981). *Verhaltenstherapie depressiver Reaktionen.* Bern: Hans Huber.

Blöschl, L. (1986). Verhaltenstherapie. In S.K.D. Sulz (Hrsg.), *Verständnis und Therapie der Depression* (S. 105–121). München: Reinhardt.

Blöschl, L. (1988). Verhaltenstherapeutische Ansätze zur Depression im Kindes- und Jugendalter. In H.-J. Friese & G.-E. Trott (Hrsg.), *Depression in Kindheit und Jugend* (S. 206–214). Bern: Huber.

De Jong, R., Hoffmann, N. & Linden, M. (Hrsg.) (1980). *Verhaltensmodifikation bei Depressionen.* München: Urban & Schwarzenberg.

De Jong-Meyer, R. (1988). Die verhaltenstherapeutisch-kognitive Beeinflussung affektiver Störungen. In D. v. Zerssen & H.-J. Möller (Hrsg.), *Affektive Störungen. Diagnostische, epidemiologische, biologische und therapeutische Aspekte* (S. 232–242). Berlin: Springer.

Elkin, I, Shea, M.I., Watkins, J.T., Imber, S.D., Sotsky, S.M., Collins, J.F., Glass, D.A. Pilkonis, P.A., Leber, W.R., Docherty, J.P., Fiester, S.J. & Partoff, M.B. (1989). National Institute of Mental Health. Treatment of Depression Collaborative Research Programm. General Effectiveness of Treatments. *Archives of General Psychiatry, 46,* 971–982.

Fuchs, C.Z. & Rehm, L.P. (1977). A self-control behavior therapy program for depression. *Journal of Consulting and Clinical Psychology, 45,* 206–215.

Gotlib, I.H. & Colby, C.A. (1987). *Treatment of depression. An interpersonal systems approach.* New York: Pergamon.

Hautzinger, M. (1986). Psychologische Therapieansätze bei Depressionen im Alter. In M. Bergener (Hrsg.), *Depressionen im Alter* (S. 133–148). Darmstadt: Steinkopff.

Hersen, M., Bellack, A.S. & Himmelhoch, J.M. (1980). Treatment of unipolar depression with social skills training. *Behavior Modification, 4,* 547–556.

Hollon, S.D. & Beck, A.T. (1986). Cognitive and cognitive-behavioral therapies. In S.L. Garfield & A.E. Bergin (Eds.), *Handbook of psychotherapy and behavior change* (3rd ed.) (pp. 443–482). New York: Wiley.

Klerman, G.L. (1988). Principles of interpersonal psychotherapy for depression. In A. Georgotas & R. Cancro (Eds.), *Depression and mania* (pp. 490–501). New York: Elsevier.

Klerman, G.L. & Weissman, M.M. (1982). Interpersonal psychotherapy: Theory and research. In A.J. Rush (Ed.), *Short-term psychotherapies for depression* (pp. 88–106). Chichester: Wiley.

Klerman, G.L., Weissman, M.M., Rounsaville, B.J. & Chevron, E.S. (1984). *Interpersonal psychotherapy of depression.* New York: Basic Books.

Lewinsohn, P.M. (1975). The behavioral study and treatment of depression. In M. Hersen, R.M. Eisler & P.M. Miller (Eds.), *Progress in behavior modification* (Vol. 1) (pp. 19–64). New York: Academic Press.

Lewinsohn, P.M. & Hoberman, H.M. (1982). Depression. In A.S. Bellack, M. Hersen & A.E. Kazdin (Eds.), *International handbook of behavior modification and therapy* (pp. 397–431). New York: Plenum.

Lewinsohn, P.M., Hoberman, H., Teri, L. & Hautzinger, M. (1985). An integrative theory of depression. In S. Reiss & R.R. Bootzin (Eds.), *Theoretical issues in behavior therapy* (pp. 331–359). Orlando, Florida: Academic Press.

Lewinsohn, P.M., Munoz, R.F., Youngren, M.A. & Zeiss, A.M. (1982). *Der Weg zum seelischen Gleichgewicht. Depressionen erkennen, überwinden, vermeiden.* Salzburg: Otto Müller.

McLean, P.D. (1976). Therapeutic decision-making in the behavioral treatment of depression. In P.O. Davidson (Ed.), *The behavioral management of anxiety, depression and pain* (pp. 54–89). New York: Brunner/Mazel.

McLean, P. (1981). Remediation of skills and performance deficits in depression. Clinical steps and research findings. In J.F. Clarkin & H.I. Glazer (Eds.), *Depression. Behavioral and directive intervention strategies* (pp. 179–204). New York: Garland.

McLean, P.D. & Hakstian, A.R. (1979). Clinical depression: Comparative efficacy of outpatient treatments. *Journal of Consulting and Clinical Psychology, 47,* 818–836.

Mendelson, M. (1974). *Psychoanalytic concepts of depression* (2nd ed.). New York: Spectrum.

Möller, H.-J. & Lauter, H. (1986). Die endogene Depression: Krankheitskonzept, klinische Erscheinungsbilder und therapeutische Möglichkeiten. In S.K.D. Sulz (Hrsg.), *Verständnis und Therapie der Depression* (S. 31–85). München: Reinhardt.

Nezu, A.M., Nezu, C.M. & Perri, M.G. (1989). *Problem-solving therapy for depression. Theory, research, and clinical guidelines.* New York: Wiley.

Pflug, B. & Heimann, H. (1981). Somatische Therapie depressiver Syndrome. In B. Pflug (Hrsg.), *Depressive Syndrome. Klinik, Forschung und Praxis* (S. 75–85). Stuttgart: Fischer.

Rehm, L.P. (1977). A self-control model of depression. *Behavior Therapy, 8,* 787–804.

Rehm, L.P. (Ed.) (1981 a). *Behavior therapy for depression. Present status and future directions.* New York: Academic Press.

Rehm, L.P. (1981b). A self-control therapy program for treatment of depression. In J.F. Clarkin & H.I. Glazer (Eds.), *Depression. Behavioral and directive intervention strategies* (pp. 68–110). New York: Garland.

Seligman, M.E.P. (1974). Depression and learned helplessness. In R.J. Friedman & M.M. Katz (Eds.), *The psychology of depression: Contemporary theory and research* (pp. 83–113). New York: Wiley.

Seligman, M.E.P. (1981). A learned helplessness point of view. In L.P. Rehm (Ed.), *Behavior therapy for depression. Present status and future directions* (pp. 123–141). New York: Academic Press.

Strupp, H.H., Sandell, J.A., Waterhouse, G.J., O'Malley, S.S. & Anderson, J.L. (1982). Psychodynamic therapy: Theory and research. In A.J. Rush (Ed.), *Short-term psychotherapies for depression* (pp. 215–250). Chichester: Wiley.

Sulz, S.K.D. (Hrsg.) (1986). *Verständnis und Therapie der Depression.* München: Reinhardt.

Williams, J.M.G. (1984). *The psychological treatment of depression.* London: Croom Helm.

Wolpe, J. (1971). Neurotic depression: Experimental analog, clinical syndromes, and treatment. *American Journal of Psychotherapy, 25,* 362–368.

17. Psychosomatische Störungen: Intervention

Thomas Köhler und Lothar Niepoth

1. Einige Definitionen: Ätiologie, Pathogenese, symptomatische und kausale Therapie

Mit Ätiologie einer Störung bezeichnet man ihre Ursache, mit Pathogenese die Gesamtheit aller Prozesse, die bis zur Ausbildung der einzelnen Symptome ablaufen. So ist z.B. die Ätiologie der infektiösen Gelbsucht vom Typ A die Infektion mit einem Hepatitis-A-Virus; die Entzündung und der Zerfall von Leberzellen mit der Folge von Verdauungsstörungen, gestörten Transports und gestörter Ausscheidung von Bilirubin mit entsprechender Hautfärbung wären dann unter Pathogenese zu subsumieren. Bei vielen Störungen ist bis jetzt nur die Pathogenese, nicht aber die Ätiologie bekannt. So glaubt man etwa, bei der Migräne den Entstehungsmechanismus des Anfallsgeschehens in der Abfolge von Konstriktion und Dilatation von Arterien im Kopfbereich gefunden zu haben, während die eigentliche Ursache dieses pathologischen Vorgangs, warum er überhaupt bei manchen Personen einsetzt, weiterhin unbekannt ist.

Der Begriff der symptomatischen Therapie ist noch vergleichsweise einfach zu definieren: Es ist die Beseitigung oder Linderung des Symptoms selbst, nicht aber ein Einwirken auf die zu ihm führenden Prozesse oder auf seine Ursache. So wäre etwa die reine Schmerzlinderung beim Migräneanfall durch ein Analgetikum eine symptomatische Therapie, ebenso der Blutersatz bei Blutungen, die Flüssigkeitssubstitution bei schweren Durchfällen. Schwieriger ist es anzugeben, wann eine Behandlung als kausal bezeichnet werden darf, denn sowohl eine Intervention, die die eigentliche Ursache beseitigt als auch eine, die lediglich verschiedene Prozesse auf dem Wege zur Symptombildung unterbindet, wird in der Regel «kausal» genannt. In vielen Fällen mag eine solche Unterscheidung im wesentlichen akademischer Natur sein, in anderen ist sie es nicht. Ob die medikamentöse oder chirurgische Drosselung der Säuresekretion die eigentliche Ursache des Zwölffingerdarmgeschwürs beseitigt oder lediglich an einem Glied der pathogenetischen Kette ansetzt, ist für die Beurteilung dieser Therapieformen nicht ohne Belang; sollte es tatsächlich das Phänomen der Symptomverschiebung geben, wäre das Risiko dafür umso größer, je weiter peripher in der Kausalverkettung die Therapie erfolgt. Abschließend sei noch angemerkt, daß man den Wert symptomatischer Therapie nicht an sich geringschätzen sollte, ja diese kann sogar aufgrund ihres raschen Einsetzens zunächst kausalen Therapien vorzuziehen sein und macht deren wirkungsvollen Einsatz oft überhaupt erst möglich. So ist etwa die Substitution von Wasser und Elektrolyten bei Choleradurchfällen die erste lebensrettende Maßnahme, unerläßlich dafür, daß eine antibiotische Therapie noch greifen kann bzw. daß der Körper Zeit erhält, seine eigene Abwehr zu entwickeln.

Geht man mit diesen Definitionen und Unterscheidungen auf das Gebiet der psychischen oder psychisch bedingten somatischen Störungen, so werden die Sachverhalte sehr viel unklarer. Die wenigsten psychologischen Interventionen sind nämlich auf dem Hintergrund eines Entstehungsmodells mit Ätiologie und Pathogenese entwickelt worden und können somit als kausale oder symptomatische Therapie eingeordnet werden. Am ehesten gilt dies noch für die Psychoanalyse, die mit ihrem betont medizinischen Krankheitsmodell ihre Entstehung in der nervenärztlichen Praxis nicht verleugnet (vgl. Köhler, 1987), und deren Interventionsmethode in der konsequenten Umkehr der Pathogenese, nämlich in der Auflösung von Verdrängungen besteht. Bei den relativen Reinformen verhaltenstherapeutischer Modelle mag eine solche Einordnung im Prinzip noch annähernd gelingen, für die diversen ekklektischen Varianten und andere psychologische Therapien ist eine entsprechende Standortbestimmung generell unmöglich; diese muß jedoch versucht werden, wenn psychologische Interventionen bei gewissen psychosomatischen Störungen kritisch bewertet werden sollen.

2. Psychologische Interventionen bei speziellen Krankheitsbildern

Im folgenden sollen einige psychologische Therapiemethoden und ihre Effizienz bei wenigen ausgewählten psychosomatischen Störungen besprochen werden. In Anlehnung an die im Kapitel über Diagnostik psychosomatischer Störungen gegebene Definition werden dabei nur solche Krankheiten bzw. Störungen betrachtet, bei denen entweder Organveränderungen oder ein zugrundeliegender pathophysiologischer Prozeß nachweisbar sind und bei deren Genese oder Aufrechterhaltung psychologische Faktoren eine wesentliche Rolle spielen. Nicht zur Sprache kommt die Therapie der seltenen konversionsneurotischen Störungen, ebensowenig die der vergleichsweise häufigen Herzneurose; ausgeklammert wurde auch die Therapie von Tics, Interventionen bei sexuellen Störungen sowie das ganze Gebiet der psychologischen Schmerzbehandlung. Hingegen findet sich in Abweichung von der oben gegebenen Einschränkung auf eigentliche psychosomatische Krankheiten ein Abschnitt über Interventionen bei Eßstörungen (Anorexia und Bulimia nervosa). Den entsprechenden Abschnitten ist eine kurze Beschreibung der Symptomatik vorangestellt; soweit bekannt werden Hinweise auf die Pathogenese und ätiologische Theorien gegeben, schließlich ist kurz die medikamentöse Therapie angedeutet (sehr viel ausführlicher in Köhler, 1989). Von den vielfältigen psychologischen Interventionsformen werden nur diejenigen dargestellt, die häufiger zum Einsatz kommen und zu denen größere Therapievergleichsstudien vorliegen. Angesichts zumeist sehr detaillierter Übersichtsarbeiten wurde weitgehend auf die Darstellung einzelner Untersuchungen verzichtet.

2.1 Essentielle Hypertonie

Von Hypertonie oder Bluthochdruck spricht man nach Empfehlung der WHO, wenn bei mehrfachen Messungen über längere Zeit die systolischen Werte 160 mm Hg und/oder die diastolischen 95 mm Hg überschreiten. Die Erkrankung ist sehr häufig: Augenblicklich geht man in der Bundesrepublik Deutschland von etwa 9 Millionen Hypertonikern aus, was 15% der Bevölkerung entspricht. Nur bei etwa 10 bis 20% der Erkrankten läßt sich der Hochdruck auf eine Grundkrankheit, zumeist der Nieren, seltener des kardiovaskulären oder endokrinen Systems zurückführen. Der verbleibende weitaus größere Anteil der Hypertoniefälle wird unter der Kategorie «essentielle Hypertonie» zusammengefaßt; während die Pathogenese der essentiellen Hypertonie wenigstens teilweise geklärt scheint, ist über ihre Ätiologie wenig bekannt. Genetische Prädisposition, Kochsalzkonsum und Übergewicht spielen hierbei sicher eine Rolle, können aber nur einen Teil der Fälle erklären. Während die Erkrankung initial so gut wie keine Beschwerden macht, führt sie unbehandelt fast zwangsläufig zu schweren Schädigungen der Herzmuskulatur und der Gefäße mit der Folge häufig letaler Durchblutungsstörungen an Herz und Gehirn. Neben der Einschränkung des Salzverbrauchs und der Reduktion von Übergewicht wird die Behandlung mit Medikamenten aus einer Vielzahl sehr unterschiedlich wirkender Substanzklassen versucht; die oft unangenehmen Begleiterscheinungen wie z.B. Mundtrockenheit, Müdigkeit, depressive Verstimmung oder Schwindel veranlassen oft die Patienten, welche ja bei Feststellung der Störung zumeist noch nicht darunter leiden, die Therapie von sich aus abzubrechen.

Eigentliche psychologische Theorien der Hochdruckentstehung sind selten und bis jetzt nicht ausreichend empirisch gestützt. Die Hypothese des Psychoanalytikers Franz Alexander, daß chronisch unterdrückte Aggressivität zur Blutdruckerhöhung führen kann (Alexander, 1977), besitzt zwar gewisse Plausibilität, hat aber nicht zur Entwicklung systematischer darauf basierender Interventionen geführt; diese würden ohnehin längere Zeit beanspruchen, während man angesichts der irreversiblen Spätschäden auf rasche Senkung

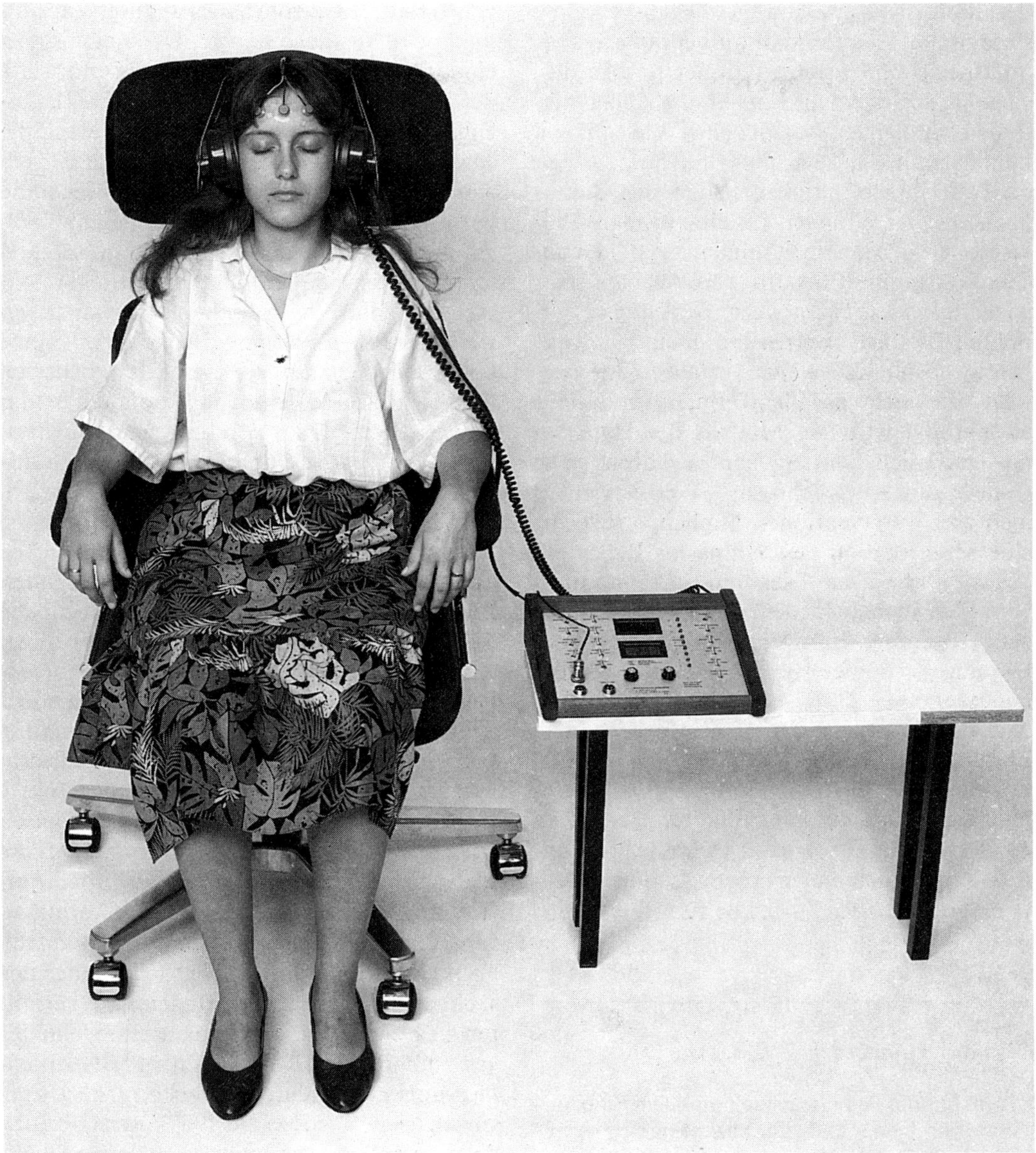

Biofeedback: Physiologische Funktionen, die man normalerweise nicht wahrnimmt, wie z. B. die Gespanntheit der Körpermuskulatur oder der Blutdruck, werden durch technische Hilfsmittel in seh- und hörbare Signale umgeformt und dem Patienten angezeigt. Mit solcher Rückmeldung (Feedback) kann er lernen, die Körperfunktionen in Grenzen willkürlich zu beeinflussen (vgl. Zeier, 1990).

der Blutdruckwerte drängt. Die psychophysiologische Theorie, daß ausgeprägte individualspezifische Streßreaktionen im kardiovaskulären System die Entstehung von Hypertonie begünstigen, ist trotz einer Vielzahl von Untersuchungen keineswegs adäquat belegt; im Falle ihrer Gültigkeit ließen sich daraus auch eher Anleitungen für eine primäre Prävention (d.h. für eine Verhinderung der Hochdruckentstehung) als für den Aufbau einer wirkungsvollen Therapie zur Senkung von erhöhten Blutdruckwerten beziehen.

Infolgedessen haben sich Verfahren durchgesetzt, die nicht auf dem Hintergrund eines ätiopathogenetischen Modells der Hypertonie entwickelt wurden, sondern ohne seine Genese zu berücksichtigen - hierin medikamentösen Interventionen ähnlich - sich auf eine Modifikation des Symptoms Bluthochdruck beschränken. Dies sind Entspannungsverfahren in verschiedenen Varianten (Autogenes Training, Transzendentale Meditation, Hypnose, progressive Muskelentspannung mit oder ohne EMG-Biofeedback, Biofeedback der Hauttemperatur) sowie insbesondere Blutdruck-Biofeedback (vgl. Kasten 1). Mittlerweile gibt es dazu eine Vielfalt oft recht umfangreicher und gut kontrollierter Studien, in denen auch die Erfolge der Therapie über längere Zeit beobachtet wurden, so daß man - wenn auch in aller Zurückhaltung - eine eingehendere Bewertung dieser Interventionsmethoden versuchen kann. Der Leser findet eine gründliche Zusammenstellung und Kritik der älteren Studien etwa bei Vaitl (1982), vorzugsweise der neueren bei Jacob et al. (1987) sowie Blanchard et al. (1988).

Augenblicklich läßt sich der Forschungsstand wie folgt zusammenfassen: Mit allen hier aufgeführten Verfahren läßt sich im Laufe mehrerer Sitzungen eine Senkung sowohl des systolischen wie auch diastolischen Bluthochdruckwerts erreichen, wobei offensichtlich wenig Unterschiede in der Wirksamkeit der speziellen Methoden bestehen; insbesondere ist das aufwendigere und symptomorientierte Blutdruck-Biofeedback überraschenderweise den Entspannungsmethoden nicht überlegen, weshalb man letzteren sehr viel einfacheren Verfahren in Zukunft den Vorzug geben dürfte. Die Reduktion des Blutdrucks durch Entspannungs bzw. Blutdruck-Biofeedback ist jedoch gering: Jacob et al. (1987) errechneten für die bis 1985 veröffentlichten Biofeedback- und Entspannungsstudien gegenüber den Ausgangswerten eine mittlere Senkung von 13 mm Hg systolisch, 10 mm Hg diastolisch; interessanterweise betragen diese Werte für die zwischen 1985 und 1987 publizierten Untersuchungen nur mehr 10/6 mm Hg. Diese Reduktion der Blutdruckwerte ist für eine effiziente Hochdrucktherapie mit Verhinderung der Spätfolgen ganz sicher nicht ausreichend. Weiter ist für die Beurteilung der tatsächlichen spezifischen Effizienz der Verfahren zu beachten, daß allein durch regelmäßiges Einbestellen der Patienten und Blutdruckmessungen die Blutdruckwerte in der Regel sinken (siehe Jacob et al., 1987), weshalb auch die Kontrollgruppen ohne eigentliche Therapie nach den neueren Studien ebenfalls Senkungen von immerhin 6/4 mm Hg aufwiesen; hingegen waren in den älteren, zumeist schlechter kontrollierten Studien keine wesentlichen Veränderungen bei den Vergleichsgruppen beobachtet worden. Nach den neueren Studien ergeben sich deshalb mittlere kurzfristige Blutdrucksenkungen von 10/6 mm Hg in den Therapiegruppen gegenüber 6/4 mm Hg bei den Kontrollpersonen, Unterschiede, die sich nach Jacob und Mitarbeitern im Laufe des Follow-ups über ein Jahr noch verringerten.

> Kasten 1
> *Blutdruck-Biofeedback* vgl. Zeier, 1990
>
> Beim Blutdruck-Biofeedback wird dem Probanden optisch oder akustisch rückgemeldet, wenn sein systolischer bzw. diastolischer Blutdruckwert eine vorher gesetzte Grenze unterschreitet; diese wird zunächst beim mittleren Meßwert des Probanden eingestellt. Bei einer gewissen Häufigkeit von Unterschreitungen wird das Kriterium um wenige mm Hg nach unten verschoben und ab dann erst Blutdruckwerte darunter zurückgemeldet, welcher Prozeß in der Regel mehrfach wiederholt werden kann. Während damit oft drastische Senkungen der Blutdruckwerte von Hypertonikern innerhalb der Therapiesitzungen zu beobachten sind, ist es sehr viel problematischer, diesen Lernerfolg außerhalb des Laborrahmens aufrechtzuerhalten; nur dies kann aber als Therapieerfolgskriterium gelten.

Angesichts dieser Zahlen ist die breite Einsetzbarkeit spezifischer psychologischer Interventionen bei der Hochdrucktherapie zu bezweifeln, umso mehr, als auch die drop-out Raten in diesen Studien beträchtlich sind; möglicherweise sind bei streng ausgewählten Patienten die Erfolge deutlicher, was der Frage der differentiellen Therapieindikation eine große Bedeutung verleiht. Die teilweise auch an die Öffentlichkeit getragenen Hoffnungen, durch Anwendung psychologischer Verfahren die «schädlichen» Medikamente in der Hypertoniebehandlung in größerem Maße ersetzen zu können, muß man wohl als gescheitert ansehen.
Erwähnt sei an dieser Stelle, was auch für alle anderen Krankheiten gilt, daß nämlich für eine effiziente Therapie, gerade bei Bluthochdruck mit an sich guter Prognose, die konsequente Befolgung medizinischer Maßnahmen durch den Patienten unerläßlich ist. Diese sogenannte compliance bzw. die für non-compliance verantwortlichen Faktoren stellen für den Psychologen ein bis jetzt zu wenig beachtetes Forschungsgebiet dar; weiter ist dringend die Entwicklung geeigneter Strategien zur Verbesserung dieser compliance notwendig (zu diesem Themenkomplex siehe Becker & Rosenstock, 1984; Miltner, 1986).

2.2 Koronare Herzkrankheit

Bei der koronaren Herzkrankheit (KHK) liegt eine zumeist sklerotisch bedingte Verengung der Herzkranzarterien vor. Wichtigstes Symptom der KHK ist die Angina pectoris, zunächst unter Belastung, später auch in Ruhe auftretende typischerweise hinter dem Brustbein und in der linken Brustseite lokalisierte Schmerzen; wichtigste Komplikation der KHK ist der Herzinfarkt, Untergang von Herzmuskelgewebe, welcher in der Regel durch einen thrombotischen Verschluß eines Koronarastes zustande kommt. Wie in anderen entwickelten Ländern ist die KHK die häufigste Todesursache in der Bundesrepublik. Faktoren, welche die Ausbildung einer Koronarsklerose begünstigen und damit das Infarktrisiko vergrößern, sind – wie in zahlreichen prospektiven Studien nachgewiesen – Hypertonie, Zigarettenrauchen, erhöhte Blutfettspiegel, weiterhin wahrscheinlich eine gewisse familiäre Disposition, Übergewicht, erhöhter Harnsäurespiegel, Diabetes mellitus und Bewegungsmangel.
Als weiterer Risikofaktor konnte auch das sogenannte Typ A-Verhalten identifiziert werden, welches u.a. durch eine ausgeprägte Ehrgeizhaltung und Konkurrenzdenken, auf Verhaltensebene durch ständiges Engagement in vielen und verschiedenartigsten Beschäftigungen gekennzeichnet ist. In der prospektiven Western Collaborative Group Study (Rosenman et al., 1975) konnte gezeigt werden, daß bei gesunden Personen, die dieses Typ A-Verhalten aufweisen, die Wahrscheinlichkeit, in einem gewissen Zeitraum KHK zu entwickeln oder einen Infarkt zu erleiden, etwa doppelt so groß ist wie bei Personen mit dem dazu komplementären Typ B-Verhalten; dieser Befund konnte in einer Reihe von ähnlichen prospektiven Studien bestätigt werden. Trotz einiger in jüngster Zeit mitgeteilter negativer Befunde an sehr spezifischen Stichproben ist der Risikocharakter des Typ A-Verhaltens als weitgehend gesichert anzusehen und auch nicht allein durch gewisse Vergesellschaftung mit anderen Risikofaktoren wie Zigarettenrauchen und Bluthochdruck zu erklären (zum Typ A-Verhalten, seiner Erfassung und seiner Rolle als Risikofaktor der KHK siehe ausführlich Myrtek, 1983; Matthews & Haynes, 1986; knapper Köhler, 1989).
So wie man in großangelegten Interventionsstudien versucht, durch Eliminierung von Risikofaktoren wie insbesondere Bluthochdruck, Hypercholesterinämie und Zigarettenrauchen die Inzidenz der KHK zu senken und somit primäre Prävention zu treiben, wäre dies theoretisch auch mit einer Veränderung des Typ A-Verhaltens möglich, zumal Lernmechanismen als Ursache dieses Verhaltensmusters wohl die entscheidende Rolle spielen. Dem stellen sich praktisch allerdings einige Schwierigkeiten entgegen, zunächst die, daß hierzu auf Populationsebene mit Aufklärungskampagnen und Screeninguntersuchungen wenig getan ist, sondern die Modifikation gezielt und mit gewissem Aufwand an einzelnen Individuen ansetzen müßte; da Typ A-Verhalten nach den oben angegebenen Kriterien und erfaßt mit einem der gebräuchlichen Meßinstrumente etwa von der Hälfte der Bevölkerung

gezeigt wird, kann eine solche Modifikation notgedrungen nur bei wenig Personen durchgeführt werden, entweder solchen, die zusätzlich eine Reihe anderer Risikofaktoren aufweisen oder bereits eine manifeste Koronarsklerose zeigen bzw. schon einen Infarkt erlitten haben. Eine weitere Schwierigkeit ergibt sich aus der Tatsache, daß das Risikoverhalten reichlich komplex ist und die speziellen pathogenen Komponenten noch zu wenig identifiziert sind; schließlich ist auch zu bedenken, daß gewisse Formen des Typ A-Verhaltens geradezu gesellschaftlich erwünscht und belohnt sind, so daß eine erfolgreiche Modifikation zwar das Koronarrisiko vermindern mag, gleichzeitig aber das des sozialen Abstiegs erhöhen dürfte.

Mittlerweilen gibt es eine ganze Reihe von Studien, in denen die Modifikation des Typ A-Verhaltens versucht wurde (für eine Zusammenstellung der älteren Literatur siehe Langosch, 1984; für eine Diskussion insbesondere neuerer Studien Nunes et al., 1987). Während in den älteren Studien die Therapieerfolgskriterien zuweilen unklar blieben, sind neuere Arbeiten methodisch sehr viel besser und konnten auch recht eindrucksvolle Resultate nachweisen, was in besonderem Maße für das umfangreiche Recurrent Coronary Prevention Project (siehe Friedman et al., 1986) gilt: 862 Männer, welche jünger als 65 Jahre waren und bereits einen oder mehrere Herzinfarkte erlitten hatten, wurden per Zufall in zwei Gruppen unterteilt. Eine erhielt eine rein kardiologische Beratung über Diätmaßnahmen, Medikamenteneinnahme u.ä., in der zweiten wurde neben dieser kardiologischen auch noch eine Verhaltensberatung durchgeführt; dieses sogenannte «Type A behavioral counseling» bestand u.a. in Einübung von progressiver Muskelentspannung sowie in der Vermittlung von Techniken zur Verhaltensänderung und zur Änderung von Einstellungen. Die Sitzungen wurden in beiden Gruppen über 4,5 Jahre durchgeführt. Das Typ A-Verhalten wurde zu Beginn der Studie sowie nach 3 und 4,5 Jahren mittels eines auf Video aufgezeichneten Interviews bestimmt, wobei die Rater über die Zugehörigkeit der Patienten zu Therapie- oder Kontrollgruppe nicht Bescheid wußten. Am Ende der Studie hatte sich die Häufigkeit des Typ A-Verhaltens in der Gruppe mit zusätzlicher Verhaltensberatung signifikant stärker vermindert; der Prozentsatz von Reinfarkten im Untersuchungszeitraum war in dieser Gruppe ebenfalls erheblich niedriger (12,9% gegenüber 21,2%, $p < 0{,}5\%$). Sollten sich diese Befunde replizieren lassen, hätte man bei allen oben angedeuteten Schwierigkeiten doch schon jetzt ein wirkungsvolles Interventionsinstrument wenigstens zur Senkung des Reinfarktrisikos in der Hand. Offen bleibt die Frage, ob auch an den zumeist weniger motivierten Gesunden mit Typ A-Verhalten eine vergleichsweise aufwendige Primärprävention dieser Art mit Nutzen versucht werden könnte.

Angemerkt sei an dieser Stelle noch, daß psychologische Maßnahmen insbesondere auch bei der tertiären Prävention der KHK erforderlich sind, nämlich wenn es darum geht, den Patienten bei dem Umgang mit der belastenden Krankheit und speziell mit der Tatsache eines stattgefundenen Infarktes zu unterstützen. Näheres dazu findet der Leser in den Sammelbänden von Langosch (1980, 1985).

2.3 Herzrhythmusstörungen

Von den Störungen der Erregungsbildung und Erregungsleitung im Herzen interessieren in diesem Zusammenhang nur Extrasystolen und Tachykardien, denn die pathologischen Verlangsamungen der Herzaktion (Bradykardien) sind so gut wie immer ausschließlich organisch bedingt und bedürfen medikamentöser Therapie bzw. erfordern die Implantation eines Schrittmachers. Extrasystolen sind außerhalb des gewöhnlichen Herzrhythmus einfallende Schläge, die zuweilen als Herzstolpern bemerkt werden; bei jüngeren Personen sind sie zumeist harmlos, bei älteren Patienten muß sorgfältig eine organische Ursache ausgeschlossen werden. Extrasystolen bedürfen häufig keiner Therapie; gewisse Varianten können jedoch unbehandelt das Auftreten des lebensbedrohlichen Kammerflimmerns begünstigen. Psychologische Interventionen, insbesondere Biofeedback-Verfahren, kommen nicht nur bei Gesunden zur Anwendung, die unter ihren Extrasystolen leiden, sondern zuweilen auch bei Patienten mit organischen Herzkrankheiten; eine Zusammenstellung der

älteren Studien findet sich bei Weiss (1977). Ob diese aufwendige Interventionsmethode, die sich zudem sicher nicht für alle Fälle eignet, je breiteren Einsatz erfahren wird, bleibt fraglich.
Tachykardien, Beschleunigungen der Herzaktion, sind meist harmlos, wenn sie vom Hauptschrittmacherzentrum des Herzens, dem Sinusknoten, ausgehen; andere Tachykardieformen sind meist Symptome von Herzerkrankungen. Lediglich bei den Sinustachykardien sind psychologische Verfahren, speziell Herzraten-Biofeedback öfter mit Erfolg eingesetzt worden; der Leser findet Näheres dazu bei Kröner und Sachse (1988).

2.4 Asthma bronchiale

Von Asthma bronchiale spricht man bei reversiblen Anfällen von Atemnot als Folge von Obstruktionen (Verlegungen) der Atemwege in einem hyperreagiblen Bronchialsystem; den Obstruktionen liegen in wechselnden Anteilen Verkrampfungen der Bronchialmuskulatur, Anschwellung der Bronchialschleimhaut sowie gesteigerte Sekretion und Ablagerungen von Schleimpfropfen zugrunde. Ursachen der Asthmaanfälle bzw. der Asthmakrankheit werden in allergischen Reaktionen (bzw. einer Allergiebereitschaft), in Infektionen sowie in psychischen Faktoren gesehen; letztere leugnen in der Regel auch Mediziner nicht, schreiben ihnen jedoch eher den Charakter einer Restgröße zu.
Lerntheoretische Modelle des Asthma bronchiale gehen einerseits von einer Erweiterung asthmaauslösender Situationen durch klassische Konditionierung und Stimulusgeneralisierung aus, nehmen andererseits aber auch eine operante Verstärkung der Anfälle durch ihre positiven Konsequenzen an, etwa in Form vermehrter Zuwendung durch die Bezugspersonen. Psychoanalytische Modelle sehen bei Asthmatikern als Kernkonflikt eine nicht gelöste Mutterbindung, welche sich im Asthmaanfall als unterdrücktem Schrei nach der Mutter äußern soll (siehe etwa Alexander, 1977).
Die medikamentöse Therapie besteht zumeist in der Gabe spezifischer bronchodilatatorischer Medikamente sowie von Cortisonpräparaten. Psychoanalytische Behandlung ist bei Asthma häufiger eingesetzt worden; nur zu gruppentherapeutischen Verfahren liegen systematische Therapievergleichsstudien vor, die allerdings nicht immer methodisch einwandfrei sind und auch keineswegs einheitliche Ergebnisse geliefert haben (für einen Überblick siehe Deter, 1986). Verhaltenstherapeutische Interventionen lassen sich nach ihren Angriffspunkten und angenommenen Wirkprinzipien in vier große Kategorien einteilen: 1. Entspannungsverfahren in ihren verschiedenen Varianten, 2. systematische verbale Desensibilisierung, 3. Biofeedback des Atemwegswiderstandes, 4. Verstärkerentzug. Für eine ausführliche Darstellung und Kritik der Studien sei auf Erskine-Milliss und Schonell (1981) sowie Richter und Dahme (1982) verwiesen; eine knappe Zusammenschau, die auch neuere Arbeiten berücksichtigt, findet sich bei Köhler (1989).
Entspannungsmethoden wie progressive Muskelentspannung mit und ohne EMG-Biofeedback, Autogenes Training und Transzendentale Meditation sind bei Asthma unter der Annahme zum Einsatz gekommen, daß emotionale Belastung Anfälle auslösen oder sich negativ auf bereits bestehende auswirken kann. Dazu gibt es eine ganze Anzahl von Therapiestudien, die jedoch allein schon deshalb nur bedingt vergleichbar sind, weil die Erfolgskriterien sehr unterschiedlich gewählt wurden, z.B. subjektive Einschätzung der Besserung durch die Patienten selbst, Anfallshäufigkeit, Medikamentenverbrauch, Veränderung von Atemkennwerten. Die Ergebnisse sind keineswegs eindeutig: Studien mit positiven Resultaten stehen solche gegenüber, die mit diesem Verfahren keine signifikanten Veränderungen nachweisen konnten, während schließlich eine weitere Gruppe über eingeschränkte Erfolge berichtet, z.B. statistisch signifikante, klinisch jedoch unbedeutsame Veränderungen oder Verbesserungen nur in einem Teil der erhobenen Parameter.
Um eine asthma-spezifische Intervention handelt es sich bei der sogenannten systematischen verbalen Desensibilisierung (welche nicht verwechselt werden sollte mit der somatischen Therapie der systematischen Desensibilisierung zur Abschwächung allergischer Reaktionen); es wird davon ausgegangen, daß

bestimmte Vorstellungen oder Situationen über die Entstehung von Angst einen Asthmaanfall auslösen oder verstärken. Als Therapie wird daher versucht, die Angst in diesen Situationen zu reduzieren, indem stattdessen die damit inkompatible Entspannung aufgebaut wird. Die Patienten erstellen zunächst Hierarchien asthmaauslösender Situationen. Mit der Vorstellung der am wenigsten belastenden Situation beginnend wird so lange Entspannung geübt, bis diese Vorstellung keine Angst mehr auslöst; dann wird zur nächst höherstehenden Situation der Hierarchie übergegangen. Seit der Pionierarbeit von Moore (1965) wurden dazu mehrere Untersuchungen durchgeführt, insgesamt mit nicht gerade sehr überzeugenden Ergebnissen, wenn man aussagekräftigere und klinisch relevantere Variablen wie Anfallshäufigkeit und Medikamentenverbrauch heranzieht; in den letzten Jahren ist dieses Verfahren auch anscheinend weitgehend außer Gebrauch geraten.

Analog zur Hypertoniebehandlung versucht man, die über Biofeedback-Apparaturen rückgemeldeten Atemwegswiderstände bei Asthmatikern zu verringern, wobei dies jedoch nicht geringe technische Probleme mit sich bringt. Das augenblicklich am meisten anerkannte Verfahren zur Messung des Atemwegswiderstands ist die Methode der forcierten Oszillation; bei diesem Verfahren werden in der Atemluft systematische Schwingungen angeregt, deren Eigenschaften nach elektrischer Umwandlung erfaßt werden und den Widerstand in den Atemwegen anzeigen sollen. Die Rückmeldung dieser Größe wurde zuerst in einer Studie von Vachon und Rich (1976) eingesetzt, welche bei Asthmatikern Senkungen des so gemessenen Atemwegswiderstands zeigen konnte. Spätere Untersuchungen (Steptoe et al., 1981; Janson-Bjerklie & Clarke, 1982; Erskine-Millis & Cleary, 1987) brachten jedoch wenige überzeugende Ergebnisse, so daß auch hier, ebenso wie für Entspannungsverfahren und systematische verbale Desensibilisierung, allzu große Euphorie in jedem Fall unangebracht erscheint. Hinzu kommt, daß diese Verfahren meist recht aufwendig und bei der Biofeedback-Therapie auch kostspielig sind. Was für psychologische Intervention bei Bluthochdruck gesagt wurde, gilt auch hier: Möglicherweise lassen sich bei sorgsam ausgewählten Patienten gewisse Erfolge erzielen; ein breiter Einsatz analog zu dem der medikamentösen Therapie erscheint wenigstens nach dem gegenwärtigen Erkenntnisstand so gut wie ausgeschlossen.

Wesentlich seltener als die oben erwähnten Therapieformen ist die Intervention durch Verstärkerentzug bei Asthma angewandt worden; die Logik des Verfahrens geht davon aus, daß Asthmaanfälle nicht nur Leiden bringen, sondern zuweilen auch recht angenehme Konsequenzen nach sich ziehen, insbesondere bei Kindern in Form verstärkter Zuwendung der Eltern oder Befreiung vom Schulunterricht. Darauf basierend hat man in Therapien mit wenigen ausgewählten Patienten die jeweiligen Verstärker systematisch reduziert und gleichzeitig Verminderung von Asthmaanfällen bzw. kürzere Krankenhausaufenthalte erreichen können (Creer, 1970; Neisworth & Moore, 1972). Ob solche Methoden außer bei reichlich pathologischen Fällen angebracht erscheinen, sei dahingestellt.

2.5 Kopfschmerz

Alternative Interventionsformen zu den medikamentösen Behandlungen des Kopfschmerzes sind besonders dringend erforderlich, einerseits weil, zumindest bei längerer Anwendung, Medikamente dabei keineswegs die erwünschte Wirkung erzielen, andererseits weil über gravierende Nebenwirkungen nach langjähriger Applikation wenig Zweifel bestehen. Da man bei einigen Formen von Kopfschmerz psychologischen Faktoren in der Ätiologie mit gutem Grund wenigstens in Einzelfällen eine gewisse Rolle zuschreibt, haben gerade psychologische Therapien eine weite Verbreitung gefunden und sind auch in ihrer Effizienz teilweise systematischer untersucht worden.

Chronischer bzw. chronisch rezidivierender Kopfschmerz kann die verschiedensten Ursachen haben, etwa durch eine schlecht korrigierte Alterssichtigkeit, Schäden der Halswirbelsäule, arteriosklerotische Veränderung der Hirngefäße oder einen Tumor im Schädelbereich bedingt sein. Neben diesen vergleichsweise seltenen ätiologisch geklärten Kopfschmerzen gibt es drei große Kopfschmerzsyndrome, die in einigen wenigen Fällen auf jene oben erwähnten Ursachen zurückgeführt werden können, in aller Regel jedoch eigenständige ätiologisch-pathogenetisch noch weitgehend ungeklärte Krankheitsbilder darstellen. Es sind dies die Migräne (engl.: migraine), der Spannungskopfschmerz (tension headache, muscle-contraction headache) und eine dritte Form, die Charakteristika beider anderer in sich vereinigt und im deutschen medizinischen Sprachgebrauch als vasomotorischer Kopfschmerz, im angloamerikanischen wenig glücklick zumeist als «mixed headache» oder «combined headache» bezeichnet wird.

Die Migräne ist gekennzeichnet durch anfallsartige, rezidivierende Kopfschmerzen, welche in der Mehrzahl nur eine Seite des Schädels befallen und häufig von Übelkeit und Erbrechen begleitet werden. Bei vielen Patienten gehen der Attacke charakteristische Sehstörungen voraus, selten kann es vor und im Anfall zu reversiblen schweren neurologischen Ausfällen kommen. Im Gegensatz zur Migräne ist der Spannungskopfschmerz immer beidseitig lokalisiert, ist eher dumpf ziehend, insgesamt weniger beeinträchtigend, nicht klar anfallsartig abgegrenzt, verläuft schließlich auch ohne neurologische oder vegetative Begleit- oder Prodromalsymptome. Der vasomotorische Kopfschmerz als dritte häufige Form ist ebenfalls weniger anfallsartig und zumeist beidseitig lokalisiert, ähnelt aber durch zuweilen begleitende Übelkeit oder Prodromalsymptome eher der Migräne.

Die Ätiologie der Migräne ist noch weitgehend unbekannt. Ein genetischer Faktor spielt zweifellos eine Rolle, kann aber nicht allein das Vorkommen und die Schwere dieser Erkrankung erklären; andere Faktoren wie Klima, Ernährungsgewohnheiten, Arbeitsbedingungen bestimmen in erheblichem Maße mit, wie stark und unter welchen Umständen sich die Migränedisposition in Form von Anfällen äußert. Bezüglich der Pathogenese ist man sich insofern weitgehend einig, daß man als Grundlage des Schmerzgeschehens reversible Veränderungen in Form einer Vasokonstriktion (Gefäßverengung) und anschließender Vasodilatation (Erweiterung) im Schädelbereich annimmt. Einige psychoanalytische Autoren sehen den Migräneanfall als unspezifisches vegetatives Korrelat unterdrückter Aggression an (vgl. Alexander, 1977); die Tatsache jedoch, daß viele Migräneattacken allein durch physikalisch-biologische Reize wie Licht, Wärme, gewisse Nahrungsmittel provoziert werden können, läßt eine übertriebene Psychologisierung der Anfälle unangebracht erscheinen und nimmt jenen Konzepten weitgehend Überzeugungskraft. Besser mit den sonstigen Befunden zur Migräne vereinbar ist der psychophysiologische Erklärungsansatz, welcher eine habituelle Neigung der Migräniker annimmt, auf psychologische Streßreize und auch andere Stimuli bevorzugt mit Veränderungen der Gefäße im Kopfbereich zu reagieren, was sie zu jenen ausgeprägten Gefäßreaktionen in der Migränepathogenese disponieren könnte. Trotz zahlreicher Untersuchungen sind jedoch diese postulierten psychophysiologischen Eigenheiten von Migränepatienten nie zweifelsfrei nachgewiesen worden (siehe dazu Köhler, 1989).

Die medikamentöse Therapie des Migräneanfalls besteht in der Gabe schmerzstillender Mittel, oft zusätzlich auch der gefäßwirksamen Ergotamin- und Dihydroergotaminpräparate; zur Prophylaxe bei häufigen und schweren Anfällen wird regelmäßige Einnahme von Betarezeptorenblockern oder Serotoninantagonisten empfohlen. Trotz unbestrittener genereller Wirksamkeit sowohl der Akuttherapie als auch der prophylaktischen Maßnahmen bleibt für psychologische Interventionsformen eine breite Indikation, da einerseits jene oben beschriebenen Substanzengruppen nicht bei allen Patienten eingesetzt werden dürfen oder ihre Wirksamkeit entfalten, andererseits weil Gewöhnung und ernstere Nebenwirkungen bei jahre- bis jahrzehntelanger Einnahme sehr häufig beobachtet werden. Die zur Anwendung kommenden psychologischen Maßnahmen sind vielfältigster Natur, teilweise ziemlich konzeptlos, teilweise aber auch rational aus Modellvorstellungen über die Pathogenese der Migräne abgeleitet und bezüglich ihrer Effizienz in größeren Therapievergleichsstudien überprüft. Darstellungen der einzelnen Verfahren und der einschlägigen Studien finden sich u.a. bei Knapp (1983) und Gerber (1986), neuere Arbeiten bei Martin et al. (1987) bibliographiert; angesichts dieser sehr gründlichen Literaturü-

bersichten wird im weiteren auf eine Detaildarstellung der Verfahren und der Belege für ihre Effizienz verzichtet.
Grundsätzlich kann man zwei große psychologische Interventionsstrategien unterscheiden, nämlich solche, welche zunächst nicht am Migräneanfall selbst ansetzen, sondern an den Bedingungen, welche zu ihm führen, daneben andere, mit denen ganz speziell die Kupierung der Attacke versucht wird (siehe auch Gerber, 1986, 106ff.). In der Praxis verwischen sich diese Unterschiede jedoch oft erheblich, insbesondere da zunehmend sogenannte «multimodale» Verfahren eingesetzt werden, welche teils auf der einen, teils auf der anderen Therapieebene angreifen. In vielen der Arbeiten bleibt auch unklar, wann welche Übungen von den Patienten eingesetzt werden sollen.
Zur ersten Gruppe gehören etwa psychoanalytische Verfahren, welche die als Grundlage des Migräneleidens angenommenen aggressiven Konflikte bearbeiten sollen; dazu publizierte Therapiestudien gibt es nur wenige, welche mangels Kontrollgruppen auch nur bedingt aussagekräftig sind. Davon abgesehen erscheint auch das Verfahren zu aufwendig und der Bedeutung des Krankheitsbildes nicht angemessen. Kognitiv-behaviorale Interventionen gehen von der gut dokumentierten Tatsache aus, daß Migräneanfälle häufig, bei manchen Patienten sogar sehr regelmäßig, auf Streßsituationen folgen. Entsprechend erscheint es sinnvoll zu versuchen, den Patienten zu einem besseren Umgang mit den belastenden Umständen anzuhalten, woraus sich die rationale Begründung für Streßbewältigungstrainings, Assertiveness-Trainings oder rational-emotive Therapie bei der Migränebehandlung ergibt. Vornehmlich mit diesem Argument ist wohl auch der Einsatz von Entspannungsverfahren bei der Therapie Migränekranker zu rechtfertigen, denn es ist schwer einzusehen, an welcher Stelle in der Pathogenese des eigentlichen Anfalls Entspannung hemmend eingreifen sollte. Daß sich gezielt damit die zumeist unbemerkte und zeitlich wohl sehr variable initiale Vasokonstriktion (s.o.) verhindern läßt, ist zumindest unbewiesen. Selbst in diesem Falle wäre der therapeutische Nutzen noch nicht selbstverständlich gewährleistet, denn es ist andererseits eine gut dokumentierte Tatsache, daß Migräneanfälle besonders häufig erst in den Entspannungsphasen nach Streß auftreten. Gerade diese Frage aber, zu welchen Zeitpunkten der Migräniker Entspannungsübungen praktizieren solle und wann er diese besser zu unterlassen habe, ist bis jetzt in vielen einschlägigen Arbeiten zu wenig behandelt. Als hauptsächliches Verfahren wird progressive Muskelentspannung mit oder ohne EMG-Biofeedback eingesetzt, Transzendentale Meditation kommt seltener zur Anwendung, und bezüglich Autogenem Training gehen die Meinungen weit auseinander; wenigstens von der sogenannten Stirnkühlübung, welche Migräneattacken auslösen kann, wird allgemein abgeraten. Das Alpha-Biofeedback, zuweilen in den siebziger Jahren bei Migräne eingesetzt, ist heute nicht zuletzt angesichts des erheblichen Aufwands wohl ganz verlassen worden. Eine besondere Stellung nimmt das Handerwärmungstraining ein, welches von Sargent et al. (1972) zum ersten Male angewandt wurde in der Erwartung, durch Übungen zur Erwärmung und damit besseren Durchblutung der Hände gleichzeitig die Durchblutung der Gefäße im Schädelbereich zu drosseln und damit ihre schmerzhafte pulsatorische Dehnung zu vermindern. Zwar ließen sich mit diesen Verfahren anfangs tatsächlich nicht unbeträchtliche Verbesserungen erzielen; andererseits jedoch haben eine Reihe von Studien nachweisen können, daß der von den Autoren ursprünglich angenommene Wirkmechanismus der Blutumverteilung dabei sicher keine Rolle spielt. Die meisten Autoren gehen mittlerweile davon aus, daß der Effekt v.a. in der Entspannung und Reduktion des sympathischen Erregungstonus liegt. In letzter Zeit sind auch zunehmend Zweifel an der therapeutischen Effizienz des Verfahrens geäußert worden (siehe etwa Gerber, 1986, 119f).
Zur zweiten Gruppe von Verfahren, jener, welche direkt am Migräneanfall angreifen, gehört das Vasokonstriktionstraining (vgl. Kasten 2), bei dem die Probanden im Laufe von 20 oder mehr Sitzungen lernen, unter Biofeedback das Volumen ihrer Temporalarterien zu verkleinern; im Anfall oder bei den ersten Anzeichen davon soll diese Technik dann eingesetzt werden. Dieses Verfahren ist in seinem Wirkungsprinzip am besten verständlich und soll die Effekte vasoaktiver Substanzen wie Ergo-

Kasten 2
Das Vasokonstriktionstraining

Das Vasokonstriktionstraining unter Rückmeldung des Blutvolumenpulses, zumeist einer Schläfenarterie, ist das anhand pathogenetischer Vorstellungen am besten begründete psychologische Interventionsverfahren bei Migräne. Wie oben ausgeführt, beruht diese Form des Kopfschmerzes wahrscheinlich auf einer Dehnung von Arterien im Kopfbereich, und die therapeutische Wirkung der Ergotaminpräparate bei Migräne resultiert mutmaßlich aus der durch sie hervorgerufenen Gefäßverengung.

Friar und Beatty (1976) führten als erste eine kontrollierte Therapiestudie zum Vasokonstriktionstraining durch: Den Probanden wurde die Pulsvolumenamplitude rückgemeldet, d.h. der Volumenunterschied zwischen maximaler Verengung und Erweiterung im Herzrhythmus, welche Größe wiederum in direkter Beziehung zum jeweiligen mittleren Durchmesser der Arterie steht. Abgeleitet wurde an der Schläfenarterie oder einem ihrer Äste, und 9 Probanden mit schwerer Migränesymptomatik erhielten eine optische und akustische Rückmeldung über den jeweiligen Dehnungszustand. Sie lernten so in den Trainingssitzungen, die Arterie zu kontrahieren und wurden aufgefordert, diese Fähigkeit künftig bei den ersten Anzeichen eines Migräneanfalls einzusetzen. Im Vergleich zu einer Kontrollgruppe von Migränikern, die dieses Biofeedbacktraining für eine Fingerarterie erhalten hatten und die keine signifikante Reduktion ihrer Kopfschmerzsymptome zeigten, hatte sich in der ersten Gruppe die Häufigkeit (nicht die Intensität) der Attacken im Monat nach der Behandlung vermindert.

Mittlerweile ist dieses Verfahren technisch sehr ausgereift und wird auch in einigen Varianten praktiziert. So gab Gerber (1986) seinen Patienten Rückmeldung über die Pulsvolumenamplitude in Form eines Quadrats auf einem Monitor, welches sie in der gewünschten Richtung verändern sollten. Neben der Vasokonstriktion zum Einsatz bei der Anfallskupierung sollte auch Gefäßerweiterung geübt werden, um diese prophylaktisch zur Beseitigung der initialen Konstriktion einzusetzen (siehe Gerber, 1986).

tamin oder Dihydroergotamin nachahmen. Mittlerweile hat es auch in Neurologenkreisen größere Beachtung gefunden, wird u.a. in den Empfehlungen der Deutschen Migräne-Gesellschaft als Form der Behandlung der Migräne ausdrücklich erwähnt und kommentiert (siehe Soyka et al., 1986). Auch die klinische Effizienz des Vasokonstriktionstrainings ist durch eine größere Anzahl von Studien recht gut demonstriert (vgl. Gerber, 1986, 123ff.).

Überblickt man abschließend die einzelnen Therapiemethoden (kognitive Therapien, verschiedene Entspannungsverfahren, Vasokonstriktionstraining), so kann ihre Wirksamkeit bei der Behandlung der Migräne auch im Rahmen längerer Follow-up-Studien (vgl. Blanchard, 1987) als gut nachgewiesen angesehen werden. Erstaunlicherweise zeigen diese drei von der Konzeption her deutlich verschiedenen Verfahrensmöglichkeiten ähnliche Erfolgsquoten, so daß augenblicklich keine der Interventionsformen eindeutig favorisiert werden kann, vielmehr zunehmend kombinierte Behandlungen vorgenommen werden. Die Frage der differentiellen Therapieindikation, also welches Verfahren sich für welche Patienten am besten eignet, wird zwar immer wieder in ihrer praktischen Bedeutung betont, hat aber bis jetzt noch nicht genügende Klärung erfahren; gerade dies aber könnte dazu beitragen, psychologische Therapien der Migräne ökonomischer und zugleich noch erfolgreicher zu gestalten.
Beim Spannungskopfschmerz wurde über lange Zeit mehr oder weniger als selbstverständlich angenommen, daß er durch Verkrampfung der Stirn- und Nackenmuskulatur zustande käme; mittlerweilen zweifelt man dieses Entstehungsmodell mehr und mehr an, einerseits weil sich die elektromyographischen Aktivitäten von Patienten mit Spannungskopfschmerz und Gesunden häufig nicht unterscheiden, andererseits weil in mehreren Untersuchungen die EMG-Aktivität in schmerzfreier Phase und Schmerzstadium bei Spannungskopfschmerzpatienten nicht verschieden gefunden wurde. Gleichwohl haben auf dieser möglicherweise nur bedingt gültigen Annahme basierende Verfahren, nämlich progressive Muskelentspannung und insbesondere EMG-Biofeedback der Stirnmuskulatur,

eine hohe therapeutische Effizienz (vgl. die Zusammenstellung bei Holmes & Burish, 1983; für eine Bibliographie speziell neuerer Arbeiten siehe wiederum Martin et al., 1987). Auch kognitive Therapien werden zunehmend eingesetzt, wie bei der Migräne unter der Annahme, daß Streß bzw. seine inadäquate Bewältigung in der Pathogenese des Spannungskopfschmerzes eine wesentliche Rolle spielen. Beobachtungen über Zeiträume von mehreren Jahren geben erste Hinweise, daß kognitive Verfahren oder Entspannungstrainings langfristig dem alleinigen EMG-Biofeedback wohl überlegen sind (vgl. Blanchard, 1987); auch hier scheinen sich kombinierte Therapien mehr und mehr durchzusetzen.
Systematische Studien zur psychologischen Intervention bei vasomotorischen Kopfschmerzen gibt es so gut wie nicht, da diese Patienten fast immer entweder der Gruppe mit Spannungskopfschmerz oder der mit Migräne zugeteilt und entsprechend mittherapiert werden. Bei – wie es scheint – zunehmender Einsicht in die Eigenständigkeit dieses Krankheitsbildes ist zu erwarten, daß auch hierfür spezifische Therapieformen entwickelt und an homogenen Stichproben überprüft werden.

2.6 Krankheit des Verdauungstrakts

Unter peptischem Geschwür (ulcus pepticum) versteht man einen gutartigen, oberflächliche Schichten durchdringenden Defekt der Schleimhaut in jenen Abschnitten des Magen-Darmtrakts, welche mit der Magensäure in Berührung kommen, also im Bereich des Magens und des oberen Zwölffingerdarms. Entsprechend wird nach dem Sitz ein Ulcus ventriculi (Magengeschwür) von einem Ulcus duodeni (Zwölffingerdarmgeschwür) unterschieden, welche sowohl vom Schmerzcharakter als auch von der Pathogenese her sich deutlich unterschiedlich verhalten. Die einzelnen Geschwüre heilen im allgemeinen auch ohne Therapie binnen weniger Wochen aus, neigen jedoch zur Rezidivbildung, weshalb man besser von Ulcuskrankheit spricht. Für die Pathogenese des Ulcus duodeni nimmt man eine erhöhte Sekretion von Magensäure mit der Folge von Schleimhautläsionen an, während beim Ulcus ventriculi eher unzureichende Schutzmechanismen gegen einen normal, zuweilen sogar ausgesprochen niedrig konzentrierten Magensaft vermutet werden. Die Ätiologie des Ulcus pepticum ist weitgehend unbekannt; eine gewisse genetische Disposition spielt eine quantitativ noch schwer bestimmbare Rolle und manifestiert sich möglicherweise in der angeborenen Häufigkeit der Salzsäure und Pepsinogen produzierenden Beleg- bzw. Hauptzellen. Von psychologischen Theorien zur Genese des Ulcus pepticum hat lediglich die psychodynamische von Franz Alexander größere Bedeutung erlangt, welcher die erhöhte Magensäuresekretion als Folge des Wunsches nach Zuwendung interpretiert.
Die medikamentöse Therapie des Ulcus pepticum besteht in der Regel in der Gabe säurebindender und die Säuresekretion hemmender Medikamente, welche das floride Ulcus meist rasch zum Abheilen bringen und auch weitgehend das Auftreten von Rezidiven verhindern sollen; mit der operativen Behandlung ist man entsprechend heute zurückhaltender geworden. Psychologische Interventionen sind insgesamt selten und am ehesten noch von Psychoanalytikern vorgenommen worden (siehe Orgel, 1958; Glen, 1968); augenblicklich kann wenig Definitives über die Effizienz dieser Therapie gesagt werden. Weiter kamen vereinzelt verhaltenstherapeutische Maßnahmen wie Entspannungstraining, kognitive Desensibilisierung oder Streß-Management-Training zum Einsatz (für Zusammenstellungen siehe Whitehead & Bosmajian, 1982). Theoretisch interessant, wenn auch augenblicklich ohne praktische Bedeutung sind Versuche, durch Rückmeldung des pH-Wertes im Magensaft eine Biofeedbacktherapie zur Drosselung der Magensäuresekretion durchzuführen (Welgan, 1974). Besonderer Stellenwert dürfte psychologischen Interventionen in der Therapie des akuten Ulcus, welches ja unter Medikamentengabe oder auch spontan binnen weniger Wochen zu verschwinden pflegt, auch weiterhin nicht zukommen; wenn überhaupt, müßten sich solche Therapien wohl eher die Verhinderung von Rezidiven zum Ziel setzen.
Colitis ulcerosa und Morbus Crohn werden zunehmend in der Literatur als zwei verschiedene Spielformen ein und derselben Erkran-

kung betrachtet und unter dem Begriff «chronisch entzündliche Darmkrankheiten» zusammengefaßt. Es handelt sich um meist schubweise verlaufende entzündliche Veränderungen vornehmlich des unteren Verdauungstrakts, welche sich in Fieber, Leibschmerzen sowie oft blutigen Durchfällen äußern, als Komplikationen zu Perforationen, Stenosen, Fistelbildung in den betroffenen Darmabschnitten führen können und teilweise auch von Entzündungen außerhalb des Verdauungstrakts, etwa in Gelenken oder im Augenbereich begleitet sind. Für die Pathogenese nimmt man Autoimmunprozesse an, die Ätiologie ist unbekannt. Die Therapie besteht in der Gabe entzündungshemmender Medikamente, oft auch in Resektionen großer Darmabschnitte.

Psychologische Erklärungen zu Genese wurden ausschließlich von Psychoanalytikern formuliert, jedoch keineswegs sehr explizit und bei den verschiedenen Autoren wenig übereinstimmend zu lesen; das Augenmerk richtet sich vornehmlich auf eine pathologische Formen annehmende, später nicht gelöste Bindung zu nahen Bezugspersonen, speziell zur Mutter. Entsprechend hat man öfter diese Patienten mit analytischer Psychotherapie behandelt; die wenigen systematischen Therapievergleichsstudien (für einen Überblick siehe Rohrmeier, 1982) weisen jedoch erhebliche methodische Mängel auf, insbesondere den, keine Kontrollgruppen einzusetzen, was zur Beurteilung von Therapieeffekten bei einer schubweise, mit Spontanremissionen verlaufenden Erkrankung unerläßlich ist.

Unter Colon irritabile (Reizkolon, Colica mucosa) versteht man funktionelle Darmbeschwerden wie Durchfall, Verstopfung, Schmerzen der Bauchgegend ohne nachweisbare organisch-morphologische Veränderungen. Das Störungsbild ist ausgesprochen häufig; die wenigen, die deshalb einen Arzt aufsuchen oder gar in psychologische Behandlung geraten, stellen eindeutig eine Selektion dar, was die Generalisierung dort erhobener Befunde so gut wie verbietet. Explizit formulierte Erklärungsversuche sind selten; die wenig präzise Auffassung, es handle sich um emotional labile Patienten, deren Beschwerden sich vornehmlich im Bereich des Gastrointestinaltrakts äußerten, spiegelt wohl am besten den augenblicklichen Theoriestand wider.

Wichtigster therapeutischer Schritt ist eine genaue Diagnostik, um den Patienten anschließend von der Harmlosigkeit der Störungen überzeugen zu können. Weiter werden zumeist milde Magen-Darm-Therapeutika eingesetzt; die verbreitete Behandlung der Patienten mit Psychopharmaka ist sicher nicht unproblematisch. In einigen wenigen Studien wurde mit wechselndem Erfolg versucht, über Biofeedbackverfahren die Dickdarmmotilität bei Colon irritabile-Patienten direkt zu beeinflussen (für einen Überblick siehe Latimer, 1981; Whitehead & Bosmajian, 1982); erfolgversprechender scheint der bedeutend weniger aufwendige Einsatz einfacher Entspannungsverfahren zu sein (vgl. Blanchard & Schwarz, 1988).

2.7 Anorexia nervosa und Bulimia nervosa

Den Krankheitsbildern der Anorexie und insbesondere der Bulimie sind in den letzten Jahren durch ihre epidemiologische Zunahme immer mehr Beachtung geschenkt worden. Trotz z.T. differierender Angaben kann von einem Vorkommen in Risikopopulationen (junge Frauen) von ca. 5% für die Bulimie und ca. 0,7 bis 1% für die Anorexie als konservative Schätzung ausgegangen werden (vgl. Fichter, 1985, S. 37ff und S. 266ff). Die Anorexie zeichnet sich durch Gewichtsphobie, Körperschemastörungen und einen Gewichtsverlust von 25% des ursprünglichen Körpergewichts aus (nach neueren Definitionen 15% Gewichtsverlust und Amenorrhoe).

Die Bulimia ist gekennzeichnet durch Phasen des Heißhungers, in denen große Mengen Nahrung aufgenommen werden, und den Versuch, die Gewichtsabnahme durch anschließendes Fasten, selbstinduziertes Erbrechen oder die Einnahme von Abführmitteln oder Diuretika wieder ungeschehen zu machen. Hinzu treten oft depressive Verstimmungen. Einige Autoren betonen bei der Anorexia außerdem die Bradykardie (Ruhepuls von ‹60), Perioden der Überaktivität sowie oft bestehende Krankheitsverleugnung (siehe Meermann & Vandereycken, 1987, S. 8ff.).

Schwierigkeiten bei der Psychotherapie von Eßstörungen bereiten immer wieder assoziierte Störungen, nämlich u.a. Alkohol- und Medikamentenabusus, Kleptomanie (hauptsächlich während bulimischer Phasen, siehe Crisp et al., 1980), Suizidalität, Selbstverletzungstendenzen, Depersonalisation, Derealisation und Persönlichkeitsstörungen (siehe etwa Russel, 1989; zu weiteren Symptomen bei Patientinnen mit Eßstörungen siehe Steinhausen & Glanville, 1983).

Die heute zur Verfügung stehenden Modelle zu Entstehung und Verlauf der beiden Krankheiten sind insgesamt als noch zu unbefriedigend zu bezeichnen, da kein Konzept die Pathogenese in allen Punkten zu erklären vermag. Erwähnt seien hier nur die bedeutendsten Ansätze, so die psychoanalytischen Modelle (siehe Paul, 1987; ausführlicher Köhle & Simons, 1986), feministische Ansätze (Orbach, 1985; Maader, 1987), biologische Modelle (vgl. Meermann & Vandereycken, 1987, S. 50) und kognitiv-behavioristische Ansätze (Paul, 1987; Nutzinger & de Zwaan, 1989).

Magersucht und Bulimia gelten in Fachkreisen als schwer therapeutisch zugänglich und mit hohen Rückfall und drop-out-Raten belastet. Aus der Schwierigkeit, Eßstörungen trotz dieser Widerstände auf Patienten und Therapeutenseite effektiv zu behandeln, wurden diverse Behandlungsprogramme - meist Kliniksettings - entwickelt, so aus der Psychoanalyse (Seifert & Loos, 1987; Schmitt, 1987; Willenberg, 1987) und der Verhaltenstherapie (Garner & Bemis, 1985; Fairburn, 1985). In letzter Zeit entstehen immer mehr multidimensionale Programme (Kalucey et al., 1985). Bei näherer Betrachtung zeigt sich jedoch wider Erwarten eine erstaunliche Übereinstimmung in den verschiedenen Behandlungsansätzen (z.B. Integrierung von Körperwahrnehmung und Gestaltungstherapie, Familientherapie, gruppentherapeutische Ansätze, Elemente der kognitiven Therapie). Deshalb sei hier beispielhaft ein verhaltensmedizinisches, multidimensionales Klinikbehandlungsprogramm für Anorexia und Bulimia aus dem deutschsprachigen Raum dargestellt (Brunner & Fichter, 1987; Leibl et al., 1988) (vgl. Kasten 3).

Kasten 3
Verhaltensmedizinisches Behandlungsprogramm für Anorexia und Bulimia (Brunner & Fichter, 1987; Leibl et al., 1988)

Phase 1
- Aufbau einer therapeutischen Beziehung
- Erstellung einer Verhaltensanalyse
- Behandlungsplan

Phase 2

Symptomebene:
- self monitoring, Führen von Eßprotokollen zur a) Erarbeitung der Auslöser von Heißhungerattacken, Erarbeitung des Vermeidungsverhaltens, b) Erarbeitung von irrationalen Kognitionen im Zusammenhang mit Essen - Einübung von Veränderungsstrategien durch Setzen kleiner, realistischer Ziele (Durchbrechen des «Alles oder Nichts»-Prinzips)
- Strukturierung des Essens-Tagesablaufs

Persönlichkeitsebene:
- Gruppentherapie: Durchbrechung der durch die Eßstörungen entstandenen Isolation, Erkennung der «Universalität des Leidens» (Yalom, 1977, S. 26ff)
- Selbstsicherheitstraining: Reduzierung von Unsicherheit und Minderwertigkeitsgefühlen
- Anti-Diät-Kurs: Psycho-edukative Information und Aufklärung zur Eßstörung und ihren Folgen, Erarbeiten von alternativen Verhaltensmöglichkeiten
- Körperarbeit: Schaffung eines Zuganges zur eigenen, meist abgelehnten Körperlichkeit
- Familientherapie: Transparentmachung von Familieninteraktionen und Kennzeichnung von sekundärem Krankheitsgewinn (zur Familienpathologie siehe Crisp et al., 1974; Kog & Vandereycken, 1985)
- Videokonfrontation: Bearbeitung von Körperschemastörungen (vgl. Badura & Steinmeyer, 1984)
- Entspannungstraining
- Ergotherapie/Beschäftigungstherapie: Erhöhung von Wahrnehmungs- und Ausdrucksfähigkeit

Phase 3
- Umgang mit Rückfällen
- Erarbeitung von Zukunftsperspektiven
- Sicherung der Nachsorge (ambulante Therapie/Selbsthilfegruppen, vgl. Enright et al., 1985)

Für andere Therapieprogramme aus dem deutschsprachigen Raum siehe Utz und Scheiner (1987) sowie Lechler (1987).
Bei der Therapie von Eßstörungen ist besonders zu beachten, daß die vordringliche Aufgabe des Therapeuten darin besteht, zu erarbeiten, wofür das Symptom steht. Dies ist besonders gut mit Hilfe der erwähnten Eßprotokolle möglich, mit denen Zusammenhänge zwischen unterdrückten und verleugneten Gefühlen einerseits und Heißhungerattacken andererseits herausgearbeitet werden können. Auch irrationale Überzeugungen können so bearbeitet werden. Voraussetzung hierfür sind in der therapeutischen Beziehung Akzeptanz und Verständnis, ohne jedoch den Patienten mit dem Angebot von zuviel Nähe zu bedrängen, da dies den meist selbstunsicheren und Ich-schwachen-Patienten als Gefahr erscheinen muß (Garner et al., 1982).
Weiter sollte der Therapeut dem Patienten Möglichkeiten anbieten, seine Autonomiebestrebungen auch außerhalb des magischen Bereichs Essen auszuprobieren, was aber nicht bedeutet, den oft am Symptom «klebenden» Patienten zu überreden; schließlich kann der Eßgestörte nur in dem Maß seine Symptome aufgeben, wie er alternative Verhaltensmöglichkeiten zur Verfügung hat.
Schwierigkeiten für den Therapeuten ergeben sich oft durch die den Krankheitsbildern innewohnende Tendenz zur Verheimlichung und Täuschung. Das Trinken von Wasser vor dem Wiegetermin, Gewichte in den Kleidern und das Verschweigen von Laxantien, Diuretika- und Appetitzüglerabusus erzeugen leicht negative Gegenübertragungen beim (unerfahrenen) Therapeuten. Die Täuschung jedoch gehört mit zum Krankheitsbild und steht – zumindest anfänglich – nicht unter der willentlichen Kontrolle der Patienten.
Zur Wiederherstellung einer realitätsnahen Ebene können im stationären Setting Zimmerkontrollen auf Lebensmittel und Laxantien hilfreich sein, ohne daß aber hiermit eine moralische Verurteilung des Patienten verbunden sein darf. Lediglich geht es darum, ein stillschweigendes Einhergehen mit der Realitätsverleugnung der Patienten zu vermeiden. Immer wieder ist auch die Bearbeitung des sogenannten dichotomen Denkens (Garner et al., 1982) gefordert, da der Eßstörungspatient zum Schwarz-Weiß-Denken neigt. Diese Durchbrechung der «Alles oder Nichts»-Regel ist nicht nur im Symptombereich gefodert, sie erstreckt sich vielmehr auf alle Lebensbereiche.
Sachliche Aufklärung über die Störung ist vielfach als ein wichtiger Bestandteil der Behandlung diskutiert worden. So wissen viele Eßgestörte nichts über den Zusammenhang von exzessivem Fasten (Diät) und anschließenden Heißhungerattacken, oder über anfängliche negative Nebenwirkungen bei Beginn eines normalen Eßverhaltens (z.B. Ödeme). Nur die wenigsten Erkrankten sind auch über die körperlichen Folgen der Eßstörungen informiert, z.B. Schädigungen des Herz-Kreislaufsystems bei Anorexia, im Magen-Darm-Trakt bei Bulimie. Gerade um mit den körperlichen Folgeerscheinungen umgehen zu können, ist eine enge Zusammenarbeit zwischen Psychotherapeut und Somatiker nötig, ebenso bei Erreichen eines lebensbedrohlichen Untergewichts. Bei einer vitalen Gefährdung kann proteinhaltige Zusatznahrung, Ernährung mit einer Magensonde oder – falls unumgänglich – eine Verlegung auf die Intensivstation in Erwägung gezogen werden. Wichtig ist hierbei, die psychotherapeutische Interaktion nicht abzubrechen. So kann eine Verlegung mit dem Angebot der Wiederaufnahme gekoppelt werden.

3. Effizienz der Therapien

Auf dem Gebiet der Eßstörungen liegt eine Flut von Therapiekontrollstudien vor, welche jedoch kaum vergleichbar sind (Steinhausen & Glanville, 1983; Vandereycken & Pierloot, 1983; Herzog et al., 1989). Gründe sind hauptsächlich unterschiedliche diagnostische Kriterien, unterschiedlichste Zusammensetzung der Stichproben und verschiedenartige Erfolgskriterien (etwa Symptomreduktion oder Persönlichkeitsveränderungen). Einige Studien sind aufgrund allzu kurzer Katamnesezeiträume oder mangelnder Angaben über drop-out Raten wenig aussagekräftig. In besser kontrollierten Studien haben z.B. Protreck-Rose et al. (1987) für die Verhaltenstherapie der Bulimia und Anorexia Erfolge zeigen können, desgleichen Freemann et al.

Kasten 4
Psychotherapiestudie (Kirkley et al., 1985)

Fragestellung: Die Fragestellung der Studie lautet, ob eine bestimmte Therapieform (nondirektiv vs. kognitiv-behavioural) bei der ambulanten Therapie der Bulimia nervosa Vorteile bringt.

Stichprobenbeschreibung: Es wurden 20 Frauen zwischen 10 und 46 Jahren (Durchschnitt: 20,3 Jahre) durch Zeitungsinserate ausgewählt, die die Kriterien für Bulimie des DSM-III erfüllten. Die Diagnose wurde über ein klinisches Interview sowie über eine Selbstprotokollierung der Symptomatik abgesichert. Ausgeschlossen wurden Patientinnen, die suicidal, kleptoman oder von Alkohol, Drogen oder Laxantien abhängig waren. Durchschnittlich waren die Patientinnen seit 7 bis 10 Jahren bulimisch, das Erbrechen trat im Mittel 14,3 mal pro Woche auf.

Behandlungsform und Dauer: Die Stichprobe wurde aufgeteilt in vier Gruppen zu je sieben Frauen. Diese Gruppen waren weitgehend parallelisiert. Die Gruppen erhielten über vier Monate pro Woche eine 90-minütige Gruppentherapie entweder als nondirektive Therapie oder verhaltenstherapeutisch orientiert. Je zwei Psychologen leiteten einmal die nondirektive und einmal die kognitiv-behaviourale Gruppe.

Versuchsplan/abhängige Variablen: Alle Versuchsbedingungen fokussierten auf bulimisches Verhalten und auf Gruppeninteraktion. Alle Versuchsteilnehmer mußten wöchentlich die Erbrechensrate protokollieren sowie ein tägliches Essensprotokoll führen. Im verhaltenstherapeutischen Setting wurden allerdings konkrete Anweisungen gegeben, so z.B. regelmäßig zu essen (3 bis 5 Mahlzeiten pro Tag) oder die Ermutigung, neue, bisher «verbotene» Lebensmittel auszuprobieren. Außerdem wurde z.B. der Einsatz von mit Erbrechen inkompatiblen Verhaltensweisen geübt. In der nondirektiven Anordnung wurde anstelle konkreter Anweisungen Empathie gesetzt und von den Patienten vorgeschlagene Verhaltensweisen diskutiert. In der Versuchsanordnung wurde die Symptomatik (Erbrechen, Heißhungerattacken) über Selbstprotokollierung erhoben sowie psychometrische Messungen durchgeführt (u.a. wurde Depression, Angst, Ärger, Einstellung zum Essen und Kognitionen zum Eßverhalten neben anderen Persönlichkeitsaspekten über Fragebögen erhoben). Die Erhebungen erfolgten vor und nach der Behandlung sowie nach einem 3-monatigen Follow-up. Nach sechs Wochen Behandlung wurde ein Selbstrating darüber erhoben, ob die Patienten die Behandlung als sinnvoll erlebten.

Ergebnisse: Auf der Symptomebene (Erbrechen, Heißhungerattacken) erbrachten beide Behandlungsformen Verbesserungen, jedoch wurde nur das verhaltenstherapeutische Ergebnis signifikant. Auf der Persönlichkeitsebene konnten beide Therapieformen signifikante Verbesserungen bei Angst, Depression, Eßstörungskognitionen und Einstellung zum Essen erbringen. Im 3-Monats-Follow-up nivellierten sich die Unterschiede auf der Symptomebene; nun waren die Ergebnisse der Verhaltenstherapiegruppe nicht mehr signifikant, d.h. es gab in der verhaltenstherapeutischen Gruppe nach Beendigung der Therapie mehr Rückfälle, obwohl diese Gruppe immer noch besser abschnitt. Unabhängig vom Setting hielten alle Patienten ihre Behandlungsform für sinnvoll. Ein hauptsächlicher Unterschied zeigte sich in der Abbruchrate. Während im nondirektiven Setting insgesamt fünf Patienten abbrachen, brach nur eine Patientin beim verhaltenstherapeutischen Setting ab. Die Abbruchrate war zwar nicht signifikant unterschiedlich, jedoch erscheint bei der insgesamt recht geringen Probandenzahl und einem nur knapp über dem 5%-Niveau liegenden Ergebnis eine Interpretation gerechtfertigt. Möglich wäre, daß eine klare Strukturgebung gerade Bulimikerinnen länger und besser zur Therapie motiviert. Von einem streng wissenschaftlichen Standpunkt aus gesehen, kann selbst eine so relativ gut kontrollierte Studie wie diese lediglich Hinweise geben. Faßt man die vorliegenden Ergebnisse zusammen, so liefern sie sicher nur Indizien dafür, welche Therapieformen geeignet sein könnten. Tendenziell zeigen sich multidimensionale Therapieprogramme, kognitiv-verhaltenstherapeutische Ansätze und eine Reihe von einzelnen Therapieelementen als vielversprechend. Die Forschung wird in den nächsten Jahren diese Hinweise zu erhärten haben und weitere Therapieformen evaluieren müssen. Für eine umfassendere Diskussion von vorliegenden Forschungs- und Therapieansätzen verweisen wir auf Meermann und Vandereycken (1987) sowie für die Bulimie auf Fichter (1989).

(1985) für die kognitiv-behaviorale Gruppentherapie der Bulimie, Roy-Byrne et al., (1984) für die kombinierte psychodynamische-behaviourale Gruppentherapie der Bulimie in Kombination mit Individualtherapie sowie Huon und Brown (1985) für ein multidimensionales Gruppentherapieprogramm der Bulimia mit psychoedukativen Elementen. Effekte der Familientherapie konnten Schwartz, Barret und Saba (1985) bei dieser Störung belegen.

Diverse Metastudien zum Behandlungserfolg erbrachten keine eindeutigen Aussagen, welche Therapieform signifikant bessere Erfolge erbringt. In einer Metastudie zur Bulimie konnten jedoch Laessle et al. (1987) zeigen, daß psychologische Behandlung insbesondere in Verbindung mit Ernährungsmanagement sich pharmakologischer Behandlung in Bezug auf das Symptom als überlegen erwies. Prä-Posteffekte zeigten sich über alle Studien, d.h. alle Behandlungsformen konnten Verbesserungen aufweisen. In bestimmten Fällen (z.B. bei schweren affektiven Störungen bei Bulimie) kann allerdings die Gabe von Psychopharmaka sinnvoll sein. (Für eine weiterführende Diskussion zur Therapie von Eßstörungen mit Psychopharmaka siehe Garfinkel und Garner, 1987.)

Vergleichende Psychotherapiestudien liegen kaum vor. Als Beispiel für die Schwierigkeit der vergleichenden Psychotherapieforschung bei Eßstörungen sei die Studie von Kirkley et al. (1985) angeführt (vgl. Kasten 4).

4. Literatur

Alexander, F. (1977). *Psychosomatische Medizin,* 3. Aufl. Berlin: De Gruyter.

Badura, H.O. & Steinmeyer, E.M. (1984). Psychotherapeutic effect by audiovisual heroconfrontation in case of anorexia nervosa. *Psychother. Psychosom., 41,* 1-6.

Becker, M.H. & Rosenstock, I.M. (1984). Compliance with medical advice. In A. Steptoe & A. Mathews (Eds.), *Health care and human behaviour* (pp. 175-208). London: Academic Press.

Blanchard, E.B. (1987). Long-term effects of behavioral treatment of chronic headache. *Behav. Ther., 18,* 375-385.

Blanchard, E.B., Martin, J.E. & Dubbert, P.M. (1988). *Non-drug treatments for essential hypertension.* Elmsford, N.Y.: Pergamon.

Blanchard, E.B. & Schwarz, S.P. (1988). Two-year follow-up of behavioral treatment of Irritable Bowel Syndrome. *Behav. Ther., 19,* 67-73.

Brunner, E. & Fichter, M.M. (1987). Die stationäre Behandlung von Eßstörungen. In O. Maader & B. Ness (Hrsg.), *Bewältigung gestörten Eßverhaltens* (S. 93-97). Hamburg: Neuland.

Creer, Th.L. (1970). The use of time-out from positive reinforcement procedure with asthmatic children. *J. Psychosom. Res., 14,* 117-120.

Crisp, A.H. Harding B. & McGuiness B. (1974). Anorexia nervosa. Psychoneurotic characteristics of parents: relationship to prognosis. A quantitative study. *J. Psychosom. Res., 18,* 167-173.

Crisp, A.H., Hsu L.K.G. & Harding, B. (1980). The starving hoarder and voracious spender: stealing in anorexia nervosa. *J. Psychosom. Res., 24,* 225-231.

Deter, H.Ch. (1986). *Psychosomatische Behandlung des Asthma bronchiale.* Berlin: Springer.

Enright, A.B., Butterfield, P. & Berkowitz, B. (1985). Self-help and support groups in the management of eating disorders. In D.M. Garner & P.E. Garfinkel (Eds.), *Handbook of Psychotherapy for Anorexia nervosa and Bulimia* (pp. 491-512). New York: Guilford.

Erskine-Milliss, J.M. & Cleary, P.J. (1987). Respiratory resistance feedback in the treatment of bronchial asthma in adults. *J. Psychosom. Res., 31,* 765-775.

Erskine-Milliss, J.M. & Schonell, M.E. (1981). Relaxation therapy in bronchial asthma: a critical review. *Psychosom. Med., 43,* 365-371.

Fairburn, C.G. (1985). Cognitive-behavioural treatment of bulimia. In D.M. Garner & P.E. Garfinkel (Eds.), *Handbook of Psychotherapy for Anorexia nervosa and Bulimia* (pp. 160-192). New York: Guilford.

Fichter, M.M. (1985). *Magersucht und Bulimia. Empirische Untersuchungen zur Epidemiologie, Symptomatologie, Nosologie und zum Verlauf.* Berlin: Springer.

Fichter, M.M. (Hrsg.) (1989). *Bulimia nervosa: Grundlagen und Behandlung.* Stuttgart: Enke.

Freeman, Ch., Sinclair, F., Turnbull, J. & Annandale, A. (1985). Psychotherapy for bulimia: a controlled study. *J. Psychiat. Res., 19,* 473-478.

Friar, L.R. & Beatty, J. (1976). Migraine. Management by trained control of vasoconstriction. *J. Cons. Clin. Psychol., 44,* 46-53.

Friedman, M., Thoresen, C.E., Gill, J.J., Ulmer, D., Powell, L.H., Price, V.A., Brown, B., Thompson, L., Rabin, D.D., Breall, W.S., Bourg, E., Levy, R. & Dixon, Th. (1986). Alteration of type A behavior and its effect on cardiac recurrences in post myocardial infarction patients: summary results of the recurrent coronary prevention project. *Am. Heart J., 112,* 653-665.

Garfinkel, P.E. & Garner, D.M. (Eds.) (1987). *Drug therapy for eating disorders.* New York: Brunner & Mazel.

Garner, D.M. & Bemis, K.M. (1985). Cognitive therapy for anorexia nervosa. In D.M. Garner & P.E. Garfinkel (Eds.), *Handbook of Psychotherapy for Anorexia nervosa and Bulimia.* New York: Guilford.

Garner, D.M., Garfinkel, P.E. & Bemis, K.M. (1982). A multidimensional psychotherapy for anorexia nervosa. *Int. J. Eating Disorders, 1,* 3-46.

Gerber, W.D. (1986). *Verhaltensmedizin der Migräne.* Weinheim: VHC (edition medizin).

Glen, A.I.M. (1968). Psychotherapy and medical treatment of duodenal ulcer compared using the histamine test. *J. Psychosom. Res., 12,* 163-169.

Herzog, D.B., Keller, M.B., Lavori, P.W., Brauburn, I.S. & Ott, L. (1989). Ergebnisse zum Krankheitsverlauf der Bulimia. In M.M. Fichter (Hrsg.), *Bulimia nervosa* (S. 99-114). Stuttgart: Enke.

Holmes, D.S. & Burish, Th.G. (1983). Effectiveness of biofeedback for treating migraine and tension headaches: a review of the evidence. *J. Psychosom. Res., 27,* 515-532.

Huon, G.F. & Brown, L.B. (1985). Evaluating a group treatment for bulimia. *J. Psychiatr. Res., 19,* 479-483.

Jacob, R.J., Wing, R. & Shapiro, A.P. (1987). The behavioral treatment of hypertension: long-term effects. *Behav. Ther., 18,* 325-352.

Janson-Bjerklie, S. & Clarke, E. (1982). The effects of biofeedback training on bronchial diameter in asthma. *Heart & Lung, 11,* 200-207.

Kalucey, R.S., Gilchrist, P.N., McFarlaine, C.M. & McFarlaine, A.C. (1985). The evolution of a multitherapy orientation. In D.M. Garner & P.E. Garfinkel (Eds.), *Handbook of Psychotherapy for Anorexia nervosa and Bulimia* (pp. 458-490). New York: Guilford.

Kirkley, D.C., Schneider, J.A., Agras, W.S. & Dachmann, J.A. (1985). Comparison of two group treatments for Bulimia. *J. Consult. Clin. Psychol., 53,* 43-50.

Knapp, Th.W. (1983). *Migräne II. Psychologische Therapie.* Weinheim: Beltz.

Kog, E. & Vandereycken, W. (1985). Family characteristics of anorexia nervosa and bulimia: a review of the research literature. *Clin. Psychol. Rev., 5,* 159-180.

Köhle, K. & Simons, C. (1986). Anorexia nervosa. In Th.v. Uexküll (Hrsg.), *Psychosomatische Medizin*, 3. Aufl. (S. 600-640). München: Urban & Schwarzenberg.

Köhler, Th. (1987). *Das Werk Sigmund Freuds: Entstehung, Inhalt, Rezeption. Bd. 1. Von der hypnotischen Suggestionsbehandlung zur Theorie des Traums.* Eschborn: Fachbuchhandlung für Psychologie.

Köhler, Th. (1989). *Psychosomatische Krankheiten*, 2. erw. Aufl. Stuttgart: Kohlhammer (Urban Taschenbuch 367).

Kröner-Herwig, B. & Sachse, R. (1988). *Biofeedbacktherapie*, 2. Aufl. Stuttgart: Kohlhammer.

Laessle, R.G., Zoettl, C. & Pirke, K.M. (1987). Metanalysis of treatment studies for bulimia. *Int. J. Eating Disorders, 6,* 647-653.

Langosch, W. (Hrsg.) (1980). *Psychosoziale Probleme und psychotherapeutische Interventionsmöglichkeiten bei Herzinfarktpatienten.* München: Minerva.

Langosch, W. (1984). Behavioural interventions in cardiac rehabilitation. In A. Steptoe & A. Mathews (Eds.), *Health care and human behaviour* (pp. 301-324). London: Academic Press.

Langosch, W. (Hrsg.) (1985). *Psychische Bewältigung der chronischen Herzerkrankung.* Berlin: Springer.

Latimer, P.R. (1981). Biofeedback and behavioral approaches to disorders of the gastrointestinal tract. *Psychother. Psychosom., 36,* 200-212.

Lechler, W.H. (1987). Therapie von Eßstörungen in der Klinik Bad Herrenalb. In P. Maader & B. Ness (Hrsg.), *Bewältigung gestörten Eßverhaltens* (S. 99-108). Hamburg: Neuland.

Leibl, K., Brunner, E. & Greitemeyer, M. (1988). Die Behandlung von Patienten mit Eßstörungen in der Psychosomatischen Klinik Roseneck. *Praxis der Klinischen Verhaltensmedizin und Rehabilitation, 3,* 187-190.

Maader, P. (1987). Wer diktiert Schlanksein? In P. Maader & B. Ness (Hrsg.), *Bewältigung gestörten Eßverhaltens* (S. 121-126). Hamburg: Neuland.

Martin, P.R., Marie, G.V. & Nathan, P.R. (1987). Behavioral research on headaches: a coded bibliography. *Headache, 27,* 555-570.

Matthews, K.A. & Haynes, S.G. (1986). Type A behavior pattern and coronary disease risk. Update and critical evaluation. *Am. J. Epidemiol., 123,* 923-960.

Meermann, R. & Vandereycken, W. (1987). *Therapie der Magersucht und Bulimia nervosa.* Berlin: De Gruyter.

Miltner, W. (1986). Befolgung therapeutischer Maßnahmen (Compliance). In W. Miltner, N. Birbaumer & W.D. Gerber (Hrsg.), *Verhaltensmedizin* (S. 477-494). Berlin: Springer.

Moore, N. (1965). Behaviour therapy in bronchial asthma: a controlled study. *J. Psychosom. Res., 9,* 257-276.

Myrtek, M. (1983). *Typ A-Verhalten.* München: Minerva.

Neisworth, J.T. & Moore, F. (1972). Operant treatment of asthmatic responding with the parent as therapist. *Behav. Ther., 3,* 95-99.

Nunes, E.V., Frank, K.A. & Kornfeld, D.S. (1987). Psychologic treatment for the Type A behavior pattern and for coronary heart disease: a meta-analysis of the literature. *Psychosom. Med., 48,* 159-173.

Nutzinger, D.O. & de Zwaan, M. (1989). Verhaltenstherapie bei Bulimia: Rückblick und Ausblick anhand bisheriger Forschung. In M.M. Fichter (Hrsg.), *Bulimia nervosa* (S. 248-261). Stuttgart: Enke.

Orbach, S. (1985). Accepting the symptom: a feminist psychoanalytic treatment of Anorexia nervosa. In D.M. Garner & P.E. Garfinkel (Eds.), *Handbook of Psychotherapy for anorexia nervosa and Bulimia* (pp. 83-106). New York: Guilford.

Orgel, S.Z. (1958). Effect of psychoanalysis on the course of peptic ulcer. *Psychosom. Med., 20,* 117-123.

Paul, Th. (1987). Bulimia nervosa. In P. Maader & B. Ness (Hrsg.), *Bewältigung gestörten Eßverhaltens* (S. 79-92). Hamburg: Neuland.

Potreck-Rose, F., Koch, U. & Sturm, J. (1987). Erste Ergebnisse einer Untersuchung zum Behandlungserfolg stationärer Verhaltenstherapie bei Patientinnen mit Anorexia nervosa und Bulimia nervosa. In H. Quint & P.L. Janssen (Hrsg.), *Psychotherapie in der Psychosomatischen Medizin* (S. 133-141). Berlin: Springer.

Richter, R. & Dahme, B. (1982). Bronchial asthma in adults: there is little evidence for the effectiveness of behavioral therapy and relaxation. *J. Psychosom. Res., 26,* 533-540.

Rohrmeier, F. (1982). *Langzeiterfolge psychosomatischer Therapien.* Heidelberg: Springer.

Rosenman, R.H., Brand, R.J., Jenkins, C.D., Friedman, M., Straus, R. & Wurm, M. (1975). Coronary heart disease in the Western Collaborative Group Study: final follow-up experience of 8½ years. *J. Am. Med. Assoc., 233,* 872-877.

Roy-Byrne, P., Lee-Benner, K. & Yager, J. (1984). Group therapy for bulimia. *Int. J. Eating Disorders, 3,* 97-116.

Russel, G.F.M. (1989). Diagnostik und klinische Meßverfahren bei Bulimia nervosa. In M.M. Fichter (Hrsg.), *Bulimia nervosa. Grundlagen und Behandlung* (S. 12-29). Stuttgart: Enke.

Sargent, J.D., Green, E.E. & Walters, E.D. (1972). The use of autogenic feedback training in a pilot study of migraine and tension headaches. *Headache, 12,* 120–124.

Schwartz, R.C., Barrett, M.J. & Saba, G. (1985). Family therapy for bulimia. In D.M. Garner & P.E. Garfinkel (Eds.), *Handbook of Psychotherapy for Anorexia nervosa and Bulimia* (pp. 280–310). New York: Guilford.

Seifert, Th. & Loos, G. (1987). Matriarchaler Raum und Lebensrealität. *Prax. Psychother. Psychosom., 32,* 154–162.

Soyka, D., Ziegler, A., Gerber, W.D. & Pfaffenrath, V. (1986). Die Behandlung der Migräne. Empfehlungen der Deutschen Migräne-Gesellschaft. *Nervenheilkunde, 5,* 247–251.

Steinhausen, H.C. & Glanville, K. (1983). Follow-up studies of anorexia nervosa: a review of research findings. *Psychol. Med., 14,* 239–249.

Steptoe, A., Phillips, J. & Harling, J. (1981). Biofeedback and instructions in the modification of total respiratory resistance: an experimental study of asthmatic and non-asthmatic volunteers. *J. Psychosom. Res., 25,* 541–551.

Utz, Th. & Scheiner, G. (1987). Therapiekonzept für Eßstörungen an der Psychosomatischen Klinik Windach. In P. Maader & B. Ness (Hrsg.), *Bewältigung gestörten Eßverhaltens* (S. 109–119). Hamburg: Neuland.

Vachon, L. & Rich, E.S. (1976). Visceral learning in asthma. *Psychosom. Med., 38,* 122–130.

Vaitl, D. (1982). Kontrolle der essentiellen Hypertonie durch Entspannungstechniken. In D. Vaitl (Hrsg.), *Essentielle Hypertonie* (S. 162–202). Berlin: Springer.

Vandereycken, W. & Pierloot, R. (1983). Long-term outcome research in anorexia nervosa. The problem of patient selection and follow-up duration. *Int. J. Eating Disorders, 2,* 237–242.

Weiss, T. (1977). Biofeedback training for cardiovascular dysfunction. *Med. Clin. North Amer., 61,* 913–928.

Welgan, P.R. (1974). Learned control of gastric acid secretion in ulcer patients. *Psychosom. Med., 36,* 411–419.

Whitehead, W.E. & Bosmajian, L.S. (1982). Behavioral medicine approaches to gastrointestinal disorders. *J. Cons. Clin. Psychol., 50,* 972–983.

Willenberg, H. (1987). Ein Konzept zur stationären psychotherapeutischen Behandlung magersüchtiger Patienten. *Prax. Psychother. Psychosom., 32,* 147–153.

Yalom, I.D. (1977). *Gruppenpsychotherapie. Grundlagen und Methoden.* München: Kindler.

Zeier, H. (1990). *Biofeedback.* Bern: Hans Huber.

18. Schizophrene Störungen: Intervention

Hans Watzl und Rudolf Cohen

1. Behandlungsansätze im Verlauf schizophrener Erkrankungen

Bevor auf die Behandlung schizophrener Psychosen eingegangen werden kann, muß daran erinnert werden, wie unterschiedlich Symptome, Behinderungen und Probleme bei den einzelnen Betroffenen sein können. Sowohl biologisch-somatische Faktoren als auch psychosoziale Faktoren beeinflußen Symptomatik und Verlauf in kaum entwirrbaren Interaktionen. In Abhängigkeit von dem sich wandelnden, interindividuell sehr unterschiedlichen Zustandsbild verschieben sich die Ansatzpunkte notwendiger oder möglicher Behandlungsmaßnahmen.

Zumeist wird zwischen den Syndromkreisen produktiver und negativer Symptomatik unterschieden, wobei diese in jeglicher Mischung auftreten können. Die Symptomatik wird im ersten Fall als «akut», «florid», «produktiv» bezeichnet und ist charakterisiert durch Wahnerlebnisse und Ich-Störungen. Dagegen sind die Symptome des negativen Syndromkreises diagnostisch unspezifisch und oft von schlechter prämorbider Anpassung oder den Folgen langjähriger Behandlungsmaßnahmen nicht zu unterscheiden. Diese Form, die meist länger anhält und sozialen Rückzug, verflachten Affekt, verminderten Antrieb u.ä. umfaßt, wird mit den Worten «negativ», «Minus», «defizitär» bezeichnet. Die Betrachtung der Krankheitsverläufe zeigt eine Reihe weiterer Zustände, die jeweils unterschiedliche therapeutische Maßnahmen erfordern. So sind zwischen den akuten Störungen und dem wieder voll angepaßten, gesunden Zustand häufig depressive Übergangsphasen zu beobachten, die teils auf die vorangegangene pharmakologische und institutionelle Behandlung zurückzuführen sind, teils als psychische Reaktion auf die überwundene Störung aufgefaßt werden. Zwischen den eher seltenen Fällen mit einer «restitutio ad integrum» und den glücklicherweise ähnlich seltenen Fällen mit jahrelanger, oft sogar progredienter Störung liegt ein weiter, symptomatisch vielfältiger Zwischenbereich. Zum Teil handelt es sich dabei um die Negativ-Symptome, zum Teil um neurasthenische Zustände, um Konzentrations- und Denkstörungen, oder auch um Verschrobenheiten mit unterschiedlich belastenden sozialen Konsequenzen. Schließlich bleibt bei allen Betroffenen nach Besserung der akuten Symptomatik das erhebliche Risiko eines erneuten Rückfalls, was subjektiv eine schwere Belastung darstellen kann. Nimmt man hinzu, daß die psychosoziale Entwicklung vor dem erstmaligen Auftreten einer Psychose – besonders bei früherkrankten, männlichen Schizophrenen – oft beträchtliche Defizite im beruflichen, sozialen und sexuellen Bereich aufweist, wird die enorme Breite des Spektrums möglicherweise notwendiger Interventionen bei schizophrenen Psychosen deutlich (vgl. Häfner, 1976).

Wir werden in unserem Beitrag zunächst auf die Behandlung akut psychotischer Episoden eingehen, wobei auch die Grundfragen pharmakotherapeutischer Maßnahmen besprochen werden. Den zweiten großen Bereich bilden langfristige Behandlungsverfahren, entweder bei chronischer Symptomatik oder zur Rückfallprophylaxe. Die Darstellung erfolgt jeweils anhand einiger typischer Therapiestudien.

2. Behandlung akut psychotischer Episoden

Sieht man von seltenen Ausnahmen ab, so führt das erstmalige Auftreten einer akuten schizophrenen Psychose zur Aufnahme in ein psychiatrisches Krankenhaus. Spätere psychotische Rückfälle können hingegen auch ohne Klinikeinweisung behandelt werden, sofern Betroffene und Angehörige mit den Störungen vertraut sind und ein gewisses Verständnis der Erkrankung sowie Vertrauen in die professionellen Hilfsmöglichkeiten erworben haben. Die gegenwärtig üblichen Behandlungsverfahren akuter schizophrener Psychosen weisen als Schwerpunkt Pharmakotherapie und psychosoziale Betreuung auf. Es handelt sich dabei nicht um alternative Maßnahmen, sondern um sich wechselweise ergänzende Vorgehensweisen.

2.1 Antipsychotische Medikation

Die Einführung der «neuroleptischen» Behandlung Schizophrener in den 50er Jahren war vor allem in der Anfangszeit von einem außergewöhnlichen Enthusiasmus der Behandelnden getragen. Erst in den folgenden Jahren beschäftigten sich zahlreiche systematische Untersuchungen mit der Aufklärung der

Kasten 1

Neuroleptika in der Behandlung akuter Schizophrenien (NIMH: Cole, 1964)

Fragestellung: Wirkungsvergleich verschiedener Neuroleptika

Gruppen-Einteilung:

Neuroleptika	(1)	Chlorpromazin (Standardpräparat)
	(2)	Thioridazin (niederpotent)
	(3)	Fluphenazin (hochpotent)
Placebo	(4)	

Applikationsform: Kapseln oder Injektionen (Maximal- und Minimaldosis vorgeschrieben)

Behandlungsdauer: 6 Wochen

Versuchsdurchführung: Zufallszuweisung; Doppel-Blind-Verfahren

Stichprobe: 417 akut psychotische Patienten in neun psychiatrischen Kliniken; ausgewählt nach eher weiten diagnostischen Kriterien; Durchschnittsalter 28 Jahre; 60% Erstaufnahmen

Drop-out (getrennt nach Neuroleptika und Placebo-Bedingungen):

	Neuroleptika (n=296)	Placebo (n=111)
aufgrund rascher Besserung	9 (3%)	1 (1%)
wegen starker Nebenwirkung	11 (4%)	0
wegen Versagens der Behandlung	7 (2%)	36 (32%)
Untersuchung abgeschlossen	269	74

Erfolgsmasse/Ergebnisse:

1. *Global-Einschätzung der Veränderungen* (Ende–Anfang)

a) keine Unterschiede zwischen den 3 Neuroleptika

b)	Placebo	Neuroleptika (zus.)
verschlechtert	25%	0
unverändert	20%	5%
leicht gebessert	25%	20%
deutlich gebessert	30%	75%

2. *Global-Einschätzung nach 6-wöchiger Behandlung*

a) keine Unterschiede zwischen den 3 Neuroleptika

b)	Placebo	Neuroleptika (zus.)
normal	5%	16%
borderline	10%	30%
leicht gestört	15%	16%
mäßig gestört	20%	20%
deutlich gestört	50%	18%

3. *Inpatient Multidimensional Psychiatric Scale* (IMPS) mit 14 Subskalen, *Burduck Ward Behavior Rating Scale* (WBRS) mit 7 Subskalen

a) keine Unterschiede zwischen den 3 Neuroleptika

b) signifikant größere Verbesserungen unter Neuroleptika (zusammengefaßt) als unter Placebo in 13 der 21 Skalen (WBRS: Teilnahmslosigkeit, Konfusion, Vernachlässigung, Irritierbarkeit; IMPS: hebephrene Symptomatik, Agitiertheit, Inkohärenz, Sprachverlangsamung, Gleichgültigkeit, Feindseligkeit, Akustische Halluzinationen, Verfolgungswahn, Desoriertheit) wichtigsten therapeutischen Fragen: (1) Erfolgsraten; (2) Abgrenzung der pharmakologischen Wirkung gegen Placebo-Effekte (z.B. Erwartungen von Klinikpersonal und Patienten); (3) Abgrenzung der spezifisch antipsychotischen Wirkung gegenüber unspezifischer Sedierung; (4) Erfassung von Art und Häufigkeit unerwünschter, schädlicher Nebenwirkungen. Zu diesen Fragen liegen mittlerweile recht konsistente Befunde aus verschiedenen kontrollierten Studien vor (vgl. Hirsch, 1982). Anhand einer oft als klassisch angesehenen und in ihren Ergebnissen weitgehend repräsentativen Studie (vgl. Kasten 1) werden wir Untersuchungsmethodik und Hauptbefunde darstellen.

Die von Cole (1964) veröffentlichte Untersuchung des National Institute of Mental Health (NIMH) der USA belegt eindrucksvoll die Effizienz der neuroleptischen Behandlung akutpsychotischer Zustände. Die Befunde sind noch eindrucksvoller, wenn man bedenkt, daß die erheblich höhere Drop-out-Rate unter Placebo zu einer Verringerung der Unterschiede zwischen Neuroleptika und Placebo in der Abschlußerhebung führt. Die Wirkung der Medikamente geht dabei offenkundig über eine unspezifische Sedierung hinaus, da sie auch akustische Halluzinationen, inkohärente Sprachäußerungen, hebephrene Symptome, Feindseligkeit und Verfolgungsideen betrifft. Nicht erfaßt wurde in dieser Studie aus naheliegenden Gründen «Negativ-Symptomatik», die häufig oder gar regelhaft von Neuroleptika unbeeinflußt bleibt, da diese Symptomatik meist erst nach den ersten psychotischen Episoden auftritt und während florider Psychosen kaum zu beurteilen ist.

Antipsychotische Medikation führt also zu Besserungen, die unzweifelhaft über die Wirkung der nichtmedikamentösen Klinikbehandlung hinausgehen. Es zeigt sich aber auch, daß nach sechswöchiger Anwendung von Neuroleptika ein Teil der akut schizophrenen Patienten noch erheblich gestört ist und daß einige Patienten auch ohne Medikation eine deutliche Besserung erreichen.

Die antipsychotische Wirkung der Neuroleptika muß abgewogen werden gegen unerwünschte und schädliche Nebenwirkungen. Medizinische Komplikationen sind in der Akut-Behandlung selten, zwingen aber zu internistischen und neurologischen Kontrollen. Lediglich bei 3% der mit Neuroleptika behandelten Patienten von Cole (1964) führten Nebenwirkungen zum Behandlungsabbruch. Über unterschiedliche Beschwerden und Störungen klagt hingegen eine erheblich höhere Zahl der Patienten zumindest zeitweise (vgl. Benkert & Hippius, 1986). Einige der als typische Nebenwirkungen erachteten Symptome wie Ruhelosigkeit, Tremor, Rigor werden auch bei medikamentenfreien Patienten beobachtet (Cole, 1964); in der Regel sind die Beschwerden aber unter antipsychotischer Medikation ausgeprägter. Sogenannte Spätdyskinesien sind bei Langzeitbehandlung mit Neuroleptika zu finden; auf sie wird im entsprechenden Abschnitt eingegangen.

Bei der Abwägung von Nutzen und Schaden der neuroleptischen Behandlung akuter schizophrener Störungen überwiegen im Regelfall die Vorteile, wobei der erheblichen Verkürzung stationärer Behandlung und der rascheren Zugänglichkeit für psychosoziale und psychotherapeutische Maßnahmen besonderes Gewicht zukommt. Eine solche Abwägung kann jedoch zu einem anderen Ergebnis führen, wenn über die längerfristige Anwendung von Neuroleptika zu entscheiden ist.

2.2 Psychosoziale Maßnahmen

Im Bestreben nach «Vereinfachung der von außen zugeführten Information» für akut gestörte Patienten, empfiehlt Ciompi (1986) die in Tabelle 1 verkürzt wiedergegebenen «therapeutischen Grundregeln».

Tabelle 1: Therapeutische Grundregeln bei Schizophrenie (Ciompi, 1986)

(1) Ein möglichst entspannendes, übersichtliches, reizarmes Behandlungsmilieu mit konstantem Personal;
(2) personelle und konzeptuelle Kontinuität mit konstanter zentraler Bezugsperson und längerfristiger Koordination der Behandlungsmaßnahmen;
(3) eindeutige, klare und affektiv-kognitiv kongruente Kommunikation;
(4) möglichst einheitliche Informationen und Ansichten bei Patient, Angehörigen, stationären und ambulanten Betreuern über die Störung, die konkreten Ziele der Behandlung und die Prognosen;
(5) Erarbeitung gemeinsamer, möglichst realistisch-positiver Zukunftserwartungen;
(6) Vermeidung von Über- und Unterstimulation;
(7) Kombination von Sozio- und Pharmakotherapie.

Diese Grundregeln sind sicher auch für die Behandlung völlig anderer Störungsbilder empfehlenswert. Sie stellen einen Versuch dar, Gemeinsamkeiten unterschiedlicher therapeutischer Schulen zu formulieren. Es finden sich darin Anklänge an psychoanalytische Prinzipien (z.B. Benedetti, 1983), an die gewiß problematischen Double-Bind-Hypothesen (Bateson et al., 1956), an verhaltenstherapeutische Grundsätze (z.B. Falloon et al., 1983) und an pragmatisch orientierte psychiatrische Erkenntnisse (z.B. Wing, 1986). Einige dieser therapeutischen Grundregeln finden ihre Bestätigung auch in empirischen Studien, für die wir Beispiele anführen können.

Kellam et al. (1967) verglichen mit Daten von 27 Aufnahme-Abteilungen der bereits genannten NIMH-Studie (Cole, 1964) den Einfluß des «Stationsklimas» auf den Verlauf der Symptomatik. Eine deutlichere Abnahme psychotischer Symptomatik wurde vor allem in jenen Abteilungen festgestellt, in denen nur relativ wenige Mitpatienten aggressives und irritierendes Verhalten zeigten und häufigere soziale Kontakte stattfanden. Besonders ungünstig wirkten sich schwerer gestörte Mitpatienten dann aus, wenn ein Patient keine Neuroleptika erhielt. Im Sinne der Grundregel einer «optimalen Stimulation» überlegen Schooler und Spohn (1982) anhand solcher Daten, daß es für akut gestörte Schizophrene besser sein kann, zeitweise nicht nur von aufdringlichen Mitpatienten in Ruhe gelassen zu werden, sondern auch von wohlmeinenden, aber bedrängend erlebten Kontaktversuchen des Behandlungspersonals.

Es fällt auf, daß in Ciompi's Grundregeln das Wort «Psychotherapie» unerwähnt bleibt. Mit der Frage, ob sich Pharmakotherapie und stationäre Routine-Behandlung durch zusätzliche psychotherapeutische Maßnahmen verbessern lassen, beschäftigten sich mehrere Untersuchungen (vgl. Stanton et al., 1984). Anzumerken ist, daß «Routine-Behandlungen» trotz der abwertend klingenden Bezeichnung meist ein recht umfassendes Betreuungsangebot mit pflegerischen Maßnahmen, Beschäftigungs- und Arbeitstherapie, Sport, Abteilungsgruppen, Sozialarbeit usw. enthalten. Die wohl aussagekräftigste Studie mit der größten Stichprobe wurde von May (1968) am Camarillo-Hospital bei Los Angeles durchgeführt. Nach Zufall wurden 228 erstmals hospitalisierte Schizophrene einer von fünf Behandlungsbedingungen zugeteilt. Dabei wurde die Standardbehandlung mit den üblichen pflegerischen sowie arbeits- und sozialtherapeutischen Angeboten (1), alternativ ergänzt durch (2) neuroleptische Pharmakotherapie, (3) psychoanalytisch orientierte Einzelbehandlung («Ego supportive therapy») mit mindestens zwei Sitzungen pro Woche, (4) einer Kombination der beiden vorgenannten Therapien, und (5) Elektro-Krampf-Behandlung. Katamnestische Erhebungen erfolgten nach einem und nach fünf Jahren (May et al., 1976, 1981). Objektive Daten sowie Selbst- und Fremdbeurteilungen zeigten zwar übereinstimmend einen Nutzen der neuroleptischen Behandlung, aber keine nachweisbaren Effekte der psychoanalytisch orientierten Einzeltherapie.

Der Rückblick auf diese Studie verdeutlicht den Wandel im therapeutischen und wissenschaftlichen Denken in den letzten 20 Jahren. Ganz abgesehen von routinemäßiger Elektro-Krampf-Behandlung bei Schizophrenen, wäre es heute unvorstellbar, einem Teil der Patienten Neuroleptika oder regelmäßige Einzelgespräche vorzuenthalten. In neueren Untersuchungen lautet die Fragestellung meist nicht mehr, ob psychotherapeutische Einzelbehandlung zusätzliche Hilfe verspricht, sondern welche differentiellen Effekte bei unterschiedlichen Formen psychotherapeutischer Interventionen nachweisbar sind. Eine solche Untersuchung stellt die «Boston Psychotherapy Study» (Stanton et al., 1984; Gunderson et al., 1984) dar, die in Kasten 2 zusammengefaßt wird.

Für keine der beiden therapeutischen Strategien konnte eine eindeutige Überlegenheit in allen oder den meisten Funktionsbereichen nachgewiesen werden. Es muß daher den einzelnen Patienten und Therapeuten überlassen bleiben, welchen Wert sie dem Arbeitsverhalten oder der Hospitalisierungsdauer beimessen. Wie schon die Studie von May kann auch die Arbeit von Stanton und Gunderson die oft geäußerte Hoffnung in zeitlich intensive psychoanalytische Therapien mit Schizophrenen nicht stützen. Davon abgesehen ernüchtert die – vor allem unter ambulanten Bedingungen – eklatante Abbruchrate, derzufolge mögliche

Kasten 2
Die «Boston Psychotherapy Study» (Stanton et al., 1984; Gunderson et al., 1984)

Fragestellung: Wirkungsvergleich verschiedener Psychotherapiemethoden

Gruppen-Einteilung: zusätzlich zum üblichen klinischen Angebot mit Pharmakotherapie, Gruppensitzungen, Familiengesprächen:

(1) *«EIO = exploratory, expressive insight-oriented»* (eine Form analytischer Psychotherapie für Patienten mit Psychosen)

(2) *«RAS = reality-adaptive, supportive»* (eine direktivere, an äußeren Problemen orientierte, üblichere Form der Einzeltherapie)

Behandlungsintensität: mindestens 24 Monate; EOI 3 Sitzungen pro Woche geplant (tatsächlich 2), RAS 1 Sitzung pro Woche geplant (tatsächlich 0,6)

Versuchsanordnung: Zufallszuweisung

Stichprobe: 164 schizophrene Patienten (nach DCS = discriminating criteria for schizophrenia), die «weder zu chronisch, noch zu akut» waren, aus drei psychiatrischen Kliniken; Durchschnittsalter 22 Jahre, 50% Erstaufnahmen

Drop-Out: bis 6 Monate 42%; bis 12 Monate 56%; bis 24 Monate 69%

Erfolgsmaße/Ergebnisse:

Variablenbereich	größerer Erfolg bei:		
	EIO	RAS	keinem
kognitive Funktion			×
Ich-Stärke	×		
Symptome und Störungen			×
Sozialverhalten			×
Zufriedenheit			×
Berufliche Eingliederung		×	
Medikation			×
Hospitalisierung*		×	

* im ersten Behandlungsjahr EIO: M = 149 Tage; RAS: M = 93 Tage; im zweiten Behandlungsjahr EIO: M = 83 Tage; RAS: M = 58 Tage

Vorzüge der einen oder anderen Behandlungsform ohnehin nur eine Minderheit der Patienten erreichen.

3. Längerfristige Behandlungsmaßnahmen für schizophrene Patienten

Nach den übereinstimmenden Ergebnissen mehrerer Untersuchungen des Langzeitverlaufs schizophrener Psychosen (Bleuler, 1972; Ciompi, 1980; Huber et al., 1979; Müller et al., 1986), klingen akut psychotische Episoden bei rund einem Viertel aller Fälle relativ rasch ab, ohne schwere psychische und soziale Beeinträchtigungen zu hinterlassen. In etwa gleicher Häufigkeit führt die Erkrankung zu dauerhaften, gravierenden Folgen im Sinne einer chronisch produktiven oder ausgeprägten Negativ-Symptomatik, wobei allerdings langfristig immer noch eine Tendenz zur Besserung besteht. Der Langzeitverlauf bei gut der Hälfte der Patienten erscheint dagegen instabil und ist gekennzeichnet durch mehr oder weniger häufige Rezidive akut psychotischer Zustände.
Von diesen Befunden ausgehend, bestehen die wichtigsten langfristigen therapeutischen Aufgaben zum einen in der Rückfall-Prävention, zum anderen in der Behandlung persistierender Defizite und Störungen. Auf die enorme Bedeutung, die hierbei gesundheitspolitischen und organisatorischen Maßnahmen zukommt (Häfner, 1988), kann leider nicht eingegangen werden.

3.1 Pharmakotherapie

Zahlreiche Doppel-Blind-Vergleiche mit Placebo belegen eindeutig: Neuroleptika vermindern das Risiko psychotischer Rückfälle bei symptomfreien Patienten und die Häufigkeit von Exazerbationen florider Symptomatik bei langfristig gestörten Patienten. Innerhalb eines Jahres treten unter neuroleptischer Medikation bei etwa einem Drittel, unter Placebo bei etwa zwei Dritteln der Patienten Rückfälle auf. Es gibt bislang keine verläßlichen Prädiktoren, bei welchen Patienten es trotz Neuroleptika zu Rückfällen kommt. Darüber hinaus

ist bei längerfristiger Medikation trotz erheblich niedrigerer Dosierung mit gravierenden Nebenwirkungen zu rechnen. Die bei chronischen Patienten zumeist vorrangige Negativ-Symptomatik kann im Zusammenhang mit Depressivität und der sozialen Stigmatisierung als einer Person, die Medikamente benötigt, noch verstärkt werden. Besonders schwerwiegend ist das Risiko manchmal irreversibler Dauerfolgen neuroleptischer Langzeitmedikation, der Spätdyskinesien. Dieses Syndrom umfaßt qualitativ abnorme, oft stereotype unwillkürliche Bewegungen, vor allem von Zunge, Mund und Gesicht. Bei langjährig hospitalisierten Patienten werden Auftretenshäufigkeiten von über 10% berichtet (Hirsch, 1982; Müller, 1983). Wenngleich Spätdyskinesien eigenartigerweise den betroffenen Patienten subjektiv kaum Beschwerden zu bereiten scheinen, wirken sie auf andere Personen so irritierend, daß damit eine weitere Behinderung der sozialen Integration außerhalb von Institutionen verbunden ist.
In den letzten Jahren wurden daher mehrere Studien durchgeführt mit dem Ziel, die Neuroleptika nach Abklingen der akuten Symptomatik langsam auszublenden, bis erste Anzeichen eines drohenden Rückfalls zu erkennen sind (z.B. Carpenter & Heinrichs, 1983; Hirsch et al., 1986). Da ein Absetzen selbst nach längerer Stabilisierung das Rückfallrisiko wesentlich erhöht, hängt der Erfolg dieser Strategie entscheidend davon ab, ob es der Kontakt zum Patienten erlaubt, auf die ersten Anzeichen einer Verschlechterung prompt zu reagieren. Das größte Problem bei dieser Vorgehensweise liegt in der nicht stets voraussetzbaren Bereitschaft, über lange Zeit therapeutische Kontakte aufrecht zu erhalten. Zusammenfassend erscheint gegenwärtig bei Patienten mit häufigen psychotischen Episoden eine mehrjährige medikamentöse Dauerbehandlung notwendig, während bei einer vermutlich größeren Zahl Schizophrener Intervallbehandlungen möglich sind (vgl. Müller, 1983). Untersuchungen, welche Formen von Gruppen und Einzelsitzungen die Abbrecherquote bei den notwendigen langfristigen Kontakten minimieren und die Bereitschaft zu gegebenenfalls erforderlichem Wiederansetzen der Medikamente erhöhen, sind dazu dringend notwendig.

3.2 Psychosoziale Maßnahmen

Eugen Bleuler (1923) beginnt den Abschnitt über die Behandlung der Schizophrenie mit einer auch heute noch treffenden Stellungnahme. «Die meisten Schizophrenen sind gar nicht oder doch außerhalb der Anstalten zu behandeln. In Anstalten gehören sie nur auf spezielle Indikationen hin, die allerdings häufig eintreten, z.B. in akuten Anfällen, wegen störenden Benehmens, Gewalttätigkeit, Selbstmordgefahr und dann namentlich zur vorübergehenden Erziehung. So bald als möglich sind sie wieder zu entlassen, da man sie später viel weniger leicht hinausbringt; denn nicht nur die Patienten, sondern vielleicht noch mehr die Verwandten gewöhnen sich zu rasch an die Sequestration.»

3.2.1 Stationäre Behandlung chronisch schizophrener Patienten

Bis in die 30er Jahre blieben bis zu 60% der Schizophrenen dauerhaft in psychiatrischen Anstalten (Wing, 1982). In Folge verbesserter psychiatrischer Versorgung, gesundheitspolitischer Reformen und finanzieller Fürsorge hat sich dieser Anteil auf 5 bis 10% vermindert. Dennoch werden Schizophrene auch künftig einen erheblichen Anteil der chronischen Patienten in psychiatrischen Krankenhäusern bilden, wofür der Mangel geeigneter Lebensräume außerhalb der Anstalten eine ähnliche Rolle spielen dürfte wie die eigentliche Symptomatik. Konzepte zur Langzeitbehandlung dieser Patienten sind von großer Bedeutung, da Schizophrene wohl am stärksten durch den Mangel an Anregungen und das morbide Klima chronischer Abteilungen geprägt werden und selbst mehr als alle anderen Patienten zu diesem Klima beitragen. In Untersuchungen von Wing und Brown (1970) konnte gezeigt werden, daß (1) auf Abteilungen mit wenig sozialen Anregungen und Anforderungen die Negativ-Symptomatik ausgeprägter war, und (2) das Ausmaß dieser Symptomatik mit der Aufenthaltsdauer auf solchen Abteilungen korrelierte. Auf einigen Abteilungen waren – über Jahre hinweg – Besserungen der äußeren Bedingungen (Außenkontakte, Anregungen und Beschäftigungen, Einstellungen des Pflegepersonals) parallel zu Abnahmen der Negativ-Symptomatik und Fortschritten im Sozialverhalten festzustellen. Umgekehrt ging ein ärmer werdendes soziales Milieu auf einigen anderen Abteilungen mit vermehrtem Rückzug und Apathie der Patienten einher. Der Schaden, den Schizophrene durch wenig anregende Lebensbedingungen erleiden, liegt also nicht nur im Ausbleiben von Fortschritten und Besserungen, sondern in einer zunehmenden Verschlechterung des Zustandsbildes durch vermehrte Negativ-Symptomatik.

Die naheliegenden Schlußfolgerungen lösten allenthalben Betroffenheit und Reformen aus. Schooler und Spohn (1982) beschreiben einen solchen Versuch, chronischen Patienten in der Hoffnung auf Symptomreduktion möglichst viele der ihnen offenbar lange vorenthaltenen Anregungen und Annehmlichkeiten zukommen zu lassen. Die vorherige Lebensweise der Patienten konnte kaum trostloser sein: im Durchschnitt acht Jahre lang hospitalisiert, zuletzt auf einer geschlossenen Abteilung, nach Angaben der bisher Behandelnden kaum Chancen auf eine Besserung, nur 3% der Zeit wurden mit irgendwelchen sozialen Interaktionen zugebracht, aber 19% mit pathologischen, unfunktionalen Verhaltensweisen. Der Behandlungsversuch war überaus engagiert: zweimal täglich Gruppengespräche; Gruppenaktivitäten wie Spiele, Sport, Einkaufen gehen, Theaterbesuche; Übernahme von Pflichten und Aufgaben; Individualisierung von Kleidung und Zimmereinrichtung. Das Personal erhielt Supervision, «um den Optimismus, daß Symptome beseitigt werden können, zu stärken». Nach zwei Jahren wurde erneut das Verhalten mit systematischen Beobachtungsverfahren und psychologischen Tests erfaßt und auf Unterschiede zwischen den 41 Patienten der Versuchsstation und 34 Vergleichspersonen einer anderen Abteilung geprüft. Die intensiven therapeutischen Bemühungen hatten zwar einen positiven Effekt auf das Ausmaß sozialer Interaktionen; sie hatten aber einen negativen Einfluß auf das psychopathologische Zustandsbild: die akut psychotische Symptomatik nahm zu! In den Entlassungsraten bestanden keine Unterschiede zwischen den beiden Abteilungen. Nicht nur mangelnde Anregungen oder Unterstimulation können schädliche Effekte in Form verstärkter Negativ-Symptomatik haben; Überstimulation durch intensives Engagement in Rehabilitationsversuchen erhöht bei gestörten Patienten das Risiko vermehrter Positiv-Symptomatik.

Paul und Lentz (1977) beschreiben eine eindrucksvolle Therapiestudie bei 84 lang hospitalisierten (M = 17 Jahre) schizophrenen Männern und Frauen, die so beeinträchtigt waren, daß die Klinik keinerlei Entlassungschancen sah. Je ein Drittel dieser Patienten, parallelisiert nach einer Vielzahl therapeutisch relevant erscheinender Kriterien, wurden auf einer üblichen Klinik-Station oder auf zwei neu eingerichteten Abteilungen behandelt. Diese beiden neuen Abteilungen entsprachen sich nicht nur räumlich, sondern wurden auch vom gleichen Personal versorgt. Nach detailliert ausgearbeiteten Anweisungen bestand der eine Behandlungsansatz in einem «Sozialen-Lern-Programm» mit einem Münzverstärkungssystem, der andere dagegen in einem «Milieu-Programm», geleitet nach den Prinzipien einer Therapeutischen Gemeinschaft. Die beiden neuen Behandlungsabteilungen zeigten sich bereits in den ersten Monaten der üblichen Klinikbehandlung überlegen. Die Verbesserung war unter dem «Sozialen-Lern-Programm» ausgeprägter als bei dem «Milieu-Ansatz», der vor allem auf aggressives Verhalten keinen positiven Einfluß hatte. Nach viereinhalb Jahren lebten sogar drei Patienten des Verstärkungsprogramms und zwei der Therapeutischen Gemeinschaft selbständig außerhalb der Klinik; weitere 24 aus dem Lernprogramm, 16 aus der Therapeutischen Gemeinschaft und 13 aus der Routine-Abteilung hatten in Heime entlassen werden können. Während Gesunden die mechanistisch wirkenden Maßnahmen eines Token-Systems oft abschreckend erscheinen, könnte auf chronisch Schizophrene gerade die Vorhersagbarkeit und einfache Überschaubarkeit der sozialen Interaktionen heilsam wirken (vgl. Cohen et al., 1973). Bei dem Milieu-Ansatz dürfte eine vergleichbare Vereinheitlichung und Überschaubarkeit ähnlich schwer zu erreichen gewesen sein, wie bei dem vorher zitierten, erheblich kürzeren Behandlungsprogramm von Schooler und Spohn. Zu warnen ist allerdings vor dem Eindruck, bei solchen Verstärkungssystemen handle es sich um ein sehr einfach durchführbares Behandlungsverfahren. Ständige und verbindliche Absprachen über das, was als belohnungswürdig gelten soll und wie man auf störendes Verhalten reagieren will, sind oft nur schwer zu erreichen, für die Wirksamkeit des Systems aber unerläßlich (Cohen, 1982).

3.2.2 Maßnahmen gegen Rückfälle und Chronifizierung

Je länger die stationäre Behandlung, umso größer die Gefahr zunehmender Negativ-Symptomatik, lautete ein Fazit der Arbeiten von Wing und Brown. Andererseits sind rehabilitative Maßnahmen mit dem Ziel, Defizite in Sozial- oder Arbeitsverhalten zu mindern und so das Rückfallrisiko zu senken, nicht in kurzer Zeit durchführbar. Eine Lösung aus diesem Dilemma besteht in der möglichst raschen Entlassung bei Abnahme der Akutsymptomatik und der Fortsetzung der Behandlung auf ambulanter Basis. Neben Behandlungsmaßnahmen, die am Verhalten des Patienten ansetzen, besteht auch oft die Notwendigkeit, auf das soziale Umfeld einzuwirken. Entscheidende Hinweise ergaben sich dabei aus Befunden über psychosoziale Ursachen psychotischer Rezidive in den Arbeiten von George Brown über «Expressed Emotion» (EE) (vgl. Leff & Vaughn, 1985). Anhand von Interviews mit Familienangehörigen (Camberwell Family Interview) bei Behandlungsbeginn vermochte man in mehreren Untersuchungen recht gut zwischen Patienten mit und ohne psychotischen Rückfall nach Behandlungsende zu trennen. Das Rückfallrisiko war dort niedrig (ca. 15%), wo sich die Angehörigen nicht feindselig äußerten und nur ein geringes Maß an «emotionalem Überengagement» wie Überbesorgtheit und Bevormundung zeigten. Das Rückfallrisiko von 50% in Familien mit hoher Emotionalität (EE) erhöhte sich noch, wenn der Schizophrene mehr als 35 Stunden pro Woche zusammen mit seinen nächsten Angehörigen verbrachte und wenn er nicht «unter dem Schutz» neuroleptischer Medikation stand. Auf diesen Befunden basiert ein Therapieprogramm, das von Leff et al. (1982) erprobt wurde (siehe Kasten 3).

Kasten 3:
Soziale Intervention bei Familien mit schizophrenen Patienten (Leff et al., 1982)

Fragestellung: Wirkung eines sozialen Interventionsprogrammes

Gruppen-Einteilung: zusätzlich zu Depot-Neuroleptika und Terminen in out-patient-clinics
(1) *Familienintervention* (vier Informationssitzungen über Schizophrenie, Angehörigen-Gruppen in zweiwöchigem Abstand, durchschnittlich sechs Hausbesuche)
Ziele: Verringerung des Direktkontaktes mit dem Patienten; Änderung kritischer und überinvolvierter Einstellungen
(2) *Kontrollbedingung*: in Einzelfällen Gespräche mit Psychiater oder Sozialarbeiter
Behandlungs-, Untersuchungsdauer: 9 Monate
Versuchsanordnung: Zufällige Aufteilung der Familien in Behandlungs- oder Kontrollbedingung

Stichprobe: 24 Patienten aus Familien mit hoher Emotionalität (EE) und intensivem Zusammenleben; Schizophrenie-Diagnose nach Catego-System, 8 Ersterkrankte, Durchschnittsalter 30 Jahre

Erfolgsmaße/Ergebnisse:

	Familienintervention	Kontrollgruppe
Kritische Äußerungen im CFI vorher	15.8	12.0
Kritische Äußerungen im CFI nach 9 Mte.	6.8	10.7
Überengagement im CFI vorher (M)	4.0	4.0
Überengagement im CFI nach 9 Mte. (M)	2.4	3.7
Psychotische Rückfälle während der 9 Mte	1 (9%)	6(50%)

Angesichts der Fülle an Veröffentlichungen über «EE» (vgl. Buchkremer & Rath, 1989) könnte der Eindruck entstehen, daß sich der Schwerpunkt der psychosozialen Interventionen nach Abklingen der akuten Episode vom Schizophrenen auf seine Familie verschoben hat. Alleine aufgrund der großen Zahl Schizophrener, die nicht mit Angehörigen zusammen leben, wäre dies verhängnisvoll. Eine Vielzahl therapeutischer Verfahren, auf die alle hier nicht eingegangen werden kann, setzt an der Problematik des Patienten an, so z.B.

kognitive Trainingsprogramme (Brenner, 1986) oder die leiborientierte Therapie (Scharfetter, 1982). Wo es möglich ist, wird sich ein Behandlungsprogramm aber sowohl mit dem Schizophrenen wie mit seinen Angehörigen befaßen.

In einer langen Tradition verhaltenstherapeutischer Bemühungen steht eine Reihe von Programmen «soziale Fertigkeiten» zu trainieren, «ein soziales Netzwerk aufzubauen und den Streß in zwischenmenschlichen Kontakten zu vermindern» (z.B. Bellack, 1986). Zwar findet man häufig spezifische Steigerungen im geübten Verhalten, ein bedeutsamer Einfluß auf die Rückfallraten war bislang aber nicht belegt. In letzter Zeit wurden diese Programme daher stärker in den Lebensraum der Patienten eingebunden. Wallace und Liberman (1985) berichten über eine solche Erweiterung eines Trainings sozialer Fertigkeiten (zwei Stunden täglich, neun Wochen lang) durch wöchentliche Treffen mit den Familienmitgliedern bei 28 Patienten aus Familien mit hohem EE. Bei diesen Treffen sollten die neu erworbenen Verhaltensweisen in der Kommunikation mit den Angehörigen und in gemeinsamen «Problem-Lösungs-Strategien» eingesetzt werden. Die Kontrollbedingung bildete eine sogenannte «holistic health therapy» mit Yoga, Jogging, Meditation sowie Gruppengesprächen über Stressvermeidung und Lebensziele, ebenfalls ergänzt durch Familiensitzungen. Die beiden Behandlungsbedingungen entsprachen sich im Ausmaß therapeutischer Kontakte und in der Pharmakotherapie. Die Ergebnisse neun Monate nach der Behandlung zeigen eine Überlegenheit des Trainings sozialer Fertigkeiten, wobei die Autoren allerdings anmerken, daß bei zwei Patienten mit ausgeprägten Denkstörungen und Halluzinationen kein Lerneffekt festzustellen war. Das Sozialverhalten der gezielt behandelten Gruppe wurde als weniger feindselig, mißtrauisch, gehemmt und unterwürfig einge-

Tabelle 2: Training sozialer Fertigkeiten (Hogarty & Anderson, 1986)

Phasen	*Ziele*	*Techniken*
Phase 1: Stabilisierung und Beurteilung	Therapeutische Allianz herstellen. Soziales Handeln und Wahrnehmungsfähigkeit beurteilen. Beurteilung von Verhaltensweisen, die hohe EE hervorrufen.	Empathie und Beziehungsherstellung. Rollenspiel in 14 Szenen. Selbst- und Familienberichte über soziales Handeln.
Phase 2: Positive Äußerungen (in der Familie)	Bereitstellen alternativer Antworten auf Feindseligkeit: Komplimente, Wertschätzung, Interesse am anderen.	Instruktion Modellvorgabe Rollenspiel Feedback Hausaufgaben
Phase 3: Soziales Handeln (in der Familie)	Lösung von Konflikten via verbessertes verbales und nonverbales Verhalten.	Üben: Vorlieben, Verweigerungen, Kritik ausdrücken und darauf reagieren. via: Redelatenz, Lautstärke, Blick, Gestik, Gesichtsausdruck
Phase 4: Soziale Wahrnehmung (in der Familie)	Korrektes Identifizieren von Inhalt, Kontext und Bedeutung einer Mitteilung.	Vermittlung durch Therapeut: Mitteilungen verstehen; Gedanken benennen; Absichten, Antworten und Antwortverhalten zusammenfassen
Phase 5: Beziehungen außerhalb der Familie	Verbesserung der Sozialisierungsfertigkeiten. Verbesserung der vorberuflichen und beruflichen Fertigkeiten.	Beurteilung von Fähigkeiten, Bedürfnisse und Netzwerk. Sozialisierung: Konversation und Zuhören-Können, Verabredungen-Treffen, Freizeit-Aktivität. Beruf: Aufmerksamkeit, Konzentration, Gedächtnis, Karrierevorstellungen, Bewerbungsgespräche, Arbeitsgewohnheiten, Verhalten gegenüber Vorgesetzten

schätzt. Nur 3 Patienten (21%) des Sozialen-Trainings-Programms gegenüber 7 (50%) der Kontrollbedingungen wurden innerhalb von neun Monaten rückfällig.
Unklar war, in welchem Ausmaß das Sozialtraining und das Familienprogramm zur Rückfallverhütung beitragen. Dies versuchten Hogarty und Anderson (1986) in einer umfangreichen Therapiestudie zu klären. 88 Patienten unter neuroleptischer Standard-Medikation aus Familien mit hoher Emotionalität (EE) wurden nach Zufall vier Behandlungsverfahren zugewiesen: (1) eine Kontrollbedingung (n = 28) aus Einzelsitzungen mit erfahrenem Pflegepersonal; (2) ein Training sozialer Fertigkeiten (n = 19) (siehe Tabelle 2); (3) ein familientherapeutischer Ansatz (n = 21) (siehe Tabelle 3); (4) die Kombination aus Sozial-Training und Familientherapie (n = 20). Ähnlich wie bei Wallace und Liberman, wurde im Training sozialer Fertigkeiten versucht, auf Probleme hinzuführen, die im Kontext der Familie auftraten oder sich im beruflichen Bereich manifestierten. Der familientherapeutische Ansatz zielte darauf ab, über die Angehörigen das häusliche Klima zu verbessern und «fein abgestimmte Erwartungen an die Leistungen des Patienten aufzubauen» (vgl. Anderson et al., 1986). Während in der Kontrollgruppe 33% innerhalb eines Jahres einen Rückfall hatten, traf dies nur bei 19% aus der Gruppe mit Familientherapie, und bei 21% aus der Gruppe mit Sozial-Training zu. Kein einziger Patient mit der Kombination von Familientherapie und Sozial-Training hatte in dieser Zeit einen Rückfall.

4. Ausblick

Die Arbeit von Hogarty und Anderson belegt die derzeit als wichtig geltenden Bestandteile der Behandlung Schizophrener: zumindest zeitweilige Pharmakotherapie, Stützung der

Tabelle 3: Das familientherapeutische Programm von Hogarty & Anderson (1986)

Phasen	*Ziele*	*Techniken*
Phase 1: Kontaktaufnahme	Kontakt mit der Familie aufnehmen und zur Kooperation mit dem Programm gewinnen. Verminderung von Schuld, Emotionalität, negativen Reaktionen auf die Krankheit.	Behandlungskontrakt abschließen, Diskussion der Krisengeschichte und der Gefühle dem Patienten und der Krankheit gegenüber. Spezifische praktische Vorschläge, auf welche hin Besorgnis in Bewältigungsmechanismen umgesetzt werden kann.
Phase 2: Workshop zum Training von Fertigkeiten, die einen Rückfall verhindern helfen	Erhöhtes Verständnis für die Krankheit und die Bedürfnisse des Patienten. Soziale Kontakte, Erweiterung des sozialen Netzes.	Multiple Familien-Unterrichtung und Diskussion. Konkrete Daten über Schizophrenie. Konkrete Management-Vorschläge. Grundlegende Kommunikationsfertigkeiten.
Phase 3: Wiedereintritt und Anwendung	Den Patienten in der Gemeinschaft halten. Stärken der ehelichen/elterlichen Koalition. Erhöhte familiäre Toleranz für dysfunktionale Verhaltensweisen auf niedrigem Niveau. Verminderte und graduelle Wiederaufnahme von Verantwortung durch den Patienten.	Stärken der Grenzen zwischen Personen und Generationen. Liste von Aufgaben. Lösung einfacher Probleme.
Phase 4: Aufrechterhaltung	Reintegration in normale Rollen in der Gemeinde (Arbeit, Schule). Erhöhte Effizienz der generellen Familienprozesse.	Unregelmässige Sitzungen. Traditionelle und explorative Familientherapie-Techniken.

Angehörigen und Förderung realistischer Erwartungen, einzeltherapeutische Maßnahmen in den Lebensraum der Patienten (Freizeit, berufliche Tätigkeit, Familie) einbinden, ein längerfristiges Behandlungskonzept mit langsam wachsenden Anforderungen. Eine wirksame Hilfe bei schizophrenen Erkrankungen ist offenkundig nicht einfach und billig zu haben. Spektakuläre Erfolge durch einzelne Therapiemaßnahmen sind kaum zu erwarten, wohl aber eine allmähliche Verbesserung der Effizienz breit angelegter Behandlungskonzepte durch systematische Forschung. Das Grauen der Erkrankung für Patienten und Angehörige läßt dabei einen hohen Einsatz angebracht erscheinen.

5. Literatur

Anderson, C.M., Reiss, D.J. & Hogarty, G.E. (1986). *Schizophrenia in the family - a practitioners guide to psychoeducation and management.* New York: Guildford Press.

Bateson, G., Jackson, D.D., Haley, J. & Weakland, J.W. (1956). Towards a theory of schizophrenia. *Behavorial Science, 1,* 251-264.

Bellack, A.S. (1986). Das Training sozialer Fertigkeiten zur Behandlung chronisch Schizophrener. In W. Böker & H.D. Brenner (Hrsg.), *Bewältigung der Schizophrenie* (S. 121). Bern: Hans Huber.

Benedetti, G. (1983). Einführung in eine Psychotherapie der Schizophrenie. In G. Benedetti et al. (Hrsg.), *Psychosentherapie - psychoanalytische und existentielle Grundlagen.* Stuttgart: Hippokrates Verlag.

Benkert, O. & Hippius, H. (1986). *Psychiatrische Pharmakotherapie* (4. Aufl.). Heidelberg: Springer.

Bleuler, E. (1923). *Lehrbuch der Psychiatrie* (4. Aufl.). Berlin: Springer.

Bleuler, M. (1972). *Die schizophrenen Geistesstörungen im Lichte langjähriger Kranken- und Familiengeschichte.* Stuttgart: Thieme.

Brenner, H.D. (1986). Zur Bedeutung von Basisstörungen für Behandlung und Rehabilitation. In W. Böker & H.D. Brenner (Hrsg.), *Bewältigung der Schizophrenie* (S. 142). Bern: Hans Huber.

Buchkremer, G. & Rath, N. (1989). *Therapeutische Arbeit mit Angehörigen schizophrener Patienten.* Bern: Hans Huber.

Carpenter, W.T. & Heinrichs, D.W. (1983). Early intervention, timelimited, targeted pharmacotherapy of schizophrenia. *Schizophrenia Bulletin, 9,* 533-542.

Ciompi, L. (1980). The natural history of schizophrenia in the long term. *British Journal of Psychiatry, 136,* 413-420.

Ciompi, L. (1986). Auf dem Weg zu einem kohärenten multidimensionalen Krankheits- und Therapieverständnis der Schizophrenie: konvergierende neue Konzepte. In W. Böker & H.D. Brenner (Hrsg.), *Bewältigung der Schizophrenie* (S. 47). Bern: Hans Huber.

Cohen, R. (1982). Indikation und Kontraindikation von Token-Economy-Verfahren bei chronisch Schizophrenen. In H. Helmchen, M. Linden & U. Rüger (Hrsg.), *Psychotherapie in der Psychiatrie* (S. 86). Heidelberg: Springer.

Cohen, R., Florin, I., Grusche, A., Meyer-Osterkamp, S. & Sell, H. (1973). Dreijährige Erfahrungen mit einem Münzsystem auf einer Station für extrem inaktive, chronisch schizophrene Patienten. *Zeitschrift für Klinische Psychologie, 2,* 243-277.

Cole, J.O. (1964). Phenothiazine treatment in acute schizophrenia. *Archives of General Psychiatry, 10,* 246-261.

Falloon, I.R.H., Flanagan, S., Foy, D., Liberman, R.P., Lukoff, D., Marder, S. & Wittlin, B. (1983). Treatment of schizophrenia. In C.E. Walker (Ed.), *The handbook of clinical psychology* (pp. 563). Vol. II. Homewood, Ill.: Dow Jones-Irwin.

Gunderson, J.G., Frank, A.F., Katz, H.M., Vannicelli, M.L., Frosch, J.P. & Knapp, P.H. (1984). Effects of psychotherapy in schizophrenia: II. Comparative outcome of two forms of treatment. *Schizophrenia Bulletin, 10,* 564-598.

Häfner, H. (1976). Rehabilitation Schizophrener - Wissensstand, Folgerungen für die Praxis und für eine Theorie der Schizophrenie. In G. Huber (Hrsg.), *Therapie, Rehabilitation und Prävention schizophrener Erkrankungen* (S. 265). Stuttgart: Schattauer Verlag.

Häfner, H. (1988). Rehabilitation Schizophrener - Ergebnisse eigener Studien und selektiver Überblick. *Zeitschrift für Klinische Psychologie, 17,* 187-209.

Hirsch, S.R. (1982). Medication and physical treatment of schizophrenia. In J.K. Wing & L. Wing (Eds.), *Handbook of psychiatry 3: Psychoses of uncertain aetiology*(pp. 74). Cambridge: Cambridge University Press.

Hirsch, S.R., Jolley, A.G., Manchanda, R. & McRink, A. (1986). Frühzeitige medikamentöse Intervention als Alternative zur Depot-Dauer-Medikation in der Schizophreniebehandlung. In W. Böker & H.D. Brenner (Hrsg.), *Bewältigung der Schizophrenie* (S. 62). Bern: Hans Huber.

Hogarty, G.E. & Anderson, C. (1986). Eine kontrollierte Studie über Familientherapie, Training sozialer Fertigkeiten und unterstützender Chemotherapie in der Nachbehandlung Schizophrener. In W. Böker & H.D. Brenner (Hrsg.), *Bewältigung der Schizophrenie* (S. 72). Bern: Hans Huber.

Huber, G., Gross, G. & Schüttler, R. (1979). *Schizophrenie - eine verlaufs- und sozialpsychiatrische Langzeitstudie.* Heidelberg: Springer.

Kellam, S.G., Goldberg, S.C., Schooler, N.R., Berman, A. & Shmelzer, J.L. (1967). Ward atmosphere and outcome of treatment of acute schizophrenia. *Journal of Psychiatric Research, 5,* 145-163.

Leff, J., Kuipers, L., Berkowitz, R., Eberlein-Vries, R. & Sturgeon, D. (1982). A controlled trial of social intervention in the families of schizophrenic patients. *British Journal of Psychiatry, 141,* 121-134.

Leff, J. & Vaughn, C. (1985). *Expressed emotion in families: its significance for mental illness.* New York: Guilford Press.

May, P.R.A. (1968). *Treatment of schizophrenia.* New York: Science House.

May, P.R.A., Tuma, A.H., Yale, C., Potepan, P. & Dixon, W.J. (1976). Schizophrenia - a follow-up study of results of treatment: II. Hospital stay over two to five years. *Archives of General Psychiatry, 33*, 481–486.

May, P.R.A., Tuma, A.H. & Dixon, W.J. (1981). Schizophrenia - a follow-up study of the results of five forms of treatment. *Archives of General Psychiatry, 38*, 776–784.

Müller, P. (1983). Was sollen wir Schizophrenen raten: medikamentöse Langzeitprophylaxe oder Intervallbehandlung? *Nervenarzt, 54*, 477–485.

Müller, P., Günther, U. & Lohmeyer, J. (1986). Behandlung und Verlauf schizophrener Psychosen über ein Jahrzehnt - Krankheitsverlauf und Prädiktoren. *Nervenarzt, 57*, 332–341.

Paul, G.L. & Lentz, R.J. (1977). *Psychosocial treatment of chronic mental patients: milieu versus social-learning programs*. Cambridge, MA: Harvard University Press.

Scharfetter, C. (1982). Leiborientierte Therapie schizophrener Ich-Störungen. In H. Helmchen, M. Linden & U. Rüger (Hrsg.), *Psychotherapie in der Psychiatrie* (S. 70). Heidelberg: Springer.

Schooler, C. & Spohn, H.E. (1982). Social dysfunction and treatment failure in schizophrenia. *Schizophrenia Bulletin, 8*, 85–98.

Stanton, A.H., Gunderson, J.G., Knapp, P.H., Frank, A.F., Vannicelli, M.L., Schnitzer, R. & Rosenthal, R. (1984). Effects of psychotherapy in schizophrenia: I. Design and implementation of a controlled study. *Schizophrenia Bulletin, 10*, 520–562.

Wallace, C.J.& Liberman, R.P. (1985). Social skills training for patients with schizophrenia: a controlled clinical trial. *Psychiatry Research, 15*, 239–247.

Wing, J.K. (1982). Course and prognosis of schizophrenia. In J.K. Wing & L. Wing (Eds.), *Handbook of Psychiatry 3: Psychoses of uncertain aetiology* (pp. 33). Cambridge: Cambridge University Press.

Wing, J. (1986). Der Einfluß psychosozialer Faktoren auf den Langzeitverlauf der Schizophrenie. In W. Böker & H.D. Brenner (Hrsg.), *Bewältigung der Schizophrenie* (S. 11). Bern: Hans Huber.

Wing, J.K. & Brown, G.W. (1970). *Institutionalism and schizophrenia: a comparative study of three mental hospitals 1960–1968*. London: Cambridge University Press.

19. Störungen durch psychotrope Substanzen: Intervention

Roman Ferstl und Gerhard Bühringer

1. Einführung

Auf den ersten Blick ist das Erscheinungsbild eines Alkoholabhängigen sehr unterschiedlich zu dem eines Opiatabhängigen. Zum Beispiel ist ein Alkoholabhängiger in der Regel über 30 Jahre alt, wenn er erstmals in Behandlung kommt, hat seine Schul- und Berufsausbildung abgeschlossen und ist noch überwiegend in die Familie, in die Arbeitswelt und in einen Freundeskreis integriert. Dem gegenüber steht der Drogenabhängige, der zum Zeitpunkt der ersten Behandlung etwa 15 bis 20 Jahre alt ist, keine abgeschlossene Schul- und Berufsausbildung hat, sozial verwahrlost und ohne emotionale Bindung an Partner und Freunde lebt. Jahrelang wurden diese Unterschiede in der Behandlung stark betont und erst in jüngerer Zeit werden die gemeinsamen Symptome und Funktionsstörungen aller Substanzabhängigkeiten wieder stärker in den Vordergrund gerückt.

2. Gemeinsame Merkmale der Symptomatik und Behandlung aller Klassen der Substanzabhängigkeit

2.1 Symptomatik

Die internationalen Klassifikationssysteme berücksichtigen für ihre Einordnung jeweils nur ein Hauptsymptom der Substanzabhängigkeit, nämlich entweder die körperliche Abhängigkeit (DSM-III) oder die psychische Abhängigkeit (ICD-9; vgl. Kapitel 19, Band 1). Diese Symptome sind für Verständigungs- und Klassifikationszwecke ausreichend, genügen aber nicht für die Behandlungsplanung. Hierfür ist eine ausführlichere Darstellung des Krankheitsbildes notwendig (siehe Kasten 1).

Die Symptomatik im Kasten 1 macht deutlich, daß für die Behandlung von Abhängigen ein umfassendes Programm von Maßnahmen notwendig ist, das drei Ebenen einschließt:
- Körperliche Entgiftung und Behandlung der Begleit- und Folgeerkrankungen
- Behandlung der psychischen Funktionsstörungen
- Behandlung der Entwicklungsstörungen im Bereich der Lebensführung.

Auch innerhalb einer Substanzklasse ist die Form und Intensität der Symptomatik nicht einheitlich, wie dies früher häufig angenommen wurde. Vielmehr bestehen individuelle Unterschiede, die im Rahmen der Diagnostik erfaßt werden müssen (vgl. Kapitel 19, Band 1). Zum Beispiel können in einem Fall berufliche Belastungen und im anderen Fall Partnerschaftsstörungen wieder zu Rückfällen führen. Für die Behandlungsplanung sind solche Unterschiede zu beachten.

2.2 Motivation zur Behandlung

Ein gemeinsames Problem bei allen Abhängigen stellt die geringe Motivation zur Behandlung dar. Die körperliche Abhängigkeit und das ständige Verlangen nach erneuter Drogeneinnahme führen zu einem starken Zwang, immer wieder Drogen zu nehmen, so daß die Motivation zur Aufgabe des Drogenkonsums sehr gering ist. Erst im Laufe mehrerer Jahre, wenn allmählich die negativen Konsequenzen des Konsums stärker als die positiven werden, ist ein Abhängiger zum Beginn einer Behandlung bereit. Zunehmende körperliche Erkrankungen, soziale Isolation durch Verlust des Arbeitsplatzes und des Bekanntenkreises sowie bei illegalen Drogen die zunehmende Kriminalisierung und die damit verbundenen Folgen spielen hierbei eine Rolle.

Kasten 1
Gemeinsame Symptomatik aller Substanzabhängigkeiten

Körperliche Abhängigkeit von einer Hauptsubstanz: – Toleranz, Entzug

Zusätzlicher Mißbrauch anderer psychotroper Substanzen

Körperliche Begleit- und Folgeerkrankungen: – Magen und Darmerkrankungen; – Lebererkrankungen; – Haut- und Geschlechtskrankheiten; – Karies; – allgemeine Abwehrschwäche gegen Infektionen; – Krankheiten durch Fehl- und Unterernährung; – Polyneuropathien

Psychische Funktionsstörungen
Wahrnehmungsstörungen: – zahlreiche ursprünglich neutrale interne und externe Reize wirken als konditionierte Stimuli für abhängigkeitsbezogenes Erleben und Verhalten (z.B. Entzugserscheinungen, Wunsch nach Drogen, Beschaffung, Konsum)
Gedächtnisstörungen: – starke Konzentrationsstörungen
Denkstörungen/Problemstörungen: – langdauernde Perioden zwanghaft eingeschränkter Gedanken über Rauscherlebnisse, über erneuten Konsum und geeignete Wege zur Beschaffung der Drogen; – einseitige Problemlösung durch Flucht in erneute Drogeneinnahme
Sprachstörungen: – eingeschränktes Sprachrepertoire für emotionale Äußerungen; – abhängigkeitsbezogenes Sprachrepertoire (bei jungen Drogenabhängigen auch mit subkulturellen Begriffen)
Emotionale Störungen: – unausgeglichenes und situationsunangepaßtes impulsives Verhalten (verbal und körperlich aggressives Verhalten, Rückzugstendenzen, depressives Verhalten); – schnell wechselnde Stimmungen
Motivationsstörungen: – geringe Kompromißfähigkeit; – geringe Fähigkeit zur Bewältigung schwieriger Situationen und langwieriger Aufgaben; – geringe Toleranz gegenüber verzögerten Erfolgserlebnissen; – geringe Fähigkeit im Umgang mit Mißerfolgen
Störungen der Psychomotorik: – stark verlangsamte oder agitierte Psychomotorik (je nach pharmakologischer Wirkung der Substanzen)

Entwicklungsstörungen im Bereich der Lebensführung (Beginn des Substanzmißbrauchs bereits während der Pubertät oder im Jugendalter): – altersunangepaßtes «kindisches» Verhalten (z.B. keine Übernahme von Verantwortung); – fehlende Fähigkeit zu einer selbständigen Lebensführung; – fehlende oder abgebrochene Schul- und Berufsausbildung; – mangelnde Freizeitgestaltung; – fehlende oder lediglich drogenkonsumierende Bezugsgruppe; – fehlende Partnerschaften (oder nur zweckbezogene auf Drogenerwerb); häufig mit Partnerschafts- und Sexualstörungen verbunden

Da der äußere Druck in den ersten Wochen der Behandlung sehr schnell wieder in den Hintergrund tritt (Beendigung der polizeilichen Verfolgung, Abklingen der Krankheitssymptome) und die Erinnerungen an positive Erlebnisse im Zusammenhang mit dem Drogenkonsum wieder überwiegen, ist auch die Motivation zur Fortführung und planmäßigen Beendigung einer Behandlung sehr instabil. Die Bereitschaft zur Veränderung muß im Einzelfall für die Behandlungsplanung sorgfältig analysiert werden. Es kann zum Beispiel sein, daß ein Klient lediglich die Folgeerkrankungen behandelt haben möchte, aber zu keiner Änderung seines Konsumverhaltens bereit ist. Oder ein anderer erlebt erste negative Konsequenzen des Drogenkonsums und beginnt in einem Abwägungsprozeß die Vor- und Nachteile des Drogenkonsums zu reflektieren. In einem solchen Fall sofort auf Entgiftung und anschließende Behandlung zur Abstinenz zu drängen, wäre ein Fehler. Ziel müßte zunächst sein, den Klienten in seinem Abwägungsprozeß zu unterstützen und ihm dabei vor allem die negativen Folgen des weiteren Konsums sowie die langfristigen positiven Folgen einer Behandlung bewußt zu machen.

Prochaska und DiClemente (1986) haben in Untersuchungen mit verschiedenen Formen der Substanzabhängigkeit mehrere Phasen der Veränderungsbereitschaft gefunden (siehe Abbildung 1). Ein Abhängiger durchläuft in der Regel mehrmals diesen Zyklus, da er immer wieder rückfällig wird, wobei im Laufe der Jahre die Rückfallzeiten kürzer und die erfolgreichen Phasen länger werden. Für die Behandlungsplanung bedeuten die Ergebnisse, daß die jeweilige Phase im Einzelfall erfaßt

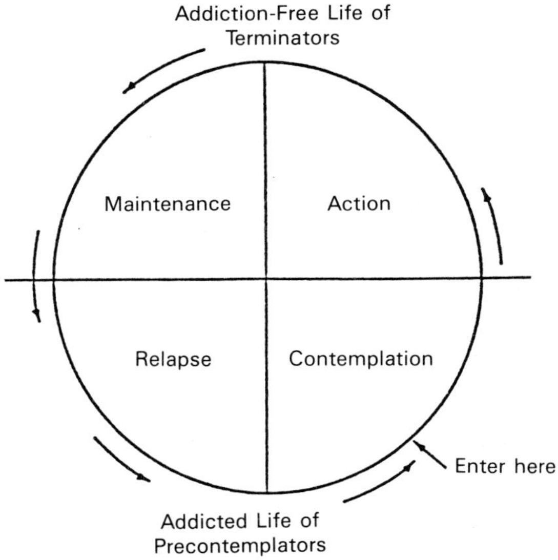

Abbildung 1: Phasen der Veränderungsbereitschaft bei Abhängigen (Prochaska & DiClemente, 1986)

Kasten 2
Phasen der Veränderungsbereitschaft im Leben von Abhängigen (modifiziert nach Prochaska & DiClemente, 1986)

Phasen	*Therapeutische Strategien*
1. Fehlendes Problembewußtsein («precontemplation»)	
- keine Einsicht	- geringe therapeutische Einflußmöglichkeit
- keine Veränderungsbereitschaft	- Einfluß durch Umweltfaktoren (z.B. Verlust des Arbeitsplatzes) und durch innere Faktoren (körperliche Schäden der Abhängigkeit)
2. Aufbau eines Problembewußtseins («contemplation»)	
- Selbstbeobachtung	- Förderung der Selbstbeobachtung
- Abwägen der Vor- und Nachteile des Drogenkonsums	- Betonung der negativen Konsequenzen des Konsums und der positiven Konsequenzen einer Veränderung
- Beobachtung der Reaktion von Dritten auf den eigenen Drogenkonsum	- Förderung der Entscheidungsbildung - Aufbau einer therapeutischen Allianz
3. Beginn einer Behandlung («action»)	
- Bereitschaft zur Veränderung	- Vermittlung von Kompetenzen zur Führung eines Lebens ohne Abhängigkeit (z.B. Entspannung, Selbstbehauptung, Konfliktlösung) - Zukunftsplanung (Lebensgestaltung)
4. Aufrechterhaltung der Behandlungsziele («maintenance»)	
- Bereitschaft zur Aufrechterhaltung der Veränderungen	- Kompetenzen zur Verminderung von Rückfällen (Beobachtung, Ablehnungstraining) - Kompetenzen zur Bewältigung von Rückfällen
5. Rückfall («relapse»)	
- längere Phasen erneuten Mißbrauchs oder erneuter Abhängigkeit	- geringe therapeutische Einflußmöglichkeit

werden muß und daß die motivationsfördernden therapeutischen Maßnahmen jeweils diesen Zielen entsprechen müssen (siehe Kasten 2).

2.3 Organisation der Behandlung

Seit Anfang dieses Jahrhunderts gibt es die ersten spezialisierten Einrichtungen für Alkoholabhängige und seit etwa 1970 auch für Drogenabhängige. Traditionell ist es üblich, daß nach einem Kontakt mit einer ambulanten Einrichtung für Abhängige und vorbereitenden therapeutischen Gesprächen die «eigentliche» Therapie in stationären Spezialeinrichtungen durchgeführt wird. Erst in jüngster Zeit werden vor allem Alkoholabhängige mehr und mehr ausschließlich ambulant behandelt, was in anderen Ländern vor allem in den USA, schon immer der Fall war. Die therapeutischen Einrichtungen unterscheiden sich in Konzeption, Kapazität, Art und Dauer der Therapie erheblich, doch gibt es einige Gemeinsamkeiten (siehe Tabelle 1).

Kasten 3
Allgemeine Ansätze zur Behandlung von Abhängigen

Medikamentöse Behandlung:
- Unterstützung bei der Entgiftung (z.B. Beruhigung, Schmerzlinderung)
- Behandlung der Begleit- und Folgeerkrankungen
- Alkoholsensibilisierte Medikamente (z.B. Disulfiram)
- Opiatantagonisten (z.B. Naltrexon)
- Behandlung mit legalen Ersatzstoffen illegaler Substanzen (Methadon bei Opiatabhängigen)

Psychotherapeutische Behandlung:
- Verhaltenstherapie
- Tiefenpsychologische Therapien
- Gesprächspsychotherapie
- Eklektizistische Ansätze

Sozialtherapeutische Behandlung:
- Therapeutische Wohn- und Lebensgemeinschaft mit ehemaligen Abhängigen
- Selbsthilfegruppen (z.B. AA, Blaukreuz, Guttempler)
- Therapeutische Gemeinschaft mit professionellen Therapeuten

2.4 Therapeutische Konzepte und Maßnahmen

Wie in anderen Bereichen psychischer Störungen ist die Zahl der therapeutischen Konzepte nahezu unübersehbar. Für die Behandlung von Abhängigen kommt noch hinzu, daß neben professioneller Therapie die Laienbewegungen, insbesondere die Selbsthilfegruppen ehemaliger Abhängiger, eine sehr große Rolle spielen. Versucht man, die große Anzahl therapeutischer Konzepte zu ordnen, so gibt es drei unterschiedliche Ansätze (siehe Kasten 3).

2.4.1 Medikamentöse Behandlung

Neben der unterstützenden Behandlung bei der Entgiftung und der Behandlung der Begleit- und Folgeerkrankungen spielen zunächst solche Medikamente eine Rolle, die die Entwöhnung von der abhängigkeitserzeugenden Substanz unterstützen. Es handelt sich dabei um alkoholsensibilisierende Medikamente, die den Klienten zur Abstinenz motivieren, da erneuter Alkoholkonsum bei regelmäßiger Einnahme dieses Medikaments mit Übelkeit und Erbrechen verbunden ist. Zu dieser Behandlungsstrategie gehören auch Opiatantagonisten, die die Opiatrezeptoren im Körper blockieren, so daß bei einem Rückfall und erneuter Einnahme von Opiaten kein Effekt auftritt. Mit beiden Medikamenten sollen die euphorischen Folgen des Konsums vermieden und so langfristig die Zahl der Rückfälle reduziert werden. Medikamentöse Behandlung ist immer nur zur Unterstützung von psycho- oder soziotherapeutischen Maßnahmen geeignet.

Eine medikamentöse Behandlungsstrategie für Opiatabhängige stellt die Methadon-Erhaltungstherapie dar. Methadon ist ein synthetisches Opiat, das den Vorteil hat, daß es oral eingenommen werden kann (Vermeidung von injektionsbedingten Infektionen). Weiterhin hat es eine analgetische Wirkung (Beendi-

Tabelle 1: Überblick über die Phasen der Behandlung von Abhängigen und über ausgewählte Charakteristika (modifiziert nach Bühringer, 1982)

Phase	Therapievorbereitung	Entgiftungs-behandlung	Entwöhnungs-behandlung	Nachsorge-behandlung
Organisationsform	ambulant	in der Regel stationär	in der Regel stationär, zunehmend auch ambulant	in der Regel ambulant, zunehmend auch teilstationär
durchführende Institutionen	Alkohol- und Drogenberatungsstellen, zunehmend auch psychosoziale Beratungsstellen für Suchtkranke oder für Jugendliche und junge Erwachsene	Allgemeinkrankenhaus (internistische Stationen) spezielle Drogenkliniken (besonders in Großstädten). Abteilungen psychiatrischer Krankenhäuser	psycho- und soziotherapeutisch orientierte Therapieeinrichtungen, wenige Selbsthilfegruppen, weiterführende Stufen von Drogenkliniken, weiterführende Abteilungen psychiatrischer Krankenhäuser	therapeutische Wohngemeinschaften, Wohngemeinschaften, Nachsorgeeinrichtungen (Typ Nachtklinik) Drogenberatungsstellen (ambulant)
Behandlungsziele	Beratung/Motivation, Diagnosestellung, Erstellung des Behandlungsplans, Vorbereitung auf die stationäre Behandlung (z. B. Kostenzusage) Überbrückungsbehandlung bei Wartezeiten	Durchführung der körperlichen Entgiftung, Diagnose und Therapie somatischer Begleiterkrankungen, Vorbereitung auf Entwöhnungsbehandlung, erste psychotherapeutische Maßnahmen, (Motivierung: Verhinderung von Rückfällen)	Behandlung psychischer Störungen, Rückfallprophylaxe, Aufbau von Alternativen in wichtigen Lebensbereichen (Arbeits-, Sozial- und Freizeitbereich, Selbstorganisation). Vorbereitung auf die Entlassung (Wohnungssuche, Arbeitsplatzbeschaffung)	Bewältigung von Krisen im Alltag, evtl. Weiterbehandlung mit Therapieinhalten aus der Entwöhnungsphase
Behandlungsdauer	ca. 2–10 Wochen	1–3 Wochen (soweit keine somatischen Begleiterkrankungenn vorliegen)	2–12 Monate (in Ausnahmefällen länger)	3–12 Monate
vertretene Berufe	vorwiegend Sozialarbeiter und Dipl.-Psychologen, konsiliarisch tätigie niedergelassene Ärzte, wenige angestellte Ärzte	vorwiegend Ärzte und Pflegpersonal, begleitende Betreuung oder Behandlung durch Mitarbeiter der Beratungsstellen	Sozialarbeiter und Dipl.-Psychologen, je nach Programm Arbeits-, Beschäftigungs- und Sporttherapeuten, teilweise ehemalige Drogenabhängige, niedergelassene Ärzte für die Weiterbehandlung somatischer Begleiterkrankungen; teilweise auch angestellte Ärzte (Psychiater oder andere Fachärzte mit psychotherapeutischen Kenntnissen)	teilstationär: Sozialarbeiter und Dipl.-Psychologen, ambulant: siehe Beratungsstelle

gung der Entzugserscheinungen), aber keine euphorische, so daß der Drogenabhängige arbeits- und kontaktfähig wird. Bei entsprechend hoher Dosierung hat die Einnahme zusätzlicher Opiate keine Wirkung. Die Erfahrungen aus der breiten Anwendung der Methadon-Erhaltungstherapie in den USA und in anderen Ländern haben jedoch gezeigt, daß ihre Vorteile im Vergleich zu den gravierenden Nachteilen eher gering sind. Bei Programmen mit starker Kontrolle werden kaum zusätzliche Klienten gehalten, bei geringer Kontrolle werden weiterhin illegale Drogen genommen, die Mortalität und Morbidität ist erhöht und langfristige Abstinenz wird kaum erreicht. In der Bundesrepublik Deutschland ist deshalb die Behandlung in Methadon-Erhaltungsprogrammen umstritten.

2.4.2 Psychotherapeutische Behandlung

Im Vordergrund der derzeitigen therapeutischen Versorgung stehen eindeutig eklektizistische Ansätze, in denen verschiedene therapeutische Verfahren kombiniert werden, ohne daß es dafür eine theoretische oder empirische Grundlage gibt. Bei den tiefenpsychologischen Therapien spielen vor allem gruppenanalytische Verfahren eine Rolle, während die psychoanalytische Einzeltherapie kontraindiziert ist. Gesprächspsychotherapeutische Verfahren sind in der Regel dann nützlich, wenn der Klient in der Phase der Urteilsbildung ist, in der er die Vor- und Nachteile eines weiteren Drogenkonsums abwägt. Für die weiteren Therapieziele, insbesondere im Bereich der Lebensgestaltung, der Ablehnung von Drogenangeboten, der Selbstbehauptung und der Entspannung, sind sie jedoch weniger geeignet.
Am differenziertesten ausgearbeitet sind verhaltenstherapeutische Programme, die sowohl die emotionalen und kognitiven Probleme als auch die notwendigen Änderungen der Lebensführung einbezogen werden (siehe Kasten 4).

2.4.3 Soziotherapeutische Behandlung

Hier spielen insbesondere Selbsthilfeansätze eine Rolle, so daß der Begriff «Behandlung» teilweise fragwürdig wird. Gerade bei Abhängigen von illegalen Drogen hat die therapeutische Wohn- oder Lebensgemeinschaft eine Bedeutung, vor allem in den USA. Diese Behandlung ist u.a. gekennzeichnet durch das Fehlen professioneller Mitarbeiter, durch die gemeinsame Verantwortung für die Finanzierung des Lebensunterhalts und der Wohngebäude, die Betonung eigenständiger Arbeit sowie häufig durch eine starke Hierarchie der Mitbewohner, wobei langjährige ehemalige Abhängige eine entscheidende Rolle spielen.
Überwiegend im Umkreis Alkoholabhängiger sind Selbsthilfegruppen zu finden, in denen sich «trockene» Alkoholabhängige regelmäßig treffen. Teilweise dienen diese Gruppen auch als Ersatz für eine professionelle Behandlung, teilweise sind sie Teil der Nachsorge nach einer professionellen Behandlung.
Eine Kombination zwischen einer selbstgeleiteten therapeutischen Wohngemeinschaft und einer fachlich geführten Klinik stellen stationäre therapeutische Gemeinschaften dar. In ihnen wird versucht, Aspekte der therapeutischen Wohngemeinschaft (Umstrukturierung und therapeutische Gestaltung des gesamten Tagesablaufes, Verantwortung für die therapeutische Einrichtung) mit Prinzipien professioneller Behandlung (Weisungsrecht der Mitarbeiter, extern gesetzte Hausregeln) zu kombinieren.
Häufig werden die genannten therapeutischen Ansätze nicht isoliert praktiziert sondern in vielfältigen Kombinationen. In den stationären Einrichtungen werden in der Regel soziotherapeutische Maßnahmen mit Einzel- und Gruppentherapien unterschiedlichster Richtungen eklektizistisch verbunden. Problematisch ist dabei das fehlende theoretische Konzept für die jeweilige Kombination.

Kasten 4
Funktions- und Entwicklungsstörungen bei Abhängigen und verhaltenstherapeutische Maßnahmen

Störungen	*Maßnahmen*
1. Psychische Funktionsstörungen	
1.1 Wahrnehmungsstörungen - zahlreiche ursprüngliche neutrale interne und externe Reize wirken als konditionierte Stimuli für abhängigkeitsbezogenes Verhalten (z.B. Entzugserscheinungen, Wunsch nach Drogen, Beschäftigung, Konsum)	- Sammlung individueller Stimuli - Gedankenstop - Konverantenkontrolle - verdeckte Sensibilisierung - Ablehnungstraining im Rollenspiel
1.2 Gedächtnisstörungen - starke Konzentrationsstörungen	- Aufgabenschwierigkeit steigern (mit Kontrakten)
1.3 Denkstörungen/Problemlösestörungen - langandauernde Perioden zwanghaft eingeschränkter Gedanken über Rauscherlebnisse, über erneuten Konsum und geeignete Wege zur Beschaffung der Drogen - einseitige Problemlösung durch Flucht in erneute Drogeneinnahme	- Gedankenstop - Verhaltensalternativen üben - Problemanalyse und Entscheidungstraining
1.4 Sprachstörungen - eingeschränktes Sprachrepertoire für emotionale Äußerungen - abhängigkeitsbezogenes Sprachrepertoire (bei jungen Drogenabhängigen auch mit subkulturellen Begriffen)	- Löschung drogenbezogener Begriffe - Selbstkontrollverfahren
1.5 Emotionale Störungen - unausgeglichenes und situationsangepaßtes impulsives Verhalten (verbal und körperlich aggressives Verhalten, Rückzugtendenzen, depressives Verhalten - schnell wechselnde Stimmung	- Selbstbeobachtung - Kommunikationsübungen - Rollenspiele
1.6 Motivationsstörungen - geringe Kompromißfähigkeit - geringe Fähigkeit zur Bewältigung schwieriger Situationen und langwieriger Aufgaben - geringe Toleranz gegenüber verzögerten Erfolgserlebnissen - geringe Fähigkeit im Umgang mit Mißerfolgen	- Zusammenstellung schwieriger Situationen - Rollenspiele - Kontrakte mit abgestufter Schwierigkeit
1.7 Störungen der Psychomotorik - stark verlangsamte oder agitierte Psychomotorik (je nach pharmakologischer Wirkung der Substanzen)	- Symptomatik verschwindet nach längerer Abstinenz - Aktivierungsübungen

2. Entwicklungsstörungen im Bereich der Lebensführung (Beginn des Substanzmißbrauchs bereits während der Pubertät oder im Jugendalter)	
- altersunangepaßtes «kindisches Verhalten (z.B. keine Übernahme von Verantwortung) - fehlende Fähigkeit zu einer selbständigen Lebensführung - fehlende oder abgebrochene Schul- und Berufsausbildung - mangelnde Freizeitgestaltung - fehlende oder lediglich drogenkonsumierende Bezugsgruppe - fehlende Partnerschaften (oder nur zweckbezogen auf Drogenerwerb); häufig mit Partnerschafts- und Sexualstörungen verbunden	- Sammlung von Interessen (Beruf, Freizeit) - Rollenspielübungen (Bewerbungsgespräche, Kommunikation, Selbstsicherheit) - Partnerschafts- und Sexualtherapie - abgestufte Dauer täglicher Arbeit (mit Punktesystemen) - Kontrakte (z.B. Verantwortung übernehmen)

3. Behandlung von Alkoholabhängigen

3.1 Therapeutische Maßnahmen und Programme

Stellvertretend für eine zeitgemäße Behandlung von Alkoholabhängigen (siehe auch Kasten 5) soll zunächst ein stationäres verhaltenstherapeutisches Programm vorgestellt werden, das ausführlich dokumentiert ist (Schneider, 1982). Die Klinik hat 165 Therapieplätze und einen vergleichsweise günstigen Personalschlüssel von 1 zu 3,8, darunter 11 Diplom-Psychologen und 5 Ärzte. Allgemeine Therapieziele sind:

- Einsicht in die Notwendigkeit einer langfristigen Abstinenz
- Vermeidung von Rückfällen in kritischen Situationen
- adäquates Verhalten nach Rückfällen
- Verbesserungen in belastenden Lebensbereichen (z.B. Arbeitsbereich)
- Beseitigung bzw. Reduzierung individueller Störungen (z.B. Sexual- oder Partnerschaftsstörungen).

Aus Kostengründen werden wie in allen anderen Kliniken auch vorwiegend gruppentherapeutische Maßnahmen durchgeführt, die zumindest in der Struktur weitgehend standardisiert sind. Um auf die individuellen Probleme und Unterschiede eingehen zu können, werden je nach Verhaltensanalyse zusätzlich indikative Gruppen und Einzeltherapie durchgeführt (siehe Kasten 6). Die stationäre Behandlung dauert ungefähr vier Monate, andere Programme im deutschsprachigen Raum zwischen zwei und neun Monaten. In den USA ist die stationäre Behandlungsdauer wesentlich kürzer und umfaßt in der Regel zwei bis sechs Wochen.

Eine strukturierte und überprüfte ambulante Behandlung ist in den deutschsprachigen Ländern erst in den Anfängen. Ein Beispiel stellt das Programm von Vollmer et al. (1982) dar. Auch in diesem Programm werden standardisierte Teile mit individuellen Maßnahmen kombiniert (siehe Tabelle 2). Das Programm dauert etwa fünf Monate mit je etwa 25 Einzel- und Gruppentherapiesitzungen. Eine Besonderheit des Programms liegt darin, daß nach einer dreiwöchigen Reduktionsphase (allmähliche Aufgabe des Alkoholkonsums) und einer achtwöchigen alkoholfreien Phase Klient und Therapeut gemeinsam entscheiden, welche weiteren Therapieziele verfolgt werden sollen, entweder Abstinenz oder kontrolliertes Trinken. Der Hintergrund zum Therapieziel «kontrolliertes Trinken» liegt in zahlreichen amerikanischen Untersuchungen, die gezeigt haben, daß insbesondere bei jüngeren Personen mit einer zeitlich noch kürzeren Alkoholabhängigkeit dieses Therapieziel eher akzeptiert wird und zumindest zu gleich guten Ergebnissen führt.

3.2 Wirksamkeit der Programme

In dem beschriebenen stationären Programm von Schneider sind fünf Jahre nach Ende der Behandlung 41% aller behandelten Patienten bzw. 50% aller planmäßig entlassenen Patienten erfolgreich oder gebessert (Jung et al., 1987; alle in der Katamnese nicht erreichten Klienten wurden als Mißerfolg gewertet, was die Ergebnisse verschlechtert). In einer Untersuchung über das ambulante Programm von Vollmer et al. (1982) waren zwei Jahre nach Ende der Behandlung 40% der Klienten erfolgreich oder gebessert, wobei der Wert für die Untergruppe der Klienten mit dem Therapieziel «Abstinenz» bei 25% und der für die Gruppe «kontrolliertes Trinken» bei 45% lag. Aufgrund der zeitlich aufwendigen therapeutischen Programme gibt es außer für einzelne therapeutische Verfahren kaum kontrollierte Experimente mit Zufallszuweisung zu den therapeutischen Interventionen. Als Alternative wurden in den USA und der Bundesrepublik Deutschland multizentrische Studien durchgeführt, in denen Klienten verschiedener therapeutischer Versorgungseinrichtungen mit einheitlichen Meßinstrumenten untersucht wurden (siehe Tabelle 3). Problematisch ist bei solchen Untersuchungen, daß die Vergleichbarkeit der Klientel in den verschiedenen Kliniken nur begrenzt überprüft werden kann. Einen Überblick über Ergebnisse und Probleme der Evaluation von Alkoholismustherapie gibt Süß (1988).

Kasten 5
Fallgeschichte: Alkoholabhängigkeit

Herr B. ist 28 Jahre alt, geschieden, hat 1 Sohn (3 Jahre). Der leibliche Vater war alkoholabhängig, der Patient ist es seit etwa 8 Jahren. Der erste Alkoholkonsum erfolgte mit 14 Jahren, die erste Behandlung mit 15 (Alkohol-Intoxikation), die ersten Suchtbehandlungen mit 22 und 24. Der berufliche Abstieg ging über Realabschluß, gescheiterte Banklehre zum Hilfsarbeiter.
Für die Genese spielte u.a. die subjektive Verarbeitung der geringen körperlichen Größe (1,62) eine Rolle. Herr B. wurde deswegen viel gehänselt, war zudem sozial sehr unsicher. Er erlebte in einer Jugendclique durch den Alkoholkonsum mehr Sicherheit und verbale Schlagfertigkeit, damit auch mehr Akzeptanz durch andere Jugendliche und weniger Sticheleien (negative und positive Verstärkung). Etwa mit 20 wurde ihm seine körperliche Abhängigkeit bewußt. Der letzte Rückfall fand nach fast 4 Jahren Abstinenz vor 4 Monaten nach einer Kette belastender Situationen statt. Seither hat er einen täglichen Konsum von 1 Flasche Whisky und 8 bis 10 Flaschen Bier. Aktueller Anlaß für die jetzige Behandlung war nicht der erneute Rückfall, sondern sozialer Druck (Verlust von Arbeit und Wohnung).
Rückfälle erfolgen in beruflich und privat stark belastenden Situationen sowie dann, wenn er sich isoliert fühlt, aber Angst vor sozialem Kontakt hat. Diese erlebte Hilflosigkeit ärgert ihn, er fühlt sich als «Opfer» (auslösende Bedingungen). Der Alkoholkonsum nimmt kurzfristig die negativen Emotionen und «erleichtert» darüber hinaus soziale Kontakte. Langfristig führt er zu Entzugserscheinungen, depressiven Stimmungen und geringem Selbstwertgefühl. Die Selbstkontrollfähigkeiten und das Selbstvertrauen sind gering, alternative Problemlösestrategien wenig ausgebildet.
Als therapeutische Maßnahmen wurden eingesetzt: muskuläres Entspannungstraining (Reduktion der körperlichen Anspannung), Gedankenstop und Koverantenkontrolle (Kontrolle von potentiell rückfallauslösenden Gedanken und Stimmungen), das Selbstsicherheitstraining ATP (Förderung sozialer Kompetenzen) sowie therapeutische Verträge zum Aufbau verschiedener sozialer Aktivitäten. Die Kontrolle der Effekte erfolgte u.a. über Atemluftanalysen, Unsicherheitsfragebogen U, Fehlschlagangst-Fragebogen FAF und Therapeut/Klient-Ratings von Verhaltensfortschritten in ursprünglich kritischen Rückfallsituationen.

Tabelle 2: Ziele und Maßnahmen einer ambulanten Behandlung von Alkoholabhängigen (Vollmer et al., 1982)

Verhaltensbereich	Ziele	Maßnahmen
Alkoholkonsum	Alkoholfreiheit oder kontrolliertes Trinken	Selbstkontrollverfahren (Verdeckte Sensibilisierung Coverant Control u. a.) Verträge Ablehnungstraining Entspannungstraining
Sozialverhalten	adäquate Kommunikation Kontaktfähigkeit Selbstsicherheit Belastungsfähigkeit	Sozialtraining (Gruppe) In-vivo-Übungen Partnertherapie Entspannungstraining
Freizeitverhalten	Freizeit selbständig gestalten	strukturierte Freizeitplanung Freizeitaktivität mit Therapiehelfer
Arbeitsverhalten	Wahl einer Arbeits- oder Ausbildungsstelle Regelmäßige Arbeit	individuelle Maßnahmen
Sonstige Verhaltensbereiche	Individuelle Ziele und Maßnahmen	

Kasten 6

Ziele und Maßnahmen einer stationären Behandlung von Alkoholabhängigen (Schneider, 1982)

Standardmaßnahmen:

– *Funktionale Verhaltensanalyse:* Sie soll den Patienten befähigen, seinen Suchtmittelkonsum als eine Handlung innerhalb eines komplexen Bedingungsgefüges zu verstehen, die einer fehlgeschlagenen Problemlösung gleicht, welche nun selbst das Problem darstellt. Es wird gezeigt, daß die Beseitigung der «ursächlichen» Probleme und die Aufarbeitung von Verhaltensdefiziten nicht die weitere Gefährdung durch Suchtmittel auflösen kann, so daß der Patient weiterhin abstinent leben und ein entsprechendes Selbstkonzept aufbauen muß.

– *Entspannungstraining:* Das Ziel ist hier die Minderung des physiologischen Anteils der Emotionen in belastenden Situationen und der Aufbau einer Alternative zur pharmakologischen Wirkung des Suchtmittels.

– *Selbstkontrolltechniken/Ablehnungstraining:* Aufbau von selbsterzeugtem gedanklichen Widerstand bei Wünschen und Versuchungen bezüglich Suchtmitteln (Selbstkontrolltechniken). Aufbau von effektivem Verhalten in Situationen, in denen Suchtmittel angeboten bzw. aufgedrängt werden (Ablehnungstraining).

– *Einübung von Selbstsicherheit:* Ein Kernpunkt der Gruppentherapie besteht in der Einübung von Selbstsicherheit, d.h. im Wissen, was Selbstsicherheit ist und welche Vorteile sie hat, im Erkennen und Wahrnehmen der persönlichen Rechte und der Einsicht, warum man so häufig anders handelt. Übungsbereiche sind dabei Situationen, die Fertigkeiten in Selbstbehauptung, Umgang mit Belastungen, Kommunikation und Kontakt verlangen. Besondere Beachtung finden dabei die auftretenden Gefühle als Indikatoren für verhaltensrelevante, irrationale Einstellungen.

– *Kognitive Umstrukturierung:* Im Rahmen des Belastungstrainings findet deshalb eine Einführung in die kognitive Umstrukturierung statt, die den Patienten seine Gefühle als weitgehend steuerbar erleben läßt, wobei unangenehme Gefühle größtenteils als durch negative Selbstverbalisationen und unrealistische Erwartungen hervorgerufen angesehen werden.

– Anleitung zur sinnvollen Freizeitgestaltung, Wiederherstellung körperlicher und geistiger Leistungsfähigkeit in der Sport- und Beschäftigungstherapie.

– *Selbstorganisation:* Der Bereich der Selbstorganisation wird in kleinen Schritten erarbeitet. Die Maßnahmen gehen von der anfänglichen Tagesplanung bis zur Zukunftsplanung in verschiedenen Lebensbereichen.

Individuelle Maßnahmen: Je nach Indikation, zum Beispiel Partnerschafts- oder Sexualtherapie.

Tabelle 3: Ergebnisse der Behandlung von Alkoholabhängigen

1. Rand-Report (Polich et al., 1981)

4 Jahre nach Behandlungsende (N=600)

verstorben	lebend abstinent	lebend gebessert	lebend ungebessert
	(6 Monate vor Katamnese)		
14,5%	28%	18%	54%

2. Münchner Alkoholismus-Studie (Küfner et al., 1986)

1,5 Jahre nach Behandlungsende (N=1,410 aus 21 Kliniken)

verstorben	lebend abstinent	lebend gebessert	lebend ungebessert
	(6 Monate vor Katamnese)		
2,6%	53%	9%	38%

3. Verhaltenstherapeutisches Programm (Jung et al., 1978)

4,5 Jahre nach Behandlungsende (N=491)

verstorben	lebend abstinent	lebend gebessert	lebend ungebessert
	(gesamter Katamnese-Zeitraum)		
7%	41%	16%	43%

4. Behandlung von Drogenabhängigen

4.1 Therapeutische Maßnahmen und Programme

Die Methadon-Erhaltungstherapie sowie die stationären therapeutischen Wohngemeinschaften (Selbsthilfegruppen) stehen im Vordergrund der Behandlung in den USA. In den westeuropäischen Ländern ist der Anteil der Methadon-Erhaltungsprogramme noch gering, es überwiegt hier die stationäre therapeutische Facheinrichtung mit einer Kombination von Selbsthilfemerkmalen und professionellen Konzepten. Die stationären Einrichtungen sind in der Regel hochstrukturiert (therapeutische Phasen, Arbeits- und Beschäftigungstherapie, zahlreiche Verhaltensregeln), während die Einzel- und Gruppentherapie entweder fehlen oder eher eklektizistisch zusammengestellt sind. Ein Beispiel für ein sowohl im psychotherapeutischen wie im sozialtherapeutischen Bereich durchstrukturiertes Programm wurde von Bühringer und De Jong (1980) entwickelt. Das Programm für eine stationäre Einrichtung dauert etwa sechs Monate, wobei je nach individuellem Fortschritt der Aufenthalt zwischen drei und zehn Monaten schwankt. Neben einem standardisierten Rahmen für den Aufenthalt in der Einrichtung (Hausregeln, Arbeitstherapie) wird das Programm möglichst individuell aufgrund der Verhaltensanalyse geplant und durchgeführt (siehe Kasten 7). Erste ambulante Programme mit Drogenabhängigen werden derzeit überprüft.

4.2 Wirkungen therapeutischer Programme

Zwei Jahre nach Ende der Behandlung sind 32% der Klienten, die mit dem oben beschriebenen Programm (siehe Kasten 10, Bühringer & De Jong, 1980) behandelt worden sind, drogenfrei (unter Einbeziehung der nichterreichten Personen), bei den planmäßig entlassenen sind es 80%. Auch für die Behandlung von Drogenabhängigen gibt es keine Studien mit Zufallszuweisung zu verschiedenen Programmen, so daß Vergleiche problematisch sind. In einer Sekundäranalyse deutschsprachiger Katamnesen, in der versucht wurde, nach einheitlichen Kriterien die Ergebnisse erneut zu berechnen und zu vergleichen, schwanken die Prozentanteile für drogenfreie Klienten zwischen 23% und 80% (Klett et al., 1984). In einer großen multizentrischen Studie aus den USA (Simpson, 1984) zeigen sich bei der Einjahreskatamnese folgende Ergebnisse:

- Methadon-Erhaltungstherapie: erfolgreich 27%, gebessert 41%
- Stationäre therapeutische Einrichtung: 28% erfolgreich, 40% gebessert
- Ambulante Behandlung (Abstinenz): 24% erfolgreich, 33% gebessert.

5. Zukünftiger Therapieschwerpunkt

Etwa 40% bis 60% aller behandelten Abhängigen werden zwei bis drei Jahre nach Ende einer Behandlung rückfällig. Langzeitverläufe zeigen, daß eine «Abhängigkeitskarriere» häufig 10 bis 20 Jahre dauert, wobei

Kasten 7
Ziele und Maßnahmen für ein Programm zur stationären Behandlung von Drogenabhängigen (Bühringer & De Jong, 1980)

Zielbereiche	*Allgemeine Ziele (und Maßnahmen)*
Verhaltensbereich I Drogenverhalten	- Aufbau neuer Verhaltensalternativen in ehemals kritischen Auslösersituationen (Rollenspiel, Reizkontrollschritte zur Einengung diskriminativer Stimuli für Drogenmißbrauch) - Selbstkontrollmaßnahmen (Koverantenkontrolle, Gedankenstoptraining, verdeckte Sensibilisierung)
Verhaltensbereich II Freizeitverhalten	- Aufbau neuer bzw. Förderung bestehender Freizeitinteressen (gestuftes Verstärkerprogramm)
Verhaltensbereich III Arbeitsverhalten	- Aufbau von Verhaltensweisen, die als Voraussetzung geregelten Arbeits- und Ausbildungslebens gelten (Punktegramm) - Vorbereitung auf die Wiedereingliederung in das Berufs- bzw. Schulleben (Lerntraining, Entscheidungstraining, Rollenspielübungen)
Verhaltensbereich IV Sozialverhalten	- Aufbau neuer Kontakte, Aufbau sozialer Sicherheit und eines effektiven Verstärkeraustausches in sozialen Beziehungen (Training zur Förderung sozialer Kompetenz, ATP) - Verbesserung von Kommunikatiosfähigkeiten (ATP, Kommunikationsübungen)
Verhaltensbereich V Selbstorganisation	- Aufbau von Verhaltensweisen, die ein selbständiges Leben ermöglichen bzw. erleichtern (Kontrakte, Rollenspiele)
Verhaltensbereich VI Problemlöse- und Entscheidungsverhalten	- Aktive Problembewältigung, überlegtes Entscheidungsverhalten (Problemanalyse und Entscheidungstraining)

während dieser Zeit zahlreiche therapeutische Behandlungen sowie Selbstheilungsversuche durchgeführt werden. Rückfälle treten in dieser Zeit bei fast allen Abhängigen auf, auch bei solchen mit einer günstigen Entwicklung, wobei der Schweregrad des Rückfalls sowie dessen Häufigkeit im Verlauf der Jahre sehr variiert und auch zwischen Abhängigen sehr unterschiedlich ist. Lange Jahre spielte der Rückfall und seine vorausgehenden und nachfolgenden Bedingungen weder in der Forschung noch in der praktischen Therapie eine große Rolle. Dies hat sich seit einiger Zeit geändert, vor allem durch die Untersuchungen von Marlatt und Gordon (1985). Die Autoren gehen davon aus, daß jedem Rückfall eine Reihe von Bedingungen vorangehen, die sich nach kognitiven und Verhaltensaspekten untergliedern. Eine Risikosituation, für die keine adäquaten Bewältigungsstrategien zur Verfügung stehen, führt in ihrem Modell (siehe Abbildung 2) zu einer verminderten Bewertung der Selbst-Effektivität im Sinne Banduras und gleichzeitig zu einer positiven Erwartung für die Substanzeinnahme. Diese bedingen einen ersten erneuten Konsum der Substanz und damit gleichzeitig das Abstinenzverletzungssyndrom, das im Sinne einer selbsterfüllenden Prophezeiung eine längere Rückfallepisode einleitet. Die diagnostischen und therapeutischen Verfahren, die im Rahmen der nunmehr als Rückfallprävention konzipierten Therapie eingesetzt werden, stammen dabei insgesamt aus dem verhaltenstherapeutischen Methodeninventar. Derzeit liegen für diesen therapeutischen Ansatz nur einzelne Kontrollstudien vor. Größere Vergleichsstudien stehen noch aus.

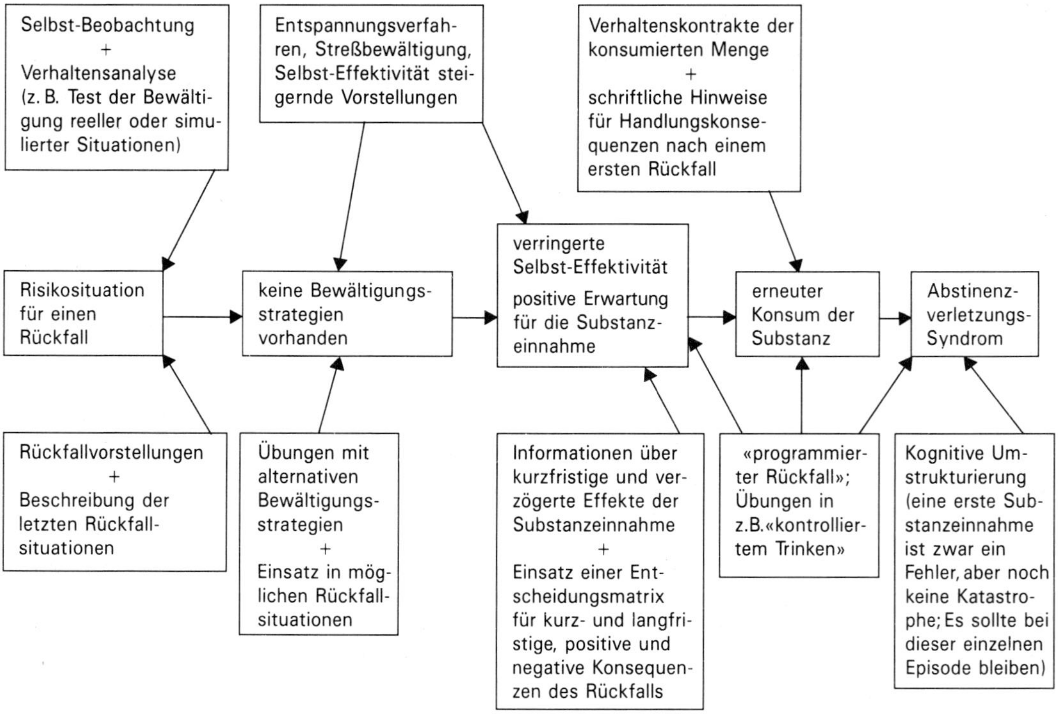

Abbildung 2: Rückfallprävention und ihre spezifischen Interventionsstrategien (Marlatt & Gordon, 1985)

6. Literatur

Bühringer, G. (1982). Probleme und Möglichkeiten der Therapie bei Drogenabhängigen. In R. Völger & K. Welck (Hrsg.), *Rausch und Realität. Drogen im Kulturvergleich* (S. 1232–1245). Reinbeck: Rowohlt.

Bühringer, G. & De Jong, R. (1980). Manual für stationäre Behandlung (Entwöhnung) von Drogenabhängigen. In S. Kraemer & R. De Jong (Hrsg.), *Therapiemanual für ein verhaltenstherapeutisches Stufenprogramm zur stationären Behandlung von Drogenabhängigen* (S. 97–207). München: Gerhard Röttger.

Jung, U., Koester, W., Schneider, R., Bühringer, G. & Mai, N. (1987). Katamnese bei behandelten Alkoholabhängigen mit wiederholten Meßzeitpunkten über 4 Jahre. In D. Kleiner (Hrsg.), *Langzeitverläufe bei Suchtkrankheiten* (S. 89–114). Heidelberg: Springer.

Kleiner, D. (Hrsg.) (1987). *Langzeitverläufe bei Suchtkranken.* Heidelberg: Springer.

Klett, F., Hanel, E. & Bühringer, G. (1984). Sekundäranalyse deutschsprachiger Katamnesen bei Drogenabhängigen. *Suchtgefahren, 30,* 245–265.

Küfner, H., Feuerlein, W. & Flohrschütz, T. (1986). Die stationäre Behandlung von Alkoholabhängigen: Merkmale von Patienten und Behandlungseinrichtungen, katamnestische Ergebnisse. *Suchtgefahren, 32,* 1–86.

Marlatt, G.A. & Gordon, J.R. (Eds.) (1985). *Relapse prevention. Maintainance strategies in the treatment of addictive behaviors.* New York: The Guildford Press.

Polich, J.M., Armor, D.J. & Braiker, H.B. (1981). *The course of alcoholism. Four years after treatment.* New York: John Wiley & Sons.

Prochaska, J.O. & DiClemente, C.C. (1986). Toward a comprehensive model of change. In W.E. Miller & N. Heather (Eds.), *Treating addictive behaviors. Processes of change* (pp. 3–27). New York: Plenum Press.

Schneider, R. (Hrsg.) (1982). *Stationäre Behandlung von Alkoholabhängigen.* München: Gerhard Röttger.

Simpson, D.D. (1984). National treatment system evaluation based on the drug abuse reporting program (DARP). Followup research. In F.M. Tims & J.P. Ludford (Eds.), Drug abuse treatment evaluation: strategies, progress, and prospects. NIDA Research Monograph 51. A RAUS Review Report, 29–41.

Süß, H.M. (1988). *Evaluation von Alkoholismustherapie.* Bern: Hans Huber.

Vollmer, H., Kraemer, S., Schneider, R., Feldhege, F.J., Schulze, B. & Krauthan, G. (1982). Ein verhaltenstherapeutisches Programm zur Behandlung junger Alkoholabhängiger. In H. Vollmer & S. Kraemer (Hrsg.), *Ambulante Behandlung junger Alkoholabhängiger* (S. 45–78). München: Gerhard Röttger.

20. Verhaltens- und Entwickungsstörungen bei Kindern und Jugendlichen: Intervention

Franz Petermann

1. Einleitung

Nach einer aktuellen Übersicht von Tuma (1989) kann man in den USA von minimal 15% behandlungsbedürftigen Kindern und Jugendlichen ausgehen, wobei dies im wesentlichen auch für den deutschsprachigen Raum Gültigkeit haben dürfte. Tuma (1989) weist weiter darauf hin, daß von den Behandlungsbedürftigen 1% stationäre, 5% ambulante, jedoch 80% nie eine professionelle Hilfe erfahren. Die therapeutischen Angebote umfassen zumindest medizinische, pharmakologische, psychologische und ernährungsbezogene Maßnahmen. Von diesen sind nur wenige empirisch gut abgesichert; Nachweise konnten vor allem pharmakologische und verhaltenstherapeutische Vorgehensweisen erbringen (vgl. Werry & Wollersheim, 1989). Folgenschwer sind jedoch auch andere Zustände: Zeitlich fallen der Störungsausbruch und der Behandlungsbeginn vielfach weit auseinander; so beginnen die meisten autistischen Störungen vor dem dritten Lebensjahr, jedoch werden sie erst zwischen dem vierten und fünften Lebensjahr identifiziert. Prävention und Früherkennung psychischer Entwicklungsrisiken spielen im deutschsprachigen Raum immer noch eine untergeordnete Rolle.

Bei der Behandlung von Verhaltens- und Entwicklungsstörungen haben sich seit Mitte der 80er Jahre einschneidende Veränderungen ergeben. Psychologische Fördermaßnahmen beziehen sich immer häufiger sowohl auf das auffällige Kind selbst als auch auf die Familie. Will man eine breitangelegte Maßnahme durchführen und gezielt vorhersagbare Effekte erzielen, benötigt man nach Kazdin (1988) und Patterson et al. (1990) Therapiebzw. Trainingspakete, aufgrund derer das Kind und seine Familie in verschiedenen Bereichen neues Verhalten lernen können. Solche Pakete beinhalten differenziert ausgearbeitete Bausteine, die auf den Entwicklungsstand des Kindes abgestellt werden müssen. Diese Sichtweise hat den isolierten Einsatz von Einzelverfahren, wie Problemlöse- oder Selbstkontroll-Ansätze, weitgehend verdrängt. Neu ist auch, daß klinische Störungen bei Kindern und Jugendlichen im Kontext reifungs- und entwicklungsbedingter Prozesse betrachtet werden. Erstmals wird auch die entwicklungsbedingte Verschiebung von Symptomen untersucht, wie sie z.B. durch die Übergänge von Hyperaktivität zur Aggression gegeben sind (vgl. Kazdin, 1989). Ergänzend zeichnet sich eine Diskussion um die Verknüpfung von Symptomen ab. Empirische Analysen zeigen z.B., daß bei den autistischen Störungen 70% der Betroffenen zusätzlich geistig behindert sind und im Jugendalter bei einem Drittel Epilepsie auftritt (vgl. Kusch & Petermann, 1990). Ähnlich komplexe Verknüpfungen erbrachte eine empirische Analyse von Petermann und Walter (1989), die Zusammenhänge zwischen sozialer Unsicherheit, Lernstörungen und motorischen Auffälligkeiten bei 8- bis 12-Jährigen ergab. In solchen Fällen sind die erwähnten komplexen Behandlungspakete für eine erfolgreiche Förderung notwendig.

Im weiteren werden wir lediglich zu einigen ausgewählten Störungen die Grundlagen, Ziele und konkreten Vorgehensweisen einer psychologischen Behandlung ausführen. Wir beschränken uns auf drei Verhaltensstörungen (Aggression, Hyperaktivität/Unaufmerksamkeit, soziale Unsicherheit) und eine Entwicklungsstörung (Autismus). Daran schließen sich Überlegungen zu folgenden zentralen Themen an:

- Prävention und Mediatorenansatz,
- familienbezogene Interventionen,
- Pharmakotherapie und
- Generalisierung der Ergebnisse.

2. Aggression

2.1 Grundlagen und Ziele

Bestimmten kognitiven Prozessen wird schon seit langem eine wesentliche Rolle bei der Äußerung aggressiven Verhaltens zugeschrieben. Aggressives Verhalten wird demnach nicht direkt durch Umwelteinflüsse verursacht, sondern durch deren kognitive Verarbeitung; diese beziehen sich darauf, wie ein Kind eine Situation interpretiert (vgl. Dodge, 1986; Petermann & Petermann, 1990). Einige kognitive Prozesse stehen in einem direkten Bezug zur Ausübung aggressiven Verhaltens. Nach Shure und Spivak (1982) zeigt es sich, daß aggressive Kinder
- über weniger alternative Lösungen für interpersonale Probleme verfügen,
- sich stärker auf Ziele und Wirkungen konzentrieren als auf die Mittel und Wege, diese zu erzielen,
- mit bestimmten Verhaltensweisen wenige Konsequenzen verbinden,
- sich nur unzureichend an die Ursachen des Verhaltens anderer erinnern und
- eher unsensibel für Konfliktsituationen sind.

Goldstein und Keller (1987), Huesmann (1988) und Petermann und Petermann (1990) belegten, daß bei der Behandlung aggressiver Kinder mindestens vier Ziele unterschieden werden können:
- Verändern der Wahrnehmungsgewohnheiten durch eine differenzierte Selbst- und Fremdbeobachtung,
- Verringern der Gewohnheitsstärke für aggressives Verhalten aufgrund neuer Problemlösungen, die das Kind im Rollenspiel erfahren hat,
- Verstärken der Hemmungspotentiale durch Einfühlungsvermögen, das gegenüber dem Opfer einer aggressiven Handlung gezeigt wird, und
- Neubewerten möglicher Folgen durch die Reflexion des Verlaufs eines Rollenspiels und der Erfahrung mit neuerworbenem Verhalten im Alltag.

Aus diesen Zielen lassen sich kindspezifische Teilziele ableiten, die so gewählt werden, daß sie positive Verhaltensweisen angeben, an denen sich ein Kind orientieren kann. Besonders günstig sind dabei solche Ziele, die den Absichten aggressiven Verhaltens entgegenlaufen. So stehen zum Beispiel Mitleid mit einem Opfer und die Absicht, es zu verletzen, im Widerspruch, sie sind unvereinbar. Ebenso verhält es sich mit dem Wunsch eines aggressiven Kindes, harmonisch (kooperativ) mit anderen zu spielen und der Tendenz, alle Spiele dominieren zu wollen. Andere Ziele werden sich auf die Hemmungspotentiale beziehen, so z.B. wenn aggressive Kinder lernen, sich zu kontrollieren oder wenigstens ihre negativen Handlungen zu verzögern.

Zentrale Aufgabe bei der Planung einer «Aggressionsbehandlung» ist es, aggressiven Kindern neue soziale Fertigkeiten zu vermitteln, die Aggression als Mittel der zwischenmenschlichen Kontaktgestaltung überflüssig machen. So fand French (1988) in einer entwicklungspsychologischen Studie, daß aggressive neun- bis zehnjährige Jungen nicht in erster Linie wegen ihrer aggressiven Angriffe, sondern vielmehr wegen ihrer mangelnden sozialen Kompetenz, d.h. aufgrund ihrer mangelnden Selbstkontrolle oder ihrem sozialen Rückzugsverhalten, abgelehnt wurden.

2.2 Konkretes Vorgehen

Ein interessantes Vorgehen entwickelten Feindler und Ecton (1986), mit dem aggressive Kinder lernen sollten, mit negativen Gefühlen (Ärger, Wut) umzugehen. Bei dem Ärger-Kontroll-Training gehen die Autoren davon aus, daß Aggression erheblich von Ärger und Wut beeinflußt wird. Konsequenterweise versuchen sie, diese Gefühle im Vorfeld eines aggressiven Konfliktes zu kanalisieren. Den «Ärger/Wut-Aggression-Automatismus» können Feindler und Ecton (1986) durch drei Schritte durchbrechen: Erstens, indem aggressive Kinder alternatives Verhalten suchen und wahrnehmen, zweitens einüben und über die Zeit festigen und drittens unter erschwerten Bedingungen (Ärger/Wut) realisieren.

Diese Schritte werden mit Hilfe von Rollenspielen umgesetzt, wobei aggressive Kinder die Situation, die bislang mit Aggression verknüpft war, neu bewerten. Sie lernen durch

Entspannungsverfahren - als Schritt zur Streßkontrolle - einen angenehmen Zustand kennen und werden durch Selbstkontrolle in die Lage versetzt, provozierende Situationen genauer wahrzunehmen. Besonders effektvoll sind sogenannte Imaginationstechniken (Vorstellungstechniken), mit deren Hilfe sich aggressive Kinder über ein Bild, ein angenehmes Ereignis usw. selbständig beruhigen oder ablenken können.

Ein komplexes Kindertraining empfiehlt die Arbeitsgruppe um A.P. Goldstein. Die Autoren gehen davon aus, daß aggressives Verhalten einer charakteristischen Verhaltensfolge entspricht: zunächst wird dabei ein Ereignis vom Kind als aversiv interpretiert, dies führt zu einer erhöhten affektiven Erregung; da dem aggressiven Kind die verschiedenen kommunikativen und prosozialen Fertigkeiten im Umgang mit solchen Ereignissen fehlen, kommt es zum aggressiven Verhalten. Goldstein und Keller (1987) benennen sechs Sequenzen, die darüber entscheiden, ob es zum aggressiven Verhalten kommt oder nicht (vgl. Tabelle 1).

In Tabelle 1 werden auch die konkreten Vorgehensweisen aufgelistet, die Goldstein und Keller (1987) empfehlen. Das Ärger-Kontroll-Training stammt von Feindler und Ecton (1986) und wurde oben beschrieben. Mit Entspannungsverfahren soll die motorische Verspanntheit und das Erregungsniveau aggressiver Kinder gesenkt werden. Goldstein und Keller (1987) empfehlen die Methode der progressiven Muskelentspannung nach Jacobson. Petermann und Petermann (1990) entwickelten, um bei jüngeren Kindern (5- bis 12-jährigen) keine Langeweile aufkommen zu lassen, eine bildgetragene Kurzentspannung, bei der die beiden Grundübungen des autogenen Trainings in eine Unterwasser-Geschichte (= die sogenannte Kapitän-Nemo-Geschichte) eingebettet sind (vgl. Kasten 1).

Die übrigen in Tabelle 1 genannten Vorgehensweisen basieren auf dem Einsatz von Verstärkern und dem gezielten Einsatz von Rollenspielen, mit denen neues Verhalten eingeübt wird. Ein solches Vorgehen bildet das Standardrepertoire eines Verhaltenstrainings. So führten Tanner und Holliman (1988) Rollenspiele mit aggressiven Zweit- und Drittkläßlern durch, mit denen diese lernten, sich ange-

Tabelle 1: Sequenzen der Verhaltensmodifikation (Goldstein & Keller, 1987)

Sequenzabfolge	Konkretes Vorgehen
1. Übersteigerter Ärger bei Alltagserlebnissen	1. Ärger-Kontroll-Training
2. Erhöhte affektive Erregung	2. Entspannungstraining
3. Gestörte Kommunikation	3. Kommunikations-training/Verhaltens-absprachen
4. Unzureichende Kontrolle von Kontingenzen	4. Kontingenz-Management-Training
5. Mangelnde prosoziale Fertigkeiten	5. Training prosozialer Fertigkeiten
6. Defizite in der Einschätzung prosozialen Verhaltens	6. Training prosozialer Einschätzungen

Kasten 1
Bildgetragene Kurzentspannung für Kinder (Petermann & Petermann, 1990)

Für jüngere Kinder wird durch eine wiederkehrende Leitfigur, dem «Kapitän Nemo», der Fortsetzungscharakter der Entspannungsübung deutlich. Zur Entspannung werden besonders geeignete Bilder und Vorstellungen benutzt, in die die Instruktion des autogenen Trainings integriert werden. Als besonders geeignetes Bild wird das Wasser verwendet, mit dem alle Kinder Erfahrungen besitzen.

Es werden sogenannte Einstiegs- und Erlebnisbilder unterschieden. Die zu Beginn des autogenen Trainings wiederkehrenden Einstiegsbilder beinhalten das Unterwasserboot «Nautilus», die Ausstiegsluke, das Anziehen des Taucheranzuges und das Ins-Wasser-Gleiten. Die wiederkehrenden Einstiegsbilder stellen für die aggressiven Kinder einerseits Sicherheitssignale dar und andererseits führen sie zur Ruhehaltung (konzentrativen Einstellung). Die Erlebnisbilder besitzen beruhigende und das Entspannungsgefühl intensivierende Funktionen; sie können variieren und beziehen sich in der Kapitän-Nemo-Geschichte auf verschiedene Fische, Unterwasserpflanzen, Steine, Korallen, Höhlen u.ä. Angstauslösende Bilder oder zu dramatische Bilderfolgen müssen vermieden werden (vgl. Petermann & Petermann, 1990, S. 85). Viele aggressive Kinder erleben intensive Veränderungen an ihrem Körper und malen sich zusätzlich und individuell den Unterwasserausflug weiter aus. Dieses Erleben muß im Anschluß an die Übung vom Therapeuten erfragt und besprochen werden.

messen gegenüber anderen zu behaupten, wodurch sie in die Lage versetzt werden sollten, mit anderen zu kooperieren. Diese Kinder übten im Rollenspiel eine differenzierte Selbst- und Fremdwahrnehmung, ihnen wurden Verhaltensweisen aufgezeigt, mit denen erfahrene Frustrationen angemessener bewältigt werden konnten. Tanner und Holliman (1988) arbeiteten mit Videofilmen als Rollenspielvorlage und setzten ebenfalls Entspannungsübungen ein. Leider waren die erzielten empirischen Ergebnisse dieses Ansatzes nicht eindeutig.

Camp und Bash (1985) und Kendall und Braswell (1985) empfehlen, die Problemlösefertigkeiten aggressiver Kinder zu verbessern. Ein solches Training möchte die dem unangemessenen Verhalten zugrunde liegenden kognitiven Informationsverarbeitungsprozesse modifizieren, d.h. Wahrnehmungsabläufe, Attributionsleistungen, Selbstgespräche, Erwartungen, Problemlösestrategien u.ä. der Kinder verändern. Das praktische Vorgehen bei einem Problemlöse-Training mit aggressiven Kindern läßt sich in fünf Punkten zusammenfassen:

- Es wird auf die Sichtweise des Kindes Wert gelegt, d.h. darauf Bezug genommen, wie ein Kind ein Ereignis in einer Situation wahrnimmt und bewertet.
- Dem Kind werden Methoden nahegebracht, mit denen es die Probleme schrittweise lösen kann; so werden beispielsweise Selbstinstruktionen und Selbstmanagement eingesetzt.
- Das Training enthält strukturierte Anforderungen in Spielform und kognitive Aufgaben, die allmählich den Alltagsproblemen des Kindes angeglichen werden.
- Der Therapeut übernimmt im Training eine aktive Rolle, indem er dem Kind Selbstinstruktionsstrategien vormacht.
- Verschiedene verhaltenstherapeutische Verfahren werden eingesetzt, um dem Kind eine Übernahme und Internalisierung der Problemlösestrategien zu ermöglichen (z.B. Modellernen, Rollenspiel-Verfahren).

Die Effektivität des Problemlöse-Trainings ist bisher in einer Reihe von Therapiestudien nachgewiesen worden (vgl. Kendall & Braswell, 1985). Fast alle Studien untersuchten jedoch eher den Effekt hinsichtlich kognitiver Prozesse und bestimmter Aufgabenbewältigungsstrategien als auf eine Veränderung des aggressiven Verhaltens der Kinder. Zwar werden die Kinder durch eine solche Maßnahme in Schule, Elternhaus und in der Öffentlichkeit besser akzeptiert und dieser Effekt bleibt auch nach einem Jahr beobachtbar (vgl. Kazdin et al., 1987), allerdings zeigen sich bei massiver Aggression keine befriedigenden Ergebnisse (Kendall & Braswell, 1985).

Petermann und Petermann (1990) verbinden einzelne wirksame Trainingsstrategien und Trainings zu einem Paket. Dieses Trainingspaket geht über eine kindbezogene Strategie hinaus und kombiniert ein Einzel- und Gruppentraining für aggressive Kinder mit einer systematischen Elternarbeit. Das Training wurde für 7- bis maximal 13-jährige Kinder entwickelt und wird über einen Zeitraum von ungefähr sechs Monaten bei wöchentlich stattfindenden Sitzungen durchgeführt. Für aggressive/delinquente Jugendliche liegt ein entsprechend weiterentwickeltes Vorgehen vor (Petermann & Petermann, 1987). Die Kontrolle der therapeutischen Effektivität belegt stabile kurz- und längerfristige Wirkungen (Petermann, 1987), die sich sowohl in einer Reduktion aggressiven Verhaltens als auch in einem Anstieg prosozialer Fertigkeiten zeigen. Mit steigendem Alter der Kinder hängen die Erfolge stärker davon ab, ob es gelingt, das soziale Umfeld – vor allem Gleichaltrige – in das Training mit einzubeziehen.

3. Aufmerksamkeits- und Hyperaktivitätsstörungen

3.1 Grundlagen und Ziele

Die weitläufige Vermutung, daß sich Aufmerksamkeits- und Hyperaktivitätsstörungen «auswachsen», konnte die entwicklungsorientierte Psychopathologieforschung nicht bestätigen (Kazdin, 1989). Es handelt sich im Gegenteil um ein lebenslang andauerndes Problem, wobei sich bei ungefähr 50% der betroffenen Kinder die Problematik im Jugendalter (ab ca. 12 Jahren) verschiebt und sich in verschiedenen zusätzlichen Verhaltensproblemen zeigt. Henker und Wahlen (1989) weisen vor allem auf aggressives Verhalten, Drogenmißbrauch, innere Rastlosigkeit und Unruhe, häufiger Arbeitsplatzwechsel, Verkehrsunfälle und Eheprobleme hin. Günstige prognostische Aspekte umfassen stabile Bedingungen im Kindesalter, günstige familiäre und soziale Faktoren; ungünstig wirkt sich die Kombination von Aufmerksamkeits- und Hyperaktivitätsstörungen sowie Aggression und/oder Lernstörungen aus (vgl. Share et al., 1987). Allerdings tritt nach Henker und Wahlen (1989) bei 50% der Kinder eine Koppelung mit Aggression auf und nach McGee und Share (1988) weisen 50% der hyperaktiven Kinder Lernstörungen auf. Um eine Intervention zu planen, muß man zunächst die Zusammenhänge zwischen Aggression, Hyperaktivität und Lernstörungen klären.

Nach Henker und Wahlen (1989) läßt sich der Zusammenhang zwischen Hyperaktivität und Lernstörungen als ein Problem zwischen einem Kind und einer Aufgabe bzw. Anforderung definieren. Danach ist das Problem weniger eine Störung der Informationsverarbeitung als eine mangelhafte Selbstkontrolle im Umgang mit kognitiven Anforderungen (vgl. Douglas, 1989). Tritt eine Verknüpfung von Aggression und Hyperaktivität auf, dann ist nach Henker und Wahlen (1989) das Verhältnis des Kindes zu seiner sozialen Umwelt gestört. Viele hyperaktive Kinder fallen dadurch auf, daß sie zwar ständig Sozialkontakt suchen, jedoch von Gleichaltrigen häufig abgelehnt werden. Diese Probleme sind weniger als sozial-kognitive Kompetenzdefizite zu betrachten, sondern eher als Mängel in der Sozialentwicklung. Treten solche Mängel schon in der frühen Kindheit auf, dann kommt es zu einer sehr ungünstigen Kombination von Aggression und Hyperaktivität (vgl. Campbell et al., 1983). In diesem Fall sind die im letzten Kapitel beschriebenen Interventionsmethoden für aggressive Kinder angezeigt.

3.2 Konkretes Vorgehen

Die Bemühungen, hyperaktive und unaufmerksame Kinder mit Methoden der Verhaltensmodifikation zu behandeln, beziehen sich auf die ältere Methode des Kontingenzmanagement und auf neuere Techniken der Selbstkontrolle. Das Vorgehen, mit Extinktion, Bestrafung und differentieller Verstärkung Hyperaktivität zu reduzieren, muß als gescheitert betrachtet werden, da die erzielten Veränderungen nicht über die Zeit stabil blieben und keine Reaktionsgeneralisierung (z.B. auf kognitive Leistungen) auftrat. Selbstkontroll-Ansätze brachten dann bessere Effekte, wenn man direkt an dem Problem des Kindes ansetzte. Die zentrale Annahme dieser Ansätze besteht darin, erwünschtes Verhalten über zu entwickelnde Selbstkontroll-Fähigkeiten und reflexive Problemlösestrategien zu erreichen (Abikoff, 1987). Der Erwerb und die Internalisierung dieser Fähigkeiten gibt dem hyperaktiven und unaufmerksamen Kind die Möglichkeit, sein eigenes Verhalten zu regulieren und sichert die Generalisierung des Erlernten.

Die kognitiven Strategien hyperaktiver und unaufmerksamer Kinder basieren auf drei von Meichenbaum und Asarnow (1979) postulierten ursächlichen Störungen:

- Ein geringes Verständnis von Aufgaben und/oder situativen Erfordernissen,
- Mängel im Herstellen aufgaben- bzw. situationsangemessener Mediatoren (z.B. kognitiven Problemlösestrategien) und
- Defizite im selbständigen Einsatz dieser Mediatoren.

Das konkrete Vorgehen gestaltet sich wie folgt: Nach einer Analyse relevanter kognitiver Aufgaben und sozialer Situationen werden die verschiedenen Möglichkeiten, damit umzugehen, eingeübt. Dabei soll zunächst das Kind dem Trainer zusehen und zuhören, während dieser verbal mit dem «Problem» umgeht und schrittweise dieses Problem laut löst. Die Stellungnahmen, die die Aufgabenbewältigung leiten, und das Verhalten der Modellperson heben verschiedene Aspekte des Problems und seiner Lösung hervor. Im einzelnen handelt es sich um

- die Bedeutung einer Problemdefinition («Was geht hier vor?»),
- die Ausrichtung der Aufmerksamkeit auf die Problemaspekte («Womit habe ich Probleme?»),
- die Bewertung von Problemlösungen («Was kann ich tun?» und «Wie gut habe ich es getan?») und

- die Korrektur von Fehlern («Warum ist es mir nicht gelungen?»).

Nach diesem kognitiven Modellieren soll das Kind dieselbe Aufgabe lösen, wobei der Trainer das Kind zunächst verbal anleitet; danach bewältigt das Kind die Aufgabe allein, selbst laut verbalisierend und anschließend noch einmal nur flüsternd; zuletzt soll das Kind die Aufgabe lediglich durch Selbstinstruktionen (in Gedanken) bearbeiten.

Die beschriebenen kognitiven Strategien helfen den Kindern, ihr Problemverhalten zu reduzieren, da sie es zeitweise unterbrechen müssen, um es zu bewerten und um zukünftiges Verhalten zu planen (Douglas, 1989). Bei diesem Vorgehen wird auch das Bewußtsein des Kindes für kognitive Problemlöseprozesse erhöht und die Notwendigkeit verdeutlicht, die Aufmerksamkeit auf relevante Details zu lenken. Auf diese Weise lernt das Kind, Problemsituationen zu erkennen und zu bewerten, Alternativverhalten zu entwickeln und deren Konsequenzen vorwegzunehmen; es lernt die Mittel und Wege kennen, bestimmte Ziele zu erreichen und die erforderlichen Verhaltensweisen durchzuführen.

Leider konnte man auch mit solchen Verfahren die kognitive Leistungsfähigkeit hyperaktiver Kinder nicht erhöhen und hyperaktives Verhalten nur kurzfristig reduzieren (Abikoff, 1987). Selbstinstruktionsstrategien scheinen dann effektiv zu sein, wenn sie zum Aufbau grundlegender Fertigkeiten eingesetzt werden und Verbalisierungsübungen sich an den für das Kind subjektiv bedeutsamen Problemen orientieren. Gelingt es, die Motivation und Ausdauer des Kindes über Selbstkontroll-Ansätze zu verbessern, dann wird damit vor allem die schulische Leistungsfähigkeit gesteigert.

Die Hoffnung hat sich bisher noch nicht bestätigt, daß sich die therapeutisch erzielten Effekte bei hyperaktiven Kindern durch internalisierte Selbstregulationsfertigkeiten über Situationen und den Zeitverlauf stabilisieren lassen. Um stabile Effekte zu erreichen, müssen die Trainings offensichtlich länger dauern und angemessener durchgeführt werden; so muß an verschiedenen, für das Kind bedeutsamen Situationen angeknüpft werden, die es in die Lage versetzen, Bewältigungsfertigkeiten zu entwickeln. Es muß sich dabei um natürlich auftretende Anforderungen handeln (vgl. Henker & Wahlen, 1989). Die Mängel kognitiver Therapiestudien bei hyperaktiven und unaufmerksamen Kindern liegen in verschiedenen Aspekten begründet. So berücksichtigen sehr wenige Studien die individuellen Unterschiede zwischen den Kindern. Nur wenige Studien verwenden Trainingspakete, welche den individuellen Bedürfnissen unterschiedlich entwickelter bzw. alter Kinder entsprechen. Hyperaktive und unaufmerksame Kinder zeigen bei der Therapie die verschiedensten Probleme, von denen nicht alle primär mit ihrer Störung zusammenhängen, sondern mit den Anforderungen, die kognitive Trainings an Kinder stellen. Häufig müssen erst die Fertigkeiten aufgebaut werden, die notwendig sind, um von Selbstkontroll-Ansätzen zu profitieren. Oft handelt es sich um soziale Fertigkeiten, die sich aus der einleitend dargestellten Verknüpfung zwischen Aggression und Hyperaktivität ergeben. Gerade für diesen Bereich werden in jüngster Zeit die Möglichkeiten der Pharmakotherapie diskutiert (Speltz et al., 1988). Wir gehen in Abschnitt 6 darauf ausführlich ein.

4. Soziale Unsicherheit und Angststörungen

4.1 Grundlagen und Ziele

Angststörungen in der Kindheit und Jugend umfassen solche, bei denen sich die Angst auf spezifische Situationen erstreckt (= Störungen mit Trennungsangst und Kontaktvermeidung) sowie solche, bei denen sich die Angst auf unterschiedliche Situationen bezieht, wie die Störung mit Überängstlichkeit. Wir beschränken uns vorwiegend auf Störungen mit Überängstlichkeit, da bei ihnen häufig auch die übrigen spezifischen Angstformen mitbeteiligt sind und sie die größten Anforderungen an die therapeutischen Bemühungen stellen. Bei sozial unsicheren Kindern, d.h. bei solchen, die in sozialen Situationen überängstlich reagieren, ist es aus diagnostischen und therapeutischen Gründen wichtig, zwischen mangelnden sozialen Fertigkeiten und ängstlichem Verhalten zu unterscheiden. Ross und

Petermann (1987) sowie Odom und DeKlyen (1989) differenzieren hier zwischen sozialen Ängsten, die aus einem Mangel an sozialen Fertigkeiten entstehen, und solchen, bei denen soziale Fertigkeiten zu beobachten sind und lediglich Lerndefizite vorliegen. Bei der ersten Form handelt es sich um eine Entwicklungs- und bei der zweiten um eine Verhaltensstörung.

Im weiteren beschränken wir uns auf die Verhaltensstörung, also auf unsichere Kinder, die sowohl entsprechende Fertigkeiten entwickelt haben als auch ein Wunsch nach Sozialkontakt beobachtbar ist. Diese Ängste sind durch eine Reihe unangenehmer, schmerzlicher Erfahrungen mit Gleichaltrigen entstanden. Obwohl grundlegende soziale Fertigkeiten bei diesen Kindern vorhanden sind, fehlt es ihnen an den notwendigen positiven Erfahrungen im Umgang mit anderen. In der Folge davon können dann soziale Defizite auftreten, die wiederum zu einer starken sozialen Isolierung führen können. Soziale Defizite, Isolierung und Ängste sind in manchen Fällen mit Schulängsten gekoppelt, da schulische Situationen, wie Aufgerufenwerden oder Prüfungen, durch die öffentliche Bewertung zu sozialen Situationen werden. Dies kann in Lernprobleme und Leistungsdefizite münden. Die meisten psychologischen Maßnahmen für sozial unsichere Kinder bestehen aus komplexen sozialen Fertigkeitstrainings. Diesen Trainings liegt die Annahme zugrunde, daß soziale Unsicherheit auch durch Lerndefizite im verbalen und nonverbalen Verhalten bedingt ist (vgl. Petermann & Petermann, 1989). Die Kinder haben es aufgrund inkonsistenten elterlichen Erziehungsverhaltens nicht gelernt, soziale Signale in ihrer Umgebung richtig einzuschätzen. Odom und DeKlyen (1989) geben deshalb als Ziel bei der Förderung sozial unsicherer Kinder an, das Niveau positiver sozialer Interaktionen oder spezifischer Fertigkeiten zu steigern; sie möchten dabei die Umweltbedingungen beeinflussen, denen ein Kind ausgesetzt ist. Asher und Hymel (1986) weisen darauf hin, daß die Kinder durch ihr Training generelle Prinzipien der sozialen Interaktion lernen sollen, anhand derer sie sich in einer Vielzahl von Situationen sozial akzeptabel verhalten können. Petermann und Petermann (1989) geben für ihr Trainingspaket eine Vielzahl von in einem Einzel- oder Gruppentraining aufeinander abgestimmten Zielen an. Sie sind in der folgenden Tabelle aufgelistet.

Tabelle 2: Ziele des Einzel- und Gruppentrainings mit sozial unsicheren Kindern (Petermann & Petermann, 1989)

Einzeltraining	Gruppentraining
• Bewußtmachen von sozialer Angst und Unsicherheit • Sensibilisierung der Wahrnehmung für Interaktionsabläufe • Reflexion von Erwartungen an das Verhalten anderer • Reflexion eigener sozialer Ängste/sozialer Unsicherheit • Entwickeln von Kriterien zur Beurteilung von Sozialverhalten • Entwickeln von Verhaltensalternativen	• Positive Gefühle und Freude zeigen • Durchsetzen eigener Ansprüche und erkennen der Ansprüche anderer • Kontakt aufnehmen können; Kritik annehmen und angemessen verarbeiten • Sich angemessen selbstbehaupten • Umgang mit sozialer Hervorhebung • Negative Gefühle zeigen und Kritik äußern

4.2 Konkretes Vorgehen

Auch in diesem Bereich können stabile Veränderungen nur über Trainingspakete erzielt werden, wie eine Analyse von Michelson und Mannarino (1986) belegt. Ein solches Vorgehen verändert Interaktionsabläufe, indem neue Verhaltensweisen in Rollenspielen eingeübt und wiederholt sowie die Konsequenzen im Alltag bekräftigt werden. Die Trainingspakete schließen die Arbeit in der Gleichaltrigen-Gruppe und im Elternhaus ein; durch ihre Breite sind sie nicht nur am Symptom orientiert, sondern können auch flexibel dem Problem des Kindes gerecht werden. Auf einige solcher Ansätze wird eingegangen.

Asher und Hymel (1986) verwenden sogenannte Coaching-Strategien, die aus drei Schritten bestehen. Zunächst instruiert ein Trainer (Lehrer) ein Kind, wie es z.B. mit anderen kooperieren kann; danach übt das Kind in einer Spielsitzung mit einem Klassenkameraden das Verhalten ein. In einer dritten Sitzung wird in einer natürlichen Situation mit Gleichaltrigen das Verhalten praktiziert; der Trainer (Lehrer) bespricht und beurteilt, wie das Verhalten umgesetzt wurde. Neben Kooperation ließen Asher und Hymel (1986) Partizipation,

Kommunikation und Hilfestellung-Suchen in der Schulklasse auf diese Weise einüben. Sie wählten dazu Kinder aus, die aufgrund ihres soziometrischen Status und ihres gezeigten Verhaltens am stärksten von ihren Klassenkameraden abgelehnt wurden. Das Prinzip der sozialen Coaching-Strategien basiert auf drei Elementen des sozialen Lernens:

- Durch verbale Instruktionen werden Verhaltensstrategien vermittelt und durch Rollenspiele umgesetzt,
- es wird die Möglichkeit angeboten, mit Gleichaltrigen in einem «Gruppentraining» die neu erworbenen Fertigkeiten zu üben, und
- es besteht der Auftrag, diese Fertigkeiten im Alltag einzusetzen, wobei die Erfahrungen mit dem Trainer (Lehrer) ausgewertet werden.

Im Gegensatz zu dem Trainingspaket von Petermann und Petermann (1989) umfaßt das Vorgehen jedoch nur fünf 30-minütige Übungssitzungen; zumindest bei massiv auffälligen Kindern und solchen, die über zehn Jahre alt sind, muß man jedoch von minimal 15 mindestens 70-minütigen Sitzungen ausgehen. Vor allem Rollenspiele mit sozial unsicheren Kindern in der Gruppe der Gleichaltrigen setzen große Eingewöhnungszeiten und Sitzungen von 80 oder gar 120 Minuten voraus.

Bei dem Vorgehen von Odom und DeKlyen (1989) werden Erwachsene als Verstärker eingesetzt, die loben und einem Kind besondere Aufmerksamkeit schenken, wenn es einen sozialen Austausch vollzogen hat. Die Erwachsenen konzentrieren sich dabei auf bestimmte soziale Aspekte, wie Blickkontakt, Lächeln usw. und bekräftigen dieses Verhalten gezielt. Es ist dabei notwendig, die Ausübung des Verhaltens in Sequenzen zu untergliedern; so kann man systematisch zu Beginn, während oder am Ende einer sozialen Interaktion verstärken. Ebenso nehmen in dem Vorgehen von Odom und DeKlyen (1989) Gleichaltrige als Mediatoren eine wichtige Rolle ein. Dazu werden sozial kompetente Kinder angehalten, das Sozialverhalten ihrer unsicheren Mitschüler zu fördern oder sie sollen ihr Verhalten auf die unsicheren Kinder ausrichten und oft mit ihnen interagieren.

Komplexe Trainings für Vor- und Grundschulkinder legten Day et al. (1980) und Walker et al. (1983) vor, mit deren Hilfe soziale Kompetenz aufgebaut werden kann. Diese Programme besitzen auch präventiven Charakter, wobei von den Kindern erhebliche sprachliche Differenzierungsfähigkeiten verlangt werden. Für den deutschen Sprachraum liegt ein Training mit sozial unsicheren Vor- und Grundschulkindern von Petermann und Petermann (1989) vor, dessen Materialien sowohl präventiv als auch therapeutisch eingesetzt werden können. Langzeitstudien über zwei Jahre belegen die Stabilität der Effekte (vgl. Petermann & Walter, 1989); dies trifft auch auf mehrfach beeinträchtigte Kinder (z.B. Sprachbehinderte) zu.

5. Entwicklungsstörungen am Beispiel des Autismus

5.1 Grundlagen und Ziele

Die Behandlung autistischer Störungen gestaltet sich deshalb schwierig, da 70 bis 80% aller autistischen Kinder zusätzlich geistig behindert sind, d.h. neben autismusspezifischen Veränderungen auch die Entwicklung insgesamt verzögert ist. Eine neurologische Störung des Zentralnervensystems ist bei fast allen autistischen Kindern wahrscheinlich, nicht zuletzt deshalb, da die geistig behinderten autistischen Kinder von Geburt an gestört sind. Dieser Tatbestand bedeutet für die Autismusbehandlung dreierlei:

- Zunächst ist es für die Autismusbehandlung nicht nur nötig, die normalen, jedoch verzögerten Entwicklungsaspekte zu fördern, sondern auch den spezifischen Veränderungen in der Entwicklung selbst zu begegnen (vgl. Kusch & Petermann, 1990).
- Weiterhin ist die Frühförderung besonders bedeutsam, da eine möglichst frühzeitige Hilfe die Chance besitzt, Beeinträchtigungen zu kompensieren (Guralnick & Bennett, 1987).
- Letztlich ist die Kombination von Pharmakotherapie und Entwicklungsförderung bei autistischen Kindern ein vielversprechenderes Unterfangen als bei anderen Störungen im Kindes- und Jugendalter (vgl. Campbell & Spencer, 1988).

Die Ziele einer Autismusbehandlung können sich sowohl darauf beziehen, die normale Entwicklung zu fördern als auch darauf, die Funktionsfähigkeit bestimmter Fertigkeiten zu verbessern. Das zentrale Problem bei der Förderung ergibt sich aus der mangelnden Generalisationsfähigkeit der Kinder. Obwohl viele Studien belegten, daß autistische Kinder von einer Verhaltenstherapie profitieren, bleibt das neugelernte Verhalten fast immer von bestimmten Aspekten der Lernsituation abhängig (Koegel & Koegel, 1987). Das Generalisierungsproblem autistischer Kinder besteht also darin, daß neuerworbene Verhaltensweisen nicht auf einen anderen Kontext (eine soziale Situation) übertragen werden und vermutlich deshalb nicht über die Zeit aufrechterhalten bleiben. Man spricht in diesem Zusammenhang auch von einer mangelnden *Dekontextualisierung*, d.h. der Unfähigkeit, Neuerworbenes unabhängig von dem sozialen Kontext einzusetzen (vgl. Kusch & Petermann, 1990). Für die therapeutische Arbeit mit autistischen Kindern ergeben sich daraus drei Konsequenzen:

(1) Da das Verhalten autistischer Kinder nicht über verschiedene Reizgegebenheiten generalisiert (= Reizgeneralisierung), müssen solche Veränderungen hervorgerufen werden, die es dem Kind erlauben, Neuerworbenes unabhängig vom Kontext anzuwenden. So sind die Therapieinhalte dem Entwicklungsniveau des Kindes anzupassen. Verhaltenstherapeutische Studien zeigten, daß die Reize, von denen Neuerworbenes häufig abhängt, der Therapeut bzw. sein Interaktionsstil, die Verstärkung selbst und die therapeutische Situation sein können. Manche autistischen Kinder zeigen neuerworbenes Verhalten nur dann, wenn der Therapeut anwesend ist; andere nur, wenn sie sich in einem bestimmten Raum befinden oder eine spezielle Handbewegung erfolgt.

(2) Autistische Kinder scheinen ihre neuerworbenen Reaktionen nicht auf andere Verhaltensweisen zu übertragen (= Reaktionsgeneralisierung). Dies ist insofern problematisch, wie verhaltenstherapeutische Studien zeigten, da es deshalb bei autistischen Kindern notwendig ist, jedes Verhalten getrennt zu fördern. Lernt ein autistisches Kind, eine Person anzuschauen, dann bedeutet dies nicht unbedingt auch, daß es zugleich lernt, den Kopf in die Richtung der Person zu wenden. Man konnte nachweisen, daß autistische Kinder durchaus vielfältige Reaktionen zeigen und Neuerworbenes auf verschiedene Verhaltensbereiche übertragen können, wenn diese Verhaltensweisen für das Kind verständlich sind und die Reaktionen nicht vom Kind direkt verlangt werden, sondern das Kind sie von sich aus in einem für es sinnvollen Kontext zeigen kann (vgl. Duchan, 1987).

(3) Bei autistischen Kindern konnten bisher kaum längerandauernde therapeutische Effekte erzielt werden. Bezieht man schrittweise möglichst viele Umwelten des Kindes ein und arbeitet man mit den Eltern, Lehrern, Geschwistern als Co-Therapeuten, dann lassen sich bessere Ergebnisse erzielen. Die Arbeit in der natürlichen Umgebung des Kindes ist besonders geeignet, korrekte Reaktionen hervorzurufen. Es wird dadurch die Wahrscheinlichkeit der spontanen Generalisierung auf ähnliches Verhalten und ähnliche Situationen erhöht. Der Reizgebundenheit der Kinder wird begegnet, indem man natürliche Materialien und Verstärker von Personen aus dem Alltag des Kindes einsetzt (Koegel & Koegel, 1987).

5.2 Konkretes Vorgehen

Koegel et al. (1987) stellten ein Training zur Förderung der natürlichen Sprache autistischer Kinder vor (siehe Tabelle 3). Die Autoren verglichen dabei verschiedene Techniken. In Einzelfallstudien wurden zunächst die traditionellen Lerntechniken eingesetzt und später durch das natürliche Sprachtraining ersetzt. Die beiden Kinder, die an der Studie teilnahmen, waren zu Beginn 4,5 und 5,8 Jahre alt. Die funktionale Sprache und die sprachlichen Fertigkeiten konnten nicht erhoben werden, da beide Kinder sprachunfähig waren und lediglich lautliche Äußerungen zeigten; auch in den übrigen autismusspezifischen Störungsbereichen lagen bei beiden Kindern beträchtliche Behinderungen vor. In der sozialen Ent-

Tabelle 3: Gegenüberstellung einer traditionellen und natürlichen Förderbedingung (Koegel et al., 1987)

Merkmale	Traditionelle Bedingung	Natürliche Bedingung
Reiz	a) Vom Therapeut gewählt b) Der Reiz wird wiederholt, bis das Kriterium (z.B. korrekte Antwort) erreicht ist.	a) Vom Kind gewählt b) Nach jedem Probedurchgang wird der Reiz variiert.
	c) Reiz ist phonologisch leicht zu produzieren und steht nicht in einem funktionalen Bezug (z.B. zu einem Wunsch des Kindes).	c) Der Reiz ist ein altersgerechtes Objekt, das in der natürlichen Umwelt des Kindes auftritt (z.B. ein Ball, eine Banane).
Hilfestellung	Manual (z.B. Lippenberührungen).	Therapeut wiederholt die Bezeichnung des Objektes.
Interaktion	Der Therapeut hält das Objekt aufrecht; es besitzt keinen Bezug zur Interaktion.	Therapeut und Kind spielen mit dem Objekt. Das Objekt besitzt einen funktionalen Bezug zur Interaktion.
Reaktion	Korrekte Reaktion oder schrittweise Annäherung.	Lockere Annäherung; jeder Versuch, eine Reaktion zu zeigen, wird betont.
Konsequenz	Eßbare zusammen mit sozialen Verstärkern.	Natürliche Verstärker, wie z.B. die Möglichkeit, mit dem Objekt zu spielen, und natürliche Verstärker.

wicklung befanden sich beide Kinder auf dem Niveau 1,6- bzw. 2,8-Jähriger.

Die jeweils zweistündige Behandlung wurde zweimal wöchentlich in einem kleinen Raum durchgeführt. Zunächst wurde bei beiden Kindern traditionell verfahren, dann (nach 2 bzw. 19 Monaten) natürliche Bedingungen der Behandlung zugrunde gelegt. Jeweils einmal im Monat wurde die Anzahl der korrekten imitativen und spontanen Äußerungen sowie die korrekten Äußerungen außerhalb der therapeutischen Situation (ohne die Anwesenheit des Therapeuten) erfaßt. Unter natürlichen Bedingungen zeigten die Kinder mehr imitative Äußerungen als unter traditionellen. Eine Generalisierung auf spontane Äußerungen erfolgte nur unter natürlichen Bedingungen; ebenso verhielt es sich mit der Generalisierung auf Situationen außerhalb der therapeutischen Situation. Die Behandlungsdauer hatte ebenfalls einen interessanten Einfluß; unter der traditionellen Bedingung konnte selbst nach 19 Monaten kein Anstieg der Lerneffekte erzielt werden, während die natürlichen Bedingungen relativ schnell zu therapeutischen Effekten führten. So konnte die Studie von Koegel et al. (1987) eindeutig bestätigen, daß eine stärkere Orientierung verhaltenstherapeutischer Verfahren an natürlichen, entwicklungsbezogenen Vorgehensweisen in der Autismusbehandlung angemessener ist als traditionelle verhaltenstherapeutische Verfahren. Lovaas (1987) führt mit seinen Mitarbeitern seit 1970 ein Projekt durch, in dem er die Effekte einer Autismusbehandlung schrittweise maximieren möchte. Autistische Kinder werden dabei über Jahre hinweg intensiv behandelt und angeleitet. Die Behandlung umfaßt alle bedeutsamen Bezugspersonen und wichtigen Situationen des Kindes. Das Vorgehen möchte ein Frühförderkonzept realisieren, was bedeutet, daß alle Kinder zu Behandlungsbeginn unter 4 Jahre alt waren.

Die autistischen Kinder wurden zwei Gruppen zugeteilt: Die erste erhielt eine intensive Einzeltherapie und Anleitung, die mehr als 40 Stunden pro Woche beanspruchte, und die zweite eine Behandlung mit 10 Stunden Therapie pro Woche. Beide Behandlungen erstreckten sich auf einen Zeitraum von ungefähr drei Jahren. Beide Gruppen erhielten dieselben Trainingsinhalte, es wurde also lediglich die Intensität variiert. Alle eingesetzten Techniken kamen aus der Verhaltenstherapie, vor allem wurde auf Diskriminationslernen zurückgegriffen. Die Entwicklungsförderung wurde mit zusätzlichen Programmen unterstützt. Aggressives und autoaggressives Verhalten wurde ignoriert, oder es wurden Time-out-Methoden bzw. schrittweises Annähern

an Alternativverhalten praktiziert. Aversive Techniken wurden nicht eingesetzt. Für jedes Behandlungsjahr ließen sich globale Ziele formulieren:
1. Jahr: Reduktion unangemessenen Verhaltens und Förderung von Spielverhalten;
2. Jahr: Sprachanbahnung und interaktives Spiel mit Gleichaltrigen;
3. Jahr: Einüben von Emotionen und kognitiven Fertigkeiten sowie Modellernen.
Die erzielten Effekte der therapeutischen Bemühungen sprechen eindeutig für eine möglichst frühzeitig beginnende, intensive und langandauernde Förderung autistischer Kinder. Während 47% der Kinder mit intensiver Einzeltherapie während der mehrjährigen Behandlung normale kognitive und soziale Funktionsniveaus erreichten, profitierten lediglich 2% der Kinder aus der zweiten Gruppe in entsprechender Weise von der «Minimal-Behandlung».

6. Prävention und Mediatorenansatz

6.1 Grundlagen und Ziele

Der Mediatorenansatz umfaßt psychologische Interventionen, die sich nicht direkt an die unterstützungsbedürftigen Kinder, sondern an deren soziale Umwelt richten (Perrez, 1988). Im Rahmen der primären Prävention psychischer Störungen werden vor allem Familien mit Risiko-Kindern gefördert; es werden dabei Kompetenzen im Umgang mit dem Kind verbessert, so daß eine Störung im Vorfeld verhindert werden kann (vgl. Weissbourd & Kagan, 1989). Price et al. (1989) belegen, daß von 14 effektiven Präventionsprogrammen, fünf Mediatoren einsetzten. Solche Programme verhindern dabei nicht nur Störungen, sondern beeinflussen die Entwicklung des Kindes über längere Zeit hinweg positiv. Eine Prävention von Störungen im Kindes- und Jugendalter setzt eine Klassifikation von Risiken voraus. Solche Risiken können im Kind, der Familie (z.B. bei Alkoholismus eines Elternteils) oder der sozialen Situation begründet sein. Den Risiken entsprechend ist der Einsatz des Mediatorenansatzes angezeigt, wobei vorausgesetzt wird, daß die Bezugspersonen befähigt und motiviert werden können, an der Problemlösung bzw. -vermeidung mitzuarbeiten. Durch den Mediatorenansatz läßt sich die elterliche Erziehungskompetenz optimieren, wodurch sich die Kindererziehung und -entwicklung verbessert, eine Frühförderung kostengünstig und familiennah möglich wird (vgl. Barnett & Escobar, 1987). Weiterhin lassen sich mit Hilfe von Mediatoren- bzw. Elterntrainings neuerworbene Verhaltensweisen schneller und stabiler generalisieren. In der Regel führen solche Elterntrainings zu einer grundlegend verbesserten familiären Situation. Neben den Eltern können auch Lehrer, Gleichaltrige oder Geschwister als Mediatoren eingesetzt werden (vgl. Odom & DeKlyen, 1989, in Abschnitt 4.2 dieses Beitrages).

6.2 Konkretes Vorgehen

Bei der Entwicklung und Durchführung eines Mediatorentrainings knüpft man zunächst am Alltagswissen der Bezugsperson des Kindes an, differenziert dies aus und korrigiert es sorgfältig. Solche kognitiven Akzentsetzungen müssen durch Verhaltenseinübungen ergänzt werden, um damit Neuerlerntes im Alltag präzise und sicher umsetzen zu können. Die Bezugspersonen lernen

- kindliches Verhalten vorurteilsfreier wahrzunehmen,
- durch gezieltes Verstärken kindliches Verhalten zu unterstützen,
- kindliche Verhaltensdefizite durch gezielte Hilfestellungen abzubauen und
- Problemverhalten als lösbare Aufgabe einzuschätzen.

Anhand einer Studie von Lowry und Whitman (1989) soll ein Elterntraining zur primären Prävention von Entwicklungsverzögerungen bei Kleinstkindern vorgestellt werden (siehe Kasten 2). In einem Frühförderungsprogramm wurden Mütter über Verstärkungsprinzipien informiert und in ihrem Einsatz geschult. Die Prinzipien wurden an einer konkreten Spielsituation eingeübt, wobei ein Trainer ausschließlich das Interaktionsverhalten der Mutter über gezielte Strategien (verbale Instruktion, Modellernen, Feedback, Generalisationsübungen) optimierte.

Forehand und Long (1988) arbeiteten mit Eltern als Mediatoren, um Kinder zu einer besseren Mitarbeit zu motivieren, die sich durchgängig verweigerten. Da ein solches Verweigerungsverhalten ein Vorbote von aggressivem Verhalten sein kann (vgl. Petermann & Petermann, 1990), hat auch dieses Vorgehen einen eindeutig präventiven Charakter. Zunächst werden mit den Eltern zusammen die problematischen Situationen bestimmt; für die ausgewählten Problemsituationen wurde mit einem Elternteil neues Verhalten eingeübt. In den Trainingssituationen bekamen die Mutter/der Vater verdeckt, d.h. über Kopfhörer, Informationen, wie sie/er sich verhalten soll. Das Training bestand aus zwei Phasen: Zunächst wurden effektivere Verstärkungsstrategien und dann Techniken (z.B. Time-out-Verfahren) erlernt, wie man das Verweigerungsverhalten reduzieren kann. Die Effekte dieses Elterntrainings waren allerdings bei vorpubertären Kindern nur mäßig.

7. Familienbezogene Intervention

7.1 Grundlagen und Ziele

Wir haben in dieser Übersicht schon mehrfach erwähnt, daß komplexe Therapie- bzw. Trainingspakete besonders erfolgreich in der Behandlung von Verhaltens- und Entwicklungsstörungen sind. In einem solchen Paket nimmt die familienbezogene Intervention einen zentralen Stellenwert ein; ja, von vielen Anhängern der Familientherapie wird eine familienbezogene Maßnahme alleine als völlig ausreichend, eine (zusätzliche) kindbezogene

Kasten 2
Ein Frühförderprogramm zur Generalisierung der Erziehungsfertigkeiten (Lowry & Whitman, 1989)

Lowry und Whitman trainierten fünf Mütter mit 15 bis 34 Monate alten Kindern, wobei alle entwicklungsverzögert und als Risikokinder einzuschätzen waren. Die Beobachtungs- und Trainingssitzungen fanden bei den Teilnehmerinnen zu Hause statt und wurden mit Video aufgezeichnet. Das Verhalten der Mutter wurde wie folgt kategorisiert:
- Aktivitätsbezogene Hilfestellungen,
- andere angemessene Hilfestellungen,
- Belohnungen,
- reaktionskontingente Belohnungen,
- Bestrafungen und
- andere Verbalisationen.

Das Verhalten des Kindes wurde in angemessene und unangemessene spielzeugbezogene Aktivitäten bzw. keine Interaktion mit dem Material oder der Mutter untergliedert. Es wurden fünf Einzelfallanalysen anhand eines multiplen Baselinedesigns (vgl. Petermann, 1989) durchgeführt. Es ließen sich zentrale Verhaltensstile bestimmen, die sich jeweils auf das Aktivitätsniveau und die Sensitivität von Mutter und Kind sowie selbstinitiierte Handlungen des Kindes bezogen.
Nach einer 15-minütigen Baselinebeobachtung wurde der Mutter der angemessene Einsatz von Verstärkung und Hilfestellung beigebracht. Anfänglich modellierte der Trainer das Verhalten, das die Mutter bereits von sich aus zeigte. Dann sollte die Mutter, unter verbalem Feedback des Trainers, das Verhalten an denselben Spielmaterialien mit ihrem Kind einüben. Nachdem solche Sitzungen mehrmals stattfanden, schlossen sich drei Generalisationstreffen (à 20 Minuten) an. Der Trainer zeigte hierzu der Mutter an einer völlig neuartigen Spielsituation, wie man Belohnungen und Hilfestellungen einsetzen kann. Die Mütter wurden auch aufgefordert, selbständig über Einsatzmöglichkeiten der Lernprinzipien zu sprechen. Auch nach Beendigung der Sitzungen sollten die Mütter das Erlernte praktizieren. Die Einzelfallanalysen belegten bei allen Müttern einen deutlichen Anstieg gegenüber der Baselinephase. Obwohl die Mütter nur im Umgang mit einem bestimmten Spielzeug geübt wurden, konnte das neuerworbene Verhalten auch bei Interaktionen eingesetzt werden, die mit anderen Spielmaterialien erfolgten. Das Generalisationstraining führte in dem meisten Fällen nochmals zu einem Anstieg des angemessenen Verhaltens der Mütter. Nach einer 1- bzw. 2-wöchigen Nachuntersuchung blieben die Effekte immer noch deutlich über denen der Baselineerhebung. Ebenso wie das Verhalten der Mütter stiegen auch das durchschnittliche Aktivitätsniveau, die Sensitivität und selbstinitiierten Handlungen des Kindes an.

hingegen als überflüssig, wenn nicht gar schädlich angesehen. Die damit aufgeworfenen Fragen werden sich erst dann sinnvoll besprechen lassen, wenn die Effektivität familientherapeutischer Maßnahmen besser geklärt ist. Derzeit steckt deren Evaluation noch in den Anfängen (vgl. Dumas, 1989; Heekerens, 1989). Wir begrenzen uns daher auf zwei Ansätze der familienbezogenen Intervention, zu denen ausreichend Belege über deren Effektivität vorliegen:

- das Parent-Management-Training der Arbeitsgruppe um G.R. Patterson und
- die funktionale Familientherapie der Arbeitsgruppe um I.F. Alexander.

Die Ziele dieser familienbezogenen Intervention beziehen sich im wesentlichen darauf, die Bedingungen des familiären Umfeldes so zu verändern, daß Trainings/Therapieeffekte, die man mit dem Kind kurzfristig erreichen konnte, auch längerfristig Bestand haben. Eine familienbezogene Intervention, als begleitendes oder zentrales Vorgehen im Rahmen der Behandlung eines Kindes, ist allein schon deshalb angezeigt, da ein Großteil der Ursachen kindlicher Verhaltens- und Entwicklungsstörungen nur aus dem familiären Kontext erklärbar ist bzw. aus den familiären Bedingungen resultieren oder durch diese aufrechterhalten werden.

Verschiedene Aspekte der familienbezogenen Arbeit sind nicht neu. So wurde in den vorliegenden Ausführungen schon mehrmals darauf hingewiesen, daß Lehrer oder Familienmitglieder als «Therapiehelfer» (Co-Trainer oder Co-Therapeuten) in Techniken der Verhaltenstherapie unterwiesen wurden. Man verfolgte damit sowohl das Ziel, die Übungen mit dem Kind in natürlicher Umgebung durchzuführen oder darauf auszuweiten als auch die Absicht, die erzielten Erfolge über die Zeit zu stabilisieren. Es handelt sich dabei jedoch lediglich um eine (wenn auch sehr bedeutsame!) Erziehungsschulung der Eltern. Im Gegensatz dazu möchte eine familienbezogene Intervention unmittelbar komplexe Beziehungen in der Familie verändern, indem sie die wechselseitigen Einflüsse der Familienmitglieder aufdeckt. Ein solches Vorgehen wurde – gekoppelt mit einem Kindertraining – von Petermann und Petermann (1990) für aggressive Kinder entwickelt und als Trainingspaket geprüft; dieses Vorgehen illustriert auch, wie man Motivationsprobleme von Familienmitgliedern bewältigen kann.

7.2 Konkretes Vorgehen

7.2.1 Parent-Management-Training der Arbeitsgruppe um G.R. Patterson

Diese Arbeitsgruppe möchte beide Elternteile darin schulen, mit ihrem aggressiven Kind anders umzugehen. Das Training geht davon aus (vgl. Patterson et al., 1990), daß sich das aggressive Verhalten eines Kindes unterschwellig entwickelt hat und durch die unangemessene Eltern-Kind-Interaktion aufrechterhalten wird. Besonders kennzeichnend im Umgang mit aggressiven Kindern sind dabei die folgenden Interaktionsstile:

- direkte Verstärkung aggressiven Verhaltens,
- häufiges Kommandieren des Kindes,
- ungerechtfertigte und harte Bestrafung und
- fehlendes Beachten angemessenen Verhaltens.

Die Autorengruppe um G.R. Patterson fand in Familien mit aggressiven Kindern «erpresserische» Interaktionsmuster, die Aggression begünstigen. Die Eltern verstärken das aggressive Verhalten ihres Kindes «ungewollt», wenn sie es mit (Gegen-)Druck beantworten. Durch dieses Elternverhalten wird zwar die kindliche Aggression momentan beendet, jedoch längerfristig die Wahrscheinlichkeit aggressiven Verhaltens erhöht. Der momentane Erfolg wirkt auch auf die Eltern verstärkend und damit spielt sich eine Interaktion ein, in der Kind und Eltern zum aggressiven Verhalten genötigt werden. Das Elterntraining von Patterson et al. (1990) versucht, dieses wechselseitig aggressive Verhalten durch unterstützendes (prosoziales) zu ersetzen. Hierzu üben die Eltern verschiedene Verhaltensweisen ein:

- Einführen von Regeln, an die sich das Kind zu halten hat,
- Bereitstellen von positiven Verstärkern für angemessenes Kindverhalten,
- Anwenden milderer, angemessener Strafen und
- Fördern von Kompromißbereitschaft.

Die Eltern werden zunächst in systematischer Verhaltensbeobachtung geschult, und anschließend sollen sie direkt in der Interaktion mit dem Kind die eingeübten Verhaltensweisen anwenden. Zum Elterntraining werden vor allem Prinzipien des sozialen Lernens, wie das Rollenspiel und Modellernen, herangezogen. Beträchtlichen Umfang nimmt das Einüben von Techniken der positiven Verstärkung von milden Strafformen (z.B. Verstärkerentzug), von Diskussionsformen und des Umganges mit Kontingenzen ein. Den Eltern wird die Möglichkeit geboten, auch zwischen den Trainingssitzungen durch Telefonkontakte auftretende Probleme zu klären. Das Vorgehen ist vor allem für Eltern geeignet, deren schwierige Kinder zwischen drei bis zwölf Jahren alt sind. Das Parent-Management-Training von Patterson et al. (1990) wurde in den 80er Jahren entwickelt und zeigte sich in allen empirischen Studien seit 1982 einer traditionellen Familientherapie weit überlegen; dies sowohl hinsichtlich der kurz als auch langfristigen Effekte. Im einzelnen liegen zu dem Vorgehen sehr detaillierte Ergebnisse vor. So zeigen sich Effekte sowohl in der Eltern- und Lehrerbeurteilung als auch der direkten Verhaltensbeobachtung in der Schule und zu Hause. Die Effekte sind dabei schon während des Trainings deutlich erkennbar (vgl. Kazdin, 1988); sie sind ein Jahr nach Trainingsende noch beobachtbar und konnten selbst nach 4,5 bis 10,5 Jahren belegt werden (vgl. Patterson et al., 1990). Neben dem aggressiven Verhalten der Kinder lindert das Parent-Management-Training auch psychische Probleme der Eltern (Depression), besitzt positive Auswirkungen auf andere Familienmitglieder und verändert auch andere Auffälligkeiten beim Problemkind, die nicht erkennbar mit seiner Aggression in Zusammenhang stehen. Das Vorgehen ist nach Kazdin (1988) dann besonders geeignet, wenn eine minimale Bereitschaft zur Mitarbeit bei den Eltern gegeben ist und sie ein mimimal ausgeprägtes Verständnis für die Erfordernisse des Parent-Management-Training zeigen.

7.2.2 Funktionale Familientherapie der Arbeitsgruppe um I.F. Alexander

Dieses Vorgehen basiert auf einer lern- und kommunikationstheoretischen Sichtweise von Familienproblemen, wobei nicht nur die Funktion eines Verhaltens in einer Familie wichtig ist, sondern auch die Bedeutung dieses Verhaltens für die Familie (vgl. Morris et al., 1988; Ross & Petermann, 1987). Die Arbeitsgruppe geht von der Annahme aus, daß das offensichtliche Problemverhalten eines Kindes den einzigen Weg darstellt, die interpersonalen Funktionen (Nähe, Distanz, Unterstützung) zwischen den Familienmitgliedern aufrechtzuerhalten. So kann die soziale Unsicherheit des Kindes in einem Familiensystem die Funktion besitzen, den Wunsch der Mutter nach Nähe zu ihrem Kind zu befriedigen. Ziel der funktionalen Familientherapie ist eine Veränderung der Interaktions- und Kommunikationsmuster in der Familie, um angemessenere Beziehungen zu fördern. So kann die soziale Unsicherheit bei einem Kind dadurch abgebaut werden, daß sich die Beziehung der Eltern verbessert und auf diese Weise die Mutter dem Kind mehr Freiraum und Verantwortung läßt. Nicht in jedem Fall geht man das offensichtliche Verhalten an, um therapeutisch auf eine Familie einzuwirken. Bei der Planung einer Intervention stehen die komplexen familiären Verknüpfungen im Mittelpunkt, wobei die spezifischen Behandlungsstrategien aus lerntheoretischen Studien zur Familieninteraktion und deren Beeinflußbarkeit abgeleitet wurden (vgl. Dumas, 1989; Patterson et al., 1990).

Die funktionale Familientherapie erfordert es, daß die gesamte Familie die Funktionen erkennt, die ein Verhaltensproblem innerhalb der Familie aufrechterhalten. Der Therapeut hebt dabei die Wechselwirkungen und Kontingenzen zwischen den Familienmitgliedern in ihrem täglichen Umgang miteinander hervor. Er berücksichtigt jedoch immer das Problem besonders, das den Anlaß zur Therapie bildet. Wenn die Familie alternative Wege in der Betrachtung des Problems gefunden hat, wird ein konstruktiver Umgang mit ihm möglich. Ein verbesserter Austausch zwischen den Familienmitgliedern und eine häufigere wechsel-

seitige positive Verstärkung sind grundlegende Ziele; weiterhin werden
- klarere Kommunikationsmuster in der Familie angestrebt,
- das Äußern von Bedürfnissen gefordert,
- konstruktive Gespräche gefördert und
- Alternativen und Lösungen für Verhaltensprobleme erarbeitet.

Empirische Studien belegen, daß der Erfolg einer funktionalen Familientherapie von der Strukturiertheit des Vorgehens und der Beziehung abhängt, die er zu den Familienmitgliedern aufbaut (vgl. Morris et al., 1988). In einem Therapievergleich zeigt sich das Vorgehen klientenzentrierten und psychodynamischen Verfahren als überlegen (vgl. Kazdin, 1988).

8. Pharmakotherapie

8.1 Grundlagen und Ziele

Die meisten Erfahrungen in der Pharmakotherapie liegen bei der Behandlung hyperaktiver und autistischer Kinder vor, auf die wir uns im weiteren deshalb auch beschränken wollen. So weisen beispielsweise Kusch und Petermann (1990) in einer Übersichtsarbeit darauf hin, daß 25% aller autistischen Kinder und sogar 75% aller Jugendlichen pharmakologisch behandelt werden. Auch bei hyperaktiven Kindern wird in einer Übersicht von Henker und Wahlen (1989) von großen Behandlungserfolgen berichtet. Bei aggressiven und sozial unsicheren Kindern liegen bislang nur erste Studien vor, die noch keine eindeutigen Befunde zeigten (vgl. Campbell & Spencer, 1988; Levin et al., 1989). Allerdings werden Behandlungserfolge bei Kindern berichtet, die sowohl aggressiv und hyperaktiv sind und bei denen psychologische Maßnahmen ohne Erfolg angewandt wurden (vgl. Speltz et al., 1988). Der Einsatz pharmakologischer Wirkstoffe sollte verstärkt in einem neurologisch-psychologischen Begründungszusammenhang betrachtet werden. Die Behandlung mit chemischen Wirkstoffen erscheint nur dort angebracht, wo - ausgehend von einer spezifischen neurologischen Hypothese - identifizierbare psychische Effekte erzielt werden können. Für den Bereich der Hyperaktivität und des Autismus gibt Tabelle 4 neurologische Hypothesen, chemische Wirkstoffe und psychische Effekte an.

Bei der Hyperaktivität vermutet man eine Übertragungsstörung von neurologischen Informationen an Synapsen (= Fehlregulation des Neurotransmitter-Systems), wobei diese Übertragung über bestimmte Substanzen, sogenannte biogene Amine, erfolgt. Man glaubt durch eine (Über)Stimulation dieser Schaltstellen auch die Schulleistungen und das Sozialverhalten hyperaktiver Kinder verbessern zu können. Eine ähnliche Annahme liegt auch der pharmakologischen Behandlung autistischer Kinder zugrunde, wobei man zwei Ziele unterscheiden muß:
- die Reduktion der primären, autismusspezifischen Symptomatik, die vor allem in einer Förderung des sozialen und sprachlichen Bereiches besteht; und
- die Behandlung der sekundären Symptomatik, wie z.B. der Epilepsien, Stereotypien und Autoaggression.

Man geht auch hierbei von einer neurologischen Übertragungsstörung aus, die durch

Tabelle 4: Grundlagen und Ziele der Pharmakotherapie bei hyperaktiven und autistischen Kindern

	Hyperaktivität	Autismus
Neurologische Hypothese	Fehlregulation des monoamin Neurotransmitter-Systems	Erhöhte dopaminerge Funktion
Chemische Wirkstoffe	Psychostimulantien (Methylphenidat, Dextroamphetamine)	Neuroleptika (Haloperidol)
Psychologische Effekte	Schulleistungen und Sozialverhalten	Primäre Symptomatik (Entwicklungsstörung) und sekundäre Symptome (Epilepsie, Stereotypien, Autoaggression)

biogene Amine (= hier eine erhöhte dopaminerge Funktion) entsteht. Durch Neuroleptika, vor allem Haloperidol, erwartet man entscheidende Effekte bei der Primär- und Sekundär-Symptomatik des Autismus.

8.2 Konkretes Vorgehen

Die Pharmakotherapie wurde vor allem im Rahmen der Behandlung von Verhaltensstörungen kritisiert. So bringt in diesem Kontext weder die Form noch die Dauer der Pharmabehandlung vorhersagbare Langzeiteffekte (vgl. Henker & Wahlen, 1989); auch kurzfristig können große intraindividuelle Unterschiede in der Wirkung auftreten. Diese Tatsache spricht dafür, auf jeden Fall neben einer Pharmabehandlung begleitende Maßnahmen (z.B. eine Kinderverhaltenstherapie) durchzuführen. Durch eine Pharmakotherapie wird z.B. ein hyperaktives Kind noch kein neues Verhalten lernen - erst durch eine psychologische Maßnahme werden neue kognitive Suchstrategien erworben. Insgesamt lassen sich bei Kindern zumindest drei massive Probleme der Pharmakotherapie nennen, die besonders nachteilig sein können:

- die massive Suchtgefahr bzw. das Streben, Verhaltensprobleme mit Medikamenten lösen zu wollen;
- gravierende Probleme der Therapiemitarbeit, so nehmen bis zu Zweidrittel der Kinder Medikamente nur unregelmäßig ein (vgl. Henker & Wahlen, 1989; Perrez & Burckhardt, 1987); und
- paradoxe Effekte treten erheblich häufiger als bei Erwachsenen auf, d.h. ein angsthemmendes Mittel kann bei einem vorpubertären Kind enthemmend wirken.

8.2.1 Pharmakologische Hyperaktivitätsbehandlung

Schon seit den 60er Jahren ist bekannt, daß Psychostimulantien, also das Zentralnervensystem aktivierende Substanzen, eine paradoxe Wirkung auf Verhaltensstörungen besitzen. «Paradox» nennt man den Effekt deshalb, weil Stimulantien, d.h. Amphetamine (z.B. Retalin) oder Amphetaminderivate (z.B. Methylphenidat, Dextroamphetamine) einen beruhigenden Effekt ausüben. Vor allem in der amerikanischen Literatur wird die Stimulantienbehandlung nicht nur bei hyperaktiven, sondern auch bei aggressiven Kindern als Möglichkeit diskutiert, die vor allem wegen ihrer praktischen und Kosteneffizienz populär ist. Perrez und Burckhardt (1987) weisen jedoch sehr deutlich darauf hin, daß die Stimulantienbehandlung nur bei solchen hyperaktiven Kindern empfohlen werden kann, deren Problematik hirnorganisch bedingt ist. Von den Autoren wird nachdrücklich auf die Nebenwirkungen einer solchen Behandlung hingewiesen; sie können u.a. in Schlafstörungen, Appetitverlust und Kopfschmerzen bestehen und treten besonders bei Dauermedikation und hohen Dosen auf. Bedenkenswert in diesem Zusammenhang ist auch ein Ergebnis von Brown et al. (1987), nach dem man bei einer Pharmakotherapie von einer viel geringeren Therapiemitarbeitsbereitschaft des Kindes ausgehen muß als man sie bei einer psychologischen Maßnahme aufgrund des intensiven persönlichen Kontaktes zwischen Therapeut und Kind erwarten kann.

Im weiteren soll auf einige Vergleichsstudien zwischen Pharmakotherapie und psychologischen Maßnahmen bei Hyperaktivität eingegangen werden. Nach McGee und Share (1988) zeigt die Pharmakotherapie keine überdauernden Effekte auf die Lernstörungen von hyperaktiven Kindern. Sie schafft jedoch günstige Voraussetzungen für verbesserte Lernleistung, indem sie die Ausdauer und die Genauigkeit von Verhaltensreaktionen erhöht (vgl. Douglas, 1989). Stimulantien beeinflussen einige grundlegende kognitive Prozesse, wie die Aufmerksamkeit und Gedächtnisleistung, sie verändern jedoch weder kurz- noch langfristig die Motivation und Einstellung zum Lernen (Henker & Wahlen, 1989). Die Pharmakotherapie ist bei hyperaktiven Kindern zwar wirksam, aber die erzielten Effekte sind eher unspezifisch und kurzfristig; so z.B. 30 Minuten bis maximal 5 Stunden nach der Gabe einer geringen Dose Methylphenidat (= ein Amphetaminderivat).

Gadow (1985) kommt in einem Vergleich von 16 Studien, in denen lerngestörte und/oder hyperaktive Kinder behandelt wurden, zu dem Ergebnis, daß die Effekte von Pharmakotherapie und Verhaltenstherapie vergleichbar sind und bei deren Kombination sich die Lernschwierigkeiten hyperaktiver Kinder nicht zusätzlich verringern lassen. In diesem Therapievergleich schneiden lediglich kognitive Trainings (z.B. Problemlöse-Ansätze) noch schlechter ab als die Pharmakotherapie; die besten kurz- und langfristigen Effekte erzielen auch hier komplexe Therapie- bzw. Trainingspakete, die die Arbeit mit Bezugspersonen, Kontingenzmanagement und kognitive Ansätze verbinden. Ross und Petermann (1987) berichten bei hohen Dosen von Methylphenidat davon, daß sich die kognitiven Schulleistungen hyperaktiver Kinder verschlechtern und man lediglich die motorische Aktivität senken kann; nach ihren Ergebnissen zeigt das Kontingenzmanagement (= Münzverstärkung) in der Schulklasse besonders gute Ergebnisse beim Abbau hyperaktiven Verhaltens.

In einer neuen Übersichtsarbeit von Henker und Wahlen (1989) überwiegen jedoch die positiven Effekte der Stimulantienbehandlung. So sollen damit die Symptome im Sozialverhalten drastisch und über den gesamten Tagesablauf behoben werden können. Hyperaktive Kindern waren in der Schule, gegenüber Gleichaltrigen und Erwachsenen in ihrem Verhalten zielgerichteter; bei manchen Kindern waren die Effekte so stark, daß man statt Überaktivität soziale Zurückgezogenheit beobachten konnte. Besteht die Problematik hyperaktiver Kinder darin, daß sie zu impulsiv reagieren, dann sind medikamentös behandelte schneller in ihren korrekten Reaktionen (erfaßt durch den Vagilanztest) als unbehandelte Kinder; allerdings sind auch einige Kinder langsamer und machen noch mehr Fehler als unbehandelte. Eindeutig ist jedoch auch in dieser Übersicht, daß man durch eine Pharmakotherapie nicht die Schulleistungen lerngestörter Kinder beeinflussen kann; gleichgültig, ob sie hyperaktiv sind oder nicht.

8.2.2 Pharmakologische Autismusbehandlung

Am häufigsten verwendet man Neuroleptika, um damit spezifisch auf verschiedene «psychotische» Symptome einwirken zu können, ohne deren Ursachen zu beeinflussen (Kusch & Petermann, 1990). So verändert das Neuroleptika Haloperidol zwei wichtige Symptome autistischer Störungen, nämlich die Zurückgezogenheit und Stereotypien. Eine Kombination von Haloperidol und einem verhaltenstherapeutischen Training zur Behandlung der Echolalie, der Kommunikationsstörung und der reduzierten sprachlichen Aktivität autistischer Kinder war effektiver als die Verhaltenstherapie oder Pharmakotherapie jeweils alleine (vgl. Campbell & Spencer, 1988). Bei Langzeitmedikation mit Haloperidol treten positive Effekte in der Leistung im Intelligenztest ein. Allerding muß man, um negative Effekte bei einer Langzeitbehandlung zu vermeiden, die Dosierung gering halten. Experimentelle Studien zur Indikation von Neuroleptika zeigen, daß autistische Kinder mit Symptomen wie Hyperaktivität, Aggression, geringe Frustrationstoleranz und kurze Aufmerksamkeitsspanne besonders gut auf Haloperidol ansprechen (vgl. Kusch & Petermann, 1990). Am günstigsten sind kombinierte Behandlungen aus medikamentöser und Verhaltenstherapie, wie Campbell und Spencer (1988) herausfanden.

9. Generalisierung der Ergebnisse – Transfer auf außertherapeutische Situationen

Probleme der Autismusbehandlung. Bereits im Abschnitt «Autismus» gingen wir auf die grundlegenden Generalisierungsprobleme ein. An den besonders großen Schwierigkeiten im Rahmen der Autismusbehandlung wurden die Begriffe «Reizgeneralisierung» (= Übertragung auf andere, therapiefremde Situationen) und die Stabilität der Ergebnisse diskutiert. Die Wirksamkeit einer Behandlung läßt sich danach beurteilen, in welchem Umfang sich ein neuerworbenes Verhalten in verschiedenen Umweltbedingungen und Verhaltenszusammenhängen zeigt, sowie ob es stabil bleibt. Koegel und Koegel (1987) empfehlen u.a. zwei Wege, wie man die Generalisierung erhöhen kann:

- *Sequentielle Modifikation.* In diesem Fall wird gezielt an den Verhaltensweisen angesetzt, bei denen bislang keine Generalisierung erfolgte. Geübt wird dann in möglichst allen Umweltbereichen des Kindes und so lange, bis es zur spontanen Generalisierung kommt. Bei einem solchen Vorgehen werden wichtige Bezugspersonen des autistischen Kindes als Co-Trainer eingesetzt.

- *Training in der natürlichen Umgebung.* Es wird angenommen, daß die natürliche Umwelt des Kindes geeignet ist, korrekte Reaktionen hervorzurufen und dadurch die Wahrscheinlichkeit der spontanen Generalisierung auf ähnliches Verhalten und ähnliche Situationen erhöht wird. Der Reizgebundenheit des autistischen Kindes wird dadurch begegnet, daß man natürliche Verstärker verwendet, die die unmittelbaren Bezugspersonen des Kindes einsetzen.
- *Schritte zur verbesserten Generalisierung.* Selbstverständlich liegen bei jedem kindlichen Problemverhalten spezifische Gründe vor, warum die Generalisierung der Ergebnisse erschwert ist. Strauss (1987) diskutiert dies z.B. für sozial unsichere Kinder, und Goldstein und Keller (1987) geben praktische Hilfen für psychologische Maßnahmen mit aggressiven Kindern. Goetz und Sailor (1988) gelang es darüber hinaus, allgemeine Richtlinien anzugeben (vgl. Kasten 3).

Kasten 3
Schritte zur verbesserten Generalisierung

- Unterstützung von Verhaltensweisen, die in der natürlichen Umgebung erforderlich und erwünscht sind sowie gefördert werden;
- Förderung verschiedener, alternativer Verhaltensweisen;
- Lockeres Training mit verschiedenen Bedingungen;
- Einbezug verschiedener Bezugspersonen und der dazugehörenden Umgebung (Schule, Elternhaus);
- Ausblenden von therapeutisch induzierten Konsequenzen zugunsten natürlicherweise auftretender Konsequenzen;
- Verstärkung von Selbstbewertungen, die angemessenes Verhalten zur Folge haben;
- Unterstützung neuer angemessener Verhaltensweisen und
- Einbezug von Gleichaltrigen als realistische Modelle.

Goetz und Sailor (1988) entwickeln auch konkrete Schritte, wie man Kinder dazu motiviert, neues Verhalten zu erlernen, einzusetzen und längerfristig beizubehalten. Sie gehen aufgrund von entwicklungspsychologischen Annahmen davon aus, daß dann Fertigkeiten generalisieren, wenn sie für das Kind *erkennbar nützlich* sind. Die zu erlernende Verhaltensweise sollte *erwünscht* sein und in einem *sozialen Kontext* erworben werden, der sich aus einer Interaktion zwischen Personen bildet. Eine Fertigkeit ist im *aktuellen Kontext* zu vermitteln, der diese Fertigkeit vom Kind verlangt (z.B. Kochen in der Küche). Das Kind muß die Fertigkeit häufig *benötigen*; sie sollte *entwicklungs-* und *altersentsprechend* sein sowie das Kind *unabhängiger* machen. Die Fertigkeit muß *adaptierbar* sein, d.h. konkret genug, um als solche erkannt zu werden, allgemein genug, um an unterschiedliche Anforderungen angepaßt werden zu können.

10. Literatur

Abikoff, H. (1987). An evaluation of cognitive behavior therapy for hyperactive children. In B.B. Lahey & A.E. Kazdin (Eds.), *Advances in clinical child psychology.* Vol. 10 (pp. 171–216). New York: Plenum.

Asher, S.R. & Hymel, S. (1986). Coaching in social skills for children who lack friends in school. *Social Works in Education, 8,* 205–218.

Barnett, W.S. & Escobar, C. (1987). The economics of early education: A review. *Review of Educational Research, 57,* 387–414.

Brown, R.T., Borden, K.A., Wynne, M.E., Spunt, A.L. & Clingerman, S.R. (1987). Compliance with pharmacological and cognitive treatments for attention deficit disorders. *Journal of Academy of Child and Adolescent Psychiatry, 26,* 521–526.

Camp, B.W. & Bash, M.A.S. (1985). *Think aloud: Increasing social and cognitive skills – A problem solving program for children.* Champaign, IL: Research Press.

Campbell, M. & Spencer, E.M. (1988). Psychopharmacology in child and adolescent psychiatry: A review of the past five years. *Journal of American Academy of Child and Adolescent Psychiatry, 27,* 269–279.

Campbell, M., Anderson, L.T. & Green, W.H. (1983). Behavior disordered and aggressive children: New advances in pharmacotherapy. *Journal of Development Behavioral Pediatrics, 4,* 265–271.

Day, R.M., Powell, T.H. & Stowitschek, J.J. (1980). *SCIPPY: Social competence intervention package for preschool youngsters.* Nashville: Vanderbild University.

Dodge, K.A. (1986). A social information processing model of social competence children. In N. Perlmutter

(Ed.), *Minnesota Symposium on Child Psychology.* Vol. 18 (pp. 77-125). Hillsdale, N.J.: Erlbaum.

Douglas, V.I. (1989). Cognitive deficits in children with attention deficit disorder with hyperactivity. *Journal of Child Psychology and Psychiatry, 30.* In press.

Duchan, J.F. (1987). Special education for the handicapped: How to interact with those who are different. In P. Knobloch (Ed.), *Book on special education* (pp. 127-149). New York: Wiley.

Dumas, J.E. (1989). Treating antisocial behavior in children: Child and family approaches. *Clinical Psychology Review, 9,* 197-222.

Feindler, E. & Ecton, R. (1986). *Anger control training.* New York: Pergamon.

Forehand, R. & Long, N. (1988). Outpatient treatment of the acting out child: Procedures, long term follow-up data, and clinical problems. *Advances of Behavior Research and Therapy, 10,* 129-177.

French, D.C. (1988). Heterogenity of peer-rejected boys: Aggressive and non-aggressive subtypes. *Child Development, 59,* 976-985.

Gadow, K.D. (1985). Relative efficacy of pharmacological, behavioral and combination treatments for enhacing academic performance. *Clinical Psychology Review, 5,* 513-533.

Goetz, L. & Sailor, W. (1988). New Directions: Communication development in persons with severe disabilities. *Topics in Language Disorders, 8,* 41-54.

Goldstein, A.P. & Keller, H. (1987). *Aggressive behavior. Assessment and intervention.* New York: Pergamon.

Guralnick, M.J. & Bennett, F.C. (1987). *The effectiveness of early intervention for at-risk and handicapped children.* Orlando: Academic Press.

Heekerens, H.P. (1989). *Familientherapie und Erziehungsberatung.* Heidelberg: Asanger.

Henker, B. & Wahlen, C.K. (1989). Hyperactivity and attention deficits. *American Psychologist, 44,* 216-223.

Huesmann, L.R. (1988). An information processing model for the development of aggression. *Aggressive Behavior, 14,* 13-24.

Kazdin, A.E. (1988). *Effective child psychotherapy.* New York: Pergamon.

Kazdin, A.E. (1989). Developmental psychopathology. Current research, issues and directions. *American Psychologist, 44,* 180-187.

Kazdin, A.E., Esveldt-Dawson, K., French, N.H. & Unis, A.S. (1987). Problem-solving skills training and relationship therapy in the treatment of antisocial child behavior. *Journal of Consulting and Clinical Psychology, 18,* 76-85.

Kendall, P.C. & Braswell, L. (1985). *Cognitive-behavioral therapy for impulsive children.* New York: Guilford Press.

Koegel, R.L. & Koegel, K.L. (1987). Generalization issues in the treatment of autism. *Seminars in Speech and Language, 8,* 241-256.

Koegel, R.L., O'Dell, M.C. & Koegel, K.L. (1987). A natural language teaching paradigm for nonverbal autistic children. *Journal of Autism and Developmental Disorders, 17,* 187-200.

Kusch, M. & Petermann, F. (1990). *Entwicklung autistischer Störungen.* Bern: Hans Huber.

Levin, A.P., Schneier, F.R. & Liebowitz, M.R. (1989). Social phobia: Biology and pharmacology. *Clinical Psychology Review, 9,* 129-140.

Lovaas, O.I. (1987). Behavioral treatment and normal educational and intellectual functioning in young autistic children. *Journal of Consulting and Clinical Psychology, 55,* 3-9.

Lowry, M.A. & Whitman, T.L. (1989). Generalization of parents skills: An early intervention program. *Child and Family Therapy, 11,* 45-65.

McGee, R. & Share, D.L. (1988). Attention deficit disorder-hyperactivity and academic failure: Which comes first and what should be treated? *Journal of American Academy of Child and Adolescent Psychiatry, 27,* 318-325.

Meichenbaum, D.H. & Asarnow, J. (1979). Cognitive-behavioral modification and metacognitive development: Implications for the classroom. In P. Kendall & S. Hollon (Eds.), *Cognitive-behavioral interventions: Theory, research and procedures* (pp. 11-35). New York: Academic Press.

Michelson, L. & Mannarino, A. (1986). Social skills trainings with children: Research and clinical application. In P.S. Strain, M.J. Guralnick & H.M. Walker (Eds.), *Children's social behavior* (pp. 373-406). New York: Academic Press.

Morris, S.B., Alexander, I.F. & Wandron, H. (1988). Functional family therapy: Issues in clinical practice. In R.H. Falloon (Ed.), *Handbook of behavioral family therapy* (pp. 107-127). London: Hutchinson.

Odom, S.L. & DeKlyen, M. (1989). Social withdrawal and depression in childhood. In G. Adams (Ed.), *Children's behavior disorders.* Englewood Clifs: Prentice-Hall.

Patterson, G.R., Reid, I.B. & Dishion, T.J. (1990). *Antisocial boys.* Eugene, O.R.: Castalia.

Perrez, M. (1988). Psychologische Intervention über Mediatoren. Einführung in den Themenschwerpunkt. *Heilpädagogische Forschung, 14,* 133-134.

Perrez, M. & Burckhardt, R. (1987). Gebrauch und Mißbrauch von Psychopharmaka bei Kindern. In A. Kormann (Hrsg.), *Beurteilen und Fördern in der Erziehung* (S. 263-284). Salzburg: Otto Müller.

Petermann, F. (1987). Behavioral assessment and reduction of children's aggression. *Journal of Human Behavior and Learning, 4,* 48-54.

Petermann, F. (Hrsg.) (1989). *Einzelfallanalyse* (2. völlig veränderte Auflage). München: Oldenbourg.

Petermann, F. & Petermann, U. (1987). *Training mit Jugendlichen. Förderung von Arbeits- und Sozialverhalten.* München: Psychologie Verlags Union.

Petermann, F. & Petermann, U. (1990). *Training mit aggressiven Kindern* (4. ergänzte Auflage). München: Psychologie Verlags Union.

Petermann, F. & Walter, H.J. (1989). Wirkungsanalyse eines Verhaltenstrainings mit sozial unsicheren, mehrfach beeinträchtigten Kindern. *Praxis der Kinderpsychologie und Kinderpsychiatrie, 38,* 118-125.

Petermann, U. & Petermann, F. (1989). *Training mit sozial unsicheren Kindern* (3. völlig veränderte Auflage). München: Psychologie Verlags Union.

Price, R.H., Cowen, E.L., Lorion, R.P. & Ramos-Mc Kay, J. (1989). The search of effective prevention programs. What we learned along the way. *American Journal of Orthopsychiatry, 59,* 49-58.

Ross, A.O. & Petermann, F. (1987). *Verhaltenstherapie mit Kindern und Jugendlichen.* Stuttgart: Hippokrates.

Shore, D.L., Silva, P.A. & Adler, C.J. (1987). Factors associated with reading plus spelling retardation and specific spelling retardation. *Development in Medicine Child Neurology, 29,* 72–84.

Shure, M.B. & Spivack, G. (1982). Interpersonal problem-solving in young children: A cognitive approach to prevention. *American Journal of Community Psychology, 10,* 341–356.

Speltz, M.L., Varley, C.K., Peterson, K. & Beilke, R.L. (1988). Effects of Dextroamphetamine and contingency management on a preschooler with ADHD and oppositional defiant disorder. *Journal of American Academy of Child and Adolescent Psychiatry, 27,* 175–178.

Strauss, C. (1987). Anxiety. In M. Hersen & V.B. van Hasselt (Eds.), *Behavior therapy with children and adolescents* (pp. 109-136). New York: Wiley.

Tanner, V.L. & Holliman, W.B. (1988). Effectiveness of assertiveness training in modifying aggressive behaviors of young children. *Psychological Reports, 62,* 39–46.

Tuma, J.M. (1989). Mental health services for children. The state of the art. *American Psychologist, 44,* 188–199.

Walker, H.M., McConnell, S.R., Holmes, D., Todis, B., Walker, J. & Golden, M. (1983). *ACCEPTS: A children's curriculum for effective peer and teacher skills.* Austin: PROED.

Weissbourd, B. & Kagan, S.L. (1989). Family support programs: Catalysts for change. *American Journal of Orthopsychiatry, 59,* 20–31.

Werry, J.S. & Wolersheim, J.P. (1989). Behavior therapy with children and adolescents: A twenty-year overview. *Journal of American Academy of Child and Adolescent Psychiatry, 28,* 1-18.

21. Altersstörungen: Intervention

Andreas Kruse und Ursula Lehr

1. Kompetenz im Alter als Grundlage der Psychotherapie älterer Menschen

Die systematische Erforschung und Anwendung von psychotherapeutischen Maßnahmen im Alter ist erst jüngeren Datums. Ältere Menschen galten lange als «nicht therapierbar»; Möglichkeiten therapeutischer Intervention, die für die Behandlung psychischer Störungen in früheren Lebensjahren entwickelt wurden, wurden nicht auf die höheren Altersgruppen ausgedehnt, da man davon ausging, daß Veränderungen im Alter aufgrund hoher «Rigidität», «mangelnder Umstellungsfähigkeit» und «fehlender Lernfähigkeit» nicht mehr zu erzielen seien. Darüber hinaus wurden psychische Störungen bei älteren Menschen *allein auf deren Alter zurückgeführt* - nicht aber auf die spezielle individuelle Situation - und aus diesem Grund als «naturgegeben» und damit als «unkorrigierbar» angesehen. Das Alter wurde häufig mit «Abbau» von seelisch-geistigen Funktionen gleichgesetzt, so daß eine wissenschaftlich fundierte Erforschung und Anwendung von Interventionsmaßnahmen nicht als sinnvoll erschien.
Dieses «negative Altersbild» («Defizit-Modell») wurde durch zahlreiche Untersuchungen widerlegt (vgl. Lehr, 1972). Alter ist weder mit «Rigidität» noch mit «Krankheit» gleichzusetzen; Alter stellt auch keinen «krankhaften Prozeß» dar; die Annahme, im Alter nähmen die kognitiven Funktionen (Intelligenz, Lernen, Gedächtnis) notwendigerweise ab, wurde ebenfalls durch zahlreiche Untersuchungen widerlegt (vgl. Labouvie-Vief, 1985).

1.1 Kompetenz im Alter

Wie aus empirischen Studien hervorgeht, führt ein Großteil der älteren Menschen ein unabhängiges, selbstverantwortliches und zufriedenstellendes Leben. Dabei nehmen viele ältere Menschen die Wahrung ihrer Verantwortung (sowohl für sich selbst wie auch für andere) sowie die Ausübung von sinnvollen und bedeutsamen Aufgaben als zentrale Grundlagen der «Lebenszufriedenheit» im Alter wahr. Viele *psychische Störungen im Alter* (wie z.B. *Depressionen, funktionelle Beschwerden, psychosomatische Krankheiten, kognitive Defizite*) können auch dadurch verursacht sein, daß keine Aufgaben mehr wahrgenommen werden, von dem Leben kein «Aufforderungscharakter» mehr ausgeht, Möglichkeiten einer sinnvollen Beschäftigung nicht mehr bestehen und Funktionsbereiche nicht mehr eingesetzt werden. Besitzt das Leben keinen «Aufgabencharakter» mehr und bieten sich keine Möglichkeiten einer bereichernden Tätigkeit, so besteht auch die Gefahr, daß mehr und mehr der «Lebenssinn» verlorengeht und ein «existentielles Vakuum» (Frankl, 1983) entsteht. Ein «aktiver Lebensstil», gepaart mit einer positiv getönten Zukunftsperspektive und dem «Gefühl, gebraucht zu werden», korrelierte in der «Bonner Gerontologischen Längsschnittstudie» (Lehr & Thomae, 1987) mit einer positiven Stimmungslage, mit hoher Anregbarkeit sowie mit einem positiven «subjektiven Gesundheitszustand». Dominerte jedoch die Überzeugung, keine Aufgaben mehr zu besitzen, die eigene Situation nicht mehr gestalten und verändern zu können und nicht mehr «gebraucht» zu werden, so war die Stimmungslage negativ getönt, es zeigten sich viele Anzeichen einer depressiven Lebenseinstellung und der «subjektive Gesundheitszustand» war eher negativ, auch wenn objektiv (d.h. laut Arzturteil) nur geringere gesundheitliche Belastungen vorlagen. Die Aufgabe der Interventionsgerontologie - im Sinne einer Psychotherapie - ist nun darin zu sehen, daß sie den älteren Menschen dazu anregt, sich aktiv mit seiner Situation auseinanderzusetzen, sich bewußt dem Leben zuzuwenden und eine neue Lebensperspektive aufzubauen. Dabei ist zu beachten, daß die Psychotherapie im Alter sowohl «*kathartische*» als auch «*appellative Funktion*» hat: Einerseits soll sie die Möglichkeit geben, die subjektiv erlebten Belastungen auszudrücken und durchzuarbeiten; andererseits soll sie an den Patienten appellieren, zu einer neuen Lebensperspektive zu finden. Eine solche Konzeption der Psychotherapie geht grundsätzlich von der Entwicklungsfähigkeit des älteren Menschen aus, auch wenn dessen Lebenssituation von zahlreichen Einschränkungen und Belastungen bestimmt ist.

1.2 Vom «Defizit-Modell» zum «Kompetenz-Modell»

Aufgrund der zahlreichen Befunde, die zeigen, daß ältere Menschen ein hohes Maß an Kompetenz besitzen bzw. durch Interventionsmaßnahmen gewinnen können, wird in der Gerontologie nicht mehr von einem «Defizit-Modell», sondern vielmehr von einem «Kompetenz-Modell» des Alters ausgegangen (Thomae, 1983). Der Rückgang oder Mangel von bestimmten Funktionen im Alter ist demnach auch *nicht* auf das *Alter an sich* zurückzuführen, sondern auf schädigende Faktoren, wie z.B. Krankheit, mangelnde Anregung durch die Umwelt, mangelndes Training. Dies zeigt aber auch, daß unter dem Begriff der «Altersstörungen» nicht Funktionseinbußen/Verluste oder Krankheiten verstanden werden dürfen, die allein auf das Alter einer Person zurückzuführen sind. Vielmehr werden unter diesem Begriff jene Störungen zusammengefaßt, die *im Alter gehäuft auftreten und dabei auf jene Risikofaktoren zurückgehen, die im Alter eher anzutreffen sind als in früheren Lebensabschnitten* (z.B. Aufgabe des Berufs und damit einhergehende Gefahr eines erlebten «Funktionsverlustes»; Erleiden von chronischen Krankheiten und damit einhergehende Gefahr einer starken psychischen Belastung; Verlust von Angehörigen und Freunden und damit einhergehende Gefahr einer zunehmenden Isolation). Aufgrund der Plastizität von Funktionen sowie der Lernfähigkeit im Alter sind auch medizinisch-psychologische Interventionsmaßnahmen im Alter sinnvoll und notwendig. Die im Bereich der Geriatrie, der Rehabilitation, der Interventionsgerontologie und der Psychotherapie erzielten Erfolge in der Behandlung älterer Menschen unterstreichen diese Forderung.

Die Auseinandersetzung mit neuen Lebensaufgaben oder mit Belastungssituationen ist dabei immer als ein *individueller, von vielen Faktoren beeinflußter Prozeß* anzusehen. Welche Konsequenzen resultieren daraus für die Psychotherapie im Alter? Psychotherapeutische Maßnahmen müssen zunächst darauf abzielen, der Ausbildung von resignativen und passiven Reaktionsformen – wie sie bei hoher Belastung auftreten können – entgegenzuwirken. Wie in vielen Beiträgen zur psychotherapeutischen Intervention im Alter gezeigt wurde, stellt die Ausbildung von depressiv getönten und passiven Reaktionsformen häufig das Resultat der subjektiven Überzeugung dar, (a) die eigene Situation nicht mehr «kontrollieren», «verändern» und «gestalten» zu können; (b) keine Kompetenz mehr zu besitzen, somit auch «funktionslos» geworden zu sein; (c) von anderen Menschen abgelehnt und nicht mehr «gebraucht» zu werden, isoliert zu sein. Dieses Einstellungssyndrom kann – wenn eine wirksame Intervention ausbleibt – immer stärker chronifizieren; damit ist aber auch die Gefahr verbunden, daß sich der Patient immer stärker zurückzieht, Möglichkeiten einer Verbesserung seiner Situation gar nicht mehr wahrnimmt oder nicht aufgreift und schließlich wichtige Funktionsbereiche einbüßt.

2. Grunddimensionen einer Psychotherapie im Alter

Im folgenden werden einige Grunddimensionen der Psychotherapie im Alter herausgearbeitet und Konsequenzen für die Konzeption psychotherapeutischer Maßnahmen aufgezeigt.

2.1 Lebensstil

Ein zentraler Einflußfaktor ist der *Lebensstil* des Individuums in früheren Abschnitten seiner Biographie. Die Art und Weise, wie der

Mensch früher gelebt hat, wie er sich mit den Lebensaufgaben auseinandergesetzt hat, bestimmt in hohem Maße den Alternsprozeß mit. Ein aktiver, verantwortungsbewußter, durch Anregbarkeit und Aufgeschlossenheit gekennzeichneter Lebensstil kann als optimale Voraussetzung für die spätere Entwicklung angesehen werden. Ein passiver Lebensstil, begleitet von einem geringen Interessensradius, trägt hingegen mit dazu bei, daß auch im Alter neue Anforderungen und Aufgaben nur mit Schwierigkeiten bewältigt werden können. Der individuelle *«Alternsstil»* ist also eng mit dem individuellen *«Lebensstil»* verknüpft (Thomae, 1988).

Diese Erkenntnis ist auch für die Konzeption von psychotherapeutischen Maßnahmen bedeutsam: a) Sie zeigt uns, daß wir auch in der psychotherapeutischen Behandlung von den biographisch gewachsenen Erlebens- und Bewältigungsformen auszugehen haben; b) sie zeigt uns weiterhin, daß «Computer-Techniken» nicht beliebig veränderbar sind, sondern - aufgrund einer biographischen Verankerung - z.T. nur schwer aufgegeben werden können. Aus diesem Grunde muß gerade in der Psychotherapie im Alter dem Patienten die biographische Verankerung seiner Reaktionsweisen aufgezeigt werden, da nur so erreicht werden kann, daß dieser die augenblickliche Situation nicht nur als «schicksalhaft gegeben» und damit als «unveränderbar», sondern auch als «selbstbestimmt» wahrnimmt. Indem aufgezeigt wird, daß die eigene Situation auch selbstverursacht ist, gibt man dem Patienten ein Stück seiner «Eigenverantwortung» und «Selbstkontrolle» zurück.

2.2 Die Bedeutung der «kognitiven Repräsentanz»

Den Ausgangspunkt psychotherapeutischen Handelns bildet das *Erleben des Älteren*, d.h. die «kognitive Repräsentanz» seiner Gesamtsituation. Die «Gesamtsituation» (v. Weizsäcker, 1988) untergliedert sich dabei in die Bereiche:

- *Erlebte Vergangenheit:* Die Erfassung der «erlebten Vergangenheit» zentriert sich zunächst um die wichtigsten biographischen Stationen, Erfahrungen und Ereignisse *im Erleben des Individuums.* Ohne die Kenntnis seiner Biographie ist das Individuum nicht verstehbar. Zu der Analyse der Biographie gehören auch die Bewältigungsformen, mit denen das Individuum früher auf Aufgaben und Belastungen geantwortet hat. Schließlich sollten die *Einstellung des Individuums zu seiner Vergangenheit*, der Grad der *Zufriedenheit mit dem zurückgelegten Leben* und das *Ausmaß an Kongruenz zwischen den gesteckten Zielen und dem Erreichten* thematisiert werden. Die *«erlebte Vergangenheit»* hat große Bedeutung für die Psychotherapie, denn wie in vielen Untersuchungen gezeigt werden konnte, stellt die *Akzeptanz der persönlichen Vergangenheit und des bisher zurückgelegten Lebens* eine zentrale Voraussetzung für den Erfolg einer Psychotherapie dar. In jenen Fällen, in denen der Patient nicht zu einer Bejahung seines Lebensweges findet, muß der Versuch unternommen werden, die gegenwärtige und zukünftige Situation zu einer «Aufgabe» zu machen, deren Meisterung über die in der Vergangenheit liegenden Verluste und Belastungen wenigstens teilweise hinweghilft.
- *Erlebte Gegenwart:* Die wichtigsten Dimensionen der «kognitiven Repräsentanz» der gegenwärtigen Situation, wie sie in den empirischen Beiträgen des «Bonner Arbeitskreises» (Lehr, 1972) herausgearbeitet worden sind, stellen auch im Bereich der Psychotherapie zentrale Kategorien für die Erfassung des individuellen Erlebens dar. Diese Dimensionen eignen sich z.B. gut für die Analyse und Korrektur des *Selbstbildes* der Patienten; eine Aufgabe, die sich in der Psychotherapie älterer Menschen häufig stellt. Es handelt sich dabei um folgende Dimensionen:
  - Grad der Antizipation der bestehenden Situation;
  - Grad der erlebten Kongruenz zwischen dem Erwarteten und dem tatsächlich Eingetretenen;
  - Tönung des Erlebens (eher positiv vs eher negativ);
  - die Situation eher als «selbstverursacht» oder als «fremdverursacht» erleben;
  - die Situation eher als «offen» (gestaltbar) oder als «eingeschränkt» (ungestaltbar) erleben;

- die Situation eher als «veränderbar» oder als «unveränderbar» erleben;
- Grad der persönlichen Bedeutsamkeit der Situation;
- die Umwelt eher als «zugewandt» oder als «abgewandt» erleben;
- sich selbst eher als «integriert» oder als «isoliert» erleben;
- sich eher als «kompetent» oder als «inkompetent» in der Bewältigung der Situation erleben;
- Grad des Vertrautseins mit ähnlichen Situationen;
- Gefühl, «gebraucht zu werden», ist eher stark oder eher gering ausgeprägt.

- *Erlebte Zukunft:* Wie bereits festgestellt wurde, spielt das *Zukunftserleben* im Rahmen der Psychotherapie älterer Menschen eine bedeutende Rolle. Zum einen stellt es ein Ziel der Psychotherapie dar, eine neue, tragfähige Zukunftsperspektive aufzubauen. Dabei konzentriert sich der Blick allerdings stärker auf die *nahe* und weniger auf die *ferne* Zukunft. Zum anderen werden in der Psychotherapie mit älteren Menschen häufig auch die *Grenzen der eigenen Existenz* - wie z.B. chronische Krankheit, Verlust von Angehörigen und Freunden, sowie die Endlichkeit des eigenen Daseins - thematisiert (Spiegel-Rösing & Petzold, 1985). Durch den Dialog im Rahmen der Psychotherapie soll dem Patienten geholfen werden, sich mit diesen Grenzsituationen auf eine Art und Weise auseinanderzusetzen, die es ermöglicht, trotzdem zu einer «offenen» Einstellung gegenüber der Zukunft zu finden. Die Zukunftsperspektive des Patienten hat nicht nur einen hohen diagnostischen Wert (psychische Störungen äußern sich häufig in einer «gestörten Zukunftsperspektive»), sondern ihr kommt auch eine besondere Bedeutung für die Bewertung des Therapieerfolges zu. In der Zukunftsperspektive zeigt sich auch die individuelle «Lebenseinstellung»; in dem Maße, wie diese «offener» und «optimistischer» getönt ist, nimmt auch die Bereitschaft zu, sich gegenüber der eigenen Zukunft zu öffnen. In den Untersuchungen zur «Zeit- und Zukunftsperspektive im Alter» erweisen sich folgende Dimensionen als zentral, die auch für die Psychotherapie bedeutsam sind:
  - Tönung des Zukunftserlebens;
  - Zeitliche Extension der Zukunftsperspektive;
  - Ausmaß an Plänen;
  - Differenzierungsgrad der Zukunftsperspektive;
  - Ausmaß der «erlebten Gestaltbarkeit» der Zukunft («offen» vs «verschlossen»);
  - Grad des «Aufforderungscharakters», den die Zukunft im Erleben des Individuums besitzt;
  - Um welche «Themen» ist das Zukunftserleben zentriert?
  - Erscheint die Zukunft im Erleben des Individuums als «freundlich», «Vertrauen gebend» oder als «bedrohlich» und «angstbesetzt»?
  - Welche Stellung besitzt die «Endlichkeit des Daseins» im Erleben des Individuums?

Fassen wir die zahlreichen Dimensionen der *«kogniven Repräsentanz»* zusammen, so wird deutlich, wie verschiedenartig das individuelle Erleben konturiert sein kann, so daß nicht unmittelbar von der *objektiv gegebenen* auf die *subjektiv erlebte Situation* geschlossen werden darf. Vielmehr bedarf es auch in der Psychotherapie eines möglichen *unvoreingenommenen* und *natürlichen Verständnisses* der Situation des älteren Menschen, um der Individualität des Erlebens gerecht zu werden und damit den adäquaten Zugang zum Patienten zu finden.

2.3 Die Analyse von Protektions- und Vulnerabilitätsfaktoren und Möglichkeiten einer therapeutischen Intervention

Eine weitere wichtige Aufgabe der Psychotherapie besteht darin, eine differenzierte Analyse der «Protektions-» und «Vulnerabilitätsfaktoren» vorzunehmen, d.h. eine Aussage darüber zu treffen, welche positiven, stabilisierenden (= «Protektions-») und welche belastenden, gefährdenden («Vulnerabilitäts-») Faktoren in der konkreten Situation bestehen. Dabei ist zu bedenken, daß die Auseinandersetzung mit Belastungen durch das Fehlen von «Protektionsfaktoren» und das gleichzeitige Bestehen von «Vulnerabilitätsfaktoren» erheblich erschwert sein kann. Es ist auch möglich, daß psychische Störungen auf den *Zusammenbruch der individuellen Ressourcen unter einer Vielzahl von belastenden, gefährdenden Faktoren zurückgehen.* Die Tatsache, daß jedes Individuum über ein spezifisches

Bündel von «Protektions-» und «Vulnerabilitätsfaktoren» verfügt, trägt mit dazu bei, daß Belastungen interindividuell verschieden erlebt und verarbeitet werden.
Die im Kasten 1 dargestellten Ergebnisse einer Studie geben ein Beispiel für den Einfluß von «Protektions-» und «Vulnerabilitätsfaktoren» auf die Verarbeitung von Belastungen. Darüber hinaus gibt dieses Beispiel Einblick in die Wirkungsweise von *kumulativen Belastungen.* Gleichzeitig zeigt es, wie differenziert und umfassend die Psychotherapie im Alter verstanden werden muß.

Welche Konsequenzen ergeben sich daraus für die Psychotherapie?

Die Vulnerabilitätsfaktoren (vgl. Kasten 1) machen deutlich, daß in der Psychotherapie mit älteren Menschen *zahlreiche Aspekte berücksichtigt* werden müssen, die möglicherweise auch zu einer *Erweiterung* bzw. zu einer

Kasten 1
Vulnerabilitätsfaktoren bei betagten Personen mit chronischen Krankheiten (Kruse, 1987)

In einer Untersuchung über die Auseinandersetzung mit chronischer Krankheit (Kruse, 1987) fanden sich bei den Patienten die folgenden Vulnerabilitätsfaktoren: *Gesundheitliche Schädigungen, die zu einer Beeinträchtigung der Bewegungs- und Kommunikationsfähigkeit führen:* Viele der in dieser Studie untersuchten Patienten litten an Funktionseinbußen (Störungen der Sprache, der Koordinationsfähigkeit, der sensomotorischen und psychomotorischen Funktionsbereiche), die in vielen Fällen so stark waren, daß sie ohne Hilfe das Haus nicht verlassen konnten. Auch war die Kommunikation mit anderen Menschen z.T. erheblich erschwert.

Verlust von Angehörigen und Freunden: Die Verarbeitung von Krankheiten und anderen Belastungen ist im Alter möglicherweise durch den Verlust von Angehörigen und Freunden erschwert. Dieser Verlust nimmt dem älteren Menschen zum einen Möglichkeiten des Kontaktes sowie der gemeinsamen Unternehmungen mit anderen; zum anderen konfrontiert er ihn mit der Tatsache, daß er nur noch eine begrenzte Zeit zu leben hat. Diese «begrenzte Zeit» spielt in der Psychotherapie mit älteren Menschen eine wichtige Rolle.

Geringer werdende soziale Kontakte: Bei vielen Patienten nahm mit zunehmender Krankheitsdauer die Gefahr des Rückgangs von sozialen Kontakten zu, sei es, weil sich die Patienten ihrer Krankheit schämten und sich nicht trauten, auf andere Menschen zuzugehen, sei es, weil die Funktionseinbußen die Aufnahme und Aufrechterhaltung sozialer Kontakte mehr und mehr verhinderten, oder sei es, weil sich das soziale Umfeld selbst immer stärker zurückzog und somit dem Patienten zentrale Möglichkeiten zur Aufrechterhaltung und Entwicklung von Aktivitäten und Unternehmungen nahm. Durch diesen Rückgang von sozialen Kontakten nahmen aber auch die Möglichkeiten einer Verstärkung kompetenten Verhaltens durch das soziale Umfeld ab.

Zurückgehende «soziale Techniken»: Durch mangelnde Gelegenheit zu gemeinsamen Unternehmungen mit anderen Menschen bildet sich auch die Gefahr eines Rückgangs von «sozialen Techniken» aus. Bei hoch belasteten Menschen findet sich nicht selten ein Rückgang von «sozialen Techniken» und damit eine zusätzliche Gefährdung sozialer Kontakte. Die seelische oder körperliche Belastung kann so stark sein, daß die betreffenden Menschen nicht mehr die Kraft und den Mut zum sozialen Kontakt haben; dies kann schließlich dazu führen, daß sie nach einem gewissen Zeitraum nicht mehr richtig wissen, wie sie überhaupt wieder mit anderen Menschen in Kontakt kommen sollen.

Negatives Selbstbild des Patienten: Bisweilen besteht die Gefahr, daß das Selbstbild der Patienten so negativ getönt ist, daß sie sich nichts mehr zutrauen und auch Möglichkeiten einer wirksamen Behandlung ungenutzt lassen.

Fehlerhaftes Verhalten der Angehörigen: Möglicherweise erfahren Patienten keine angemessene Förderung und Stimulation durch ihre Angehörigen; es lassen sich sogar immer wieder Familien finden, die die Rehabilitationsleistungen eher schmälern denn fördern.

Schlecht erreichbare Wohnung, z.T. mangelhafte sanitäre Ausstattung der Wohnung: Einige dieser Patienten lebten in einer schlecht ausgestatteten Wohnung, die häufig in einem oberen Stockwerk lag (und damit nur schlecht erreicht bzw. verlassen werden konnte), die nur geringe Bewegungsfläche bot, die keine prothetischen Hilfsmittel – zur «Kompensation» von Funktionseinbußen – enthielt und deren sanitäre Ausstattung ebenfalls viele Mängel aufwies. Dadurch wurden die Folgen der Krankheit erheblich verschärft.

Neudefinition des Therapieziels führen (vgl. auch Kruse, 1988). Die folgenden seien beispielhaft genannt:

- *Hilfe bei der Verarbeitung von körperlichen Schädigungen und Funktionseinbußen:* Zunächst ist zu bedenken, daß sich die in Psychotherapie befindenden älteren Menschen möglicherweise an schweren Krankheiten und Funktionseinbußen leiden, die die Psychotherapie erheblich erschweren und auch zu Unterbrechungen der Behandlung führen können. Oftmals stellt die Auseinandersetzung mit der Erkrankung und den Funktionseinbußen jenes Thema dar, um das sich die Psychotherapie lange zentriert. Möglicherweise findet auch eine Fixierung auf die Krankheit statt, und die eigentlichen seelischen Anliegen, Belastungen und Konflikte werden verdeckt. Andererseits zeigen gerade die Beispiele aus der *Rehabilitation*, wie sehr chronisch kranke Patienten in der Verarbeitung ihrer Krankheit auf psychotherapeutische Unterstützung angewiesen sind und wie positiv die medizinische Behandlung sowie die Rehabilitation des Patienten durch begleitende Psychotherapie beeinflußt werden kann.
- *Unterstützung des Patienten bei der Auseinandersetzung mit einzelnen biographischen Stationen und mit der «verrinnenden Zeit»:* Gerade dann, wenn die vor dem älteren Patienten liegende «Zeit» nur noch sehr begrenzt ist (bzw. von ihm als sehr begrenzt wahrgenommen wird), verändert sich auch der Schwerpunkt der Therapie: Das therapeutische Ziel besteht nun möglicherweise darin, dem Patienten bei der Verarbeitung gegenwärtiger Belastungen zu helfen und ihm die seelische Kraft zu geben, mit den in der Zukunft liegenden Belastungen umgehen zu können. Aber auch das Thematisieren und Durcharbeiten einzelner biographischer Stationen, die im Erleben des Patienten eine besondere Bedeutung besitzen, kann gerade unter dem Aspekt der begrenzten Zeit von Bedeutung sein.
- *Unterstützung in dem Aufbau sozialer Techniken:* Die Psychotherapie im Alter ist häufig mit einer Verstärkung sozialer Techniken verbunden, um auf diese Weise eine verbesserte Integration des Patienten zu erreichen; dieser kommt für die psychische Situation besondere Bedeutung zu.
- *Unterstützung in dem Aufbau eines positiven Selbstbildes:* Die positive Beeinflussung des Selbstbildes ist ebenfalls als eine wichtige Aufgabe der Psychotherapie im Alter anzusehen. Durch die Verstärkung von Kompetenzbereichen und durch die – vorsichtig gegebene – Rückmeldung über jene Dinge, die (noch) nicht beherrscht werden, kann es auch gelingen, zu einem realistischen und positiv getönten Selbstbild beizutragen; damit wird auch eine größere Sicherheit auf Seiten des Patienten geschaffen. Grundlage kompetenten Verhaltens ist immer ein positiv getöntes, realistisches Selbstbild.
- *Auseinandersetzung mit «Grenzsituationen»:* Die Psychotherapie im hohen Alter enthält immer auch die Auseinandersetzung mit Grenzsituationen (Jaspers), d.h. mit solchen Situationen, die auch objektiv nicht mehr veränderbar sind. Zu solchen Grenzsituationen im Alter zählen z.B. chronische Krankheit, Verlust von anderen Menschen, Sterben und Tod. Die Unterstützung des Patienten in der Auseinandersetzung mit solchen Grenzsituationen stellt eine wichtige Aufgabe der Psychotherapie dar. Hier ist es notwendig, daß der Patient zu der Fähigkeit findet, die Situation nach und nach anzunehmen und dabei nach jenen Möglichkeiten Ausschau zu halten, die die Situation noch bietet. Dies gelingt nur durch eine Veränderung der inneren Einstellung.
- *Unterstützung der Angehörigen:* Gerade in jenen Fällen, in denen der Patient gesundheitlich stark belastet und auf die Hilfe durch seine Angehörigen angewiesen ist, erweist sich eine Beratung der Familienmitglieder als vorteilhaft. Aufklärung über die Krankheit sowie über den Umgang mit dem Patienten stellen wichtige Bestandteile der Beratung dar. Darüber hinaus suchen auch die Angehörigen oftmals nach einer Möglichkeit des therapeutischen Gesprächs, in dem sie ihre Anliegen sowie ihre Lebenssituation zum Ausdruck bringen können und in dem sie die Möglichkeit haben, eine neue Perspektive zu erarbeiten.
- *Unterstützung bei der Veränderung des Lebensumfeldes:* Es kann sich als nötig erweisen, daß der Therapeut – bei einer stärker sozialtherapeutischen Orientierung – das Lebensumfeld des Patienten analysiert (Wie gut ist der Patient in soziale Kreise eingebunden? Wie gut ist die ambulante Versorgung? Wie gut ist die Wohnung an seine Bedürfnis angepaßt?) und gegebenenfalls gemeinsam mit dem Patienten Möglichkeiten der Verbesserung erörtert und aufgreift.

2.4 Analyse der dominanten Erlebens- und Bewältigungsformen und Möglichkeiten der therapeutischen Intervention

Psychotherapeutische Verfahren streben unter anderem eine Veränderung jener Erlebens- und Bewältigungsformen an, die das Auftreten von psychischen Störungen mitverursacht oder zumindest begünstigt haben. Solche Erlebens- und Bewältigungsformen sind biographisch verankert und aus diesem Grunde nicht beliebig veränderbar. Vielmehr bedarf es gezielter therapeutischer Interventionen, um eine bleibende Veränderung zu erreichen. Die Dimensionen der «kognitiven Repräsentanz» (vgl. Abschnitt 2.2) stellen einen adäquaten Kontext für *kognitive Therapieansätze* dar: Gerade jenen Patienten, die niedergeschlagen, resigniert oder stark verunsichert sind, muß die Möglichkeit gegeben werden, Handlungen auszuüben, die die Überzeugung vermitteln, daß sie die Situation noch selbst *«kontrollieren»* können (Baltes & Baltes, 1986; Edingberg, 1985; Rodin et al., 1985) bzw. daß sie *eigenverantwortliche Entscheidungen treffen* können (Langer, 1983). So konnte in Studien zur Lebenssituation im Alter gezeigt werden, daß durch die Übertragung von Aufgaben und von Verantwortung sowie durch den Appell, sich Entscheidungen nicht von anderen abnehmen zu lassen, sondern diese selbstverantwortlich zu fällen, deutliche Verbesserungen in der Kompetenz sowie in der kognitiven Leistungsfähigkeit erzielt werden konnten. Die Ausübung von Handlungen, die als bedeutsam erlebt werden, das Abwägen zwischen Alternativen, die sich in einer Situation bieten, und schließlich die bewußte Teilnahme an Prozessen in dem Umfeld fördern auch die Überzeugung, daß *das eigene Leben noch «gestaltbar» und die persönliche Situation «veränderbar» ist.*

Welche Konsequenzen ergeben sich daraus für die psychotherapeutische Behandlung? Die Überzeugung, sein eigenes Leben gestalten und «kontrollieren» zu können, kann im Rahmen der Therapie z.B. dadurch gefördert werden, daß man gemeinsam mit dem Patienten Möglichkeiten der Situationsverbesserung erörtert und konkrete Handlungsschritte gedanklich vorwegnimmt. Die sich bietenden Möglichkeiten werden dabei genauso thematisiert wie die Grenzen und Hindernisse, die sich bei der Verwirklichung dieser Ziele in den Weg stellen können. Durch diese Technik wird dem Patienten jene *Eigenverantwortung zurückgegeben*, die möglicherweise durch die verschiedenen Belastungen verloren gegangen ist. In einem Sicherheit und Kontinuität vermittelnden Rahmen erhält der Patient die Möglichkeit, seine gegenwärtige und zukünftige Situation durchzuarbeiten, sowie sich auch mit chronischen Einschränkungen und Verlusten auseinanderzusetzen. Indem der Psychotherapeut dem Patienten signalisiert, daß er von dessen Fähigkeit, die Situation wirksam zu verbessern, überzeugt ist und gemeinsam mit ihm nach Möglichkeiten einer Situationsverbesserung sucht – *dabei aber dem Patienten die Verantwortung für die Auswahl des einzuschlagenden Weges überläßt* –, kann er diesem neue Impulse geben und ihn motivieren, sich *aktiv* um eine Verbesserung seiner Lage zu bemühen. Gerade die *Kombination von kognitiv orientierten Therapieansätzen und Techniken der operanten Konditionierung* stellt eine gute Methode dar, um die erlebte Kontrolle über die Situation, sowie die Überzeugung, die Situation sei «veränderbar» und «gestaltbar», zu fördern. In diesem Zusammenhang ist auch auf die Bedeutung der *«Verstärkung»* von kompetentem Verhalten sowie der – vorsichtig gegebenen – *Rückmeldung* über jene Funktionen, die (noch) nicht sicher beherrscht werden, hinzuweisen (vgl. dazu die Beiträge in Birren & Livingston, 1985; Moos, 1977). Durch Verstärkung und Rückmeldung kann das soziale Umfeld – wie auch der Therapeut im Rahmen der Psychotherapie – mit zu einer Steigerung der erlebten Kontrolle beitragen. Wie Studien zur Auseinandersetzung mit Belastungen im Alter zeigen, erhalten ältere Menschen in diesen Belastungssituationen oftmals keine adäquate Rückmeldung über die erzielten bzw. ausgebliebenen Erfolge. Dies liegt z.T. an dem negativen Altersbild, das in dem Umfeld vorherrschend ist und die Motivation zur fundierten Unterstützung des Patienten schmälert. Gerade hier ist es auch wichtig, die *Angehörigen in die Therapie miteinzubeziehen.*

Eine weitere wichtige Aufgabe der Therapie besteht darin, dem Patienten das Gefühl zu vermitteln, daß er noch «gebraucht» wird, daß er noch wichtige Aufgaben und Funktionen zu erfüllen hat. Dies kann z.B. durch *gruppentherapeutisch orientierte Verfahren* erreicht werden (vgl. Radebold & Schlesinger-Kipp, 1983). Gerade in der Gruppe erfährt der Patient, daß andere Menschen Interesse an seinem Schicksal haben; er kann darüber hinaus anderen Patienten als «Vorbild» dienen, diesen bei der Verarbeitung von Belastungen und Verlusten helfen und damit die Überzeugung gewinnen, wichtige Aufgaben zu erfüllen. Schließlich kann er auch von anderen Pa-

tienten lernen, durch diese motiviert werden und auf diesem Wege zu einer neuen Initiative finden, die wiederum durch die Gruppe verstärkt wird.
Die Einstellungsveränderung fördert eine Veränderung der Bewältigungsstile (Reaktionsformen, «Coping-Stile»). So hat Seligman an verschiedenen Stellen zeigen können, daß depressive Reaktionsformen häufig durch die Überzeugung verursacht sind, die Situation nicht mehr verändern zu können, ihr «hilflos» gegenüberstehen. Indem der Patient sein Überzeugungssystem verändert, gehen - dieser Theorie zufolge - depressive Techniken zurück.

2.5 Veränderung des Selbstbildes

Eng verknüpft mit der Korrektur von Erlebens- und Bewältigungsformen ist die Veränderung des Selbstbildes. Eine Selbstbildtherapie ist vor allem bei jenen Menschen notwendig, die durch massive und plötzlich eingetretene Veränderungen ihrer Lebenssituation stark verunsichert worden sind, oder die aufgrund von starken Kompetenzeinbußen (z.B. nach einem Schlaganfall) den Wert ihrer Person infragegestellt sehen. Gerade ein negativ konturiertes Selbstbild kann zu einem immer stärkeren Rückzug von sozialen Kontakten sowie zur Aufgabe früherer Interessen und Tätigkeiten führen. Die Korrektur eines negativen Selbstbildes kann am besten dadurch gelingen, daß man dem Patienten im Rahmen der Psychotherapie die Möglichkeit gibt, neue Erfahrungen zu machen, die positiv getönt sind und die auch zu neuen Schritten stimulieren. Diese «neuen Erfahrungen» dürfen in ihrem therapeutischen Wert nicht unterschätzt werden, denn in vielen Fällen hat der Patient schon seit Jahren solche positiv getönten und stimulierenden Erfahrungen nicht mehr erlebt. Auch die Übertragung von Aufgaben und deren erfolgreiche Lösung tragen mit dazu bei, daß sich das Selbstbild verbessert und der Patient die Überzeugung gewinnt, noch etwas zu können und «gebraucht» zu werden. Die Schaffung von «dosierten Diskrepanzerlebnissen» - die weder unter noch überfordern - stellt hier eine wichtige Methode dar. Die empirischen Beiträge zur «Selbstbildtherapie» zeigen deutlich, wie sehr durch eine therapeutische Atmosphäre, die dem Patienten Vertrauen zu sich selbst vermittelt, die ihn fordert, die ihm Verantwortung überträgt und die ihm die Gelegenheit zu einem fruchtbaren Dialog gibt, das Selbstbild auch bei psychisch und gesundheitlich belasteten Menschen gefördert werden kann.

2.6 Verstärkung sozialer Fertigkeiten

Bei vielen Patienten, die in psychotherapeutischer Behandlung stehen, finden sich auch Störungen im Bereich sozialer Kontakte. Vor allem jene Patienten, die ein negatives Selbstbild haben, die sich stärker zurückgezogen haben und zu Depressionen neigen, besitzen häufig nur noch in geringem Maße «soziale Fertigkeiten». Aber auch bei verwitweten Menschen, die die Stiftung und Pflege von sozialen Kontakten sowie die Bewältigung von Alltagsfunktionen ihrem Ehepartner überlassen haben, findet sich bisweilen ein deutlicher Mangel an sozialen Fertigkeiten, der jedoch häufig durch gezielte Intervention (z.B. im Sinne des «Neulernens») behoben werden kann. Schließlich ist an chronisch kranke Patienten zu erinnern, die als einen wesentlichen Belastungsfaktor die Gefahr einer zunehmenden Isolation angeben und aufgrund geringer oder fehlender Kontaktmöglichkeiten immer mehr den Mut und die Fähigkeit verloren haben, auf andere Menschen zuzugehen, neue Kontakte zu schließen, Kontaktangebote aufzugreifen und sich anderen mitzuteilen. Der Mangel an Kontakten kann aufgrund der verringerten Rhythmisierung und Strukturierung des Alltags sowie eines Rückgangs an Anregungen zu einer Reduktion der Realitätsorientierung und der allgemeinen Vitalität führen, d.h. die Folgeschäden sind ebenfalls groß. Die psychotherapeutische Intervention setzt sich zunächst als Ziel, den Patienten dazu zu motivieren, sich wieder stärker gegenüber dem sozialen Umfeld zu öffnen. In einem zweiten Schritt erhält er die Möglichkeit, neue Strategien einzuüben, in dem Kontakt zu dem Psychotherapeuten neue soziale Erfahrungen zu machen. Gruppentherapeutische Verfahren sollten gerade bei Störungen im Kontaktbereich erst dann Anwendung finden, wenn in

Einzeltherapien größere Sicherheit gewonnen wurde und die Bereitschaft geweckt wurde, sich anderen gegenüber stärker zu öffnen. In Gruppen können Patienten, bei denen stärkere Störungen im Bereich des sozialen Kontakts bestehen, aufgrund einer zu hohen «Kontaktdichte» möglicherweise noch stärker verunsichert werden. Aus diesem Grunde sind gruppentherapeutische Verfahren erst dann angezeigt, wenn der Patient eine größere Sicherheit gefunden hat.

2.7 Psychotherapie im Alter als ein «gegenwarts- und zukunftsorientiertes Verfahren»

Psychotherapie im Alter ist – auch wenn analytische Verfahren zur Anwendung gelangen – vor allem gegenwarts- und zukunftsorientiert. Damit soll ausgedrückt werden, daß nun nicht mehr die Biographie genau analysiert wird – mit dem Ziel, Konflikte durchzuarbeiten, Fixierungen und Abwehrmechanismen aufzulösen –, sondern daß sich die Therapie auf die Stabilisierung der gegenwärtigen Situation und auf die (Wieder-)Herstellung einer tragfähigen Zukunftsperspektive konzentriert. Das Durcharbeiten augenblicklich bestehender Belastungen und erfahrener Verluste sowie die Erarbeitung einer neuen Perspektive stehen im Vordergrund, nicht aber eine Veränderung der Gesamtpersönlichkeit. Dabei darf allerdings nicht außer acht gelassen werden, daß ältere Menschen im Rahmen der Psychotherapie häufig auf wichtige Ereignisse und Stationen ihrer Biographie zu sprechen kommen. Dies entspringt einerseits dem Bedürfnis, bestimmte biographische Abschnitte auf ihren Wert für die eigene Existenz hin zu befragen und «Ordnung zu schaffen» (Ch. Bühler), d.h. das zurückgelegte Leben zu ordnen und zusammenfassend zu bewerten, andererseits aber auch dem Verlangen, die augenblickliche Situation auf dem Hintergrund der Biographie zu deuten. Dabei ist zu bedenken, daß der Rückblick auf gelungene und erfolgreiche Abschnitte des Lebens helfen kann, über augenblickliche Belastungen und Verluste besser hinwegzukommen. Die Methode des «life-review» («Lebensberichtes», «Lebensrückblickes»), die von Birren (vor allem in Form von Gruppentherapien) sowie von Butler als therapeutische Technik angewendet wird, baut auf diesen Motiven auf. Der «Rückblick auf die eigene Biographie» ist aber noch aus einem anderen Grund von Bedeutung: So erleben viele ältere Menschen *objektiv* bestehende Belastungen *subjektiv* nicht als so schwerwiegend, da sie ihre augenblickliche Situation auf dem Hintergrund ihrer Biographie deuten, in der sie – ihrer Überzeugung nach – noch viel größere Belastungen (wie z.B. Weltkrieg, Gefangenschaft, Wiederaufbau) durchgestanden haben. Das Wissen darum, diese früheren Belastungen bewältigt zu haben, stellt einen Impuls dar, sich auch in der augenblicklichen Situation um eine aktive Auseinandersetzung mit neuen Aufgaben und Belastungen zu bemühen bzw. chronische Einschränkungen so zu integrieren, daß darüber der Blick für die sich noch bietenden Möglichkeiten nicht verloren geht.

2.8 Die «kathartische» und «appellative» Vorgehensweise in der Psychotherapie

Wenn ältere Menschen die psychotherapeutische Praxis aufsuchen, so besteht oft ein großer Leidensdruck, der durch verschiedene Ursachen bedingt sein kann: So z.B. durch die Aufgabe des Berufs und der Angst, keine Aufgaben mehr zu besitzen; möglicherweise durch Krisen in der Partnerschaft, die vielleicht schon lange unterschwellig bestanden haben, die aber durch das Ausscheiden aus dem Beruf sowie durch den Auszug der Kinder aus dem Elternhaus nun offen ausbrechen; ein weiteres Beispiel ist das Leiden an schweren, chronischen Krankheiten; ein weiteres der Verlust des Ehepartners oder von Freunden und anderen Angehörigen; schließlich sind Krankheiten zu nennen, die einen tödlichen Verlauf nehmen und über deren Schwere der Patient aufgeklärt ist. Aufgrund der großen psychischen Belastung muß dem Patienten zunächst die Möglichkeit gegeben werden, seine innere Situation, seine Sorgen und seine Trauer auszudrücken und mit einem anderen Menschen, der Schutz und Vertrauen vermittelt, durchzusprechen. Die *Katharsis* ist gerade für jene Patienten eine wichtige Hilfe, die schon lange keine Möglichkeit mehr besaßen, sich auszusprechen, und die aufgrund zuneh-

mender Belastung und Angst in immer größere Bedrängnis geraten sind.
Eine Psychotherapie hat jedoch nicht nur «kathartische Funktion». Ihr kommt auch eine «appellative Funktion» zu, d.h. sie muß eine neue «Unabhängigkeit» und «Selbstverantwortung» des Patienten zum Ziel haben. Diese «appellative Funktion» kann dadurch erfüllt werden, daß der Patient immer wieder dazu ermutigt wird, neue Schritte zu wagen, seine früheren Interessen und Tätigkeiten wieder aufzunehmen, sich neue Lebensbereiche – soweit dies seine Kapazitäten zulassen – zu erschließen. Fühlt sich der Patient von dem Psychotherapeuten verstanden und weiß er, daß er sich bei diesem aussprechen kann, so wächst auch die Bereitschaft, Rat anzunehmen und sich zu neuen Lebensschritten motivieren zu lassen. Aber genauso wenig wie die Notwendigkeit der Aussprache und des Trauerns geleugnet werden darf, dürfen die Reifungsschritte und die «Entwicklungsfähigkeit» des Patienten aus dem Auge verloren werden. Das Ziel der Psychotherapie besteht letzten Endes in der Überwindung der «Krise», in der Herstellung einer «neuen Ordnung» (v. Weizsäcker, 1988), in einer neuen Perspektive des Patienten.

2.9 Die Akzeptanz von Grenzen als eine Aufgabe der Psychotherapie

Das heißt allerdings nicht, daß die Grenzen, die die Lebenssituation dem Patienten setzt, geleugnet werden. Unter «Reifung» bzw. «Entwicklung» wird auch die Fähigkeit des Patienten verstanden, mit Grenzen besser fertig zu werden, diese zu integrieren und zu akzeptieren und gleichzeitig nach neuen Möglichkeiten Ausschau zu halten, die das Leben bietet. Dies kann auch durch eine «Veränderung der Lebensperspektive» gelingen, d.h. durch die Bereitschaft, jene Dinge des Lebens, die bisher nur periphere Bedeutung besaßen und als etwas «Selbstverständliches» angesehen wurden, stärker in den Mittelpunkt zu rücken und sich an dem zu freuen, was das Leben noch bietet, jedoch nicht nur dem nachzutrauern, was man verloren hat. Das Erreichen einer solchen «Einstellungsveränderung» (Frankl, 1983) bzw. «kognitiven Umstrukturierung» (Thomae, 1988) kann durch den Dialog in der Psychotherapie gefördert werden. Es macht aber auch ein soziales Umfeld notwendig, das den Patienten unterstützt, und schließlich ein Lebensumfeld, das auch noch gewisse Anreize bietet.

3. Kurzer Überblick über die Psychotherapie im Alter aus der Sicht einzelner Verfahren

3.1 Kognitive und verhaltenstherapeutische Ansätze

Psychotherapeutische Intervention im Alter baut häufig auf *kognitiven* und *verhaltenstherapeutischen Ansätzen* auf (Lehr, 1979). Diese können auch in Form von Selbstbildtherapien oder therapeutischen Programmen zur Steigerung der Orientierungsfähigkeit, der Sinnesfunktionen sowie der allgemeinen Vitalität angewendet werden. Das *Ziel* dieser Ansätze besteht einerseits in der *Veränderung dominanter Einstellungsformen*, die zur Chronifizierung von depressiven Reaktionsformen beigetragen haben, die für einen immer stärkeren Rückzug mitverantwortlich sind und die dazu führen können, daß sich kognitive Fähigkeiten – aufgrund einer geringer werdenden geistigen und sozialen Aktivität und Stimulation – zurückbilden (vgl. die Symptomatik bei *Depressionen* sowie bei *eingeschränkter kognitiver Leistungsfähigkeit*, die bei Isolation und mangelnder Anregung zu schweren Einbußen führen kann). Dabei nimmt in den *kognitiven Therapien* die Bewußtmachung dieser «Einstellungs-, Wahrnehmungs- und Deutungsmuster», deren ausführliche Analyse (sowohl ihrer Entstehung als auch ihres situativen Einflusses) sowie die Erarbeitung von Modifikationen eine besondere Stellung ein. Neben der Veränderung von Einstellungen wird – vor allem durch *verhaltenstherapeutische Ansätze* – versucht, jene Techniken zu verstärken und aufzubauen, die zu einer *größeren Selbstverantwortung und Eigenständigkeit* sowie zu einer *vermehrten kognitiven und sozialen Aktivität* führen. Dabei ist in vielen Untersuchungen festgestellt worden, daß nicht nur bei psychogenen Störungen, sondern auch bei leichteren hirnorganischen Schädigungen (leichtere Formen der Demenz) durch verhaltenstherapeutische Techniken (siehe z.B. Techniken der «Resensibilisierung» und der «Reaktivierung») Erfolge erzielt werden können. Bei den hirnorganischen Schädigungen bilden diese Therapieprogramme *eine* Komponente einer multidimensionalen Therapie (vgl. Oesterreich, 1981).

3.2 Psychoanalytische und tiefenpsychologische Ansätze

Es konnte auch überzeugend dargelegt werden, daß die Anwendung von *psychoanalytischen* und *tiefenpsychologischen* Ansätzen bei entsprechender Indikationsstellung ebenfalls gute Erfolge erbringt (Radebold, 1986). Dabei konzentrieren sich die analytischen Therapien in der Behandlung älterer Patienten stärker auf die gegenwärtige und zukünftige Situation des Patienten (vor allem bei psychoanalytisch orientierten Kriseninterventionen). Das *Ziel* der Therapie besteht in der Durcharbeitung situativer Konflikt- und Belastungssituationen sowie von Verlusten (siehe Verlust von Verwandten und Freunden; siehe aber auch den mit Krankheiten einhergehenden Verlust von bestimmten Funktionen). Darüber hinaus wird der Aufbau einer neuen Zukunftsperspektive versucht, in der nicht nur die Grenzen der eigenen Lage, sondern auch die noch bestehenden Möglichkeiten integriert sind. Gerade in der Trauerarbeit, in der Durcharbeitung von Krisen und Belastungssituationen ist der Patient auf eine *dialogische Form* (Buber) der Therapie angewiesen: In bestimmten Abschnitten der Therapie thematisieren Patient und Therapeut im Dialog die Zukunft des Patienten und suchen nach Möglichkeiten erfolgreicher Anpassung. Die analytischen Verfahren sind nicht nur für *passagere psychische Störungen* geeignet, sondern auch für die Behandlung von *chronifizierten, lange bestehenden psychischen Störungen* (Neurosen, Fehlhaltungen, aber auch psychosomatische Krankheiten). *Nicht* die Durcharbeitung der ganzen Biographie und der in dieser gewachsenen Konflikte und Haltungen ist das Ziel, *sondern* eine *Stabilisierung der augenblicklichen Situation* durch Entwicklung neuer Bewältigungsstrategien. Zur Anwendung der analytischen Methode nach C.G. Jung sowie der Logotherapie nach V. Frankl bei älteren Menschen liegen zur Zeit nur wenig empirische Beiträge vor. Die Tatsache, daß die «Sinndimension» sowie eine Veränderung der «inneren Einstellung» vor allem dann eine besondere Bedeutung einnehmen, wenn die äußere Situation durch zahlreiche Einschränkungen charakterisiert ist, läßt es gerechtfertigt und notwendig erscheinen, auch diese Ansätze stärker als bisher in der Psychotherapie älterer Menschen einzusetzen.

3.3 Gesprächspsychotherapeutische und andere Ansätze

Auch die Bedeutung der *Gesprächspsychotherapie* für die Behandlung älterer Patienten soll an dieser Stelle ausdrücklich betont werden. Die Gesprächspsychotherapie kann dem Patienten helfen, seine innere Situation auszudrücken, und ihm gleichzeitig die Möglichkeit geben, in dem Dialog mit dem Psychotherapeuten neue Lösungsmöglichkeiten zu erarbeiten. Außerdem betont die Gesprächspsychotherapie den «Reifungsaspekt» in der Psychotherapie, d.h. sie forciert keine Entwicklung, sondern sie versucht zu stimulieren und zu motivieren und orientiert sich dabei an den Ressourcen des Patienten. Gerade diese Einstellung ist für ältere Menschen, die in psychotherapeutischer Behandlung stehen, hilfreich. Die Hilfe bei der Verbalisierung von Belastungen, die in der Therapie erfahrene Wertschätzung, die Motivation, sich wieder stärker anderen Menschen gegenüber zu öffnen und seine eigenen Bedürfnisse und Wünsche zu artikulieren, stellen wichtige Hilfeleistungen dar.

Neben den genannten Verfahren haben sich auch das *Autogene Training* sowie die Musiktherapie in der Behandlung psychischer Störungen im Alter bewährt. Durch das Autogene Training kann erreicht werden, daß der Patient von körperlichen Mißempfindungen und vegetativen Störungen befreit wird; darüber hinaus wird die Fähigkeit gefördert, mit Belastungen und Streß besser umzugehen; schließlich wird die allgemeine innere Sicherheit und Leistungsfähigkeit des Patienten gesteigert.

Die Musiktherapie stellt eine wichtige Hilfe zur Steigerung der Kommunikationsfähigkeit dar; sie fördert darüber hinaus den Ausdruck von psychischen Prozessen und Gefühlszuständen. Sie eignet sich auch gut als gruppentherapeutisches Verfahren und hilft, Gruppenprozesse in Gang zu bringen.

Gruppentherapeutische Verfahren stellen ebenfalls eine wertvolle therapeutische Methode dar (vgl. Radebold & SchlesingerKipp, 1983). In therapeutischen Gruppen können vor allem soziale Fertigkeiten (denen eine große Bedeutung für die Verbesserung des psychischen Zustandes zukommt) und Kommunikationsprozesse gefördert werden. Darüber hinaus kann in diesen auch das Selbstbild des Patienten positiv beeinflußt werden: Indem der Patient Aufgaben wahrnimmt, mit anderen Menschen in Kommunikation tritt, Einblick in seine Situation gewährt und Anteil an der Situation anderer Patienten nimmt, Unterstützung annimmt und selbst Unterstützung gibt und dabei erfährt, daß er nicht alleine mit seinen Belastungen steht, gewinnt er auch größere Sicherheit und traut sich mehr zu. Dies führt letztlich zu einer Stabilisierung und größeren Leistungsfähigkeit des Patienten.

4. Literatur

Baltes, M.M. & Baltes, P.B. (1986). *The psychology of control and aging*. Hillsdale, N.J.: Lawrence Erlbaum Associates.

Birren, J.E. & Livingston, J. (Eds.). (1985). *Cognition, stress, and aging*. Englewood Cliffs: Prentice Hall.

Frankl, V. (1983). *Der leidende Mensch*. Bern: Huber.

Gatz, M., Popkin, S.J., Pino, Ch.D. & van den Bos, G.R. (1985). Psychological interventions with older adults. In J.E. Birren & K.W. Schaie (Eds.), *Handbook of the Psychology of Aging* (pp. 755–785). New York: Van Nostrand Reinhold.

Edingberg, M. (1985). *Mental health practice with the elderly*. London: Prentice Hall.

Kruse, A. (1987). Coping with chronic disease, dying and death – a contribution to competence in old age. *Comprehensive Gerontology, C 1*, 1–11.

Kruse, A. (1988). Psychotherapie chronischer Krankheiten im Alter – Überblick über theoretische und empirische Beiträge. In H. Speidel & B. Strauß (Hrsg.), *Zukunftsaufgaben der psychosomatischen Medizin*. Berlin: Springer.

Labouvie-Vief, G. (1985). Intelligence and cognition. In J.E. Birren & K.W. Schaie (Eds.), *Handbook of the Psychology of Aging* (pp. 500–530). New York: Van Nostrand Reinhold Comp.

Lehr, U. (1972). *Psychologie des Alterns* (6. Aufl. 1987). Heidelberg: Quelle & Meyer.

Lehr, U. (Hrsg.). (1979). *Interventionsgerontologie*. Darmstadt: Steinkopff.

Lehr, U. & Thomae, H. (Hrsg.). (1987). *Formen seelischen Alterns*. Stuttgart: Enke.

Oesterreich, K. (1981). *Psychiatrie des Alterns*. Heidelberg: Quelle & Meyer.

Petzold, H. & Bubolz, E. (Hrsg.). (1979). *Psychotherapie mit alten Menschen*. Paderborn: Junfermann.

Radebold, H. (1986). Psychosomatische Sicht alternder Patienten. In Th. v. Uexküll (Hrsg.), *Lehrbuch der psychosomatischen Medizin* (3. Aufl.) (S. 1079–1105). München: Urban & Schwarzenberg.

Radebold, H. & Schlesinger-Kipp, G. (1983). Gruppenpsychotherapie und Gruppenarbeit im Alter. Ein Literaturbericht. In H. Radebold (Hrsg.), *Gruppenpsychotherapie im Alter* (S. 12–63). Göttingen: Verlag für Medizinische Psychologie.

Rodin, J., Timko, Ch. & Harris, S. (1985). The construct of control: Biological and psychological correlates. In C. Eisdorfer (Ed.), *Annual Review of Gerontology and Geriatrics*, Vol. 5 (pp. 3–55). New York: Springer.

Spiegel-Rösing & Petzold, H. (Hrsg.). (1985). *Die Begleitung Sterbender*. Paderborn: Junfermann.

Thomae, H. (1988). *Das Individuum und seine Welt* (2., völlig neu überarbeitete Aufl.). Göttingen: Hogrefe.

v. Uexküll, Th. (Hrsg.). (1986). *Lehrbuch der psychosomatischen Medizin* (3. Aufl.). München: Urban & Schwarzenberg.

v. Weizsäcker, V. (1988). *Gesammelte Schriften*. Band IX. Frankfurt: Suhrkamp.

merci merci DocTEUR
LE BOUCH

B. Klinisch-psychologische Interventionen: Störungsspezifische Aspekte Teil III:

Interventionen bei gestörten interpersonellen Systemen

22. Sexual- und Beziehungsstörungen: Intervention

Dirk Revenstorf

1. Einleitung

Psychische Störungen lassen sich als Dysfunktion psychischer Mechanismen auffassen. Die einzelnen Therapieschulen haben meist eine dieser Funktionen in den Mittelpunkt ihrer Betrachtung gestellt, während in diesem Buch eine gesamtpsychologische Sichtweise zugrundegelegt wird. Solche separaten Prozesse sind etwa der Energiehaushalt (in der Psychoanalyse), Kontakt (in der Gestalttherapie), kognitive Prozesse (in der rational-emotiven Therapie), Lernmechanismen (in der Verhaltenstherapie) oder die Sinnfindung (in der Logotherapie). Darüberhinaus lassen psychische Störungen sich als Beziehungsstörungen auffassen - entweder in der freigewählten Partnerschaft (Paartherapie) oder innerhalb der Elternfamilie (Familientherapie). Da die meisten Therapieschulen in der Metaanalyse überzufällig erfolgreich sind, erscheint es sinnvoll, die verschiedenen psychischen Mechanismen gemeinsam zu betrachten. Damit geraten die Therapieschulen aus der Konkurrenzsituation in eine ergänzende Betrachtungsweise. Am Beispiel einer Agoraphobie sei dies verdeutlicht.

Eine dreißigjährige verheiratete Frau, Mutter von einem zehn- und einem achtjährigen Jungen, hat seit der Geburt des letzten Kindes das Haus zunehmend weniger verlassen - zum Schluß nur noch in Begleitung ihres Mannes. Sie fühlte sich unfähig, selbst Auto zu fahren, Fahrstühle zu benutzen, im Kaufhaus Schlange zu stehen, über mit Menschen gefüllte Plätze zu gehen oder im Friseursalon lange Zeit im Stuhl zu sitzen. Sie hatte jeweils die Befürchtung, eine Herzattacke zu erleiden, und die eintretende Angst veranlaßte sie zur Hyperventilation. Die dadurch bedingte physiologische Veränderung (Alkalose) verstärkte die Angst, so daß es in manchen Fällen zum nervösen Zusammenbruch kam und die Klientin mit dem Rettungswagen ins Krankenhaus gebracht werden mußte. Funktionell kann man diese Agoraphobie unterschiedlich einordnen, je nachdem welchen psychischen Prozeß man zur Betrachtung heranzieht.

Existentielle Ebene: Die existentielle Krise der Frau resultiert daraus, daß sie gerade eine Schwelle im Lebenszyklus überschreitet. Die Kinder sind so weit aufgezogen, daß sie sich nunmehr mit ihren eigenen Interessen auseinandersetzen und ihrem Leben einen neuen Sinn geben könnte. Das Symptom ist jedoch eine Lösung, die sie von der Verantwortung entlastet - und die Beziehung ist gleichzeitig gestärkt, da der Mann sich gerne um sie sorgt.

Physiologische Ebene: Tatsächlich hat die Klientin zwei Lebenserfahrungen gemacht, die zum Symptom passen: sie hat als Kind miterlebt, wie ihre Tante in der Küche beim Abwasch umfiel und einem Schlaganfall erlag. Des weiteren wäre sie selbst einmal fast an einer Fischgräte erstickt. Dabei wurde vermutlich die Angst vor dem Herztod an die Atemnot und die dabei auftretenden Schwächegefühle konditioniert. Die auf Schwankungen der Befindlichkeit konditionierte Angst erhöht umgekehrt sowohl die Pulsrate als auch die Frequenz der (falsch durchgeführten) Atmung.

Emotionale Ebene: Das Ohnmachtsgefühl, das mit dem Gedanken «ich habe keinen Einfluß» verknüpft ist, kann als Folge der Angst vor Reglementierung oder Zurückweisung (durch die Mutter) verstanden werden. Möglicherweise hat die Klientin als Kind kein Erkundungsverhalten gelernt und wurde weder für Neugier belohnt, noch fand sie Gelegenheit, Bedrohung erfolgreich zu begegnen. Fähigkeiten wie diese gehören nicht zu ihrem Repertoire. Vielmehr sind solche Gefühle für sie gefährlich, da das Grundvertrauen in die eigene Initiative fehlt.

Kognitive Ebene: Das Gedankengebäude, das die Entwicklung des Symptoms begleitet, enthält einerseits die Katastrophisierung des möglichen Kollapses, zum anderen die Überzeugung der eigenen Ohnmacht. Selbstkommentare wie: «Ich werde es nicht durchstehen», «Ich kann nichts gegen die Ohnmacht unternehmen» umschreiben zu einem Teil den mütterlichen Einfluß («ich kann nichts; sie tut ja alles für mich»), dann jedoch auch die traumatischen Erfahrungen («man kann plötzlich tot umfallen/ersticken»). Beides sind irrationale Gedanken.

Handlungsebene: Es besteht eine deutliche Vermeidungstendenz bei dieser Klientin. Verschiedene Handlungen wie Einkaufen, Fahrstuhl- oder Autofahren werden gemieden und diese Vermeidung wird einerseits durch ein Gefühl der Erleichterung (negative Verstärkung), zum anderen durch Schutz und Schonung belohnt (positive Verstärkung), denn der Mann nimmt der Frau viel ab und erspart ihr dadurch viele Unannehmlichkeiten.

Ebene der Paarbeziehung: Die Klientin hat nie gelernt, die Initiative zu ergreifen und etwas zu riskieren, da ihre Mutter ihr alles abgenommen hat. Der ebenfalls fürsorgliche und Sicherheit vermittelnde Ehemann stellt praktisch die Fortsetzung dieser Behütung dar. Zudem fürchtet die Klientin, daß sie bei zuviel Eigeninitiative mit ihrem Mann in Konkurrenz treten und damit die Beziehung gefährden könnte. Gleichzeitig hat sie mit ihrem Symptom auch eine gewisse Macht, indem sie Einfluß auf die Unternehmungen der Familie ausübt. Da das Symptom geeignet ist, die Beziehung zu stabilisieren – der Mann wird in seiner dominanten Rolle bestätigt, die Frau kann sich mit Schutzforderungen ihrerseits durchsetzen –, könnte man nach einem günstigeren Mechanismus suchen, der die homöostatische Funktion übernimmt und zugleich der Klientin mehr eigenen Handlungsspielraum ermöglicht.

Ebene der familiären Interaktion: Das Ehepaar wohnt immer noch im Haus der Schwiegereltern. Das Zusammenleben gestaltet sich derart, daß die Eltern beispielsweise das Fernsehzimmer im Wohnbereich des Paares zu benutzen pflegen. Dieser Okkupation (und in der Folge dem zu engen Zusammenleben) könnte man über eine Verschreibung entgegenwirken, indem man etwa eine Koppelung von TV-Benutzung und erwünschtem Babysitten vornimmt: auf diese Weise könnte die Mutter der Tochter einen wichtigen Dienst erweisen, nämlich nachts darüber zu wachen, daß die Kinder gut schliefen, wenn das Ehepaar einmal ausginge. Auch sei es wichtig, daß die Kinder fortan nicht mehr so stark durch die Symptome der Klientin belastet würden. Folgt die Mutter der Verschreibung, so hätte das Ehepaar sie aus seiner Beziehung etwas mehr herausmanövriert, da die Aufmerksamkeit auf die Enkel gerichtet wäre, während die Tochter mit ihrem Mann einer geringeren Kontrolle unterläge. Empfindet die Mutter das als Zumutung, so wird sie vielleicht dabei behilflich sein, für die Wohnsituation eine andere Lösung zu finden, die in Zukunft derartige Anforderungen von seiten der Tochter ausschließt.

Ebene des sozialen Kontextes: Hier könnte man der Klientin provokativ vermitteln, daß sie sich eben in der typischen Rolle der Frau befände. Die Klientin kann sich dann mit dieser Rolle abfinden, gewissermaßen als besonders ausgeprägter Fall einer traditionellen Ehe. Sie könnte aber genausogut der Frauenbewegung beitreten und in einem regionalen Verein Themen der Gleichstellung der Frau und der Berufsfindung von Müttern mit älteren Kindern bearbeiten.

Diese unterschiedlichen Betrachtungsweisen sind wie die Schalen einer Zwiebel, bei der die äußeren Schalen die inneren implizieren. Die Familieninteraktion kann sich nur verändern, wenn auch einzelne Beziehungen darin sich ändern. Dies impliziert veränderte Handlungsweisen (Kommunikation), die wiederum einen veränderten kognitiv-emotionalen Prozeß mit sich bringen.
Paartherapie nimmt aus dieser Sicht eine Sonderstellung ein, indem sie weder als Einzeltherapie noch als Familientherapie zu verstehen ist. Vielmehr geht es um aufeinander bezogenes Verhalten von Individuen, die sich frei gewählt haben und sowohl bei der Partnerwahl als auch bei der Gestaltung der Beziehung und schließlich im Konflikt ihre individuelle Lerngeschichte zur Geltung kommen lassen, Paartherapie hat daher systemische und auch entwicklungsgeschichtliche Aspekte – die man wiederum hinsichtlich der Ursprungsfamilie systemisch analysieren kann. Darüberhinaus werden Paarkonflikte mehr oder weniger unter Einbezug der Kinder ausgetragen (*Triangulierung*) und haben daher häufig einen *sekundären familientherapeutischen* Aspekt. Dennoch kann man das aufeinanderbezogene Verhalten zweier Menschen, die in einer selbstgewählten Gemeinschaft zusammenleben, auch als *geschlossenes System* betrachten – ohne die Kinder oder die Eltern des Paares mit einzubeziehen.

2. Aspekte der familiären Bindung

Obwohl es unterschiedliche Formen der ehelichen Beziehung gibt – so unterscheidet Sager (1976) einen romantischen, einen egalitären, einen kameradschaftlichen und einen «Eltern-Kind»-Typ –, scheint das zentrale Moment jeder Zweierbeziehung eine affektive Bindung zu sein. Es sind die Emotionen von Sender und Empfänger, die über die Richtung und Funktion der Interaktion entscheiden und diese sind gegenseitig gut eingeübt. Bei Kelley et al. (1983) wird zwischen Liebe (love) und Verpflichtung (commitment) unterschieden, während Tennov (1979) von der Liebe zudem die Verliebtheit (limerance) als heftige, aber möglicherweise kurzfristige Bindung abgrenzt. Empirische Untersuchungen haben

Tabelle 1: Liebesfaktoren

	Leidenschaftliche Liebe	Pragmatische Liebe	Altruistische Liebe
Sehnsucht	X		
Körperliche Zuwendung	X	X	
Sorge	X	X	X
Vertrauen		X	X
Toleranz			X

Anmerkung: Leidenschaftliche, pragmatische und altruistische Liebe als Kombination von fünf Faktoren (Sehnsucht, körperliche Zuwendung, Sorge, Vertrauen und Toleranz)

faktorenanalytisch fünf deutlich getrennte Aspekte intimer Bindung ergeben: *Sehnsucht, körperliche Zuwendung, Sorge, Vertrauen und Toleranz.* Die von Kelley (1983) unterschiedenen drei Typen von Liebe – nämlich die leidenschaftliche, die altruistische und die pragmatische Liebe – lassen sich in diesen fünf Aspekten wiedererkennen, wie in Tabelle 1 deutlich wird.

Als vergleichbare deskriptive Aspekte von Liebesbeziehungen werden häufig *Leidenschaft, Verpflichtung (commitment)* und *Nähe (intimacy)* genannt. Für die Leidenschaftskomponente wird entsprechend der Zwei-Prozeß-Theorie von Solomon angenommen, daß sich einem hedonischen Verlauf eine anhedonische Phase anschließt. Während die erstere mit der Gewöhnung abflacht, behält die anhedonische Phase ihre Amplitude bei und verlängert sich in ihrer Dauer. In diesem Zusammenhang – insbesondere bezüglich der Intimität – ist auch die Emotions-Theorie von Interesse. Gefühle entstehen ihr zufolge durch die Unterbrechung eingeübter Handlungsabläufe, und intime Partner verfügen über besonders wirksame Möglichkeiten, sich gegenseitig zu unterbrechen – im positiven wie im negativen Sinn. Für die Therapie ist es daher angezeigt, den funktionellen Wert aufeinander bezogenen Verhaltens und die individuelle Entwicklung von Verhaltensmustern klarer zu machen.

3. Affektentwicklung und Bindungsverhalten

Hier macht Bowlbys Bindungs-Theorie (1975) differenzierte Aussagen (siehe Kapitel 35, Band 1). Sie beschreibt einerseits die Entwicklung und Differenzierung der Affekte in ihrer sozialen Funktion, zum anderen erklärt sie, wie die affektive Bindung zwischen Erwachsenen im Zusammenhang mit der kindlichen Entwicklung des emotionalen Repertoires zu sehen ist. Diese Entwicklung wird in drei aufeinanderfolgenden Phasen eingeteilt, in denen *Bindungsverhalten, Erkundungsverhalten* und *Reproduktionsverhalten* gelernt werden. Für das letztere sind die Emotionen der Sehnsucht, der Leidenschaft sowie der Sorge und Toleranz – wie in Tabelle 1 zusammengefasst – entscheidend.

Eine zentrale These dieses Ansatzes besteht darin, daß intime Beziehungen in dieser dritten erwachsenen Phase nur dann unbeeinträchtigt entstehen und weitergeführt werden können, wenn in der ersten Phase eine vertrauensvolle Bindung möglich war und in der zweiten Phase Erkundungsverhalten entwickelt werden konnte. Bowlby unterscheidet hier die *Angstbindung*, das *zwanghafte Unabhängigkeitsbestreben*, die *Überfürsorglichkeit* und die *emotional isolierte* Person. Derartige Verhaltensmuster werden besonders dann ausgelöst, wenn ein dazu passender Partner darauf reagiert. Dies führt zum *Kollusionskonzept* von Willi (1975). Es besagt im wesentlichen, daß sich Partner aufgrund gegenseitig entsprechender emotionaler Profile wählen, die sich zunächst auf das wechselseitige Geben und Nehmen positiv auswirken, die Beziehung jedoch auf Dauer konflikthaft machen können. Während im günstigen Fall eine Art Bedürfniskomplementarität besteht, können die jeweiligen Erwartungen im Konfliktfall einen oder beide Partner überfordern.

Als Beispiel sei das eheliche System der depressiven Persönlichkeit geschildert (Feldmann, 1976). Es kann beispielsweise dem Depressiven ein Partner in der Helferrolle gegenübergestellt sein, dessen Hilfeleistung jedoch das Gefühl der Hilflosigkeit im Depressiven verstärkt. Dieser versucht daraufhin durch passiv-aggressives Verhalten den Helfer zu entwerten, worauf dieser seinerseits durch

Kritik den labilen Selbstwert des Depressiven weiter unterminiert, so daß von ihm erneut Hilfsappelle kommen. Ähnliches trifft auf den Fall der agoraphobischen Frau zu (Hafner, 1977). Ihr steht der unerschütterliche Mann gegenüber, der in seiner Beschützerrolle akzeptiert wird. Dadurch hält er jedoch die Ängstlichkeit der Frau aufrecht und hemmt ihre Eigeninitiative, während sie ihrerseits Kontrolle durch Blockaden aufgrund ihrer Symptomatik ausübt. Bei beiden Bindungstypen wird die zirkuläre Kausalität in der Verknüpfung der Verhaltensweisen beider Partner deutlich.

Empirisch sind Typen komplementärer Partnerwahl oft und meist mit negativem Ergebnis untersucht worden. Einfache Komplementaritäten wie Dominanz/Submissivität scheinen nicht zu existieren. Allerdings ist fraglich, ob es sich dabei um für Fragebögen zugängliche – weil unbewußte – Bedürfnisstrukturen handelt und ob solche Komplementaritäten in bestimmten Lebensphasen wirksamer sind als in anderen. So etwa postulieren Kerckhof & Davis (1962), daß am Anfang einer Beziehung eher Homogamie in bezug auf Interessen und soziale Herkunft eine Rolle spielt, und daß Bedürfniskomplementaritäten erst später bedeutsam werden. Mittelt man jedoch über alle Altersstufen, so resultieren nur schwache Zusammenhänge. Die Vielzahl von Beziehungstypologien aus der klinischen Kasuistik, die komplementären Charakter haben, wurde von Reiter (1983) zusammenfassend diskutiert. Auf sie kann hier im einzelnen jedoch nicht eingegangen werden (vgl. Kapitel 22, Band 1).

4. Interventionen in Beziehungssystemen

4.1 Existentielle Ebene

Identität ist etwas, das im Verlauf der Adoleszenz bewußt wird. Allerdings kann diese Identität in Krisensituationen immer wieder infrage gestellt, aber auch neu erworben werden. Wenn beispielsweise ein Partner sich in der Ehe einen zeitlichen und finanziellen Freiraum für seine persönlichen Neigungen zu schaffen sucht, oder wenn ein Partner sich durch den Karriere-Erfolg des anderen in seinem Selbstwert erschüttert sieht, oder wenn er bei einer schweren Krankheit des Partners von der Angst erfaßt wird, den anderen zu überleben –, so wird auch für den Außenstehenden erkennbar, daß hier Situationen und Ereignisse eingetreten sind, die die Identität und den Lebenssinn der betroffenen Person bedrohen. In diesen Fällen hat sich die Identität offenbar teilweise über die Beziehung definiert – entweder in Abgrenzung vom anderen oder in der Gemeinsamkeit mit ihm.

Man kann als Dritter dieses Selbstwertgefühl nur indirekt restaurieren helfen, da dieser fehlende Teil nicht vollständig kommunizierbar ist. Denn Identität ist ja gerade die Schnittmenge aller Erfahrungen, die in dieser spezifischen Kombination niemand außer dem betroffenen Individuum gemacht hat, wie Percy (1983) scharfsinnig bemerkt. Möglicherweise kann jedoch ein Vorgehen wie Farellys und Brandsmas (1986) therapeutische Provokation hierzu einen Beitrag leisten.

Die *provokative Technik* besteht darin, entweder das Symptom umzudeuten und als kluge Lebenslösung zu preisen, oder das Unglück des Betroffenen zur Katastrophe zu übertreiben. In beiden Fällen dient die Überzeichnung dazu, den Widerspruch des Klienten zu provozieren, so daß er häufig mit einer eigenen Sinndeutung aufwartet und auf diese Weise einen Beitrag zu seiner Identität liefert. Dies wäre ein Ziel der *Logotherapie*, die 1939 von V.E. Frankl begründet wurde und als provokative Strategie die sogenannte *paradoxe Intention* beinhaltet. Mit ihrer Hilfe soll die Sinnfindung des Klienten erleichtert werden. So beschreibt Frankl (1975) einen depressiven Patienten, dessen Frau vor zwei Jahren gestorben war und deren Verlust er nicht überwinden konnte. Auf die Frage, was denn wäre, wenn er zuerst gestorben wäre, antwortet der Klient: «Das wäre schrecklich – wie würde sie gelitten haben!» Darauf entgegnet Frankl: «Sehen Sie, dieses Leiden haben Sie ihr erspart. Aber jetzt müssen Sie dafür zahlen, indem Sie weiterleben und Ihre Frau betrauern.» Damit gewann das Leiden für den überlebenden Ehemann wieder einen Sinn.

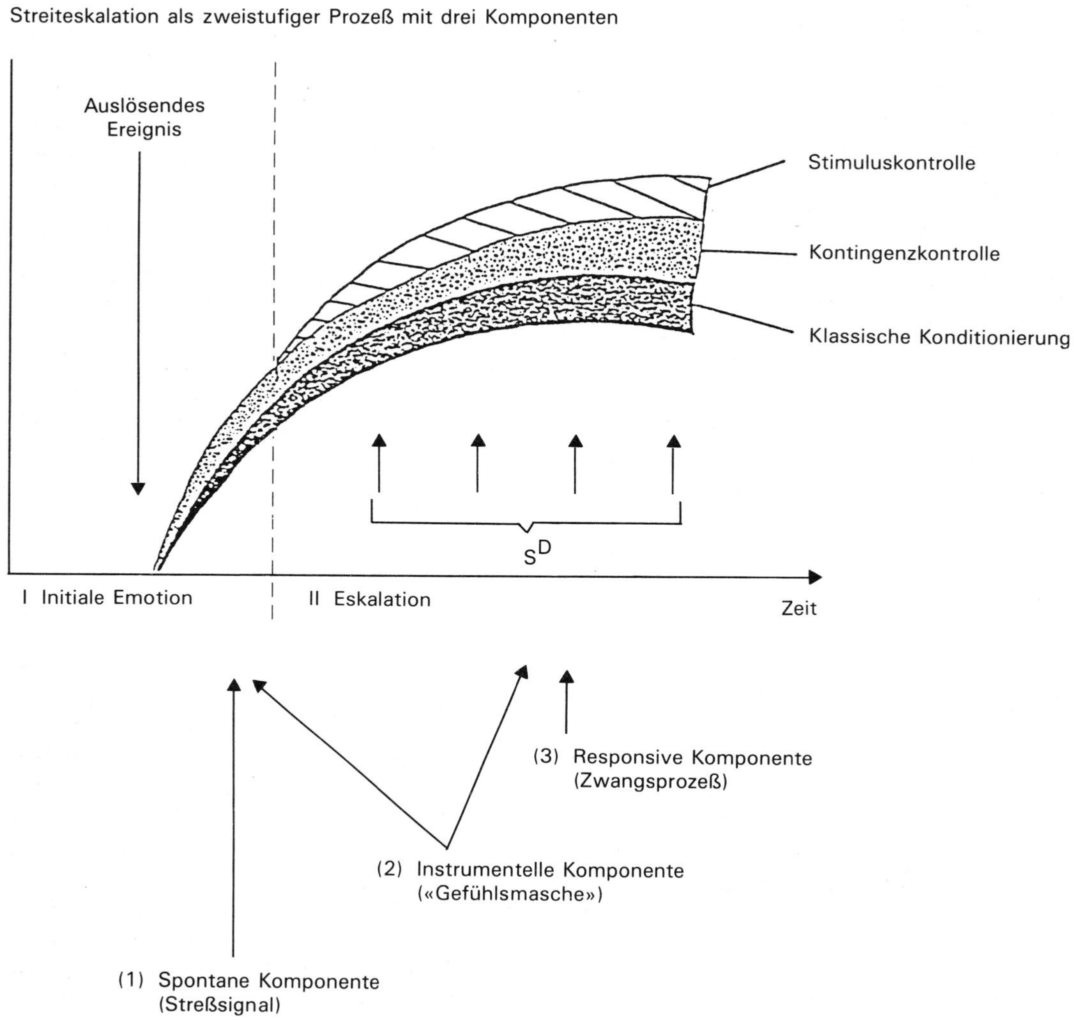

Abbildung 1: Erregungskurve (Hypothetisches Modell der Eskalation im Streit).
Anmerkungen: Ordinate: Erregungsniveau. *Abszisse:* zeitlicher Verlauf.

Die biologische Komponente (evtl. klassisch konditioniert) wird durch eine instrumentelle Komponente aus der kindlichen Entwicklungsgeschichte überlagert (Kontingenzkontrolle). Schließlich verstärkt sich dieses Emotionsmuster in der Paarbeziehung durch gegenseitige Stimuluskontrolle (i. S. von «ein Wort gibt das andere»).

4.2 Physiologische Ebene

Daß physiologische Erscheinungen einen bedeutsamen Aspekt des Wohlbefindens darstellen, muß nicht belegt werden; die Psychophysiologie und Psychosomatik befassen sich mit diesen Vorgängen (vgl. Miltner in diesem Band). Von Interesse jedoch ist die Tatsache, daß sich Beziehungsaspekte in physiologischen Parametern niederschlagen können. Es ist hinlänglich bekannt, daß Asthmaanfälle, Hautreaktionen, Migräne, Magen-Darmdysfunktionen u.ä. unmittelbar im Kontext von Beziehungsstörungen auftreten können.

Minuchin, Rosman und Baker (1981) haben den Sachverhalt einer akuten physiologischen Veränderung dokumentiert - und zwar der des Blutzuckerspiegels bei einem diabetischen Kind, das seine streitenden Eltern beobachtete. Ein anderer quantitativ erhobener Befund ist der Zusammenhang zwischen dem Erregungsniveau beim Ehestreit und dem Ausmaß der ehelichen Zufriedenheit (Levenson & Gottman, 1983). Nicht nur, daß die physiologische Erregung der Partner im Streitgespräch bei unzufriedenen Paaren stärker korreliert war als bei zufriedenen Paaren. Zudem fanden die Autoren bei einer dreijährigen Nachkontrolle, daß Verschlechterungen in der ehelichen Zufriedenheit zu einem Varianzanteil von 80% aus dem Erregungsniveau während des Streitgesprächs drei Jahre zuvor vorhersagbar waren. Offenbar gelingt es zufriedenen Paaren besser, die Eskalation im Streit zu vermeiden. Wir haben für diese Eskalation der Erregung im Streit ein Modell mit drei Komponenten vorgeschlagen (Revenstorf, Hahlweg & Schindler, 1982). Dabei wird die biologisch angelegte Alarmreaktion (Erregung) überlagert von einer individuellen emotionalen Komponente, die in der Lerngeschichte instrumentellen Wert erlangt hat (etwa Jähzorn, Angst u.ä.) und die vom Partner im Sinne einer Stimulusgeneralisierung ausgelöst wird - obwohl ursprünglich eine andere Person (meist eine Elternfigur) der Auslöser war. Neben diesen beiden Komponenten wird eine eigentlich interdependente Komponente postuliert, indem sich die Partner in stereotyper Weise eingeübte Sequenzen von Repliken liefern, die den anderen besonders empfindlich treffen und so die Erregung weiterhin steigern (vgl. Abbildung 1).
Während die erste, biologische Komponente funktional ist, können die zweite und dritte - die nach dem lerntheoretischen Gesichtspunkt der gegenseitigen positiven und negativen Verstärkung zur eigentlichen Eskalation führen - abgebaut werden. Hierfür kommen Methoden der Umstrukturierung (siehe unten) und der Stimuluskontrolle (siehe Kommunikationstherapie weiter unten) infrage; ebenso kann durch direktes Biofeedback die Erregung der Partner im Streitgespräch kontrolliert werden (z.B. Herzraten-Rückmeldung).

4.3 Emotionale Ebene

Daß Bindungen von Emotionen getragen werden, wurde eingangs erwähnt. Emotionen haben dabei eine Lerngeschichte, die das biologische Spektrum mit individueller Gewichtung versieht. Solche Emotionsprofile sind von mehreren Autoren als Circumplex beschrieben worden (Leary, 1957). Dabei paßt auf bestimmte Teile vom Profil des Partners A jeweils eine emotionsökologische Nische von Partner B besonders gut und bestimmt vermutlich die Partnerwahl für die Ehe mit. Diese Art der Kollusion Komplementarität zu nennen, ist deshalb ungünstig, weil dies ein eindimensionales Konzept von Passung suggeriert (etwa dominant/submissiv oder heiter/traurig). Emotionen - und in der Folge automatisierte emotionale Reaktionen (Temperament/Charakter) - haben nach funktionalistischer Auffassung einen Orientierungs- und einen Kommunikationsaspekt und treten als von der instrumentellen Vernunft getrennte, wenn auch interdependente Urteilsfunktion auf.
Nach Auffassung der Gestalttherapie werden emotionale Ressourcen häufig überformt. Die so geformten emotionalen Reaktionsmuster engen den Handlungsspielraum der Personen in ihren Beziehungen ein. Der Therapeut wird auf der Suche nach emotionalen Ressourcen, die den Handlungsspielraum erweitern (und auch nonverbal vermittelt sein können), diese Anteile in das Bewußtsein der Person heben. Er wird für sie spürbar machen, daß diese Emotionen nicht nur ungefährlich sind, son-

dern sogar hilfreich sein können, und daß die Person über eine Schwelle zu neuen Handlungsentwürfen gelangen kann. In Gesprächen zwischen intimen Partnern kann man eine beiderseits verhärtete Interaktion dadurch auflösen, daß man ein für die Beziehung relevantes Gefühl lebendig werden läßt, auf das der andere nicht in gewohnter Weise reagieren kann.
Der Therapeut bedient sich dabei der sogenannten *Prozeßfragen* (Perls, Hefferline & Goodman, 1951). Er verwendet nicht Fragen wie «Warum können Sie nicht auf Ihren Mann zugehen?», sondern fragt stattdessen nach Wahrnehmung (1), Fühlen (2), Denken (3) und dem Handlungsentwurf (4 und 5).

1. «Was nehmen Sie wahr?» «Woran merken Sie, daß Sie blockiert sind?»
2. «Was fühlen Sie?»
3. «Was denken Sie?»
4. «Was wünschen Sie?»
5. «Was hindert Sie?»

Katalytisch wirken oft auch Satzangebote, die der Klient in der Ich-Form wiederholt. Auf diese Weise kann er die emotionale Bedeutung leichter überprüfen. So könnte man einem äußerlich gefühlsarmen und leistungsorientierten Ehemann, der sich im Krisenfall zurückzieht, vorschlagen: «Sagen Sie ihrem Partner: «Ich fühle mich Dir unterlegen», (evt. alternierend mit der Umkehrung des Satzes: «Ich fühle mich Dir überlegen»), um ihm klar zu machen, daß er möglicherweise Hilfe von seiner Frau braucht.
In vielen Fällen führt eine solch konfrontative Vorgehensweise zu einem Bereich der Beziehung, der bisher nicht angetastet wurde. Das heißt, das bisherige Schema der negativen Interaktion wird durchbrochen und es wird vom Partner eine neue Reaktionsweise gefordert. Johnson und Greenberg (1984) haben die Wirksamkeit eines emotional orientierten Vorgehens in der Paartherapie überprüft und gefunden, daß dies mindestens so effektiv ist wie ein verhaltenstherapeutisches Vorgehen.

4.4 Kognitive Ebene

Von vielen Autoren ist der Einfluß des rationalen Denkens und bestimmter Erwartungen auf unser Gefühlsleben, unsere Situationsbewertung und damit Entscheidungsfindung betont worden. Es wird dabei die Fähigkeit des Menschen hervorgehoben, destruktive Gefühle und Verhaltensmuster durch Reflexion zu unterbrechen. Dabei wird sozusagen der oft beklagte Verlust der Instinktleistung als Gewinn an Freiheit ins Positive gewendet. Ellis hebt hervor, daß *übersteigerte Erwartungen* und *irrationale Gedanken* für mangelndes Wohlbefinden und Neurosen verantwortlich sind. Für intime Beziehungen sind das insbesondere folgende Erwartungen (Ellis & Harper, 1961):

- vom anderen total geliebt zu werden,
- vom anderen in jeder Hinsicht anerkannt zu werden,
- daß der andere sich so verhält, wie man es erwartet,
- daß Streit furchtbar ist,
- daß die Beziehung ewig halten muß,
- daß Unverträglichkeiten unerträglich sind.

Epstein und Eidelson (1981) fanden darüberhinaus in gestörten Beziehungen folgende irrationalen Gedanken:

- der Partner oder die Qualität der Beziehung kann unmöglich verändert werden,
- der Partner soll in der Lage sein, ohne Worte zu wissen, was der andere von ihm will.

Derartige Erwartungen können irrational genannt werden, weil sie unhaltbar sind, weil sie sich aus nichts ableiten lassen und weil die Fakten gegen sie sprechen. Allerdings wäre es seltsam, wenn man zwei Menschen, die verliebt sind, nicht ein gewisses Maß an Irrationalität zugestehen würde. Wenn sie nicht diese extrem optimistische Vorstellung von ihrer Beziehung hätten – würden sie sich dann auf eine so ernsthafte Verpflichtung wie die zu einem über Jahre oder Jahrzehnte währenden Bund einlassen? In einer empirischen Untersuchung fanden wir unter Anwendung der von Ellis aufgelisteten Überzeugungen für 50 glückliche und mehr oder weniger unglückliche Paare, daß beispielsweise das absolute Vertrauen auf die Unterstützung durch den Partner positiv mit der ehelichen Zufriedenheit korreliert (Revenstorf, Halweg & Schindler, 1982). Dem Menschen scheint eine Tendenz zur hedonistischen Betrachtungsweise innezuwohnen, die er so lange wie möglich aufrechtzuerhalten bestrebt ist, selbst wenn sie den Umständen nicht entspricht. Dieser angeborene Optimismus, so vermutet Beck, erhöht die Überlebenschancen - oder zumindest die Chancen der Reproduktion.

Von Interesse ist auch die aktuelle Attribution dessen, was zwischen zwei Personen geschieht. Fincham (1983) hat die Attributionspsychologie unter dem Aspekt intimer Beziehungen aufgearbeitet, und Berley und Jacobson (1988) fassen die Literatur dahingehend zusammen, daß in gestörten Beziehungen *negatives Verhalten* meist auf eine unveränderliche Disposition des Partners attribuiert wird, während *positives Verhalten* heruntergespielt und äußeren, situationsbedingten Ursachen zugeschrieben wird. Im Gegensatz dazu attribuieren glückliche Paare positives Verhalten auf stabile, wiederholbare Eigenschaften des Partners, während der Einfluss des negativen Verhaltens in seiner Bedeutung minimalisiert wird, indem es externen variablen Umständen zugeschrieben wird.

Es kann nicht darum gehen, das irrationale Moment aus intimen Beziehungen zu verbannen und stoischen Gleichmut einziehen zu lassen, wie Ellis es manchmal nahezulegen scheint. Vielmehr geht es darum, irrationale Überzeugungen zu entkräften und zu schwächen, wenn sie für die Beziehung destruktiv sind.

Hat man entweder durch Unterminierung von Annahmen oder Relativierung von Beobachtungen die Dysfunktionalität des Selbstkommentars mit dem Klienten herausgearbeitet und ihn auf diese Weise dazu bewogen, seinen Anspruch zu revidieren, kann man im nächsten Schritt zeigen, daß Vorfälle wie der genannte beliebig andere Interpretationen mit günstigerem emotionalen Gehalt zulassen und daß jeder sich seine Sichtweise immer so zurechtlegt, wie es zu seinem gedanklichen Schema und seinen Erwartungen paßt. In Kasten 1 werden zehn Umstrukturierungsstrategien beschrieben und auf dieses Beispiel angewandt (vgl. Revenstorf, 1985, 1987).

Einige Untersuchungen haben die Wirksamkeit der Umstrukturierung zur Verbesserung von Paarbeziehungen untersucht. Margolin und Weiss (1978) fanden in einem relativ kurzen Training von nur vier Sitzungen, daß verhaltenstherapeutische Maßnahmen zur Paartherapie und zusätzliche Umstrukturierungen wirksamer waren als die verhaltensorientierte Paartherapie allein, Baucom und Lester (1986) wiederum fanden beim Vergleich von verhaltenstherapeutischer Paartherapie mit kognitiver Umstrukturierung, daß beide Maßnahmen gleich wirksam waren, um Beziehungsschwierigkeiten zu vermindern. Epstein, Pretzer und Fleming (1982) stellten in einer Pilotstudie fest, daß eine kognitiv orientierte Paartherapie wirksam ist, ebenso wie Emmelkamp et al. (1988), die verschiedene Formen der Paartherapie verglichen. Interessant ist in diesem Zusammenhang, daß sowohl

Kasten 1
Zehn Umstrukturierungsstrategien für Selbstkommentare

Abwertung des Anderen: «Reg dich nicht auf. Er ist völlig unfähig, systematisch zu denken» (Verachtung).
Ablenkung: «Es gibt im Moment wichtigeres zu tun, als den Standort der Zahncrème zu diskutieren» (Gleichgültigkeit).
Distanzierung: «Wenn ich in 20 Jahren an diesen Tag und diesen Vorfall denke, werde ich darüber lachen und es unwichtig finden» (Gleichgültigkeit).
Toleranzerhöhung: «Es ist völlig absurd anzunehmen, daß zwei Menschen gegenseitig ihren Erwartungen in jeder Kleinigkeit entsprechen» (Wohlwollen).
Herausforderung: «Wir streiten uns oft über Kleinigkeiten wie diese. Ich will ihm vergeblich etwas begreiflich machen. Vielleicht versuche ich es mal anders. Ich verstecke das nächste Mal die Zahncrème» (Neugier).
Selbstaufwertung: «Es gibt viele Gelegenheiten, bei denen er mir in anderer Weise zeigt, daß er mich liebt» (Zuwendung).
Positive Umdeutung: «Indirekt will er mir zeigen, daß er mich braucht» (Zufriedenheit).
Eigene Verantwortung: «Ich bin schon besonders pedantisch und es ist nicht ganz einfach, es mir recht zu machen» (Nachsicht).
Perspektive des Anderen: «Er hat oft Schwierigkeiten, mir gerecht zu werden, wahrscheinlich bringt ihn das ganz durcheinander» (Verständnis).
Helferposition: «Er möchte vielleicht auch diesen Streit vermeiden, aber er kann nicht über seinen Schatten springen. Vielleicht komme ich ihm ein bißchen entgegen» (Unterstützung).

im Kommunikationstraining (siehe unten) als auch in der kognitiven Paartherapie die Abnahme von irrationalen Überzeugungen mit einer Verbesserung der Kommunikation einherging.

4.5 Handlungsebene

Gottman (1979) hat gezeigt, daß der Unterschied zwischen *Absicht und Wirkung* bei gestörten Beziehungen besonders deutlich ist. Singer, Wynne und Toohey (1978) berichten, daß in Familien mit gestörten Beziehungen eine bestimmte Art der *Kommunikationsdevianz* besteht, die in tangentialer Bezugnahme auf den Partner und einem Mangel an gegenseitiger Validierung zum Ausdruck kommt. Viele Autoren haben festgestellt, daß gestörte Beziehungen durch die Unfähigkeit, Probleme und Konflikte konstruktiv zu lösen, gekennzeichnet sind. Es sind daher zahlreiche Programme zur Förderung der Kommunikationsfertigkeiten aufgestellt und überprüft worden (vgl. Hahlweg, Schindler & Revenstorf, 1981).
Verhaltenstherapeuten haben darauf hingewiesen, daß gerade in Eltern-Kind-Beziehungen, aber auch in Paarbeziehungen, die gegenseitige Attraktion dadurch beeinträchtigt ist, daß eine Art aversiver Kontrolle die Kommunikation zunehmend beherrscht (Patterson, 1975). Dabei wird der Normalfall so charakterisiert, daß zwei sich nahestehende Personen in einem gewissen Ausmaß ein für den anderen angenehmes Verhalten zeigen, das sich reziprok verstärkt. Setzt nun von der anderen Seite Kritik ein, verleitet das unweigerlich dazu, im Sinne der ausgleichenden Gerechtigkeit selbst Kritik zu üben. So entsteht ein Zustand gegenseitiger aversiver Kontrolle. Es geht also auf der Handlungsebene einmal um das Einüben von verbalen Kommunikationsfertigkeiten (unter Umständen auch unilateral), zum anderen um die Anregung von Handlungsweisen, die für das andere Familienmitglied positiv sind.

Als hilfreich hat sich das sogenannte *«aktive Zuhören»* erwiesen (Hahlweg, Schindler & Revenstorf, 1982), das darin besteht, daß die Gesprächspartner im Rollentausch üben, sich zuzuhören, um später erst – davon getrennt – Stellung zu beziehen. Dieses Zuhören ist durch ein Zusammenfassen dessen gekennzeichnet, was vom anderen verstanden wurde. Dadurch hat der Sprecher Gelegenheit zu überprüfen, ob das, was er gesagt hat, ankam. Formell ergibt sich folgende Sequenz:

Aktives Zuhören
Partner A – Mitteilung
Partner B – Zusammenfassung
Partner A – Korrektur (wenn nötig)

Partner B – Mitteilung
Partner A – Zusammenfassung
Partner B – Korrektur (wenn nötig)

Nach diesem Schema wird es möglich, Absicht und Wirkung einer Mitteilung zu vergleichen. Auch lernt der Zuhörer zwischen *Verstehen* und *Reagieren* zu unterscheiden. Erfahrungsgemäß entstehen Streiteskalationen dadurch, daß der Sprecher sich unverstanden fühlt und daher seine Argumentation verschärft. Der Zuhörer dagegen fühlt sich angegriffen und versucht, durch Verteidigung und Rechtfertigung die Aussage des anderen abzuwerten. Dies wird bei obigem Vorgehen vermieden.

Eine zweite Kommunikationsfertigkeit betrifft die Äußerung von *nichtanklagender Kritik*. Streitpunkte beinhalten im allgemeinen Kritik, doch wird diese häufig so vorgebracht, als handle es sich um objektive Einwände dem anderen gegenüber. Zum Beispiel: «Deine Kippen vom Abend des morgens wegzuräumen ist eine Zumutung». Hilfreich erweist sich hier *das Training von sogenannten Ich-Botschaften.* Etwa: «Ich empfinde es als erniedrigend, wenn ich Deine Kippen vom Abend wegräumen muß, denn ich komme mir dabei vor wie eine Putzfrau».

Aktives Zuhören und *nichtanklagende Kritik* – ebenso wie das Vorbringen von *konkreten Wünschen* statt genereller Forderungen – können in einem *gelenkten Dialog* kombiniert werden, der auf Konfliktlösung abzielt. Dieser Dialog gliedert sich in sieben Phasen:

Gelenkter Dialog:

I.	*Problemdarstellung*	(gemäß dem Schema des aktiven Zuhörens und der nicht-anklagenden Kritik)
II.	*Wunschdarstellung*	(gemäß dem Schema aktiven Zuhörens)
III.	*Lösungsmöglichkeiten*	(Brainstorming)
IV.	*Konkretisierung*	(Ort, Umfang, Zeit, usw.)
V.	*Aushandeln*	(gegenseitiger Leistungen und Wünsche – eventuell mit Kontrakt)
VI.	*Belohnung*	(gegenseitig oder voneinander unabhängig; kann wegfallen)
VII.	*Überprüfung der Abmachung*	(eventuell Revision)

Der Therapeut strukturiert den Dialog und achtet darauf, daß keiner der beiden Gesprächspartner überfordert wird, daß beide zu ihrem Recht kommen, daß Gefühlsinhalte angesprochen werden, Abmachungen aussichtsreich erscheinen und daß der zu behandelnde Gegenstand für die betroffene Person relevant bleibt. Es gibt eine Reihe von Manövern, die über eventuell auftretende Schwierigkeiten in dieser Dialogführung hinweghelfen können, unter anderem folgende in Kasten 2 aufgeführten Techniken.

Die genannten Interventionen beziehen sich auf die verbale und nonverbale Kommunikation. Doch gibt es weitere Aspekte des Handelns, die man ebenfalls als Kommunikation bezeichnen könnte. Watzlawick, Beavin und Jackson (1969) sagen, alles sei Kommunikation. Sie unterscheiden insbesondere zwischen *symmetrischer Kommunikation* und *komplementärer Kommunikation*. Während erstere leicht zu Streiteskalationen führt, kommt es bei der letzteren zur Beibehaltung des status quo (Homöostase). Die Begriffe sind jedoch nicht eindeutig, denn auch die Homöostase kann durchaus zu einer Eskalation führen: entweder in Form von innerer Entfremdung, oder indem sie zur Überwindung des Stillstands beiträgt. Auf der Handlungsebene, die über das Reden hinausgeht, sind folgende Fertigkeiten für die Beziehung förderlich und können vom Therapeuten in Form von Hausaufgaben überprüft werden:

Kasten 2
Therapeutische Manöver im gelenkten Dialog

A) Direkte Verhaltens-Vorschläge
Regelverweis (aktives Zuhören, nicht-anklagende Kritik).

Bilanzierung: Beide Partner werden gebeten zu überprüfen, wie weit die Diskussion sie im Moment gebracht hat.

Stützmaßnahmen: Nonverbal durch die Veränderung der Sitzposition dem einen der beiden Partner Unterstützung signalisieren; verbal Zuspruch oder Kritik üben.

Doppeln der Formulierung (suggerieren).

Satzangebote machen, die den emotionalen Ausdruck pointieren. Den Einen fragen, welche *Hilfe* er vom anderen braucht, um eine bestimmte Forderung zu erfüllen.

B) Distanzierungs-Manöver
Rollenwechsel: Der eine Partner soll darstellen, wie der andere sich verhalten soll.

Triangulierung: Die Unterhaltung bei Eskalationsgefahr über den Therapeuten abwickeln.
Pause, Unterbrechung. Die Stühle der Betroffenen umstellen und so den *Blickkontakt unterbrechen*, so daß sie nur noch verbal aufeinander eingehen können. Aufforderung zu einer *Bildbeschreibung* oder szenischen Darstellung dessen, wie die Beziehung im Augenblick von dem einen und dem anderen empfunden wird.

C) Paradoxe Manöver Die Sitzung unterbrechen und zu einer früheren Übung *zurückgehen* («zu schnell vorgegangen»).

Katastrophisieren des Problems, damit die Beteiligten es entdramatisieren.

Umdeuten des Streits als Interesse o.ä.

Selbstabwertung des Therapeuten: Humorvolles Eingeständnis der Überforderung.

Trennungsphantasie: Beide werden bei umgedrehten Stühlen gebeten sich vorzustellen, sie hätten sich gerade getrennt und sollen das in der Phantasie durchleben: einen Tag danach, einen Monat danach, ein Jahr danach, 20 Jahre danach – um dann, mit einer Rückschau kurz vor dem eigenen Tod, herauszufinden, ob eine jetzige Trennung einen sinnvollen Zusammenhang mit ihrem Leben ergäbe.

Handlungsorientierte Hausaufgaben:
- Beobachtung angenehmer Verhaltensweisen des anderen,
- Verwöhnung des anderen (einen Tag pro Woche, geplant),
- Gemeinsame Konfliktlösung (nach dem Schema des gelenkten Dialogs),
- Aktivierung gemeinsamer Ressourcen (Freizeit, Sport, Kultur, Spiele, Beziehungen),
- Gestufte Übungen zur Zärtlichkeit: zum Zweck der Differenzierung der Sexualität (sensate focus, vgl. Arentewicz & Schmidt, 1980).

Derartige Tätigkeiten können von den Personen einzeln eingeübt werden und fördern die gemeinsame Interaktion. Im Prinzip handelt es sich um Fertigkeiten des Individuums. Sie können sowohl zwischen Ehepartnern, als auch zwischen Eltern und Kind, oder zwischen Kindern ab einer gewissen Altersstufe eingesetzt werden. Sie sind also nicht spezifisch für die Paartherapie, wenngleich sie dort am häufigsten Verwendung finden.

4.6 Paar-Ebene

Hier liegt der Schwerpunkt nicht mehr auf dem handelnden Individuum, sondern es geht um die Beziehung der Partner zueinander. Es gilt die Annahme, daß auf systemischer Ebene – also der Ebene der Paar- und Familienbeziehung – Regulative existieren, die zwar mit Disposition und Intention der Individuen in Einklang stehen, sich aber nicht vollständig daraus ableiten lassen. In den Naturwissenschaften gibt es dafür mehrere Modelle. Die Denkweise entspricht dem Popperschen *Emergenz-Prinzip* (Popper & Eccles, 1977), welches besagt, daß beispielsweise in der Chemie Reaktionen auftreten, die zwar mit dem physikalischen Atomaufbau vereinbar, jedoch nicht in allen Einzelheiten aus ihm vorhersagbar sind. Dasselbe tritt auf biologischer Ebene in Erscheinung, so etwa bei evolutionären Entwicklungen, die aus der Biochemie nicht im einzelnen vorhersagbar sind.
Extrapoliert man dieses Prinzip auf psychische Reaktionen, kann beispielsweise das Phänomen der sogenannten freien Entscheidung plausibel gemacht werden. So können zwei jeweils für sich stabile Persönlichkeiten eine Bindung eingehen, in der sich eine neurotische Rollenverteilung etwa vom Typ «Tyrann» und «Märtyrer» einspielt. Dieses Paar kann sich nun dahingehend geeinigt haben, daß das Kind die Oberschule besuchen soll – doch plötzlich verschlechtern sich die Schulleistungen des Kindes, es verläßt die Schule und wird drogenabhängig. Sowohl die Rollenverteilung beim Ehepaar als auch das Schulversagen beim Kind kann man durchaus als *funktionell* ansehen. Alle lösen ein Problem unter gegebenen Randbedingungen mit geringstem Aufwand und Reibungsverlust. Das beunruhigende Verhalten des Kindes zwingt die Eltern dazu, sich gemeinsam mit ihm zu beschäftigen und verhindert gleichzeitig ihre mögliche Trennung. Dies ist allerdings nicht so zu verstehen, daß das Kind weiser ist als die Eltern und sich bewußt opfert. Vielmehr entstehen unter bestimmten restriktiven Randbedingungen plötzlich neue Formen der *Selbstorganisation* – etwa so, wie sich Wirbel in einer glatten Strömung bilden, wenn bestimmte Hindernisse sich ihr entgegenstellen.
Haken (1981) hat solche Formen der Selbstorganisation auf allen Ebenen der Physik, Chemie, Biologie, Soziologie usw. nachzuweisen versucht und hat für dieses systemische Verhalten den Ausdruck *«Synergetik»* geprägt. Gemäß dieser Betrachtungsweise versklavt ein Teil als «Ordner» den anderen – hier im Beispiel das Kind mit seinem Symptom die Eltern, die in der Folge ihr Verhalten zum großen Teil nach dem Kind richten. Dabei hat das Kind sein Symptom mutmaßlich nur im Zusammenhang mit dem elterlichen Verhalten entwickelt. Es entstehen höchst unwahrscheinliche Organisations- oder Lebensformen, die im familiären Kontext zum Teil als bizarre Symptome auffallen.
Die Formen der Selbstorganisation haben meist neben der *Unwahrscheinlichkeit* ihrer Konfiguration noch ein Element der *Unvorhersagbarkeit*, indem nicht sicher ist, welches spezielle Verhalten der Symptomträger entwickeln wird. Schließlich zeigen derartige Systeme unter Umständen *chaotisches Verhalten*, das zwar theoretisch ableitbar, praktisch aber nicht vorhersagbar ist, da sich kleine Zufälligkeiten gegenseitig aufschaukeln und minimale Änderungen der Randbedingungen große Schwankungen des Verlaufs verursa-

chen können (siehe Prigogine & Stengers, 1986).
Die Parameter, die die Interaktion in Familien regeln und bei solchen Organisationsprozessen Berücksichtigung finden, lassen sich häufig auf die Dimensionen *Intimität* (Nähe/Distanz) und *Kontrolle* (Rigidität/Chaos) zurückführen, die auch miteinander verquickt sein können (vgl. Olson et al., 1979).
Interventionen auf der Paar-Ebene sind *Umdeutungen, Evokationen von Affekten* und *Handlungsverschreibungen* sowie *Kommunikationsübungen*. Anders als im vorangegangenen Abschnitt zielen sie nicht so sehr auf Defizite der Fertigkeiten beider Individuen ab, sondern auf die *partnerspezifischen Interaktionsmuster*. Dabei wird das Moment gegenseitiger Passung besonders berücksichtigt (vgl. Abschnitt 2 und 3). Viele Manöver aus Kasten 2 (insbesondere C) haben systemischen Charakter.
Die Wirksamkeit von Kommunikationstraining und Verschreibungen zum Austausch auf der Handlungsebene sind vielfach belegt worden (vgl. Hahlweg, Schindler & Revenstorf, 1981; Jacobson, 1981). Es hat sich gezeigt, daß die Kombination der Verfahren jede der beiden einzelnen Interventionen überdauert.

4.7 Familien-Ebene

Bei der systemischen Betrachtungsweise werden im allgemeinen drei Gesichtspunkte hinzugezogen: der *Zugewinn an Freiheitsgraden auf höherer Ebene (Emergenz-Prinzip*, Popper & Eccles, 1977), die spontane *Selbstorganisation* von komplexen Systemen und ihren restriktiven Randbedingungen (*Synergetik*, Haken, 1981) sowie die *kybernetische Betrachtungsweise von Regelmechanismen* (Bertalanffy, 1968).
Welche Ansatzpunkte liefert die *Kybernetik* für die systemischen Interventionen? In der Kybernetik werden Regelkreise beschrieben, die der Aufrechterhaltung bestimmter Soll-Niveaus dienen (Homöostase). Dies geschieht durch *negative Rückkoppelung*, d.h. durch Gegensteuerung. Wenn beispielsweise durch zu viel Gemeinsamkeit die optimale Distanz für das Wohlbefinden eines Familienmitgliedes unterschritten ist, wird dieses Familienmitglied gereizt sein und vielleicht einen Streit in Kauf nehmen und so wieder mehr Distanz gewinnen. Oder ein mit formalen Kontrollmöglichkeiten (sozialer Einfluß, materielle Ressourcen) gering ausgestatteter Partner entwickelt ein körperliches Symptom und erreicht auf diese Weise Schonung oder nimmt darüberhinaus Einfluß auf bestimmte Unternehmungen (verhindert z.B. einen Theaterbesuch). Über die psychophysiologische Schnittstelle solch hypothetischer Mechanismen ist bisher wenig bekannt. Denkbar wäre neben der symptomspezifischen Vulnerabilität auch eine immunsuppressive Wirkung bestimmter Hormone unter Streß.
Im Unterschied zur Warmwasserheizung, die gern als Beispiel eines Regelkreises herangezogen wird, gibt es in biologischen Systemen neben der homöostatischen eine zweite, gegenläufige Tendenz: die des *Wachstums* und der *Differenzierung* von Organismen. Im zwischenmenschlichen Bereich der Familie sind Phasen des Umbruchs einerseits unvorhergesehen (so etwa bei Krankheit, dem Tod eines Familienmitgliedes oder Arbeitslosigkeit), andererseits treten sie in jeder Familie mit Regelmäßigkeit im Verlauf des Lebenszyklus auf. Der systemtheortischen These zufolge treten Krisen dann auf, wenn Wachstum oder Differenzierung durch die Umstände gefordert werden, das System aber an seinem alten Regelmodell homöostatisch festhält.
Neben der negativen Rückkoppelung ist eine *positive Rückkoppelung* in der Familienkommunikation zu beobachten, etwa bei der symmetrischen Streiteskalation, wenn die gegenseitigen Angriffe massiver werden und unter Umständen zu Tätlichkeiten führen. Wenn in solchen Fällen keine übergeordnete Gegenregulation vorhanden ist, tritt bei der positiven Rückkoppelung leicht eine Schädigung ein, etwa die körperliche Verletzung des Organismus. Gegenseitige erotische Stimulation ist hingegen ein «positives» Beispiel für positive Rückkoppelung. Diese Art der Rückkoppelung kann auch therapeutisch genutzt werden, um ein stabiles dysfunktionales System beweglich zu machen.

Watzlawick, Weakland und Fisch (1974) beschreiben ein von den Eltern überversorgtes junges Ehepaar. Die Eltern kommen zum Rasenmähen, Abwaschen, Kochen; sie bringen ungefragt Lebensmittel mit usw. Das junge Paar wehrt sich gewöhnlich durch höfliche Zurückweisung dagegen, die aber als Bescheidenheit ausgelegt wird. Erst der Rat, die Hilfsbereitschaft mit Unverschämtheit zu kontern, half, das übertriebene Versorgungsmuster aufzulösen. Das junge Ehepaar wies die Unterstützung nicht mehr zurück, sondern forderte sie ein: seit einer Woche sei nicht mehr abgewaschen worden, der Rasen müsse gemäht werden und der Kühlschrank sei völlig leer. Die Eltern kamen noch einmal und dann nicht wieder zu Hilfe («Die Kinder müssen endlich erwachsen werden!»).

Die *Systemische Therapie* zielt darauf ab, die Familie zur Auflösung einer überholten oder schlecht funktionierenden Regel (hoher Energieaufwand und Reibungsverlust) und zur Adaptation an geänderte Bedingungen zu bringen. Im Grunde entspricht diese Veränderung der Familie dem Übergang von der Assimilation zur Akkomodation, wie ihn Piaget für die intrapsychische Entwicklung kognitiver Leistungen beschrieben hat. Dysfunktional gewordene Regelung betreffen den Informationsfluß in der Familie, die zusammen verbrachte Zeit, die Glaubwürdigkeit einzelner Familienmitglieder, das Maß an Selbstöffnung, Vertrauen und Toleranz, die Verteilung von Verantwortung und Ressourcen u.a. Diese Kommunikations- und Verhaltensaspekte kommen in *strukturellen Merkmalen* der Familie zum Ausdruck, die von den sogenannten strukturellen Familientherapeuten (Minuchin, 1977) an den Grenzen der Subsysteme festgemacht werden. Darunter sind die Grenzen zwischen Großeltern, Eltern und Kindern sowie der Familie nach außen zu verstehen. Sind die Grenzen innerhalb eines Subsystems undurchlässiger als zwischen den Subsystemen, so kann diese Regelung funktional sein, bis der Lebenszyklus oder äußere Umstände eine Veränderung erforderlich machen. Drei Beispiele solcher Grenzüberschreitungen sind in Abbildung 2 dargestellt.

a) Zwei distanzierte Eltern, wobei die Mutter sich dem Kind zuwendet und der Vater seinem Beruf. Der Lebenszyklus erfordert, daß das Kind zur Schule kommt und für die Mutter nicht mehr den ganzen Tag erreichbar ist.

b) Die Eltern streiten sich über die meisten Dinge des Alltags und der Vater klagt seiner Tochter zu häufig sein Leid. Als die Tochter in die Pubertät

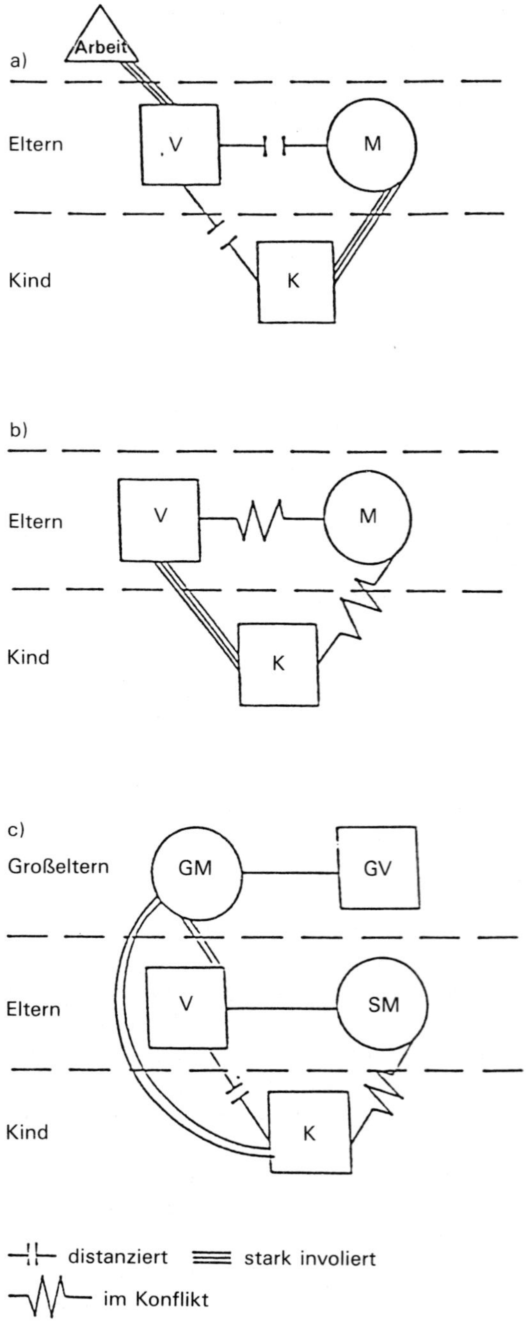

Abbildung 2: Subsysteme
Anmerkung: Drei Beispiele von Subsystemen mit unterschiedlich dichten Subsystemgrenzen, deren Funktion deutlich gemacht wird.

kommt, wird einerseits die Intimität zwischen Vater und Tochter problematisch, zum anderen erzeugt sie eine rivalisierende Beziehung zur Mutter.

c) Der geschiedene Vater überläßt seiner Mutter die Erziehung des Kindes und will wieder neu heiraten. Die zweite Frau findet keinen Zugang zu dem Kind und fühlt sich von der Schwiegermutter herabgesetzt.

Geprägt werden solche Strukturen häufig von entwicklungsgeschichtlichen Dispositionen, die zu Bindungsscheu, Überfürsorglichkeit oder Verlustangst führen können (siehe Abschnitt 3). Die daraus unter Umständen resultierende Polarität der bereits erwähnten Dimensionen «Intimität» und «Kontrolle» ist nicht per se dysfunktional, sondern wird dies erst unter bestimmten Umständen. Zum Beispiel kann die Isolation einzelner Familienmitglieder, wie Minuchin sie für farbige Unterschichtenfamilien beschrieben hat, durchaus einen Grad von Autonomie fördern, der zum Überleben in diesem speziellen Kontext wichtig ist. Stark verstrickte Familien wiederum können den einzelnen Mitgliedern sehr viel Unterstützung gewähren. Rigide Kontrolle durch feste Regeln kann bei externer Bedrohung das System am (Über)leben erhalten, und eher chaotische Familien können unter Umständen sehr kreativ zu Zeiten des Wandels sein.

Bei den systemischen Interventionen wird zwischen strukturellen und strategischen Maßnahmen unterschieden. *Strukturelle Maßnahmen* zielen darauf ab, Beziehungsmuster direkt und aktiv umzugestalten. Aponte und Van Deusen (1981) nennen drei Typen:

- *Rekomposition*: Es werden in einem Kommunikationsprozeß Personen eliminiert (etwa das triangulierte Kind) oder neue Personen hinzugefügt (z.B. der distanzierte Vater).
- *Symptomveränderung*: Umbenennen, Herunterspielen, auf ein neues Symptom Hinarbeiten usw.
- *Strukturelle Modifikation*: Kommunikation unterbrechen, Verhalten verschreiben, Verhalten verstärken, Konflikt induzieren, Koalition auflösen, Kommunikationsfertigkeiten einüben.

Strukturelle Interventionen scheinen angezeigt zu sein, wenn sich das System in einem *instabilen* dysfunktionalen Zustand, zum Beispiel in einer Krise, befindet. Kann der Zustand dagegen eher als *stabil* und dysfunktional beschrieben werden, so ist mit großer *Trägheit des Systems* gegenüber Veränderungen zu rechnen. Der Appell der Familie an den Therapeuten wird im wesentlichen den Wunsch beinhalten, das Symptom zu beseitigen, im übrigen jedoch alles andere beim alten zu lassen. In diesem Fall erscheinen *strategische Maßnahmen* zweckmäßig. Dies sind vor allem die sogenannten *paradoxen Interventionen* (oftmals verbunden mit einer sogenannten *rituellen Verschreibung*), wie sie Selvini-Palazzoli et al. (1977) berichten. Am häufigsten finden sich darunter folgende typische Strategien:

- *Positive Umdeutung* einer negativen Interaktion («Streit zeigt die investierte Energie von seiten des Beteiligten»).
- *Provokative Überzeichnung* oder *Bagatellisierung* des Symptoms, um seine Bedeutung in unerwarteter Weise zu ändern.
- *Symptomsimulation* und *Verschreibung* («damit Sie Gelegenheit haben, genauer herauszufinden, warum dieses Verhalten für Sie wichtig ist»).
- *Mißerfolgsvorhersage* und Warnung vor zu schnellem Fortschritt, um Enttäuschungen zu vermeiden und um die *eigene Verantwortung* für das Verhalten anzustacheln.
- *Rückfallverschreibung.*

Derartige Interventionen müssen spezifisch auf den individuellen Kontext der Familie bezogen sein und setzen voraus, daß der Rapport zwischen Therapeut und Familienmitgliedern gegeben ist. Diese Maßnahmen sollen dysfunktionale, aber stabile Regelungen auflösen. Sie bauen häufig auf den *Widerstand* der betroffenen Personen: bei einer katastrophalen Überzeichnung des Symptoms kann zum Beispiel die Eigeninitiative zu einer weniger dramatischen Darstellung und entsprechender Symptomminderung angeregt werden. Die Verschreibung von Symptomen oder von deren Simulation kann ebenfalls dazu führen, daß die Familienmitglieder ihr bisheriges Verhalten aufgeben. Es kann sich aber auch ein Bedeutungswandel einstellen, indem bei Ausführung der Verschreibung über das Symptom Kontrolle ausgeübt wird. Durch heruntergeschraubte Erwartungen wird ebenfalls die Eigeninitiative gefördert, und eine Rückfallverschreibung kann die negativen Affekte einer vorübergehend eintretenden Verschlechterung und ihre Katastrophisierung verhindern. *Kontraindiziert* sind paradoxe Verschreibungen nach Meinung von Todd (1986) in aktuellen Verlustsituationen, bei drohender Dekompensation, Gewaltanwendung oder Suizid, unerwünschter Schwangerschaft, Arbeitsplatzverlust und ähnlich akuten Krisen. Es gibt unterschiedliche Schulen strategischer und struktureller Familientherapie, die sich teils in der Sprache, zum Teil auch in der Mischung struktureller und strategischer Elemente unterscheiden. Differenzen bestehen auch in den Empfehlungen zur Einzel- oder Co-Therapie, zur Rolle der Supervision und der Nutzung der therapeutischen Autorität. Allen gemeinsam ist offenbar die Überzeugung, daß es nicht unbedingt gewinnbringend sei, wenn die Bedeutung der therapeutischen Intervention den Familienmitgliedern mitgeteilt wird. Auf Einzelheiten der verschiedenen Therapieschulen kann hier nicht eingegangen werden; es wird dazu auf die Originalliteratur verwiesen (Übersichten vgl. Stanton, 1981; Madanes, 1982; Weeks & L'Abate, 1979 1982; Seltzer, 1986; Todd, 1986).

5. Diskussion

Die Familientherapie wird in ihrem Ergebnis als vielversprechend eingeschätzt (Gurman & Kniskern, 1981). Dabei ist in Rechnung zu stellen, daß es keine einheitliche Familientherapie gibt. Über alle Studien hinweg wird die durchschnittliche Verbesserungsrate für Familien in familientherapeutischer Behandlung auf 73% eingeschätzt (verglichen mit 61% in der Paartherapie).

Die verhaltenstherapeutische Paartherapie ist vor allem bei mittleren Störungen der Beziehung erfolgreich, wobei die Verbesserung der Kommunikation eine entscheidende Komponente zu sein scheint. Bei schweren Störungen scheint das rein operante Vorgehen kontraindiziert zu sein, während operante Methoden besonders erfolgreich bei aggressiven Problemen zwischen Eltern und Kindern eingesetzt worden sind (Patterson, 1975). Des weiteren ist Familientherapie bei psychosomatischen Problemen der Adoleszenz und bei Drogenabusus angezeigt. Interessant ist in diesem Zusammenhang die Tatsache, daß die Einzeltherapie von Beziehungsstörungen im Ergebnis als eher ungünstig eingeschätzt wird.

Insgesamt mangelt es an kontrollierten Studien, da Kontrollgruppen von vielen Familientherapeuten als unzumutbar abgelehnt werden. Eine Alternative ist neuerdings die sogenannte «Treatment on Demand»-Kontrollgruppe (TOD), siehe Gurman und Kniskern (1981), bei der den Teilnehmern der Kontrollgruppe eine minimale Behandlung als Krisenintervention gewährt wird, sofern sie von den Familien gewünscht wird.

6. Literatur

Aponte, H.J. & van Deusen, J.M. (1981). Structural Family Therapy. In A.S. Gurman & D.P. Kniskern (Eds.), *Handbook of Family Therapy.* New York: Brunner/Mazel.

Arentewicz, G. & Schmidt, G. (1980). *Sexuell gestörte Beziehungen. Konzept und Technik der Paartherapie.* Berlin: Springer.

Baucom, D.H. & Lester, G. (1986). The usefulness of cognitive restructuring as an adjunct to behavioral marital therapy. *Behavior Therapy, 17,* 385–403.

Berley, R.A. & Jacobson, N.S. (1988). Causal attribution in intimate relationships. In P. Kendall (Ed.), *Advances in cognitive behavioral research and therapy.*

Bertalanffy, L.V. (1968). *General Systems Theory: Doundations, Development, Applications* (collected papers). New York: Braziller.

Bowlby, J. (1975). *Bindung. Eine Analyse der Mutter-Kind-Beziehung.* München: Kindler.

Ellis, A. & Harper, R. (1961). *A guide to successful marriage.* Hollywood: Wilshire.

Emmelkamp, P.M.G. et al. (in preparation). *Cognitive restructuring versus communication training: A comparative outcome study with clinically distressed couples.*

Epstein, N., Pretzer, J. & Fleming, B. (1982). *Cognitive therapy and communication training: Comparison of effects with distressed couples* (Paper presented at the Annual Meeting of the Association for the Advancement of Behavior Therapy). Los Angeles.

Epstein, N. & Eidelson, R.J. (1981). Unrealistic beliefs of clinical couples. *The American Journal of Family Therapy, 9,* 13–22.

Farelly, F. & Brandsma, M. (1986). *Provokative Therapie.* München: Jungfermann.

Feldmann, L.B. (1976). Depression and marital interaction. *Family Process,* 15, 389–395.

Fincham, F.D. (1983). Clinical application of attribution theory: Problems and prospects. In Newstone (Ed.), *Attribution theory: Social and functional extentions.* Oxford: Blackwells.

Frankl. V.E. (1975). *Theorie und Therapie der Neurosen*. München: UTB, 457.

Gottman, J.M. (1979). *Marital interaction. Experimental investigations*. New York: Academic Press.

Gurman, A.S. & Kniskern, D.P. (Eds.) (1981). *Handbook of Family Therapy*. New York: Brunner/Mazel.

Hafner, R.J. (1977). The husbands of agoraphobic women: Assortative mating or pathogenic interaction? *British Journal of Psychiatry, 30,* 233–239.

Hahlweg, K., Schindler, L. & Revenstorf, D. (1981). *Partnerschaftsprogramme: Möglichkeiten zur Bewältigung*. Heidelberg: Springer.

Haken, H. (1981). *Erfolgsgeheimnisse der Natur*. Frankfurt: Ullstein.

Jacobson, N. (1981). Behavioral Marital Therapy. In A.S. Gurman & D.P. Kniskern (Eds.), *Handbook of Family Therapy*. New York: Brunner/Mazel.

Johnson, S.M. & Greenberg, L.S. (1984). The differential effects of experimental and problem solving interventions in resolving marital conflict. *Journal of Counseling and Clinical Psychology, 53,* 175–189.

Kelley, H.H., Berscheid, E., Christensen, A., Harvey, J.H. et al. (Eds.). (1983). *Close relationships*. New York.

Kelley, H.H. (1983). Love and commitment. In H.H. Kelley, E. Berscheid et al. (Eds.), *Close relationships*. New York.

Kerckhof, A.C. & Davis, K. (1962). Value consensus and need complementary in mate selection. *American Sociological Review, 27,* 295–303.

Leary, T. (1957). *Interpersonal diagnosis of personality*. New York: Ronald Press.

Levenson, R.W. & Gottman, J.M. (1983). Marital interaction: Physiological linkage and affective exchange. *Journal of Personality and Social Psychology, 45,* 587–597.

Madanes, C. (1982). *Strategic family therapy*. San Francisco: Jossey-Bass.

Margolin, G. & Weiss, R.L. (1978). Comparative evaluation of therapeutic components associated with behavioral marital treatments. *Journal of Consulting and Clinical Psychology, 46,* 1476–1486.

Minuchin, S., Rosman, B.L. & Baker, L. (1981). *Psychosomatische Krankheiten in der Familie*. Stuttgart: Klett.

Minuchin, S. (1977). *Familien und Familientherapie*. Freiburg: Lambertus.

Olson, D.H., Sprenkle, D.H. & Russel, C.S. (1979). Circumplex model of marital and family systems. Cohesion and adaptability dimensions, family types and clinical applications. *Family Process, 18,* 3–28.

Patterson, G.R. (1975). *Families: Applications of social learning to family life*. Champaign: University Press.

Perls, F.S., Hefferline, R.F. & Goodman, P. (1951). *Gestalttherapie, Teil I und Teil II*. Stuttgart: Klett Cotta.

Percy, W. (1983). *The Last Self-Help Book. Lost in the Cosmos*. New York: Farrer, Straus & Giroux.

Popper, K.R. & Eccles, R. (1977). *The self and its brain*. New York: Springer.

Prigogine, I. & Stengers, I. (1986). *Dialog mit der Natur*. München: Piper.

Reiter, L. (1983). *Gestörte Paarbeziehungen*. Göttingen: Vandenhoeck & Ruprecht.

Revenstorf, D., Hahlweg, K. & Schindler, L. (1982). Streit in der Ehe. Aggression und Interaktion. *Partnerschaftsberatung, 18,* 90–108.

Revenstorf, D. (1985). *Psychotherapeutische Verfahren. Gruppen-, Paar- und Familientherapie* (Bd. IV). Stuttgart: Kohlhammer.

Revenstorf, D. (1987). Der kognitive Trend in der Verhaltenstherapie bei Paaren. *Hypnose und Kognition, 4* (2).

Sager, C.J. (1976). *Marriage contracts and couple therapy*. New York: Brunner & Mazel.

Seltzer, L.F. (1986). *Paradoxical Strategies in Psychotherapy*. New York: Wiley.

Selvini-Palazzoli, M.S., Boscolo, L., Czecin, G. & Prata, G. (1977). *Paradoxon und Gegenparadoxon*. Stuttgart: Klett.

Singer, M.T., Wynne, L.C. & Toohey, M.C. (1978). Communication disorders and the families of schizophrenics. In L.C. Wynne, R. Cromwell & S. Maghysse (Eds.), *The nature of schizophrenia*. New York: Wiley.

Stanton, M.D. (1981). Strategic approaches to family therapy. In A.S. Gurman & D.P. Kniskern (Eds.), *Handbook of Family Therapy*. New York: Brunner & Mazel.

Tennov, D. (1979). *Love and limerance: The experience of being in love*. New York. Deutsche Ausgabe (1981): *Limerenz – über die Liebe und das Verliebtsein*. München.

Todd, T. (1986). Structural-Strategic Marital Therapy. In N. Jacobson & A.S. Gurman (Eds.), *Clinical Handbook of Marital Therapy*. New York.

Watzlawick, B., Beavin, J.H. & Jackson, D.D. (1969). *Menschliche Kommunikation*. Bern: Huber.

Watzlawick, B., Weakland, J.H. & Fisch, R. (1974). *Lösungen*. Bern: Huber.

Weeks, G.R. & L'Abate, L. (1979). A compilation of paradoxical methods. *American Journal of Family Therapy, 7,* 61–76.

Weeks, G.R. & L'Abate, L. (1982). *Paradoxical Psychotherapy*. New York: Bruner & Mazel.

Willi, J. (1975). *Die Zweierbeziehung*. Reinbek: Rowohlt.

Ich möchte mich an dieser Stelle für die sorgfältige und kritische Lektüre des Manuskriptes durch meine Mitarbeiterin Frau cand. phil. Bettina Hackel bedanken.

23. Störungen der Schulklasse als soziales System: Intervention

Ewald Johannes Brunner und Günter L. Huber

1. Schule als soziales System

Unter systemischer Perspektive werden die Ursachen von Schulproblemen sowohl in spezifischen Merkmalen des Schulsystems (vgl. Kapitel 23, Band 1) als auch in Dysfunktionen gesucht, wie sie auch in anderen sozialen Systemen (Familie, Betrieb, usw.) auftreten. Eine erfolgreiche Systemintervention hängt in starkem Maße von der Qualität der vorausgehenden Systemanalyse ab. Sie geht von einer präzisen Beschreibung der Systemzusammenhänge (Systemebenen, Wechselwirkung der Systemelemente) aus.

Dazu ein Beispiel:

Mehrere Lehrer einer Schule klagen wiederholt über eine unerträgliche Schulklasse. Der Unterricht sei erschwert durch eine erhebliche Unruhe im Klassenzimmer, durch mangelhafte Konzentration und durch ständige Reibereien zwischen den Schülern. Ein Schulpsychologe wird zu Rate gezogen. Die Lehrer erwarten von ihm Ratschläge für den Umgang mit der Klasse.
Für eine Systemanalyse hierzu ist u.E. folgendes zu beachten: Während die Lehrer das Problem auf die Klasse begrenzen, schließt die Systemanalyse meist die «betroffenen» Lehrer, gegebenenfalls das System «Lehrerkollegium» ein. Unter Umständen sind weitere Systemeinheiten des Suprasystems dieser Schule mit in die Analyse einzubeziehen (Rektor, weitere Schulklassen, usw.). Auch die Frage der Wechselwirkung zwischen externen Faktoren und schulinternen Faktoren muß oft erörtert werden (z.B. Einfluß der Eltern, ökologische Bedingungen der Schulumwelt).

Für die Analyse und Intervention bei Schulstörungen greifen wir auf diejenigen Bestimmungsstücke zurück, die ein soziales System konstituieren: das Systemganze, die Systemelemente bzw. Subsysteme und die Relationen zwischen den Systemelementen. Für eine Systemanalyse nehmen wir also in simultaner Weise drei Perspektiven ein: eine holistische, eine «atomistische» und eine interaktionistische Perspektive. Verdeutlicht am obigen Beispiel heißt das: Die Systemanalyse umfaßt das Systemganze (die problematische Schulklasse einschließlich der Lehrer, die Schwierigkeiten mit dieser Klasse haben), die Systemelemente selbst (die Schüler, die Lehrer, ggfs. der Schulleiter, die Schulordnung, usw.) und die wechselseitigen Beziehungen zwischen diesen Elementen (z.B. Lehrer-Schüler-Beziehungen).
In der systemischen Perspektive besteht Schule analog zu anderen sozialen Systemen aus Individuen *und* aus der Menge der Relata, in denen die Individuen untereinander stehen. Die Systemmitglieder befinden sich in einer wechselseitigen Abhängigkeit, so daß das individuelle und kollektive Verhalten und Erleben mutuell simultan kontingent ist (Brunner, 1986). Der mutuelle Gesichtspunkt bezieht sich auf die wechselseitigen Transaktionen, die Simultanität darauf, daß die Transaktionen von Systemmitglied A zu Mitglied B und von B zu A gleichzeitig erfolgen, und die Kontingenz darauf, daß sowohl A in seinem Verhalten und Erleben von B abhängig ist, wie dies gleichzeitig B von A ist.
Eine systemische Vorgehensweise schließt nicht aus, daß der Akzent in der gewählten Interventionsstrategie recht verschieden gesetzt werden kann. Man muß lediglich gewährleisten, daß nicht der Blick für das Ganze und die wechselseitigen Abhängigkeiten verloren geht. Die Zusammenstellung in Tabelle 1 stellt – nicht erschöpfend – die möglichen Analyseebenen (Schule, Schulleiter/Kollegium, Lehrer-Schüler-Systeme, usw.) in einen Zusammenhang mit Interventionsformen, die auf diesen Systemebenen akzentuierend zur Anwendung kommen können (Intervention in bezug auf das Systemganze, auf die Systemmitglieder für sich genommen und auf die Relata zwischen den Systemmitgliedern).

In der folgenden Darstellung möglicher Interventionsformen im Bereich der Schule werden wir uns an dem eben entwickelten systemtheoretischen Gliederungsschema orientieren. Wir beschreiben, auf welche Weise *systemisch* interveniert werden kann (Abschnitt 2) und wir stellen verschiedene schulische Interventionsmöglichkeiten (Abschnitt 3) systematisch dar.

Der systemtheoretische Rahmen stellt sich dabei einerseits als eine Metatheorie dar, die es ermöglicht, ein umfassendes Bild von Störungen in der Schule zu erhalten. In diesem Sinne bleibt der systembezogene Ansatz beschreibend und sagt noch nichts über die Ursachen der Schulstörungen aus. Sollen Ursachenzusammenhänge erklärt werden, so ist es erforderlich, verfügbare psychologische Theorieansätze heranzuziehen. Neben die klassischen Theoriekonzepte (Tiefenpsychologie, Verhaltenstherapie, Gesprächspsychotherapie) tritt dabei neuerdings auch die systemische Therapie. Insofern ist die systembezogene Analyse partiell auch eine Objekttheorie, die sich um eine Erklärung störender Phänomene bemüht und mit anderen psychologischen Theorieansätzen konkurriert. Eine zweite Vorbemerkung erscheint uns unerläßlich: In der systembezogenen Analyse wie in anderen psychologischen Ansätzen besteht die Gefahr, die psychologischen Konstrukte als reale Sachverhalte mißzuverstehen. Es handelt sich aber lediglich um Abstraktionen von Beobachtungen, nicht um verdinglichte Eigenschaften.

2. Systemtherapeutische Interventionen bei Schulstörungen

Das Beispiel einer Schulklasse, die von einigen Lehrern als sehr schwierig bezeichnet wird (s.a. «negativistische Klasse» in Kapitel 23, Band 1), kann in einer eingeengten Perspektive so angegangen werden, daß der Fokus für die Analyse dieser Schulstörungen nur bei der betreffenden Schülergruppe liegt. Die Schüler der Klasse werden als problematisch und behandlungsbedürftig hingestellt. Dieser Ansatz greift u.U. zu kurz. Aus systemischem Blickwinkel betrachtet kann eine Intervention je nach den Ergebnissen der Systemanalyse ganz verschiedene Formen annehmen. Sie kann ansetzen:
- beim System Schulklasse selbst (ganzheitliche Perspektive),
- bei einzelnen Mitgliedern der Klasse (individualistische Perspektive) oder
- bei den Beziehungen der Schüler untereinander (interaktionistische Perspektive).

Werden Lehrer mit einbezogen, so kann
- die Intervention am Gesamtsystem (Schulklasse einschließlich Lehrer) ansetzen,
- bei einzelnen Schülern, evtl. parallel dazu bei(m) Lehrer(n) oder
- bei den Beziehungen zwischen dem/den Lehrer(n) und einzelnen Schülern.

2.1 Interventionen in bezug auf das Systemganze

Ein typisches Beispiel für die Vorgehensweise in bezug auf eine Schulklasse ist eine gruppendynamisch orientierte Arbeit mit den Schülern eines Klassenverbandes (z.B. Stanford, 1980). Die Bearbeitung dysfunktionaler Kommunikationsstrukturen in einer Schulklasse wird umso erfolgreicher sein, je adäquater das Gesamtsystem der betreffenden Schüler erfaßt wird. Genuin systemische Methoden stehen hierfür kaum zur Verfügung. Eine Ausnahme stellt die von Moreno entwickelten soziometrische Methode dar (Höhn, 1976). Hat ein Lehrer beispielsweise ein Soziogramm einer Schulklasse erstellt, so kann er die Ergebnisse der soziometrischen Befragung für die gruppendynamische Arbeit mit der Klasse fruchtbar machen. Für die Intervention in bezug auf das Systemganze werden in der schulischen Praxis Interventionsformen immer bedeutsamer, die analog zu systemtherapeutischen Vorgehensweisen entwickelt worden sind (vgl. z.B. die familientherapeutischen Ansätze). Familientherapie läßt sich – zusammenfassend gesehen – als Therapiekonzept verstehen, dessen theoretische und epistemologische Grundlagen sich auf die Systemtheorie zurückführen lassen (Brunner, 1986).
Eine Intervention in bezug auf das Systemganze ist in Analogie zum familientherapeutischen Vorgehen von Minuchin (1983) denkbar. Wenn Schulstörungen aus einer zu starren oder zu verwaschenen Lehrer-Schüler-Relation resultieren, könnte der intervenierende Schulpsychologe durch strukturierende Verhaltensvorgaben eine Änderung in einem

Lehrer-Schüler-System induzieren. Ein solcher Fall liegt vor, wenn der Lehrer beispielsweise einzelnen Schülern - im Falle seiner Abwesenheit - die Verantwortung (Aufsicht) über die Klasse überträgt; dadurch bringt er sie in eine Erwachsenenposition, wodurch die Generationengrenze verwischt wird, was dem Lehrer-Schüler-System als Ganzem schadet.

2.2 Interventionen in bezug auf die Beziehungen der Systemmitglieder

Die Relationen der Systemmitglieder werden vor allem an den wechselseitigen Interaktionen und Kommunikationen sichtbar. Betrachtet man ein Lehrer-Schüler-System oder ein Schüler-Schüler-System vor allem unter dem Aspekt funktionaler vs. dysfunktionaler Kommunikationsmuster, konzentriert sich der Blick auf zirkuläre, stets wiederkehrende Transaktionsmodi. Ein Beispiel sind die (für ein selbstreferentielles System bedeutsamen) Divergenzen in der Ursachenzuschreibung für Störungen. Eine solche divergierende Interpunktion von Ereignisfolgen wäre etwa das Kommunikationsmuster: Schüler stören den Unterricht, der Lehrer droht, Schüler fahren fort, den Unterricht zu stören, der Lehrer droht erneut, usw. Da die Kommunikationspartner in solch einer verfahrenen Situation oftmals nicht bereit oder nicht in der Lage sind, ihre Wahrnehmungs- und Deutungsmuster zu modifizieren, kann es bei Interventionsstrategien indiziert sein, den «Widerstand» ernst zu nehmen, das dysfunktionale Verhalten positiv zu konnotieren und im Sinne einer paradoxen Intervention das störende Verhalten zu verschreiben (Molnar & Lindquist, 1984). In Analogie zur familientherapeutischen Arbeit von Satir (1985) können Interventionen auch an den Kommunikationsformen ansetzen. Auch hier werden alle am Konflikt beteiligten Personen in das Kommunikationstraining einbezogen. Grundbestandteile dieser systemischen Intervention sind die Sensibilisierung der Wahrnehmung der Interagierenden füreinander und die Einübung in kongruentes Kommunikationsverhalten. Auf die Notwendigkeit, vermeintlich «verstandene» Kommunikationsinhalte zu «verifizieren», wird mit Nachdruck hingewiesen. Als Beispiel für eine solche Form der Systemintervention kann das von Brunner (1981) entwickelte Kommunikationstraining der Lehrer-Schüler-Interaktion angeführt werden, dessen Vorgehensweise am Beispiel der Zielformulierungen des Trainings verdeutlich wird (siehe Kasten 1).

2.3 Interventionen in bezug auf einzelne Systemmitglieder

Selvini et al. (1978) weisen darauf hin, daß eine erfolgreiche Intervention in einem dysfunktionalen schulischen System sich auf wenige Systemmitglieder bzw. Subsysteme konzentrieren kann (vgl. Kasten 2). Das Wirken «im

Tabelle 1: Systematisierung von Interventionen

	Beispiele für Interventionen in bezug auf		
System-ebene	das Systemganze	die Systemmitglieder	die Relationen zwischen den Systemmitgliedern
Schule	schulpolitische Maßnahmen	administrative Maßnahmen	Systemberatung
Schulleitung/ Lehrerkollegium	Systemberatung	Führungstraining/ Lehrertraining	Organisationstraining
Schulklasse einschließlich Lehrer	systemische Intervention in Analogie zum systemtherapeutischen Vorgehen	Kontrakt-Training (Verträge zwischen Lehrer und Schulklasse)	Kommunikations- und Interaktionstrainings
Schüler eines Klassenverbands	Soziometrie/ Gruppendynamik	Verhaltensmodifikation	Kommunikations- und Interaktionstrainings

kleinen» bewirke mit der Zeit größere Veränderungen als der ehrgeizige Versuch, sofort ein großes Umfeld zu beackern. So könne man beispielsweise erreichen, daß zwei Mitglieder eines Subsystems sich nicht weiter in die gegenseitige Rivalität steigern, was sich dann in günstiger Weise auf das betroffene Gesamtsystem auswirke. Auch für *Probleme des Lehrens und Lernens* in Schulklassen ist diese Form systemischer Intervention gut geeignet. Zunächst einmal ist hier die Gefahr reduktionistischer Sichtweisen und Ursachenzuschrei-

Kasten 1
Lernziele des Lehrer-Schüler-Kommunikationstrainings (Brunner et al., 1978)

Als Ziel des Kommunikationstrainings der Lehrer-Schüler-Interaktion wurde u.a. formuliert, daß Lehrer und Schüler lernen können:
- sich selbst als Partner innerhalb eines Kommunikationssystems so bewußt zu werden, daß nicht nur der eigene jeweilige Standort klar ist, sondern auch die eigenen Anteile am System deutlicher werden;
- sich über den Beziehungsanspekt von Äußerungen klar zu werden, was einer Einübung in Metakommunikation gleich kommt;
- Störungen in der Interaktion (z.B. divergierende Beziehungsdefinitionen) wahrzunehmen und anzusprechen, Mißverständnisse als solche zu erkennen;
- sich einer klaren, d.h. unmißverständlichen und weniger wertenden Sprache zu bedienen, so, daß sich der Partner angesprochen und akzeptiert fühlt, und so, daß er nicht in seinem Selbstwertgefühl verletzt wird;
- aktiv zuzuhören und adäquat auf den Partner einzugehen;
- der Situation angemessen ein Feedback zu geben und ggfs. um eines zu bitten;
- sich intensiver und genauer gegenseitig wahrzunehmen;
- auf eigene Gefühle und auf Gefühlsäußerungen beim Kommunikationspartner zu achten;
- über eigene Gefühle zu sprechen, Gefühlsäußerungen beim Partner anzusprechen;
- eigene Bedürfnisse und Wünsche klar zu artikulieren;
- zu differenzieren zwischen «einen Wunsch haben» und «den Wunsch realisieren»;
- zwischen divergierenden Interessen zu unterscheiden;
- gemeinsam eine Lösung zu finden, die von jedem Beteiligten akzeptiert werden kann. (Brunner et al., 1978, S. 158f.)

Kasten 2
Beispiel für dysfunktionale Systembedingungen

Ein Fachlehrer für Biologie hat mit einer Klasse des 7. Schülerjahrgangs große Probleme. Wiederholt hat er sich beim Klassenlehrer darüber beschwert, daß die Mehrzahl der Schüler kaum mitarbeitet, bei Übungen sehr nachlässig ist, im Unterricht anderen Beschäftigungen nachgeht. Allerdings gibt es einige Schüler, mit denen erfolgreiche Unterrichtsarbeit in Biologie möglich ist. Der Klassenlehrer hat die Klasse schon mehrmals ermahnt, zuletzt streng getadelt und Strafen angedroht. Einwänden der Klasse, die die Qualität des Unterrichts betrafen (langweilig; alles so schwierig; Herr M. kann nichts erkären), begegnete der Klassenlehrer mit dem Hinweis, daß einige Mitschüler, die durchaus keine Genies seien, offenbar keine Probleme im Biologieunterricht hätten. Die Klasse sei also keinesweg überfordert. Seither hat die Situation sich eher verschlechtert.

bungen groß: Lehrer beklagen mangelnden Unterrichtserfolg und sehen Lernschwierigkeiten bei den Schülern. Schüler erzielen wiederholt schlechte Leistungen; sie oder ihre Eltern suchen die Ursachen in unverständlichem oder unsystematischem Unterricht, also in Mängeln beim Lehrer, besonders wenn die Klassenleistung im Vergleich zu Parallelklassen zu wünschen übrig läßt. Natürlich liegt die Verantwortung für die Organisation von Unterricht beim Lehrer – lernen aber müssen die Schüler selbst. Bei individuumzentrierter Intervention würde man entweder an didaktischmethodische Fortbildung des Lehrers oder an remediales Lernen für Schüler denken. Beide Überlegungen sind nicht falsch, aber wahrscheinlich einseitig und deshalb wenig ertragreich. Es empfiehlt sich, Lehr- und Lernschwierigkeiten in Schulen als Symptome für dysfunktionale Systembedingungen anzusehen. Dazu ein Beispiel, für das wir auf eine der in Kapitel 23, Band 1, beschriebene Folge mangelnden Austauschs zwischen Lehrern und Schülern aufgrund unilateraler Beeinflussungsmuster («unkontrollierte Klassen») zurückgreifen.
Gehen wir hypothetisch davon aus, daß in dieser Klasse neben den formellen Normen, die die Lehrer vertreten, informelle Normen entstanden sind, die auch die Mitarbeit beim Bio-

Intervention in der Schulklasse: Die Schüler–Lehrer- und Schüler–Schüler-Interaktion wird durch die Sitzordnung mitreguliert. Der Frontalunterricht unterstützt die Einweg-Kommunikation vom Lehrer zu den Schülern; die Gruppensitzordnung fördert die «All-channel»-Kommunikation.
(© für beide Fotos: François Gribi, Bern)

logielehrer regeln. Schwierig dürfte sein, daß in Untergruppen unterschiedliche Normen für die gleiche Situation bestehen. Ohne Kenntnis informeller Normen und sozialer Strukturen bleiben pädagogische Maßnahmen wirkungslos - oder bewirken das Gegenteil des Erwünschten: Argumentiert der Klassenlehrer mit den Lernerfolgen eines Teils der Schüler, könnten zusätzlich soziale Probleme zwischen den Schülern auftreten.

Die notwendigen Veränderungen müssen alle Mitglieder des Systems einbeziehen. Die Beteiligten müssen den transaktionalen Charakter ihrer Schwierigkeiten erkennen und daher auch Änderungen gemeinsam vereinbaren und durchführen (Fisher, 1986).

3. Interventionsmöglichkeiten auf der Basis psychologischer Theoriekonzepte

Spezifischen Erscheinungsbildern von Störungen lassen sich nicht in eindeutiger Weise Interventionsmöglichkeiten zuordnen. Die systemorientierte Denk- und Arbeitsweise ermöglicht nur die Beschreibung von Konflikten, nicht jedoch eine Ätiologie im strengen Sinne. Zur Erklärung ist es angezeigt, auf psychologische Theorien zurückzugreifen. So ließe sich beispielsweise Lewins feldtheoretische Konzeption des «Lebensraums» (Lewin, 1982) sowohl für die intrapsychische Erklärung der wechselseitigen Beeinflussungsprozesse aufgreifen.

Psychologische Theoriekonzepte sind vor allem dann heranzuziehen, wenn es um die Erklärung *intrapsychischer* Prozesse geht. Die individuelle Handlungskompetenz der Beteiligten an Kommunikationsprozessen ist dabei ebenso bedeutsam (Argyle, 1972) wie die Lerngeschichte eines einzelnen in wechselseitigen Verstärkungsprozessen (vgl. etwa das austauschtheoretische Konzept von Homans, 1972). Für die Intervention in der pädagogischen Praxis empfiehlt sich aus dieser Perspektive vor allem der Mediatorenansatz (Perrez et al., 1985).

Außerhalb der Systemtherapie sind Interventionsansätze entwickelt und evaluiert worden, die sich somit stärker an psychologisches Basiswissen anlehnen. Dazu rechnen wir vor allem *lerntheoretische Konzeptionen der Verhaltensmodifikation* in der Schulklasse. Es liegen zahlreiche klassische Konzepte vor, die sich auf die Individualintervention konzentrieren (vgl. etwa Rost et al., 1975) und sich für die Schule bewährt haben.

Dem transaktionalen Grundgedanken systemischer Intervention sehr nahe stehen das Modell der kooperativen Verhaltensmodifikation (Redlich & Schley, 1978), das Erwartungen, Bewertungen, Intentionen aller Konfliktbeteiligten erfaßt und in wechselseitig verpflichtenden Kontrakten als wichtige Interventionskomponente festhält, und der eben erwähnte Mediatorenansatz (Perrez et al., 1985), in dem die subjektiven Handlungsgrundlagen der Beteiligten berücksichtigt und die Erzieher dazu angeleitet werden, im System «Erzieher - Zu-Erziehende» selbst Veränderungen herbeizuführen. Dieser Ansatz indirekter Intervention (aus der Sicht des Therapeuten) erscheint besonders für Veränderungen über mehrere Systemebenen (Lehrer, Schüler, Eltern) hinweg gut geeignet.

Interventionsansätze variieren im Ausmaß, in dem sie systemische Gesichtspunkte in Rechnung stellen. Die Skala reicht von individuumsorientierten Ansätzen der klassischen Verhaltensmodifikation und der Psychotherapie psychoanalytischer Provenienz, die beide von unilateralen Ursachen-Wirkungsketten ausgehen, über Programme, in denen wechselseitige Verstärkungsverhältnisse thematisiert werden (vgl. den Begriff des «reziproken Determinismus» bei Bandura), bis hin zu den Interventionsmöglichkeiten, in denen ein oder mehrere systemische Konzepte vertreten sind (Bezug auf das Systemganze, auf die Systemrelata oder auf die Systemmitglieder).

Sucht man die Ursache einer Schulstörung bei einer einzelnen Person, so liegt es nahe, ein Modell psychischer Störungen zur Erklärung heranzuziehen, wie es bei lerntheoretischen oder tiefenpsychologischen Ansätzen der Fall ist. Leistungsstörungen eines Schülers etwa, die auf mangelhaftem Arbeitsverhalten beruhen, lassen sich leicht mit Hilfe eines Verhaltensmodifikationsprogramms korrigieren. Der Therapeut analysiert das typische Lernverhalten des Schülers, ermittelt die Grundrate (baseline) der Kontingenzen und erstellt

einen Verstärkungsplan (reinforcement schedule), der vom Lehrer oder von den Eltern des Schülers durchgeführt wird.
Eine solche Intervention kann auch in Form eines Kontrakt-Trainings erfolgen, in das nicht nur Schüler einer Klasse, sondern auch der Lehrer mit einbezogen werden können. Auf diese Weise wird - systemisch gesehen - der wechselseitigen Beeinflussung der Systempartner Rechnung getragen.
Auch wenn eine solche Intervention sich nur auf die Systemmitglieder konzentriert, kann sie zu einer Systemänderung führen, sofern die Änderung von den Mitgliedern des betroffenen Gesamtystems akzeptiert wird. Diese Annahme basiert auf dem systemtherapeutischen Lehrsatz, wonach die Interdependenz der Systemmitglieder dazu führt, daß die Änderung eines Kommunikationspartners auch die anderen verändert. Dies gilt insbesonders bei Kommunikationsstörungen in der Schule. Dem Lehrer kommt im System «Lehrer-Schüler» eine entscheidende Position zu. Er muß als das Subsystem «decider» (im Sinne des Systemmodells von Miller, 1978) bei seinen unterrichtlichen Entscheidungen in adäquater Weise die intellektuellen Voraussetzungen seiner Schüler und die gegebene sozio-emotionale Struktur der Klasse in Rechnung stellen (Brunner & Huber, 1989). Die Bedeutung des Lehrerverhaltens wurde bereits im ersten Band (Kapitel 23) betont. Interventionen setzen bei schulischen Störungen mit Recht vor allem an diesem Punkt an (s.u. zum «Lehrertraining»).
Bezieht man die Kognitionen der Beteiligten mit ein, sind Interventionen im Sinne der *kognitiven Verhaltensmodifikation* indiziert. Beim eben genannten Kontrakt-Training müssen sich die Beteiligten wechselseitig nicht nur auf Handlungsweisen einigen, die ihnen gemeinsam als Lösungen oder Lösungswege tauglich erscheinen, sondern sie müssen ihre Entschlüsse als klare Vertragsregeln festlegen. Dieser strategische Schritt ist keine nebensächliche, für manche der Beteiligten vielleicht befremdliche Formalität, vielmehr stellt er einen wichtigen Beitrag zur Systemveränderung dar. Die Prozeduren der Vertragsvereinbarung und der Kontrolle seiner Einhaltung lösen linearisierte Beeinflussungsformen wenigstens im Subsystem «Klasse mit Lehrer» auf und machen die Beteiligten mit ihren *Erwartungen* und *Absichten* einander sichtbar und im eigenen Handeln besser einkalkulierbar. Dies muß durch verständliche, altersgemäße Formulierungen bei der Abfassung von Kontrakten in Schulklassen berücksichtigt werden (vgl. Wahl, Weinert & Huber, 1984; Redlich & Schley, 1978). Sind die dysfunktionalen Kommunikationsverläufe festgefahren oder eskalieren die wechselseitigen Transaktionsprozesse in dysfunktionaler Art und Weise, so liegt es nahe, mit *Interventionen beim Lehrer* anzusetzen. Allerdings sehen die Lehrer selten, daß auch sie selbst sich ändern müßten. So wurde als Ergebnis zahlreicher Studien über kognitive Prozesse bei den Partnern sozialer Interaktionen herausgestellt (Aronoff & Wilson, 1985), daß die Interaktion von Persönlichkeitsmerkmalen und kognitiven Prozessen wesentlich für jedes soziale Handeln ist. Voraussetzungen bei den handelnden Personen, seien es spezifische Modi der Informationsverarbeitung (kognitive Stile; z.B. Goldstein & Blackman, 1978) oder spezifische Erwartungs-Bewertungsmuster (implizite oder «subjektive» Theorien über soziale Zusammenhänge; z.B. Hofer & Dobrick, 1981; Krampen, 1986), strukturieren, d.h. aber auch beschränken die kognitiven Orientierungs-, Verarbeitungs-, Entscheidungsprozesse beim Umgang mit anderen. Intervention muß zunächst dort ansetzen, wo solche einschränkenden Bedingungen für weiterreichende Veränderungen selbst verändert werden können.
Ein erfolgversprechender Ansatz besteht nun darin, nicht die Lehrer und ihre bisherigen Maßnahmen mit psychologisch begründeten Alternativvorschlägen zu konfrontieren, sondern die Aktionen der Lehrer als Versuche zur Verbesserung der Situation zu werten und weitere systematische Suche nach Handlungsmöglichkeiten im Lehrerkollegium einschließlich der Schulleitung anzuregen. Aus dem Verständnis von Transaktion ergibt sich ein Leitfaden für die Intervention. Sie muß von den internen, handlungssteuernden Prozessen ausgehen, d.h. von Erwartungen, Alltagstheorien, Rollenzuschreibungen usw., um schließlich Veränderungen der interaktiven Muster im System zu bewirken. Wenn solche Veränderungen dauerhaft sein sollen, muß man versu-

chen, die selbstrefentielle Dynamik auf der ausgewählten Systemebene zu nutzen und gleichzeitig so zu verändern, daß bei den Bemühungen um neue Interaktionsmuster die erwünschten und unerwünschten Folgen genau registriert und im Hinblick auf weitere Veränderungsanstrengungen gedeutet werden. Folgende Teilschritte sind zu empfehlen (Wahl, Weinert & Huber, 1984):

- Austausch von subjektiven Erklärungsmodellen und Alltagstheorien unter Lehrern im Kollegium.
- Suche nach Alternativhypothesen. Aus der Diskussion unterschiedlicher Deutungen wird einerseits klar, welche Bedeutung die Symptome für das Kollegium haben, andererseits kann man genauso herausfinden, welche Appelle und Selbstoffenbarungen die bisherigen Maßnahmen den Schülern vermitteln (vgl. Schulz von Thun, 1977). Dabei müssen die Lehrer sich darauf einlassen, auch die subjektiven Situationsbedeutungen ihrer Schüler zu berücksichtigen (vgl. Hanke, Huber & Mandl, 1984).
- Suche nach Möglichkeiten der Hypothesenprüfung. Vereinbarung und Erprobung alternativer Handlungsmöglichkeiten. Im Überschneidungsfeld der Wahrnehmung der Handelnden und Beobachter lassen sich mit größter Wahrscheinlichkeit Ansätze für Handlungsalternativen finden, die dann nicht dem System «von außen» verordnet werden müssen.
- Sicherung realistischer Rückmeldung. Oft greifen Lehrer trotz bester Absichten auf ihre Handlungsroutinen zurück und geben neuartiges Handeln schon bei ersten Hinweisen auf Schwierigkeiten als ungeeignet auf. Wir empfehlen deshalb für die Übertragung von Ergebnissen kollegialer Transaktion auf die Transaktionsprozesse im System der Schulklasse die Unterstützung durch Supervision von Kollegen.

Die bisherige Darstellung konzentrierte sich auf Systemzusammenhänge im internen Bereich der Schule. Lehrer und Schüler stehen darüber hinaus mit außerschulischen Systemen in Transaktion, wobei die *Familien* der Schüler das bedeutendste externale System darstellen. Kommt es zu Diskrepanzen zwischen Eltern und Lehrern, so können – im Fall eines Konfliktes – die Schüler die Leidtragenden sein, da über sie die Spannungen ausgetragen werden. Diese (in der Systemtherapie mit «Triangulation» bezeichnete) Verschiebung eines Konflikts zweier Systeme auf ein drittes wird oftmals dadurch verschleiert, daß dieses dritte System ein gemeinsames Problem liefert (Simon & Stierlin, 1984). In einer Familie kann dies beispielsweise ein Kind von zerstrittenen Eltern sein, in der Schule eine Schulklasse oder eine Gruppe von Schülern.

In einem solchen Fall ist eine sinnvolle Intervention nur über eine dritte neutrale Person möglich. Ein Systemtherapeut kann versuchen, den betroffenen Lehrer und die Eltern (gegebenenfalls unter Einbeziehung des Schülers) zu gemeinsamen Gesprächen zu bewegen mit dem Ziel, eine Konfliktlösung zu finden, die nicht auf Kosten eines Systemmitglieds erfolgt (Forster, 1984). Gegebenenfalls kann es in einem Lehrer-Schüler-Eltern-Konflikt auch ratsam sein, daß der Systemtherapeut bei dysfunktionalen Lehrer-Eltern-Beziehungen – mit Zustimmung der Betroffenen – separat Kontakt mit dem Familiensystem und dem Lehrer aufnimmt; die gestörte Eltern-Lehrer-Beziehung wird dabei für einen bestimmten Zeitabschnitt (ebenfalls mit Zustimmung der Beteiligten) unterbrochen. Nach Klärung des Eltern-Kind-Konflikts wird der Eltern-Lehrer-Kontakt wieder in die Wege geleitet (Lusterman, 1985).

Ein großer Teil von Schulproblemen bei einzelnen Schülern hängt mit der familialen Situation dieser Schüler zusammen. Der Lehrer kann den Eltern nahelegen, mit ihrem Kind eine Beratungsstelle oder einen Therapeuten aufzusuchen. Statt das offenkundige Symptom (die Lernschwierigkeit oder die Verhaltensstörung) beim Schüler zu behandeln, sollte der (eigentlich tragende) Konflikt in der Familie zur Sprache kommen und über eine systemische Intervention angegangen werden (Textor, 1983; Hennig & Knödler, 1985). Symptomatisch für die vier zuletzt genannten Literaturhinweise ist, daß die Autoren sich für ihre Vorgehensweise nicht auf empirische Evaluationsstudien berufen können. Solche Studien sind im Bereich der systemischen Therapie (noch) sehr selten anzutreffen, was damit zusammenhängt, daß eine systemische Denk- und Arbeitsweise es erfordert, jeweils von mehreren Systemebenen und zirkularen Kausalitätsbeziehungen auszugehen. U.E. sind umfangreiche empirische Studien in diesem Bereich anzustreben.

4. Literatur

Argyle, M. (1972). *Soziale Interaktion.* Köln: Kiepenheuer & Witsch.

Aronoff, J. & Wilson, J.P. (1985). *Personality in the social process.* Hillsdale: Erlbaum.

Brunner, E.J. (1981). *Akzeptieren und Verstehen. Ein Übungsbuch für Lehrer und Schüler.* München: Kösel.

Brunner, E.J. (1986). *Grundfragen der Familientherapie. Systemische Theorie und Methodologie.* Berlin/Heidelberg/New York/Tokyo: Springer.

Brunner, E.J. & Huber, G.L. (1989). *Interaktion und Erziehung.* Weinheim: Psychologie Verlags Union.

Brunner, E.J., Rauschenbach, T. & Steinhilber, H. (1978). *Gestörte Kommunikation in der Schule. Analysen und Konzept eines Interaktionstrainings.* München: Juventa.

Fisher, L. (1986). Systembased consultation with schools. In L.C. Wynne, S.H. McDaniel & T.T. Weber (Eds.), *Systems consultation. A new perspective for family therapy* (pp. 342–356). New York/London: Guilford.

Foster, M.A. (1984). Schools. In M. Berger, G.J. Jurkovic et al. (Eds.), *Practicing family therapy in diverse settings. New approaches to the connections among families, therapists, and treatment settings* (pp. 110–141). San Francisco/Washington/London: Jossey-Bass.

Goldstein, K.M. & Blackman, S. (1978). *Cognitive style.* New York: Wiley.

Hanke, B., Huber, G.L. & Mandl, H. (1984). *Aggressiv und unaufmerksam. Die Aufgaben des Lehrers bei Schulschwierigkeiten* (3. Aufl.). Weinheim: Beltz.

Hennig, C. & Knödler, U. (1985). *Problemschüler – Problemfamilien. Praxis des systemischen Arbeitens mit schulschwierigen Kindern.* Weinheim: Beltz.

Höhn, E. (1976). *Das Soziogramm. Die Erfassung von Gruppenstrukturen* (4. Aufl.). Göttingen: Hogrefe.

Hofer, M. & Dobrick, M. (1981). Naive Ursachenzuschreibung und Lehrerverhalten. In M. Hofer (Hrsg.), *Informationsverarbeitung und Entscheidungsverhalten von Lehrern* (S. 109–156). München: Urban & Schwarzenberg.

Homans, G.C. (1972). *Elementarformen sozialen Verhaltens* (2. Aufl.). Opladen: Westdeutscher Verlag.

Krampen, G. (1986). *Handlungsleitende Kognitionen von Lehrern.* Göttingen: Hogrefe.

Lewin, K. (1982). *Feldtheorie.* Kurt-Lewin-Werkausgabe, Bd. 4. C.F. Graumann (Hrsg.). Stuttgart: Klett-Cotta.

Lusterman, D.D. (1985). An ecosystemic approach to family-school problems. *The Journal of Family Therapy, 13,* 22–30.

Miller, J.G. (1978). *Living systems.* New York: McGraw-Hill.

Minuchin, S. (1983). *Familie und Familientherapie. Theorie und Praxis struktureller Familientherapie* (5. Aufl.). Freiburg: Lambertus.

Molnar, A. & Lindquist, B. (1984). Erkenntnisse über Verhalten und Strukturen verbinden – Ein systemischer Ansatz, die Leistungsfähigkeit der Schule zu erhöhen. *Zeitschrift für systemische Therapie, 2,* 2–16.

Perrez, M., Büchel, F., Ischi, N., Patry, J.L. & Thommen, B. (1985). *Erziehungspsychologische Beratung und Intervention als Hilfe zur Selbsthilfe in Familie und Schule.* Bern: Huber.

Redlich, A. & Schley, W. (1978). *Kooperative Verhaltensmodifikation.* München: Urban & Schwarzenberg.

Rost, D.H., Grunow, P. & Oechsle, D. (Hrsg.). (1975). *Pädagogische Verhaltensmodifikation.* Weinheim/Basel: Beltz.

Satir, V. (1985). *Familienbehandlung. Kommunikation und Beziehung in Theorie, Erleben und Therapie* (5. Aufl.). Freiburg: Lambertus.

Schulz von Thun, F. (1977). Psychologische Vorgänge in der zwischenmenschlichen Kommunikation. In B. Fittkau, H.M. Müller-Wolf & F. Schulz von Thun (Hrsg.), *Kommunizieren lernen (und umlernen)* (S. 9–100). Braunschweig: Westermann.

Selvini-Palazzoli, M., Cirillo, S., D'Ettorre, L., Garbellini, M., Ghezzi, D., Lerma, M., Lucchini, M., Martino, C., Mazzoni, G., Mazzucchelli, F. & Nichele, M. (1978). *Der entzauberte Magier. Zur paradoxen Situation des Schulpsychologen.* Stuttgart: Klett-Cotta.

Simon, F.B. & Stierlin, H. (1984). *Die Sprache der Familientherapie: Ein Vokabular; Überblick, Kritik und Integration systemtherapeutischer Begriffe, Konzepte und Methoden.* Stuttgart: Klett-Cotta.

Stanford, G. (1980). *Gruppenentwicklung im Klassenraum und anderswo. Praktische Anleitung für Lehrer und Erzieher.* Braunschweig: Westermann.

Textor, M.R. (1983). School Problems. In M.R. Textor (Ed.), *Helping families with special problems* (pp. 159–180). New York: Aronson.

Wahl, D., Weinert, F.E. & Huber, G.L. (1984). *Psychologie für die Schulpraxis.* München: Kösel.

24. Störungen betrieblicher Organisationen: Intervention

Karl Heinz Wiedl und Siegfried Greif

1. Einleitung

Ungleichgewichtszustände in der Beziehung zwischen Individuum und Umwelt sind Ansatzpunkte für klinischpsychologische Analyse und Intervention auch in betrieblichen Organisationen. Über die im Vordergrund stehenden Umweltaspekte - Aufgaben und organisationale Strukturen oder Prozesse - und über die statische vs. dynamische Qualität der Imbalance selbst können sie näher beschrieben werden (vgl. Greif & Wiedl, Kapitel 24, Band 1).

Durch die Unterscheidung der Ebenen der «Organisationsstruktur/prozesse vs. (hierarchisch untergeordnet) Individuum und Aufgaben» und «statische vs. dynamische Imbalancen der Individuum-Umwelt-Relation» lassen sich vier Klassen psychopathologisch relevanter Bedingungen darstellen: stabile Imbalance in der Relation Individuum/Aufgabe (A), dynamische Imbalance von Individuum und Aufgabe (B), stabile Imbalance von Individuum und organisationaler Struktur (C) und dynamische Imbalance von Individuum und organisationaler Struktur (D).

Die Unterscheidung von typischen Imbalancen ist eine geeignete Grundlage auch für die Systematisierung von Interventionsstrategien für die «Behandlung» betrieblicher Organisationen. Zum einen gestattet das vorgeschlagene Schema, unterschiedliche inhaltliche Zielfelder der Intervention einzugrenzen. Zum anderen betont dieses Konzept neben der Veränderung konkret handelnder Individuen - der charakteristischen Aufgabe Klinischer Psychologen auch in Organisationen (vgl. Manuso, 1986; Schorr & Jilski, 1987) - auch die Notwendigkeit einer Analyse und gegebenenfalls Modifikation extrapersonaler Gegebenheiten.

2. Aspekte von Imbalance als Ansatzpunkte betrieblicher Intervention

Ungleichgewichte in der Relation Individuum/Aufgabe bzw. Organisation können nach unterschiedlichen Gesichtspunkten expliziert werden. Zum einen kann aus epidemiologischer Sicht das Verhältnis von Risikofaktoren (personeigenen Vulnerabilitätsfaktoren und äußeren Stressoren) zu den inneren und äußeren Resourcen betrachtet werden.

Unter betrieblichen Gesichtspunkten ist hier v.a. auf bestimmte Formen gesundheitsgefährdenden Verhaltens (z.B. Rauchen, Problemtrinken, Bewegungsmangel) und körperliche Veränderungen (z.B. Alternsprozesse, Bluthochdruck, etc.) als Komponenten von Vulnerabilität hinzuweisen. Weiterhin hat sich bezüglich der Belastungen wie externen Ressourcen gezeigt, dass diese nicht nur unter dem Gesichtspunkt von arbeits- oder organisationsspezifischen Stressoren sowie betriebsexternen sozialen Unterstützungssystemen gesehen werden dürfen. Vielmehr weisen gerade neuere theoretische Ansätze auf eine enge Verquickung der Bereiche Arbeit, Freizeit und Familie im Sinne von Belastungen wie stützenden Faktoren hin (vgl. Scheller, 1987). Derartige Arbeiten führen beispielsweise zu einer Taxonomie von Belastungen sowohl im betrieblichen wie privaten Bereich, die aus dem Konflikt zwischen den Anforderungen der Systeme «Familie» und «Arbeitswelt» resultieren.

Eine weitere Möglichkeit zur Explikation von Aspekten der Imbalance ergibt sich aus der transaktionalen Betrachtungsweise, auf der unsere Systematisierung beruht: Durch arbeitsplatzbezogene und organisationale Aufgaben, durch andere Organisationmitglieder sowie die übrige soziale Umgebung und nichtmenschliche Objekte wird das Individuum beeinflußt und übt andererseits durch sein Handeln selbst Einfluß aus. Zustände der Balance oder Imbalance sind danach immer solche, die in konkreten Handlungsvollzügen der beteiligten Personen manifest werden. Damit spielen Prozesse der Wahrnehmung und Bewertung von Umwelt (hier: Belastungen und Ressourcen, s.o.) und personseitigen Gegebenheiten (hier: innere Ressourcen, personeigene Vulnerabilität) bei allen beteiligten Personen eine zentrale, den Interaktionsprozeß steuernde Rolle. Die Bedeutung dieses für die klinisch-psychologische Betrachtung hilfreichen Faktors der subjektiven Komponenten von Person-Umwelt-Relationen wird im «Person-Environment-Fit»-Modell (PEFit) nach French (1978) spezifiziert.

Nach diesem Modell sind nicht nur objektiv bestimmbare «Misfits» von Personen und Umwelt kritisch. Entscheidend ist auch die subjektive Wahrnehmung oder inwieweit es unterschiedliche Grade der Veridikalität in der Wahrnehmung und Bewertung von (1) Fähigkeiten, Fertigkeiten und Bedürfnissen der Person einerseits und (2) Anforderungen, Möglichkeiten und Ressourcen der Umwelt andererseits gibt. Während beim Vorliegen objektiver «Misfits» in der Relation Individuum-Umwelt eher konventionelle Maßnahmen der personbezogenen Intervention (Qualifizierung, Plazierungsentscheidungen) oder aber der Arbeitsplatzgestaltung, Organisationsveränderung und Netzwerkentwicklung angezeigt sind, verlangen «Misfits», die auf eine geringe Veridikalität von Umwelt- und/oder Selbstwahrnehmung rückführbar sind, anders geartete Methoden. Hier ist z.B. an erfahrungserweiternde Beratung und Gesprächstechniken, Techniken der Beobachtung und Verhaltensregistrierung, o.ä. zu denken.

Zur inhaltlichen Eingrenzung der möglichen «Misfits» am Arbeitsplatz können schliesslich auch Unterscheidungen herangezogen werden, die Semmer (1984) aus handlungstheoretischer Sicht vorgenommen hat. Er unterscheidet drei grundlegende Arten von «Regulationsproblemen»:

1. Probleme des Regulationsaufwandes,
2. Probleme der Regulationsunsicherheit und
3. Probleme der Zielunsicherheit.

Probleme des Regulationsaufwandes resultieren aus zu knappen Zeitvorgaben bei an sich gegebenen Arbeitskompetenzen, aus Umgebungsbelastungen, insbesondere Lärm und aus Handlungsunterbrechungen (z.B. Wartezeiten am Bildschirm). Regulationsunsicherheit liegt vor, wenn Arbeitsziele bekannt, die Mittel und Wege jedoch unsicher und unbekannt oder zu zahlreich bzw. zu komplex sind oder aber wenn die Arbeitstätigkeit mit unklaren oder widersprüchlichen Rollenerwartungen verbunden ist. Untersuchungen zeigen, dass diese Probleme zu Erschwernissen auf psychologischer (z.B. Aufmerksamkeitsbeanspruchung) und psychologischer Ebene (abnorme Höhe oder Dauer von Aktivierung) führen und u.a. mit psychosomatischen Beeinträchtigungen einhergehen. Notwendigkeit und Ansatzpunkte für korrektive – und noch besser – präventive Interventionen sind somit evident.

Die Relation von Belastungsfaktoren zu Ressourcen, verschiedene, teilweise durch subjektive Parameter vermittelte Formen von «Misfits» im Verhältnis von betrieblicher Umwelt und Individuum und schließlich die aufgeführten Regulationsprobleme stellen konkrete Ansatzpunkte für Interventionen dar. Diese Interventionen werden insofern zu systembezogenen Maßnahmen, als die angezielten Störgrößen für die Systeme relevant sind und die Interventionen in Form von Programmen organisiert werden, die in das betriebliche System als Subsysteme eingegliedert sind (vgl. hierzu Abschnitt 4).

3. Interventionsstrategien und ihre Klassifikation

Im vorangegangenen Kapitel wurde deutlich, dass je nach Explikation der Imbalance unterschiedliche Interventionsformen nahegelegt werden. Ebenfalls wurde deutlich, dass die konkret einzuschlagenden Maßnahmen in der «Behandlung von Systemen», soweit sie personbezogener Art sind, nicht notwendigerweise einen «systemischen» methodisch-therapeutischen Ansatz (vgl. Palazzoli et al., 1984) nahelegen. Vielmehr wird zunächst einmal angenommen, daß sich vorfindliche Imbalancen nach Maßgabe der obigen Systematik durch unterschiedliche methodische Zugänge auflösen bzw. auch präventiv verhindern lassen. Entscheidender scheinen uns die spezifischen Anforderungen an die jeweilige Interventionsstrategie, wie sie sich aus dem eingangs vorgestellten Klassifikationsschema psychopathologisch relevanter organisationaler Strukturen ergeben. Diese werden im folgenden erläutert und an Fallbeispielen verdeutlicht. Spezifizierungen hinsichtlich des jeweiligen Ansatzpunktes, wie sie oben herausgearbeitet wurden, werden dabei aus Platzgründen vernachlässigt.

3.1 Korrektive und präventive Intervention

Ulich (1983) hat grundlegende begriffliche Unterscheidungen verschiedener Strategien der Gestaltung menschlicher Arbeitstätigkeiten eingeführt, die als Grundlage für die Systematisierung klinisch-psychologischer Behandlungs- und Interventionsmethoden in betrieblichen Organisationen herangezogen werden können. Den typischen Fall, daß problematische Arbeitssysteme erst im nachhinein nach erwiesener Ineffizienz oder nach gesundheitlichen Beeinträchtigungen verändert werden, bezeichnet er als «korrektive Arbeitsgestaltung». Wenn dagegen bereits im Stadium des Entwurfs von Arbeitssystemen mögliche Schädigungen oder Beeinträchtigungen der Gesundheit durch entsprechende Gestaltungsmaßnahmen vermieden werden, gehört dies zur Kategorie der «präventiven Arbeitsgestaltung». Geht es nicht nur um die Verminderung oder Vermeidung von Krankheiten und psychosozialen Schädigungen oder Beeinträchtigungen, sondern um die positive Förderung der Persönlichkeitsentwicklung durch Schaffung von Handlungsspielräumen, spricht Ulich von «prospektiver Arbeitsgestaltung». Die zentrale Bedeutung der Merkmale der Arbeitstätigkeit (Handlungsspielraum, Belastungen, Ressourcen) für die Aufrechterhaltung der Effizienz betrieblicher Organisationen setzt klinisch-psychologisch motivierten Interventionen enge Grenzen – insbesondere der präventiven Intervention. Es wird eher die Ausnahme als die Regel sein, wenn klinisch-psychologische Beratung und Intervention direkt zu Verringerung beispielsweise des Zeitdrucks am Arbeitsplatz führt. Eher sind personzentrierte Maßnahmen zu erwarten, die nach erfolgter Schädigung (z.B. durch Herzinfarkt) auf eine Veränderung des Leistungseinsatzes abzielen oder aber die in präventiver Weise die Bewältigungskompetenzen von Mitarbeitern gegenüber «unveränderbaren» Arbeitsanforderungen verbessern sollen (z.B. Stressmanagement, Entspannungstechniken und Transzendentale Meditation, Cooper, 1981).

3.2 Klassifikation betrieblicher Interventionsstrategien

Zur Klassifikation organisationaler Bedingungen, die pathologische Imbalancen hervorrufen, wurden im Kapitel 2.3.3 (Bd. I) zwei hierarchische Systemebenen unterschieden (die zweite Ebene schliesst die erste ein):
1. Arbeitsplatz (Individuen und Aufgaben) sowie
2. Organisationstrukturen (als Gesamtheit der prozessualen Relationen zwischen Organisationsmitgliedern und Aufgaben).

Ulichs Unterscheidung zwischen korrektiver und präventiver Arbeitsplatzgestaltung bezieht sich nicht nur auf einzelne Arbeitsplätze, sondern insgesamt auf Arbeitssysteme. Wir können deshalb nach der Systemebene zwei Arten der Intervention unterscheiden:
1. korrektive und präventive *Arbeitstätigkeitsgestaltung* und
2. korrektive und präventive *Organisationsgestaltung.*

Interventionsmethoden, die auf der Annahme stabiler Imbalancen beruhen und dementsprechend auf eine Veränderung von Merkmalen abzielen (z.B. Verringerung von Belastungen, Verbesserung bestimmter Merkmale des Führungsstils usw.), bezeichnen wir als «merkmalsorientierte Arbeitstätigkeitsgestaltung». Hier einzuordnen sind auch «lineare» Veränderungen von Merkmalen, die selbst «dynamisch» sind, wie z.B. die «Lernmöglichkeiten» in der Arbeit. Über die Einordnung entscheidet, ob die Intervention in einer stabilen Veränderung der Merkmale beruht. Dazu gehören Arbeitsgestaltungsmaßnahmen zur Erhöhung der Lernmöglichkeiten (z.B. durch Erweiterung des Handlungsspielraums oder der Arbeitskomplexität), oder «lineare» Modifikationen der Personen (z.B. Erhöhung der Qualifikation durch Aus- oder Weiterbildungsmaßnahmen).
Wenn durch die Gestaltungsmaßnahmen eine dynamische Entwicklung der Lernmöglichkeiten am Arbeitsplatz gefördert wird (z.B. mit dynamisch an die Entwicklung praktischer Erfahrungen angepaßten, qualitativ unterscheidbaren Lern- und Entwicklungsstufen bei der Aufgabenbearbeitung) wäre dies eine

Tabelle 1: Klassifikation der Interventionsstrategien zu pyschopathologischen organisationalen Bedingungen

System-Ebene	Stabilität der Imbalance		Interventionsstrategien
	1. stabile Imbalance	2. dynamische Imbalance	
1. Individuum und Aufgabe	Merkmals-orientierte Arbeitstätigkeitsgestaltung A	Adaptive Arbeitsentwicklung B	korrektive und präventive Arbeitstätigkeitsgestaltung
2. Organisationen	C Merkmals-orientierte Organisationsgestaltung	D Adaptive Organisationsentwicklung	korrektive und präventive Organisationsgestaltung

dynamische oder «adaptive Intervention». Hierzu gehört auch eine Veränderung der flexiblen oder dynamischen Anpassung an Aufgabenänderungen (vgl. Nicholson & West, 1988) oder systematisch schwankende Belastungen (z.B. Einsatz spezieller Bewältigungsstrategien in periodisch auftretenden «Stoßzeiten»).

In Tabelle 1 werden die Unterscheidungen systematisch vor dem Hintergrund unseres Klassifikationssystems organisationaler Störungen eingeordnet, das wir in Band 1 (Kapitel 24) entwickelt haben. Die Klassifikation kann als Grundlage zur Systematisierung typischer Interventionsmethoden herangezogen werden. Die Unterscheidung verschiedener Interventionsstrategien nach Ulich findet sich in der rechten Spalte der Tabelle.

3.3 Stabile und dynamische Imbalancen

Die meisten Methoden der korrektiven und präventiven Veränderung von Arbeitssystemen setzen an einer Veränderung konkreter Gestaltungsmerkmale auf der *Arbeitsplatzebene* an. Die wichtigsten Merkmale sind die Belastungs- oder Stressfaktoren (wie Lärm, Hitze und andere Umgebungsfaktoren, Konzentrationsanforderungen und Zeitdruck, Ärger und Konflikte). Hierher gehören aber auch entwicklungsfördernde Arbeitsinhaltsmerkmale und soziale Ressourcen, wie Arbeitskomplexität, Abwechslungsreichtum, Autonomie, Ganzheitlichkeit, Lernmöglichkeiten, Kooperation und soziale Unterstützung.

Die Veränderung von Merkmalen auf *organisationaler Ebene* betrachtet vor allem Merkmale des Organisationsaufbaus, wie Hierarchie («Steilheit» oder Höhe der Pyramide) und Zentralisierung vs. Dezentralisierung, Formalisierungs- und Standardisierungsgrad der Aufgaben, Ausmaß der Spezialisierung und Rollendifferenzierung sowie Merkmale der Ablauforganisation, z.B. Informationssysteme, Methoden der Leistungs- und Qualitätskontrolle, Bezahlungssysteme, Beförderungen, Aus- und Weiterbildung, Planungsinstrumente sowie Führungsstile und unternehmenspolitische Verhaltensgrundsätze (Verhalten gegenüber Kunden, Tarifpartnern, Umwelt, Kapitalgebern oder Lieferanten usw.).

Klinisch-psychologisch relevante Imbalancen auf organisationaler Ebene werden nur von wenigen Autoren behandelt. Nach Argyris (1957) ist die Imbalance zwischen Bedürfnissen und Restriktionen in allen traditionellen hierarchischen und streng arbeitsteilig nach Taylors Prinzipien gestalteten Organisation so groß, daß dies zu «organisationalem Streß» führt (zumindest für die Mitglieder der unteren Hierarchieebenen). Palazzoli et al. (1984) analysieren die Kommunikationsprozesse und scheinbar paradoxen «Spiele» (insbesondere zur Verleugnung von Konflikten) der Organisationsmitglieder als systemische Beziehungsprobleme und Prozesse. Ihre Funktion ist die Aufrechterhaltung der Stabilität (oder «Polystabilität») des Systems. Klinisch-psychologisch bedeutsam wären danach vor allem die verleugneten Konflikte zwischen Personen oder Koalitionen oder versteckte Bedeutungen und paradoxe Kommunikationen. Büssing (1987) analysiert die strukturellen Imbalancen in psychiatrischen Krankenhäusern durch «streßbezogene Tätigkeitsanalysen» (vgl. Kapitel 24, Band 1) und ihre psychosomatischen Auswirkungen auf das Pflegepersonal. Er vergleicht dabei verschiedene (traditionelle und «offene») Organisationsformen. Seine Untersuchungen sind u.E. beispielhaft für einen systemischen und gleichzeitig konkret individuumbezogenen Ansatz und ließen sich auch auf betriebliche Organisationen übertragen.

Es gibt nur wenige konzeptuelle Beschreibungen in der Arbeits- und Organisationspsychologie, die explizit auf *dynamische Imbalancen* Rücksicht nehmen. Zu den Ausnahmen gehört das Prinzip der «dynamischen Arbeitsgestaltung» nach Ulich (1978). Damit meint er eine Gestaltung von Arbeitssystemen, die der Persönlichkeitsentwicklung des Menschen durch Erweiterung bestehender oder Schaffung neuer Arbeitssysteme und durch die Möglichkeit des Wechsels zwischen verschiedenen Arbeitssystemen Rechnung trägt. Hoffs (1985) Konzept zur Beratung in der beruflichen Entwicklung nimmt ebenfalls explizit auf dynamische Veränderungen der Person und der Berufstätigkeit Rücksicht.

Auf der *Systemebene der Organisation* behandelt Gebert (1978) verschiedene Formen der Bewältigung von Umweltkomplexität und Dynamik und die Förderung der Innovativität und Flexibilität von Organisationen. Das Projekt «Fördertraining» der Bildungsabteilung von Daimler Benz wäre ebenfalls hier einzuordnen. In diesem Projekt erhalten Führungskräfte eine intensive individuelle Beratung über einen längeren Zeitraum (inzwischen 10 Jahre) und kommen regelmäßig in Förderkreisen zusammen, um die Balance zwischen Anforderungen und Kompetenzen, aber auch Arbeit und Freizeit immer wieder neu zu finden und um sich auf die zu erwartenden Veränderungen einzustellen (vgl. Gottschall, 1987).

Die Einführung neuer Technologien oder der immer raschere technologische Wandel und die damit verbundenen tiefgreifenden strukturellen Organisationsveränderungen sowie Anforderungen an die Flexibilität der Organisationsmitglieder (Nicholson & West, 1988) verstärken die Notwendigkeit, dynamische Interventionsstrategien auf organisationaler Ebene einzusetzen. Insgesamt gesehen, gibt es bisher trotz zunehmender Bedeutung aber nur sehr wenige Interventionsstrategien, die als «adaptive Organisationsentwicklung» zu klassifizieren wären (siehe das Zukunftsszenario in Abschnitt 5).

4. Klinisch-psychologische Interventionsprogramme

Wie oben gezeigt, lassen sich Möglichkeiten klinisch-psychologischer Intervention im Betrieb auf der Grundlage geeigneter theoretischer Konzepte strukturieren und entwickeln. Einflüsse auf die Auswahl und konkrete Ausgestaltung solcher Interventionen erwachsen jedoch auch - und bisher in erster Linie - aus der betrieblichen Praxis selbst. Als erstes sind hier die konkret im Betrieb auftretenden Probleme sowie spezifische Interessenlagen - insbesondere der Unternehmensleitung zu nennen. Als zweites ist zu berücksichtigen, daß Position und Tätigkeit des Psychologen ja selbst Bestandteile des betrieblichen Systems sind und somit nicht losgelöst von dessen Gesetzmäßigkeiten und Regeln gesehen werden dürfen. Letzterer Punkt betrifft insbesondere die rechtlichen Rahmenbedingungen psychologischer Tätigkeit sowie die Formen der organisatorischen Umsetzung psychologischer Interventionsvorhaben im Betrieb. Im folgenden sollen diese Punkte weiter erörtert werden.

4.1 Programmentwicklung im Betrieb

Interventionen auf der Grundlage des dargestellten Balance/Imbalance-Rahmenmodells und nach Maßgabe der soeben konkretisierten Ansatzpunkte lassen sich sowohl als individuelle als auch kollektive Maßnahmen organisieren. Interventionen im betrieblichen Rahmen sind in der Regel kollektive Maßnahmen. Sie werden als Programme realisiert, deren Ziel es ist, für bestimmte Mitarbeitergruppen oder für die gesamte Belegschaft eines Betriebes Veränderungen in den o.g. Komponenten herbeizuführen. Bisherige Programme sind weitgehend personorientiert, beinhalten also die Erhöhung innerer Ressourcen und die Verringerung von Aspekten der Vulnerabilität. Die Funktion des Klinischen Psychologen im Betrieb liegt in der Problemanalyse, der Programmentwicklung und in ihrer effektiven Implementation und Evaluation (vgl. Dickmann, 1985; Manuso, 1983).
Grundsätzlich lassen sich zwei Klassen von Programmen unterscheiden. Bei ersteren werden *Beratungs- und Trainingsverfahren als*

strukturelle Maßnahmen vorgesehen, mit deren Hilfe spezifische Imbalance in der betrieblichen Organisation beseitigt werden sollen. Derartige Ansätze reichen von den für die «klinische Betriebspsychologie» paradigmatischen Alkoholismusprogrammen über die Bearbeitung von Problemen, wie sie bei Arbeitswechsel (Umsetzung) und spezifischen Arbeitsanforderungen, Auflösung von Arbeitsplätzen, Entlassung, Versetzung, Pensionierung entstehen bis zur Behandlung von familiären und interpersonellen Schwierigkeiten, Scheidungsproblemen, finanziellen Konflikten und gruppenspezifischen Arbeits- und Führungsproblemen (z.B. Vermittlung von Assertivität bei Frauen im Betrieb).

Die zweite, historisch jüngere Klasse von Programmen zielt auf die *Vermittlung von Grundkomponenten psychischer und auch körperlicher Gesundheit* auf breiter Front und ist stärker präventiv angelegt (z.B. Naditch, 1983). Konkrete Ansatzpunkte sind Stress-Management (Regulationskompetenzen), Gesundheitsverhalten (Vulnerabilitätskomponenten), Führungsverhalten (Vermittlung angemessener Kompetenzen im Sinne eines optimalen PE-Fit) und die Entwicklung und Nutzung von Selbsthilfegruppen und anderen Formen sozialer Unterstützung (externale Ressourcen). Ein Beispiel für letzteren Ansatz stellt die Entwicklung eines sozialen Netzwerkes für weibliche Führungskräfte dar (Novak, 1983).

Bei allen Programmen zeigt sich eine pragmatische Verwendung unterschiedlicher therapeutischer bzw. Interventionstechniken nach Maßgabe der jeweiligen Zielsetzung. Kennzeichnend für diese Programmentwicklung ist ferner die Annahme, daß psychische und körperliche Gesundheit und betriebliche Effizienz in einem Wechselwirkungsprozeß stehen. Neben den Gefahren eines solchen Austauschverhältnisses, wie sie im abschließenden Kapitel illustriert werden, bietet diese Auffassung eine Vielzahl von Chancen für klinisch-psychologische Intervention und somit auch für die Verbesserung psychischer Gesundheit am Arbeitsplatz. Eine Übersicht über historische wie aktuelle Formen und Ergebnisse solcher Programmentwicklungen geben v.a. Manuso (1983), Dickman (1985) und Schorr und Jilski (1987).

4.2 Rahmenbedingungen psychologischer Tätigkeit im Betrieb

Alle neueren Publikationen zur «klinischen Betriebspsychologie» betonen die Notwendigkeit einer Berücksichtigung der Machtverhältnisse, insbesondere zwischen Arbeitgeber- und Arbeitnehmervertretern (vgl. Lippmann, 1985; Schorr & Jilski, 1987). Wenngleich verläßliche empirische Belege bislang nicht vorliegen, ist evident, daß es beispielsweise für die Durchführung eines Programms zur Alkoholismusprävention nicht gleichgültig ist, ob dieses in der Abteilung für Personalentwicklung, beim Betriebsrat, bei der Gewerkschaft, in der betriebsärztlichen Abteilung oder im Rahmen eines unabhängigen Modellprojektes angesiedelt ist. Je nach Lokalisation im Kraftfeld des betrieblichen Systems werden Interventionsprogramme unterschiedliche Akzente des Inhalts und der Zielsetzung aufweisen, unterschiedlichen Einflüssen ausgesetzt sein, von den verschiedenen Gruppen der Organisation unterschiedlich perzipiert und letztlich von den Zielgruppen auch unterschiedlich rezipiert werden. Für den klinischen Psychologen im Betrieb gilt es, seine eigene Lokalisation im betrieblichen Kraftfeld zu analysieren und ggf. so auf deren Veränderung hinzuwirken, daß seine Handlungsmöglichkeiten dadurch optimiert werden.

Eine zweite Rahmenbedingung wird durch die gegebenen gesetzlichen Regelungen konstituiert. Diese sind beispielsweise in Deutschland im Betriebsverfassungsgesetz (BetrVG) und im Arbeitssicherheitsgesetz (ASiG) festgeschrieben. Hier ist als erstes Paragraph 75 der BetrVG zu nennen, der Arbeitgebern und Personalrat eine Verpflichtung zum Schutz der freien Persönlichkeitsentfaltung der Mitarbeiter auferlegt; weiterhin das Arbeitssicherheitsgesetz, das u.a. die Neutralität bestimmter Berufsgruppen vorschreibt (Betriebsärzte, Fachkräfte für Arbeitssicherheit). Da psychologische Programme in Anbindung an bzw. in Abstimmung mit den genannten Instanzen durchgeführt werden oder aber die gesetzlichen Regelungen unter bestimmten Bedingungen auch für den Psychologen unmittelbar gültig sein können (vgl. Lippmann, 1985), ergibt sich hieraus eine Verpflichtung auf ein Rollenverständnis, das durch die Begriffe Persönlichkeitsschutz und Neutralität gekennzeichnet ist. Die Art und Weise wie mit diesen Rollenerwartungen umgegangen wird, dürfte in unmittelbarer Relation zu dem Erfolg betrieblicher Intervention stehen. In diesem Zusammenhang ist zu erwähnen, daß die geforderte Weisungsfreiheit und Unabhängigkeit der Betriebsärzte und Fachkräfte für Arbeitssicherheit vom ASiG, sofern Psychologen diesem unterliegen, auch gewährleistet wird (Par. 9). Eine standespolitische Forderung betrieblich tätiger Klinischer Psychologen geht dementsprechend auch dahin, das ASiG für Psychologen ohne Einschränkungen in Anwendung zu bringen (vgl. Lippmann, 1985).

Die gegebenen rechtlichen Rahmenbedingungen lassen darüberhinaus auch einige Ansatzpunkte für präventive und korrektive Maßnahmen bezüglich vorhersehbarer gesundheitlicher und psychosozialer Störungen erkennen. So gibt das deutsche Betriebsverfassungsgesetz in Paragraph 91 dem Betriebsrat ein Mitbestimmungsrecht bei Veränderungen der Arbeitsplätze, des Arbeitsablaufs oder der Arbeitsumgebung, die den gesicherten arbeitswissenschaftlichen Erkenntnissen über die menschengerechte Gestaltung der Arbeit offensichtlich widersprechen. Wenn Psychologen den Betriebsrat sachkundig auf der Grundlage gesicherter arbeits- und organisationspsychologischer Erkenntnisse beraten, kann dieser «angemessene Maßnahmen zur Abwendung, Milderung oder zum Ausgleich der Belastung verlangen». Gemeint sind nach der gängigen Rechtssprechung dabei in der Regel Fälle mit hohem Belastungsgrad und damit verbundener Gesundheitsgefahr, die auf Dauer bestehen. «Außerdem müssen die Belastungen für jeden, der eine ausreichende Sachkunde über gesicherte arbeitswissenschaftliche Erkenntnisse zur menschengerechten Gestaltung der Arbeit besitzt, deutlich erkennbar, offensichtlich sein» (Fitting, Auffahrt & Kaiser, 1981). Im Unterschied zu den vorhersehbaren Risiken sind wir bei nicht vorhersehbaren, durch die Arbeitssysteme bedingten Beeinträchtigungen oder Schädigungen auf eine wirksame Früherkennungsdiagnostik und möglichst rasche korrektive Arbeitsgestaltung angewiesen. Aus sozialmedizinischer Sicht wird von daher die Forderung nach regelmäßigen betrieblichen Reihenuntersuchungen und regelmäßigen Erhebungen zur Erstellung eines «Belastungskatasters» (nach Betrieben und Arbeitsplätzen klassifizierte Belastungsskalierungen) gestellt. Psychologische Untersuchungsinstrumente zur Erfassung psychosomatischer Beeinträchtigungen und psychischer Störungen dürfen aus psychologischer Sicht bei derartigen Reihenuntersuchungen nicht fehlen. – Beispielsweise wären standardisierte Instrumente der «stressbezogenen Tätigkeitsanalyse» zweifellos für solche «Belastungskataster» besonders geeignet. – Damit könnte auch aus psychologischer Sicht ein erster Schritt einer Frühdiagnostik und frühzeitigen Intervention erfolgen. Wenn derartige Daten in epidemischen Längsschnittuntersuchungen regelmäßig im Betrieb erhoben werden, können daraus auch Erkenntnisse zur präventiven Intervention abgeleitet werden.

Auf praktisch-methodischer Ebene beinhalten die o.g. Gesetze jedoch auch Einschränkungen für die psychologische Tätigkeit. So bedarf der Einsatz von Fragebogenverfahren der Zustimmung des Betriebsrates (Paragraph 94 des BetrVG). Fragen nach persönlichen Problemen sind nach einschlägigen Kommentaren zur Rechtssprechung weitgehend unzulässig (Fitting, Auffahrt & Kaiser, 1981). Wenngleich diese auf Persönlichkeitsschutz abzielenden Regelungen prinzipiell wünschenswert und unverzichtbar sind, bedeuten sie jedoch in der Praxis eine Erschwernis psychologischer Tätigkeit sowohl für die Erarbeitung von Indikationsstellungen für Programme als auch für deren Evaluation. Klinische Psychologen in betrieblichen Organisationen müssen diese Erschwernisse auf sich nehmen; sie müssen jedoch auch versuchen, im Sinne einer möglichst effizienten Gestaltung ihrer Tätigkeit für die Beschäftigten die im Rahmen der Gesetze gegebenen Möglichkeiten zur Erhebung relevanter Daten zu nutzen.

Lokalisation im betrieblichen Kraftfeld, Rollendefinitionen und rechtliche Vorgaben bestimmen somit den Rahmen, der für klinisch-psychologische Interventionsprogramme im Betrieb gegeben ist. Um effektiv arbeiten zu können, muß der Psychologe diese Bedingungen erkennen und prinzipiell akzeptieren, sie aktiv – beispielsweise bezüglich seiner eigenen

Rolle – mitgestalten und Handlungsspielräume ausloten. Diese Aufgabe wird nur über eine enge Kooperation der Psychologen mit allen relevanten Repräsentanten der betrieblichen Organisation und der Gesellschaft realiserbar sein.

4.3 Implementationsmodelle

Auf der Grundlage der Annahme, daß mit der Position von Programmträgern und Programmdurchführung innerhalb dieses Kontextes auch praktisch bedeutsame Programmmerkmale variieren, kann eine Klassifikation von betrieblichen Interventionsprogrammen unter dem Gesichtspunkt ihrer Lokalisation und Organisationsform vorgenommen werden. Eine grobe Klassifikation unterscheidet zwischen der innerbetrieblichen Konzeptualisierung und Durchführung von Programmen («direct counseling model»), dem Modell einer innerbetrieblichen Problemidentifikation und angeschlossenen «Überweisung» an einen externen Träger für die Programmentwicklung und Durchführung («referral agent model») sowie verschiedene Mischformen (z.B. «case management model», Programm zur Krisenintervention, o.ä. im Betrieb, dann Überweisung an externe Instanz für längerfristige Maßnahmen; vgl. insgesamt Santa Barbara, 1984).
Phillips und Older (1985) unterscheiden zwischen drei Modellen, den internalen Programmen, den «Service Center»-Programmen und solchen Programmen, die von einer öffentlichen bzw. psychosozialen Stelle angeboten werden. Im folgenden werden diese drei Programmtypen anhand jeweils eines Beispiels dargestellt. Eine Erörterung der Frage, welche Implementationsmodelle für welche Anlässe geeignet sind, findet sich bei Schmitz (1983).

4.3.1 Internale Programme

Grundsätzlich haben internale Programme die Funktion der Problemanalyse (Diagnostik i.w.S.) und externen Vermittlung, der Problemanalyse, externen Vermittlung und eigenständigen Beratung oder der Problemanalyse, Programmgestaltung und eigenständigen Durchführung (vgl. Phillips & Older, 1985). Abbildung 1 (Teil a) zeigt eine in der Praxis häufiger anzutreffende Version eines internalen Programmes. Es beinhaltet im wesentlichen die Funktion der innerbetrieblichen Problemidentifikation und -definition, der Erschließung und Bewertung betriebsexterner Interventionsressourcen sowie der Vermittlung und Koordination von Teilnehmern und Programm. Direkte «Fallkonsultationen» und die Durchführung von Trainingsmaßnahmen werden ebenfalls übernommen, nehmen jedoch eine weniger zentrale Rolle ein.
Als Vorteile des Modells werden insbesondere die Möglichkeit der internen Programmkontrolle, die intime Kenntnis der Organisation, die erleichterte Kommunikation innerhalb der Organisation und eine verbesserte Identifikation mit dem Programm («unser Programm») genannt. Nachteile liegen in Problemen der Vertraulichkeit, Rollen- und Ablehnungskonflikte (Persönlichkeitsschutz, s.o.) sowie Anforderungen an innerbetriebliche personelle Ressourcen, wie sie nur große Unternehmen aufbringen können. Dies impliziert, daß bei Realisierung dieses Modells in kleineren Unternehmen auf die betreffenden psychologischen Fachkräfte vielfältige Anforderungen zukommen und daß durch Limitationen in Ausrichtung und Qualifikationsniveau dieses Personals auch die Anzahl und das Qualifikationsniveau der erreichbaren Mitarbeiter limitiert sind.

4.3.2 Service Center Programme

Im Unterschied zu den internalen Programmen liegt bei diesem Modell die Identifikation und Definition von Problemen, die subsequente Vermittlung von Behandlungsressourcen und gegebenenfalls auch die Durchführung kurzfristiger Interventionsmaßnahmen (z.B. Beratung, Krisenintervention) einem unabhängigen, betriebsexternen «Service Center», das als Verbindungsstelle zwischen Betrieb und Träger für die Entwicklung und Durchführung von Programmen fungiert. Über den Rahmen einzelner Programme hinaus ermöglicht es Unternehmen den Zugang zu einer Beratung hinsichtlich Maßnahmen der Organisationsentwicklung und zu den

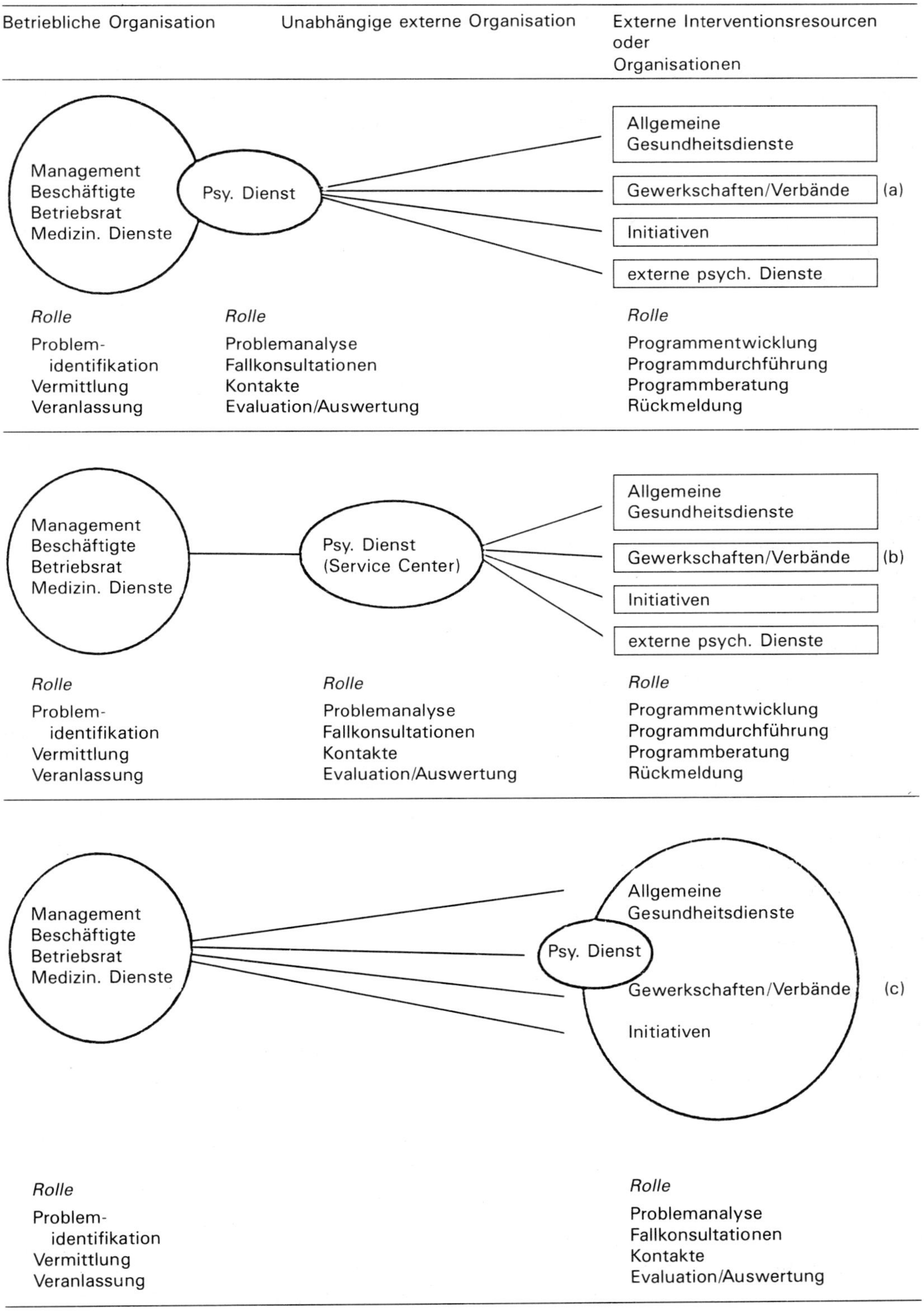

Abbildung 1: Verschiedene strukturelle Einbindungen des psychologischen Dienstes (a: im Betrieb, b: zwischen Betrieb und externen Interventionsressourcen, c: in externen Interventionsorganisationen)

Funktionen der Identifikationen und Definitionen klinisch-psychologischer Probleme, der Vermittlung von Angeboten, der Erfolgsprüfung und der Rückmeldung an das Unternehmen. Abbildung 1 (Teil b) veranschaulicht eine Variante dieses Modells.
Das Modell hat die Vorteile der Kostenersparnis für kleinere Unternehmen, einer leichter herzustellenden Vertraulichkeit, einer vermutlich besseren Identifikation und Ausnutzung externer Ressourcen, einer größeren Streubreite erreichbarer Mitarbeiter, einer besseren Kommunikation mit den Fachleuten und den externen Einrichtungen und gewöhnlich auch eines stärker diversifizierten und professionelleren Personals.
Nachteile können in einer abnehmenden Kompetenz für Beratung und sonstige Interventionen innerhalb des Betriebes, dem Mangel an Identifikation mit den Programmen, der Etablierung von «ousider»Rollen, einem Mangel an Wissen über die Organisation beim Service Center und den externen Trägern und in erschwerter Kommunikation liegen. Manche der möglichen Nachteile des Modells können durch Modifikation behoben werden, beispielsweise durch Entwicklung von Ressourcen für die Durchführung bestimmter Funktionen innerhalb des Betriebes selbst (vgl. Phillips & Older, 1985).

4.3.3 Programme im Rahmen des Angebotes öffentlicher Institutionen

Diese Art der Implementationen von Programmen findet sich dann, wenn innerhalb von Betrieben keine Kapazitäten für Problemanalyse und Intervention gegeben sind und auch kein Service-Center verfügbar ist. Entsprechende Angebote werden von solchen Diensten oder Institutionen (z.B. Industrie- und Handwerkskammern, Gewerkschaften, Stiftungen, konfessionellen Einrichtungen, gemeindepsychologischen Einrichtungen, usw.) erstellt und an die Betriebe weitergegeben. Die Durchführungen der Programme, Erfolgsprüfungen, usw. werden von einem betrieblichen Koordinator und einem Vertreter der jeweiligen Einrichtung organisiert. Gegebenenfalls werden weitere externe Ressourcen (z.B. Selbsthilfegruppen, beispielsweise Anonyme Alkoholiker bei Maßnahmen der Alkoholismusprävention, Verband für Alleinerziehende bei Maßnahmen zur Abstimmung von beruflichen und familiären Belangen) hinzugezogen. Abbildung 1 (Teil c) zeigt ein Beispiel für diesen Modelltyp.
Vorteile eines solchen Programms sind die hohe Glaubwürdigkeit für die Mitarbeiter, die der Trägerorganisation nahe stehen (z.B. Gewerkschaftsmitglieder), hohe Vertraulichkeit für die Teilnehmer sowie Kostengünstigkeit für den Betrieb. Nachteile liegen darin, daß Nicht-Mitglieder oft nicht teilnehmen können, Mißtrauen zwischen der Firma und dem Programmträger entstehen kann und u.a. auch nur limitierte professionelle Kompetenzen sowohl innerhalb des Betriebes als auch innerhalb der Trägerorganisation zur Verfügung stehen.

5. Zukunftsperspektiven

Durch die Einführung immer neuer «Generationen» von Computern oder Mikroprozessoren ändern sich die Arbeitsaufgaben und -prozesse in Industrieunternehmen und anderen Organisationen mit zunehmendem Tempo. Die permanente Umgestaltung, Rationalisierung und organisationale Anpassung der Arbeitstechnologie (Hard- und Software) wird zu einer der Hauptaufgaben jeder Organisation. Dies impliziert stetig neue Zustände von Imbalance. Welche Aufgaben haben nun Psychologen in zukünftigen, von dynamischen technologischen Veränderungen beherrschten Organisationen? Brauchen diese Organisationen nur noch Techniker und Informatiker? Brauchen wir (Klinische) Psychologen nur noch zur korrektiven Arbeits- oder Organisationsgestaltung, um nachträglich die individuellen psychosozialen Folgen des Technikeinsatzes und der technologischen Rationalisierung zu lindern, wie z.B. Arbeitsplatzverlust, Angst, Unsicherheit oder Streß, Kontrollverlust und Entfremdung? Unsere Prognose ist, daß die Bedeutung der Psychologie eher zunehmen als abnehmen wird, wenngleich die zukünftigen Aufgaben der Psychologie keineswegs durchweg positiv zu beurteilen sind. Das folgende Szenario (vgl. Kasten 1) beschreibt die Aufgaben einer Klinischen

Kasten 1
Zukunftsszenario zu den Aufgaben von Psychologen in zukünftigen Organisationen

Alessa H. ist als Diplom-Psychologin im psychologischen Dienst eines Automobilkonzerns tätig. Ihr Arbeitsfeld ist die psychologische Untersuchung und Beratung der Mitarbeiter(innen) eines Zweigwerks, in dem eine bestimmte Automobilserie gefertigt wird. Ihre Studienschwerpunkte waren Wahrnehmungspsychologie, Psychophysiologie, Arbeitsgestaltung, «Mensch-Computer Interaktion», Psychosomatik, Klinische Psychologie sowie das neue Gebiet «Fehlerpsychologie». Sie kennt mehrere höhere Programmsprachen.
In der Fertigung sind nur noch wenige hochqualifizierte Systemoperateure tätig. Sie überwachen, analysieren und verbessern die computergesteuerten Fertigungsprozesse und führen ständig selbst Qualitätskontrollen durch. In der menschenleeren Fertigungshalle stehen flexibel umrüstbare Roboter und Fertigungsautomaten. Datenaustauschprozesse zwischen Fertigung und Verwaltung sind weitgehend integriert («Computer Integrated Manufacturing (CIM») und ermöglichen es, jedes Auto nach den individuellen Wünschen des Käufers herzustellen. Die Systemoperateure sitzen in einer Steuerzentrale mit großen mehrfarbigen Bildschirmen, Lautsprecheranlage, Spezialtastaturen und einem Steuerknüppel. Über die Bildschirme erhalten die Systemoperateure Video-Aufnahmen, piktographisch veranschaulichende Abbildungen von Fertigungsprozessen und Systemzuständen, Funktionsverläufe, Tabellen oder Textinformationen. Jeder einzelne Systemoperateur verwendet ein speziell an seine Vorerfahrungen, Kompetenzen und Wünsche angepasstes Programm. Aus dem integrierten Informationssystem des Konzerns kann der Operateur jederzeit Daten und Informationen abfragen oder eingeben. Mit den anderen Systemoperateuren kommuniziert er über Bildschirmnachrichten («Mailbox») oder Video-Telefon. Jeden Tag bespricht er per Telekommunikation mit den Verkäufern die Sonderwünsche einzelner Käufer, um sicherzustellen, daß die realisierbaren Wünsche des Käufers vollständig berücksichtigt werden und um schnell Änderungen des Fertigungsprogramms vornehmen zu können, wenn sich die Konsumentenwünsche ändern.
Täglich koordiniert er seine Arbeit mit den Zuständigen in der Materialzufuhr, im Vertrieb, in der Wartung und Reparatur per «Video-Konferenz». Regelmäßig nehmen die Systemoperateure an «Qualitätszirkeln» teil. Hier kommen die Systemoperateure und die Zuständigen aller kooperierenden Abteilungen und Ebenen mit den Systementwicklern zusammen, um über Verbesserungsmöglichkeiten, Umstellungen für die Fertigung neuer Produkte und die Einführung der nächsten Technik-Generation zu beraten.

Die allgemeinen Aufgaben der Psychologin sind:
- Psychologische Beratung der Systemoperateure.
- Mitwirkung bei der Analyse und Verbesserung der Organisationsstrukturen, Arbeitsbedingungen, Aufgabenverteilung und Kooperation der Systemoperateure zur Verbesserung von langfristiger Effizienz, Gesundheit und psychosozialem Wohlbefinden sowie Qualifikation (in Zusammenarbeit mit Arbeitsanalytikern, Ausbildern und Ärzten aus dem betrieblichen Gesundheitsdienst).
- Beratung der Systementwickler bei der individuellen Anpassung der Systeme an die Kompetenzen und Wünsche der Systemoperateure.
- Analyse von Stillstandszeiten und Fehlhandlungen.
- Vorbereitung, Beratung und Auswertung der Qualitätszirkel-Sitzungen.

Da es leichter ist, die flexibel änderbaren Tastaturen und Programme mit optimaler Effizienz an die Vorerfahrungen, Qualifikationen und Gewohnheiten der einzelnen Systemoperateure anzupassen, als umgekehrt die Operateure an eine unveränderte komplexe Technik, ist System-Design eines der Hauptaufgabenfelder der Psychologen und technischen Designer geworden. Jede Verbesserung, die dazu beiträgt, Zeit einzusparen, Stillstandszeiten oder Fehlhandlungen im Fertigungsprozeß zu verringern, führt zu einer genau kalkulierbaren Kostenreduktion. (Wenn durch die Psychologin jährlich nur etwa 2 Minuten (!) Zeitkosten in einer Fertigungsanlage gespart werden können, bringt sie dem Betrieb bereits mehr ein, als für ihr Gehalt investiert werden muß.)
Als besonders befriedigend erlebt sie die intensiven psychologischen Beratungsgespräche, die sie auf Wunsch mit einzelnen Systemoperateuren durchführen kann (sie fallen selbstverständlich unter ihre Schweigepflicht). In diesen quasitherapeutischen Gesprächen geht es nicht nur um arbeitsbezogene Probleme, die sich aus Konflikten mit Kollegen oder Vorgesetzten, bei der Bewältigung von Belastungs- und Streßsituationen, in der Berufsentwicklung (Beförderung, Versetzung usw.) ergeben, sondern auch um psychosomatische Probleme, Gesundheitsverhalten (Bewegung, Rauchen, Alkohol und Drogenkonsum), Partnerkonflikte und Familienprobleme. Der Betrieb finanziert seit kurzem diese psychologische «Dienstleistung», weil dadurch nachweisbar die Abwesenheitsrate und Fluktuation abnimmt.

Psychologin in einem High-Tech-Unternehmen, wie wir sie in der Zukunft erwarten. Es konkretisiert gleichzeitig, was wir mit «adaptiven Interventionsstrategien» meinen, die am konkreten Arbeitsplatz ansetzen, aber systematische Veränderungen von organisationalen Strukturen und Prozessen nicht ausklammern. Das Szenario sollte nicht als Wertung oder vielleicht sogar als unsere «positive Utopie» mißverstanden werden. Erst im Anschluß an die Darstellung versuchen wir, die erwartete Zukunftsentwicklung zu werten.

Jede Prognose kann falsch sein. Genauso auch unser Zukunftsszenario. Wir haben aber keine phantastischen Technologien aus Zukunftsromanen eingesetzt, sondern absehbare, überwiegend heute schon existierende Technologien. (Lediglich größere CIM-Lösungen gibt es heute noch nicht.) Außerdem haben wir Experten zu unserem Modell befragt und uns an aktuellen Entwicklungen orientiert, die zwar noch nicht durch wissenschaftliche Untersuchungen belegbar sind, sich aber bereits abzeichnen. Wir meinen, daß nicht nur Arbeits- und Organisationspsychologen, sondern auch Klinische Psychologen durch die technologische Entwicklung neue präventive Aufgaben bei der Verbesserung von Computersystemen und bei der Arbeitsgestaltung und Förderung zwischenmenschlicher Beziehungen übernehmen müssen. Auf absehbare Zeit werden durch den Einsatz von Computertechnologien in Produktionsanlagen die Risiken komplizierter Fehler und sehr teure Stillstandszeiten nicht aufgehoben. Die Analyse und Prävention von (kostenverursachenden) Fehlhandlungen und Fehlverhalten in Belastungs- und Streßsituationen werden deshalb voraussichtlich eines der ökonomisch wichtigsten neuen Aufgabenfelder sein.

Die im Szenario skizzierte technologische Zukunftsentwicklung bringt aus heutiger Sicht eher beunruhigende oder sogar abschreckende Veränderungen der Tätigkeitsfelder der Psychologie mit sich. Problematisch ist zweifellos vor allem die komplizierte und schwer durchschaubare oder gar kontrollierte Abhängigkeit menschlicher Arbeit und Tätigkeit von der Computertechnologie. Einen Aspekt des Szenarios werten wir aber dadurch als positiv: die vorhersehbare Zunahme der Bedeutung des Individuums und eine langfristig angelegte Entwicklungs- und Gesundheitsförderung. Es besteht jedoch auch die Gefahr, daß die Interaktion mit Computersystemen die lebendige zwischenmenschliche Kommunikation zerstört. Dies kann zu Vereinzelung, zur Entwicklung individualistischer Spezialisten oder gar eines neuen, technikorientierten Narzißmus führen. Der Zerfall sozialer Netzwerke, emotionale Labilität durch fehlende soziale Unterstützung in Streßsituationen oder die Inkompetenz zur konkreten Hilfe und Solidarität kann so zur neuen Individualisierung und zur Psychopathologie der Technikentwicklung werden. Zu den wichtigsten Aufgaben der klinisch-psychologischen Intervention heute gehört es demnach, die Gefahren der Entwicklung von morgen vorherzusehen und Kompetenzen und Einfluß zu gewinnen, um einen Beitrag zu ihrer Abwendung zu leisten.

6. Literatur

Agyris, C. (1957). *Personality and Organization.* New York: Harper.

Büssing, A. (1987). *Organisationsstruktur, Tätigkeit und Individuum. Untersuchungen am Beispiel der Pflegetätigkeit in Psychiatrischen Krankenhäusern unterschiedlicher Organisationsstruktur.* Unveröff. Habilitationsschrift, Fachbereich Psychologie, Universität Osnabrück.

Cooper, C.L. (1981). *Stressbewältigung: Person, Familie, Beruf.* München: Urban & Schwarzenberg.

Dickman, F. (1985). Employee assistance programs: History and philosophy. In J.F. Dickman, W.G. Emener & W.S. Hutchinson (Eds.), *Counseling the troubled person in industry* (pp. 7–12). Springfield: Thomas.

Fitting, K., Auffahrt, F. & Kaiser, H. (1981). *Betriebsverfassungsgesetz. Handkommentar.* München: Vahlen, 11. Aufl.

French, J.R.P., Jr. (1978). Person-Umwelt-Übereinstimmung und Rollenstreß. In M. Frese, S. Greif & N. Semmer (Hrsg.), *Industrielle Psychopathologie* (S. 42–51). Bern: Hans Huber.

Gebert, D. (1978). *Organisation und Umwelt.* Stuttgart: Kohlhammer.

Gottschall, D. (1987). Lernen ohne Zwang und Streß. *Manager Magazin, 7,* 166–179.

Hoff, E. (1985). Berufliche Entwicklung und Entwicklungsberatung. In J. Brandstädter & H. Gräser (Hrsg.), *Entwicklungsberatung unter dem Aspekt der Lebensspanne* (S. 133–149). Göttingen: Hogrefe.

Lippmann, C. (1985). Klinische Betriebspsychologie sozialpolitische und arbeitstechnische Dimensionen. In F.J. Hehl, V. Ebel & W. Ruck (Hrsg.), *Diagnostik und Evaluation bei betrieblichen, politischen und juristischen Entscheidungen* (S. 290–298). Bonn: Deutscher Psychologen Verlag.

Manuso, J.S.J. (Ed.). (1986). *Occupational Clinical Psychology.* New York: Praeger Publisher.

Naditch, M.P. (1983). The stay well Programm: Health Enhancement at Work. In J.S.J. Manuso (Ed.), *Occupational Clinical Psychology* (pp. 245–254). New York: Praeger Publisher.

Nicholson, N. & West, M. (1988). *Managerial Job Change: Men and Women in Transition.* Cambridge: Cambridge University Press.

Novak, A. (1983). The Networking Process: Informal and Formal Networking, with a Corporate Case Study. In J.S.J. Manuso (Ed.), *Occupational Clinical Psychology* (pp. 263–272). New York: Praeger Publisher.

Palazzoli, M.S., Anolli, L., Blasio, P.D., Giossi, L., Pisano, J., Ricci, C., Sacchi, M. & Ugazio, V. (1984). *Hinter den Kulissen der Organisation.* Stuttgart: Klett-Cotta.

Phillips, D.A. & Older, H.J. (1985). Models of service delivery. In J.F. Dickman, W.G. Emener & W.S. Hutchinson (Eds.), *Counseling the troubled person in industry* (pp. 55–67). Springfield: Thomas.

Santa-Barbara, J. (1984). Employee assistance programs: An alternative resource for mental health service delivery. *Canada's Mental Health, 32,* 35–38.

Scheller, R. (1987). Laufbahnentwicklung im Spannungsfeld von Arbeit und Freizeit. *Psychologische Rundschau, 38,* 125–136.

Schmitz, H.L. (1983). Executive and Employee Counseling Program Models and their uses. In J.S.J. Manuso (Ed.), *Occupational Clinical Psychology* (pp. 73–83). New York: Praeger Publisher.

Schorr, A. & Jilski, C. (1987). Klinische Betriebspsychologie oder Klinische Psychologie im Betrieb? Versuch einer Standortbestimmung. *Zeitschrift für Arbeits- und Organisationspsychologie, 31,* 68–76.

Semmer, N. (1984). *Streßbezogene Tätigkeitsanalyse.* Weinheim: Beltz.

Ulich, E. (1978). Über das Prinzip der differentiellen Arbeitsgestaltung. *Industrielle Organisation, 47,* 566–568.

Ulich, E. (1983). Präventive Intervention im Betrieb: Vorgehensweisen zur Veränderung der Arbeitssituation. *Psychosozial, 20,* 48–71.

25. Störungen im System Gemeinde: Intervention

Rudolf Miller

1. Einleitung

Die Betrachtung der Gemeinde unter klinisch-psychologischen Gesichtspunkten kann unter zwei Aspekten geschehen. Zum einen werden neben intra- und interpsychischen Ursachen für individuelle Störungen und Krankheiten solche mitberücksichtigt, die in der unmittelbaren Umwelt festzumachen sind. Diese vom Individuum ausgehende Betrachtungsweise deckt sich im wesentlichen mit der herkömmlichen Gemeindepsychologie (vgl. Keupp & Rerrisch, 1982; Dörner, 1987). Zum anderen kann sich eine Analyse auf die Gemeinde als System oder Ganzheit konzentrieren und damit stärker die *Kontextbedingungen* in den Mittelpunkt rücken. Eine solche «ökologische» Betrachtungsweise erfordert nicht nur einen weiter gefaßten und damit eher sozialpsychologisch bzw. soziologisch definierten Krankheitsbegriff, oder positiv gewendet, eine definitorische Annäherung an Begriffe wie z.B. kollektives Wohlbefinden oder Lebensqualität, sondern auch eine theoretische und empirische Definition des Kontextes. Das berührt Fragen des alltäglichen Zusammenlebens, die sowohl für methodologische Überlegungen als auch für das praktische Handeln des Psychologen relevant sind, da psychologische Intervention kontextuelle Bedingungen zu berücksichtigen hat.

In den meisten therapeutischen Ansätzen wird Krankheit als die Unfähigkeit eines Individuums verstanden, mit seiner Lebenssituation konstruktiv umzugehen. Für den Kranken entsteht dadurch ein sozialer Druck, sein Leiden zu verbergen, d.h., sich «normal» zu verhalten. Die Betrachtung einer Gemeinde als (ökologisches) System, und damit die Akzentuierung der Kontextbedingungen, lenkt dagegen das Interesse stärker auf die Wechselwirkung zwischen dem Prozeß der permanenten Veränderung des Ganzen und individuellem Verhalten und Befinden.

Die nachfolgenden Ausführungen orientieren sich an einem einfachen Modell des alltäglichen Handelns, wie es in Abbildung 1 dargestellt wird. Dabei sind die um das Individuum angeordneten Kreise als Segmente einer Gesamtumwelt zu verstehen, die im alltäglichen Handeln sowohl untereinander als auch mit dem Individuum in einer dialektischen Verbindung stehen. Die vier Sektoren Wohnen, Arbeit, Bildung/Weiterbildung und Freizeit werden gleichgewichtig abgebildet. Ihre konkrete individuelle Gewichtung sowie die bewußte Wahrnehmung der Umweltsegmente definieren den subjektiven Lebensraum eines Individuums. Die Möglichkeiten der unmittelbaren Einflußnahme auf die Gestaltung der Bedingungen innerhalb der einzelnen Umweltsegmente nehmen für das Individuum von innen nach außen ab.

Das Modell verdeutlicht, daß scheinbar individuelle Handlungen wie Wohnen, Arbeiten, Bildung und Freizeit in einer konkreten raumzeitlich, kulturell und normativ definierten Umwelt vollzogen werden. D.h., die Interde-

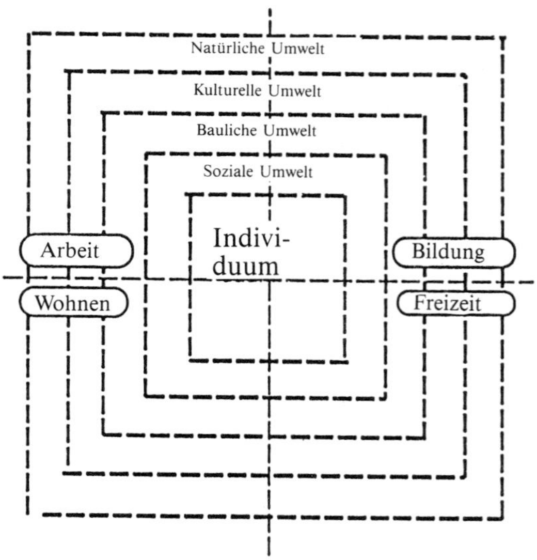

Abbildung 1: Modell der Wechselwirkungen von Umweltsegmenten im alltäglichen Handeln

pendenzen der modellhaft dargestellten Segmente bestimmten nicht nur die individuelle Lebenssituation sondern auch das Gesundheitsklima größerer sozio-kultureller Einheiten, wie z.B. der Gemeinde.
Die nachfolgenden Ausführungen zu einzelnen Problembereichen orientieren sich sowohl an den von Kelly (1968) entwickelten vier Prinzipien für die Analyse von Systemen als auch an dem von Bronfenbrenner (1978) entwickelten Mehrebenenmodell.
Kellys Prinzipien helfen bei der notwendigen differenzierten Erforschung von Problemursachen, um sinnvolle Interventionen durchführen zu können. Das wichtigste Prinzip ist das der *Wechselwirkung*. Dieses unter Rückgriff auf die biologische Ökologie entwickelte Konzept läßt sich weiter ausdifferenzieren in Wechselwirkungen zwischen:

- lebenden und nicht lebenden Elementen (z.B. Mensch und Landschaft oder Architektur)
- lebenden Elementen (z.B. Personen oder Personengruppen) und
- Strukturen und Funktionen von Teilen des Systems (z.B. Struktur des kommunalen Bildungswesens und konkrete Funktion der einzelnen Einrichtungen).

Eine detailliertere Kenntnis dieser Wechselwirkungen vermittelt einen Zugang zur sozialen Struktur einer Gemeinde und ermöglicht die Planung und Durchführung gezielter Interventionen. Das zweite Prinzip ist das der Aktualisierung von *Ressourcen*. Mit diesem Prinzip wird erklärt, wie in menschlichen Gemeinschaften Ressourcen zur Veränderung des Systems entstehen. Trickett, Kelly und Tod (1972) verweisen auf die Notwendigkeit der Analyse der Genese und Verwendung von Ressourcen innerhalb einer Gemeinde, um die sich daraus ergebenden Veränderungsstrategien bewerten zu können. Das dritte Prinzip ist das der *Anpassung* an sich verändernde Umwelt-Bedingungen. Hierbei ist zu beachten, daß die Entwicklung von z.B. Coping-Strategien nur dann erfolgreich ist, wenn Strategien für verschiedene Umwelten vorhanden sind. Das vierte Prinzip ist das der zeitlichen *Folge*. Dieses hebt ab auf das bereits oben angesprochene Verständnis einer Gemeinde als dynamisches System, mit der Konsequenz, daß bei möglichen Interventionen sowohl unmittelbare Effekte als auch Langzeiteffekte berücksichtigt werden müssen.
Bronfenbrenners Mehrebenenmodell erlaubt eine Auflösung des zu betrachtenden Problems in Ebenen unterschiedlicher Komplexität. Die von ihm vorgenommene Unterscheidung in *Makrosystem* (z.B. kulturelles und politisches System), *Exosystem* (z.B. Gemeindetyp), *Mesosystem* (z.B. Kommunikationsmuster) sowie *Individuum* liefert für die nachfolgenden Ausführungen die Gliederungsstruktur. Aufgrund der Komplexität des Themas bleibt seine Behandlung aber trotz dieses Strukturierungsversuchs weitgehend eklektizistisch.

2. Makroökologische Faktoren

2.1 Umweltbelastungen

Auf einer globalen Ebene zielt die Frage nach dem Zusammenhang zwischen der physischen und psychischen Gesundheit einer Bevölkerung und den allgemeinen Umweltbelastungen sowohl auf die Kompetenz einer Gemeinde als politische Einheit als auch auf die Interdependenzen zwischen Exo- und Makrosystem. Eine wesentliche Verantwortung der Gemeinde liegt bei der Planung von Industrieansiedlungen. Dabei ist neben dem wichtigen Ziel der Schaffung von Arbeitsplätzen zu beachten, welche Stoffe in den Produktionsstätten gehandhabt werden und in welchem Umfang diese gesundheitsschädlich oder sogar hoch toxisch sind. Dieses gilt nicht nur für die Beschäftigten, sondern auch für eine mögliche Gefährdung der Nachbarschaft solcher Industrieanlagen. Langfristig ist darauf zu achten, in welchem Umfang schwer abbaubare Substanzen entstehen (Emissionen oder Störfälle), in welchem Ausmaß diese die Atmung beeinträchtigen und über die Nahrungskette in den menschlichen Körper gelangen. Über den Einflußbereich einer Gemeinde hinaus ist zu prüfen, ob die Stoffe zwar nicht unmittelbar gesundheitsgefährdend sind, aber als persistente und klimagefährdende Substanzen als mögliche Ko-Faktoren für Zivilisationsschäden wirksam werden können (vgl.

Hildebrandt & Trojan, 1987; Evans & Cohen, 1987).

Privathaushalte und Industrie stehen gleichermaßen in der Verantwortung bei der Wasserverwendung. Ein Hauptproblem bildet die Belastung des Wassers mit Schwermetallen sowie mit schwer abbaubaren organischen Stoffen. Zusätzlich ergibt sich in einigen Gemeinden das Problem der Übernutzung von Grundwasservorräten und deren Belastung mit Nitraten. Bei der Produktion von Abfall und dessen Beseitigung gibt es ebenfalls Verantwortlichkeiten im öffentlichen wie auch im privaten Bereich. Den Gemeinden kommt dabei primär die Funktion der chemisch-technischen Bewältigung und der Verbesserung der Organisation der Beseitigung zu.

Ein weiterer Faktor zur Bestimmung der Gesundheit einer Gemeinde ist der Lärm. Dabei geht es nicht nur um den durch Industrieansiedlungen verursachten Lärm. Das Zusammenwirken vieler Lärmquellen, wie Industrie-, Verkehr-, Wohn- und Freizeitlärm, führt zu Belastungen der Bewohner. Häufig ergeben sich Probleme durch die isolierte Fachplanung in den Verwaltungen. So verlieren Wohngebiete ihre Wohnqualität durch neue Straßenführungen oder den Ausbau von Straßen. Architektonische Hilfsmaßnahmen, wie die Errichtung von Schallschutzmauern, leisten ein übriges (vgl. Guski, 1989; Martens & Verron, 1983).

Die hier aufgeführten Störfaktoren oder «Umwelt-Stressoren» werden oft zusammengefaßt unter dem Begriff des «Ambiente» (vgl. Little, 1987). Die Problematik bei gezielten Veränderungen ist die häufig schwer zu leistende eindeutige Abgrenzung der einzelnen Faktoren sowie die Bestimmung des Verhältnisses ihrer gegenseitigen Beeinflussung.

2.2 Siedlungsstrukturelle Faktoren

Bei der Auseinandersetzung mit der Bedeutung der Systembedingungen für den Einzelnen und für das Befinden einer Gemeinschaft wird überwiegend über die Lebensbedingungen im städtischen Raum reflektiert. Eine Differenzierung in Stadt- oder Landgemeinde ist aber nicht ohne weiteres durchzuführen. Daß aufgrund der offensichtlicheren Probleme Gemeinden mit höherer Bevölkerungsdichte (Städte) im Vordergrund des Interesses stehen, führt häufig zu einer Pathologisierung der Stadt und alternativ dazu zur Romantisierung des Landlebens als «heile Welt». Die Lebensbedingungen ländlicher Gemeinden sind heute nur im Kontext der Entwicklung der Städte einerseits und einer nicht lokal eingrenzbaren Belastung der natürlichen Umwelt andererseits zu sehen. Durch den häufig vorzufindenden Verzicht auf strukturpolitische Maßnahmen im ländlichen Raum werden die Probleme in ländlichen Gemeinden noch verschärft. Als Ursachen für eine Nivellierung des Stadt-Land-Gefälles sind neben den Folgen der Regionalreform in der BRD die Abwanderungen von Industrien in Gebiete mit niedrigen Bodenpreisen sowie das Entstehen von Trabantenstädten und Siedlungsschwerpunkten im ländlichen Raum zu sehen. Die wachsenden Standortunabhängigkeit der Industrie wird durch die Verkehrsinfrastruktur und neuartige Kommunikationsmittel noch gefördert. Negative Aspekte dieser Entwicklung sind Naturzerstörung und -belastung durch den Personen- und Güterverkehr sowie der psychische und physische Streß langer Wege zur Arbeit, zum Konsum und zur Nutzung von Freizeitangeboten.

Solchermaßen entstandene Lebensräume besitzen keinen eigenen Charakter oder haben durch die soziale und architektonische Umstrukturierung kleiner Gemeinden deren gewachsene Identität zerstört. Ursache ist eine fehlende Balance zwischen der Kontinuität der Bevölkerungsentwicklung und der Ortsgestaltung. Als problematisch erweist sich in Wohngebieten dieser Beschaffenheit häufig die biographische und soziale Monostruktur. Für die Entwicklung einer «gesunden» Alterspyramide geben nicht die Entwicklungen von Geburt, Altern und Tod den Ausschlag, sondern die Fluktuationsraten der Bewohner. Ein relativ häufiger Wechsel der Bewohner führt bei den Verbleibenden zu einer hohen Anpassungsleistung, die als Streß empfunden wird und zum Rückzug führen kann. In spezifischen Fällen, insbesondere bei der Invasion eines Wohngebietes durch ethische Minderheiten, kann ein Akzelerationsprozeß einsetzen, der letztlich nur die sozial Schwachen in dem Wohnbereich zurücklässt.

Für die kurative oder präventive Analyse solcher Problembereiche, die primär geographisch-räumlich konstituiert sind, kann es sinnvoll sein, z.B. auf das «Setting-Konzept» von Barker et al. (1978) zurückzugreifen. Mit diesem überindividuellen quasistationären Geschehenssystem wird versucht, das Geschehen in einem Stadtteil deskriptiv und konzeptuell zu erfassen. In der Weiterenwicklung der ursprünglichen naiv empirischen Konzeption gibt es Versuche, dieses bei der Siedlungsplanung einzusetzen (vgl. Zimmermann, 1986).

2.3 Soziale Brennpunkte und Ghettos

In vielen Gemeinden gibt es Wohnbereiche, die bereits ihrem äußeren Erscheinungsbild nach als Problemquellen erkennbar sind. Solche «sozialen Brennpunkte» oder Ghettos sind mit ihren z.T. menschenunwürdigen Wohnverhältnissen die Manifestation der Unfähigkeit der Gesellschaft, auffällig gewordene und/oder sozial schwache Personen oder Gruppen angemessen zu integrieren. Die Analogien zum Wirtschaftlichkeitsdenken sind offensichtlich. Unproduktive Elemente eines auf Profit ausgerichteten Systems werden ausgesondert. Erschwerend kommt hinzu, daß durch die nach wie vor negativen Entwicklungen auf dem Arbeitsmarkt auch weiterhin die Zahl derer steigen wird, die mit ihrem Einkommen am Existenzminimum liegen und damit Gefahr laufen, ihren bisherigen Wohnstandard nicht mehr halten zu können. Kögler (1975) konnte z.B. nachweisen, daß kinderrei-

Kasten 1
Lebensbedingungen einer Gemeinde als Gesundheitsindikator (Schuler, 1981)

Schuler (1981, S. 51f.) faßt die Probleme wie folgt zusammen:
«Wohnverhältnisse unter dem Niveau sozial- und familiengerechten Standards; sie zeichnen sich trotz qualitativer Unterschiede in den sozialen Brennpunkten im allgemeinen aus durch
- Überbelegung,
- unterdurchschnittliche Ausstattung,
- mangelhafte Instandhaltung (auch der neueren) Wohngebäude.
- Defizitäre soziale Infrastruktur;
- es mangelt an problemspezifischen Einrichtungen,
- an der Zugänglichkeit von Einrichtungen in anderen Wohngebieten (aufgrund der räumlichen Entfernung und/oder durch gruppenspezifische Zugangsschwierigkeiten).
- Die Siedlungen und ihre Umgebung sind meist auch mit Wohnfolgeeinrichtungen gewerblicher Träger unzureichend ausgestattet.
- Tendenz zum sozialen Abstieg; Bewohner von räumlich segregierten sozialen Brennpunkten sehen sich zunehmender sozialer Isolierung ausgesetzt, in deren Folge extreme Probleme in Form von Verhaltens- und Einstellungsveränderungen, gesundheitliche und psychische Schäden, Reduzierung der politischen Selbstbehauptung und die Tendenz zu sozialauffälligem Verhalten und Rechtsbruchneigung auftreten können.
- Latente Milieugefährdung und Milieuschädigung. Die äußeren Lebensumstände von großen Haushaltungen und unvollständigen Familien (Mütter mit Kindern) führen vor allem für Kinder und Jugendliche zu Entwicklungsrückständen und Lernschwierigkeiten. Gleichzeitig sind die Eltern mit der den Umständen entsprechenden ungleich schwierigeren Erziehungsaufgabe überfordert.
- Der Anteil der Sonderschüler in sozialen Brennpunkten ist entsprechend hoch. Aufgrund der Bildungssituation sind ihre Chancen, auf dem nun verschärften Arbeits- und Wohnungsmarkt zum Zuge zu kommen, gering. Als Folge bestehen für die Jugendlichen nur niedrig qualifizierte Arbeitsmöglichkeiten und daraus resultierend überdurchschnittlich hohe Jugendarbeitslosigkeit.
- Wirtschaftliche Schwierigkeiten. Unter den Erwerbstätigen ist ein hoher Anteil ungelernter und angelernter Arbeiter. Überdurchschnittlich hohe Jugendarbeitslosigkeit.
- Wirtschaftliche Schwierigkeiten. Unter den Erwerbstätigen ist ein hoher Anteil ungelernter und angelernter Arbeiter. Überdurchschnittlich hoch ist auch der Anteil an Arbeitslosen. Alle Untersuchungen weisen nach, daß die Bewohner sozialer Brennpunkte zu den unteren Einkommensgruppen gehören. Der Anteil der Empfänger von Sozialhilfe, die kaum für die laufenden Ausgaben zum Lebensunterhalt ausreicht, ist zwangsläufig hoch.»

che Familien aufgrund der Schwierigkeiten, einen angemessenen Wohnraum zu finden, lange Verweildauern in solchen Unterkünften haben. Die Sanierungsmaßnahmen vieler Gemeinden haben zwar dazu geführt, daß die äußeren Bedingungen solcher Wohnunterkünfte verbessert worden sind, aber keineswegs die tieferliegenden Ursachen für Obdachlosigkeit oder Ghettoisierung beseitigt werden konnten. Bei diesen Versuchen der «Passung» zwischen Lebensbedürfnissen der Bewohner und den kontextuellen Bedingungen wurde im Sinne einer naiven Design-Theorie nach schlichten Ursache-Wirkungsannahmen verfahren, ohne die Subjektwirkung der Optimierungsbemühungen zu reflektieren. Die in diesem Bereich häufig angewendeten und der Differentiellen Psychologie entlehnten Verfahren, mittels Befragung Kognitionen und Einstellungen der Individuen zu ihrer Wohnumwelt zu ermitteln (Franke, 1976) greifen dabei ebenfalls zu kurz. Neben geplanten Arealen der Aussonderung mit der Umschreibung als soziale Brennpunkte entstehen häufig in innerstädtischen Bereichen mit überalterter Bausubstanz und schlechten Wohnumfeldbedingungen «ungewollt» vergleichbare Ghettos. Parallel zu dem langsamen baulichen Verfall verändert sich deren Bevölkerungsstruktur. Mit der Abwanderung körperlich gesunder und sozial besser gestellter Bewohner rücken jene sozial Schwächeren nach, die aus anderen Wohngebieten bereits verdrängt worden sind. Häufig finden sich in solchen Ghettos ausländische Arbeitnehmer mit ihren Familien. Die allgemeinen Lebensbedingungen dieser Gebiete sind ein sichtbarer Ausdruck für die Krankheit einer Gemeinde (siehe Kasten 1).

Die alte These, daß Fortschritt und Armut sich jeweils gemeinsam entwickeln, war schon Gegenstand der Arbeiten der Chicagoer Schule. Das von Park und seinen Schülern bereits 1921 verfaßte methodologische Programm zur Stadtökologie hat bis heute noch Wirkung (Park, 1915, 1936/37; Park, Burgess & McKenzie, 1925) und findet in den Arbeiten der Sozialökologie seine Weiterentwicklung (vgl. Walter, 1981).

3. Mikroökologische Faktoren

3.1 Die Wohnung

Selbst der privateste Bereich des menschlichen Lebens, das Wohnen, wird auf vielfältige Weise durch gemeindepolitische Vorgaben (mit)bestimmt. So z.B. durch die Bestimmung des Standortes eines Wohnbereiches, die Dichte der Bebauung (z.B. Geschoßhöhe, Zahl und Größe der Wohnungen pro Wohneinheit und pro Wohnanlage), Verkehrs- und Versorgungsinfrastruktur oder das Freizeitangebot. Ergänzt werden diese Vorgaben durch betriebswirtschaftliche Überlegungen der Bauträger, mit minimalem Einsatz von Material optimale Gewinne zu erwirtschaften.

Auf die grundlegenden philosophischen und anthropologischen Überlegungen zur Bedeutung des Wohnens kann hier nicht näher eingegangen werden (vgl. Heidegger, 1967 und Bollnow, 1963). Nach Bergler (1962) ist die Wohnung selbst eine Rahmenbedingung des sozial-psychologischen Prozesses Wohnen. Größe, Grundriß und Ausstattung haben einen nicht unwesentlichen Einfluß auf die Wohnqualität und damit auf das Wohlbefinden oder die Zufriedenheit der Bewohner. Für eine Familie oder mehrere zusammenlebenden Personen ist die Wohnung der Raum ungestörter Binnenbeziehungen. In einer Wohnung erhält das Kind seinen ersten Eindruck von der Welt. Die Wohnung ist im Idealfall sowohl Wachstumswelt als auch Raum lebenslanger menschlicher Beziehungen. Nach Pfeil (1972) ist insbesondere für den Städter der Stellenwert der Wohnung in ihrer Funktion als Gegenwelt zur Arbeits- und Berufssphäre sehr hoch.

Nach wie vor gibt es einen großen Bestand an überalterten und den heutigen Hygienemaßstäben nicht mehr entsprechenden Wohnungen. Auch wenn man von den mangelhaften materiell-physischen Kontextbedingungen als unmittelbare Krankheitsverursacher absieht, wird der idealtypische Charakter der oben genannten Funktion einer Wohnung erkennbar. Dünne Wände, kleine Kinderzimmer, schlechte Lichtverhältnisse, ungünstige Raumklimabedingungen etc. sind Bestandteil eines Faktorenbündels, das zu alltäglichen psychischen und somatischen Beschwerden führen kann.

Im Rahmen der hier zu behandelnden Probleme bleibt allerdings die Frage offen, ob Wohnqualität quantitativ zu definieren ist und welchen Stellenwert solche Daten bei der Bestimmung der Gesundheit einer Gemeinde besitzen. Unter der Zielsetzung einer Verbesserung oder Optimierung der Lebensverhältnisse sind deshalb Systemeinheiten unterschiedlicher Größe und Qualität zu betrachten. Neben den «places» (Moore, Tuttle & Howell, 1985) können beispielsweise Familien (Swap, 1984), Wohngruppen (Schiepek, 1986) oder Nachbarschaften (O'Connor & Lubin, 1984) Gegenstand der Diagnose und Intervention sein.

Bei der Betrachtung der Wechselwirkungen zwischen Wohnumwelt und Bewohneralltag ist davon auszugehen, daß psychische Vermittlungsinstanzen für das Verhalten, Erleben und Empfinden des Menschen im Kontext der sie umgebenden Architektur verantwortlich sind. Nur so ist zu klären, warum sich die einen dort wohlfühlen, wo die anderen leiden. Die Wohnverhältnisse entscheiden u.a. darüber, ob z.B. Alte oder Behinderte von ihnen nahestehenden Personen mitbetreut werden können oder in Heimen ausgegrenzt werden müssen. Die Gestaltung des Wohnumfeldes kann bei den Bewohnern das Interesse an der baulichen und sozialen Qualität ihrer unmittelbaren Nachbarschaft wecken, so daß sie selbst für die Instandhaltung sorgen, Kranke pflegen oder Delinquenz verhindern. Dieses versucht z.B. Newman (1973) mit seiner Design-Konzeption des «defensible-space» zu erreichen. Eine entsprechende Gestaltung der Wohnumwelt soll die Bewohner veranlassen, ihren Verantwortungsbereich von der Wohnungstür bis zur Straße auszudehnen. Die Sichtkontrolle fremder Personen sowie eine bessere Kommunikation zum Abbau der Anonymität sollen ermöglicht werden. Solche Design-Theorien greifen zu kurz, da sie eine unmittelbare Interaktion zwischen Architektur und Bewohnerreaktion unterstellen.

Ein weiterer Mangel dieser Konzepte ist die Annahme, der eindeutige Aufforderungscharakter architektonischer Umwelten könne die Fähigkeit der Bewohner zur sozialen Mitverantwortung ersetzen. Verantwortung für die bauliche und soziale Wohnumwelt setzt voraus, daß ein gewisses Maß an Identifikation mit dieser Umwelt aufgebaut wurde. Über diese «Ortsidentität» (Proshansky, 1978) entsteht eine emotionale Bindung an einen spezifischen räumlichen Sektor. Eine Erschwernis beim Aufbau einer solchen Ortsidentität liegt in der weitgehend vorzufindenden Funktionsentmischung. D.h. Wohnen, Arbeiten und Freizeit finden zu unterschiedlichen Zeiten in verschiedenen Räumen statt, so daß letztlich die Frage entsteht, mit welchem dieser Bereiche sich ein Individuum weitgehend identifizieren kann. Die Auswirkungen dieser Funktionsmischung bewirken, daß der Mensch selbst die Integrationsbemühungen zu leisten hat und auf diesen erhöhten Streß häufig mit zunehmender Privatisierung reagiert. Erikson (1971) spricht in diesem Zusammenhang von der Notwendigkeit der «Objektkonstanz» als relative Stabilität der sozialen und dinglichen Umwelt. Neuere Konzepte der Ökologischen Psychologie wie die Erforschung sog. «ambient stressors» (vgl. Little, 1987), die «Aneignung» von Behavior Settings (Kaminski, 1987) oder «Adaptation» (Goodhart & Zautra, 1984) könnten bei der Entwicklung qualifizierter Interventionsstrategien hilfreich sein. Neben dieser «Zerrissenheit» zwischen verschiedenen Alltagswelten verweisen u.a. Weeber (1971) oder Miller (1984) darauf, daß das Fehlen personaler Beziehungen oder die Gestörtheit sozialer Kontakte mit den Mitbewohnern der unmittelbaren Wohnumwelt Ursachen dafür sind, daß ein Heimischsein nicht entsteht.

3.2 Psychologische Dimensionen der Mikroökologie: Entfaltungsausmaß

Schon Piaget und Inhelder (1971) weisen darauf hin, daß die Entwicklung des Kindes nicht nur von der sozialen Umwelt beeinflußt wird, sondern räumliche und dingliche Umwelt ebenfalls von großer Bedeutung sind. In den ersten Lebensjahren ist für eine positive Entwicklung die Erfahrung des sinnlich-konkreten Begreifens notwendig, erst später folgt die Entwicklung der Fähigkeit, die Umwelt losgelöst vom realen Handlungsvollzug im Kopf abzubilden. In verdichteten Wohngebieten (Neubau wie auch Altbau) ist der Entwicklungs- und Lebensraum der Kinder weitgehend verplant und eingeengt. Dieses trifft häufig auch für Siedlungsgebiete mit kleineren Wohneinheiten zu, da hier private Territorien (Gärten) abgegrenzt werden, die eher der Repräsentation als der Nutzung durch spielende Kinder dienen. Von den überwiegend zu kleinen Kinderzimmern, bis hin zu den meist armselig ausgestatteten Kinderspielplätzen entsteht so eine Kinderwelt im Sinne einer gesellschaftlich-planerischen Residualgröße. Diese Erfahrungswelt der Kinder ist räumlich eingeengt und weitgehend repressiv.

Bei der zunehmenden Bebauungsdichte ist festzustellen, daß der Bewegungsdrang der Kinder häufig zu Konflikten mit dem sozialen Regelsystem der Erwachsenen führt. Besonders gravierend wird die Notwendigkeit der Ausweitung der Erfahrungswelt bei den Jugendlichen. Häufig haben sie nur sehr begrenzte Möglichkeiten, ihrer Vitalität - sofern sie nicht bereits erstickt wurde - freien Lauf zu lassen. Die Verbindung solcher Lebenssituationen mit gesellschaftlichen Krankheitssymptomen wie Vandalismus oder Kriminalität, Drogen oder politischen Radikalismus, sind Alltagserfahrung helfender Berufe, wenngleich empirisch einwandfrei gesicherte Zusammenhänge nicht immer nachzuweisen sind. Jede Ursache für Delinquenz erklärt immer nur einen geringen Teil aus einem möglichen Faktorenkomplex, so daß die Frage nach der Verantwortung der Gesellschaft (Gemeinde) damit unbeantwortet bleiben muß.

3.3 Kommunikationsfördernde versus hemmende Faktoren

Der «Bericht über die Lage der Psychiatrie in der Bundesrepublik Deutschland» aus dem Jahre 1975 weist aus, daß ca. 20 Millionen Bundesbürger an einer psychischen Störung gelitten haben oder noch leiden. Da zum Zeitpunkt der Erhebung bereits ein nicht geringer Teil der Krankheiten behoben war, kann davon ausgegangen werden, daß in vielen Fällen die Hilfe nichtprofessioneller Helfer wirksam gewesen ist. Solche Selbsthilfepotentiale sind nach Opitz (1982) als ein natürlich gewachsenes, unauffällig arbeitendes alltagsweltliches System vorhanden. Durch dieses Laiensystem wird ein kaum zu überschätzender Beitrag zur Gesundheitssicherung und zur Krankheitsbewältigung in der Gesamtbevölkerung geleistet. Breitkopf, Grunow, Grunow-Lutter und Paulus (1980) weisen darauf hin, daß ca. 2/3 aller morbiden Episoden innerhalb eines solchen Systems aufgefangen werden. Zu diesem Laiensystem zählen nach Dörner, Köchert, von Laer und Scherer (1979) die Familie, Verwandtschaft, Freunde, Bekannte sowie Nachbarn oder Kollegen. Unter dem Terminus «soziale Netzwerke» (vgl. Keupp & Rerrisch, 1982) bekommen diese Formen der Hilfeleistung heute wieder zunehmend mehr Bedeutung. Neben empirisch analytischen Arbeiten zur Struktur von Netzwerken (vgl. Röhrle, 1985) haben viele Arbeiten allerdings eher einen normativen Charakter im Sinne der Zielvorstellung präventiven Handelns.

Der Anonymität des Wohnens in Gebieten mit hoher Verdichtung steht das oftmals hohe Maß an sozialer Kontrolle in überschaubaren Wohngebieten gegenüber. Beide Extreme können als Symptome einer gesellschaftlichen Krankheit gewertet werden. Anonymität ist zu verstehen als die negative Seite von Toleranz und Akzeptanz einer Privatsphäre, soziale Kontrolle als die Übersteigerung von Mitverantwortung und Hilfsbereitschaft in einer sozialen Gemeinschaft. Anonymität ist hierbei nicht nur ein soziales Phänomen, sondern findet ihre Entsprechung in einer diesen Zustand symbolisierenden Architektur. Greiff (1981, S. 99) schreibt dazu: «Ein zentraler Ansatzpunkt dieser Kritik ist bereits die schiere Größe der Bauform, in denen der auf die Versorgung der breiten Masse der Bevölkerung gerichteten Wohungsbau realisiert wurde. Die Massierung der Bewohner in Großwohnanlagen und Hochhäusern, die es dem Einzelnen nicht erlauben, › physiognomisch kenntlich zu bleiben ‹ (Mitscherlich, 1966, S. 29), enthüllt aber auch gesellschaftliche Strukturen. Wenn › Angestelltenheere, Akademiker und Arbeiter in «Blocks» einrücken, in denen es kein bekanntes Gesicht geben kann ‹ (ebenda, S. 28), wiederholen sich im Wohnbereich nur die gleichen Versagungen der Individualität, die im Arbeitsbereich alltägliche Erfahrungen sind. Die funktionalistische Zweckbeschränktheit der Architektur der Großwohnanlagen mit ihren uniformen Fassaden ist solcherart kein (rein) ästhetisches Problem, sondern auch eines der Widersprüche zwischen der gesellschaftlichen Realität und den Wünschen und Sehnsüchten der Bewohner».

Nun ist es keineswegs so, daß diese Lebensbedingungen bei den Bewohnern zwangsläufig zu diagnostizierbaren psychischen Störungen oder Krankheiten führen müssen. Das Problem liegt vielmehr darin, daß Anpassungs- und Gewöhnungsstrategien einen gesellschaftlichen Prozeß fördern, der insgesamt zu einer Verschiebung des Wertesystems führen kann und letztlich «krankmachende» Wohnbedingungen als «normal» akzeptieren läßt. Dieses ist mit ein Grund dafür, daß häufig die Versuche Einzelner, den latenten Unmut der Bewohner in konstruktive Aktionen umzusetzen, am Widerstand der Betroffenen scheitern.

Die soziale Kontrolle in überschaubaren Wohngebieten trifft insbesondere Frauen. Während die meisten Männer berufstätig sind, leben viele Frauen in einer gesellschaftlichen Umwelt, die stark materiarchalische Strukturen aufweist. Diese gesellschaftliche Isolation der Frauen, ihre Einschränkung auf lokal sehr begrenzte Kontakte mit allen Folgen psychischer und sozialer Verarmung bis hin zu Störungen und Krankheiten, sind ebenfalls ein Symptom für die Krankheit einer Gemeinde. Die Flucht in die Privatsphäre, als Reaktion auf die als belastend empfundene soziale Kontrolle des Umfeldes, oder aber die Unmöglichkeit, aus der Privatheit aufgrund fehlender Angebote «auszubrechen» (siehe Kasten 2), führt häufig dazu, daß das individuelle Leiden an einer solchen Situation nicht gesehen oder aber bewußt vor der Öffentlichkeit verborgen gehalten wird (vgl. Ochel, 1982 und Rerrich, 1982).

Wenn derartig konkrete Bedingungszusammenhänge entdeckt werden können, bietet sich auf der Interventionsebene die qualitative und architektonische Umgestaltung der konkreten Wohnumwelten an. Da soziale Interaktion immer durch die räumlichen Bedingungen mitbestimmt wird, gilt es im Sinne präventiver Konzepte neben den Nutzern auch Psychologen an der Planung von Wohnumwelten zu beteiligen.

Kasten 2
Soziale Isolation der Frau

Beispiel: Ein junges Ehepaar lebt aus Kostengründen mit seinen zwei kleinen Kindern in einer Neubausiedlung am Stadtrand. Die Wohnung hat nur ein kleines Kinderzimmer und liegt in der 5. Etage eines Hochhauses. Der Ehemann ist berufstätig und täglich ca. 10 bis 11 Stunden außer Haus. Einige der möglichen Probleme einer solchen Alltagssituation können sein:

- Aufgrund des Alters der Kinder ist die Frau weitgehend an das Haus gebunden. Das Spielen der Kinder in der Wohnung verursacht Lärm und führt zu Konflikten mit den Etagennachbarn.
- Erziehungsunsicherheiten der Mutter können nicht mit Frauen in der gleichen Situation besprochen werden, da es keine entsprechenden Kontaktmöglichkeiten gibt.
- Das innerfamiliäre Besprechen von Erziehungsproblemen scheitert häufig an der Erschöpfung des Mannes.
- Wegen der hohen Kostenbelastungen durch das Einrichten der Wohnung, wegen des Alters der Kinder und der Stadtrandlage können die Eheleute nur sehr bedingt Freizeitangebote nutzen.
- Die Frau leidet zunehmend stärker unter der Kontaktarmut, die Unzufriedenheit beider Eheleute nehmen zu und verschärfen die innerfamiliären Konflikte.

4. Verfügbarkeit über Arbeit als psychosoziale Ressource

Die Auseinandersetzung mit dem Bereich Arbeit unter der hier zu behandelnden Problemstellung der Gesundheit einer Gemeinde kann nicht die Wirkung krankheitsverursachender Faktoren am Arbeitsplatz berücksichtigen. Diesem wichtigen Thema wird insbesondere im Rahmen der Studien zur «Humanisierung des Arbeitslebens» Beachtung beigemessen (vgl. Gaus, 1982; Greif, 1987). Hier soll die Wechselwirkung zwischen Arbeit und allgemeinen Lebensbedingungen einer Gemeinde unter drei Aspekten kurz angerissen werden.

Auf einer psychosozialen Ebene geht es primär um die Folgen der Verfügbarkeit bzw. des Fehlens von Arbeit in einer Gemeinde. Dabei sind wiederum mehrere Problembereiche von Bedeutung. Zum einen wurde bereits unter dem Begriff Ortsidentität darauf hingewie-

sen, daß eine extreme Trennung zwischen Arbeit und Wohnen die Möglichkeit der Identifikation mit dem Wohnort sowohl zeitlich als auch psychisch erschwert. Dieses hat zur Folge, daß in der Regel ein geringeres Engagement für Probleme des Wohnbereich vorzufinden ist. Zum anderen fließen Steueraufkommen, die für die Verbesserung der Gemeindestruktur verwendet werden können, in andere Gemeinden ab. Umgekehrt ergibt sich für Gemeinden mit nur einem Arbeitgeber eine Abhängigkeit, die eher zu Lasten einer an humanitären Fragen orientierten Gemeindepolitik gehen kann. Außerdem trägt die Gemeinde die volle Last möglicher betriebswirtschaftlich begründeter Standortwechsel oder Rationalisierungsmaßnahmen. Aktuelle Beispiele wie Rheinhausen zeigen sowohl die psychische Belastung einer Bevölkerung als auch das Engagement, das aus einer solchen Situation erwachsen kann.
Auf der finanziellen Ebene ergibt sich bei Gemeinden mit einer wirtschaftlichen Monostruktur, z.B. überwiegend Landwirtschaft, oder veralteten Industrien das Problem der niedrigen Einkünfte der Privathaushalte und der Gemeinden. Die Folgen sind in ihrer wechselseitigen Verstärkung sowohl für die Bevölkerung als auch für die Einzelpersonen von nachhaltig negativer Wirkung. Eine Veränderung dieser Situation ist nur denen möglich, die aufgrund einer besseren beruflichen Qualifikation die Möglichkeit haben, einen Ortswechsel vorzunehmen. Diese Abwanderung jüngerer und qualifizierterer Arbeitskräfte verschlechtert wiederum die Situation der Zurückgebliebenen.
Auf einer weiteren Ebene läßt sich die Wechselwirkung zwischen Arbeit und Gemeinde unter dem Blickwinkel der biologisch-ökologischen Auswirkungen auf die allgemeinen Lebensbedingungen betrachten. Unter diesem Gesichtspunkt wird ein Abwägen zwischen ausschließlich wirtschaftlichen und sozialökologischen Entscheidungskriterien zunehmend bedeutsamer.

5. Freizeit als psychosoziale Ressource

Lorenzer (1971) weist auf die Auswirkungen des Auseinanderfallens der rationalen Fähigkeiten und der Phantasie auf die Identität hin. Er macht deutlich, daß die vorherrschende Trennung des Lebens in ein durchrationalisiertes funktionsbestimmtes auf der einen und der Phantasie auf der anderen Seite, ohne die vermittelnde psychische Instanz des *Ichs* dazu führt, daß die Phantasie privatistisch und entsprechend der Planung kanalisiert verläuft, so z.B. in der Freizeit. Da durch die gesamtgesellschaftliche Entwicklung Freizeit zunehmend stärker als quantitative Größe behandelt wird, werden die damit zusammenhängenden qualitativen Probleme umso gravierender. Es scheint keineswegs so zu sein, daß die Utopien von Freizeit als bewußt erlebter freier Zeit (vgl. Opaschowski, 1988) bereits Alltagspraxis würden. Eher zeigt sich eine umfassende Verplanung und Verwirtschaftlichung des Freizeitbereiches. Damit wird Freizeitnutzung zum Konsum.
Es liegt in der Verantwortung der Gemeinde, für ihre Bürger in der Synthese zwischen Wohnen, Arbeiten, Konsum und Verkehr Freiräume zu schaffen, die sowohl räumlich als auch inhaltlich den notwendigen Interessen der Bürger an einer konstruktiven Nutzung Rechnung tragen. Hierbei stehen spezifische Problemgruppen mit ihren Freizeitinteressen, wie z.B. Kinder, Jugendliche, Kranke und Behinderte im Mittelpunkt der planerischen Verantwortung. Wenn z.B. eine Gemeinde die Befriedigung der Freizeitinteressen von Jugendlichen privaten Anbietern überläßt (Spielhallen, Videotheken), ist kaum von einer der körperlichen und sozialen Gesundheit förderlichen Freizeitgestaltung zu sprechen. Für die allgemeine Bewertung der Qualität der Freizeit einer Gemeinde nennt Schmitz-Scherzer (1976) u.a. die folgenden Kriterien:
- Wohnumgebung
- Freizeitangebote und ihre Qualität
- Freizeitangebote und ihre Attraktivität
- Erreichbarkeit der Freizeitangebote (Freizeitinfrastruktur)
- natürliche Freizeitangebote (z.B. Landschaften)
- Umweltbelastungen
- Wohnung.

6. Bildung

Wie auch in den bereits angesprochenen Bereichen des alltäglichen Lebens, zeigt sich bei der Betrachtung des Sektors Bildung, hier im wesentlichen verstanden als schulische Bildung, die Zirkularität ökonomischer, erzieherischer, schulischer, beruflicher und wiederum ökonomischer Benachteiligungen. Die Probleme, die sich aus der Wohnsituation ergeben und häufig nur an Einzelschicksalen festgemacht werden, sind aber zu verstehen als die gesellschaftlich akzeptierte Benachteiligung spezifischer Schichten und Gruppen. Dies führt zur Verschlechterung der Ausgangsbedingungen für die Kinder aus diesem Bereich. Dies ist umso bedeutsamer, da gerade die Schule vielfach als das geeignete Instrument zur Realisierung präventiver Maßnahmen angesehen wird.
Neben diesen bildungspolitischen «Rahmenbedingungen», die insbesondere in vielen Arbeiten der späten 60er und der 70er Jahre Berücksichtigung fanden (Weinert, 1973; Heckhausen, 1973), bilden die Schulen selbst eine Quelle für eine Vielzahl von Problemen. Insbesondere die Schularchitektur der 70er Jahre mit ihren funktionalen Betonbauten symbolisiert mit ihrer Anonymität und Rationalität die Alltagsferne schulischer Lerninhalte und Vermittlungsformen. Zunehmend mehr erkennt man die Wechselwirkungen zwischen der sozial-emotionalen Entwicklung der Kinder und Jugendlichen und der Schularchitektur. Vandalismus, Drogenkonsum oder allgemeine Schulunzufriedenheit haben erschreckende Ausmaße angenommen (vgl. u.a. Klockhaus & Habermann-Morbey, 1986). In einem weiteren Themenschwerpunkt untersucht man stärker die Bedeutung des Sozialklimas der Lernumwelten (vgl. v. Saldern, 1987). Die Schulpolitik der Gemeinden nimmt aber wenig Bezug auf die vorliegenden Ergebnisse, sondern wird nach wie vor primär unter fiskalpolitischen Gesichtspunkten überwiegend von nicht-professionellen Verwaltungsbeamten und Politikern gemacht.

7. Probleme der Diagnostik und Intervention

Die Aufgaben des Psychologen bei der Herstellung und Erhaltung der Gesundheit einer Gemeinde liegen sowohl in dem Erkennen gemeindepsychologisch struktureller Bedingungen für Störungen als auch in der Diagnose und Therapie akuter Störungen und Krankheiten (im weitesten Sinne verstanden) und in der Prävention. Präventive Maßnahmen werden dabei nicht verstanden als Maßnahmen *für* die Betroffenen, sondern als Maßnahmen *mit* den Betroffenen (vgl. Dörner, Köchert, von Laer & Scherer, 1979). Diese auf die Individuen ausgerichtete Norm gilt hier für präventive Maßnahmen in bezug auf Systemelemente gleichermaßen. Das bedingt für den Psychologen die Erweiterung seines Kenntnis- und Erfahrungshorizontes, um mit Spezialisten anderer Teildisziplinen kooperieren zu können. Gleichzeitig kann er sich nicht nur auf die Rolle des Experten beschränken, sondern muß als betroffener Bürger im gemeinsamen Engagement mit anderen nach Lösungen zur Verbesserung der problematischen Situation suchen. Vielfach wird sich die Aufgabe des Psychologen allerdings darauf beschränken müssen, durch qualifizierte diagnostische Analysen den verantwortlichen Instanzen Entscheidungshilfen zu geben. Dies zielt auf die Bewußtmachung von Vermeidungsstrategien, den Abbau von Vorurteilen gegenüber Minoritäten oder von allgemeinen Zukunftsängsten. Aufgaben dieser Art dürfen nicht nur auf den Bereich der Erziehung von Kindern und Jugendlichen begrenzt bleiben, sondern müssen Bestandteil des alltäglichen Handelns werden.
Unter Rückgriff auf das in Kasten 2 kurz dargestellte Fallbeispiel einer Familie wird deutlich, daß konventionelle (familien-) therapeutische Strategien nicht ausreichen, die familienexternen konfliktverursachenden Bedingungen zu verändern. Sie tragen häufig eher zu deren Stabilisierung bei. Die spezifische Aufgabe des psychologischen Experten sollte sich von daher primär auf die Verbindung zwischen individueller Hilfe (zur Selbsthilfe) und die eigene Mitarbeit an der Veränderung krankheitsverursachender gesellschaftlicher Bedingungen konzentrieren. Dies kann gelei-

stet werden z.B. durch die beratende Teilnahme an der Stadtplanung, am Wohnungsbau, an der Humanisierung des Arbeitslebens, am Umweltschutz oder der Freizeitgestaltung. Gerade in den hier angesprochenen Bereichen kommen die z.T. kurz angesprochenen theoretischen Ansätze und empirischen Ergebnisse aus der Umweltpsychologie zum Tragen. Neben Theorie und Empirie sind die daraus abzuleitenden Planungsprinzipien für die Optimierung des Planungsprozesses selbst und die Evaluation des Planungsproduktes zusätzlich bedeutsam (Fischer, 1980).

In Phasen der Vorbereitung von Maßnahmen kann der Psychologe seine empirisch-methodischen Kenntnisse zur Erfassung von Meinungen und Bedürfnissen potentiell Betroffener einsetzen. Dieses geschieht nur effizient in enger Zusammenarbeit mit allen Betroffenen. In diesem Zusammenhang ist es sinnvoll, auf das Konzept der «social indicators» (Bauer, 1966) zu verweisen. Trotz der methodischen und inhaltlichen Kritik (vgl. Goldsmith, 1972) ist eine Weiterarbeit an der Operationalisierung und empirischen Erfassung solcher Indikatoren notwendig, die eine objektivere Bewertung der Gesundheit oder Lebensqualität einer Gemeinde erlauben. Wichtige Indikatoren sind z.B. Gesundheit, öffentliche Sicherheit, Erziehung und Ausbildung, Beschäftigungsquote, Einkommensniveau, Wohnqualität und Freizeit- und Erholungsangebote. Im Zusammenhang mit der Erforschung von «ambient stressors» werden auch im Bereich der Ökologischen Psychologie Aspekte von Wohlbefinden und Gesundheit operationalisiert, eine Zusammenführung beider Entwicklungen wäre trotz aller methodisch-methodologischen Probleme sinnvoll. Im Rahmen von Modellkonzepten aus der Ökologischen Psychologie oder den Systemwissenschaften können Aspekte von Technologiefolgenabschätzung oder Sozialverträglichkeitsabschätzungen abgeklärt werden. Nach Abschluß einer Maßnahme kann der Psychologe unter Zuhilfenahme psychologischer Konzepte und Methoden überprüfen, ob die Erwartungen erfüllt worden sind. Eine solche Funktion kann nur sinnvoll im Zusammenwirken vieler ausgefüllt werden. Beispiele für partizipative Methoden, z.B. für Stadtteilarbeit, finden sich u.a. bei Widmaier (1981).

Das eigentlich Neue an der Auseinandersetzung mit der Gemeinde als System ist die Tatsache, daß es nicht darum geht, weitere Beratungs-, Betreuungs- und Therapieangebote zu schaffen, sondern aus dieser veränderten Sicht heraus sowohl eine Umdefinition gesellschaftlich verantwortlichen psychologischen Handelns zu leisten als auch durch fachlich qualifizierte Forschung und Theoriebildung das Bewußtsein für die Komplexität der Alltagsbedingungen zu verstärken.

Das veränderte Selbstverständnis des Psychologen impliziert u.a. die Übernahme eines Versorgungsauftrages für einen spezifischen Sektor (Gemeinde) mit dem Ziel der Mitarbeit an der Realisierung der Chancengleichheit für alle Bürger. Ein solchermaßen verstandenes inhaltliches und organisatorisches Konzept verändert auch die Bedeutung der Intervention. Entsprechend der eingangs vorgestellten Überlegungen von Kelly (1968) müssen Interventionsstrategien, die auf die Gemeinde als Gesamtsystem zielen, die folgenden Bedingungen erfüllen:

- Sie müssen sich unmittelbar auf lokale Probleme konzentrieren und nicht an übergeordneten Wunschvorstellungen orientieren. Dazu ist es notwendig, eine Kooperation zwischen den bereits bestehenden Organisationen zu forcieren und über eine problemorientierte Arbeit das gewachsene Rollenverständnis im Sinne eines interdisziplinär orientierten Problembewußtseins zu verändern. Dieses ist in der Regel leichter zu erreichen, wenn das lokal vorhandene Potential aktiviert und auf externe «Experten» weitgehend verzichtet wird. Bereits die Klärung der Problemlage kann zur Freisetzung lokaler Ressourcen führen und Eigenverantwortlichkeit bewirken (vgl. Rappoport, Davidson, Wilson & Mitchell, 1975).
- Eine wesentliche Aufgabe ist die Schaffung eines Bewußtseins für die Notwendigkeit von Veränderungen, d.h. stereotype Problemlösungsstrategien sind zu hinterfragen und plausible Alternativen anzubieten. Dies ist eine «Erziehungsaufgabe», die nicht nur auf Kinder und Jugendliche abzielt, sondern die Erwachsenen explizit mit einschließt. Beginnende Veränderungsprozesse sind dann konstruktiv zu begleiten.

- Theoriekenntnisse und das verfügbare Methodeninventar sollen dazu dienen, mögliche Langzeiteffekte von Interventionen sowie deren Nebenwirkungen weitgehend kalkulierbar zu machen. Gleichzeitig muß ein umfangreiches Spektrum an Möglichkeiten bereitstehen und beherrscht werden, um auf unerwartete Effekte reagieren zu können. Die Konsequenz aus dem veränderten Selbstverständnis der Psychologen verhindert die Psychologisierung der Gesellschaft und fördert die Aktivierung der Selbsthilfepotentiale einer Gemeinde.

8. Literatur

Barker, R.G. et al. (1978). *Habitats, environments, and human behavior. Studies in ecological psychology and eco-behavioral science from the Midwest Psychological Field Station, 1947-1972.* San Francisco: Jossey-Bass.

Bauer, R. (Ed.). (1966). *Social indicators.* Cambridge, Mass.: M.I.T. Press.

Bergler, R. (1962). *Das sozialpsychologische Umfeld des Wohnens = Wohnen als Primärbedarf.* In Colloquium «Wohnen heute», Heft 1. Fulda: Dura Schriftenreihe.

Bertram, H. (1979). Sozialökologische Konzepte in der Sozialisationsforschung und Mehrebenenmodelle. In H. Walter & R. Oerter (Hrsg.), *Ökologie und Entwicklung* (S. 210-228). Donauwörth: Auer.

Bollnow, O.F. (1963). *Mensch und Raum.* Stuttgart: Kohlhammer.

Breitkopf, H., Grunow, D., Grunow-Lutter, V. & Paulus, W. (1980). *Selbsthilfe im Gesundheitswesen: Einstellungen, Verhalten und strukturelle Rahmenbedingungen.* Bielefeld: Kleine.

Bronfenbrenner, U. (1978). Ansätze zu einer experimentellen Ökologie menschlicher Entwicklung. In R. Oerter (Hrsg.), *Entwicklung als lebenslanger Prozeß* (S. 33-65). Hamburg: Hoffmann & Campe.

Dörner, K. (Hrsg.). (1987). *Neue Praxis braucht neue Theorie - ökologische und andere Denkansätze für gemeindepsychiatrisches Handeln.* Gütersloh: Van Hoddis.

Dörner, K., Köchert, R., von Laer, G. & Scherer, K. (1979). *Gemeindepsychiatrie.* Stuttgart: Kohlhammer.

Erikson, E.H. (1971). *Identität und Lebenszyklus.* Frankfurt: Suhrkamp.

Evans, G.W. & Cohen, Sh. (1987). Environmental Stress. In D. Stokols & E. Altman (Eds.), *Handbook of environmental psychology* (Vol. 1) (pp. 571-610). New York: John Wiley & Sons.

Fischer, M. (1980). Geänderte Umwelt - geändertes Verhalten. Der Beitrag ökologischer Psychologie zur Prävention. *Report Psychologie, 5* (3), 14-21.

Franke, J. (1976). Zur Strategie einer praxisbezogenen ökologischen Psychologie. In G. Kaminski (Hrsg.), *Umweltpsychologie* (S. 107-132). Stuttgart: Klett.

Gaus, D. (Hrsg.). (1982). *Tagungsbericht Humanisierung der Arbeitswelt - sozialwissenschaftliche Forschung in Berlin.* Berlin: Senator für Wissenschaft und kulturelle Angelegenheiten.

Goldsmith, S.B. (1972). The status of health status indicators. *Health Service Reports, 87,* 212-220.

Goodhart, D.E. & Zautra, A. (1984). Assessing quality of life in the community: An ecological approach. In A.W. O'Connor & B. Lubin (Eds.), *Ecological approaches to clinical and community psychology* (pp. 251-290). New York: Wiley.

Greif, S. (1987). Humanisierung des Arbeitslebens und Sozialpsychologie. In J. Schultz-Gambard (Hrsg.), *Angewandte Sozialpsychologie* (S. 169-185). München: Psychologie Verlags Union.

Greiff, R. (1981). Zur Architektur im Massenwohnungsbau. In Institut Wohnen und Umwelt (Hrsg.), *Wohnungspolitik am Ende? Analysen und Perspektiven* (S. 98-118). Opladen: Westdeutscher Verlag.

Guski, R. (1989). Lärmwirkungen in Wohngebieten. *Report Psychologie, 56,* 20-23.

Heckhausen, H. (1973). Motivation. In W. Edelstein & D. Hopf (Hrsg.), *Bedingungen des Bildungsprozesses* (S. 30-39). Stuttgart: Klett.

Heidegger, M. (1967). *Vorträge und Aufsätze, Teil II.* Pfullingen: Mohr.

Hildebrandt, H. & Trojan, A. (Hrsg.). (1987). *Gesündere Städte - kommunale Gesundheitsförderung.* Hamburg: Sozialwissenschaft & Gesundheit e.V.

Kaminski, G. (1987). Cognitive basis of situation processing and behavior-setting participation. In G.R. Semin & B. Krahe (Eds.), *Issues in contemporary German social psychology. History, theories, and applications* (pp. 218-240). London: Sage.

Kelly, J.G. (1968). Towards an ecological conception of preventive interventions. In J.W. Carter (Ed.), *Research contributions from psychology to community mental health.* New York: Behavioral Publications.

Keupp, H. & Rerrisch, D. (Hrsg.). (1982). *Psychosoziale Praxis - gemeindepsychologische Perspektiven. Ein Handbuch in Schlüsselbegriffen.* München: Urban & Schwarzenberg.

Klockhaus, R. & Habermann-Morbey, B. (1986). *Psychologie des Schulvandalismus.* Göttingen: Hogrefe.

Kögler, A. (1975). Obdachlosigkeit in der Bundesrepublik Deutschland. *GEWOS-Schriftenreihe,* Neue Folge 19.

Little, B.R. (1987). Personality and the environment. In D. Stokols & I. Altman (Eds.), *Handbook of Environmental Psychology* (Vol. 1 and 2) (pp. 205-244). New York: Wiley.

Lorenzer, A. (1971). Städtebau: Funktionalismus und Sozialmontage? Zur sozialpsychologischen Funktion der Architektur. In H. Berndt, A. Lorenzer & K. Horn (Hrsg.), *Architektur als Ideologie.* Frankfurt: Suhrkamp.

Martens, G. & Verron, H. (Hrsg.). (1983). *Verkehrsplanung und Verhaltensforschung, Arbeitsplanung an der Technischen Universität Berlin.* Berlin: TUB Dokumentation, Kongresse und Tagungen.

Miller, R. (1984). Wohnsituation und Umweltwahrnehmung - Eine empirische Analyse von drei Hochhausarealen. In D. Albert (Hrsg.), *Bericht über den 34. Kongress der Deutschen Gesellschaft für Psychologie in Wien* (Bd. 2) (S. 849-851). Göttingen: Hogrefe.

Mitscherlich, A. (1966). *Die Unwirtlichkeit unserer*

Städte. Anstiftung zum Unfrieden. Frankfurt: Suhrkamp.
Moore, G.T., Tuttle, D.P. & Howell, S.C. (1985). *Environmental design research directions. Process and prospects.* New York: Praeger.
Newman, O. (1973). *Defensible space.* New York: Collier Books.
Ochel, A. (1982). Hausarbeit - «Schattenarbeit». In H. Keupp & D. Rerrich (Hrsg.), *Psychosoziale Praxis - gemeindepsychologische Perspektiven. Ein Handbuch in Schlüsselbegriffen* (S. 75-85). München: Urban & Schwarzenberg.
Opaschowski, H.W. (1988). *Psychologie und Soziologie der Freizeit.* Opladen: Leske und Budrich.
Opitz, A. (1982). Laienhilfe. Professionelle Hilfstruppe oder Gegengift gegen professionelle Allzuständigkeit? In H. Keupp & D. Rerrich (Hrsg.), *Psychosoziale Praxis* (S. 209-215). München: Urban & Schwarzenberg.
O'Connor, W.A. & Lubin, B. (Hrsg.). (1984). *Ecological approaches to clinical and community psychology.* New York: Wiley.
Park, R.E. (1915). The City: Suggestions for the investigation of human behavior in the city environment. *American Journal of Sociology, 20,* 577-612.
Park, R.E. (1936/37). Human ecology. *American Journal of Sociology, 42,* 1-15.
Park, R.E., Burgess, E.W. & Mc Kenzie, R.D. (1925). *The City.* Chicago.
Pfeil, E. (1972). *Großstadtforschung.* Hannover: Jaencke.
Piaget, J. & Inhelder, B. (1971). *Die Entwicklung des räumlichen Denkens beim Kinde.* Stuttgart: Klett.
Proshansky, H.M. (1978). The city and selfidentity. *Environment and Behavior, 10,* 147-169.
Rappoport, J., Davidson, W.S., Wilson, M.N. & Mitchell, A. (1975). Alternatives to blaming the victim or the environment. *American Psychologist, 30,* 525-528.
Rerrich, M.S. (1982). Selbstorganisierte Frauengruppen. In H. Keupp & D. Rerrich (Hrsg.), *Psychosoziale Praxis - gemeindepsychologische Perspektiven. Ein Handbuch in Schlüsselbegriffen* (S. 259-265). München: Urban & Schwarzenberg.
Röhrle, B. (1985). Zur Ökologie sozialer Stützsysteme. In P. Day, U. Fuhrer & U. Laucken (Hrsg.), *Umwelt und Handeln. Ökologische Anforderungen und Handeln im Alltag* (S. 166-188). Tübingen: Attempo.
Saldern v., M. (1987). *Sozialklima von Schulklassen. Überlegungen und mehrebenenanalytische Untersuchungen zur subjektiven Wahrnehmung von Lernumwelten.* Frankfurt: Lang.
Schiepek, G. (1986). *Systemische Diagnostik in der Klinischen Psychologie.* Weinheim: Beltz.
Schmitz-Scherzer, R. (1976). Psychologie der Freizeit. In F. Stoll (Hrsg.), *Die Psychologie des 20. Jahrhunderts* (Bd. XIII) (S. 1017-1042). Zürich: Kindler.
Schuler, G. (1981). Obdachlosigkeit und soziale Brennpunkte in Hessen. In Institut Wohnen und Umwelt (Hrsg.), *Wohnungspolitik am Ende? Analysen und Perspektiven* (S. 39-59). Opladen: Westdeutscher Verlag.
Swap, S. (1984). Ecological approaches to working with families of disturbing children. In W.A. O'Connor & B. Lubin (Eds.), *Ecological approaches to clinical and community psychology* (pp. 107-144). New York: Wiley.
Trickett, E.J., Kelly, J.G. & Todd, D.M. (1972). The social environment of the high school: Guidelines for individual change and organizational redevelopment. In S.E. Golann & C. Eisdorfer (Eds.), *Handbook of Community Mental Health.* New York: Appleton-Century-Crofts.
Walter, H. (1981). *Region und Sozialisation. Beiträge zur sozialökologischen Präzisierung menschlicher Entwicklungsvoraussetzungen* (Bd. 1 u. 2). Stuttgart: frommann-holzbook.
Weeber, R. (1971). *Eine neue Wohnumwelt.* Stuttgart: Krämer.
Weinert, F.E. (1973). Der Einfluß didaktisch provozierter Lernprozesse auf die kognitive Entwicklung. In W. Edelstein & D. Hopf (Hrsg.), *Bedingungen des Bildungsprozesses* (S. 184-199). Stuttgart: Klett.
Widmaier, C. (1981). *Partizipation und kommunale Psychiatrie. Bürgerbeteiligung an gemeindepsychiatrischen Programmen in den USA.* Frankfurt: Campus.
Zimmermann, J.J. (1986). Das Behavior Setting-Konzept in der Praxis der Umweltgestaltung. In G. Kaminski (Hrsg.), *Ordnung und Variabilität im Alltagsgeschehen* (S. 219-260). Göttingen: Hogrefe.

Anhang

(Anhang 1)

Richtlinien der Föderation Deutscher Psychologenvereinigungen für den Bildungsgang zum Klinischen Psychologen/Psychotherapeuten

Präambel

Deutsche Gesellschaft für Psychologie und Berufsverband Deutscher Psychologen legen hiermit ihre gemeinsame Konzeption für einen Bildungsgang zum Klinischen Psychologen/Psychotherapeuten vor. Diese Weiterbildung in klinischer Psychologie ist geleitet von der Zielvorstellung einer Zusammenarbeit von Universitätseinrichtungen, Psychologenakademien und Praxiseinrichtungen. Beide Verbände sehen darin eine optimale Form der beruflichen Qualifikation von heilkundlich tätigen Diplom-Psychologen.

A Rahmenbedingungen

Diplom-Psychologen, die heilkundlich tätig sein wollen, benötigen für ihre Berufstätigkeit zusätzliche Qualifikationen durch eine Weiterbildung in Klinischer Psychologie einschließlich Psychotherapie[1]. Darüber hinaus ist eine kontinuierliche Fortbildung erforderlich, die neue fachliche Entwicklungen vermittelt. Für die Konzeption der Weiterbildung sind folgende Vorstellungen leitend:

1. Ziel der Weiterbildung in Klinischer Psychologie ist die zusätzliche wissenschaftliche und berufliche Qualifikation von Diplom-Psychologen für eine klinisch-psychologische/psychotherapeutische Tätigkeit, insbesondere im Rahmen der Vorbeugung, Behandlung und Rehabilitation bei seelischen und körperlichen Leiden, Störungen, Behinderungen und Krankheiten. Damit wird die Befähigung zur selbständigen und eigenverantwortlichen Tätigkeit in Gesundheitsversorgung und Krankenhilfe vermittelt.

2. Inhalte

2.1 Der Bildungsgang zum Klinischen Psychologen/Psychotherapeuten baut inhaltlich auf dem Diplomstudiengang Psychologie auf. Er setzt voraus, daß die Teilnehmer neben Kenntnissen der klinisch-psychologischen Grundlagen und Methoden bereits im Hauptstudium praktische Fertigkeiten in psychologischer Diagnostik und klinisch-psychologischer Intervention sowie in der Evaluation psychologischer Maßnahmen erworben haben. Studium der Psychologie und Weiterbildung bilden zusammen die Ausbildung zum Klinischen Psychologen/Psychotherapeuten.

2.2 Inhalte der Weiterbildung sind die Vertiefung und Erweiterung der während des Studiums erworbenen Kenntnisse und Fertigkeiten sowie vor allem die Vermittlung von Erfahrungen und Kompetenzen bei der kontrollierten praktischen Anwendung dieser Kenntnisse und Fertigkeiten. Damit verbunden ist eine in der Praxis vertiefende Ausbildung in der Diagnostik psychiatrischer Störungen.

2.3 Die Weiterbildung orientiert sich an den Ergebnissen der Störungs- und Interventionsforschung; sie beschränkt sich nicht auf einzelne Therapierichtungen, doch können Schwerpunkte gesetzt werden.

2.4 Die Teilnehmer der Weiterbildung lernen verschiedene klinisch-psychologische Arbeitsfelder aus dem ambulanten und stationären Bereich kennen.

2.5 Die Förderung der Zusammenarbeit mit Angehörigen benachbarter Berufsgruppen ist Bestandteil der Weiterbildung.

3. Organisation und Durchführung

3.1 Der Bildungsgang umfaßt 3 Jahre und erfolgt als Vollzeitausbildung im Anschluß an das Diplomstudium. Über Ausnahmen entscheidet der Akkreditierungsausschuß (vgl. C 1.).

---

1 Psychotherapie ist ein Teilgebiet der Klinischen Psychologie. Im folgenden wird jedoch der Begriff Psychotherapie im juristischen Sinne als heilkundliche Tätigkeit verstanden, die neben der Behandlung psychischer Störungen und psychosomatischer Krankheiten z.B. auch die psychologische Diagnostik und psychologische Intervention bei somatischen Krankheiten im Rahmen von Prävention, Behandlung und Rehabilitation umfaßt.

3.2 Die Weiterbildung erfolgt in Kooperation von Universitätseinrichtungen mit Diplomstudiengang Psychologie, den regionalen Psychologenakademien und Praxiseinrichtungen. Die Organisation obliegt einem lokalen Gremium, das von den Kooperationspartnern des jeweiligen Weiterbildungsprogramms eingesetzt wird. In dieses Gremium entsendet der Akkreditierungsausschuß zwei Beisitzer mit beratender Stimme, die auf Vorschlag der Deutschen Gesellschaft für Psychologie und des Berufsverbandes Deutscher Psychologen von ihm ernannt werden.

- Die Praxiseinrichtungen sind Einrichtungen der Beratung, Krankenhilfe, Prävention und Rehabilitation, in denen einzeln oder im Verbund Supervision durch Klinische Psychologen/Psychotherapeuten gewährleistet ist.
- Die Kooperation zwischen Praxiseinrichtungen, Universitätseinrichtungen und Psychologenakademien erstreckt sich formal auf die Planung und Zertifizierung der Weiterbildung, inhaltlich beteiligen sich alle drei Institutionen aktiv am Weiterbildungsangebot. Bei der Kooperation von Universitätseinrichtungen und Psychologenakademien liegen die Schwerpunkte in Benennung und Betreuung der Praxiseinrichtungen sowie der Supervisoren der praktischen Tätigkeit bei den Psychologenakademien.

3.3 Im Weiterbildungsprogramm sind Inhalte und Abfolge der Veranstaltungen festgelegt; sie orientieren sich am Lernziel-Katalog.

3.4 Weiterbildungsprogramme werden durch den von der Föderation Deutscher Psychologenvereinigungen eingesetzten Akkreditierungsausschuß als Weiterbildung in Klinischer Psychologie anerkannt, sofern sie den vorgenannten Kriterien genügen.

3.5 Die erfolgreiche Teilnahme an dem akkreditierten Weiterbildungsprogramm wird durch lokale Gremien zertifiziert. Damit wird der Teilnehmer als «Klinischer Psychologe/Psychotherapeut» anerkannt.

B Lernziele

Aufgrund von regionalen Gegebenheiten, von Kompetenzschwerpunkten sowie von Versorgungsschwerpunkten der beteiligten Institutionen sind unterschiedliche Weiterbildungsangebote möglich und wünschenswert. Übergreifendes Lernziel ist die Befähigung zur kontrollierten Anwendung klinisch psychologischen Wissens in der Praxis. Hierzu dienen Vermittlung von Wissen, Training von Methoden und vor allem Anleitung zur Praxis. Bei der Anleitung zur Praxis werden theoretisches und empirisches Wissen, methodische Kenntnisse sowie praktische und persönliche Erfahrungen bei der Lösung konkreter Aufgaben integriert. Wesentliche Merkmale der Anleitung zur Praxis sind die fallbezogene Supervision und die Evaluation der klinisch-psychologischen/psychotherapeutischen Tätigkeit. Supervision ist die Besprechung und Anleitung der praktischen Tätigkeit im Hinblick auf Problemangemessenheit und regelgerechte Durchführung. Evaluation ist die Beurteilung der Effekte der praktischen Tätigkeit anhand möglichst objektiver und zuverlässiger Kriterien.
Den Veränderungen in der Praxis wird ebenso Rechnung getragen wie der Entwicklung wissenschaftlicher Erkenntnisse.
Die im folgenden genannten Lernziele gelten zum Teil auch für den Diplom-Studiengang Psychologie. Im Zentrum der Weiterbildung steht die praktische Tätigkeit unter Anleitung. Sie bietet Gelegenheit, wissenschaftliche Erkenntnisse fallspezifisch umzusetzen und Fertigkeiten und Erfahrungen in klinisch-psychologischem / psychotherapeutischem Handeln zu erwerben.
Lernziele dienen als Rahmen für die Konzeption der Lehrpläne.

1. Praktische Kompetenzen und Vertiefung der Kenntnisse in psychologischer Urteilsbildung

Dieser Bereich umfaßt insbesondere Vertiefung der Kenntnisse in psychologischem Störungswissen/ Pathopsychologie und Fähigkeiten und Fertigkeiten

- in der Differentialdiagnostik und Verlaufsdiagnostik
- in der Indikationsstellung zu präventiven, kurativen und rehabilitativen Maßnahmen
- in der Erstellung von Gutachten
- in der Evaluation klinisch-psychologischer Maßnahmen.

2. Praktische Kompetenzen und Vertiefung der Kenntnisse in klinisch-psychologischer Beratung von Individuen, Familien und Gruppen

Dieser Bereich umfaßt insbesondere Fähigkeiten und Fertigkeiten

- in der problembezogenen Gesprächsführung
- in der Vermittlung von Wissen und Handlungsfähigkeiten im Rahmen von Prävention und Rehabilitation sowie von unterstützenden Maßnahmen insbesondere in der medizinischen Versorgung
- in der Beratung von Institutionen bei klinisch-psychologischen Fragestellungen.

3. Praktische Kompetenzen und Vertiefung der Kenntnisse in der Behandlung seelischer und körperlicher Leiden, Störungen, Behinderungen und Krankheiten

Dieser Bereich umfaßt insbesondere die Vertiefung des Veränderungswissens und folgende Fähigkeiten und Fertigkeiten:

- Erarbeitung eines Behandlungskonzeptes auf der Grundlage der individuellen Lebensgeschichte und aktuellen Lebenssituation unter Berücksichtigung ätiologischer und störungsspezifischer Modelle und Befunde
- fallspezifische Umsetzung wissenschaftlich bestätigter psychologischer Wirkprinzipien in klinisch-psychologisches Handeln
- Abschätzung sozialer und gesundheitlicher Nebenwirkungen von Behandlungen
- Reflexion und Gestalten der therapeutischen Beziehung im Hinblick auf die jeweilige Behandlungskonzeption.

4. Auseinandersetzungen mit persönlichen Erlebens- und Verhaltensweisen, die für die klinisch-psychologische/psychotherapeutische Tätigkeit förderlich oder hinderlich sind

Hiermit wird angestrebt

- die Fähigkeit zur Wahrnehmung und Reflexion eigenen Erlebens und Verhaltens in der Beziehung zu anderen Personen und
- die Fähigkeit zur Berücksichtigung dieser Aspekte beim klinisch-psychologischen Handeln.

5. Vertiefung der Kenntnisse von theoretischen Grundlagen und empirischen Befunden aus Nachbardisziplinen, die für die klinisch-psychologische/psychotherapeutische Tätigkeit bedeutsam sind, vor allem aus dem biologisch-medizinischen und dem sozialwissenschaftlichen Bereich

6. Kenntnisse institutioneller Rahmenbedingungen klinisch-psychologischer/psychotherapeutischer Tätigkeit und Kompetenz zur Kooperation

Dieser Bereich umfaßt insbesondere folgende Kenntnisse und Fertigkeiten:

- Kenntnisse psychologischer, sozialer und medizinischer Versorgungssysteme
- Kenntnisse institutioneller und rechtlicher Rahmenbedingungen klinisch-psychologischer Berufstätigkeit
- Kenntnisse berufsethischer und berufsständischer Normen
- Fähigkeiten und Fertigkeiten zur intra- und interdisziplinären Kooperation.

C Ausführungsbestimmungen zu den Rahmenbedingungen und zu den Lernzielen

Die Rahmenbedingungen und Lernziele sind allgemein gehalten, um unterschiedlichen Realisierungsmöglichkeiten von Weiterbildungsprogrammen bei gleich hohem Standard größtmögliche Chancen zu geben. Dennoch sind für die Planung, Beurteilung und Akkreditierung von Weiterbildungsprogrammen Präzisierungen notwendig, die in Form von Ausführungsbestimmungen vorgelegt werden.

1. Akkreditierungsausschuß

1.1 Aufgaben

Der Akkreditierungsausschuß hat folgende Aufgaben:

- Akkreditierung von Weiterbildungsprogrammen gemäß den Rahmenbedingungen, Lernzielen und Ausführungsbestimmungen
- Beratung bei der Einrichtung von Weiterbildungsprogrammen
- Dokumentation von akkreditierten Weiterbildungsprogrammen
- Erarbeitung von Vorschlägen zur Weiterentwicklung der Rahmenbedingungen, Lernziele und Ausführungsbestimmungen.

1.2 Zusammensetzung

Der Akkreditierungsausschuß setzt sich aus 8 Mitgliedern zusammen, jeweils zwei Vertreter werden von der DGfPs im Einvernehmen mit der Fachgruppe Klinische Psychologie und dem BDP im Einvernehmen mit den zuständigen Untergliederungen des BDP ernannt. Vier weitere Mitglieder (zwei Hochschullehrer, zwei Berufspraktiker) werden von den beteiligten Weiterbildungsprogrammen auf der Grundlage je einer von der DGfPs und dem BDP vorgelegten Vorschlagsliste gewählt.
Als Übergangsregelung gilt, daß jeweils 4 Mitglieder von der DGfPs im Einvernehmen mit der Fachgruppe Klinische Psychologie und dem BDP im

Einvernehmen mit den für Klinische Psychologie zuständigen Untergliederungen des BDP ernannt werden.

1.3 Dauer

Der Akkreditierungsausschuß wird jeweils für 4 Jahre bestimmt. Zur Wahrung der Kontinuität sind die Amtszeiten der einzelnen Mitglieder so zu regeln, daß nicht der gesamte Ausschuß gleichzeitig erneuert wird.

2. Antragstellung

Der an den Akkreditierungsausschuß gerichtete Antrag um Akkreditierung eines Weiterbildungsprogramms muß Angaben zu folgenden Punkten enthalten:

1. Verantwortliche(r) Sprecher(in)/Leiter(in)
2. Beteiligte Institutionen (mit kurzer Kennzeichnung von Aufgabenstellung, personeller und räumlicher Ausstattung)
3. Form der Kooperation
4. Lehrplan. Dabei ist besonders darauf einzugehen, in welcher Form inhaltlich und organisatorisch die in den Lernzielen angeführten Punkte realisiert werden. Im weiteren ist anzugeben, welche Lehrveranstaltungen gegebenenfalls auch der Fortbildung dienen können und – sofern verschiedene Berufsgruppen an einzelnen Veranstaltungen teilnehmen – welche Veranstaltungen davon betroffen sind
5. Kriterien für die Auswahl der Lehrenden und Supervisoren (vgl. Richtlinien für Qualifikation von Dozenten/Supervisoren) sowie Angaben über das lokale Auswahlgremium
6. Kriterium für die Teilnahme an den Weiterbildungsgängen
7. Kriterium für die Zertifizierung und Angaben über das lokale Zertifizierungsgremium.

3. Erläuterungen zu den Rahmenbedingungen

3.1 «Vollzeitausbildung» (vgl. Rahmenbedingungen A)

Unter «Vollzeitausbildung» wird verstanden, daß der Weiterbildungskandidat kontinuierlich praktisch tätig ist. Damit werden keine Aussagen über die Rechtsgrundlage dieser Tätigkeit gemacht; insbesondere muß die Tätigkeit nicht im Rahmen einer Planstelle erfolgen.

3.2 «Praxiseinrichtung», «Universitätseinrichtung», «Psychologenakademien» (vgl. Rahmenbedingungen A 3.2)

3.2.1 Praxiseinrichtung
Praxiseinrichtungen im Weiterbildungsprogramm können Einrichtungen der Krankenhilfe, Beratung, Prävention und Rehabilitation mit öffentlich rechtlichen, freigemeinnützigen oder privaten Trägern sein, in denen der Weiterbildungskandidat unter Anleitung klinisch-psychologisch/psychotherapeutisch tätig ist und klinisch-psychologische Erfahrung sammelt. Praxiseinrichtungen sind als Institutionen und nicht als Privatpersonen am Weiterbildungsprogramm beteiligt.
Gruppenpraxen, d.h. Gemeinschaftspraxen oder Praxengemeinschaften können als Praxiseinrichtung am Weiterbildungsprogramm teilnehmen, sofern die für die Weiterbildung notwendigen Voraussetzungen in der Einrichtung gegeben sind. Für Einzelpraxen und Praxenverbunde ist eine Teilnahme nur in besonders begründeten Ausnahmefällen möglich.
Wünschenswert ist, daß in der Praxiseinrichtung mehrere Psychologen tätig sind, von denen mindestens einer die Qualifikation eines Supervisors (s. Punkt C 2.5 sowie D) aufweist.
Übergangsweise können auch Praxiseinrichtungen am Weiterbildungsprogramm teilnehmen, in denen kein Psychologe mit Supervisorenqualifikation tätig ist. In diesem Fall muß für den Weiterbildungskandidaten eine kontinuierliche externe Supervision gewährleistet sein.

3.2.2 Universitätseinrichtungen
Universitätseinrichtungen sind Universitätsinstitute mit Diplomstudiengang Psychologie oder Teileinrichtungen dieser Institute. Es ist möglich, daß sich einzelne Universitätsinstitute im Verbund an einem Weiterbildungsprogramm beteiligen. Einzelpersonen der Universitätsinstitute sind nicht als Privatperson, sondern als Repräsentanten ihrer Institution am Weiterbildungsprogramm beteiligt.

3.2.3 Psychologenakademien
Die Psychologenakademien sind als regionale berufsständische Einrichtungen der Deutschen Psychologen Akademie zur Weiter- und Fortbildung von Diplom-Psychologen als Institutionen an dieser Weiterbildung beteiligt.

4. Ausführungen zu den Lernzielen

Es gelten bei den Lernzielen folgende Richtwerte:

- Der Teilnehmer an dem Weiterbildungsprogramm soll mindestens 10 Stunden pro Woche für die Weiterbildung aufwenden, darin sind Supervisionsbesprechungen, Lehrveranstaltungen, Ausarbeitungen, Selbststudien etc. eingeschlossen.

- Das Weiterbildungsprogramm umfaßt etwa 1000 Stunden.
- Die Supervision erstreckt sich auf wöchentlich etwa 4 Stunden Fallarbeit. Die Supervisionssitzungen sind in den oben angeführten 1000 Stunden enthalten, die Fallarbeit nicht.
- Die Supervision erstreckt sich insgesamt auf mindestens 10 Behandlungen. Die 10 Fälle dürfen nicht zur gleichen Störungsgruppe bzw. zum gleichen Problembereich gehören.
- Die 10 unter Supervision durchgeführten Behandlungen müssen dokumentiert werden.
- Die sonstigen Lehrveranstaltungen (ohne Supervision) einschließlich der Seminare, Workshops, Mitarbeit an lokalen Arbeitsgemeinschaften und gegebenenfalls eigener Lehrtätigkeit sollten zirka 500 Stunden umfassen.

5. Weiterbildungsprogramm und andere Berufsgruppen

Der Bildungsgang ist für Psychologen konzipiert. Dies schließt nicht aus, daß einzelne Veranstaltungen auch für andere Berufsgruppen offen sind.

6. Übergangsregelungen

Der Akkreditierungsausschuß kann im Einzelfall Abweichungen im Sinne von zeitlich begrenzten Übergangsregelungen zulassen.

(Teil D Richtlinien für die Qualifikation von Dozenten/Supervisoren wird hier nicht abgedruckt)

Quelle:
Föderation Deutscher Psychologenvereinigungen (Hrsg.). (1989). Weiterbildung in Klinischer Psychologie. Bildungsgang zum Klinischen Psychologen/Psychotherapeuten (verabschiedet am 16.4.1989). Bonn: Deutscher Psychologenverlag.

(Anhang 2)

Musterverordnung der Sanitätsdirektorenkonferenz über die selbständige Berufsausübung von Psychotherapeuten (Psychotherapeutenverordnung)

Die Psychotherapeuten-Musterverordnung der Schweizerischen Sanitätsdirektorenkonferenz (SDK) vom 5.11.1982 stellt eine Empfehlung für die Kantonalen Gesetzgebungen in der Schweiz dar. Sie wurde durch die SDK (Gesundheitsministerkonferenz) der Kantone erarbeitet und gibt verschiedene Varianten vor, die die einzelnen Kantone ausfüllen können. Wir geben die ersten 13 Paragraphen wieder. Die restlichen Paragraphen behandeln Vollzugsregelungen.

I. Bewilligungspflicht und -inhalt

§ 1 (Geltungsbereich)
Diese Verordnung regelt die selbständige psychotherapeutische Berufstätigkeit von Personen mit nichtärztlicher Grundausbildung (vgl. § 6, lit. a).

Abs. 2: Variante A (mit Legaldefinition):
Psychotherapie im Sinne dieser Verordnung ist die Behandlung von Krankheiten mit psychologischen Mitteln.

Abs. 2: Variante B (ohne Legaldefinition):
Abs. 2 ersatzlos weglassen

Abs. 3: für Variante A bzw. Abs. 2 für Variante B:
Als selbständig gilt die in eigener fachlicher Verantwortung ausgeübte psychotherapeutische Berufstätigkeit.

§ 2 (Bewilligungspflicht)
Wer als nichtärztlicher Psychotherapeut selbständig berufstätig (Begriff vgl. § 1, Abs. 2) sein will, hat bei der Sanitätsdirektion eine Bewilligung einzuholen.

§ 3 (Bewilligungsinhalt)
Die Bewilligung berechtigt ausschließlich zur Behandlung von Krankheiten, die sich nach anerkannter wissenschaftlicher Lehre mit psychologischen Methoden behandeln lassen.
Stellt der nichtärztliche Psychotherapeut eine andere Krankheit fest, hat er den Patienten an einen Arzt zu überweisen.
Krankheiten mit körperlichen Merkmalen darf er nur unter Beizug eines Arztes behandeln.

§ 4 (Verbotene Verrichtungen)
Verbote sind:
- jede selbständige psychotherapeutische Berufstätigkeit (s. § 1) ohne Bewilligung gemäß § 2, gleichgültig unter welcher Bezeichnung;
- jede als Ausbildung deklarierte, in eigener Verantwortung ausgeübte psychotherapeutische Tätigkeit;
- alle andern als die in § 3 genannten therapeutischen Verrichtungen, namentlich Verrichtungen, die dem Arzt vorbehalten bleiben, insbesondere:
  - die Verschreibung, Anwendung oder Abgabe von Medikamenten
  - die Einweisung von Patienten in ein psychiatrisches Krankenhaus.

§ 5 (Sonderbewilligung während der Ausbildung)
Mit Sonderbewilligung ist den Absolventen eines in § 6 Buchstabe a umschriebenen Studiums gestattet:
die fachlich kontrollierte psychotherapeutische Tätigkeit im Rahmen der speziellen Ausbildung zum Psychotherapeuten gemäß § 6 Buchstabe c während längstens 5 Jahren seit Aufnahme dieser Tätigkeit.
Nach Ablauf dieser längstens 5 Jahre bedarf es einer Bewilligung gemäß § 2 dieser Verordnung.

II. Bewilligungsvoraussetzungen

§ 6 (Fachliche Anforderungen)
Die Bewilligung zur psychotherapeutischen Tätigkeit wird erteilt, wenn sich der Bewerber ausweist über:

a. Studienabschluß in Psychologie, Heilpädagogik oder Sonderpädagogik als Hauptfach, unter Einschluß der Psychopathologie oder in einer entsprechenden Fächerverbindung an einer schweizerischen oder einer vergleichbaren ausländischen Hochschule. Über die ausnahmsweise Anerkennung einer von dieser Bestimmung abweichenden Grundausbildung befindet die Sanitätsdirektion im Einzelfall aufgrund der ihr vorgelegten Unterlagen. Diese müssen den Nachweis einer dem Hochschulabschluß vergleichbaren, wissenschaftlichen Ausbildung im psychologischen Fachbereich erbringen. Die Sanitätsdirektion befindet nach Anhören der Fachkommission ‚Nichtärztliche Psychotherapeuten‘ (§ 22, Abs. 1);

b. Nach Studienabschluß eine vollzeitliche praxisorientierte Weiterbildung von insgesamt mindestens einem Jahr Dauer in direktem fachlich kontrolliertem Kontakt mit seelisch Kranken wie z.B.
   - in einer psychiatrischen Klinik oder einer psychiatrischen Poliklinik,
   - in einer psychotherapeutischen Praxis oder einer Einrichtung, in welcher seelisch Kranke psychotherapeutisch behandelt werden.

   In einer psychotherapeutischen Einrichtung kann ein halbes Jahr in Form einer Assistenz bei einem zur selbständigen Tätigkeit zugelassenen und von der Sanitätsdirektion als Ausbilder anerkannten Psychotherapeuten (§ 13) absolviert werden.

c. Eine spezielle Ausbildung zum Psychotherapeuten. Diese muß auf einer wissenschaftlich anerkannten Psychotherapie-Methode basieren, deren Wirksamkeit sich über ein breites Anwendungsgebiet erstreckt. Die Ausbildung muß die vertiefte Anwendung der gewählten Methoden auf die eigene Person sowie auf andere Personen unter fachlicher Kontrolle umfassen. Die Fachkommission beurteilt diese Spezialausbildung in qualitativer und quantitativer Hinsicht und berücksichtigt dabei die formulierten Ausbildungsanforderungen der entsprechenden Fachrichtungen.

§ 7 (Persönliche Anforderungen)
Anforderung gemäß kant. Recht für Bewilligungen vergleichbarer Berufe, wie z.B.: ‚Der Bewerber muß einen unbescholtenen Leumund genießen und darf kein mit der Ausübung des Berufes unvereinbares physisches oder psychisches Leiden haben.‘

III. Bewilligungsverfahren

§ 8 (Bewilligungsgesuch)
Anforderung gemäß kant. Recht für Bewilligungen vergleichbarer Berufe, wie z.B.: ‚Dem Bewilligungsgesuch an die Sanitätsdirektion sind die Ausweise über die geforderte Ausbildung und ein Auszug aus dem Schweizerischen Zentralstrafregister beizulegen’.
Hat der Bewerber an ausländischen Institutionen studiert, sind die Lehrpläne und Beschreibungen der Institutionen beizubringen.

§ 9 (Entscheid)
Die Sanitätsdirektion entscheidet auf Antrag der Fachkommission über das Gesuch (§ 22).

IV. Vorschriften über die Berufsausübung

§ 10 (Meldepflicht)
Eröffnung, Verlegung und Aufgabe der Praxis eines Psychotherapeuten sind der Sanitätsdirektion zu melden.

§ 11 (Praxisinhaber)
Inhaber einer psychotherapeutischen Praxis (Einzelpraxis oder psychotherapeutische bzw. ärztliche Gemeinschaftspraxis) dürfen nur Psychotherapeuten sein, die eine Bewilligung der Sanitätsdirektion besitzen und in dieser Praxis selbst in eigenem Namen tätig sind.

§ 12 (Berufsgeheimnis)
Psychotherapeuten und ihre Assistenten dürfen keine Geheimnisse preisgeben, die ihnen durch die Ausübung ihres Berufes anvertraut worden sind, oder die sie bei ihrer Berufstätigkeit wahrgenommen haben.
Die Schweigepflicht gilt auch nach Beendi-

gung der Berufsausübung.
Die Preisgabe des Geheimnisses ist nur zulässig:
- mit Einwilligung des Berechtigten,
- mit Bewilligung der Sanitätsdirektion, auf Antrag des Schweigepflichtigen,
- aufgrund eidgenössischer oder kantonaler Bestimmungen über die Zeugnispflicht und über die Auskunftspflicht gegenüber einer Behörde.

V. Praxisassistenz

§ 13 (Ausbildungsassistenten)
Die Sanitätsdirektion kann zur Ausbildung von Psychotherapeuten im Sinne von § 6, Buchstabe b, die Beschäftigung von Assistenten bewilligen.
Die Bewilligungen für solche Assistenten werden dem Praxisinhaber erteilt.»

(Die Teile *VI. Auskündungen, VII. Übergangsrecht* und *VIII. Vollzugsvorschriften* werden hier nicht abgedruckt)

Quelle:
Dokument der Schweizerischen Sanitätsdirektorenkonferenz «*SDK-Psychotherapeuten-Musterverordnung*» vom 5.11.1982.

(Anhang 3)

Auszüge aus der Berufsordnung für Psychologen des Berufsverbandes Deutscher Psychologen (BDP) in der Fassung von 1986

I Präambel

1. Beruf

Die Aufgabe des Psychologen ist es, das Wissen über den Menschen zu vermehren und seine Erkenntnisse und Fähigkeiten zum Wohl des Einzelnen und der Gesellschaft einzusetzen. Er achtet Würde und Integrität des Individuums und setzt sich für die Erhaltung und den Schutz fundamentaler menschlicher Rechte ein.
Der Beruf des Psychologen ist seiner Natur nach frei.

2. Verantwortung

Der Psychologe ist verpflichtet, seinen Beruf gewissenhaft auszuüben und dem Vertrauen, das ihm in seiner Berufsausübung entgegengebracht wird, zu entsprechen. Er muß sich stets der sozialen Verantwortung bewußt sein, die sich daraus ergibt, daß seine Tätigkeit dazu geeignet ist, auf das Leben anderer in besonderer Weise einzuwirken. Der Psychologe anerkennt das Recht des Individuums, in eigener Verantwortung und nach seinen eigenen Überzeugungen zu leben, und bemüht sich in seiner beruflichen Tätigkeit um Sachlichkeit und Objektivität. Er ist wachsam gegenüber persönlichen, sozialen, institutionellen, wirtschaftlichen und politischen Faktoren und Einflüssen, die zu einem Mißbrauch bzw. einer falschen Anwendung seiner Kenntnisse und Fähigkeiten führen könnten.

3. Kompetenz

Verantwortliches berufliches Handeln erfordert hohe fachliche Kompetenz. Der Psychologe ist verpflichtet, sich durch Fortbildung über den jeweiligen Stand der Wissenschaft in Kenntnis zu setzen. Er hat sich dabei auch über die für seine Berufsausübung geltenden Vorschriften zu unterrichten. Der Psychologe bietet nur Dienstleistungen an, für deren Erbringung er durch Ausbildung und fachliche Erfahrung qualifiziert ist. Er orientiert sich dabei an wissenschaftlichen und fachlichen Standards und bedient sich entsprechend überprüfter und anerkannter Methoden. Er hält sich an den Grundsatz der wissenschaftlichen Redlichkeit und überprüft den Erfolg seiner Arbeit. Psychologische Aufgaben übernimmt er nur, wenn er die damit verbundenen Verpflichtungen einhalten kann. Aufgrund seiner Kompetenz handelt der Psychologe in psychologischen Sachfragen eigenverantwortlich und selbständig.

II Berufsbezeichnung – Titelführung

1. Berufsbezeichnung

Die Bezeichnung «Psychologe» führt derjenige, der über ein abgeschlossenes Hauptfachstudium der Psychologie verfügt. Den Titel «Diplom-Psychologe» (Dipl.-Psych.) führt derjenige, der diesen Titel rechtmäßig aufgrund eines Hochschulstudiums erworben hat.

2. Hinweise auf Mitgliedschaften

(1) Der Hinweis auf eine Mitgliedschaft im Berufsverband Deutscher Psychologen e.V. ist zulässig.

(2) Nicht zulässig ist dagegen der Hinweis auf eine Mitgliedschaft in Untergliederungen oder Ausschüssen des Verbandes, es sei denn, man wird in Funktion einer solchen Mitgliedschaft tätig.

3. Akademische Grade

Akademische Grade dürfen nur geführt werden, wenn und soweit sie in der Bundesrepublik Deutschland anerkannt sind.

III Stellung zu Klienten/Patienten

1. Vertrauensverhältnis

Das Verhältnis des Psychologen zu seinen Klienten/Patienten ist in besonderer Weise von der Notwendigkeit eines Vertrauensverhältnisses geprägt. Der Psychologe kann daher in allen Fällen einen Auftrag ablehnen oder beenden, wenn dieses Vertrauensverhältnis nicht mehr besteht.

2. Aufklärungspflicht

Der Psychologe hat seinen Klienten/Patienten über alle wesentlichen Maßnahmen und Behandlungsabläufe zu unterrichten. Bei heilkundlichen Behandlungen hat er insbesondere auf Risiken oder Alternativbehandlungen - auch nicht-psychologischer Art - hinzuweisen. Die Hinweispflicht umfaßt auch Honorarfragen.

3. Wahrung der Unabhängigkeit

Der heilkundlich tätige Psychologe darf keine persönliche Bindung zu seinen Patienten eingehen, z.B. sind sexuelle Beziehungen zu Patienten unzulässig.

4. Recht auf Einzelberatung/-behandlung

Klienten/Patienten haben das Recht, ohne Gegenwart eines Dritten von einem Psychologen beraten oder behandelt zu werden. Der Psychologe darf den Wunsch eines Klienten/Patienten auf Hinzuziehung eines weiteren Psychologen oder Arztes nicht verweigern, soweit dies rechtlich möglich ist.

5. Aufzeichnungen/Mithören

Der Psychologe darf nur nach vorheriger Einwilligung durch den Klienten/Patienten Aufzeichnungen auf Bild oder Tonträger über Besprechungen oder Behandlungen erstellen oder Besprechungen von einem Dritten mithören lassen. Dies gilt auch für Telefongespräche.

6. Besondere Sorgfaltspflicht des heilkundlich tätigen Psychologen

(1) Erkennt ein Psychologe, daß eine Fortsetzung der heilkundlichen Behandlung zu keiner weiteren Gesundung oder sogar zu einer Gesundheitsgefährdung des Patienten führen kann, hat er die Behandlung abzubrechen.

(2) Will ein heilkundlich tätiger Psychologe eine Behandlung vorzeitig beenden und kann dadurch eine Gesundheitsgefährdung des Patienten eintreten, so hat er im Rahmen seiner Möglichkeiten zu gewährleisten, daß eine Fortbehandlung sichergestellt ist.

(Teil **IV. Stellung zu Kollegen und anderen Berufsgruppen** wird hier nicht abgedruckt)

V Ausübung des Berufes in eigener Praxis

1. Bezeichnungen für psychologische Praxen

(1) Für Psychologische Praxen dürfen keine Bezeichnungen führen, die geeignet sind, unangemessene Vorstellungen zu wecken.

(2) Im Bereich der psychologischen Heilkunde sind alle Bezeichnungen untersagt, die eine bevorzugte Stellung der eigenen Praxis vortäuschen; dies gilt insbesondere für Bezeichnungen wie «Beratungsstelle», «Zentrale», «Zentrum» oder ähnliche.

(3) Die Bezeichnung «Institut» oder ähnliche anspruchsvolle Bezeichnungen dürfen im Bereich der psychologischen Heilkunde nur dann verwendet werden, wenn personelle Besetzung, Ausstattung und Arbeitsweise der Praxis dies rechtfertigen.

(4) Üben mehrere Psychologen ihren Beruf in der Rechtsform einer Gesellschaft des bürgerlichen Rechts gemeinschaftlich aus, so ist dies mit dem Hinweis «Gemeinschaftspraxis» kenntlich zu machen.

2. Anbringung und Gestaltung von Praxisschildern

(1) Praxisschilder dienen dazu, der Öffentlichkeit die Praxisstelle anzuzeigen. Heilkundlich tätige Dipl.-Psychologen haben durch ein Praxisschild auf den Ort ihrer Tätigkeit und ihrer Erreichbarkeit hinzuweisen.

(2) Grundsätzlich ist nur ein Schild gestattet. Ausnahmen sind nur in besonderen Fällen zulässig, z.B. wenn es die Örtlichkeit gebietet.

(3) Bei Verlegung der Praxis können Psychologen an dem Haus, aus dem sie fortgezogen sind, bis zur Dauer eines halben Jahres ein Schild mit einem entsprechenden Vermerk anbringen.

(4) Praxisschilder sind in unaufdringlicher Form zu gestalten und anzubringen. Sie dürfen eine Größe von 35×50 cm nicht überschreiten.

(5) Schilder an der Privatwohnung von Psychologen sollen den sonst bei Privatwohnungen üblichen Schildern entsprechen. Ein Hinweis auf die Praxisstelle ist zulässig.

3. Zulässige Angaben auf Praxisschildern

(1) Neben Namen und Erreichbarkeit können auf dem Praxisschild die nach Abschnitt II Ziffern 1–3 zulässigen Titel, Sprechstunden und Telefonnummer angegeben werden.

(2) Auf die Angabe fachlicher/inhaltlicher Schwerpunkte sollte nach Möglichkeit verzichtet werden. Zulässig ist die Benennung von maximal sechs fachlichen/inhaltlichen Schwerpunkten. Diese differenzieren sich

- nach spezifischen Patientengruppen bzw. spezifischer Klientel,
- nach spezifischen Symptomen bzw. Problembereichen,
- nach spezifischen Therapieformen bzw. Methoden.

(3) Namen von Kollegen, die verstorben sind, sich zur Ruhe gesetzt haben oder aus sonstigen Gründen ausgeschieden sind, dürfen von den Nachfolgern auf Praxisschildern für die Dauer von maximal zwölf Monaten weitergeführt werden, sofern dazu zuvor ein Einverständnis abgegeben wurde. Ihr Ausscheiden ist in geeigneter Form kenntlich zu machen.

4. Ankündigung auf Briefbögen, Formularen und Stempeln

Für die Ankündigung auf Briefbögen, sonstigen Formularen und Stempeln gelten die Bestimmungen für die Praxisschilder entsprechend (Abschnitt V Ziffer 3).
Jede übertriebene und auffällige Form ist zu vermeiden.

5. Anzeigen

(1) Anzeigen dürfen von heilkundlich tätigen Psychologen nur aus folgenden Anlässen aufgegeben werden:

a) bei Gründung oder Veränderung einer Praxis
b) bei Abwesenheit von der Praxis oder Krankheit über eine Zeitdauer länger als eine Woche
c) bei Änderung der Sprechstundenzeiten oder der Telefonnummer
d) zum Zwecke der sachlichen Information über *Sonderveranstaltungen* unter Angabe von Ort, Zeitpunkt, Dauer und Teilnehmerkreis.

(2) Sie dürfen in Tageszeitungen und in der gleichen Zeitung nur jeweils zweimal, in dem in Abs. 1 a) genannten Fall nur jeweils dreimal innerhalb der ersten drei Monate veröffentlicht werden.

(3) Form und Inhalt der Anzeigen müssen sich nach den örtlichen Gepflogenheiten richten. Die Bestimmungen für die Praxisschilder gelten entsprechend (Abschnitt V Ziffer 3).

6. Eintragungen in Telefonbücher und andere Verzeichnisse

(1) Eintragungen in Telefonbücher und Branchenfernsprechverzeichnisse durch heilkundlich tätige Psychologen sind zurückhaltend zu gestalten und nur zulässig, wenn sie lediglich auf Name, Praxis, zulässige Bezeichnungen und fachliche Schwerpunkte gemäß Abschnitt V Ziffer 3 hinweisen. Empfohlen wird allerdings, auf die Benennung der fachlichen Schwerpunkte zu verzichten.

(2) Heilkundlich tätige Psychologen dürfen sich nicht in Verzeichnisse mit werbendem Charakter aufnehmen lassen, z.B. in solche, in denen mit Fotografien oder Zeichnungen, Bezeichnungen von Störungen, Krankheitsbildern oder psychologischen Behandlungsverfahren geworben wird.

VI Gemeinsame Ausübung der Berufstätigkeit

(1) Psychologen können sich zwecks gemeinsamer Nutzung von Einrichtungen, Praxisräumen u.ä. und gemeinsamer Beschäftigung von Mitarbeitern zusammenschließen.
Der Vertrag über die Begründung einer Gemeinschaftspraxis sollte schriftlich erfolgen und insbesondere Bestimmungen über Veränderungen, über die Verteilung von Lasten und Einnahmen und über eine Auflösung enthalten.

(2) Die Sozien einer Gemeinschaftspraxis sind im Außenkontakt kenntlich zu machen und in Werbung und Briefbögen oder sonstigen Unterlagen aufzuführen, es sei denn, es handelt sich um einen Personen- oder Kapitalzusammenschluß zu einer Firma.

(3) Für heilkundlich tätige Psychologen innerhalb einer Gemeinschaftspraxis gilt folgendes:

a) In jeder Form eines Zusammenschlusses muß die freie Therapeutenwahl gesichert sein.
b) Das Liquidationsrecht verbleibt im Außenverhältnis bei dem behandelnden Psychologen.
c) Die Behandlungsunterlagen und -aufzeichnungen können den Sozien nur dann zur Verfügung gestellt und von diesen eingesehen werden, wenn eine entsprechende Erklärung des Patienten zuvor schriftlich eingeholt wurde.

d) Die Patienten sind vor Beginn einer Behandlung darauf hinzuweisen, daß eine gesamtschuldnerische Haftung der nichtbehandelnden Sozien ausgeschlossen ist.

(4) Soweit heilkundlich tätige Diplom-Psychologen Kollegen im Anstellungsverhältnis oder als freie Mitarbeiter beschäftigen, ist eine Übertragung von Behandlungen auf diese nur mit Zustimmung des Patienten möglich.

VII Umgang mit Daten

1. Schweigepflicht

(1) Der Psychologe ist verpflichtet, über alle ihm in Ausübung seiner Berufstätigkeit anvertrauten und bekannt gewordenen Tatsachen zu schweigen (§ 203 StGB), soweit nicht das Gesetz Ausnahmen vorsieht oder ein bedrohtes Rechtsgut überwiegt.

(2) Die Schweigepflicht des Psychologen besteht auch gegenüber Familienangehörigen des Klienten/Patienten und gegenüber Vorgesetzten.

(3) Wenn mehrere Psychologen oder Psychologen und Ärzte gleichzeitig denselben Klienten/Patienten beraten oder behandeln, so sind sie untereinander von der Schweigepflicht insoweit befreit, als der Klient/Patient nicht etwas anderes bestimmt. Die Schweigepflicht entfällt auch gegenüber denjenigen Gehilfen des Psychologen, die notwendigerweise mit der Vorbereitung oder Begleitung seiner Tätigkeit betraut sind.
Ansonsten entfällt die Verpflichtung zur Verschwiegenheit nur bei einer Entbindung von dieser durch den Klienten/Patienten.

(4) Die der Schweigepflicht unterliegenden Tatsachen, Befunde und Beratungs- bzw. Behandlungsergebnisse dürfen anonymisiert verwendet werden.

(5) Mitarbeiter des Psychologen sind über ihre Pflicht zur Verschwiegenheit zu belehren, und diese Belehrung ist schriftlich festzuhalten.

2. Aufzeichnungen

(1) Der Psychologe ist verpflichtet, über Beratungen und Behandlungen aussagefähige Aufzeichnungen zu erstellen.

(2) Die psychologischen Aufzeichnungen über heilkundliche Tätigkeiten sind mindestens zehn Jahre aufzubewahren, ansonsten beträgt die Aufbewahrungszeit fünf Jahre.

(3) Aufzeichnungen jeder Art, insbesondere auf Datenträger, sind gegen unrechtmäßige Verwendung ausreichend zu sichern.

(4) Bei Praxisaufgabe oder Beendigung der Berufstätigkeit sind Aufzeichnungen bei Beachtung der Aufbewahrungsfristen zu vernichten.
Nur mit Zustimmung des Klienten/Patienten können sie an einen die Praxis übernehmenden Psychologen weitergegeben werden.

(5) Mit Zustimmung des Patienten muß der heilkundlich tätige Psychologe sachdienliche Aufzeichnungen oder deren Zusammenfassungen an einen Kollegen herausgeben, wenn dieser eine Beratung oder Behandlung fortsetzt. Bei nicht heilkundlichen Aufzeichnungen kann der Psychologe die Herausgabe der Aufzeichnungen von der Bezahlung des wirtschaftlichen Wertes abhängig machen.

(6) In Kliniken oder anderen Einrichtungen, in denen bei Weggang eines heilkundlich tätigen Psychologen die Behandlung fortgesetzt wird, sind Aufzeichnungen dem psychologischen oder ärztlichen Nachfolger zu übergeben oder verschlossen mit dem Hinweis zu hinterlassen, die Aufzeichnungen nur an einen solchen zu übergeben.

(7) Bei heilkundlichen Aufzeichnungen hat der Psychologe dem Klienten/Patienten auf dessen Wunsch Einblick in die ihn betreffenden Aufzeichnungen zu gewähren, es sei denn, dem stehen überwiegende Rechte entgegen.

(Die Teile **VIII Ausstellung von Gutachten und Untersuchungsberichten, IX Werbung und Öffentlichkeit** und **X Forschung und Lehre** werden hier nicht abgedruckt)

XI Verstöße

Unabhängig von einer gerichtlichen Ahndung werden Verstöße gegen die obenstehenden Richtlinien durch das Ehrengericht des Berufsverbandes Deutscher Psychologen BDP verfolgt. Näheres regelt die Schieds- und Ehrengerichtsordnung.

XII Inkrafttreten

Diese Berufsordnung wurde am *9. November 1985* von der Delegiertenkonferenz des BDP verabschiedet und tritt an die Stelle der «Berufsethischen Verpflichtungen für Psychologen» in der Fassung vom 1.1.1967. Sie ist am *1. April 1986 in Kraft getreten.*

Quelle: Berufsverband Deutscher Psychologen. (1989). Berufsordnung für Psychologen. (Schriftenreihe Heft 4). Bonn: Deutscher Psychologen Verlag.

(Anhang 4)

Wichtige Zeitschriften der Klinischen Psychologie und Psychiatrie (Auswahl)

- Acta Psychiatrica Scandinavica
- Acta Paedopsychiatrica
- American Journal of Orthopsychiatry
- American Journal of Public Health
- American Journal of Psychiatry
- American Journal of Psychoanalysis
- American Journal of Psychotherapy
- Archives of General Psychiatry
- Archiv für Psychiatrie und Nervenkrankheiten
- Behavioural Psychotherapy
- Behavior Therapy
- Behaviour Research & Therapy
- British Journal of Clinical Psychology
- British Journal of Psychiatry
- Bulletin of the Menninger Clinic
- Clinical Psychology Review
- Cognitive Therapy & Research
- Contemporary Psychoanalysis
- Die Rehabilitation
- Der Nervenarzt
- Diagnostica
- Fortschritte der Neurologie, Psychiatrie
- Gruppenpsychotherapie und Gruppendynamik
- Health Education Monographs
- Health Promotion
- Health Psychology
- International Journal of Health Education
- International Journal of Rehabilitation Research
- Journal of Abnormal Psychology
- Journal of Behavioral Medicine
- Journal of Behavior Therapy and Experimental Psychiatry
- Journal of Child Psychology and Psychiatry
- Journal of Rehabilitation
- Journal of Clinical Child Psychology
- Journal of Clinical and Experimental Neuropsychology
- Journal of Clinical Psychology
- Journal of Consulting & Clinical Psychology
- Journal of Counseling Psychology
- Journal of Nervous & Mental Disease
- Journal of Personality Assessment
- Nervenheilkunde
- Prävention
- Praxis der Klinischen Verhaltensmedizin und Rehabilitation
- Praxis der Kinderpsychologie und Kinderpsychiatrie
- Praxis der Psychotherapie und Psychosomatik
- Professional Psychology; Research and Practice
- Psyche
- Psychiatrie, Neurologie, Medizinische Psychologie
- Psychiatrische Praxis
- Psychoanalytic Quarterly
- Psychoanalytic Review
- Psychological Assessment (A Journal of Consulting and Clinical Psychology
- Psychological Medicine
- Psychosomatische Medizin
- Psychotherapy
- Psychotherapie, Psychosomatik, Medizinische Psychologie
- Suchtgefahren
- Spektrum der Psychiatrie und Nervenheilkunde
- System Familie
- Zeitschrift für Differentielle und Diagnostische Psychologie
- Zeitschrift für Gerontopsychologie und Gerontopsychiatrie
- Zeitschrift für Individualpsychologie
- Zeitschrift für Kinder- und Jugendpsychiatrie
- Zeitschrift für Klinische Psychologie. Forschung und Praxis
- Zeitschrift für Klinische Psychologie, Psychopathologie und Psychotherapie
- Zeitschrift für Neuropsychologie
- Zeitschrift für Psychosomatische Medizin und Psychoanalyse
- Zeitschrift für Psychotherapie. Psychosomatik. Medizinische Psychologie
- Zeitschrift für Verhaltensmodifikation und Verhaltensmedizin
- Zentralblatt für die gesamte Neurologie und Psychiatrie

Autorenregister

Sachregister